Microsoft Foundation Class Library Ve

CObject

Application Architecture

- CCmdTarget
  - CWinThread
    - CWinApp
      - COleControlModule
        - user application
  - CDocTemplate
    - CSingleDocTemplate
    - CMultiDocTemplate
  - COleObjectFactory
    - COleTemplateServer
  - COleDataSource
  - COleDropSource
  - COleDropTarget
  - COleMessageFilter
  - CConnectionPoint
  - CDoument
    - CHtmlEditDoc
    - COleDocument
      - COleLinkingDoc
        - COleServerDoc
          - CRichEditDoc
    - user documents
  - CDocItem
    - COleClientItem
      - COleDocObjectItem
      - CRichEditCntrlItem
      - user client items
    - COleServerItem
      - CDocObjectServerItem
      - user server items
  - CDocObjectServer
  - COleContrilContainer
  - COleControlSite

- user objects

Exceptions

- CException
  - CArchiveException
  - CDaoException
  - CDBException
  - CFileException
  - CInternetException
  - COleException
  - COleDispatchException
  - CSimpleException
    - CMemoryException
    - CNotSupportedException
    - CResourceException
    - CUserException

File Servic

- CFile
  - CMemFi
    - CShare
  - COleStrea
    - CMonike
      - CAsync
        - CDat
          - CC
  - CSocketFi
  - CStdioFile
    - CInterne
      - CGoph
      - CHttpF

Windows Support

CWnd

Frame Windows

- CFrameWnd
  - CMDIChildWnd
    - user MDI windows
  - CMDIFrameWnd
    - user MDI workspaces
  - CMiniFrameWnd
  - user SDI windows
  - COleIPFrameWnd
- CSplitterWnd

Control Bars

- CControlBar
  - CDialogBar
  - COleResizeBar
  - CReBar
  - CStatusBar
  - CToolBar

Property Sheets

- CPropertySheet

Dialog Boxes

- CDialog
  - CCommonDialog
    - CColorDialog
    - CFileDialog
    - CFindReplaceDialog
    - CFontDialog
    - COleDialog
      - COleBusyDialog
      - COleChangeIconDialog
      - COleConvertDialog
      - COleInsertDialog
      - COleLinksDialog
        - COleUpdateDialog
      - COlePasteSpecialDialog
      - COlePropertiesDialog
    - CPageSetupDialog
    - CPrintDialog
    - CPrintDialogEX
  - COlePropertyPage
  - CPropertyPage
  - user dialog boxes
  - CDHtmDialog
    - CMultiPageDHtmlDialog

Views

- CView
  - CCtrlView
    - CEditView
    - CListView
    - CRichEditView
    - CTreeView
  - CScrollView
    - user scroll views
    - CFormView
      - user form views
      - CDaoRecordView
      - CHtmlEditView
      - CHtmlView
      - COleDBRecordView
      - CRecordView
        - user record views

Controls

- CAnimateCtrl
- CButton
  - CBitmapButton
- CComboBox
  - CComboBoxEx
- CDateTimeCtrl
- CEdit
- CHeaderCtrl
  - CHtmlEditCtrlBase
- CHtmlEditCtrl
- CHotKeyCtrl
- CIPAddressCtrl
- CLinkCtrl
- CListBox
  - CCheckListBox
  - CDragListBox
- CListCtrl
- CMonthCalCtrl
- COleControl
- CProgressCtrl
- CReBarCtrl
- CRichEditCtrl
- CScrollBar
- CSlider
- CSpinB
- CStatic
- CStatic
- CTabCt
- CToolB
- CToolTi
- CTreeC

rsion 7.0

s

-
-
- lFile
- File
- File
- MonikerFile
- PathProperty
- chedDataPathProperty
-
-
- File
- rFile
- .e

- trl
- ttonCtrl
-
- arCtrl
-
- rCtrl
- Ctrl
- l

Graphics Drawing

- CDC
  - CClientDC
  - CMetaFileDC
  - CPaintDC
  - CWindowDC

ControlSupport

- CDockStage
- CImageList

Graphical Drawing Objects

- CGdiObject
  - CBitmap
  - CBrush
  - CFont
  - CPalette
  - CPen
  - CRgn

Menus

- CMenu

Command Line

- CCommanLineInfo

ODBC Database Support

- CDatabase
- CRecordset
  - user recordsets
- CLongBinary

DAO Database Support

- CDaoDatabase
- CDaoQueryDef
- CDaoRecordset
- CDaoTableDef
- CDaoWorkspace

Synchronization

- CSyncObject
  - CCriticalSection
  - CEvent
  - CMutex
  - CSemaphore

Windows Sockets

- CAsyncSocket
  - CSocket

Arraysg

- CArray (template)
- CByteArray
- CDWordArray
- CObArray
- CPtrArray
- CStringArray
- CUIntArray
- CWordArray
- arrays of user types

Lists

- CList (template)
- CPtrList
- CObList
- CStringList
- list of user types

Maps

- CMap(template)
- CMapWordToPtr
- CMapPtrToWord
- CMapPtrToPtr
- CMapWordToOb
- CMapStringToPtr
- CMapStringToOb
- CMapStringToString
- maps of user types

Internet Services

- CInternetSession
- CInternetConnection
  - CFtpConnection
  - CGopherConnection
  - CHttpConnection
- CFileFind
  - CFtpFileFind
  - CGopherFileFind
- CGopherLocator

Classes Not Derived from CObject

Internet Server API

- CHttpArgList
- CHtmlStream
- CHttpFilter
- CHttpFilterContext
- CHttpServer
- CHttpServerContext

Run-Time Object Model support

- CArchive
- CDumpContext
- CRuntimeClass

Structures

- CCreateContext
- CHttpArg
- CMemoryState
- COleSafeArray
- CPrintInfo

Simple Value Types

- CPoint
- CRect
- CSize
- CSimpleStringT
  - CStringT
  - CFixedStringT
- CTime
- CTimeSpan

Support Classes

- CCmdUI
  - COleCmdUI
- CDHtmlDDX
- CDaoFieldExchange
- CDataExchange
- CDBVariant
- CFieldExchange
- CImage
- COccManager
- COleDataObject
- COleDispatchDriver
- CPropExchange
- CRecentFileList
- CRectTracker
- CWaitCursor

Typed Template Collections

- CTypedPtrArray
- CTypedPtrList
- CTypedPtrMap

OLE Type Wrappers

- _MFC_CFontHolder
- CPictureHolder

OLE Automatioin Types

- COleCurrency
- COleDateTime
- COleDateTimeSpan
- COleVariant

Synchronization

- CMultiLock
- CSingleLock

Visual C++ MFC 윈도우 프로그래밍

Visual C++ MFC 윈도우 프로그래밍

성 윤 정 지음

INFINITYBOOKS
인 피 니 티 북 스

머리말

한참 예민하게 공부하던 시절 사촌 오빠와의 만남에서 저는 컴퓨터 공학이라는 학과에 대해 소개를 받았습니다. 그 당시 사촌오빠는 우리나라 사람이라면 다 알 만한 명문대학의 물리학과를 다니고 있었습니다. 물리학과를 나와서 무엇을 하면 좋을지 참 막막하다는 얘기와 함께 너는 컴퓨터 공학을 전공하라는 충고를 받아 들여 컴퓨터 공학을 전공하게 되었습니다. 졸업을 한 후 한참 프로그래밍에 빠져 살다가 알게 된 애플 컴퓨터에서 윈도우를 처음으로 보게 되었고 무척 신기해하던 중 마이크로소프트사에서도 윈도우즈라는 OS를 선보였습니다. 윈도우즈라는 OS에서 애플리케이션을 개발할 목적으로 나온 MFC, Visual C++란 것을 만나게 되었고 대학을 다니던 학창시절부터 C 언어를 좋아하였기 때문에 저는 자연스럽게 MFC란 것에 매력을 느끼게 되었습니다. 남들이 모두 자바를 외칠 때에도 MFC를 고수하여 왔고 이 열정은 고스란히 닷넷으로 이어졌습니다. MFC를 시작하던 시절에 버전이 3.0이었는데 벌써 비주얼 스튜디오 2008까지 나오게 되었습니다.

오랜 세월동안 수많은 학생들과의 만남 속에서

"Visual C++를 다른 언어에 비해 너무 어려워하고 힘들어하는데 가려운 곳을 긁어 줄 만한 책은 어디에도 없구나!"란 생각을 해 왔습니다.

초보자에게는 너무나 높아 넘기 힘든 산처럼 여기는 MFC를 보면서 학생들에게 희망을 줄 만한 책을 선사하고 싶었습니다. 10여 년이란 세월동안 MFC를 강의해오면서 어떻게 하면 이 프로그램에 쉽게 접근할 수 있을까 수많은 고민을 해왔고 그 고민의 흔적들을 정리하여 이 한 권의 책으로 내 놓게 되었습니다.

시중에 MFC 책들이 많이 나와 있긴 하지만 과감히 이 한권의 책을 집필했던 동기는 Visual C++를 공부하려고 덤볐다가 어렵다는 이미지만 남긴 채 포기해 버리는 수많은 학생들 때문입니다. 이 한권의 책으로 MFC 전부를 완전 정복하기는 어렵겠지만, 보다 재미있게 MFC를 공부할 수 있었으면 하는 바램에서 흥미를 유발시킬 수 있는 예제를 중심으로 책을 집필해 보았습니다. 예제만 따라하는 식으로 공부를 하면 책을 덮고 나서 제대로 프로그램 하나 짤 수 없게 되기 때문에 Visual C++를 이해할 수 있도록 개념을 세워주려고 노력하였습니다.

제가 입버릇처럼 하는 말 중에 하나가 "프로그램은 지겨워"입니다. 세월이 가면 갈수록 노하우가 쌓이기 보다는 신기술에 치여 매일 책과 씨름을 해야 하기 때문입니다. 하지만, 이 때문에 열정을 잃지 않는 사람으로 평가 받을 수 있었을지도 모릅니다. Visual C++가 어렵기 때문에 쉽게 포기해 버리고 말 수도 있지만, 반대로 한번 해 볼 만한데 하는 도전의식을 갖고 매진할 수도 있습니다.

Visual C++를 공부하려고 매번 도전하고 또 중도포기했던 분들에게 이 책을 과감히 권합니다.

"다시 한 번만 더 도전해 보라고.."

"이번에는 정복할 수 있을 것이라고.."

성공적인 삶을 위해서는 주위에 좋은 사람들을 많이 두는 것, 또 하나 좋은 책을 주위에 두는 것입니다. 이 책 한권으로 Visual C++에 흥미를 느껴 자신의 숨어 있던 열정을 다시금 일깨웠으면 합니다.

제가 Visual C++에서 느낀 매력을 여러분도 함께 가질 수 있길 바라면서 이 한권의 책을 냅니다.

끝으로 이 책을 집필할 수 있도록 기회를 주시고 많은 배려를 아끼지 않으신 인피니티북스 안성일 팀장님과 채희만 사장님께 진심으로 감사를 드립니다.

잠실에서 성윤정

이 책의 특징

이 책은 Visual C++를 처음 시작하는 독자의 눈높이에 맞춘 Visual C++ 입문서로서 개념이 눈에 뜨이지 않는 글보다는 그림이나 표를 통해 시각화하여 설명함으로써 좀 더 쉽게 이해할 수 있도록 하였다.

Visual C++에 대해 꼭 알아야 할 기본적인 내용을 다룸으로써 강의용 교재로 사용할 수 있으며, 윈도우 프로그래밍에 처음 또는 초보 입문하고자 하는 컴퓨터 관련학과 학생들의 독학용으로도 활용 가능하다.

10여 년간 Visual C++ 강의 경력이 있는 저자의 노하우를 수록하였으며, 저자가 강의를 통하여 느낀 경험을 바탕으로 Visual C++를 처음 배우려고 하는 독자가 혼자서도 쉽게 Visual C++를 이해하고 스스로 프로그램을 작성할 수 있도록 집필하였다. 예제 프로그램들을 다양하게 수록하여 책을 보고 예제를 직접 작성하는 연습만이 윈도우 프로그래밍학습의 왕도가 될 수 있도록 구성하였다. 난이도를 고려한 세심한 단원 배치와 단원 미리보기 등의 내용을 통해 효과적인 학습이 가능하며, 오랜 시간 강단에 서 온 저자의 경험을 토대로 학생들이 어려워하는 개념과 실수하기 쉬운 부분에 대해서는 상세한 설명을 첨부하였다.

책 전체에 대한 구성과 소개

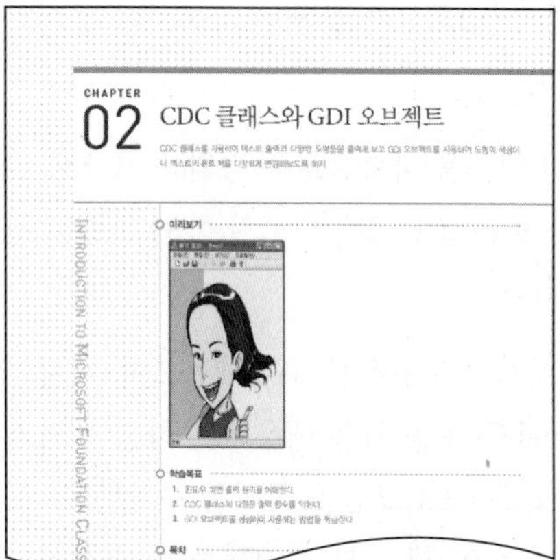

미리보기와 학습목표

각 장의 도입부는 챕터 미리보기와 학습목표로 시작한다. 챕터 미리보기를 통해 보다 효과적인 학습이 가능하며, 학습목표는 각 챕터를 통해서 얻을 수 있는 기대와 기회를 제시하고 요약한다.

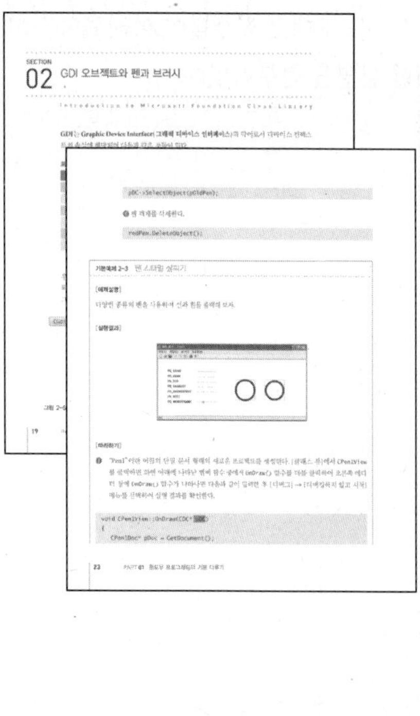

본문과 예제

각 섹션의 목적을 정확히 파악할 수 있도록 섹션마다 개념을 정리해 두었고, 본문에서는 Visual C++의 기본적인 문법 사항을 확실하고 쉽게 짚어주고 체계적으로 자세하게 설명하였다. 각 장의 핵심개념을 다양한 예제를 통해 직접 입력하여 실행 결과를 얻어보도록 함으로써 프로그래밍을 보다 효율적으로 학습하도록 하였으며 예제는 라인마다 주석(설명)을 충분히 기술하여 프로그램의 기능과 흐름을 쉽게 파악할 수 있게 하였다. 모든 소스 코드의 실행결과를 미리보기로 배치하여 읽는 것만으로도 실습하는 것과 같은 효과를 가질 수 있도록 하였다.

연습문제

장이 끝날 때마다 본문에서 익힌 핵심적인 내용을 문제 형식으로 정리한다. 이 문제들을 풀면서 본문에서 배운 내용을 확인해보고 응용력을 배가시킬 수 있다. 「연습문제」에는 기본적인 내용의 이해를 확인하기 위한 프로그램을 작성하는 문제를 수록하였다.

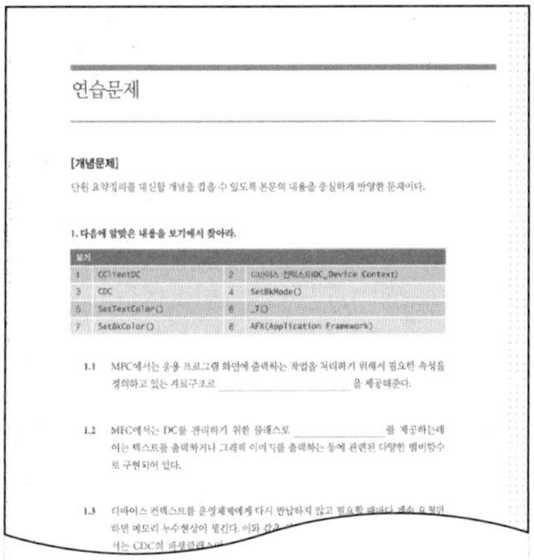
연습문제

실전 프로젝트

책 말미에 실전 프로젝트를 제공해 줌으로써 프로그래밍을 공부하는 독자들이 응용력을 키울 수 있도록 구성하였다.

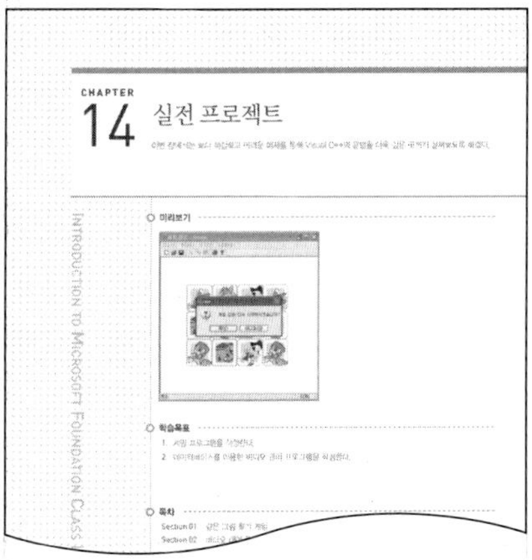
CHAPTER 14 실전 프로젝트

프로그래밍 팁

프로그램 개발에 필요한 디버깅 및 성능 향상에 필요한 여러 가지 팁을 포함한다. 이런 조언들을 통해 좋은 프로그램을 제작할 수 있도록 기초를 제공한다.

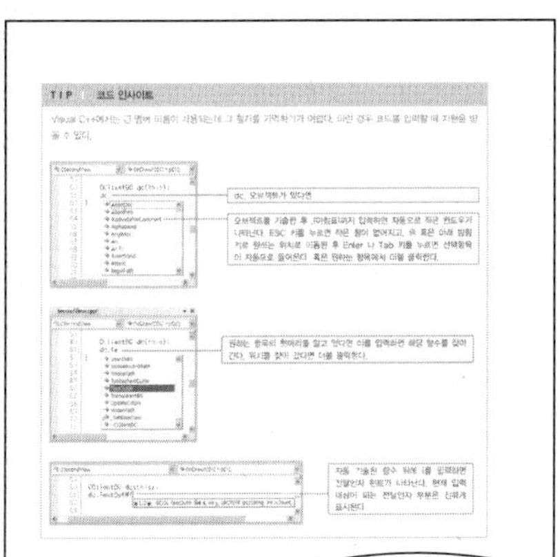
TIP 코드 인사이트

무엇을 다루는가?

이 책은 총 14개장으로 이루어져 있으며 학습자가 반드시 알아야 되는 내용만 다루었기 때문에 학습자의 부담을 덜 수 있도록 구성했다. 그리고 MFC를 이용한 간단한 예제 프로그램을 직접 만들어 봄으로써, 응용력까지 담보했다.

각 장들을 일주일 분량으로 하여, 16주 동안 강의하는 교재로 사용할 수 있도록 하였다. Visual C++를 처음 공부하고자 하는 사람들에게 문법적 사항과 그와 관련된 예제를 통하여 프로그래밍 언어에 좀 더 쉽게 접근하는 방법을 제시하고 있다. 또 총 14개장을 4개의 파트로 나누어서 구성하였으며 마지막 장에서는 실전 프로젝트를 제공해주어 응용력을 키울 수 있도록 하였다.

Part 1 • 윈도우 프로그래밍의 기본 다루기

이 책의 내용을 본격적으로 학습하기 전에 윈도우 프로그래밍에 대한 기본적인 사항을 살펴보는 부분이다. 윈도우 프로그래밍 개요, Visual C++ 소개, MFC 애플리케이션 등에 대한 내용을 다루고 있다.

윈도우 운영체제에서 그래픽을 처리하기 위한 기본 구조인 Device Context를 중심으로 각종 도형을 그리는 방법과 문자를 출력하는 방법, 이미지를 처리하는 방법 등에 대해서 학습한다.

예전의 DOS 환경과 달리 윈도우 환경에서는 키보드, 마우스와 같은 다양한 입력 장치를 사용하는 방법을 설명하고 있다.

Part 2 • 대화상자와 컨트롤 다루기

윈도우 응용 프로그램에서 사용자로부터 정보를 입력받거나 필요한 정보를 출력하기 위한 용도로 사용되는 대화상자를 사용한다. 대화상자에는 다양한 컨트롤을 배치하여 다양한 형태로 사용자의 정보를 입력받을 수 있는데 이들 컨트롤의 종류를 살펴보고 사용방법을 다루고 있다.

Part 3 • 고급 사용자 인터페이스

3부는 Visual C++를 이용하여 애플리케이션을 작성할 때 필수적으로 처리해야 하는 다양한 형태(SDI, MDI, 분할 윈도우 등)의 사용자 인터페이스의 구현 방법을 학습한다. 또한 동일한 자료형 여러 개를 한꺼번에 저장할 수 있는 컬렉션 클래스에 대해서 학습한다.

Part 4 • MFC 고급 다루기

간단한 데이터베이스 애플리케이션 구축에 많이 사용되는 Access MDB를 사용한 애플리케이션을 제작해 본다. 도서 관리 시스템의 개발을 통해 정보를 입력, 수정, 삭제, 검색 하는 등의 기능을 구현하는 방법을 학습하고 TCP/IP 소켓 프로그래밍 기법에 대해서 학습한다. 실전 프로젝트로 게임과 비디오 대여 관리 프로그램을 작성하면서 이 책을 마무리한다.

Visual C++의 핵심 개념을 이해하기 쉽게 그림으로 설명하고, 새로워진 명확한 예제와 설명으로 기초를 튼튼히 다질 수 있도록 하였다. 각 단원에서 학습한 내용들을 이용하여 스스로 문제를 해결하며 프로그래밍 능력을 향상시킬 수 있도록 한다.

학습 일정

본 서는 한 학기동안 중점적으로 익혀야 할 Visual C++의 원리와 다양한 예제, 단원을 마칠 때마다 스스로 해결해야 하는 프로그램 문제를 담은 윈도우 프로그래밍 활용 교재이다. 본문은 총 14개장으로 구성하여 한 학기 16주 동안 모든 장을 학습하도록 구성했다.

주	해당 장	주제
1	1장	윈도우 프로그래밍 들어가기
2	2장	CDC와 GDI 오브젝트
3	3장	MFC에서 메시지 처리하기
4	4장	대화 상자 기본 다루기
5	5장	기본 컨트롤 다루기
6	6장	공통 컨트롤 다루기
7	7장	다양한 대화상자 다루기
8	중간고사	
9	8장	SDI 구조
10	9장	컬렉션 클래스
11	10장	공통 컨트롤 다루기와 배열
12	11장	다양한 뷰와 MDI 구조
13	12장	멀티 스레드
14	13장	데이터베이스 프로그래밍
15	14장	네트워크 프로그래밍
16	기말고사	실전 프로젝트

수업 시간 내에 기본적인 내용과 원리 이해를 하고 실습을 할 수 있도록 예제를 수록하였다.

목차

Part 01

윈도우 프로그래밍의 기본 다루기

1부는 이 책의 내용을 본격적으로 학습하기 전에 윈도우 프로그래밍에 대한 기본적인 사항을 살펴보는 부분이다. 윈도우 프로그래밍 개요, Visual C++ 소개, MFC 애플리케이션 등에 대한 내용을 다루고 있다.

윈도우 운영체제에서 그래픽을 처리하기 위한 기본 구조인 Device Context를 중심으로 각종 도형을 그리는 방법과 문자를 출력하는 방법, 이미지를 처리하는 방법 등에 대해서 학습한다.

예전의 DOS 환경과 달리 윈도우 환경에서는 키보드, 마우스와 같은 다양한 입력 장치를 사용하는 방법을 설명하고 있다.

목차

Chapter **01** 윈도우 프로그래밍 들어가기

윈도우 응용 프로그램을 작성하기 위해 필요한 기본 개념을 정립하고 Visual Studio를 설치한 후 MFC 응용 프로그램 마법사를 사용하여 MFC 프로그램을 작성하는 방법을 학습한다.

Section 01 윈도우 응용 프로그램 개요와 개발 환경 구축하기
Section 02 Visual C++ 프로그램 구조 파악하기
Section 03 디버깅하기

Chapter **02** CDC와 GDI 오브젝트

CDC 클래스를 사용하여 텍스트 출력과 다양한 도형들을 출력해 보고 GDI 오브젝트를 사용하여 도형의 색상이나 텍스트의 폰트 체를 다양하게 변경하는 방법을 학습한다.

Section 01 CDC 클래스와 다양한 출력함수
Section 02 GDI 오브젝트 개념과 종류
Section 03 CFont
Section 04 CBitmap

Chapter **03** MFC에서 메시지 처리하기

윈도우 응용 프로그램은 메시지 처리방식으로 프로그래밍을 하는데 메시지에 대한 개념을 살핀 후 마우스와 키보드를 제어하는 방법과 메뉴를 처리하는 방법을 학습한다.

Section 01 메시지 개념과 종류
Section 02 마우스 메시지
Section 03 키보드 메시지
Section 04 메뉴와 명령 처리기 처리

CHAPTER

01 윈도우 프로그래밍 들어가기

윈도우 응용 프로그램을 작성하기 위해 필요한 기본 개념을 정립하고 Visual Studio를 설치한 후 MFC 응용 프로그램 마법사를 사용하여 MFC 프로그램을 작성하는 방법을 학습한다.

미리보기

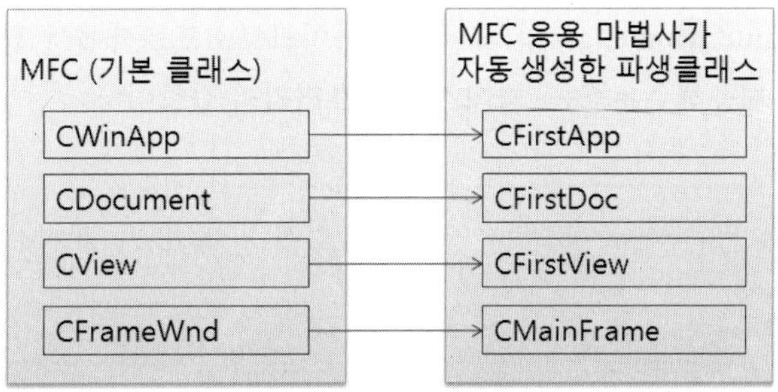

학습목표

1. 윈도우 운영체제에 대한 개념을 정립한다.
2. 윈도우 응용 프로그램의 특징을 살펴본다.
3. 윈도우 MFC 프로그래밍의 기본 개념과 MFC 아키텍처에 대해서 학습한다.
4. MFC 응용 프로그램 작성 과정, 기본 구조, 동작 원리를 이해한다.

목차

SECTION

01 윈도우 응용 프로그램 개요와 개발 환경 구축하기

Introduction to Microsoft Foundation Class Library

우리가 학습하려는 **Visual C++**는 무엇을 하기 위한 것일까? Visual C++는 Windows XP와 같은 **윈도우 운영체제**(이하 윈도우)**에서 동작하는 응용 프로그래밍을 하기 위한 프로그램 언어**의 일종이다. Visual C++를 공부하려고 할 때 흔히 MFC란 용어를 들어 보았을 것이다. MFC는 **Microsoft Foundation Class**의 약어로서 **마이크로소프트사에서 윈도우에서 응용 프로그램을 제작하라고 제공해주는 C++ 클래스 라이브러리의 집합**이다.

MFC를 사용하여 윈도우에서 동작하는 응용 프로그램을 작성하기 위해서 Visual C++를 학습하는 것이다.

그러려면 윈도우의 특징을 잘 이해하고 있어야 한다. 컴퓨터 사용자라면 누구나 윈도우라는 환경에 익숙할 것이다. 하지만, MFC 윈도우 프로그램을 작성하기 위해서 윈도우의 특징들을 살펴보도록 하자.

윈도우는 도스와 같은 텍스트 기반의 운영체제와는 달리 **GUI(그래픽 사용자 인터페이스, Graphic User Interface)**를 제공해 준다.

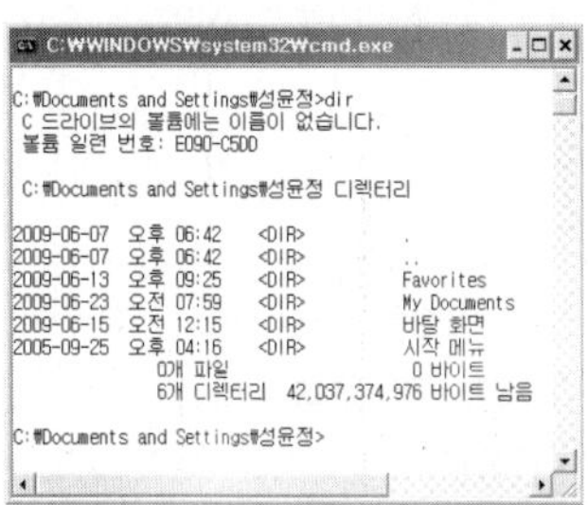

도스(텍스트 기반의 운영체제)

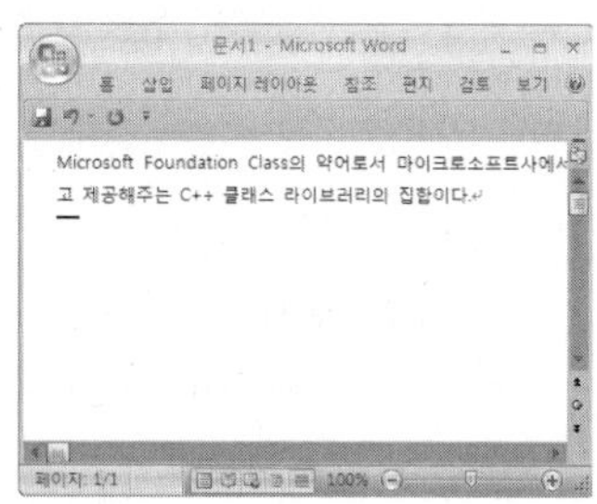

윈도우(그래픽 사용자 인터페이스)

그림 1-1 ● 텍스트 기반의 운영체제와 그래픽 사용자 인터페이스 운영체제

윈도우에서 볼 수 있는 일반적인 프로그램(워드, 엑셀...)은 거의 유사한 사용자 인터페이스를 제공하고 있다. 이는 윈도우 응용 프로그램이 사용자의 편의를 고려하기 때문이다.

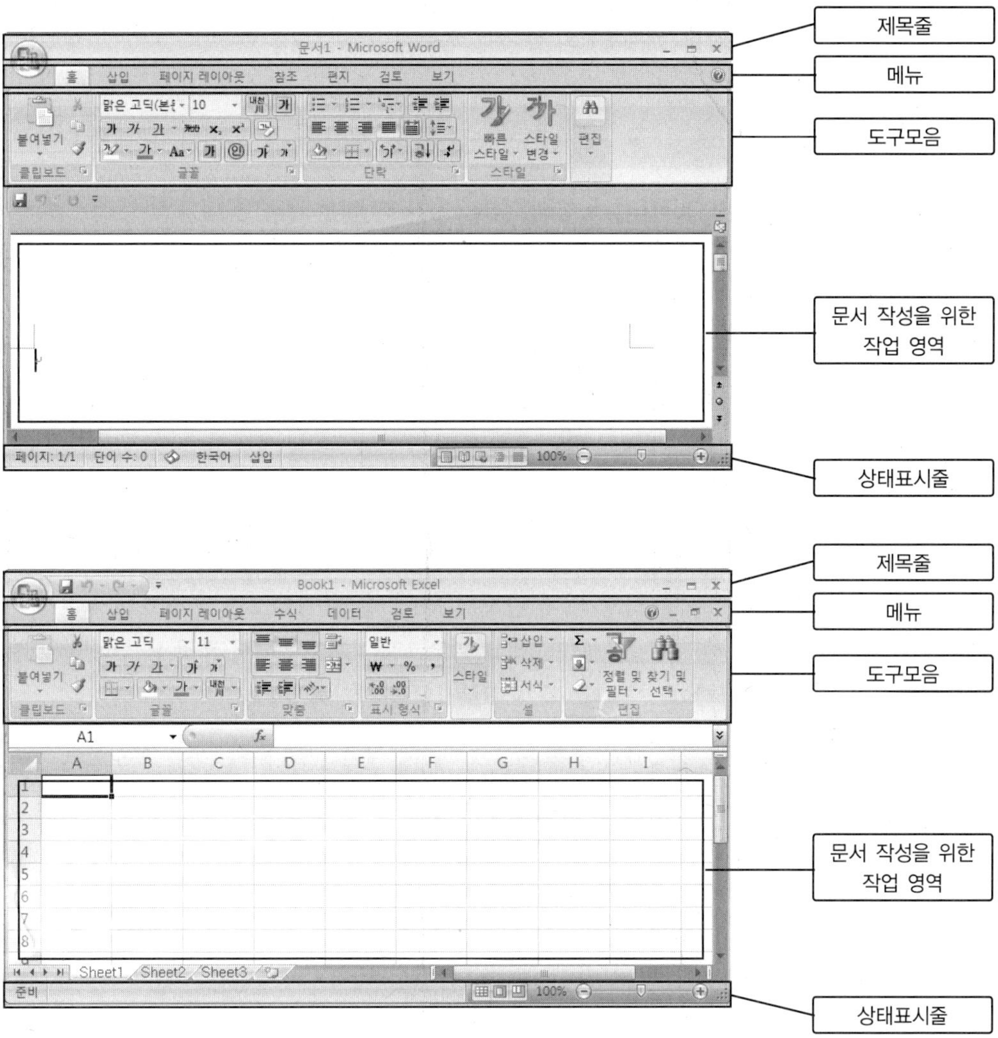

그림 1-2 ● 워드와 엑셀의 사용자 인터페이스

[그림 1-2]의 두 윈도우 응용 프로그램은 사용 목적은 다르지만 동일한 사용자 인터페이스를 제공한다. 워드를 사용했던 사용자가 쉽게 엑셀을 사용할 수 있는 이유는 이렇게 동일한 사용

자 인터페이스를 제공하기 때문이다. 이것은 엑셀과 워드에만 국한된 것이 아니고 어떤 윈도우 응용 프로그램도 유사한 사용자 인터페이스로 구성하여 사용자에게 편의를 제공해 준다.

MFC 응용 프로그램 역시 위에서 살펴본 워드나 엑셀과 유사한 인터페이스를 갖는다. 다음은 이번 절에서 우리가 앞으로 실습할 예제의 실행 결과 화면이다.

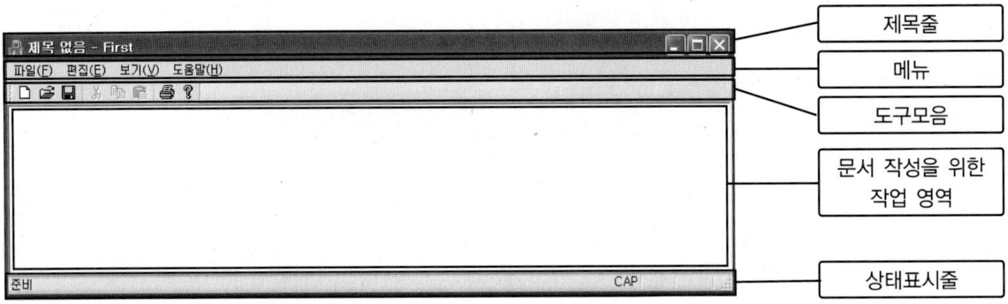

그림 1-3 ● MFC 응용 프로그램의 사용자 인터페이스

MFC 응용 프로그램은 마이크로소프트사에서 제공해주는 비주얼 스튜디오를 사용하여 제작하는데 일반적으로 비주얼 스튜디오 내에 탑재된 **MFC 응용 프로그램 마법사**를 사용한다. MFC 응용 프로그램 마법사로 생성된 MFC 응용 프로그램은 **윈도우에서 흔히 볼 수 있는 응용 프로그램들과 유사한 인터페이스를 갖는 응용 프로그램을 작성해 준다.**

비주얼 스튜디오가 제공해주는 MFC 응용 프로그램 마법사로 실제 MFC 응용 프로그램을 작성해보면서 지금까지 설명한 내용을 증명해 보도록 하자. 그러기 위해서 비주얼 스튜디오가 설치되어 있어야 한다. 비주얼 스튜디오 설치방법을 살펴보도록 하자.

실습하기 Visual Studio 설치

1 DVD 디스크를 넣거나 다운로드된 이미지 파일을 가상 디스크에 삽입하면 다음과 같이 [Visual Studio 2008 설치] 대화상자가 나타난다. [Visual Studio 2008 설치] 링크 메뉴를 선택한다.

2 Visual Studio 2008 설치 마법사가 실행되며 설치 구성 요소를 로드하는 화면이 나타난다. 로드가 완료되었으면 <다음> 버튼을 누른다.

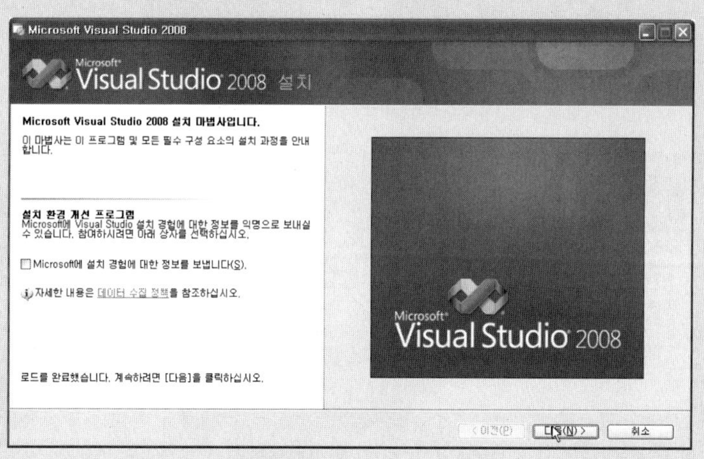

3 사용자 약관 동의 및 제품 키를 입력하는 화면이 나타나면 [동의함]에 체크하고 제품 키와 이름을 입력한 후에 <다음> 버튼을 누른다.

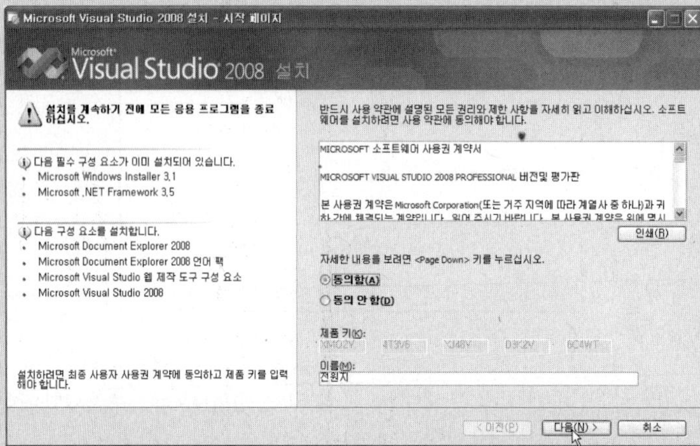

4 설치할 기능 선택 화면이 나타나면 [기본값]란을 체크하고 설치할 경로를 입력한 다음 <설치> 버튼을 누른다.

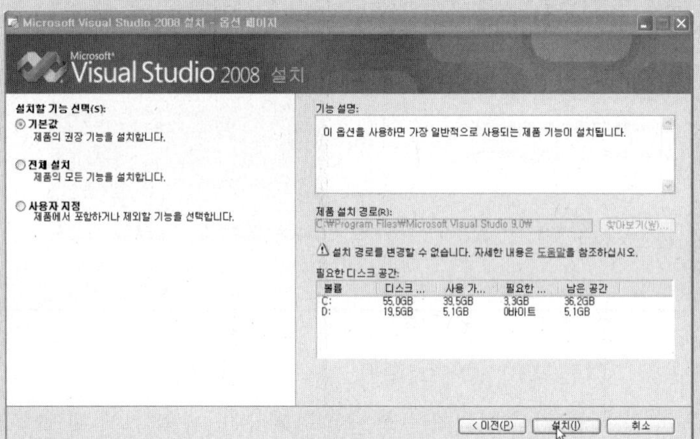

5 다음과 같이 구성 요소 설치 진행 사항이 나타난다. 진행 사항이 종료되면 "Visual Studio 2008 설치가 완료되었습니다." 라는 메시지가 나타나고 <마침> 버튼을 눌러 설치를 종료한다.

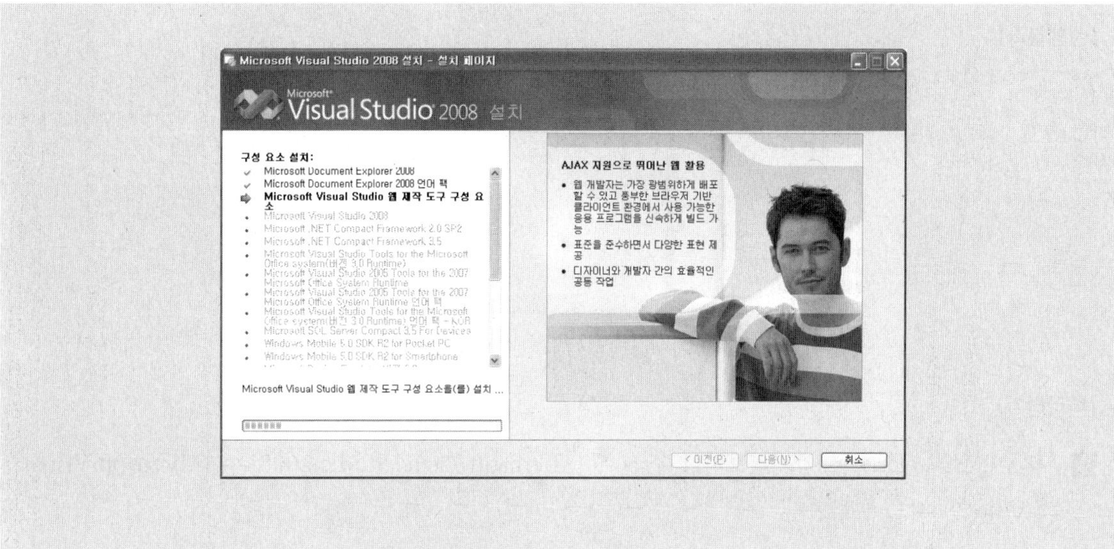

기본예제 1-1 Visual Studio 2008에서 첫 번째 예제 작성하기

[예제설명]

비주얼 스튜디오를 사용하여 MFC 응용 프로그램을 개발할 경우 일반적으로 백지 상태에서 코딩하는 경우는 거의 없다. MFC 응용 프로그램 마법사를 사용하면 **프로젝트 템플릿**을 제공받기에 프로그래머는 별 다른 코딩을 하지 않더라도 가장 기본적인 윈도우 구조의 응용 프로그램을 위한 코드가 자동으로 생성된다.

비주얼 스튜디오를 사용해서 작성하는 MFC 프로그램은 크게 다중 문서(Multi Document Interface), 단일 문서(Single Document Interface), 대화 상자 기반(Dialog Based) 형태로 나눌 수 있다. 윈도우 프로그래밍의 가장 기본적인 구조는 단일 문서 구조의 응용 프로그램으로 MFC 응용 프로그램 마법사를 사용하여 단일 문서 프로그램의 뼈대를 만들어 보도록 하자. 단일 문서 프로그램은 메모장과 같이 한 순간에 한 개의 문서만 오픈할 수 있는 구조이며 다음과 같은 실행결과 화면을 제공해 준다.

【실행결과】

【따라하기】

1 비주얼 스튜디오를 실행시켜보자. [시작] → [Microsoft Visual Studio 2008] → [Microsoft Visual Studio 2008]을 선택한다.

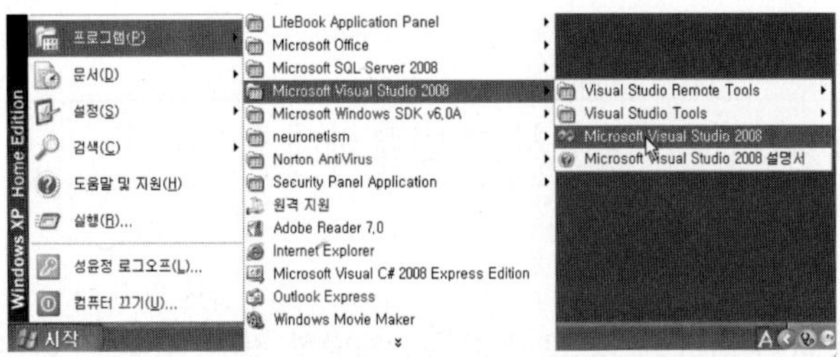

2 [기본 환경 설정 선택] 창이 나타나면 [Visual C++ 개발 설정]을 선택하고 [Visual Studio 시작] 버튼을 선택하면 필요한 환경 설정을 위한 시간이 몇 분 소요된다.

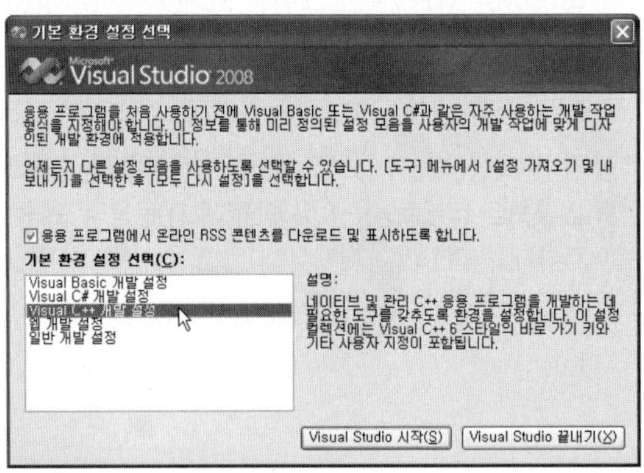

3 환경 설정이 완료된 후 다음과 같은 시작 페이지가 나타난다.

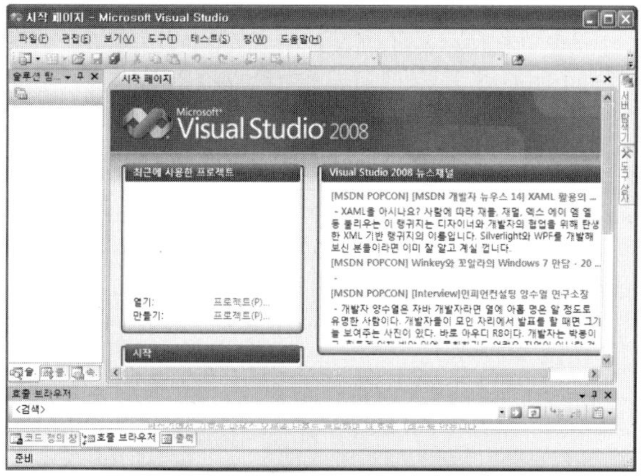

4 새로운 프로젝트를 만들기 위해서 [파일] → [새로 만들기] → [프로젝트...] 메뉴를 선택한다.

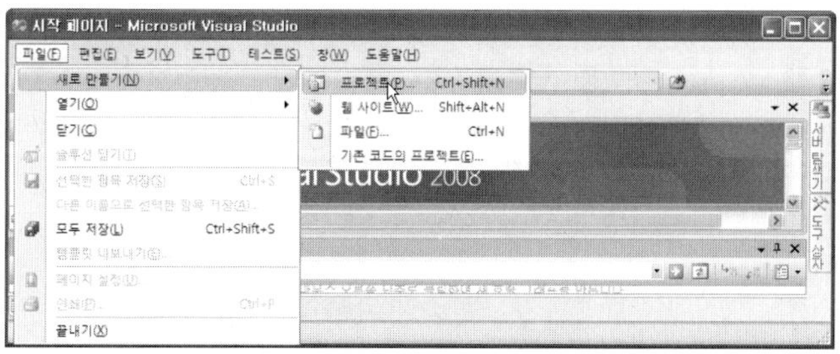

5 [새 프로젝트] 창의 [프로젝트 형식]에서 [Visual C++]를 선택하고 [MFC]를 선택한다. [템플릿]에서는 [Visual Studio에 설치되어 있는 템플릿] 항목 중 [MFC 응용 프로그램]을 선택한 후에 [이름:]에 작성할 프로그램명을 입력한다. 본서에서는 "**First**"를 입력하였다. 작성할 프로젝트를 저장할 폴더를 결정해야 한다. 처음에 표시되는 표준 폴더명은 "C:\Documents and Settings\성윤정\My Documents\Visual Studio 2008\Projects"이다. 저장될 위치를 변경하기 위해서 [위치:] 입력란 오른쪽 [찾아보기...] 버튼을 누른 후 [프로젝트 위치] 창이 나타나면 [새 폴더 만들기] 버튼을 누른 후 "MFC_WORK"를 입력한 후 <확인> 버튼을 누른다. [프로젝트 위치] 창이 닫히면 다시 한 번 <확인> 버튼을 누른다.

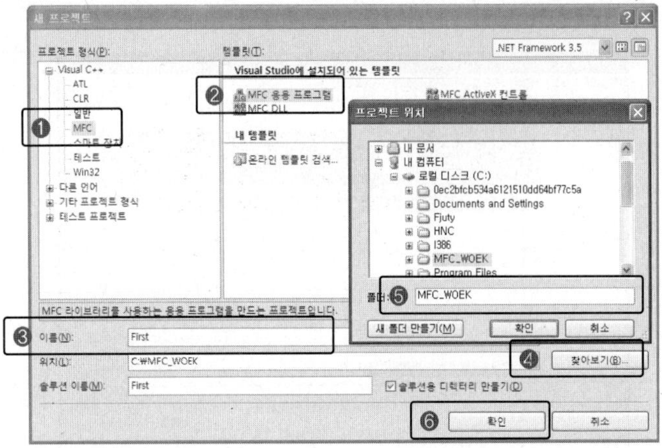

6 MFC 응용 프로그램 마법사 창의 초기화면은 생성될 프로젝트의 개요가 나타난다. <다음> 버튼을 클릭한다.

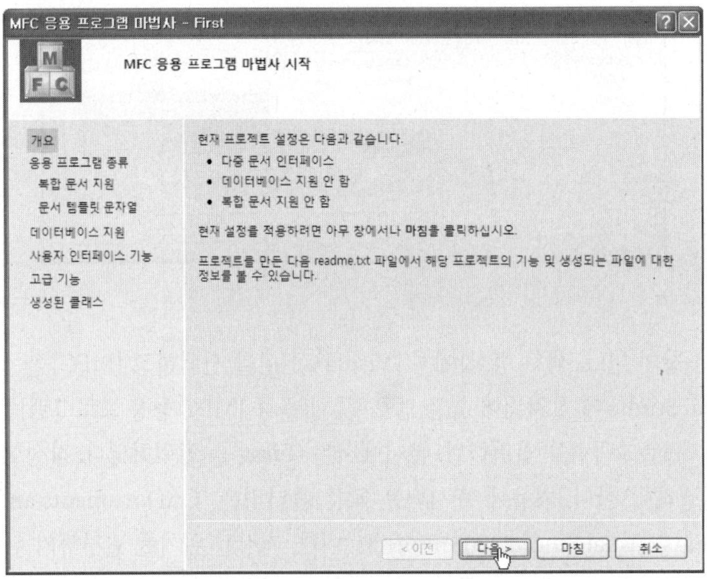

7 응용 프로그램 종류를 선택하는 창이 나타나면 응용 프로그램의 설정을 위한 항목을 선택한다. 기

본적으로 다중 문서가 선택되어 있지만, 우리는 단일 문서 구조의 응용 프로그램을 작성하기로 하였기 때문에 [**단일 문서**] 항목을 선택한다. 나머지 항목에 대해서는 기본적으로 설정된 상태 그대로 두고 <다음> 버튼을 클릭한다.

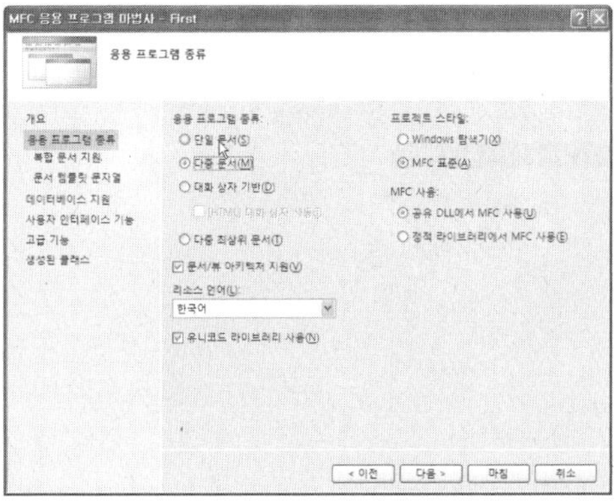

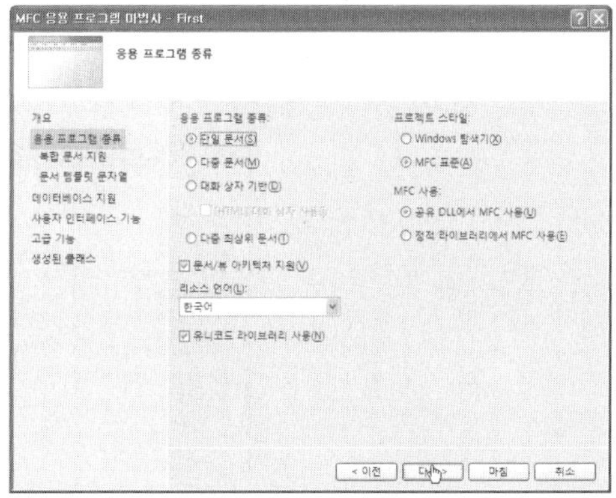

[응용 프로그램 종류]

옵션에서는 생성될 응용 프로그램의 구조를 결정하는 옵션을 설정하게 된다. 다음은 각 옵션에 대한 설명이다.

옵션	설명
응용 프로그램 종류	생성할 응용 프로그램의 유형을 선택한다. • **단일 문서 :** 메모장과 같이 한순간에 한 개의 파일만 사용할 수 있는 응용 프로그램 • **다중 문서 :** 워드 프로세서(마이크로소프트 워드)와 같이 한순간에 여러 개의 파일을 사용할 수 있는 응용 프로그램 • **대화 상자 기반 :** 계산기와 같은 컨트롤을 포함한 응용 프로그램
프로젝트 스타일	응용 프로그램의 스타일을 선택한다. • **Windows 탐색기 :** 윈도우 탐색기와 같은 인터페이스를 갖는 응용 프로그램 • **MFC 표준 :** 일반적인 MFC 응용 프로그램
MFC 사용	MFC 라이브러리를 사용하는 방법을 설정한다. • **공유 DLL MFC 사용 :** MFC 라이브러리를 공유 DLL로 사용함 • **정적 라이브러리에서 MFC 사용 :** MFC 라이브러리를 정적으로 링크함
문서/뷰 아키텍처 지원	생성한 응용 프로그램이 Document/View 아키텍처를 지원할 것인지 여부를 선택한다.
리소스 언어	사용할 언어를 선택한다.

응용 프로그램 종류 항목에서 응용 프로그램 종류만 [단일 문서]로 변경하고 나머지는 기본 설정을 따른다.

8 [복합 문서 지원] 옵션에서는 OLE 기능과 관련된 옵션을 설정하게 되는데 기본적으로 [없음]으로 설정되어 있다. 아직은 OLE 기능에 대한 사항이 어렵게 느껴지므로 기본 설정 값인 [없음]으로 그대로 두고 <다음> 버튼을 클릭한다.

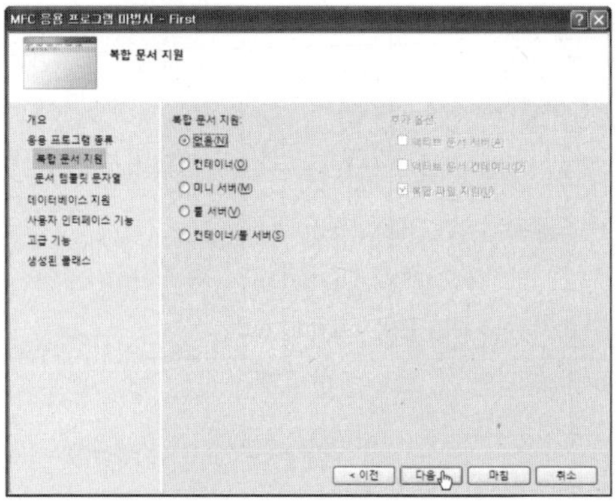

9 [문서 템플릿 문자열] 옵션에서는 문자열에 관련된 옵션을 지정하는 화면인데 여기서도 기본 설정을 그대로 두고 <다음> 버튼을 클릭한다.

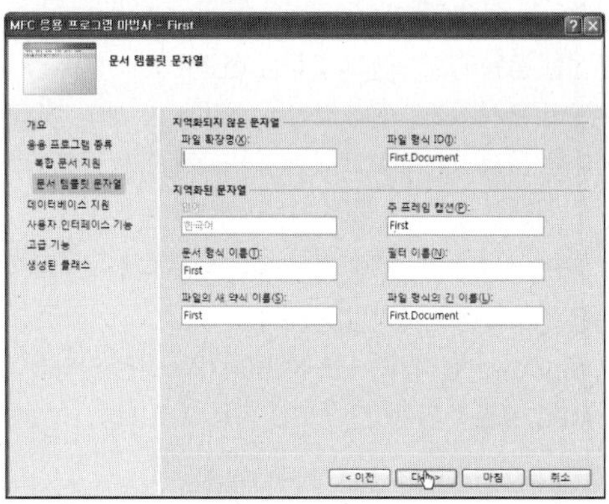

10 [데이터베이스 지원] 옵션에서는 역시 데이터베이스에 익숙하지 않은 독자들은 생소하게 느껴질 수 있으므로 기본 설정을 그대로 두고 <다음> 버튼을 클릭한다.

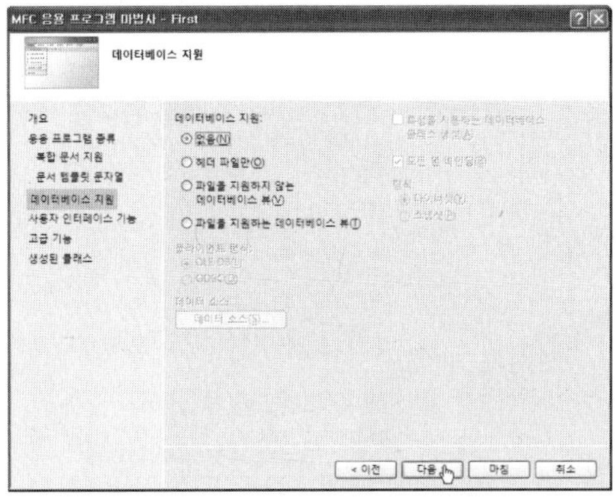

⑪ [사용자 인터페이스] 옵션에서는 최소화 버튼, 최대화 버튼, 메뉴, 상태 바와 같은 애플리케이션 외형과 관련된 사항을 설정한다. 기본 설정을 그대로 두고 <다음> 버튼을 클릭한다.

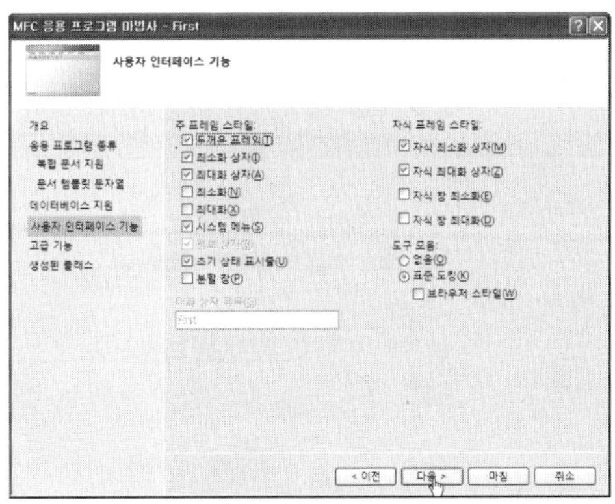

⑫ [고급 기능] 옵션에서는 사용자 인터페이스, 자동화, 통신을 포함한 고급 기능을 설정하는데 이 역시 기본적으로 설정된 상태 그대로 두고 <다음> 버튼을 클릭한다.

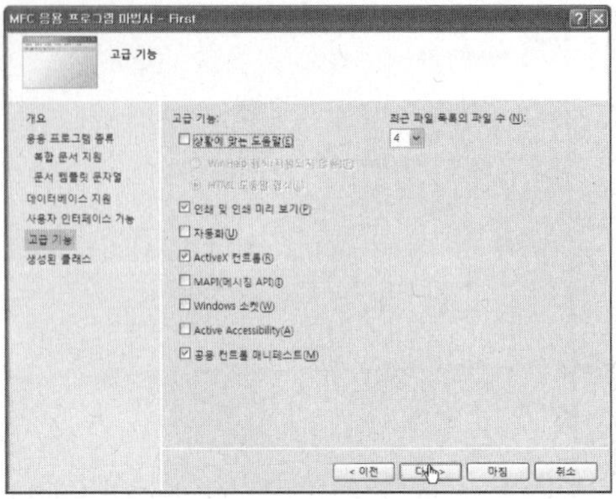

⑬ [생성된 클래스] 옵션에서는 MFC 응용 프로그램 마법사가 생성한 파일과 클래스의 정보를 알려줌과 동시에 사용자가 원한다면 변경이 가능하다. 여기서는 기본적으로 설정된 상태 그대로 두고 <마침> 버튼을 클릭한다. 옵션 설정을 모두 끝낸 후 <마침> 버튼을 누르면 MFC 응용 프로그램 마법사에 의해서 프로젝트가 생성된다.

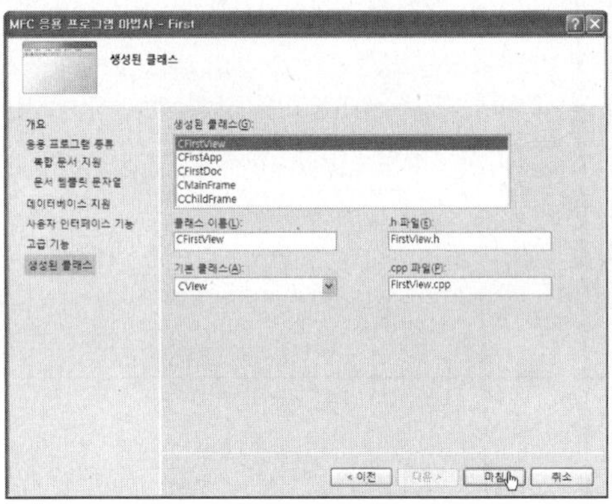

⑭ 실행 결과를 확인하려면 [디버그] → [디버깅하지 않고 시작] 메뉴를 선택한다.

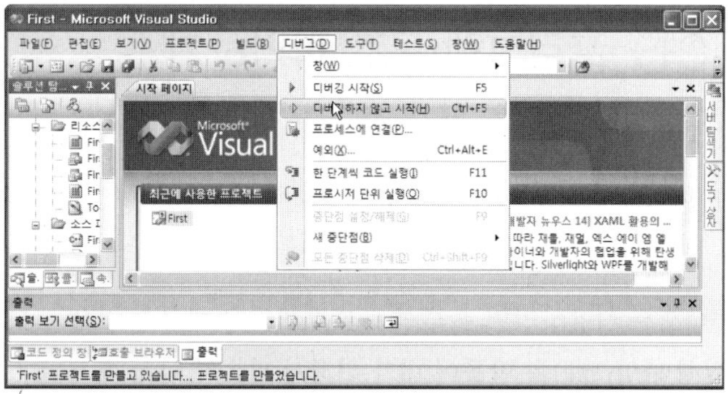

⑮ 컴파일 에러가 없으면 [따라하기]를 하기 전에 제시했던 실행결과가 얻어진다.

위 예제를 통해서 알 수 있는 것은 MFC 응용 프로그램 마법사로 프로젝트를 진행하면 옵션 몇 개만 선택하는 것으로써 손쉽게 윈도우 응용 프로그램을 작성할 수 있다는 점이다. 이는 MFC 응용 프로그램 마법사가 윈도우 응용 프로그램이라면 기본적으로 갖추어야 할 기본 골격을 위한 코드를 자동 생성해 주기 때문이다. 우리가 예를 들어 메모장이나 그림판과 같은 기능을 하는 응용 프로그램을 개발하고자 한다면 마법사가 자동 생성해준 코드에 부가적으로 코드를 추가해야 한다. 하지만 이미 Visual C++로 간단하게나마 프로그래밍을 했던 분들이라면 어디에 어떤 코드를 추가해야 하는지 암담해 했던 경험이 있을 것이다. Visual C++로 프로그래밍을 하기 위해서는 MFC 응용 프로그램 마법사로 생성된 코드들을 이해하는 것이 무엇보다도 우선되어야 한다.

이러한 코드들은 하나의 파일에 생성되지 않고 상당히 많은 `.cpp`나 `.h`에 기술되어 있다. 즉, MFC 응용 프로그램 마법사가 상당히 많은 파일들과 함께 그 안에 코드들을 기술해 놓은 것이다. 물론 MFC 응용 프로그램이 생성한 엄청난 양의 코드를 이해하기란 쉽지 않지만, 자꾸 반복해서 보다보면 어느 정도 MFC 구조를 이해할 수 있게 될 것이다.

SECTION

02 Visual C++ 프로그램 구조 파악하기

Introduction to Microsoft Foundation Class Library

비주얼 스튜디오를 사용하려면 솔루션과 프로젝트에 대한 개념을 알고 있어야 한다. **프로젝트란 하나의 실행 파일(exe)을 만들어 내기 위해서 필요한 여러 개의 소스 파일과 헤더 파일 등을 하나로 묶어 놓은 것**을 말한다. 비주얼 스튜디오로 프로그램을 작성하기 위해서 프로젝트를 새롭게 생성하였다. 솔루션은 따로 만들어 주지 않으면 프로젝트를 생성하는 과정에서 프로젝트와 동일한 이름으로 자동으로 생성된다. 우리는 이렇게 자동으로 생성되는 솔루션을 사용하였기에 다음과 같은 결과가 얻어진다.

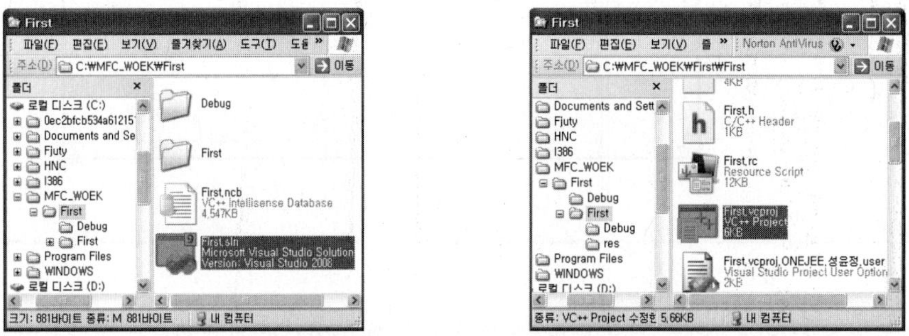

그림 1-4 ● 솔루션과 프로젝트 폴더 구조

"MFC_WORK" 폴더에 프로젝트 생성할 때 입력한 "First"와 동일한 이름의 폴더가 만들어진다. 이 폴더에 솔루션 파일(First.sln)이 자동 생성됨을 확인할 수 있다. 이번에는 "First\First"로 들어가면 프로젝트 파일(First.vcproj)이 자동 생성됨을 확인할 수 있다.

다음은 위 기본예제를 통해서 생성된 프로젝트의 파일 구성을 살펴보기 위해서 윈도우 탐색기에서 본 프로젝트 폴더의 내용이다.

그림 1-5 ● 프로젝트 폴더 내용

Visual C++ 프로그램에서는 아주 간단한 예제를 만드는 데도 상당히 많은 .cpp 파일들을 필요로 한다. 더욱이 이러한 파일들은 마이크로소프트사에서 설정한 구조이기에 사용자가 이 파일들의 구조를 파악하기란 어렵다. MFC로 공부해보았다면 자신이 현재 어디에 코드를 입력하고 있는지 파악하지 못하는 경험을 종종 했을 것이다. 자신이 왜 그런 코딩을 그곳에 하는지 확실히 알고 입력하려면 MFC 응용 프로그램 마법사가 생성해준 전체 코드를 이해해야만 한다. 전체 구조를 이해하지 못하면 Visual C++를 이해하지 못한다고 해도 과언이 아니다.

솔루션 탐색기

전체 코드를 분석하기 위해서 이들 파일들을 윈도우 탐색기에서 확인할 필요는 없다. 비주얼 스튜디오에서도 쉽게 찾아 볼 수 있다. 비주얼 스튜디오 개발 환경을 파악하면서 MFC 응용 프로그램을 개발하기 위해서 필요한 내용들을 살펴보도록 하자. 화면 왼쪽에서 [솔루션 탐색기] 창을 확인할 수 있다. [솔루션 탐색기] 창이 안 보이면 [보기] → [솔루션 탐색기] 메뉴를 선택한다.

[솔루션 탐색기]에서 "First"란 이름의 솔루션을 발견할 수 있고, "First"란 솔루션에는 "First"란 프로젝트가 포함되어 있음을 확인할 수 있다.

솔루션 탐색기에서 "First" 프로젝트 앞의 [+]를 클릭한 후, [리소스 파일] 앞의 [+]를 클릭하면 리소스 관련 파일들이 보이고 [소스 파일] 앞의 [+]를 클릭하면 확장자가 .cpp인 파일들이 나타나고 [헤더 파일] 앞의 [+]를 클릭하면 확장자가 .h인 파일들이 나타난다. [솔루션 탐색기]에서는 **MFC 응용 프로그램 마법사가 생성해준 파일들을 찾기 쉽게 하기 위해서 이렇게 [리소스 파일], [소스 파일], [헤더 파일] 3 종류로 나누어서 보여준다.**

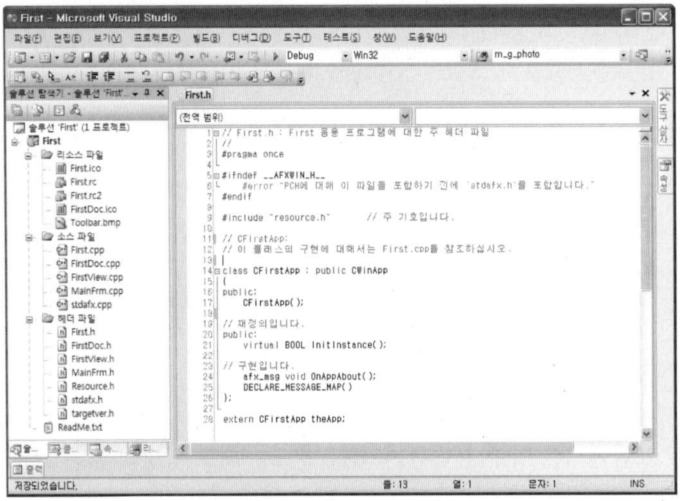

그림 1-6 ● 솔루션 탐색기

클래스 뷰

[**솔루션 탐색기**]가 **물리적인 파일 관계**를 보여주는 것이라면 [**클래스 뷰**]는 **논리적인 클래스 관계**를 보여준다. 즉, 각 클래스의 멤버 변수와 함수들을 일목요연하게 볼 수 있도록 하며, 마우스 더블 클릭으로 멤버 변수가 선언된 위치나 함수가 정의된 위치를 손쉽게 찾아 갈 수 있다.

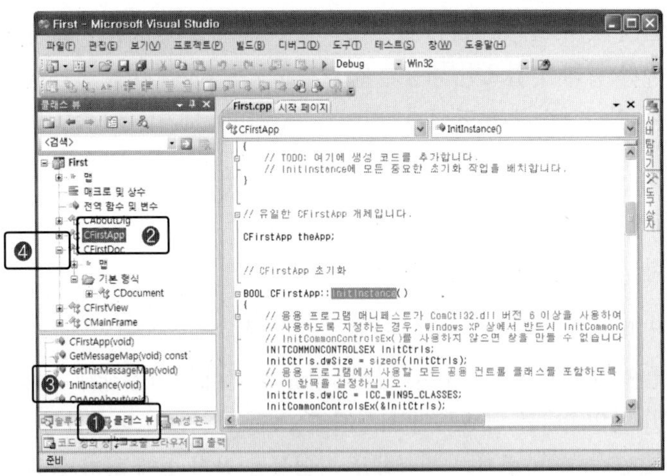

그림 1-7 ● 클래스 뷰

❶ 화면 왼쪽에 나타난 창의 아래쪽을 살펴보면 화면 전환을 위한 탭이 제공된다. 프로젝트를 시작하면 기본적으로 [솔루션 탐색기] 탭이 선택되어 있는데 클래스의 목록을 살펴보려면 [클래스 뷰] 탭을 선택하여 화면을 전환한다.

❷ "First" 프로젝트 앞의 [+]를 클릭한 후, [클래스 뷰]는 클래스의 목록을 보여주는 창과 해당 클래스의 멤버변수와 멤버 함수를 보여주는 창으로 분할되어 있는데 화면 위쪽에서 특정 클래스(CFirstApp)를 선택하게 되면 화면 아래쪽 목록에 멤버변수와 멤버 함수들이 나타난다.

❸ 화면 아래쪽의 멤버 함수 InitInstance(void)를 더블 클릭하면 화면 오른쪽에 창이 하나 생기면서 해당 함수가 정의되어 있는 소스파일이 열릴 뿐만 아니라 해당 함수가 정의되어 있는 위치로 이동한다.

❹ 클래스 이름(CFirstDoc) 왼쪽의 확장버튼 [+]을 누르면 [맵]과 [기본 형식]이 나타난다. [기본 형식] 왼쪽의 확장버튼 [+]을 누르면 해당 클래스가 어떤 MFC 클래스(CDocument)로부터 상속되었는지를 알려준다. MFC는 C++ 언어를 기반으로 하기에 객체지향의 특징인 상속성이 제공된다. 상속성은 이미 존재하는 클래스의 파생 클래스를 만들 수 있는데 이럴 경우 파생된 클래스는 이미 존재하는 클래스의 성격을 그대로 닮아가게 된다. CFirstDoc는 CDocument 클래스에서 파생된 클래스이다. CFirstDoc는 마이크로소프트사에서 제공해주는 CDocument 클래스의 성격을 그대로 닮게 된다. 우리는 MFC 응용 프로그램 마법사가 생성해 준 CFirstDoc 클래스에 로직을 추가해 가면서 프로그래밍을 하지만, CFirstDoc 클래스를 내가 원하는 대로 사용하기 위해서는 기본 클래스(base 클래스)인 CDocument 클래스의 성격 파악이 우선적으로 되어 있어야 한다.

[그림 1-7]의 클래스 뷰 창에 나타난 내용인 CFirstDoc 클래스를 근거로 설명하였지만, MFC 응용 프로그램 마법사가 생성한 모든 클래스들은 MFC를 기본 클래스로 갖는 파생 클래스이다. 다음은 프로젝트 명을 First로 주었을 때 MFC 응용 프로그램 마법사가 생성한 클래스에 대해 기본적으로 알고 있어야 하는 내용을 정리해 놓은 표이다.

표 1-1 ● MFC 응용 프로그램 마법사가 생성한 클래스

클래스이름	기본클래스	.h 파일	.cpp 파일	역할
CFirstDoc	CDocument	FirstDoc.h	FirstDoc.cpp	• 뷰에 출력될 데이터 관리 • 파일에 데이터 저장 및 로드
CMainFrame	CFrameWnd	MainFrm.h	MainFrm.cpp	• 프로그램의 메인 윈도우를 관리 • 메뉴와 툴바와 상태바와 같은 비 클라이언트 영역을 관리

CFirstApp	CWinApp	First.h	First.cpp	• 프로그램의 시작과 끝을 제어 • 3개(뷰, 도큐먼트, 프레임 워크)로 도큐먼트 템플릿을 생성
CFirstView	CView	FirstView.h	FirstView.cpp	• 화면에 보여주는 역할 • 마우스가 클릭되었다는 이벤트 처리 • 키가 눌렸다는 이벤트 처리

첫 번째 칸에는 MFC 응용 프로그램 마법사가 생성한 클래스를 기술해 놓고, 두 번째 칸에는 이들 클래스들이 어떤 MFC로부터 상속되었는지는 기본 클래스를 기술해 두었다.

클래스는 각각 클래스의 정의를 기술해 놓은 헤더파일(`.h` 파일)과 클래스 내의 멤버 함수의 정의를 기술해 놓은 구현 파일(`.cpp` 파일) 두 개로 구성된다. [표 1-1]의 세 번째, 네 번째 칸에 각 클래스와 관련된 헤더 파일과 구현 파일명을 기술해 놓았다.

마지막 칸에는 각 클래스들의 역할에 대해서 기술했다. 이미 설명한 바 있지만, MFC는 C++ 언어를 기반으로 하기에 객체지향의 상속성이란 특징 때문에 MFC 응용 프로그램 마법사가 생성한 클래스는 이들의 기본 클래스에 의해서 성격이 결정된다. `CFirstDoc`가 데이터 관리와 파일에 데이터 저장 및 읽어오는 기능을 수행하는 이유는 `CDocument` 클래스에서 파생되었기 때문이다.

만일 `CTestDoc` 클래스가 `CDocument` 클래스의 상속을 받는다면 그 역할은 `CFirstDoc`와 마찬가지가 된다. 각 클래스의 역할은 어떤 MFC를 기본 클래스로 두었느냐에 의해서 규정되며 당분간 우리가 살펴볼 클래스는 MFC 응용 프로그램 마법사가 제공해주는 [표 1-1]의 클래스에서 크게 벗어나지 않으므로 [표 1-1]의 내용을 잘 기억해 두면 앞으로 학습해 나가는데 큰 어려움이 없을 것이다.

[표 1-1]의 기본 클래스는 마이크로시스템즈에서 제공해주는 MFC인데 이들 역시 다른 클래스의 상속을 받고 있다. 다음은 MFC의 전반적인 계층도이다. MFC는 크게 두 분류로 나눌 수 있는데, 하나는 `CObject`로부터 파생된 부류이고 다른 하나는 `CObject`로부터 파생되지 않고 독립적으로 존재하는 부류이다.

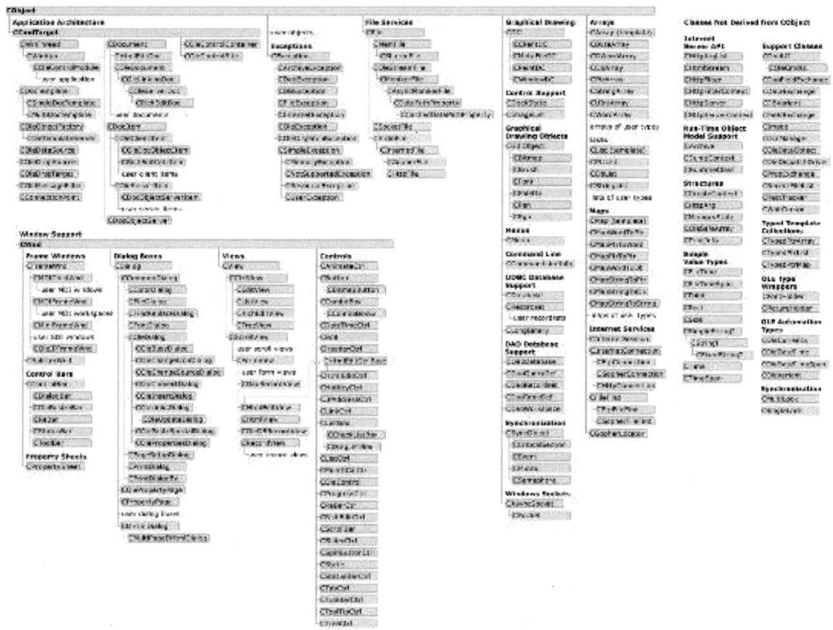

그림 1-8 ● MFC 계층도

위 그림의 MFC 중에서 우리가 당분간 학습할 내용과 관련된 클래스들에 대해서만 다시 간략하게 정리해 보았다.

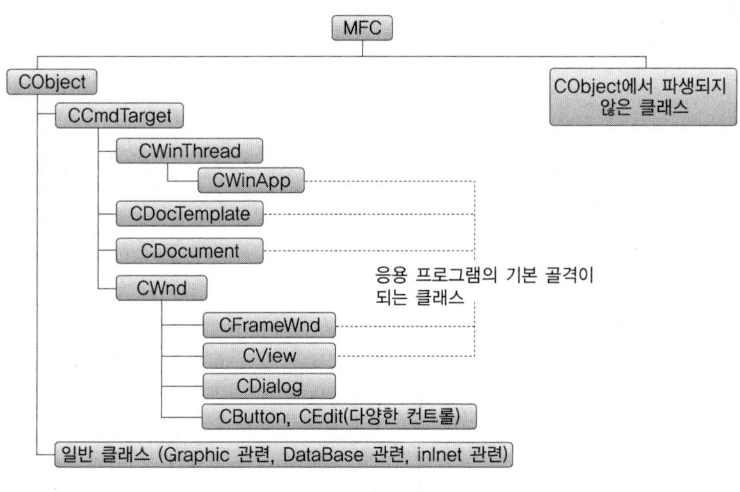

그림 1-9 ● 주요 MFC 계층도

MFC 응용 프로그램 마법사가 생성한 클래스를 위 클래스 계층구조에 접목시켜 어떤 계층구조를 가지는지 살펴보자. 프로젝트 명을 First로 주었을 때 MFC 응용 프로그램 마법사가 생성한 클래스를 기본으로 설명한다.

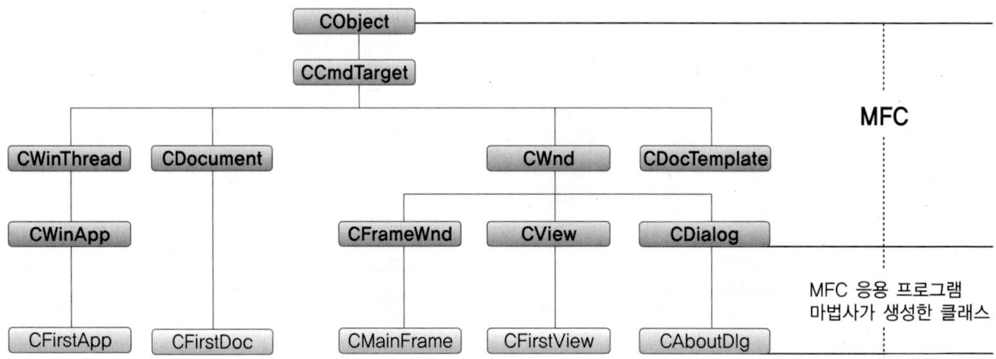

그림 1-10 ● MFC 응용 프로그램 마법사가 생성한 클래스와 MFC 클래스 계층 관계

맨 아래 단계에 기술된 5개의 클래스는 MFC 응용 프로그램 마법사가 생성한 클래스이다. `CFirstApp`, `CFirstDoc`, `CMainFrame`, `CFirstView`, `CAboutDlg` 클래스들을 파생시킨 MFC 클래스들(`CWinApp`, `CDocument`, `CFrameWnd`, `CView`, `CDialog`)은 또 다른 클래스로부터 상속을 받기 때문에 MFC 응용 프로그램 마법사가 생성한 클래스는 우리가 아무런 내용을 기술하지 않았어도 다양한 기능들을 제공받을 수 있게 된다.

MFC 응용 프로그램의 기본 골격을 이루는데 절대적인 역할을 하는 클래스를 AFX(Application Framework)클래스라고 하는데, **`CWinApp`, `CDocument`, `CFrameWnd`, `CView`** 4개의 클래스로 구성된다.

MFC 응용 프로그램 마법사는 이들 AFX 클래스의 상속을 받은 파생 클래스를 생성해 주는데, 우리가 작성한 기본 예제에서는 프로젝트 이름을 First로 주었기 때문에 파생 클래스가 각각 `CFirstApp`, `CFirstDoc`, `CMainFrame`, `CFirstView`로 생성된다.

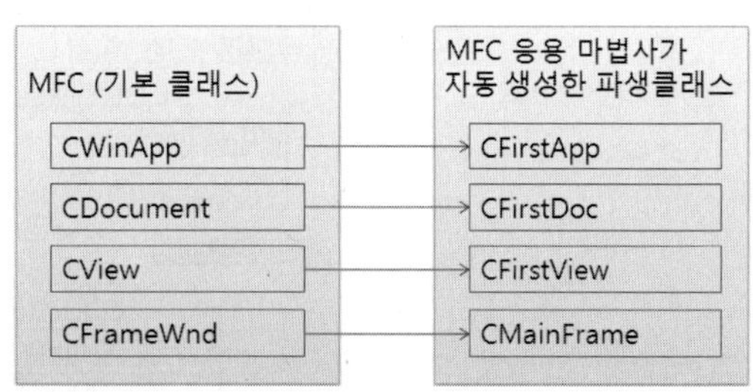

이들은 윈도우 응용 프로그램을 만드는데 핵심적인 기능을 한다.

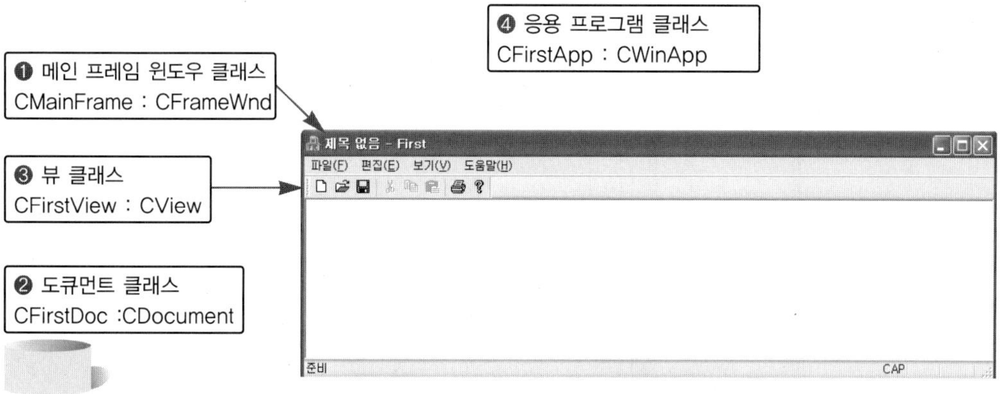

그림 1-11 ● AFX 클래스의 역할

❶ 메인 프레임 윈도우 클래스(CMainFrame : CFrameWnd)

사용자로 하여금 윈도우 응용 프로그램이라고 느낄 수 있는 기본적인 틀 형태를 제공해주는 클래스로서 제목줄, 메뉴, 툴바, 상태바, 뷰 등 여러 가지 자식 윈도우로 구성된다.

❷ 도큐먼트 클래스(CFirstDoc : CDocument)

뷰에 출력될 데이터를 내부적으로 저장하고 관리하는 영역으로 우리가 볼 수는 없다.

❸ 뷰 클래스(CFirstView : CView)

사용자와의 인터페이스를 위해서 사용되는 영역으로 실질적으로 응용 프로그램의 결과를 출력해주는 영역으로 CDocument 클래스가 관리하는 데이터들을 시각적으로 보여주는 역할을 한다.

❹ 응용 프로그램 클래스(CFirstApp : CWinApp)

응용 프로그램 클래스는 프로그램을 시작시키고 도큐먼트 클래스, 메인 프레임 윈도우 클래스, 뷰 클래스를 생성 관리하는 역할을 하기에 눈에 보이지 않는다.

이 4개의 클래스는 각자 자신의 역할이 명확하게 구분되어 있으면서도 이 클래스의 객체들이 유기적으로 결합되어 실행되면 하나의 윈도우 응용 프로그램이 된다.

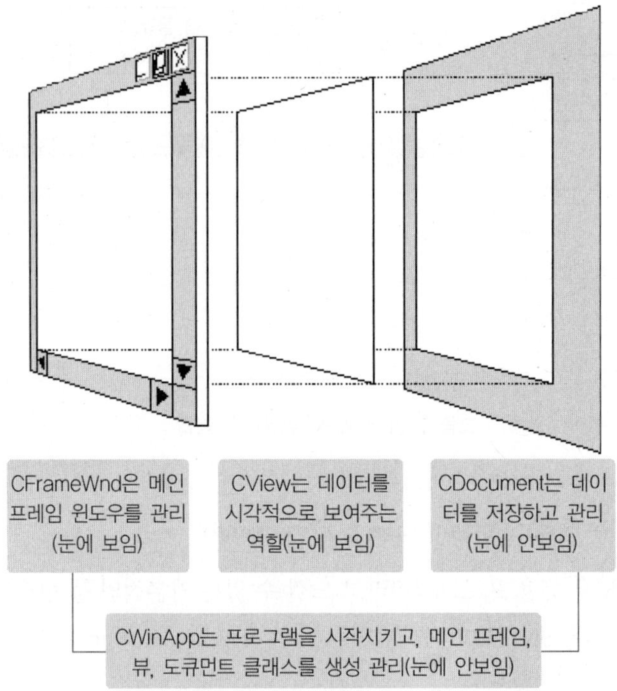

그림 1-12 ● AFX 클래스의 유기적 결합

AFX 클래스는 크게 육안으로 식별할 수 있는 클래스(메인 프레임 윈도우, 뷰)와 내부적으로 특정 기능만을 수행하는 클래스(응용 프로그램, 도큐먼트)로 나뉜다. 육안으로 확인할 수 있는 클래스들은 모두 CWnd 클래스로부터 파생된 클래스이다. **CWnd 클래스는 윈도우 처리를 위한 기본 기능을 제공**해 준다. **CFrameWnd, CView 클래스**가 **CWnd 클래스에서 파생되었기에 육안으로 확인할 수 있는 형태로 제공**된다.

AFX 클래스들이 전반적으로 어떤 역할을 하는지 살펴보았기에 이제 각 클래스들의 역할을 세세히 살펴보도록 하자.

2.1 응용 프로그램 클래스(CFirstApp : CWinApp)

C 언어를 학습한 학생들은 프로그램이 실행될 때 main() 함수가 호출된다고 배웠을 것이다. Visual C++로 프로그램을 하게 되면 main() 함수는 찾아 볼 수 없는데도 프로그램이 실행된다.

응용 프로그램 클래스가 전역 변수로 선언되어 이 클래스가 객체가 되면서 프로그램이 실행되기 때문이다.

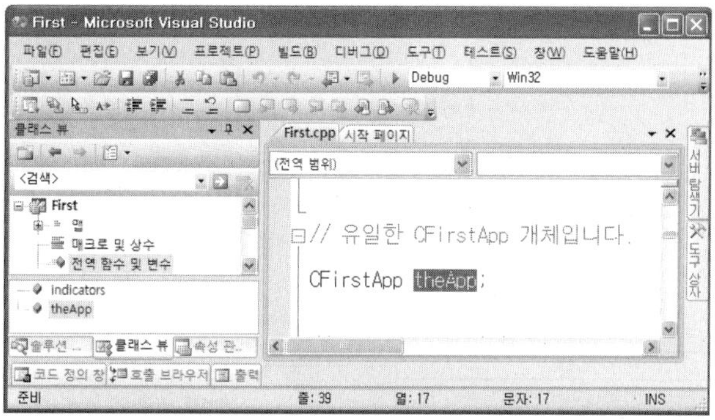

그림 1-13 ● CFirstApp 전역 객체 선언

CFirstApp가 이러한 일을 할 수 있는 것은 프로그램의 시작과 종료를 담당하는 응용 프로그램 전체를 관리하는 클래스인 CWinApp에서 파생되었기 때문이다.

그림 1-14 ● CWinApp의 파생클래스 CFirstApp

CFirstApp가 전역변수로 생성되자마자 CWinApp의 멤버 함수를 오버라이딩해 놓은 InitInstance() 함수를 호출한다. CFirstApp의 InitInstance() 멤버 함수에서는 도큐먼트 클래스, 메인 프레임 클래스, 뷰 클래스를 생성한다.

MFC 응용 프로그램은 **하나의 도큐먼트 템플릿 클래스(CDocTemplate)를 등록**하는데 이는

MFC로 프로그램을 작성하는데 기본이 되는 **도큐먼트 클래스, 프레임 클래스, 뷰 클래스, 리소스들을 하나로 묶어주고 관리한다.** 도큐먼트 템플릿 객체를 생성하여 **CWinApp** 클래스의 파생 클래스에 등록하는 작업을 InitInstance() 함수에서 한다.

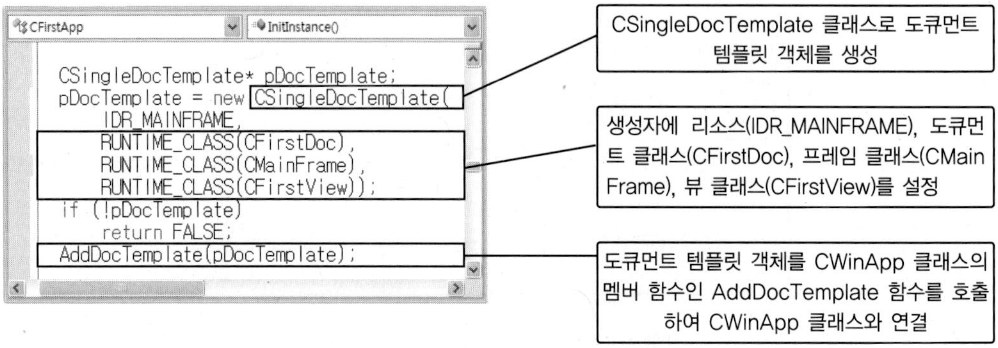

그림 1-15 ● CFirstApp의 InitInstance() 멤버함수의 일부

InitInstance() 함수가 호출된 후 Run() 함수가 호출된다. 윈도우 응용 프로그램은 메시지 처리방식이라고 하였는데 **Run() 함수**가 **무한루프를 돌면서 메시지가 발생**했는지를 감지해서 이를 처리한다. 윈도우의 닫기(☒) 버튼을 클릭하면 WM_QUIT 메시지가 발생하는데 WM_QUIT 메시지를 만나면 무한루프를 빠져 나간다. 이러한 동작은 Run() 함수는 CWinApp에서 상속받아 사용한다. **CWinApp는 프로그램을 종료시키면 ExitInstance() 함수가 호출되어 정리 작업을 한다.**

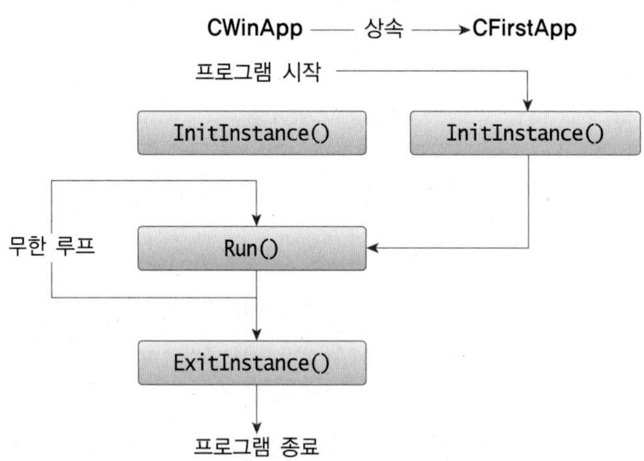

그림 1-16 ● 애플리케이션 클래스의 동작원리

MFC 응용 프로그램 마법사에 의해 생성된 CFirstApp는 CWinApp의 파생클래스로서 InitInstance() 함수를 오버라이딩해 놓았기에 CFirstApp의 InitInstance()가 호출되지만, Run()과 ExitInstance()는 CWinApp에 정의된 함수를 상속받아 사용한다.

2.2 메인 프레임 윈도우 클래스 (CMainFrame : CFrameWnd)

CFrameWnd의 파생 클래스인 CMainFrame는 이름에서 알 수 있듯이 **응용 프로그램이 윈도우(창) 형태로 나타나도록 하는 주된 역할**을 하는 클래스이다. CFirstApp의 InitInstance() 함수를 학습하면서 이 함수에서 CMainFrame이 인스턴스화한다고 하였다. 인스턴스화되자마자 바로 호출되는 함수가 OnCreate()이다. 이 함수는 CFrameWnd의 OnCreate()를 오버라이딩해 놓은 것인데, 이 함수에서 **툴바, 상태바를 생성**한다. 그렇기 때문에 메인 프레임 윈도우가 생성됨과 동시에 툴바와 상태바도 생성된다.

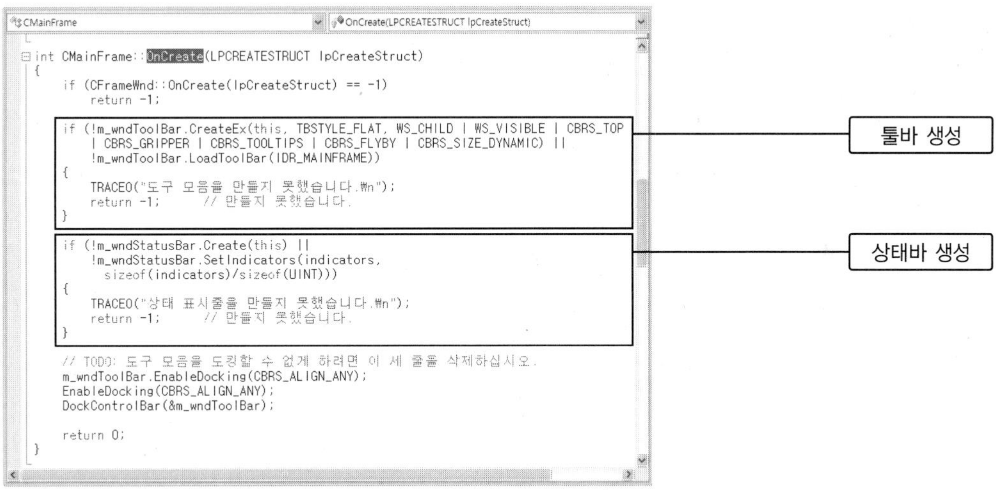

2.3 뷰 클래스(CFirstView : CView)

뷰 클래스의 주된 역할은 **마우스나 키보드 입력을 받아 처리하는 것**과 **화면에 응용프로그램의 결과를 출력하는 역할**을 한다. 화면에 정보를 출력하기 위해서 사용하는 함수는 **OnDraw()** 인데 주로 **도큐먼트에 저장되어 있는 데이터를 보여주는 역할**을 한다. 그렇기에 뷰 클래스에는 **도큐먼트 객체 포인터를 얻어 주는 GetDocument()가 제공**된다.

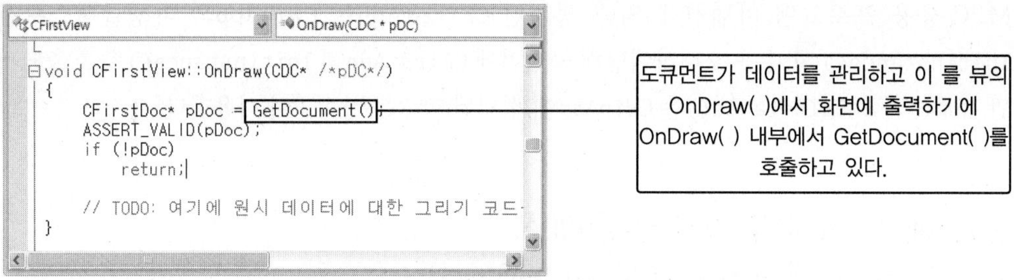

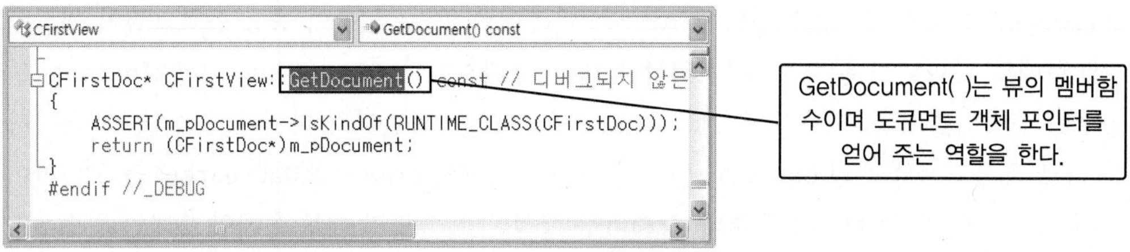

2.4 도큐먼트 클래스(CFirstDoc :CDocument)

CDocument의 파생 클래스인 CFirstDoc 클래스는 응용 프로그램이 단일 문서 혹은 다중 문서 형태로 작성될 경우 **문서의 정보를 내부적으로 저장하고 관리하는 클래스**로서 사용자의 눈에 보여지지 않는 작업을 주로 한다. 또한 도큐먼트 클래스는 이렇게 관리된 **자료들을 영구 저장하기 위해서 파일 입출력을 담당**하기도 한다. 파일 입출력 작업은 **Serialize() 함수**를 통해 일어난다.

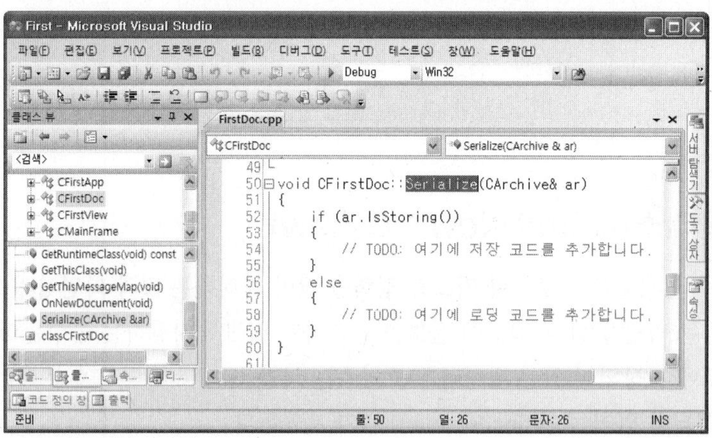

SECTION
03 디버깅하기

Introduction to Microsoft Foundation Class Library

지금까지 살펴본 예제들이 간단했기 때문에 이를 작성하면서 오류 메시지를 받아보지 않은 사람도 있겠지만, 프로그램을 작성하다 보면 오타와 같은 실수로 오류 메시지를 받게 된다. 아래 예제에서는 선언하지 않은 변수를 사용하였으므로 오류가 발생하였다.

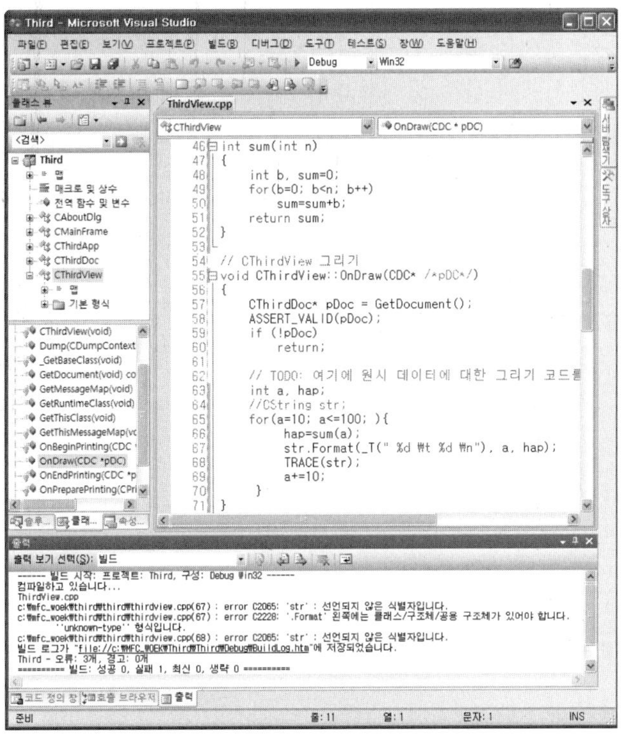

이렇게 오타로 인한 오류는 비주얼 스튜디오 내의 컴파일러가 화면 아래쪽 출력 창에 어떤 문제로 인해 오류가 생겼는지 오류 메시지를 출력해 준다. 그렇기 때문에 어렵지 않게 수정해서 원하는 결과를 얻을 수 있다. 이처럼 문법을 지키지 않았기 때문에 발생하는 **문법적 오류**를 **신**

텍스 오류(syntax error)라고 한다. 이러한 오류 외에도 원하지 않는 결과를 초래하게 되는 **논리적 오류**도 있는데 이를 **시멘틱스 오류**(semantics error)라고 한다. 비주얼 스튜디오에는 시멘틱스 오류를 손쉽게 찾을 수 있도록 디버깅 툴을 제공한다. 디버깅은 소스 코드를 라인(줄) 단위로 실행하면서 변수의 값을 검사해서 프로그램이 어떻게 흘러가는지 살펴볼 수 있도록 한다.

간단한(1부터 10까지 자연수의 합, 1부터 20까지 자연수의 합, 이런 식으로 10단위씩 증가시켜 100까지의 자연수의 합을 구하는) 예제를 작성하여 신텍스 오류와 시멘틱스 오류를 처리하는 방법을 살펴보도록 하자.

실습하기 신텍스 오류와 시멘틱스 오류

1 "Third"란 이름의 단일 문서 형태의 새로운 프로젝트를 생성한 후 [클래스 뷰]에서 CThirdView를 클릭하면 화면 아래에 나타난 멤버 함수 중에서 OnDraw()를 더블 클릭하여 오른쪽 에디터 창에 OnDraw()가 나타나면 OnDraw() 위에 함수 sum()을 정의한 후에 OnDraw() 내부에도 다음과 같이 입력한다.

```
int sum(int n)
{
    int b, sum=0;
    for(b=0; b<n; b++)
        sum=sum+b;
    return sum;
}

// CThirdView 그리기
void CThirdView::OnDraw(CDC* /*pDC*/)
{
    CThirdDoc* pDoc = GetDocument();
    ASSERT_VALID(pDoc);
    if (!pDoc)
        return;

    // TODO: 여기에 원시 데이터에 대한 그리기 코드를 추가합니다.
    int a, hap;
    //CString str;
```

```
    for(a=10; a<=100; ){
        hap=sum(a);
        str.Format(_T("1 -> %d : %d \n"), a, hap);
        TRACE(str);
        a+=10;
    }
}
```

2 입력한 후에는 [F5] 메뉴를 선택한다. 신텍스 오류가 발생했기 때문에 실행 결과가 나타나지 않는다. 대신 출력 창에 오류 메시지를 출력한다. 선언하지 않은 변수가 사용되었기에 오류가 발생한 것이다.

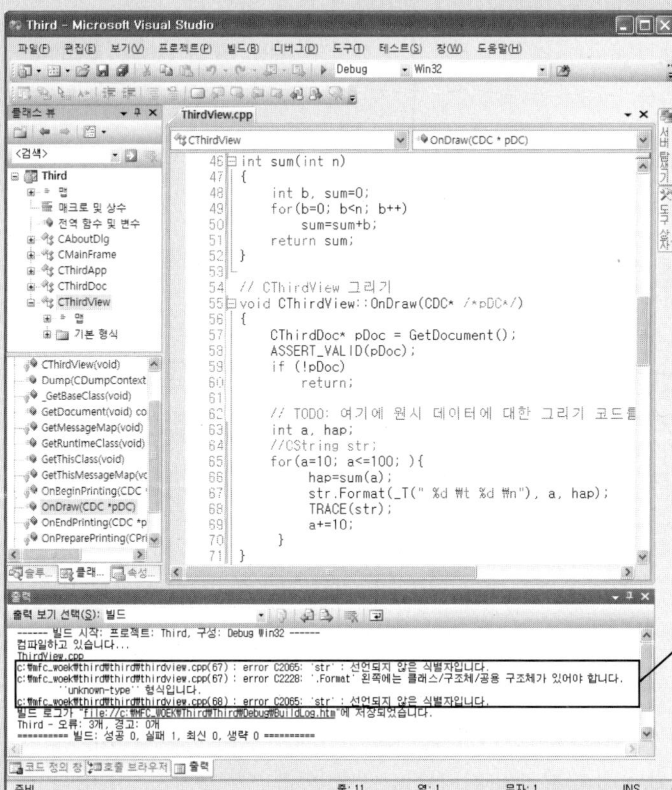

출력 창에 오류 메시지가 나타난다. 오류 메시지에 마우스 더블 클릭을 하면 오류가 발생한 라인으로 이동한다. 이동 후 오류 메시지를 보고 소스를 수정한 후 다시 [F5] 메뉴를 선택한다. 오류 메시지가 출력되지 않을 때까지 반복한다.

3 64:줄에 `CString str;` 이라고 입력한 후에 [디버그]-[디버깅 시작] 메뉴를 선택하거나 [F5]를 눌러 디버깅을 한다.

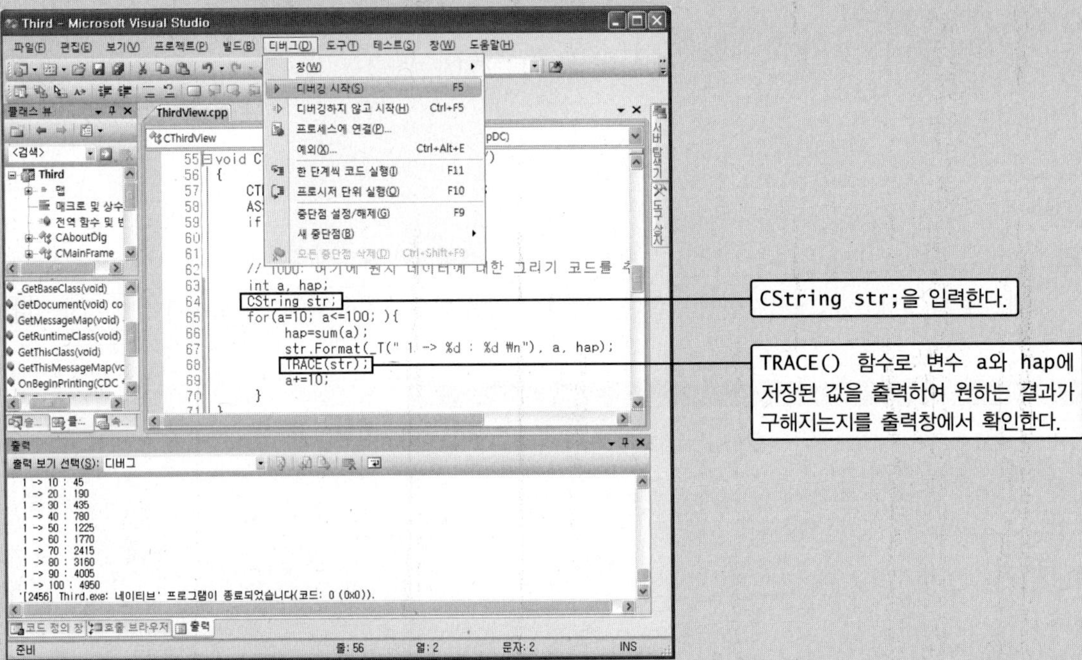

신텍스 오류는 없으므로 실행결과(윈도우 응용 프로그램)는 나타나지만, 아무런 내용도 출력되지 않는다. 대신 출력 창을 살펴보면 TRACE() 함수 내부에 기술한 내용이 출력되었음을 확인할 수 있다.

TRACE()는 디버깅 정보를 출력 창에 출력하는 매크로 함수로서 실행 결과에는 아무런 영향을 주지 않는다. 디버깅할 때 필요한 정보만 출력해보고 싶을 때 사용한다.

프로그래머의 의도는 1부터 10까지 자연수의 합, 1부터 20까지 자연수의 합, 이런 식으로 10단위씩 증가시켜 나가면서 1부터 100까지 자연수의 합을 구해 출력하는 것이었으나 출력 창에 나타난 결과는 의도와 다르다는 것을 알 수 있다.

이렇듯 의미상의 오류를 시멘틱스 오류라 하며 어디가 잘못된 것인지를 알아보려면 디버깅을 해보아야 한다. 디버깅을 위해서는 프로그램을 끝까지 실행하지 않고 중간 중간 정지점(Break Point)을 두어 한 스텝씩 실행하는 것이 효과적이다.

4 66줄에 커서를 둔 채로 [F9] 키를 누르면 붉은 색 원이 나타난다. 멈출 위치를 지정한 것으로 디버깅을 하면 이 지점에서 멈춘다. [F5] 키를 누르면 그림과 같이 붉은 색 원 위에 노란색 화살표가 나

타나면서 실행이 정지된다. 화면 좌측 하단을 보면 변수 명과 함께 실행이 멈춘 시점에서의 화면 아래 왼쪽을 보면 변수 값이 출력되어 있음을 확인할 수 있다. 변수 a는 10을 갖고 변수 hap은 쓰레기 값을 갖는다.

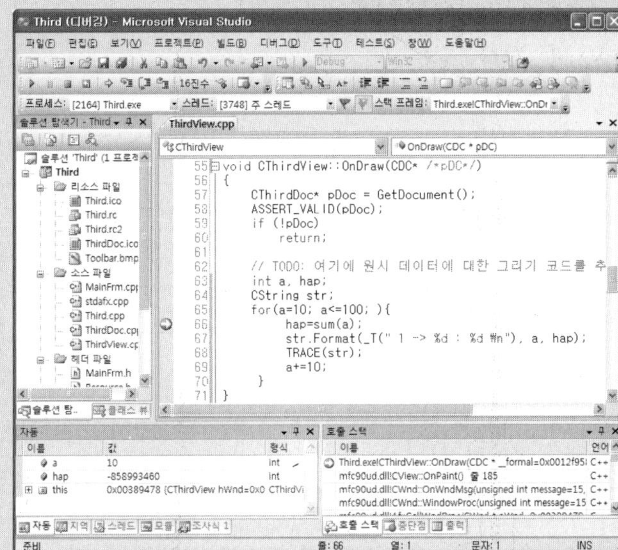

5 이제 선택의 기로에 섰다. 이 후에는 [F5] / [F10] / [F11] / [Ctrl] + [F10] 중 어느 것도 사용할 수 있다.

단축 키	설명
[F5]	다음 정지점까지 계속 진행한다.(F9키와 연동해서 사용한다.)
[F10]	(Step Over) 한 구문씩 진행하지만, 함수 내부로 들어가지 않는다.
[F11]	(Step Into) 한 구문씩 진행하지만, 함수 내부로 진행할 수 있다.
[Shift] + [F11]	(Step Out) [F11] 키와 반대로 현재 있는 함수에서 빠져 나온다.
[Ctrl] + [F10]	(Run To Cursor) 현재 커서까지 진행을 시킨다.

어떤 방식이건 중간에 정지점이 있으면 일단 멈추고 다음 명령을 기다리게 된다. 다음 정지점까지 계속 진행하는 [F5]를 눌렀다. 정지점이 66줄에 하나만 존재하므로 for문을 한 바퀴 돌고 정지점이 있는 위치로 돌아왔다. 변수 a는 20을 갖고 1부터 10까지의 합이 55이므로 hap이 55를 저장하고 있어야 하는데도 불구하고 변수 hap은 45임을 확인할 수 있다. 어딘가 잘못된 것이지만, 아직은 어

디서 오류가 났는지 알 수 없다.

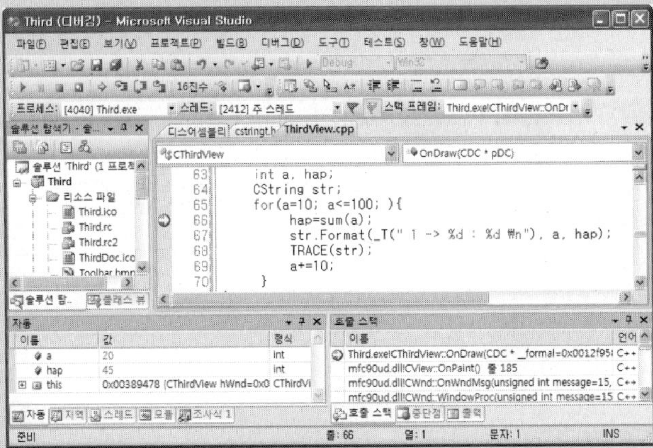

6 이번에는 한 구문씩 진행하지만, 함수 내부로 들어가지 않는 [F10]을 눌렀다. 67줄에서 실행이 멈춘다. 66줄의 문장이 완전히 수행되었으므로 sum() 함수를 호출한 결과 값이 변수 hap에 저장된 것을 확인할 수 있다. 하지만, 변수 a가 20이므로 hap에는 1부터 20까지의 합인 210이 저장되어야 함에도 불구하고 190이 저장된 것을 확인할 수 있다. 다시 한번 어딘가 잘못되었음을 확인할 수 있는 상황이다.

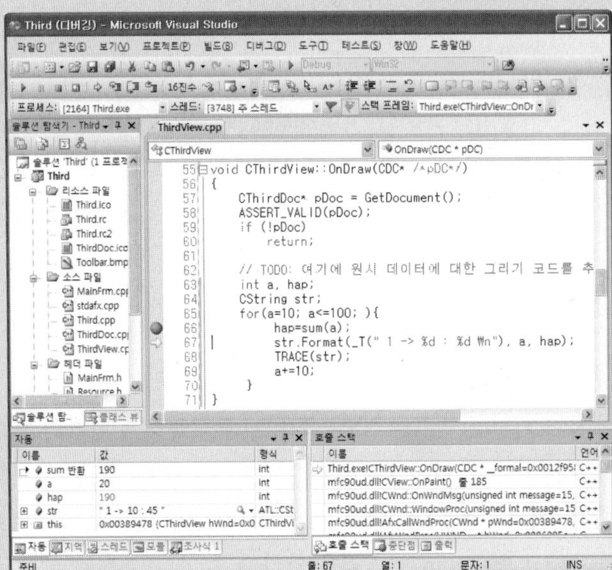

7 다시 [F5]를 눌렀다. 정지점이 66줄에 하나만 존재하므로 for 문을 다시 한 바퀴 돌고 정지점이 있는 위치로 돌아왔다. 변수 a는 30이고 변수 hap은 190이다. 여전히 이상한 상태이다.

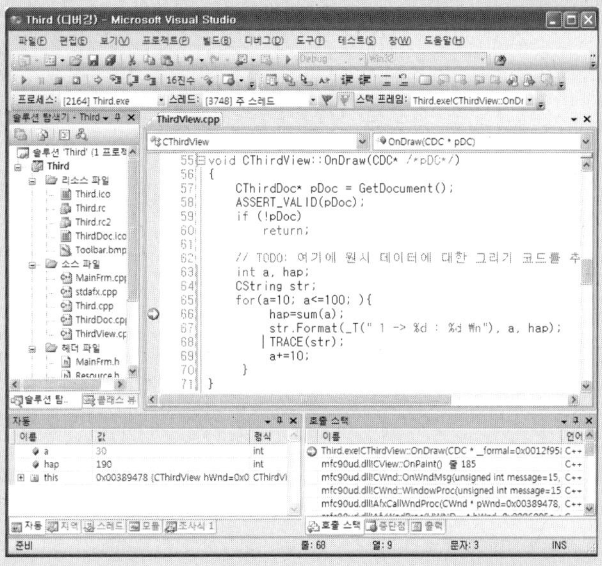

8 이번에는 한 구문씩 진행하지만, 함수 내부로 진행할 수 있는 [F11]을 눌렀다. 정지점이 있는 66줄에서 함수 sum()을 호출하고 있는데 여기서 [F11]을 눌렀기 때문에 함수 sum()의 진입점인 47줄에서 실행이 멈춘다. 함수 내부에서 [F10]을 누르면 줄 단위로 실행을 멈추면서 함수 sum() 내부의 지역 변수의 변화치를 확인할 수 있다. [F10]을 계속 눌러보면 for 문에서 변수 b가 변수 n에 저장된 30일 때까지 합을 구해나가야 하는데 b가 29일 때까지만 합을 구하기 때문에 변수 sum에 30까지의 합을 저장하지 못하는 것을 알 수 있다. for 문의 조건식이 b가 n보다 작거나 같을 때까지여야 하는데 n보다 작을 때까지로 잘못 기술되어 있어서 잘못된 결과를 구한다는 것을 확인할 수 있다.

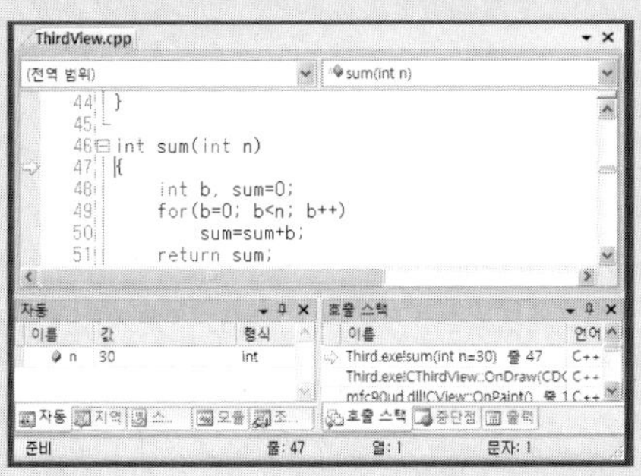

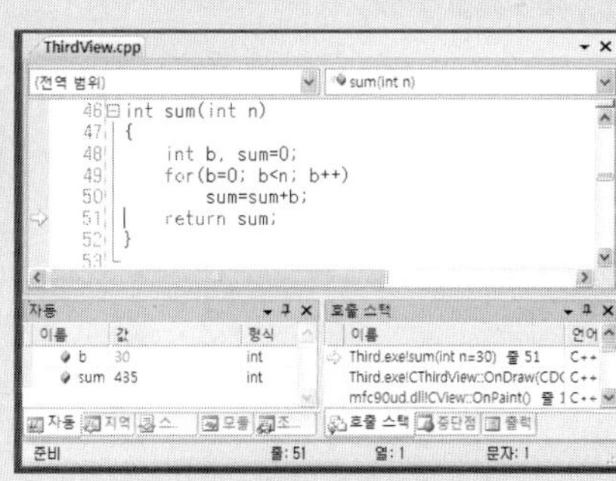

9 변수 n의 값이 30이므로 [F10]을 30번 눌러야만 함수 sum() 내의 for 문을 전부 수행해서 함수 밖으로 벗어날 수 있다. 만일 [F10]을 30번 누르지 않고 현재 상태에서 함수를 빠져 나오려면 [Shift] + [F11]을 누른다. [Shift] + [F11]을 누르면 함수에서 벗어나서 다시 함수를 호출한 곳인 66줄로 돌아온다. 함수 sum()의 반환값은 435라고 출력되지만 아직 변수 hap에는 대입되지 않았음을 확인할 수 있다. [F10]을 눌렸더니 67줄에서 실행이 멈추고 66줄의 대입문이 수행되어 함수 sum()의 결과값이 변수 hap에 저장된 것을 확인할 수 있다.

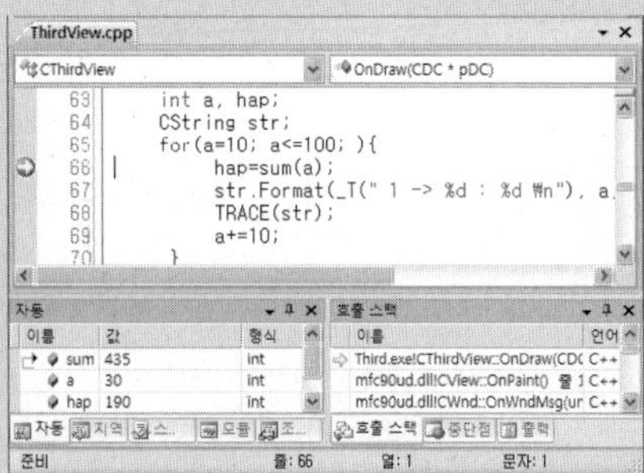

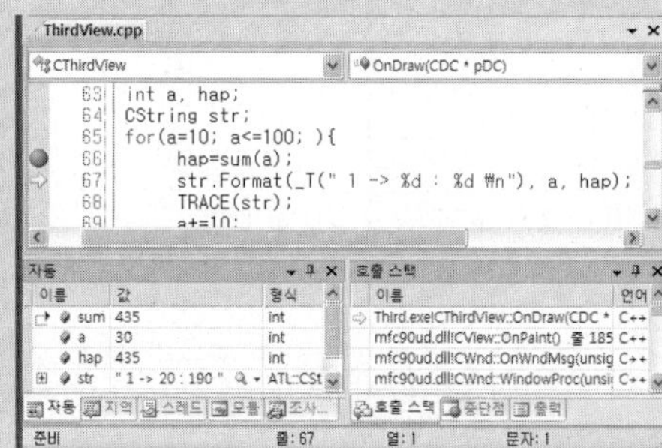

TIP | CString 클래스와 Format( ) 함수

프로그래밍을 할 때 가장 많이 사용하는 데이터 중 하나가 문자열이다. MFC에서는 문자열을 저장하기 위한 클래스로 CString을 제공한다. CString은 다양한 타입의 데이터를 문자열로 변경하기 위한 함수로 Format( )을 제공한다. 이 함수의 사용방법은 마치 C언어의 printf( ) 함수와 유사하다. 첫 번째 전달인자에는 이중 따옴표로 문자열 형태로 주어지는데 이 문자열에 %로 시작하는 형식 지정자를 기술하여 다양한 데이터 타입을 문자열 형태로 변경할 수 있다. 형식 지정자는 뒤에 나열된 변수들의 출력 위치와 데이터 타입을 결정한다. C언어를 학습한 분들은 익히 알고 있을 테지만, %d는 형식지정자이다. d는 decimal(10진수)의 약자로서 정수형 데이터를 10진수 형태의 문자로 변경한다.

연습문제

Introduction to Microsoft Foundation Class Library

[개념문제]

단원 요약정리를 대신하여 개념을 잡을 수 있도록 본문의 내용을 충실하게 반영한 문제이다.

1. 다음에 알맞은 내용을 보기에서 찾아라.

보기			
1	솔루션 탐색기	2	MFC 응용 프로그램 마법사
3	클래스 뷰	4	대화 상자 기반
5	프로젝트	6	MFC(Microsoft Foundation Class)
7	다중 문서	8	ExitInstance
9	단일 문서	10	AFX(Application Framework)
11	Visual C++		

1.1 ________________(은)는 Windows XP와 같은 윈도우 운영체제(이하 윈도우)에서 동작하는 응용 프로그래밍을 하기 위한 프로그램 언어의 일종이다.

1.2 ____________________________(은)는 윈도우에서 응용 프로그램을 제작하기 위해 마이크로소프트사에서 제공해주는 C++ 클래스 라이브러리의 집합이다.

1.3 MFC 응용 프로그램은 마이크로소프트사에서 제공해주는 비주얼 스튜디오를 사용하여 제작하는데 일반적으로 비주얼 스튜디오 내에 탑재된 ________________(을)를 사용한다.

________________________(으)로 생성된 MFC 응용 프로그램은 윈도우에서 흔히 볼 수 있는 응용 프로그램들과 유사한 인터페이스를 갖는 응용 프로그램을 작성해 준다.

1.4 MFC 응용 프로그램은 메모장과 같이 한순간에 한 개의 파일만 사용할 수 있는 ⓐ ________________ 응용 프로그램, 워드 프로세서(마이크로 소프트 워드)와 같이 한순간에 여러 개의 파일을 사용할 수 있는 ⓑ ________________ 응용 프로그램, 계산기와 같은 컨트롤을 포함한 ⓒ ________________ 응용 프로그램의 3가지 종류로 나뉜다.

1.5 ________________ 란 하나의 실행 파일(exe)을 만들어 내기 위해서 필요한 여러 개의 소스 파일과 헤더 파일 등을 하나로 묶어 놓은 것을 말한다.

1.6 MFC 응용 프로그램 마법사가 생성해준 파일들은 ________________ 창을 통해서 [리소스 파일], [소스 파일], [헤더 파일]의 3 종류로 나누어서 보여주므로 쉽게 찾을 수 있다.

1.7 [솔루션 탐색기] 창이 물리적인 파일 관계를 보여주는 것이라면 ______________ 창은 논리적인 클래스 관계를 보여준다. 즉, 각 클래스의 멤버 변수와 함수들을 일목요연하게 볼 수 있도록 하며, 마우스 더블 클릭으로 멤버 변수의 선언된 위치나 함수가 정의된 위치를 손쉽게 찾아 갈 수 있다.

1.8 MFC 응용 프로그램의 기본 골격을 이루는데 절대적인 역할을 하는 클래스를 ______________ 클래스라고 하는데, `CWinApp`, `CDocument`, `CFrameWnd`, `CView` 4개의 클래스로 구성된다.

1.9 메시지 처리방식인 윈도우 응용 프로그램에서는 무한루프를 돌면서 메시지가 발생했는지를 감지한다. 윈도우의 닫기버튼☒을 클릭하면 `WM_QUIT` 메시지가 발생하는데 `WM_QUIT` 메시지를 만나면 무한루프를 빠져 나가게 된다. 그런 후에 `CWinApp`의 파생 클래스가 프로그램을 종료시키면 ______________ 함수가 호출되어 정리 작업을 한다.

※ **알맞은 내용을 기술하고, 빈 칸은 알맞은 내용으로 채워라.**

2. 다음 표는 프로젝트 명을 Demo로 주었을 때 MFC 응용 프로그램 마법사가 생성한 클래스에 대한 정보이다. 빈 칸을 채워라.

클래스이름	기본클래스	.h 파일	.cpp 파일	역할
CDemoDoc	❶	DemoDoc.h	DemoDoc.cpp	• 뷰에 출력될 데이터 관리 • 파일에 데이터 저장 및 로드
CMainFrame	CFrameWnd	MainFrm.h	❷	• 프로그램의 메인 윈도우를 관리 • 메뉴, 툴바, 상태바와 같은 비 클라이언트 영역을 관리
CDemoApp	❸	Demo.h	Demo.cpp	• 프로그램의 시작과 끝을 제어 • 3개(뷰, 도큐먼트, 프레임 워크)로 도큐먼트 템플릿을 생성
CDemoView	CView	❹	DemoView.cpp	• 화면에 보여주는 역할 • 마우스가 클릭되었다는 이벤트 처리 • 키가 눌렸다는 이벤트 처리

3. MFC는 크게 두 부 류로 나눌 수 있는데, 하나는 ____________(로)부터 파생된 부류이고 다른 하나는____________(로)부터 파생되지 않고 독립적으로 존재하는 부류이다.

4. AFX 클래스는 크게 육안으로 식별할 수 있는 클래스(메인 프레임 윈도우, 뷰)와 내부적으로 특정 기능만을 수행하는 클래스(응용 프로그램, 도큐먼트)로 나뉜다. 육안으로 확인 할 수 있는 클래스들은 모두__________ 클래스로 부터 파생된 클래스이다. __________클래스는 윈도우 처리를 위한 기본 기능을 제공해 준다. CFrameWnd, CView 클래스가 __________ 클래스에서 파생되었으므로 육안으로 확인할 수 있는 형태로 제공된다.

5. 다음 그림은 MFC 중에서 우리가 당분간 학습할 내용과 관련된 클래스들에 대해서만 정리한 주요 MFC 계층도를 도식화한 것이다. 이 그림에 기술된 클래스 중에서 응용 프로그램의 기본 골격이 되는 클래스 4개는 무엇인지 골라라. __________, __________, __________, __________

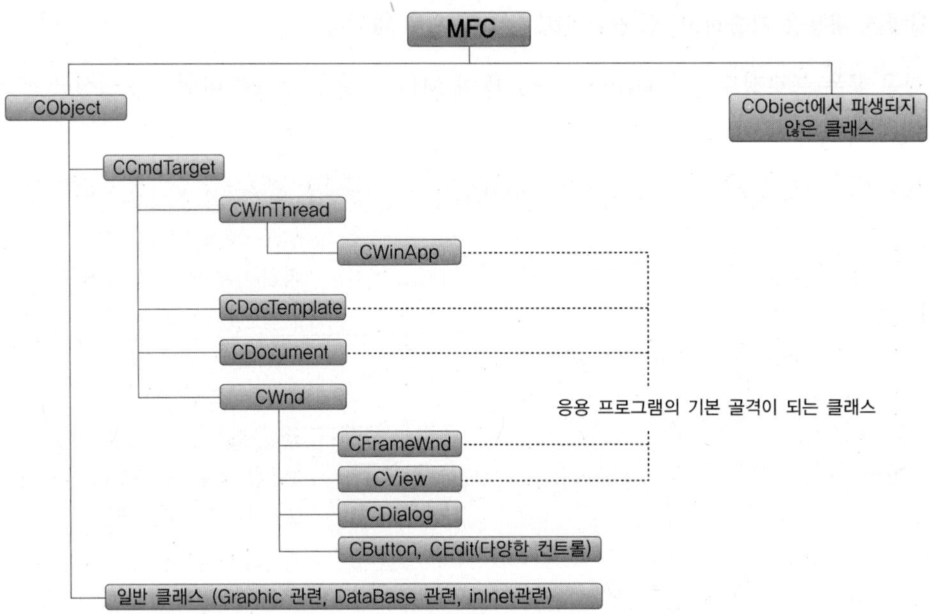

6. 아래 그림은 MFC 응용 프로그램 마법사가 생성한 클래스를 MFC 클래스 계층구조에 접목시켜 어떤 계층구조를 가지는지 도식화한 것이다. 프로젝트 명을 Demo로 주었을 때 MFC 응용 프로그램 마법사가 생성한 클래스를 기본으로 설명하고 있다. 빈 BOX를 채워라.

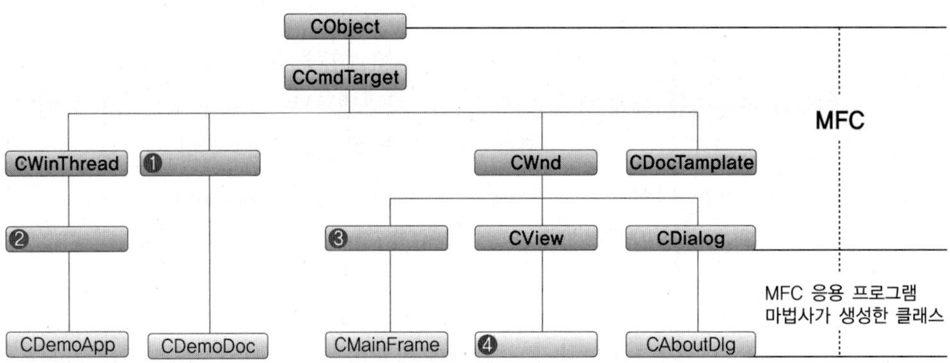

7. 다양한 타입의 데이터를 문자열로 변경하기 위해서는 CString의 ____________ 함수를 사용한다.

8. 문법을 지키지 않았기에 발생하는 문법적 오류를 ❶ __________(이)라고 하고 원하지 않는 결과를 초래하게 되는 논리적 오류를 ❷ __________(이)라고 한다.

9. 다음은 디버깅을 위한 단축키이다. 빈칸을 채워라.

단축 키	설명
❶	다음 정지점까지 계속 진행한다.(F9키와 연동해서 사용한다.)
❷	(Step Over) 한 구문씩 진행하지만, 함수 내부로 들어가지 않는다.
❸	(Step Into) 한 구문씩 진행하지만, 함수 내부로 진행할 수 있다.
❹	(Step Out) [F11] 키와 반대로 현재 있는 함수에서 빠져 나온다.
❺	(Run To Cursor) 현재 커서까지 진행을 시킨다.

※ **다음 물음에 올바른 답을 골라라.**

10. 뷰의 멤버함수이며 화면에 정보를 출력하기 위해서 사용하는 함수는 무엇인가?

❶ OnDraw ❷ ExitInstance ❸ GetDocument ❹ Run

11. 도큐먼트 클래스는 자료들을 영구 저장하기 위해서 파일 입출력을 하는데 이때 주로 파일 입출력 작업을 담당하는 함수는 무엇인가?

❶ OnDraw ❷ Serialize ❸ GetDocument ❹ Run

12. CWinApp 클래스의 파생 클래스의 멤버함수로서 도큐먼트 템플릿 객체를 생성하여 도큐먼트 클래스, 프레임 클래스, 뷰 클래스, 리소스들을 하나로 묶어주고 관리하는 기능을 기술하는 함수는 무엇인가?

❶ InitInstance ❷ ExitInstance ❸ GetDocument ❹ Run

13. CWinApp 클래스의 파생 클래스에서 InitInstance() 함수가 호출된 후에 호출되는 함수로 메시지 처리방식인 윈도우 응용 프로그램에서 무한루프를 돌면서 메시지가 발생했는지를 감지해서 이를 처리하는 함수는 무엇인가?

❶ InitInstance ❷ ExitInstance ❸ GetDocument ❹ Run

14. 뷰의 멤버함수이며 도큐먼트 객체 포인터를 얻어주는 역할을 하는 함수는 무엇인가?

❶ InitInstance ❷ ExitInstance ❸ GetDocument ❹ Run

CHAPTER 02

CDC 클래스와 GDI 오브젝트

CDC 클래스를 사용하여 텍스트 출력과 다양한 도형들을 출력해 보고 GDI 오브젝트를 사용하여 도형의 색상이나 텍스트의 폰트 체를 다양하게 변경해보도록 하자.

미리보기

학습목표

1. 윈도우 화면 출력 원리를 이해한다.
2. CDC 클래스의 다양한 출력 함수를 익힌다.
3. GDI 오브젝트를 생성하여 사용하는 방법을 학습한다.

목차

SECTION 01 CDC 클래스와 다양한 출력함수

Introduction to Microsoft Foundation Class Library

어떤 언어로 프로그램을 작성하든 화면에 자신이 원하는 내용을 출력하는 것은 가장 기본이 된다. MFC에서는 출력과 관련된 다양한 정보를 제공해주는 디바이스 컨텍스트(DC, Device Context)를 제공하고 있다. DC는 **응용 프로그램 화면에 출력하는 작업을 처리하기 위해서 필요한 속성을 정의하고 있는 자료구조**인데 MFC에서는 DC를 관리하기 위한 클래스로 CDC를 제공한다. CDC는 **텍스트를 출력하거나 그래픽 이미지를 출력하는 등에 관련된 다양한 멤버함수로 구현**되어 있다. 디바이스 컨텍스트를 이용하여 출력하는 과정을 정리하면 다음과 같다.

❶ 윈도우 운영체제로부터 디바이스 컨텍스트를 요청하여 얻어 온다.
❷ 운영체제로부터 받은 디바이스 컨텍스트 핸들을 사용하여 출력을 한다.
❸ 사용이 끝났으면 디바이스 컨텍스트를 운영체제에게 다시 반납한다.

❶ 을 위해서 제공되는 함수는 **GetDC()** 이다. 이 함수는 CDC 포인터를 되돌린다.

```
CDC *pDC=GetDC();
```

❷ CDC 클래스의 다양한 멤버함수 중에서 텍스트를 출력하는 함수로 **TextOutW()**가 제공된다.

```
BOOL TextOutW(
    int x,                    //화면에 출력될 x 좌표
    int y,                    //화면에 출력될 y 좌표
    const CString& str        //화면에 출력될 텍스트
);
```

TextOutW() 함수는 첫 번째, 두 번째 전달인자에 출력하고자 하는 좌표값을 지정하고 마지막

전달인자에 출력할 텍스트를 지정한다. TextOutW() 함수가 텍스트를 출력하는 영역을 클라이언트 영역이라고 하는데 클라이언트 영역의 좌표계는 화면 좌측 상단을 원점(0, 0)으로 하고 오른쪽으로 갈수록 x 좌표 값이 커지고 아래로 내려갈수록 y 좌표 값이 커진다.

GetDC()로 얻은 CDC 포인터인 pDC로 TextOutW() 함수를 호출하여 텍스트를 출력한 예이다.

```
pDC->TextOutW(100, 50, _T("MFC Application"));
```

❸ 사용이 끝났으면 디바이스 컨텍스트를 운영체제에게 다시 반납하기 위해서 사용되는 함수는 **ReleaseDC**(pDC)이다.

만약 디바이스 컨텍스트를 운영체제에게 다시 반납하지 않고 필요할 때마다 계속 요청만 한다면 메모리 누수현상이 생긴다. 이와 같은 실수를 미연에 방지하기 위해서 CDC의 파생 클래스로 CClientDC를 제공해준다. **CClientDC는 생성자에서 DC를 얻어오고 소멸자에서 DC를 반납해주기 때문에 위와 같은 실수를 사전에 방지할 수 있도록 설계되어 보다 안전하게 코딩**할 수 있게 되었다.

```
CClientDC dc(this);
dc.TextOutW(100, 100, _T("MFC Application"));
```

CDC 파생 클래스인 CClientDC 클래스로 객체를 생성할 때 생성자에 this 포인터를 전달해 주어야 한다. 이는 CClientDC 생성자가 다음과 같이 CWnd 포인터를 전달하도록 정의되어 있기 때문이다.

```
CClientDC(CWnd *pWnd)
```

이것은 CWnd을 가리키는 포인터를 사용하여 초기화하라는 의미를 갖는다. this는 멤버함수 내부에서만 사용할 수 있는 포인터로서 자신(멤버함수)의 소유주가 되는 객체의 주소를 의미한다.

TIP | _T() 매크로 함수

_T()는 유니코드 플랫폼 환경에서 사용된 문자열 형태로 변환하기 위해서 사용하는 매크로 함수이다. 유니코드는 나라별로 서로 다른 언어체계를 가지고 있지만, 국가별 모든 언어에 대해서 고유 번호를 제공하여 어떤 플랫폼, 어떤 프로그램, 어떤 언어에도 상관없이 모든 문자를 처리할 수 있도록 한 코드 체계이다.

기본예제 2-1 간단한 메시지 출력하기

[예제설명]

이번 예제에서는 MFC 응용 프로그램 마법사에서 제공해주는 클래스에 코드를 추가하여 화면에 "MFC Application"이 출력될 수 있도록 해보자.

[실행결과]

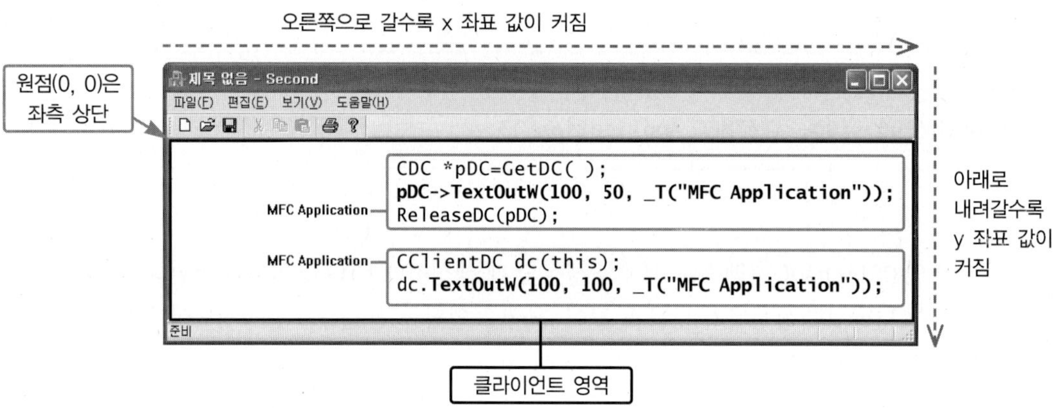

[따라하기]

1 "Second"란 이름의 단일 문서 형태의 새로운 프로젝트를 생성한다.

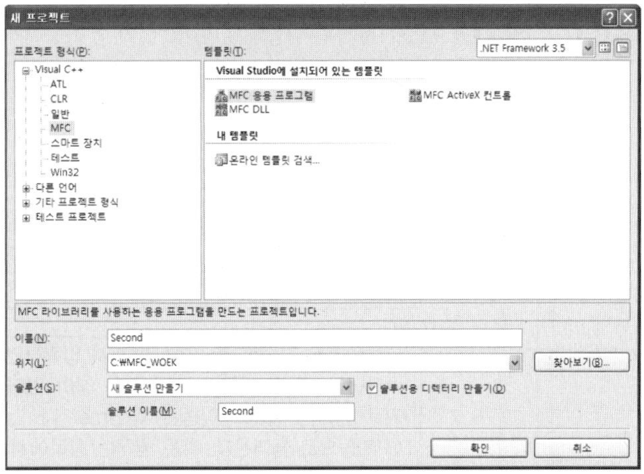

2 [클래스 뷰]에서 CSecondView를 클릭하면 화면 아래에 나타나는 멤버 함수 중에서 OnDraw() 함수를 더블 클릭하여 오른쪽 에디터 창에 OnDraw() 함수가 나타나면 다음과 같이 입력한 후 [디버그] → [디버깅하지 않고 시작] 메뉴를 선택하여 실행 결과를 확인한다.

```
void CSecondView::OnDraw(CDC* /*pDC*/)
{
   CSecondDoc* pDoc = GetDocument();
   ASSERT_VALID(pDoc);
   if (!pDoc)
      return;

   // TODO: 여기에 원시 데이터에 대한 그리기 코드를 추가한다.
   CDC *pDC=GetDC();
   pDC→TextOutW(100, 50, _T("MFC Application"));
   ReleaseDC(pDC);

   CClientDC dc(this);
   dc.TextOutW(100, 100, _T("MFC Application"));
}
```

TIP | 코드 인사이트

Visual C++에서는 긴 멤버 이름이 사용되는데 그 철자를 기억하기가 어렵다. 이런 경우 코드를 입력할 때 지원을 받을 수 있다.

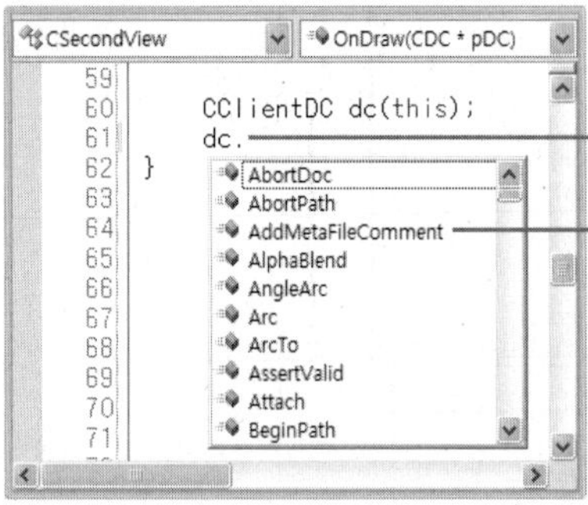

dc. 오브젝트가 있다면

오브젝트를 기술한 후 .(마침표)까지 입력하면 자동으로 작은 윈도우가 나타난다. ESC 키를 누르면 작은 창이 없어지고, 위 혹은 아래 방향키로 원하는 위치로 이동한 후 Enter 나 Tab 키를 누르면 선택항목이 자동으로 들어온다. 혹은 원하는 항목에서 더블 클릭한다.

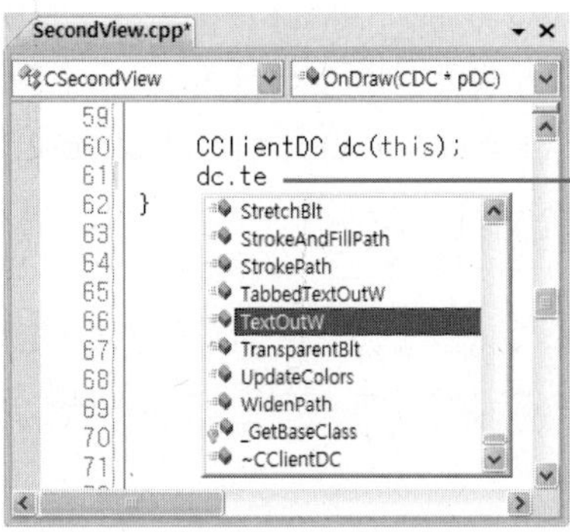

원하는 항목의 첫머리를 알고 있다면 이를 입력하면 해당 함수를 찾아간다. 위치를 찾아 갔다면 더블 클릭한다.

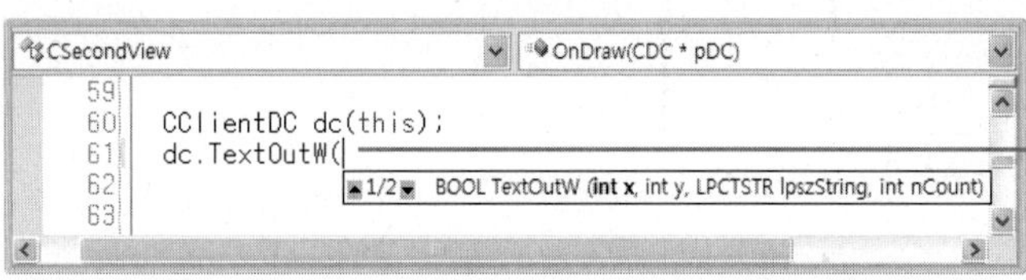

자동 기술된 함수 뒤에 (를 입력하면 전달인자 힌트가 나타난다. 현재 입력 대상이 되는 전달인자 부분은 진하게 표시된다.

1.1 DrawText( ) 출력함수

MFC는 문자열을 출력하기 위한 함수로 CDC::TextOutW()이외에 CDC::DrawText()를 제공해 준다. DrawText() 함수는 지정된 문자열을 지정된 사각형 안에 출력한다.

```
int DrawText(CString& str, LPRECT lpRect, UINT nFormat);
```

DrawText() 함수를 호출하기 위해서 기술해야 할 전달인자의 성격에 대해 살펴보도록 하자.

표 2-1 ● DrawText( ) 함수의 전달인자

값	의미
str	화면에 출력될 문자열을 지정한다.
lpRect	화면에 출력할 문자열의 사각형 영역의 좌표를 지정한다. 구조체 Rect나 클래스 CRect 포인터를 지정한다.
nFormat	화면에 문자열을 어떤 방식으로 출력할지 지정한다.

TIP | 편집 창에 줄 번호 추가하기

컴파일 에러 메시지는 에러가 발생된 줄 번호를 알려준다. 에러가 발생된 줄을 찾아가기 위해서 소스에 줄 번호가 나타나도록 환경설정을 하자. [도구] → [옵션] 메뉴를 선택하면 다음과 같이 [옵션] 창이 나타난다. 텍스트 편집기에서 C/C++를 선택한 후에 표시에서 줄 번호 앞에 체크 표시를 한다.

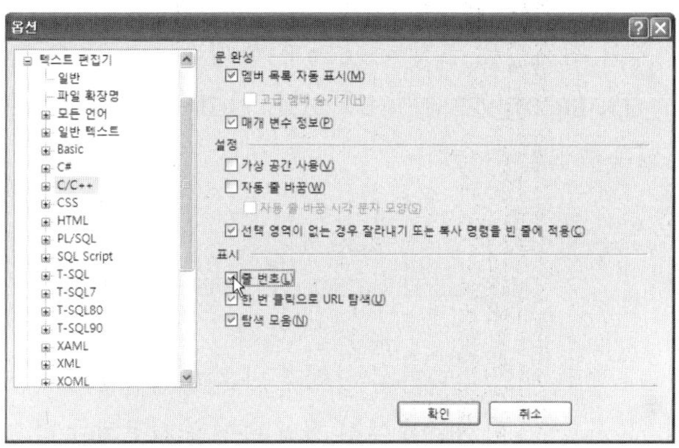

DrawText() 함수의 마지막 전달인자인 nFormat를 보다 자세히 살펴보도록 하자.

표 2-2 ● DrawText() 함수의 마지막 전달인자인 nFormat의 설정 값

값	의미	비고
DT_LEFT	사각형 영역 안에서 텍스트를 왼쪽으로 정렬시킨다.	수평정렬
DT_CENTER	텍스트를 가운데에 정렬시킨다.	
DT_RIGHT	텍스트를 오른쪽에 정렬한다.	
DT_TOP	사각형 영역 안에서 텍스트를 위쪽으로 정렬한다.	수직정렬
DT_VCENTER	텍스트를 수직으로 가운데에 위치시킨다. 수평 정렬을 지정하기 위해서는 출력되는 문자열이 반드시 한 줄로 출력되어야 하므로 DT_SINGLELINE 속성을 함께 지정해야 한다.	
DT_BOTTOM	텍스트를 아래쪽에 정렬시킨다.	

DrawText() 함수를 사용하기 위해서는 CRect 클래스를 전달인자로 주어야 한다. 문자열을 화면 한 가운데 출력하려고 한다면 클래스 CRect으로 선언한 객체가 클라이언트 영역의 좌표값을 저장하고 있어야 한다. 이때 사용하는 함수가 CWnd::GetClientRect()이다. **클라이언트 영역의 좌표값을 얻어오기 위해서**는 클래스 CRect으로 선언된 객체를 **GetClientRect()** 함수의 전달인자로 지정해주어야 한다.

```
CRect rect;                  //사각형의 정보를 저장할 수 있는 변수 선언
GetClientRect(&rect);        //클라이언트 영역의 좌표값을 얻어오는 함수 호출
```

클라이언트 영역의 좌표값을 저장한 rect과 함께 DrawText() 함수의 마지막 전달인자인 nFormat에 DT_CENTER, DT_VCENTER, DT_SINGLELINE 3개의 속성을 한꺼번에 지정하면 화면 한가운데 문자열을 출력할 수 있다.

```
pDC->DrawText(_T("텍스트 출력을 연습하고 있다.", -1, &rect,
                DT_CENTER | DT_VCENTER | DT_SINGLELINE);
```

위의 예제는 rect 영역 내의 수평과 수직으로 가운데 정렬할 수 있도록 nFormat에 속성값을 지정한 것이다. nFormat에 **한꺼번에 여러 개의 속성을 지정해야 할 경우**에는 **비트 단위 연산자 중에서 OR(|) 연산자를 이용한다.**

텍스트 색상 관련 함수

텍스트 관련 함수로는 이외에도 텍스트 색이나 배경색을 바꾸기 위한 함수가 제공된다.

표 2-3 ● 텍스트 색상 관련 함수

함수	의미
SetTextColor()	텍스트 색상을 변경한다.
SetBkColor()	텍스트 배경색을 변경한다.
SetBkMode()	배경모드를 지정한다.

SetBkMode() 함수에 지정할 수 있는 배경모드는 OPAQUE(불투명)과 TRANSPARENT(투명) 2가지가 있다. SetBkMode() 함수에 OPAQUE을 지정하면 SetBkColor()에서 지정한 배경색을 칠하지만, TRANSPARENT을 지정하면 SetBkColor()에서 지정한 배경색이 적용되지 않는다.

COLORREF형과 RGB 매크로 함수

색상을 저장하기 위한 자료형으로는 **COLORREF**가 있다. COLORREF로 선언된 변수에 색상 값을 지정하려면 **RGB 매크로 함수**를 사용한다. COLORREF는 32 비트(4 바이트)의 기억공간에 정수 형태의 데이터를 저장하는 자료형이다. 빨간색, 초록색, 파란색에 대한 농도를 8비트씩 저장하고 있는데 최상위 8비트는 사용하지 않다. 8비트에 저장할 수 있는 정수 값의 허용 범위는 0~255이다.

---- 8 BIT ----	---- 8 BIT ----	---- 8 BIT ----	---- 8 BIT ----
	BLUE	GREEN	RED

그림 2-1 ● COLORREF의 메모리 구조

COLORREF로 선언된 변수에 프로그래머가 색상값을 조합해서 저장하는 것은 너무 기계적이므로 RGB 매크로 함수를 사용해서 색상값을 지정한다.

```
#define RGB(r, g, b)
((COLORREF)(((BYTE)(r)|(WORD)((BYTE)(g))<<8))|(((DWORD)(BYTE)(b))<<16)))
```

RGB() 함수는 전달인자로 넘겨진 정수값을 비트 연산자를 사용하여 조합하여 32비트의 색상값을 만들어 내기에 쉽게 원하는 색상값을 만들어 사용할 수 있다.

색상은 RGB 매크로 함수를 사용해서 원하는 색상을 만들 수 있다. RGB 매크로 함수를 이용하여 조작할 수 있다. RGB 매크로 함수는 다음과 같이 3개의 전달인자를 갖는다.

```
RGB(red, green, blue)
```

red, green, blue의 세 개의 전달인자에 지정할 수 있는 값의 범위는 0 ~ 255이다. 다음은 3가지 색상을 조합하여 몇 가지 색상을 만든 표이다.

표 2-4 ● RGB 색상 표

색상	red값	green값	blue값
검정색(black)	0	0	0
빨간색(red)	255	0	0
초록색(green)	0	255	0
파란색(blue)	0	0	255
노란색(yellow)	255	255	0
마젠타색(magenta)	255	0	255
청록색(cyan)	0	255	255
흰색(white)	255	255	255

텍스트 정렬 함수

문자열을 정렬하기 위한 함수로는 **SetTextAlign()**이 제공된다. SetTextAlign()은 다음 3가지 중 한 개의 값을 지정할 수 있다.

표 2-5 ● SetTextAlign()의 전달인자 값

상수	의미
TA_LEFT	TextOutW() 함수의 지정한 위치가 왼쪽 정렬한다.
TA_RIGHT	TextOutW() 함수의 지정한 위치가 오른쪽 정렬한다.
TA_CENTER	TextOutW() 함수의 지정한 위치가 가운데 정렬한다.

```
pDC->TextOutW(100, 100 _T("텍스트 출력을 연습하고 있다.");
```

SetTextAlign() 함수는 TextOutW() 함수에 지정한 기준 위치가 정렬을 한다. TA_RIGHT를 지정하면 좌표 (100, 100)이 오른쪽 정렬을 하여 정작 텍스트는 왼쪽에 쏠려서 나타난다.

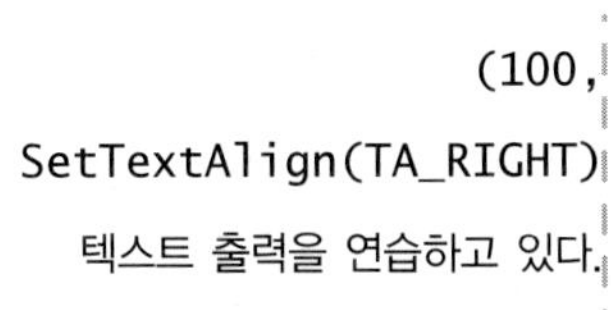

그림 2-2 ● SetTextAlign(TA_RIGHT)

TA_CENTER를 지정하면 좌표 (100, 100)이 가운데 정렬을 한다.

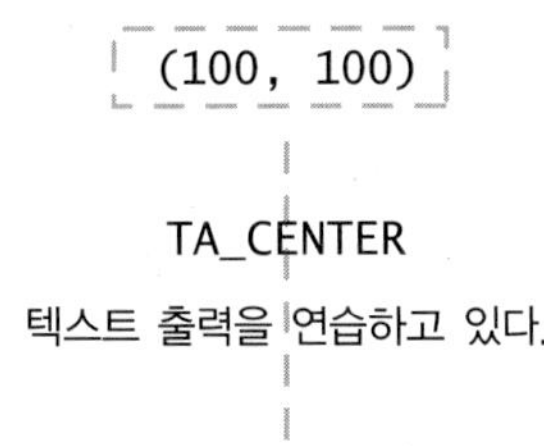

그림 2-3 ● SetTextAlign(TA_CENTER)

TA_LEFT를 지정하면 좌표 (100, 100)이 왼쪽 정렬을 하여 정작 텍스트는 오른쪽에 쏠려서 나타난다.

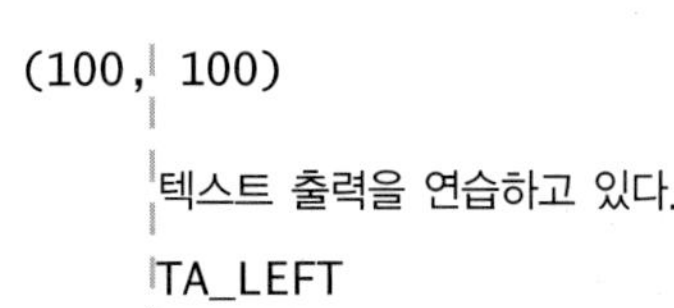

그림 2-4 ● SetTextAlign(TA_LEFT)

기본예제 2-2 텍스트 관련 함수 응용

【예제설명】

이번 예제에서는 다양한 텍스트 관련 함수를 사용하여 텍스트를 출력하도록 한다.

【실행결과】

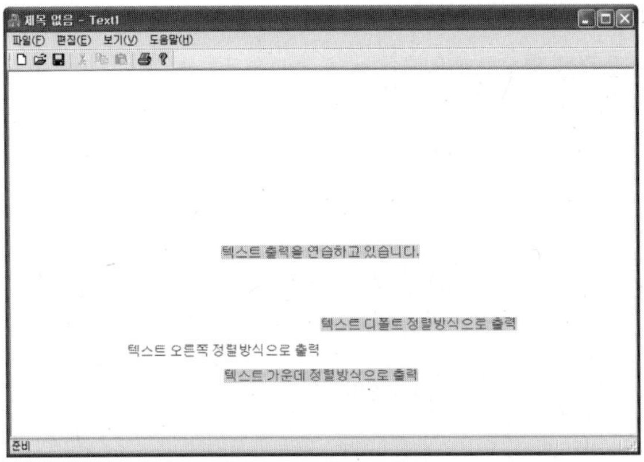

【따라하기】

1 "Text1"이란 이름의 단일 문서 형태의 새로운 프로젝트를 생성한다. [클래스 뷰]에서 CText1View를 클릭하면 화면 아래에 나타난 멤버 함수 중에서 OnDraw() 함수를 더블 클릭하여 오른쪽 에디터 창에 OnDraw() 함수가 나타나면 OnDraw() 함수의 전달인자가 주석문으로 둘러 싸여 있는데 이를 풀어준다. OnDraw() 함수에 넘겨진 포인터 변수 pDC를 사용할 수 있다. 다음과 같이 입력한 후 [디버그] → [디버깅하지 않고 시작] 메뉴를 선택하여 실행 결과를 확인한다.

```
void CText1View::OnDraw( CDC* pDC )
{
   CText1Doc* pDoc = GetDocument();
   ASSERT_VALID(pDoc);
   if (!pDoc)
      return;
   // TODO: 여기에 원시 데이터에 대한 그리기 코드를 추가한다.
```

CDC 객체 포인터인 pDC로 CDC의 도형을 그리기 위한 다양한 함수들을 호출하기 위해서 주석 처리를 풀어주었다.

```
    CRect rect;
    GetClientRect(&rect);

    pDC->SetTextColor(RGB(0, 0, 255));
    pDC->SetBkColor(RGB(0, 255, 0));
    pDC->DrawText(_T("텍스트 출력을 연습하고 있다."), -1, &rect,
                                        DT_CENTER | DT_VCENTER | DT_SINGLELINE);


    pDC->TextOutW(rect.Width()/2, rect.Height()/4*3-30,
        _T("텍스트 디폴트 정렬방식으로 출력"));

    pDC->SetBkMode(TRANSPARENT);
    pDC->SetTextAlign(TA_RIGHT);
    pDC->TextOutW(rect.Width()/2, rect.Height()/4*3,
       _T("텍스트 오른쪽 정렬방식으로 출력"));

    pDC->SetBkMode(OPAQUE);
    pDC->SetTextAlign(TA_CENTER);
    pDC->TextOutW(rect.Width()/2, rect.Height()/4*3+30,
       _T("텍스트 가운데 정렬방식으로 출력"));
}
```

1.2 도형 그리기

CDC 클래스는 텍스트를 출력하는 함수 이외에도 다양한 종류의 도형을 그리는 함수를 제공한다. 우선 직선을 출력하기 위해 필요한 함수를 살펴보자. MFC에서 하나의 함수로 직선을 그리는 것은 불가능하고 두 개의 함수를 함께 사용해야만 직선을 그릴 수 있다. 직선을 출력하기 위해서는 시작점(x1, y1)과 끝점(x2, y2)이 있어야 하기 때문이다.

표 2-6 ● 직선 그리기 함수

함수	기능
CDC::MoveTo(**int** *x1*, **int** *y1*)	현재 위치를 지정한 위치로 옮긴다.
CDC::LineTo(**int** *x2*, **int** *y2*)	현재 위치에서 지정한 위치까지 선을 그린 후 현재 위치를 지정한 위치로 이동한다.

직선의 시작점은 CDC 클래스의 MoveTo() 함수에 기술하고 직선의 끝점은 CDC 클래스의 LineTo() 함수에 기술한다. 두 함수 모두 (x, y) 좌표 값을 사용하거나 CPoint 객체를 사용할 수 있도록 오버로딩되어 있다.

```
CDC::MoveTo(POINT point);
CDC::LineTo(POINT point);
```

위 함수의 전달인자로 사용하는 CPoint 클래스는 구조체 POINT를 클래스화한 것이기에 우선 POINT 구조체의 구조를 살펴보도록 하자.

```
typedef struct tagPoint
{
    LONG x;
    LONG y;
} POINT;
```

CPoint 클래스는 POINT 구조체가 가진 2개의 멤버변수가 포함되어 있어 CPoint 객체를 통하여 멤버변수 x, y에 접근할 수 있음은 물론 다양한 함수가 추가되어 여러 가지 기능을 수행할 수 있다.

다음은 (100, 100)을 시작점으로 (200, 200)을 끝점으로 하는 직선을 그리는 예이다.

```
pDC->MovetTo(100, 100);
pDC->LineTo(200, 200);
```

```
CPoint pt1(100, 100);
CPoint pt2(200, 200);
pDC->MovetTo(pt1);
pDC->LineTo(pt2);
```

이번에는 사각형과 원을 그리기 위한 방법을 학습하도록 하자. 직선을 그리기 위한 함수가 2가지 형태이듯이 사각형이나 원을 그리기 위한 함수 역시 2가지 형태로 제공된다.

표 2-7 ● 사각형 그리기 함수

함수	기능
CDC::**Rectangle**(int *x1*,int *y1*,int *x2*,int *y2*);	좌측 상단(x1, y1), 우측 하단(x2, y2)을 대각선으로 하는 사각형을 출력한다.
CDC::**Rectangle**(LPCRECT *lpRect*);	사각형의 정보를 저장하는 CRect 객체의 4개의 멤버변수 중 left, top을 좌측 상단으로 right, bottom을 우측 하단으로 하는 사각형을 출력한다.

다음은 (300, 100)과 (400, 200)을 대각선으로 하는 사각형을 그리는 예이다.

`pDC->Rectangle(300, 100, 400, 200);`	`CRect rc(300, 100, 400, 200);` `pDC->Rectangle(&rc);`

CRect 클래스

위 함수의 전달인자로 사용된 **CRect 클래스**는 **사각형을 나타내는 클래스**로 RECT 구조체를 클래스화한 것이기에 우선 RECT 구조체의 구조를 살펴보도록 하자.

```
typedef struct tagRect
{
   LONG left;
   LONG top;
   LONG right;
   LONG bottom;
} RECT;
```

CRect 클래스는 RECT 구조체가 가진 4개의 멤버변수를 포함하기에 CRect객체를 통하여 멤버변수 left, top, right, bottom에 접근할 수 있음은 물론 다양한 함수가 추가되어 여러 가지 기능을 수행할 수 있다.

타원을 그리기 위한 함수 Ellipse() 역시 2가지 형태로 제공된다.

표 2-8 ● 타원 그리기 함수

함수	기능
CDC::**Ellipse** (**int** *x1*,**int** *y1*,**int** *x2*,**int** *y2*);	좌측 상단(x1, y1), 우측 하단(x2, y2)을 대각선으로 하는 사각형의 내접원을 출력한다.
CDC::**Ellipse**(LPCRECT *lpRect*);	사각형의 정보를 저장하는 CRect 객체의 4개의 멤버변수 중 left, top을 좌측 상단으로 right, bottom을 우측 하단으로 하는 사각형의 내접원을 출력한다.

기본예제 2-3 도형 출력하기

【예제설명】

이번 예제에서는 MFC 응용 프로그램 마법사에서 제공해주는 클래스에 코드를 추가하여 화면에 직선, 사각형, 원을 출력하도록 하자.

【실행결과】

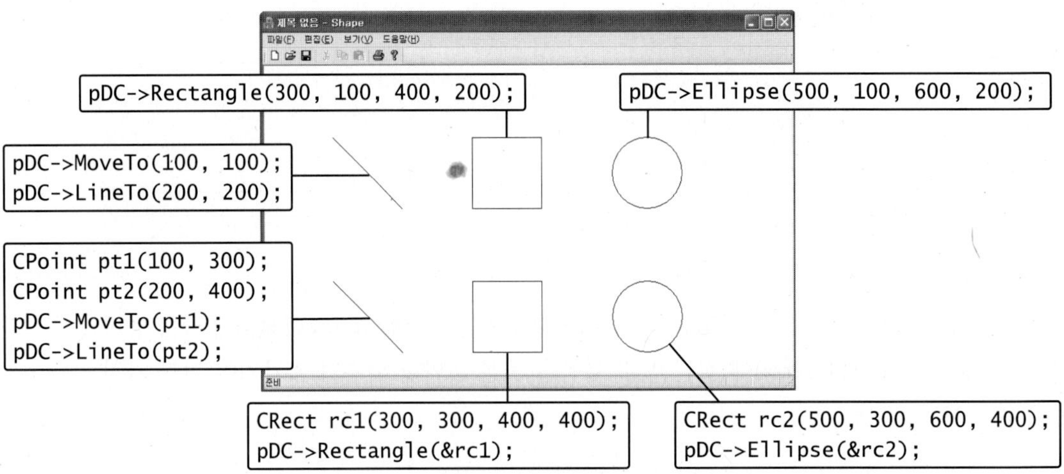

【따라하기】

1 "Shape"란 이름의 단일 문서 형태의 새로운 프로젝트를 생성한다. [클래스 뷰]에서 CShapeView를 클릭하면 화면 아래에 나타난 멤버 함수 중에서 OnDraw() 함수를 더블 클릭하여 오른쪽 에디터 창에 OnDraw() 함수가 나타나면 OnDraw() 함수의 전달인자가 주석문으로 둘러 싸여 있는데 이를 풀어준다. OnDraw() 함수에 넘겨진 포인터 변수 pDC로 화면에 도형을 출력하기 위해서는 pDC->Rectangle()과 같이 함수를 사용할 수 있다. 다음과 같이 입력한 후 [디버그] → [디버깅하지 않고 시작] 메뉴를 선택하여 실행 결과를 확인한다.

```
void CShapeView::OnDraw( CDC* pDC )
{
    CShapeDoc* pDoc = GetDocument();
    ASSERT_VALID(pDoc);
```

CDC 객체 포인터인 pDC로 CDC의 도형을 그리기 위한 다양한 함수들을 호출하기 위해서 주석 처리를 풀어주었다.

```
    if (!pDoc)
        return;

    // TODO: 여기에 원시 데이터에 대한 그리기 코드를 추가한다.
    pDC->MoveTo(100, 100);
    pDC->LineTo(200, 200);

    pDC->Rectangle(300, 100, 400, 200);

    pDC->Ellipse(500, 100, 600, 200);

    CPoint pt1(100, 300);
    CPoint pt2(200, 400);
    pDC->MoveTo(pt1);
    pDC->LineTo(pt2);

    CRect rc1(300, 300, 400, 400);
    pDC->Rectangle(&rc1);

    CRect rc2(500, 300, 600, 400);
    pDC->Ellipse(&rc2);
}
```

【기본예제 2-3: 설명】

우리가 MFC를 학습하다 보면 On으로 시작하는 함수들을 많이 만나게 될 것이다. On으로 시작하는 함수는 모두 메시지 핸들러이다. 메시지 핸들러는 3장에서 자세히 살펴볼 것이지만, 특정 메시지가 발생되면 호출되는 함수이다. MFC 윈도우 응용 프로그램은 다시 그려질 필요가 있을 때 "WM_PAINT" 메시지가 보내지는데 이때 호출되는 메시지 핸들러가 OnDraw() 함수이다. 이 함수는 MFC 응용 프로그램 마법사가 CView의 파생 클래스를 만들어줄 때 함께 오버라이딩해 놓기에 우리가 직접 만들어 줄 필요는 없다. OnDraw() 함수에는 화면에 텍스트를 출력하기 위한 코딩을 기술하면 되는데 화면 출력을 위해서는 반드시 CDC 클래스가 필요하다.

CView의 파생 클래스에 오버라이딩한 OnDraw() 함수를 살펴보면 비록 주석처리는 되어 있지만 전달인자로 CDC 객체 포인터가 기술된 것을 발견할 수 있다. 화면에 텍스트를 출력하기 위해서 OnDraw() 함수의 전달인자인 pDC를 사용하려면 주석 처리를 풀어주어야 한다.

SECTION

02 GDI 오브젝트와 펜과 브러시

I n t r o d u c t i o n   t o   M i c r o s o f t   F o u n d a t i o n   C l a s s   L i b r a r y

GDI는 **Graphic Device Interface**(**그래픽 디바이스 인터페이스**)의 약어로서 디바이스 컨텍스트의 속성에 해당되며 다음과 같은 것들이 있다.

표 2-9 ● GDI 오브젝트의 종류

GDI 오브젝트	범주	디폴트 값
CPen	선 그리기	실선의 1 픽셀 굵기의 검정색 펜
CBrush	영역의 내부를 채움	단일 흰색 브러시
CFont	글꼴	시스템 글꼴
CBitmap	비트맵	없음
CPalette	팔레트	없음
CRgn	영역	없음

우리가 지금까지 사용했던 도형을 출력하는 함수들은 디바이스 컨텍스트(CDC)에 의해 호출되었는데 디바이스 컨텍스트는 디폴트로 지정된 GDI 오브젝트가 있다. 예를 들어 도형의 선을 그릴 때 사용하는 펜 객체의 경우 1 픽셀 굵기의 검정색 실선으로 디폴트 값이 정해져 있다. 그래서 우리가 지금까지 그려온 모든 도형은 1 픽셀 굵기의 검정색 실선이었다. 만일 빨간색 펜을 디바이스 컨텍스트에 지정했다면 이후에 그리는 모든 도형은 빨간색 선으로 그려진다.

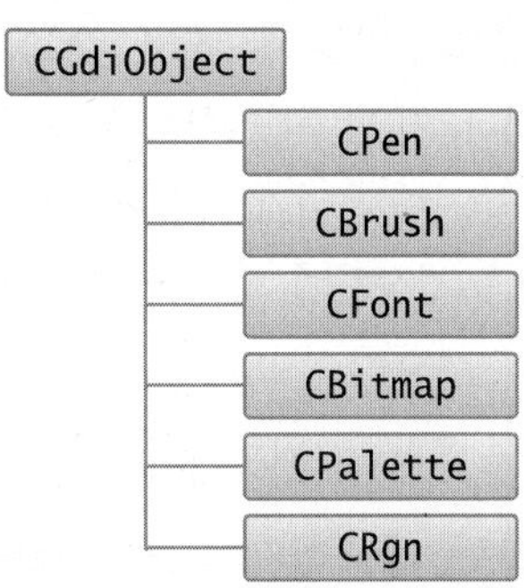

그림 2-5 ● GDI 오브젝트의 계층도

디폴트 값으로 지정한 GDI 오브젝트 대신 새롭게 GDI 오브젝트를 디바이스 컨텍스트에 지정하려면 조금은 복잡한 절차를 거쳐야 하는데 다행히도 위에 언급된 **GDI 오브젝트**는 모두 **CGdiObject**라는 모두 공통된 **기본 클래스로부터 파생**되었기에 동일한 절차를 취한다. 그렇기에 펜 설정만 제대로 사용할 줄 안다면 GDI 오브젝트도 무난히 사용할 수 있게 된다.

MFC에서 GDI 오브젝트를 사용하는 과정을 정리하면 다음과 같다.

> ❶ GDI 오브젝트에 초기값을 지정하여 생성한다. (예를 들어 펜일 경우 실선의 2 픽셀 굵기의 붉은색 펜 생성)
>
> ❷ GDI 오브젝트의 성격이 규정되었으면 이를 디바이스 컨텍스트 객체에 지정한다. (이때 사용하는 함수가 `CDC::SelectObject()`인데 원상복귀를 위해서 이전에 사용하던 펜의 정보를 저장해둔다.)
>
> ❸ 디바이스 컨텍스트(CDC)로 도형을 그린다. (❶에서 생성한 GDI 오브젝트에 의해 그려질 도형의 성격이 규정된다.)
>
> ❹ 작업을 마쳤으면 이전 상태로 원상복귀한다.(❷에서 저장해 두었던 GDI 오브젝트로 `CDC::SelectObject()` 함수를 호출한다.)
>
> ❺ 펜 객체를 삭제한다.(`DeleteObject()` 함수를 호출한다.)

2.1 도형의 선을 결정하는 펜

도형을 그릴 때 선과 면으로 나눈다면 **선에 대한 속성**을 지정하는 클래스가 **CPen**이고, **면에 대한 성격**을 규정하는 클래스가 **CBrush**이다.

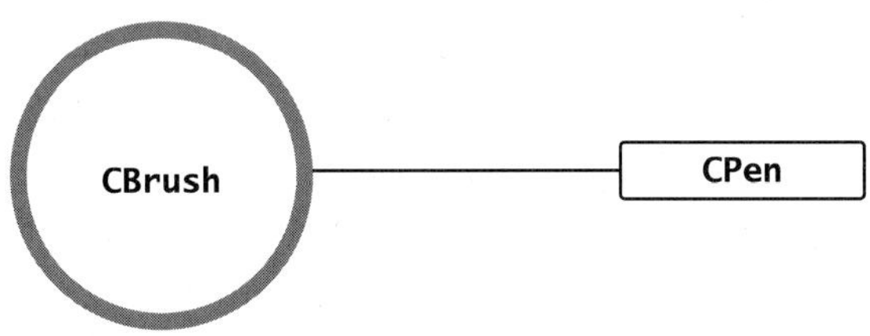

그림 2-6 ● 도형의 선과 면의 성격을 규정하는 GDI 오브젝트

펜을 사용하려면 우선 오브젝트를 생성해야 하는데 2가지 방법이 있다. 생성자를 사용해서 초기값을 설정하여 펜 객체를 생성하는 방법과 `CreatePen()` 함수를 사용하는 방법이다.

다음은 실선의 5픽셀 굵기의 빨간색 펜을 생성한 예이다.

생성자를 이용한 펜 객체 생성	CreatePen() 함수를 이용한 펜 객체 생성
	CPen myPen;
CPen myPen(PS_SOLID, 5, RGB(255, 0, 0));	myPen.CreatePen(PS_SOLID, 5, RGB(255, 0, 0));

* 왼쪽, 오른쪽 중 한 가지 방법을 택하여 펜 객체를 생성할 수 있다.

펜 오브젝트를 생성할 때에는 펜의 스타일, 굵기, 색상 이렇게 3가지 성격을 지정해 주어야 한다.

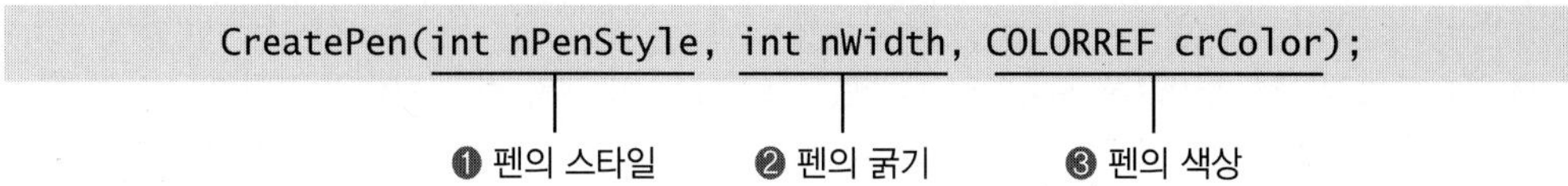

❶ 펜의 스타일

CreatePen() 함수의 첫 번째 전달인자인 도형의 선 모양을 결정하는 펜의 스타일은 다음과 같이 다양하게 제공된다.

표 2-10 ● 펜 스타일의 종류

펜의 스타일	선의 형태	굵기 지정 여부
PS_SOLID	실선	가능
PS_DOT	짧은 파선	불가능
PS_DASH	긴 파선	불가능
PS_DASHDOT	1점 쇄선	불가능
PS_DASHDOTDOT	2점 쇄선	불가능
PS_NULL	투명	불가능
PS_INSIDEFRAME	실선	가능

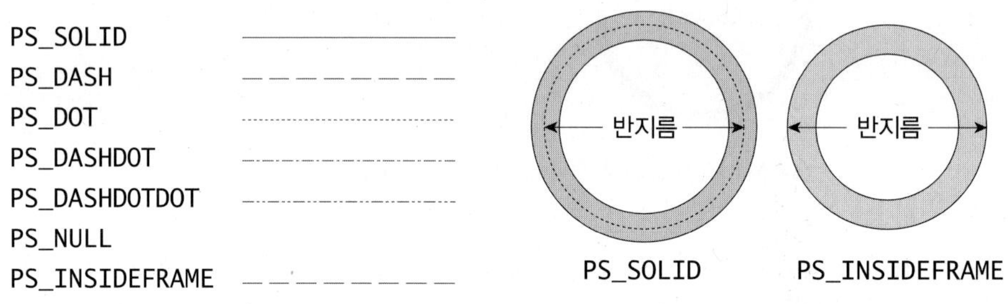

그림 2-7 ● 펜의 스타일

❷ 펜의 굵기

CreatePen() 함수의 두 번째 전달인자인 펜의 굵기의 단위는 픽셀이다. PS_SOLID 이외의 스타일에 굵기를 지정할 경우에는 선의 형태가 나타나지 않고 모두 실선으로 나타나므로 지정한 스타일로 선이 나타나도록 하려면 선의 굵기를 1픽셀로 지정해야 한다. 즉, "PS_SOLID"일 경우에만 다양한 굵기로 펜을 출력할 수 있다.

❸ 펜의 색상

CreatePen() 함수의 세 번째 전달인자인 색상은 글자 색상을 지정할 때 이미 학습한 COLORREF 형을 사용한다.

도형의 선의 성격을 지정하기 위해 펜 오브젝트를 사용하기 위해서는 다음과 같은 절차를 밟아야 한다.

❶ 펜을 이용하는 경우에는 CPen 클래스로 변수 선언한다.

```
CPen redPen;
```

❷ 실선의 두께 1인 빨간 펜을 생성한다.

```
redPen.CreatePen(PS_SOLID, 1, RGB(255, 0, 0));
```

❸ 펜의 성격이 규정되었으면 이 펜을 그림을 그리는 주체인 디바이스 컨텍스트 객체에 지정해야 하는데 이때 사용하는 함수가 CDC::SelectObject()이다. CDC::SelectObject() 함수는 전달인자로 준 펜 객체의 포인터를 새로운 펜으로 설정하고, 이전에 사용하던 펜 객체 포인터를 함수의 리턴 값으로 되돌린다. 펜의 사용이 끝나면 원래의 상태로 복귀해야 하기 때문에 리턴 값을 다음 코드와 같이 pOldPen에 반드시 기록해 두어야 한다.

```
CPen* pOldPen;
pOldPen = pDC->SelectObject(&redPen);
```

❹ 사각형을 그린다.

```
pDC->Rectangle(400, 100, 500, 200);  // 폭과 높이가 100인 사각형을 그린다.
```

❺ redPen을 디바이스 컨텍스트로부터 분리하기 위해 다시 CDC::SelectObject 함수를 실행하여 이전에 기록해 놓은 pOldPen과 redPen을 교체해야 한다.

```
pDC->SelectObject(pOldPen);
```

❻ 펜 객체를 삭제한다.

```
redPen.DeleteObject();
```

기본예제 2-4 펜 스타일 살피기

【예제설명】

다양한 종류의 펜을 사용하여 선과 원을 출력해 보자.

【실행결과】

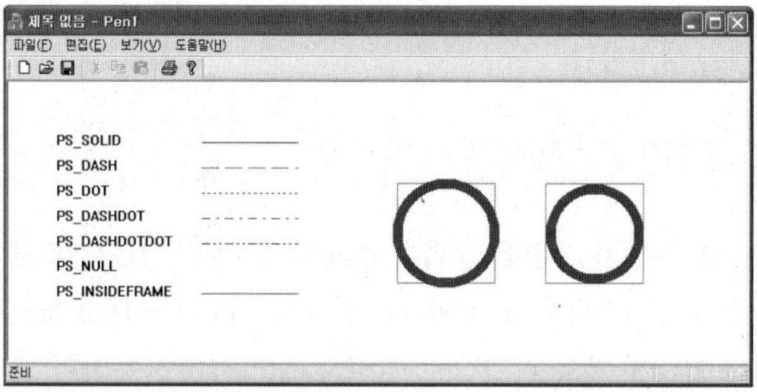

【따라하기】

1 "Pen1"이란 이름의 단일 문서 형태의 새로운 프로젝트를 생성한다. [클래스 뷰]에서 CPen1View를 클릭하면 화면 아래에 나타난 멤버 함수 중에서 OnDraw() 함수를 더블 클릭하여 오른쪽 에디터 창에 OnDraw() 함수가 나타나면 다음과 같이 입력한 후 [디버그] → [디버깅하지 않고 시작] 메뉴를 선택하여 실행 결과를 확인한다.

```
void CPen1View::OnDraw(CDC* pDC)
{
   CPen1Doc* pDoc = GetDocument();
```

```
    ASSERT_VALID(pDoc);
    if (!pDoc)
        return;
    // 다양한 펜 종류
    int nPenStyle[] = {PS_SOLID, PS_DASH, PS_DOT, PS_DASHDOT,
                        PS_DASHDOTDOT, PS_NULL, PS_INSIDEFRAME};
    CString PenStyle[] = {_T("PS_SOLID"), _T("PS_DASH"), _T("PS_DOT"),
                        _T("PS_DASHDOT"), _T("PS_DASHDOTDOT"), _T("PS_NULL"),
                        _T("PS_INSIDEFRAME")};
    for(int i=0; i<sizeof(nPenStyle)/sizeof(nPenStyle[0]); i++){
        CPen pen(nPenStyle[i], 1, RGB(0, 0, 255));
        pDC->SelectObject(&pen);
        CString str = PenStyle[i];

        pDC->TextOut(50, 50+i*25, str);

        pDC->MoveTo(200, 60+i*25);
        pDC->LineTo(300, 60+i*25);
    }

    CPen redPen(PS_SOLID, 1, RGB(255, 0, 0));
    CPen soldPen(PS_SOLID, 10, RGB(0, 0, 255));
    CPen insidePen(PS_INSIDEFRAME, 10, RGB(0, 0, 255));

    pDC->SelectObject(&redPen);
    pDC->Rectangle(400, 100, 500, 200);  // 폭과 높이가 100인 사각형을 그린다.
    pDC->Rectangle(550, 100, 650, 200);  // 폭과 높이가 100인 사각형을 그린다.

    pDC->SelectObject(&soldPen);
    pDC->Ellipse(400, 100, 500, 200);    // 지름이 100인 원을 그린다.

    pDC->SelectObject(&insidePen);
    pDC->Ellipse(550, 100, 650, 200);    // 지름이 100인 원을 그린다.
}
```

2.2 도형의 면을 결정하는 브러시

CPen 객체를 설명하면서 이미 언급한 바 있지만, CBrush는 도형의 내부(면)를 모두 빈틈없이 칠하는데 사용되는 GDI 오브젝트이다.

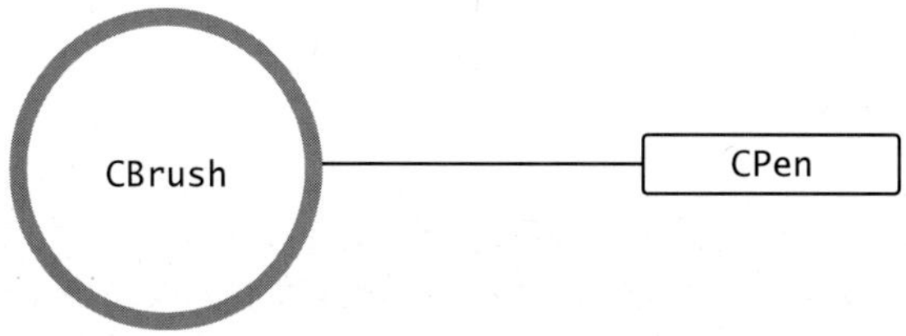

그림 2-8 ● 도형의 선과 면의 성격을 규정하는 GDI 오브젝트

브러시 역시 CBrush 오브젝트를 생성한 후에 사용이 가능한데 면의 내부를 무엇으로 채울 것이냐에 따라 3가지로 나뉜다.

표 2-11 ● 브러시의 종류

브러시의 종류	의미
솔리드(Solid, 면이 채워짐)	`CBrush myBrush(RGB(0, 0, 255));`
해치(Hatch, 일정한 패턴의 선이 그려짐)	`CBrush myBrush(HS_CROSS, RGB(0, 0, 255));`

패턴(Pattern)	`CBitmap bitmap;`
	`bitmap.LoadBitmap(IDB_BITMAP1);`
	`CBrush myBrush(bitmap);`

위 표에서는 생성자로 다양한 종류의 브러시 오브젝트를 만드는 방법을 살펴보았다. 브러시 객체를 생성하는 방법으로는 생성자 이외에도 CreateXXXBrush() 함수가 사용된다.

솔리드 브러시를 생성하기 위해서는 CreateSolidBrush() 함수를 사용한다.

```
CreateSolidBrush(COLORREF crColor);
```

COLORREF crColor: 브러시의 색상

해칭 패턴이 정해져 있는 해치 브러시를 생성하기 위해서는 CreateHatchBrush() 함수를 사용한다.

```
CreateHatchBrush(int nBrushStyle , COLORREF crColor);
```

- int nBrushStyle: 브러시의 스타일
- COLORREF crColor: 브러시의 색상

표 2-12 ● 해치 패턴의 종류

해치 패턴	의미
HS_HORIZONTAL	수평 해치
HS_VERTICAL	수직 해치
HS_BDIAGONAL	45도로 아래 방향(왼쪽에서 오른쪽)의 해치
HS_FDIAGONAL	45도로 위 방향(오른쪽에서 왼쪽)의 해치
HS_CROSS	수직과 수평 십자가의 해치
HS_DIAGCROSS	45도 된 십자가의 해치

도형의 면의 성격을 지정하기 위해서는 CBrush 객체를 이용하여 다음과 같은 절차를 밟아야 한다.

❶ 브러시를 사용하려면 먼저 CBrush 클래스의 오브젝트를 정의한다.

```
CBrush myBrush;
```

❷ 브러시 역시 펜의 성격을 규정하기 위해서 CreateXXXBrush() 함수를 호출한다.

```
myBrush.CreateHatchBrush(HS_CROSS, RGB(0, 0, 255));
```

❸ 작성한 브러시는 펜과 같이 CDC::SelectObject() 함수를 실행하여 디바이스 컨텍스트에 할당하지만 이 때 CDC::SelectObject() 함수는 디바이스 컨텍스트가 현재 사용하고 있는 브러시의 포인터를 리턴한다.

```
CBrush* pOldBrush;
pOldBrush = pDC->SelectObject(&myBrush);
```

❹ 사각형을 그린다.

```
pDC->Rectangle(&rc);
```

❺ 그리기가 완료 되어 사용이 끝난 브러시는 펜과 같이 원상 복귀해야 한다.

```
pDC->SelectObject(pOldBrush);
```

❻ 브러시 객체를 삭제한다.

```
myBrush.DeleteObject();
```

2.3 내장 GDI 오브젝트

내장(Stock) GDI 오브젝트는 자주 쓰이는 스타일의 GDI 오브젝트로 **윈도우 운영체제가 내장하고 있다.** 이런 내장 오브젝트는 **항상 메모리에 상주하고 있으며, SelectStockObject() 함수를 사용**하여 DC에 할당한다.

만약 흰색 선으로 그림을 그리려면 다음과 같이 프로그램을 할 수 있다.

```
CPen whitePen, *pOldPen;
whitePen.CreatePen(PS_SOLID, 1, RGB(255, 255, 255));
pOldPen = pDC->SelectObject(&whitePen);
pDC->Rectangle(10, 10, 100, 100);
pDC->SelectObject(pOldPen);
```

내장 GDI 오브젝트를 사용하면 다음과 같이 더 간단히 프로그램을 할 수 있다.

```
pDC->SelectStockObject(WHITE_PEN);
pDC->Rectangle(10, 10, 100, 100);
```

자주 쓰는 스타일의 GDI 오브젝트는 윈도우 운영체제가 내장하고 있기 때문에, 따로 만들지 않고, 윈도우 운영체제에서 얻어서 사용할 수 있다. 윈도우 운영체제가 가지고 있는 내장 GDI 오브젝트를 DC에 선택하려면 SelectStockObject() 함수를 사용하면 된다. 내장 GDI 오브젝트는 생성 없이 바로 사용할 수 있기 때문에 삭제할 필요도 없다.

표 2-13 ● 자주 쓰는 내장 GDI 오브젝트

종류	내용
펜	BLACK_PEN(검정색 펜), WHITE_PEN(흰색 펜), NULL_PEN(투명 펜)
브러시	BLACK_BRUSH(검정색 브러시), GRAY_BRUSH(회색 브러시), NULL_BRUSH(투명 브러시), WHITE_BRUSH(흰색 브러시), DKGRAY_BRUSH(짙은 회색 브러시), LTGRAY_BRUSH(옅은 회색 브러시)

내장 GDI 오브젝트는 주로 무채색의 브러시와 펜만 제공되며 원색 브러시와 펜은 직접 만들어 써야 한다.

기본예제 2-5 브러시 사용하기

【예제설명】

다양한 종류의 브러시를 사용하여 사각형을 출력해 보자.

【실행결과】

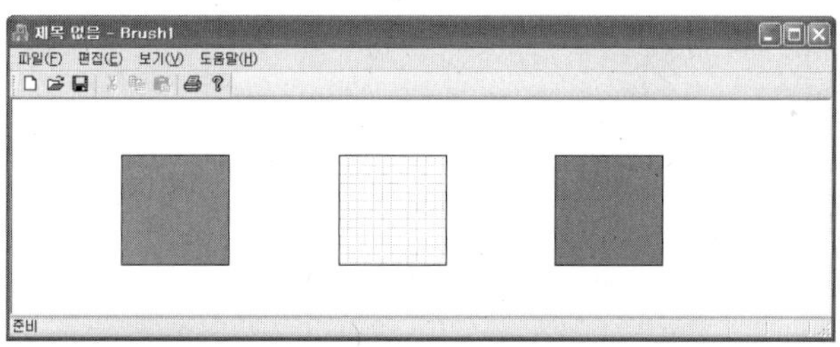

【따라하기】

1 "Brush1"이란 이름의 단일 문서 형태의 새로운 프로젝트를 생성한다. [클래스 뷰]에서 CBrush1View를 클릭하면 화면 아래에 나타난 멤버 함수 중에서 OnDraw() 함수를 더블 클릭하여 오른쪽 에디터 창에 OnDraw() 함수가 나타나면 다음과 같이 입력한 후 [디버그] → [디버깅하지 않고 시작] 메뉴를 선택하여 실행 결과를 확인한다.

```
void CBrush1View::OnDraw(CDC* pDC)
{
   CBrush1Doc* pDoc = GetDocument();
   ASSERT_VALID(pDoc);
   if (!pDoc)
      return;

   // TODO: 여기에 원시 데이터에 대한 그리기 코드를 추가합니다.
   CBrush solidBrush;
   CBrush hatchBrush;
   CBrush* pOldBrush;

   solidBrush.CreateSolidBrush(RGB(255, 0, 255));
   pOldBrush = pDC->SelectObject(&solidBrush);
   pDC->Rectangle(100, 50, 200, 150);

   hatchBrush.CreateHatchBrush(HS_CROSS, RGB(0, 255, 255));
   pOldBrush = pDC->SelectObject(&hatchBrush);
   pDC->Rectangle(300, 50, 400, 150);

   pDC->SelectStockObject(GRAY_BRUSH);
   pDC->Rectangle(500, 50, 600, 150);

   pDC->SelectObject(pOldBrush);
   //내장 GDI 오브젝트로 원상 복귀할 수도 있다.
   //pDC->SelectStockObject(WHITE_BRUSH);

   solidBrush.DeleteObject();
   hatchBrush.DeleteObject();
}
```

SECTION

03 CFont

Introduction to Microsoft Foundation Class Library

CDC가 만들어지면 기본적으로 검은색 펜과 흰색 브러시가 제공되는 것처럼 폰트 역시 기본적으로 SYSTEM 폰트로 등록되어 있다. 이것을 변경시키기 위해서는 펜과 브러시처럼 SelectObject() 함수를 이용한다. SelectObject()에 의해서 설정된 폰트로 등록되면 기존에 설정된 폰트가 리턴된다. 폰트 역시 CreateXXX()를 이용하여 만들고 DeleteObject()를 이용하여 삭제하기 때문에 다음과 같은 루틴을 이용해야 한다.

```
CFont myFont,*pOldFont;
myFont.CreateFont(...);             //폰트를 만든다.
//myFont를 설정하고 이전 폰트를 oldfont에 넣어둔다.
pOldFont=pDC->SelectObject(&myFont);
pDC->SelectObject(pOldFont);        //이전 폰트를 설정한다.
myFont.DeleteObject();              //폰트를 삭제한다.
```

폰트를 만들고자 한다면 CFont 클래스의 맴버 함수인 CreateFont()를 이용한다.

```
BOOL CreateFont(
   int nHeight,                     // ❶ 폰트의 높이
   int nWidth,                      // ❷ 폰트의 너비
   int nEscapement,                 // ❸ escapement 백터 각도
   int nOrientation,                // ❹ 기본 선(보통 수평선)에서의 각도
   int fnWeight,                    // ❺ 폰트 가중치
   DWORD fdwItalic,                 // ❻ 이탤릭 속성 플러그
   DWORD fdwUnderline,              // ❼ 밑줄 속성 플러그
   DWORD fdwStrikeOut,              // ❽ 중앙 선 속성 플러그
   DWORD fdwCharSet,                // ❾ 캐랙터셋 명칭
   DWORD fdwOutputPrecision,        // ❿ 출력 정밀도
   DWORD fdwClipPrecision,          // ⓫ 클리핑 정밀도
   DWORD fdwQuality,                // ⓬ 출력 문자의 질
```

```
    DWORD fdwPitchAndFamily,        // ⑬ 글꼴의 피치의 종류
    LPCTSTR lpszFace                // ⑭ 폰트체의 이름
);
```

❶, ❷ nHeight와 nWidth

폰트의 가로와 세로의 길이를 말한다.

❸ nEscapement

글자의 출력의 각도를 말한다. 보통 0이면 일반 수평방향으로 글자가 출력된다. nOrientation은 장치의 기본선(baseline)에서의 x축과의 기울어진 각도를 의미한다. 이 각도는 1/10도 단위이다.

❺ fnWeight

폰트의 가중치이다. 굵게 또는 가늘게 등의 여러 옵션이 있다. 해당하는 옵션은 다음과 같다. 이외에도 FW_EXTRABOLD, FW_EXTRALIGHT, FW_MEDIUM 등의 플러그가 있다.

표 2-14 ● 폰트 가중치

값	내용
FW_DONTCARE	상관하지 않음
FW_THIN	가늘게
FW_BOLD	진하게
FW_LIGHT	약간 밝게
FW_NORMAL	보통 문자
FW_HEAVY	매우 두껍게

❻, ❼, ❽ fdwItalic, fdwUnderline, fdwStrikeOut

각각 이탤릭 밑줄 중앙 줄에 대한 플러그이다. 해당 변수들의 값을 1로 설정하면 활성화되며 0으로 설정하면 비활성화된다.

❾ fdwCharSet

문자열 셋의 명칭이다. 문자세트는 일반적으로 사용하는 DEFAULT_CHARSET와 안시 문자코드를 사용하는 ANSI_CHARSET 그리고 OEM 문자 세트를 사용하는 OEM_CHARSET, 한글 문자세트

를 사용하는 HANGEUL_CHARSET 등이 있다. OEM 문자세트란 IBM에서 만든 문자세트를 말한다. ANSI_CHARSET란 일반적으로 윈도우에서 사용하는 문자세트를 말한다.

⑩ fdwOutputPrecision

출력의 정밀도를 의미하는데 출력문자의 높이와 가로크기 문자의 각도와 피치 등의 정밀도를 어떻게 할 것인가를 정의하는 값이다. 이 값은 다음의 값들 중 하나를 설정할 수 있다.

OUT_DEFAULT_PRECIS, OUT_STRING_PRECIS, OUT_CHARACTER_PRECIS, OUT_STROKE_PRECIS	윈도우95에서는 백터 폰트에서 사용됨
OUT_DEVICE_PRECIS, OUT_TT_PRECIS, OUT_OUTLINE_PRECIS	윈도우95에서는 사용하지 않음

⑪ fdwClipPrecision

클리핑의 정밀도를 의미한다.

⑫ fdwQuality

GDI가 논리적 글형태의 속성을 맞출 때 사용하는 옵션이다.

⑬ fdwPitchAndFamily

글꼴 피치의 종류를 의미하는 것으로 DEFAULT_PITCH와 FIXED_PITCH, VARIABLE_PITCH를 설정할 수 있다.

⑭ lpszFace

설정할 폰트의 이름의 문자열이다.

폰트 하나 설정하는데 매우 인자가 많고 옵션 또한 많다. 이는 그만큼 다양하고 섬세하게 글자를 출력할 수 있다는 의미이다. 이제 막 윈도우 프로그램에 들어선 지금에서 폰트를 하나 DC에 등록하는데 이 모든 인자를 이해하고자 한다는 것은 무리이므로 위에서 중요한 인자인 nHeight와 nWidth 그리고 lpszFace만 주의해서 살펴보도록 하고 나머지들은 옵션 중에서 가장 자주 사용되는 DEFAULT 옵션을 사용하도록 하자. 다음은 폰트를 하나 만드는 예이다.

```
CFont cFont;
cFont.CreateFont(30,15,                    //가로 세로 크기
         0,0,                              //기울어짐 각도
         FW_DONTCARE,                      //폰트의 굵기
         FALSE,                            //이탤릭 플러그
         FALSE,                            //언더라인 플러그
         FALSE,                            //STRIKEOUT 플러그
         DEFAULT_CHARSET,                  //CHAR SET
         OUT_DEFAULT_PRECIS,
         CLIP_DEFAULT_PRECIS,
         DEFAULT_QUALITY,
         DEFAULT_PITCH,
         _T("궁서체"));
```

이탤릭이나 언더라인 STRIKEOUT이 FALSE일 경우 사용하지 않겠다는 의미이고 TRUE일 경우에는 사용하겠다는 의미이다. 그 이외의 내용은 처음에는 DEFAULT 플러그 값을 선택하도록 하자.

기본예제 2-6 폰트 변경하기

【예제설명】

Font GDI 오브젝트로 글자 크기를 변경해 보자.

【실행결과】

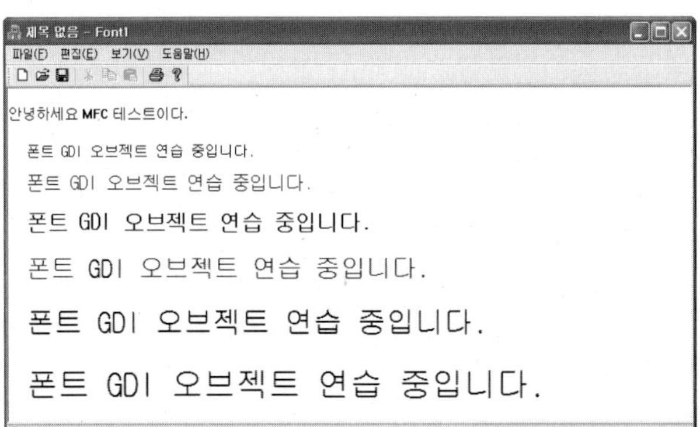

[따라하기]

1 "Font1"이란 이름의 단일 문서 형태의 새로운 프로젝트를 생성한다. [클래스 뷰]에서 CFont1View를 클릭하면 화면 아래에 나타난 멤버 함수 중에서 OnDraw() 함수를 더블 클릭하여 오른쪽 에디터 창에 OnDraw() 함수가 나타나면 다음과 같이 입력한 후 [디버그] → [디버깅하지 않고 시작] 메뉴를 선택하여 실행 결과를 확인한다.

```
void CFont1View::OnDraw(CDC* pDC)
{
    CFont1Doc* pDoc = GetDocument();
    ASSERT_VALID(pDoc);
    if (!pDoc)
        return;

    // TODO: 여기에 원시 데이터에 대한 그리기 코드를 추가합니다.
    pDC->TextOutW(0,20,_T("안녕하세요 MFC 테스트이다."));     //기본 글꼴로 출력
    CFont myFont,*pOldFont;
    int y=60, size=0;
    for(size=16; size<=36; size+=4){
        //폰트 만들기
        myFont.CreateFont(size,                            //가로 세로 크기
                0,0,0,                                     //기울어짐 각도
                FW_DONTCARE,                               //폰트의 굵기
                FALSE,                                     //이탤릭 플러그
                FALSE,                                     //언더라인 플러그
                FALSE,                                     //STRIKEOUT 플러그
                DEFAULT_CHARSET,                           //CHAR SET
                OUT_DEFAULT_PRECIS,
                CLIP_DEFAULT_PRECIS,
                DEFAULT_QUALITY,
                DEFAULT_PITCH,
                _T("굴림체"));

        //폰트를 등록하고 이전 폰트를 pOldFont에 저장한다.
        pOldFont=pDC->SelectObject(&myFont);
        pDC->TextOutW(20,y,_T("폰트 GDI 오브젝트 연습 중입니다.")); //새로이 변경된 글꼴로 출력
```

```
        pDC->SelectObject(pOldFont);                          //pOldFont를 다시 설정한다.
        myFont.DeleteObject();                                //이전 폰트를 지운다.
        y+=size*2;
    }
}
```

SECTION

04 CBitmap

Introduction to Microsoft Foundation Class Library

윈도우에서는 비트맵을 하나의 GDI 오브젝트로 채택하여 처리한다. 비트맵 GDI 오브젝트를 참조하는 그래픽 함수는 다음과 같이 2가지가 있다.

표 2-15 ● 비트맵 출력 함수

함수	설명
BitBlt	Bit Block Transfer의 약자 임의의 DC에서 다른 DC로 비트맵 블록을 전송
StretchBlt	임의의 DC에서 다른 DC로 비트맵 블록을 전송하되, 확대 또는 축소를 해서 전송

다른 그래픽함수와는 달리 비트맵 GDI 오브젝트를 참조하는 그래픽 함수는 DC를 2개(화면 DC와 메모리 DC) 필요로 한다.

화면 DC와 메모리 DC 만들기

❶ 화면 DC는 비트맵이 출력될 화면 윈도우의 DC로서 다음과 같이 만든다.

```
CClientDC WinDC(this);
```

❷ 메모리에 만들어진 DC는 메모리상에 존재하는 MemDC 화면 윈도우로부터 얻어진 WinDC로 비트맵 블록을 전송하며 다음과 같이 만든다.

```
CDC MemDC;
```

화면 DC와 호환성을 갖는 메모리 DC 만들기

비트맵 블록 전송을 위해서는 DC 간에 호환성을 가져야 하는데 그러기 위해서는 CreateCompatibleDC() 함수를 호출해야 한다.

```
MemDC.CreateCompatibleDC(&WinDC);
```

CreateCompatibleDC() 함수를 호출한 후에는 MemDC와 WinDC는 호환성을 갖게 되어 서로 비트맵 블록 전송이 가능하게 된다.

비트맵 데이터를 읽어오고, 관리하는 기능은 CBitmap 클래스가 수행하는데 CBitmap 클래스는 우선 리소스에 저장되어 있는 비트맵 데이터를 로드해야 한다.

```
CBitmap bitmap;
bitmap.LoadBitmap(IDB_BITMAP1);
```

이렇게 생성된 비트맵을 DC가 선택해야만 출력할 수 있다.

```
CBitmap *pOldBitmap = (CBitmap *)MemDC.SelectObject(&bitmap);
```

4.1 BitBlt( ) 함수 사용하기

비트맵을 선택한 DC는 메모리에 만들어진 DC인데 이 함수에서 **원하는 블록만큼**을 가져다 화면 DC에 출력해야 하는데 그러기 위해서는 BitBlt() 함수를 사용해야 한다.

```
BOOL CDC::BitBlt(
    int x, int y,               //이미지가 출력될 클라이언트 윈도우 기준 좌표 지정
    int nWidth, int nHeight,    //출력될 이미지의 폭과 높이
    CDC* pSrcDC,                //출력할 이미지가 로딩되어 있는 메모리 DC객체에 대한 포인터
    int xSrc, int ySrc,         //DC에 로딩된 이미지를 어디서부터 출력할 것인지 기준좌표
    DWORD dwRop )               //나타낼 스타일의 레스터 오퍼레이션 코드를 지정
```

레스터 오퍼레이션(ROP) 코드는, 이미 출력된 이미지가 있다면 새롭게 출력되는 이미지와의 색 데이터를 조합하여 최종적인 색을 결정하기 위해서 사용된다. 다음은 자주 사용되는 레스터 오퍼레이션 코드를 표로 정리한 것이다.

값	설명
SRCAND	논리 AND 연산자를 사용하여 색을 조합한다.
SRCCOPY	원래 비트맵을 그대로 출력한다.
SRCPAINT	논리 OR 연산자를 사용하여 색을 조합한다.

메모리 DC내의 0, 0을 시작 위치로 해서 500, 300 크기의 이미지를 화면 0, 0 위치에 출력하려면 다음과 같이 코딩한다.

```
pDC->BitBlt(0, 0, 500, 300, &MemDC, 0, 0, SRCCOPY);
```

메모리 DC내의 100, 100을 시작 위치로 해서 150, 150 크기의 이미지를 화면 550, 50 위치에 출력하려면 다음과 같이 코딩한다.

```
pDC->BitBlt(550, 50, 150, 150, &MemDC, 100, 100, SRCCOPY);
```

기본예제 2-7 비트맵 이미지 출력하기

【예제설명】

비트맵 이미지를 불러와 화면에 출력해 보자.

【실행결과】

[따라하기]

1 "Bmp1"이란 이름의 단일 문서 형태의 새로운 프로젝트를 생성한다. 솔루션 탐색기 탭의 리소스 파일을 선택한 후 마우스 오른쪽 버튼을 클릭하여 나타난 바로가기 메뉴에서 [추가] → [리소스...] 메뉴를 선택한다. [리소스 추가] 창에서 [Bitmap] 항목을 선택한 후 <가져오기> 버튼을 클릭하여 [가져오기] 창이 나타나면 비트맵 파일(각자 미리 준비해 놓도록 한다.)을 선택한다.

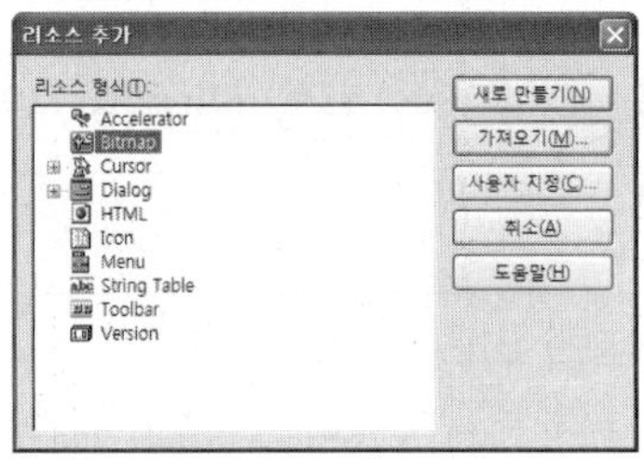

2 가져온 비트맵 파일은 `IDB_BITMAP1`이란 이름이 자동 부여되고 화면 오른쪽의 속성 창을 보면 비트맵의 높이와 크기는 (350, 400)이다.

3 [클래스 뷰]에서 `CBmp1View`를 클릭하면 화면 아래에 나타난 멤버 함수 중에서 `OnDraw()` 함수를 더블 클릭하여 오른쪽 에디터 창에 `OnDraw()` 함수가 나타나면 다음과 같이 입력한 후 [디버그] → [디버깅하지 않고 시작] 메뉴를 선택하여 실행 결과를 확인한다.`CBmp1View` 클래스의 `OnDraw()` 함수에 다음과 같이 입력한다.

```
void CBmp1View::OnDraw(CDC* pDC)
{
   CBmp1Doc* pDoc = GetDocument();
   ASSERT_VALID(pDoc);
   if (!pDoc)
      return;

   // TODO: 여기에 원시 데이터에 대한 그리기 코드를 추가합니다.
   CDC MemDC;                                    //메모리에 DC를 만든다.
   MemDC.CreateCompatibleDC(pDC);                //화면 DC와 호환성을 갖는 메모리 DC 만들기
   CBitmap bitmap;
   bitmap.LoadBitmap(IDB_BITMAP1);               //리소스에서 비트맵을 읽어 들여 DC를 선택
   CBitmap *pOldBitmap = (CBitmap *)MemDC.SelectObject(&bitmap);
                                                 //비트맵 블록 전송 : 전체 이미지 출력
   pDC->BitBlt(0, 0, 350, 400, &MemDC, 0, 0, SRCCOPY);
                                                 //비트맵 블록 전송 : 일부 이미지 출력
   pDC->BitBlt(500, 100, 150, 150, &MemDC, 100, 100, SRCCOPY);
   MemDC.SelectObject(pOldBitmap);               //DC 복원
   bitmap.DeleteObject();
}
```

4.2 StretchBlt() 함수 사용하기

이미지를 블록 단위로 잘라서 출력하는 방법을 살펴보았으므로 이제는 **StretchBlt() 함수**를 사용하여 **이미지를 확대하거나 축소하여 출력**하도록 하자. StretchBlt()의 전달인자는 BitBlt의 경우와 동일하나 추가적으로 원본 이미지의 넓이와 폭을 지정할 수 있다.

```
BOOL CDC::StretchBlt(
   int x, int y,                     //이미지가 출력될 클라이언트 윈도우 기준 좌표 지정
   int nWidth, int nHeight,          //출력될 이미지의 폭과 높이
   CDC* pSrcDC,                      //출력할 이미지가 로딩되어 있는 메모리 DC객체에 대한 포인터
   int xSrc, int ySrc,               //DC에 로딩된 이미지를 어디서(기준 좌표)부터
   int nSrcWidth, int nSrcHeight,    //얼마(크기) 만큼을 얻어올 것인지 지정
   DWORD dwRop )                     //나타낼 스타일을 레스터 오퍼레이션 코드로 지정
```

다음에 작성할 예제에서는 화면 가득히 이미지가 출력되도록 하기 위해서 StretchBlt() 함수를 사용하도록 하자. 비트맵 파일을 읽어오자마자 리소스 속성에서 이미지의 크기를 알 수 있지만, 비트맵의 크기를 알려주는 **GetBitmap() 함수**를 사용해서도 **비트맵의 크기를 알 수 있다.**

GetBitmap()의 전달인자로는 **BITMAP 구조체형 변수**를 주어야 한다.

```
BITMAP bmpinfo;
bitmap.GetBitmap(&bmpinfo);
```

BITMAP 구조체는 다음과 같이 정의되어 있다.

```
typedef struct tagBITMAP {
   LONG bmType;
   LONG bmWidth;
   LONG bmHeight;
   LONG bmWidthBytes;
   WORD bmPlanes;
   WORD bmBitsPixel;
   LPVOID bmBits;
} BITMAP;
```

위 구조체의 맴버 중 bmWidth, bmHeight에 그 크기의 정보가 저장된다.

실행 중에 GetBitmap()로 비트맵 오브젝트의 크기를 조사한 후 BITMAP 구조체의 bmWidth, bmHeight 멤버를 읽어 비트맵 크기를 구하여 StretchBlt()에 적용하면 어떤 크기의 비트맵이라도 출력할 수 있다.

기본예제 2-8 화면 가득히 비트맵 이미지 출력하기

[예제설명]

클라이언트 영역에 꽉 차게 비트맵 이미지를 출력해 보자. 윈도우 크기를 변경하더라도 변경된 윈도우 크기에 꽉 차게 비트맵 이미지가 출력된다.

【실행결과】

【따라하기】

1 "Bmp2"란 이름의 단일 문서 형태의 새로운 프로젝트를 생성한다. 솔루션 탐색기 탭의 리소스 파일을 선택한 후 마우스 오른쪽 버튼을 클릭하여 나타난 바로가기 메뉴에서 [추가] → [리소스...] 메뉴를 선택한다. [리소스 추가] 창에서 [Bitmap] 항목을 선택한 후 <가져오기> 버튼을 클릭하여 [가져오기] 창이 나타나면 비트맵 파일(각자 미리 준비해 놓도록 한다.)을 선택한다.

2 [클래스 뷰]에서 CBmp2View를 클릭하면 화면 아래에 나타난 멤버 함수 중에서 OnDraw() 함수를 더블 클릭하여 오른쪽 에디터 창에 OnDraw() 함수가 나타나면 다음과 같이 입력한 후 [디버그] → [디버깅하지 않고 시작] 메뉴를 선택하여 실행 결과를 확인한다. CBmp2View 클래스의 OnDraw() 함수에 다음과 같이 입력한다.

```
void CBmp2View::OnDraw(CDC* pDC)
{
   CBmp2Doc* pDoc = GetDocument();
   ASSERT_VALID(pDoc);
   if (!pDoc)
      return;

   // TODO: 여기에 원시 데이터에 대한 그리기 코드를 추가합니다.
```

```
    CDC MemDC;                                  //메모리에 DC를 만든다.
    MemDC.CreateCompatibleDC(pDC);              //화면 DC와 호환성을 갖는 메모리 DC 만들기
    CBitmap bitmap;
    bitmap.LoadBitmap(IDB_BITMAP1)              //리소스에서 비트맵을 읽어 들여 DC에 선택

    BITMAP bmpinfo;                             //비트맵은 높이와 크기가 모두 다르기에
    bitmap.GetBitmap(&bmpinfo);                 //GetBitmap()로 비트맵 오브젝트의 크기를 조사

    CBitmap *pOldBitmap = (CBitmap *)MemDC.SelectObject(&bitmap);

    CRect rect;
    GetClientRect(&rect);                       // 클라이언트의 크기를 얻는다.

    pDC->StretchBlt(0, 0, rect.Width(), rect.Height(),  // 비트맵을 화면에 출력한다.
            &MemDC, 0, 0, bmpinfo.bmWidth, bmpinfo.bmHeight, SRCCOPY);

    MemDC.SelectObject(pOldBitmap);             //DC 복원
    bitmap.DeleteObject();                      //비트맵 소멸
}
```

연습문제

[개념문제]

단원 요약정리를 대신할 개념을 잡을 수 있도록 본문의 내용을 충실하게 반영한 문제이다.

1. 다음에 알맞은 내용을 보기에서 찾아라.

보기			
1	CClientDC	2	디바이스 컨텍스트(DC, Device Context)
3	CDC	4	SetBkMode()
5	SetTextColor()	6	_T()
7	SetBkColor()	8	AFX(Application Framework)

1.1 MFC에서는 응용 프로그램 화면에 출력하는 작업을 처리하기 위해서 필요한 속성을 정의하고 있는 자료구조로 ______________________ (을)를 제공해준다.

1.2 MFC에서는 DC를 관리하기 위한 클래스로 ______________ (을)를 제공하는데 이는 텍스트를 출력하거나 그래픽 이미지를 출력하는 등에 관련된 다양한 멤버함수로 구현되어 있다.

1.3 디바이스 컨텍스트를 운영체제에게 다시 반납하지 않고 필요할 때마다 계속 요청만 하면 메모리 누수현상이 생긴다. 이와 같은 실수를 미연에 방지하기 위해서 MFC에서는 CDC의 파생클래스인 __________ (을)를 제공해준다. ______________ (은)는 생성자에서 DC를 얻어오고 소멸자에서 DC를 반납해주기 때문에 위와 같은 실수를 사전에 방지할 수 있도록 설계되어 보다 안전하게 코딩할 수 있게 되었다.

1.4 ____________(은)는 유니코드 플랫폼 환경에서 사용된 문자열 형태로 변환하기 위해서 사용하는 매크로 함수이다. 유니코드는 나라별로 서로 다른 언어체계를 가지고 있지만, 국가별 모든 언어에 대해서 고유 번호를 제공하여 어떤 플랫폼, 어떤 프로그램, 어떤 언어에도 상관없이 모든 문자를 처리할 수 있도록 한 코드 체계이다.

1.5 텍스트 관련 함수로서, 텍스트 색상을 변경하는 함수는 ⓐ __________(이)고, 배경색을 바꾸기 위한 함수는 ⓑ __________(이)고, 배경모드를 지정하는 함수는 ⓒ __________(이)다.

※ **알맞은 내용으로 빈 칸을 채워라.**

2. GDI는 Graphic Device Interface(그래픽 디바이스 인터페이스)의 약어로서 디바이스 컨텍스트의 속성에 해당되며 GDI 오브젝트의 종류로는 CPen, CBrush, CFont, CBitmap, CPalette, CRgn 것들이 있는데 언급된 GDI 오브젝트는 모두 __________(이)라는 모두 공통된 기본 클래스로부터 파생되었다.

3. SetBkMode() 함수에 지정할 수 있는 배경모드는 OPAQUE(불투명)과 TRANSPARENT(투명) 2가지가 있다. SetBkMode() 함수에 2가지 중에서 ❶ __________(을)를 지정하면 SetBkColor()에서 지정한 배경색을 칠하지만, ❷ __________(을)를 지정하면 SetBkColor()에서 지정한 배경색이 적용되지 않는다.

4. MFC에서 디바이스 컨텍스트를 이용하여 출력하는 과정은 크게 3가지로 정리할 수 있다. 이 과정을 이론적으로 기술해 보고 간단한 예를 들어 보도록 하라.

❶

예 :

❷

예 :

❸

예 :

5. MFC에서 GDI 오브젝트를 사용하기 위한 절차는 다음과 같다. 설명에 알맞은 코딩을 간단한 예를 들어 작성해 보자.

❶ GDI 오브젝트에 초기값을 지정하여 생성한다. (예를 들어 펜일 경우 실선의 2 픽셀 굵기의 붉은색 펜 생성)

예 :

❷ GDI 오브젝트의 성격이 규정되었으면 이를 디바이스 컨텍스트 객체에 지정한다. (이때 사용하는 함수가 `CDC::SelectObject()` 인데 원상복귀를 위해서 이전에 사용하던 펜의 정보를 저장해둔다.)

예 :

❸ 디바이스 컨텍스트(CDC)로 도형을 그린다. (❶에서 생성한 GDI 오브젝트에 의해 그려질 도형의 성격이 규정된다.)

예 :

❹ 작업을 마쳤으면 이전 상태로 원상복귀한다.(❷에서 저장해 두었던 GDI 오브젝트로 `CDC::SelectObject()` 함수를 호출한다.)

예 :

❺ 펜 객체를 삭제한다.(`DeleteObject()` 함수를 호출한다.)

예 :

6. 도형의 면에 대한 성격을 지정하기 위해서는 `CBrush` 객체를 이용해야 하는데 그 절차는 다음과 같다. 설명에 알맞은 코딩을 작성해 보자.

❶ 브러시를 사용하려면 먼저 `CBrush` 클래스의 오브젝트를 정의한다.

예 :

❷ 브러시 역시 펜의 성격을 규정하기 위해서 CreateXXXBrush() 함수를 호출한다.

예 :

❸ 작성한 브러시는 펜과 같이 CDC::SelectObject() 함수를 실행하여 디바이스 컨텍스트에 할당하지만 이때 CDC::SelectObject() 함수는 디바이스 컨텍스트가 현재 사용하고 있는 브러시의 포인터를 리턴한다.

예 :

❹ 사각형을 그린다.

예 :

❺ 그리기가 완료되어 사용이 끝난 브러시는 펜과 같이 원상 복귀해야 한다.

예 :

❻ 브러시 객체를 삭제한다.

예 :

※ **다음 물음에 대한 올바른 답을 골라라.**

7. 자주 쓰이는 스타일의 GDI 오브젝트는 윈도우 운영체제가 내장(항상 메모리에 상주)하고 있는데 이를 내장 오브젝트라고 한다. 내장 오브젝트를 DC에 할당하기 위해서 사용하는 함수는 무엇인가?

❶ SelectObject ❷ SelectStockObject ❸ GetClientRect ❹ RGB

8. 클라이언트 영역의 좌표값을 얻어오는 함수는 무엇인가?

❶ SelectObject ❷ SelectStockObject ❸ GetClientRect ❹ RGB

9. 색상을 저장하기 위한 자료형으로는 COLORREF가 있다. COLORREF는 빨간색, 초록색,

파란색에 대한 농도를 8비트씩 저장하고 있어서 각 색상마다 0~255 사이의 정수값을 저장하는데 COLORREF로 선언된 변수에 저장할 색상을 만들어 내기 위해서 사용하는 매크로 함수는 무엇인가?

❶ `SelectObject` ❷ `SelectStockObject` ❸ `GetClientRect` ❹ `RGB`

10. 문자열을 정렬하기 위한 함수는 무엇인가?

❶ `SetTextAlign` ❷ `SetBkMode` ❸ `SetBkColor` ❹ `SetTextColor`

11. CDC 클래스는 텍스트를 출력하는 함수 이외에도 다양한 종류의 도형을 그리는 함수를 제공하는데 사각형을 그리기 위해서 제공하는 함수는 무엇인가?

❶ `MoveTo` ❷ `LineTo` ❸ `Rectangle` ❹ `Ellipse`

12. 윈도우에서는 비트맵을 하나의 GDI 오브젝트로 채택하여 처리한다. 비트맵 GDI 오브젝트를 참조하는 그래픽 함수로 Bit Block Transfer의 약자이면서, 임의의 DC에서 다른 DC로 비트맵 블록을 전송하는 함수는 무엇인가?

❶ `CreateCompatibleDC` ❷ `LoadBitmap` ❸ `BitBlt` ❹ `StretchBlt`

13. 비트맵 블록 전송을 위해서는 화면 DC와 메모리 DC 간에 호환성을 가져야 하는데 그러기 위해서 호출해야 하는 함수는 무엇인가?

❶ `CreateCompatibleDC` ❷ `LoadBitmap` ❸ `BitBlt` ❹ `GetBitmap()`

14. 비트맵 데이터를 읽어오고, 관리하는 기능은 `CBitmap` 클래스가 수행하는데 `CBitmap` 클래스는 우선 리소스에 저장되어 있는 비트맵 데이터를 로드해야 하는데 이때 사용하는 함수는 무엇인가?

❶ `CreateCompatibleDC` ❷ `LoadBitmap` ❸ `BitBlt` ❹ `StretchBlt`

15. 비트맵의 정보를 알려주는 함수로서 전달인자로는 BITMAP 구조체형 변수를 주어야 하는 함수는 무엇인가?

❶ CreateCompatibleDC ❷ LoadBitmap ❸ BitBlt ❹ GetBitmap()

※ 알맞은 내용을 기술하라.

16. StretchBlt() 함수를 사용하면 이미지를 확대하거나 축소하여 출력할 수 있다. StretchBlt() 함수의 각 전달인자의 역할을 기술하여라.

```
BOOL CDC::StretchBlt(
  int x, int y,                   //❶ ________________
  int nWidth, int nHeight,        //❷ ________________
  CDC* pSrcDC,                    //❸ ________________
  int xSrc, int ySrc,             //❹ ________________
  int nSrcWidth, int nSrcHeight,  //❺ ________________
  DWORD dwRop )                   //❻ ________________
```

17. 펜을 사용하려면 우선 오브젝트를 생성해야 하는데 2가지 방법이 있다. 생성자를 사용해서 초기값을 설정하여 펜 객체를 생성하는 방법과 CreatePen() 함수를 사용하는 방법이다. 다음은 실선의 5픽셀 굵기의 빨간색 펜을 생성자를 사용해서 초기값을 설정하여 생성한 예이다. CreatePen() 함수를 사용하는 방법으로 변경해 보아라.

생성자를 사용하여 펜 객체 생성	CreatePen() 함수를 사용하여 펜 객체 생성
CPen myPen(PS_SOLID, 5, RGB(255, 0, 0));	

18. 다음은 흰색 선으로 그림을 그리기 위한 코드이다. 이를 내장 GDI 오브젝트를 사용하는 방법으로 프로그래밍해 보자.

```
CPen whitePen, *pOldPen;
whitePen.CreatePen(PS_SOLID, 1, RGB(255, 255, 255));
pOldPen = pDC->SelectObject(&whitePen);
pDC->Rectangle(10, 10, 100, 100);
pDC->SelectObject(pOldPen);
```

[실습문제]

본문 기본예제보다 조금 난이도가 높은 내용으로 구성된 프로그램을 실제로 작성해 보는 문제로서 단계별 설명을 자세히 해 놓았으므로 시간이 걸리더라도 꼭 풀어보기 바란다. 실력 향상에 많은 도움이 될 문제이다.

실습문제 2-1 프로젝트명 : Ch02Ex01 / 문서 형태 : 단일 문서

【예제설명】

클라이언트 영역의 중앙에 "무한 도전 Visual C++"이라는 문자열을 출력하는 프로그램을 작성한다.

【실행결과】

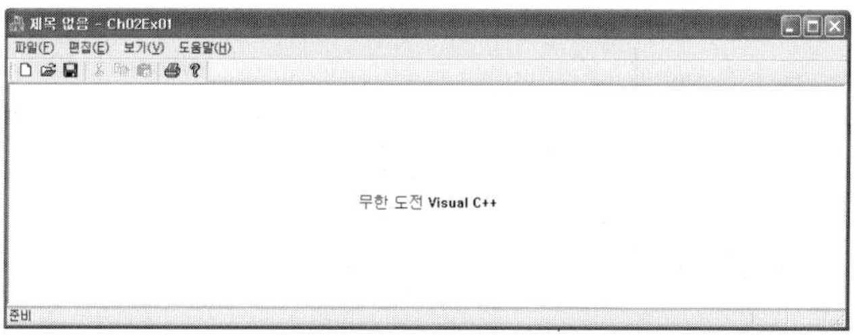

【힌트】

[클래스 뷰]에서 CCh02Ex01View의 OnDraw() 함수를 찾아 OnDraw() 함수에서 GetDC() 함수를 호출하여 디바이스 컨텍스트를 얻은 후 TextOutW() 함수를 호출해서 문자열을 출력하도록 코딩한 후 ReleaseDC()로 디바이스 컨텍스를 해제하도록 한다. 클라이언트 영역의 중앙에 문자열을 출력하기 위해서는 클라이언트 영역의 크기 정보를 얻어오는 GetClientRect() 함수를 호출해야 한다.

실습문제 2-2 프로젝트명 : Ch02Ex02 / 문서 형태 : 단일 문서

【예제설명】

클라이언트 영역의 중앙에 "무한 도전 Visual C++"이라는 문자열을 출력하는 프로그램을 작성한다.

【실행결과】

【힌트】

이번에는 `CClientDC` 클래스를 사용하여 디바이스 컨텍스트를 얻은 후에 `DrawText()` 함수를 호출하여 클라이언트 영역의 중앙에 문자열을 출력하기 위해서 `GetClientRect()` 함수를 호출해야 한다. 글자색은 노란색, 배경색은 빨간색으로 출력될 수 있도록 색상관련 함수인 `SetTextColor()`, `SetBkColor()`를 사용하여라.

실습문제 2-3 프로젝트명 : Ch02Ex03 / 문서 형태 : 단일 문서

【예제설명】

직선, 사각형, 원과 같은 도형을 다양한 색상으로 출력하는 프로그램을 작성하라. 아래 그림에서는 빨간색으로 직선을 그렸고 초록선에 파란색 해치 브러쉬로 원을 그렸으며 파란색 선에 초록색 솔리드 브러시로 사각형을 그렸다.

【실행결과】

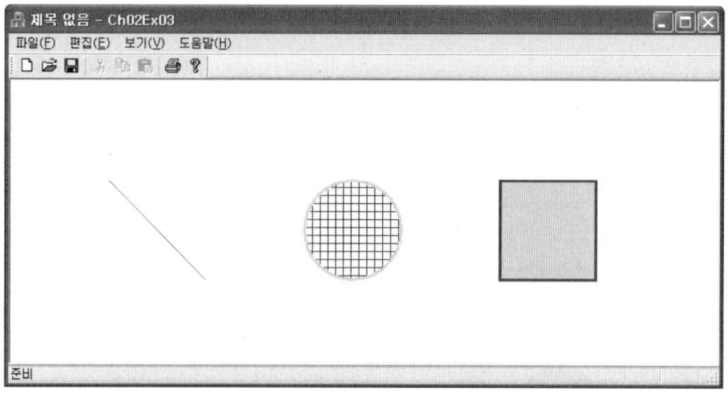

【힌트】

`OnDraw()` 함수의 전달인자가 주석문으로 둘러싸여 있는데 이를 풀어주어 `OnDraw()` 함수에 넘겨진 포인터 변수 pDC로 펜과 브러시 객체를 생성한 후에 다양한 도형을 출력해 보자. 이 도형들이 다양한 GDI 오브젝트의 성격에 의해 그려지도록 한다.

실습예제 2-4 프로젝트명 : Ch02Ex04 / 문서 형태 : 단일 문서

【예제설명】

화면 왼쪽에는 원래 그림크기 대로 출력하고 오른쪽에는 1/4크기로 출력하는 프로그램을 작성하라.

【실행결과】

【힌트】

비트맵 파일(각자 미리 준비해 놓도록 한다)을 가져온다. `GetBitmap()`로 비트맵 오브젝트의 크기를 조사하여 BITMAP 구조체에 저장해 둔다. 비트맵을 화면에 출력하되 원래 그림크기대로 출력하려면 `BitBlt()` 함수를 사용하고 크기를 변경해서 출력하려면 `StretchBlt()` 함수를 사용한다.

CHAPTER 03

MFC에서 메시지 처리하기

윈도우 응용 프로그램은 메시지 처리방식으로 프로그래밍을 하는데 메시지에 대한 개념을 살핀 후 마우스와 키보드를 제어하는 방법과 메뉴를 처리하는 방법을 살펴보도록 하자.

미리보기

학습목표

1. 메시지에 대한 개념을 정립하고 메시지의 종류를 학습한다.
2. 마우스 메시지 처리 방법을 학습한다.
3. 키보드 메시지 처리 방법을 학습한다.
4. 메뉴를 만들고 메뉴가 선택되었을 때 적당한 처리가 일어날 수 있도록 할 수 있다.

목차

SECTION

01 메시지 개념과 종류

Introduction to Microsoft Foundation Class Library

컴퓨터를 사용하는 사람이면 윈도우 환경에 익숙할 것이다. 윈도우는 그래픽 사용자 인터페이스(GUI)를 제공하며 키보드나 마우스로 사용자가 이벤트를 일으키면 이벤트에 따른 특별한 처리를 하는 방식을 지원한다.

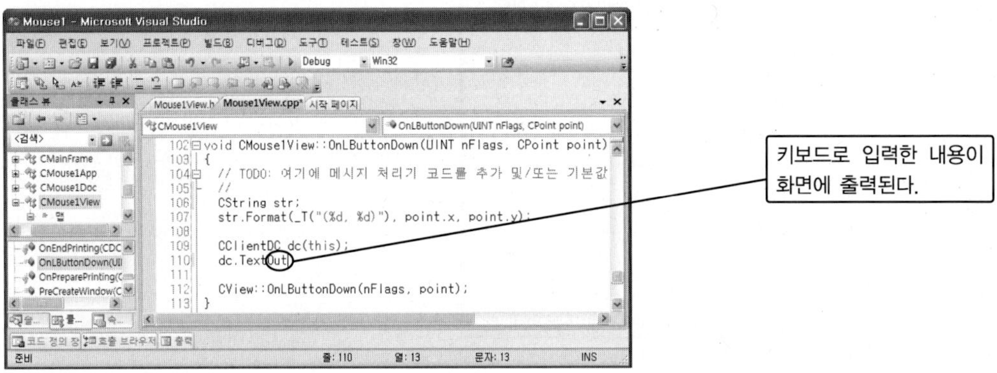

그림 3-1 ● 키보드 이벤드

마우스로 드래그를 하면 마우스가 이동하는 자리에 그림이 그려진다.

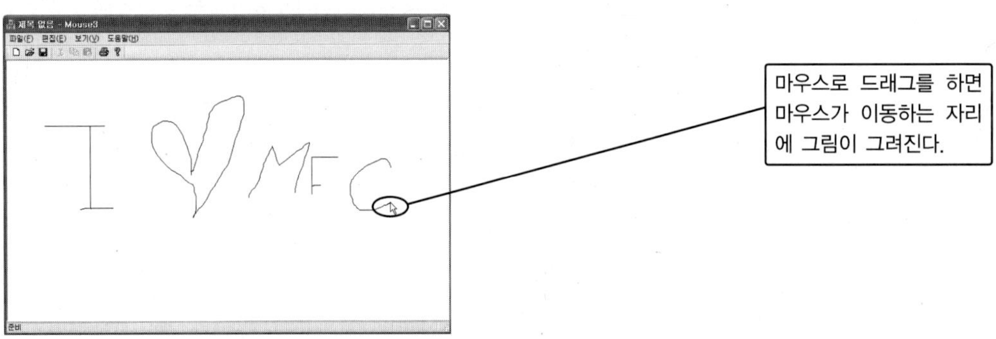

그림 3-2 ● 마우스 이벤트

MFC 윈도우 응용 프로그램은 시각적으로 프로그램을 설계한 후, 키보드나 마우스를 이용한 이벤트에 합당한 처리를 하는 방식으로 프로그램을 개발한다.

이벤트란 사용자가 마우스를 클릭한다든지, 키보드를 입력하는 등, 사용자가 컴퓨터를 조작하기 위해 일으키는 사건을 말한다. 사용자가 이벤트를 발생시키면 이에 대한 합당한 처리가 일어나야 한다. 이전에 작업한 프로젝트를 열기 위해서는 [파일] → [열기] 메뉴를 선택하게 되는데 이를 이벤트라고 한다.

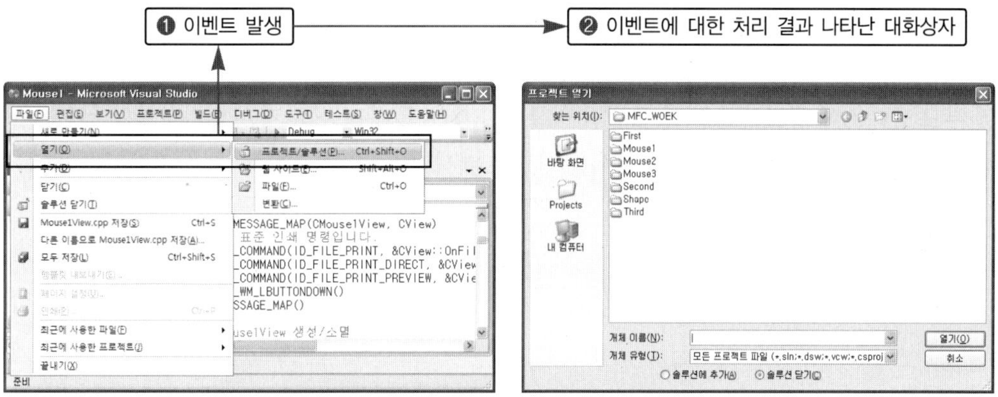

그림 3-3 ● 이벤트 처리 중심의 프로그래밍

[파일] → [열기] 메뉴 선택이란 이벤트는 [프로젝트 열기] 대화상자를 출력하게 되는데, 이는 개발자가 해당 이벤트에 대한 적당한 처리를 했기 때문이다. 이렇게 특정 이벤트에 대해 합당한 처리를 하는 방식으로 프로그래밍을 하는 것을 **이벤트 처리 중심의 프로그래밍(Event Driven Programming)**이라고 한다.

MFC에서는 이벤트 처리 중심이란 말보다는 메시지 처리 방식 프로그래밍이라는 말을 더 많이 쓰는데 이는 사용자가 발생한 이벤트를 윈도우 운용체제가 감지하여 해당 이벤트에 대한 표준화된 메시지 형태로 응용 프로그램에 보내기 때문이다. 개발자는 응용 프로그램에 메시지가 전달되면 호출되는 메시지 처리기에 합당한 처리를 하도록 코딩을 해야 하는데 이를 **메시지 처리 방식 프로그래밍(Message Driven Programming)**이라고 한다.

MFC에서는 발생하는 메시지의 형태에 따라 크게 3가지로 분류한다.

윈도우 메시지(Window Message)
커맨드 메시지(Command Message)
컨트롤 통보 메시지(Control Notification Message)

WM으로 시작하는 윈도우 메시지는 응용 프로그램의 윈도우 영역에서 발생하는 메시지로서 다양한 종류가 제공된다. WM_COMMAND 형태로 제공되는 커맨드 메시지는 메뉴를 선택하면 발생하는 메시지로 메뉴의 ID로 어떤 메뉴가 선택되었는지 구분한다. 컨트롤 통보 메시지는 컨트롤(에디트, 리스트 박스, 콤보 박스)에 이벤트가 발생하게 되면 이 사실을 컨트롤을 포함하고 있는 부모 클래스에 통보하게 되어 붙여진 이름이다. 컨트롤 통보 메시지는 대화상자와 컨트롤을 학습하면서 다루기로 하고 이번 장에서는 윈도우 메시지와 커맨드 메시지를 살펴보도록 하자.

SECTION
02 마우스 메시지

Introduction to Microsoft Foundation Class Library

그래픽 사용자 인터페이스를 사용하는 윈도우에서는 사용자의 입력을 위한 도구로서 마우스를 주로 사용한다. 마우스 메시지는 **클라이언트 영역**에 있을 때에는 뷰로 전달되지만, 프레임 윈도우의 타이틀 바에 있을 때에는 프레임 윈도우로 전달된다. 프레임 윈도우의 클라이언트 영역을 제외한 영역을 **비 클라이언트 영역**이라고 하는데 타이틀바, 메뉴, 툴바, 상태바가 비클라이언트 영역에 해당된다.

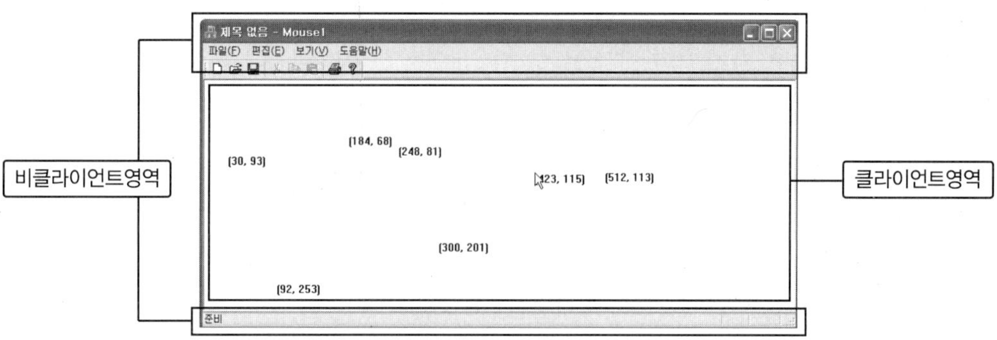

그림 3-4 ● 클라이언트 영역과 비 클라이언트 영역

클라이언트 영역에 마우스 커서가 있을 경우 발생하는 마우스 관련 메시지는 [표 3-1]에 정리한 것과 같다. 메시지가 응용 프로그램에 전달되면 해당 메시지에 대해 적합한 처리가 이루어지도록 프로그래머가 따로 함수를 만들어 주어야 하는데 이를 메시지 처리기라고 한다. [표 3-1]에는 마우스 관련 메시지와 함께 이와 연관된 메시지 처리기도 함께 언급해 놓았다.

마우스 이벤트가 발생하여 해당 응용 프로그램에 메시지가 보내지면 어떻게 메시지 처리기가 호출되는 걸까? 그 해답은 메시지 맵에 있다.

표 3-1 ● 클라이언트 영역 마우스 메시지

메시지	메시지 처리기	조작
WM_LBUTTONDOWN	OnLButtonDown (UINT nFlags,CPoint point)	왼쪽 버튼을 누른다.
WM_LBUTTONUP	OnLButtonUp (UINT nFlags,CPoint point)	오른쪽 버튼을 뗀다.
WM_LBUTTONDBLCLK	OnLButtonDblClk (UINT nFlags,CPoint point)	왼쪽 버튼을 더블 클릭한다.
WM_RBUTTONDOWN	OnRButtonDown (UINT nFlags,CPoint point)	오른쪽 버튼을 누른다.
WM_RBUTTONUP	OnRButtonUp (UINT nFlags,CPoint point)	오른쪽 버튼을 뗀다.
WM_RBUTTONDBLCLK	OnRButtonDblClk (UINT nFlags,CPoint point)	오른쪽 버튼을 더블 클릭한다.
WM_MOUSEMOVE	OnMouseMove (UINT nFlags,CPoint point)	마우스를 드래그 한다.

메시지 맵은 구현 파일(.cpp)에 **BEGIN_MESSAGE_MAP(), END_MESSAGE_MAP()** 매크로로 둘러 싸여 있다. 클래스 뷰 창에서 메시지 맵을 찾아가기 위해서는 클래스 뷰의 위쪽 화면에서 CMouse1View 클래스 이름 왼쪽의 확장버튼[+]을 눌러서 맵과 기본 형식이 나타나면 맵 왼쪽의 확장버튼[+]을 누른다. 이렇게 해서 나타난 MESSAGE를 더블 클릭하면 화면 오른쪽에 메시지 맵이 기술된 위치로 이동한다.

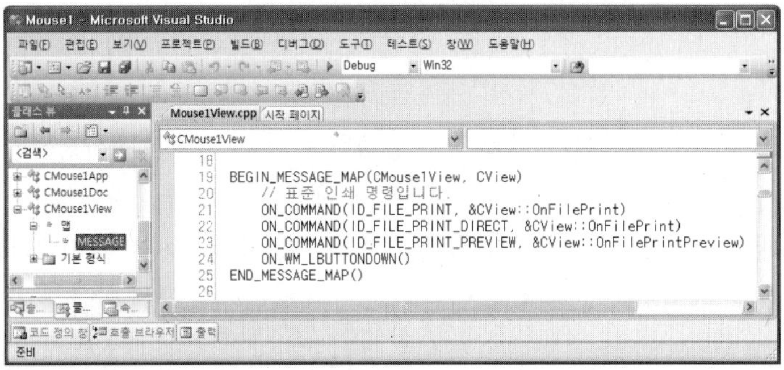

그림 3-5 ● 메시지 맵

BEGIN_MESSAGE_MAP(), END_MESSAGE_MAP() 매크로 사이에 **실제 구현할 메시지 처리기에 대한 매크로 정의가 포함**된다. 마우스 왼쪽 버튼이 눌렸을 때 발생하는 메시지에 대한 처리를 위한 매크로 함수는 ON_WM_LBUTTONDOWN() 인데 이 매크로는 WM_LBUTTONDOWN 메시지가 발생했을 때 OnLButtonDown() 함수를 호출하라는 의미이다. 다음은 마우스 관련 메시지에 대한 처리를 위한 메시지 맵 매크로를 정리한 표이다.

표 3-2 ● 클라이언트 영역 마우스 메시지

메시지 처리기	메시지 맵 매크로
OnLButtonDown(UINT nFlags,CPoint point)	ON_WM_LBUTTONDOWN()
OnLButtonUp(UINT nFlags,CPoint point)	ON_WM_LBUTTONUP()
OnLButtonDblClk(UINT nFlags,CPoint point)	ON_WM_LBUTTONDBLCLK()
OnRButtonDown(UINT nFlags,CPoint point)	ON_WM_RBUTTONDOWN()
OnRButtonUp(UINT nFlags,CPoint point)	ON_WM_RBUTTONUP()
OnRButtonDblClk(UINT nFlags,CPoint point)	ON_WM_RBUTTONDBLCLK()
OnMouseMove(UINT nFlags,CPoint point)	ON_WM_MOUSEMOVE()

마우스 관련 메시지 처리기는 2개의 전달인자를 갖는다. 첫 번째 매개변수인 **nFlags**는 **어떤 가상키가 눌려져 있는가를 알려준다.** 두 번째 매개변수인 **point**는 **마우스 이벤트가 발생된 위치 값을 알려준다.**

표 3-3 ● nFlags 관련 비트 마스크

nFlags	설명
MK_CONTROL	CTRL 키가 눌려지면 설정된다.
MK_SHIFT	SHIFT 키가 눌려지면 설정된다.
MK_LBUTTON	마우스 왼쪽 버튼이 눌려지면 설정된다.
MK_MBUTTON	마우스 가운데 버튼이 눌려지면 설정된다.
MK_RBUTTON	마우스 오른쪽 버튼이 눌려지면 설정된다.

키보드나 마우스 버튼의 상태를 확인하고 싶다면 해당 비트 마스크를 nFlags에 대해 & 연산을 하면 된다. 예를 들어 마우스 왼쪽 버튼이 눌려서 WM_LBUTTONDOWN 메시지가 발생했을 때 Shift 키도 함께 눌렸는지 확인하려면 다음과 같이 작성한다.

```
void CXXXView::OnLButtonDown(UINT nFlags, CPoint point)
{
   if(nFlags & MK_SHIFT){  //만약 Shift 키가 눌렸다면

   }
}
```

point는 메시지가 생성될 때의 마우스 커서 위치를 나타내며 클라이언트 영역의 좌상단을 기준으로 한 픽셀 좌표가 point에 저장된다.

기본예제 3-1 마우스 위치 출력하기

[예제설명]

MFC에서는 특정 메시지에 대한 메시지 처리기를 추가하여 거기에 적당한 코딩을 하는 방식으로 메시지를 처리한다. 마우스 왼쪽 버튼이 눌리면 발생하는 WM_LBUTTONDOWN 메시지에 대한 메시지 처리기 OnLButtonDown()를 추가한 후 마우스가 눌린 위치에 해당 위치를 출력해보자. 메시지 처리기는 비주얼 스튜디오에서 툴을 사용해서 쉽게 추가할 수 있다. 하지만 메시지 처리기를 추가하기 위해서 우선 어느 클래스에 추가할 것인지를 결정해야 한다. 왜냐하면 MFC 역시 객체 지향언어이고 메시지 처리기도 함수의 일종이기에 특정 클래스 소속이어야 하기 때문이다. 마우스에 대한 메시지는 일반적으로 뷰에서 처리하기에 뷰 클래스에 OnLButtonDown() 메시지 처리기를 추가하도록 한다.

[실행결과]

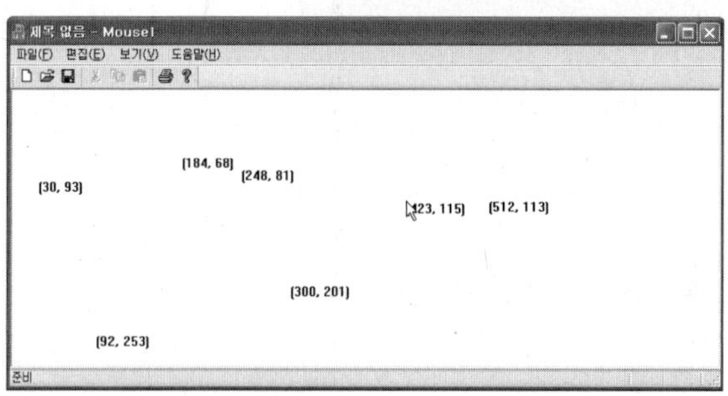

[따라하기]

1 "Mouse1"이란 이름의 단일 문서 형태의 새로운 프로젝트를 생성한 후 [클래스 뷰]에서

CMouse1View 클래스를 선택한 후 마우스 오른쪽 버튼을 클릭하여 나타난 바로가기 메뉴에서 [속성]을 선택한다.

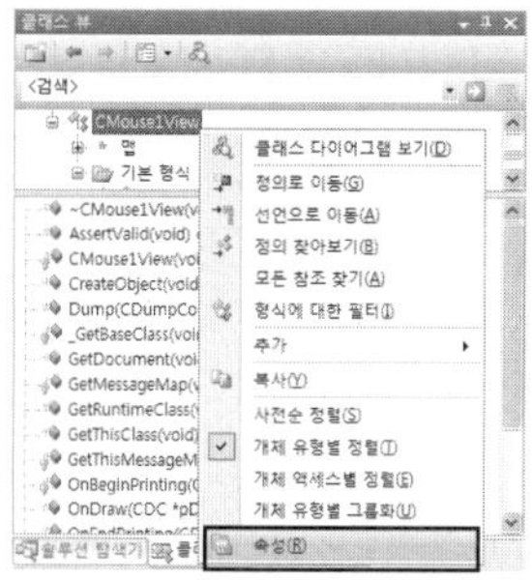

2 화면 오른쪽에 나타난 속성 창에서 [메시지] 아이콘( )을 선택한 후 메시지 리스트에서 [WM_LBUTTONDOWN]을 찾아 오른쪽 빈 칸을 선택하면 "<추가> OnLButtonDown"이 나타난다. 이를 선택하면 CMouse1View 클래스에 메시지 처리기 OnLButtonDown이 추가된다.

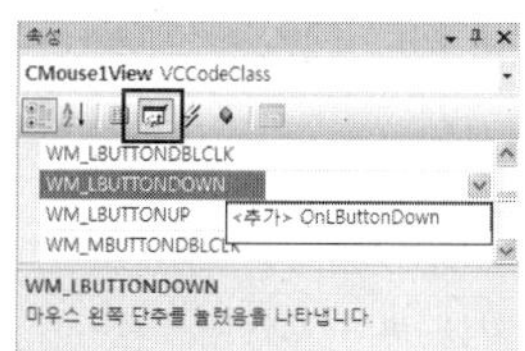

3 마우스가 눌린 위치를 출력하기 위해서 OnLButtonDown() 함수에 다음과 같은 코딩을 추가한다.

```
void CMouse1View::OnLButtonDown(UINT nFlags, CPoint point)
{
    CString str;
    str.Format(_T("(%d, %d)"), point.x, point.y);

    CClientDC dc(this);
    dc.TextOut(point.x, point.y, str);

    CView::OnLButtonDown(nFlags, point);
}
```

TIP | 메시지 처리기 삭제하기

잘못 만든 메시지 처리기를 삭제하는 방법을 살펴보자. 삭제하고자 하는 메시지 처리기를 갖고 있는 클래스를 선택한 후에 속성 창을 띄운다. [메시지] 아이콘( )을 클릭한 후에 삭제하고자 하는 메시지 처리기의 아이디 값을 선택한 후 오른쪽에 나타나는 창에서 "〈삭제〉 OnLButtonDown" 선택한다. 선택하자마자 메시지 처리기는 삭제된다.

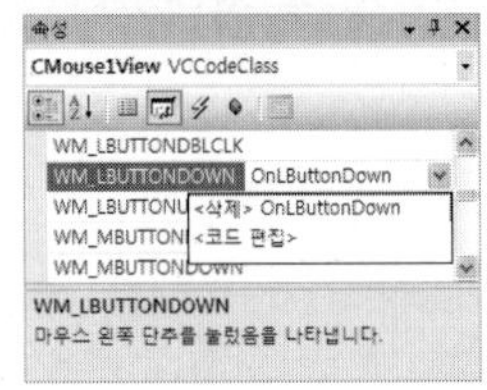

응용예제 3-1 마우스로 그림 그리기

[예제설명]

이 예제는 마우스 왼쪽 버튼을 누른 상태에서 마우스를 움직이면 마우스가 움직인 경로를 따라 곡선이 그려진다. 마우스를 이동하면 이전 마우스 좌표에서 현재 마우스 좌표까지 선을 그려 주면 점과 점 사이의 간격이 워낙 짧기 때문에 직선으로 그려도 곡선처럼 보이게 된다. 이를 위해서는 WM_LBUTTODOWN, WM_LBUTTONUP, WM_MOUSEMOVE 메시지에 대한 메시지 처리 함수를 만들어야 한다.

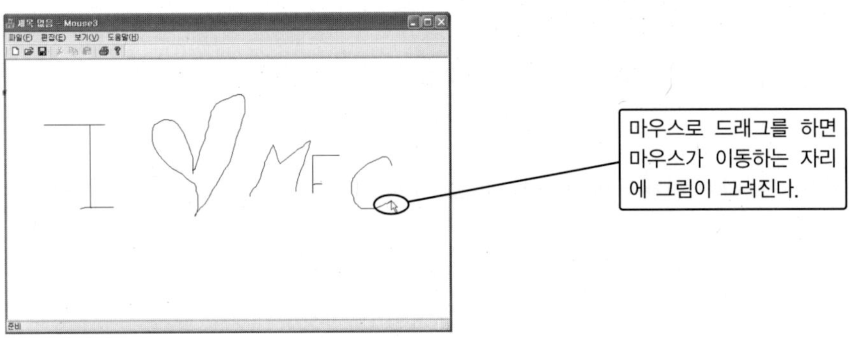

[실행결과]

마우스 커서가 윈도우를 벗어나도 마우스 메시지를 받을 수 있도록 하기 위해 **SetCapture()**를 호출한다. 마우스 커서가 다른 윈도우 위로 이동해도 메시지를 계속 잡아올 수 있게 된다. 이 함수를 호출해주지 않으면 뷰 윈도우에서 마우스 버튼이 눌린 후 마우스 커서가 다른 윈도우로 벗어날 경우 후속 메시지 처리를 하지 못해 프로그램이 잘못된 동작을 할 수 있다.

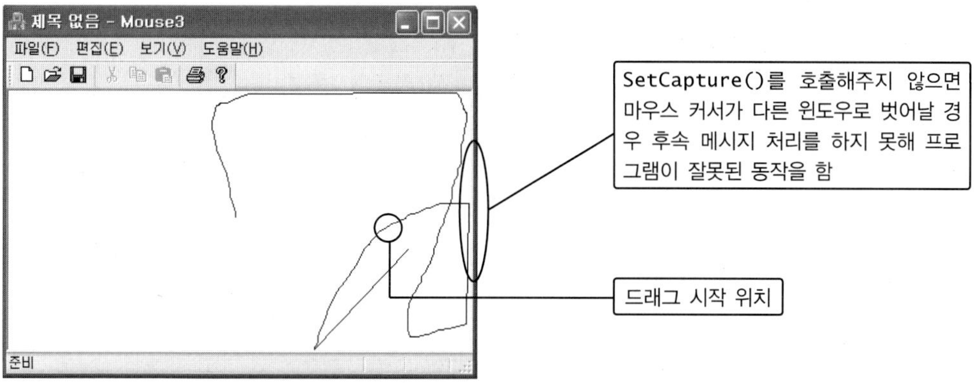

그림 3-6 • SetCapture()를 호출하지 않은 경우

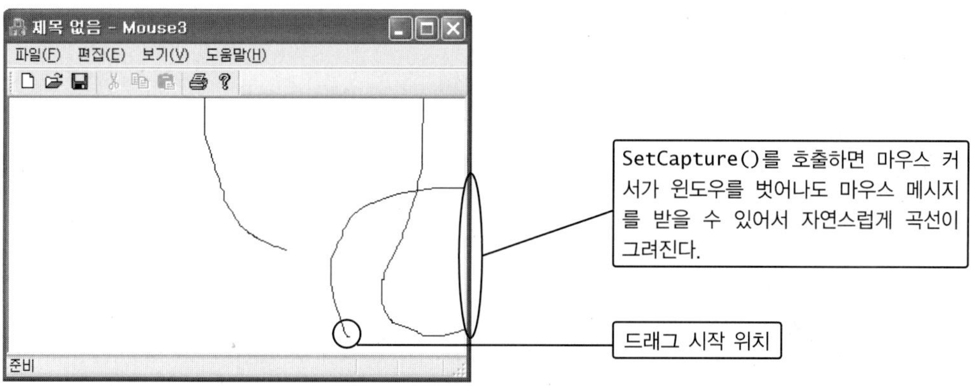

그림 3-7 • SetCapture()를 호출한 경우

[따라하기] 마우스로 그림 그리기

1 "Mouse3"이란 이름의 단일 문서 형태의 새로운 프로젝트를 생성한 후 마우스를 이동하면 이전 마우스 좌표를 저장하기 위해 CPoint 형 변수를 선언해야 한다. [클래스 뷰]에서 `CMouse3View` 클래스를 더블클릭하여 변수를 선언한다. `CMouse3View` 클래스를 선택한 다음에 마우스 오른쪽 버튼을 클릭하여 바로가기 메뉴가 나타나면 [추가] → [변수 추가...] 메뉴를 선택한다.

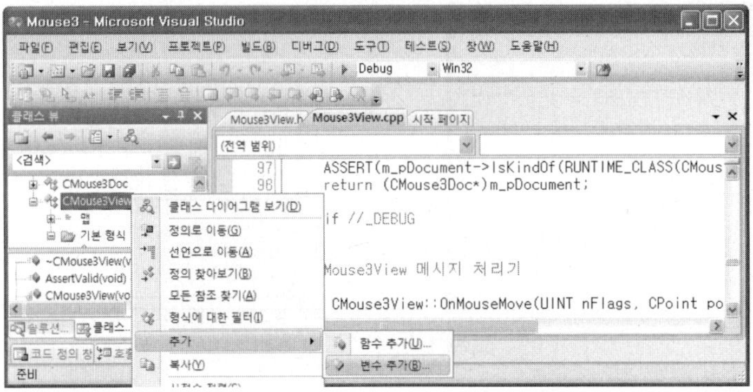

2. [멤버 변수 추가 마법사]가 나타나면 여기서 액세스는 public으로 지정하고 변수 형식은 CPoint로 하고 변수 이름은 m_ptPrev로 한다.

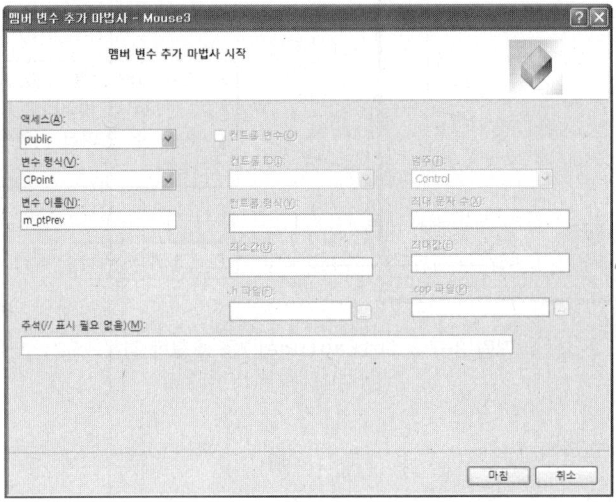

3. 마우스 버튼이 눌렸을 때부터 선을 그리기 시작해야 하므로 마우스 버튼이 눌려진 점으로 m_ptPrev를 초기화한다. 마우스 버튼이 눌린 점으로 이 변수들을 초기화하려면 OnLButtonDown() 함수에서 작업을 해야 한다. CMouse3View 클래스를 선택한 후 마우스 오른쪽 버튼을 클릭하여 나타난 바로가기 메뉴에서 [속성]을 선택한다. 화면 오른쪽에 나타난 속성 창에서 [메시지] 아이콘을 선택한 후 메시지 리스트에서 [WM_LBUTTONDOWN]을 찾아 오른쪽 빈 칸을 선택하여 나타난 "<추가>

OnLButtonDown"를 선택하면 CMouse3View 클래스에 메시지 처리기 OnLButtonDown()가 추가된다. 여기에 다음과 같은 코딩을 추가한다.

```
void CMouse3View::OnLButtonDown(UINT nFlags, CPoint point)
{
    // TODO: 여기에 메시지 처리기 코드를 추가 및/또는 기본값을 호출한다.
    //마우스 캡쳐를 시작한다.
    SetCapture();
    // 마우스 커서의 좌표를 저장한다.
    m_ptPrev = point;

    CView::OnLButtonDown(nFlags, point);
}
```

4 마우스 캡쳐를 해제하지 않으면 마우스를 뗀 후에도 마우스 메시지를 뷰가 계속 잡아오기 때문에 비 클라이언트영역의 메뉴나 툴바 등을 선택하여도 아무런 반응을 하지 못하게 되어 응용 프로그램을 종료할 수도 없게 된다. 그렇기 때문에 마우스를 떼면 **ReleaseCapture()**를 호출하여 마우스 캡쳐를 해제해서 마우스 메시지가 정상적으로 마우스 커서가 위치한 윈도우에게 전달되도록 해야 한다. OnLButtonUp()를 OnLButtonDown() 메시지 처리기를 추가하는 방법과 같은 방법으로 추가한 후 다음과 같은 코딩을 입력한다.

```
void CMouse3View::OnLButtonUp(UINT nFlags, CPoint point)
{
    // TODO: 여기에 메시지 처리기 코드를 추가 및/또는 기본값을 호출한다.
    //마우스 캡쳐를 해제한다.
    ReleaseCapture();

    CView::OnLButtonUp(nFlags, point);
}
```

5 마우스가 눌린 상태에서 움직일 때마다 이전 마우스 좌표에서 현재 마우스 좌표까지 선을 그려 주면 점과 점 사이의 간격이 워낙 짧기 때문에 직선으로 그려도 곡선처럼 보이게 된다. 여기에서 현재 마우스 버튼이 눌린 상태인지 알아내기 위해 **GetCapture()**가 this를 반환하는지 확인한다. 마우스 커서가 이동한 위치에 새로운 선을 그리기 위해서 OnMouseMove()를 OnLButtonDown()

메시지 처리기를 추가하는 방법과 같은 방법으로 추가한 후 다음과 같은 코딩을 입력한다.

```
void CMouse3View::OnMouseMove(UINT nFlags, CPoint point)
{
    // TODO: 여기에 메시지 처리기 코드를 추가 및/또는 기본값을 호출한다.
    //현재 마우스 버튼이 눌린 상태가 아니면 리턴
    if(GetCapture() != this)
        return;

    CClientDC dc(this);
    dc.MoveTo(m_ptPrev);   //이전 좌표에서
    dc.LineTo(point);      //현재 좌표까지 선을 그린다.
    // 직선 끝점의 좌표를 갱신한다.
    m_ptPrev = point;

    CView::OnMouseMove(nFlags, point);

}
```

응용예제 3-2 직선 그리기

【예제설명】

이 예제는 마우스를 클릭하고 드래그함으로써 선을 그릴 수 있는 프로그램이다. 마우스 왼쪽 버튼을 누른 상태에서 마우스를 움직이면 선이 마우스를 따라 마치 시계추처럼 따라 다니다가 마우스를 떼면 그 순간 직선이 그려진다.

일반적으로 기존의 화면에 그려져 있는 것은 신경쓰지 않고 새로 그려지는 그림을 기존에 그려져 있는 그림 위에 덮어 그리도록 하면 되지만, 경우에 따라서는 기존에 그려져 있는 경우와 새로 그려지는 그림을 적절하게 합성하여 그려야 할 경우가 있다. 레스터 오퍼레이션이란 프로그래머가 설정할 수 있는 중요한 그래픽 옵션 중의 하나로 새로이 그려지는 그림이 화면에 이미 그려져 있는 그림과 어떻게 합성되어 그려질 것인지를 결정하도록 한다. 레스터 오퍼레이션을 사용하기 위해서는 SetROP2() 함수에 레스터 오퍼레이션 코드를 반환해야 한다. 여기에서는 R2_NOT 레스터 오퍼레이션 코드를 사용하였는

데 P를 새로 그려지는 그림, D는 기존에 화면에 그려져 있는 그림이라고 할 경우 ~(P & D)와 같은 연산을 하여 이전에 그렸던 그림을 지우고 새롭게 그린 그림만 남겨 둔다.

[실행결과]

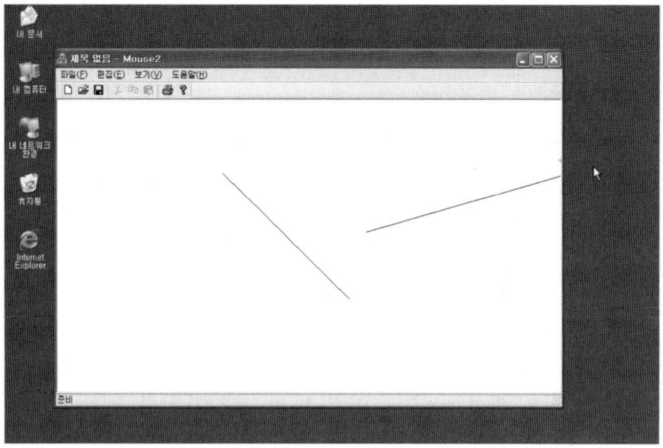

[따라하기] 직선 그리기

1. "Mouse2"란 이름의 단일 문서 형태의 새로운 프로젝트를 생성한 후 [클래스 뷰]에서 CMouse2View 클래스의 멤버변수를 추가하기 위해서 CMouse2View 클래스를 더블클릭하여 간단하게 변수를 추가할 수 있다.

```
class CMouse2View : public CView
{
public:
    CPoint m_ptStart, m_ptEnd; //시작점과 끝점을 저장하기 위한 변수 선언
    //.. 코드 생략
}
```

2. 마우스 버튼이 눌렸을 때부터 선을 그리기 시작해야 하므로 마우스 버튼이 눌려진 점으로 m_ptStart, m_ptEnd를 초기화한다. 마우스 버튼이 눌린 점으로 이 변수들을 초기화하려면 OnLButtonDown() 함수에서 작업을 해야 한다. CMouse2View 클래스를 선택한 후 마우스 오른쪽 버튼을 클릭하여 나타난 바로가기 메뉴에서 [속성]을 선택한다. 화면 오른쪽에 나타난 속성 창에

서 [메시지] 아이콘을 선택한 후 메시지 리스트에서 [WM_LBUTTONDOWN]을 찾아 오른쪽 빈 칸을 선택하여 나타난 "<추가> OnLButtonDown"를 선택하면 CMouse2View 클래스에 메시지 처리기 OnLButtonDown()가 추가된다. 여기에 다음과 같은 코딩을 추가한다.

```
void CMouse2View::OnLButtonDown(UINT nFlags, CPoint point)
{
    // TODO: 여기에 메시지 처리기 코드를 추가 및/또는 기본값을 호출한다.
    //마우스 캡처를 시작한다.
    SetCapture();
    // 마우스 커서의 좌표를 저장한다.
    m_ptStart = m_ptEnd = point;

    m_ViewSize::OnLButtonDown(nFlags, point);
}
```

3 마우스가 움직일 때마다 이전의 선을 지우고, 마우스 커서가 이동한 위치에 새로운 선을 그리기 위해서 OnMouseMove()를 OnLButtonDown() 메시지 처리기를 추가하는 방법과 같은 방법으로 추가한 후 다음과 같은 코딩을 입력한다.

```
void CMouse2View::OnMouseMove(UINT nFlags, CPoint point)
{
    // TODO: 여기에 메시지 처리기 코드를 추가 및/또는 기본값을 호출한다.
    // 마우스 왼쪽 버튼이 눌린 상태에서 마우스가 움직일때만 그려지도록 한다.
    if(nFlags & MK_LBUTTON){
        CClientDC dc(this);
        // 이전에 그린 직선을 지우기 위해서 레스터 오퍼레이션을 R2_NOT으로 지정한다.
        dc.SetROP2(R2_NOT);
        dc.MoveTo(m_ptStart);
        dc.LineTo(m_ptEnd);
        // 새로운 직선을 그린다.
        dc.SetROP2(R2_NOT);
        dc.MoveTo(m_ptStart);
        dc.LineTo(point);
        // 직선 끝점의 좌표를 갱신한다.
        m_ptEnd = point;
    }
```

```
    CView::OnMouseMove(nFlags, point);
}
```

4 마우스를 떼면 그 순간 직선이 그려지도록 하기 위해서 OnLButtonUp()를 OnLButtonDown() 메시지 처리기를 추가하는 방법과 같은 방법으로 추가한 후 다음과 같은 코딩을 입력한다.

```
void CMouse2View::OnLButtonUp(UINT nFlags, CPoint point)
{
    // TODO: 여기에 메시지 처리기 코드를 추가 및/또는 기본값을 호출한다.
    // 최종적인 직선을 그린다.
    CClientDC dc(this);
    dc.SetROP2(R2_COPYPEN);
    dc.MoveTo(m_ptStart);
    dc.LineTo(m_ptEnd);

    //마우스 캡처를 해제한다.
    ReleaseCapture();

    CView::OnLButtonUp(nFlags, point);
}
```

SECTION

03 키보드 메시지

Introduction to Microsoft Foundation Class Library

그래픽 사용자 인터페이스를 사용하는 윈도우에서는 사용자의 입력을 위한 도구로 마우스를 주로 사용하지만 또 하나 빼 놓을 수 없는 입력 장치는 키보드이다. 키보드 메시지 처리 기법을 학습하기로 한다.

키보드를 누르거나 떼는 동작에 의해 발생하는 키 눌림 메시지로는 다음과 같은 4가지 종류가 있다.

표 3-4 ● 키 눌림 메시지

메시지	의미
WM_KEYDOWN	기능키(F10)나 ALT 이외의 키를 누를 때
WM_KEYUP	기능키(F10)나 ALT 이외의 키를 뗄 때
WM_SYSKEYDOWN	기능키(F10)나 ALT, (ALT + 키 조합)을 누를 때
WM_SYSKEYUP	기능키(F10)나 ALT, (ALT + 키 조합)을 뗄 때

일반적으로 WM_SYSKEY* 메시지는 운영체제가 처리하도록 WM_KEY* 메시지를 개발자가 처리한다. 키 눌림 메시지 처리기 형태는 다음과 같다.

```
OnKeyXXX(UINT nChar, UINT nRepCnt, UINT nFlags)
```

키 눌림 메시지 처리기의 전달인자의 역할은 다음과 같다.

표 3-5 ● 키 눌림 메시지 처리기의 전달인자

이름	의미
nChar	키에 할당된 가상 키 코드값을 가진다.
nRepCnt	키를 계속 누르고 있을 경우 1보다 큰 값을 가진다.
nFlags	키와 관련된 다양한 정보를 담고 있다.

가상 키 코드(Virtual Key Code)란 운영체제가 각각의 키에 대해 할당한 고유한 값이다. 키보드의 종류에 따라 동일한 키가 눌리더라도 키값이 달라질 수 있기에 가상 키 코드를 두어 키보드의 종류와 상관없이 운영체제가 동일한 키 값을 생성하도록 한 것이다. 가상 키 코드 값에 대한 정의는 WINUSER.H 파일에 들어있다.

3.1 WM_SIZE 메시지와 CSize 클래스

윈도우 크기를 변경하면 "WM_SIZE" 메시지는 프레임 윈도우 클래스(CFrameWnd)와 뷰 클래스(CView)에 보내지기 때문에 "WM_SIZE" 메시지에 대한 메시지 처리기를 프레임 윈도우 클래스나 뷰 클래스 둘 중에 하나에 추가할 수 있는데 우리가 학습할 [기본예제 3-2]에서는 클라이언트 영역의 크기를 알아오기 위한 용도로 사용할 것이므로 뷰 클래스에 "WM_SIZE" 메시지에 대한 메시지 처리기를 추가하겠다. "WM_SIZE" 메시지에 대한 메시지 처리기의 이름은 **OnSize**로 정해져 있다.

```
void CKey1View::OnSize(UINT nType, int cx, int cy)
{
   m_ViewSize::OnSize(nType, cx, cy);
   // TODO: 여기에 메시지 처리기 코드를 추가한다.
}
```

OnSize 메시지 처리기를 살펴보면 3개의 전달인자를 갖는다. 두 번째, 세 번째 전달인자로 얻어지는 값은 윈도우 크기인데, cx는 윈도우의 너비가 되고 cy는 윈도우의 높이가 된다.

만일 클라이언트 영역 한 가운데에 사각형을 출력하기 위해서는 OnDraw() 함수에서 전달인자 pDC를 사용하여 Rectangle() 함수를 호출해야 한다. 클라이언트 영역의 크기는 OnSize() 메시지 처리기의 전달인자로 넘겨지는데 이를 OnDraw() 함수에서 사용할 수 있도록 해야 한다.

OnSize의 전달인자는 지역변수이므로 이를 직접 OnDraw() 함수에 전달할 수 없기에 클래스의 멤버변수에 지역변수 값을 담아서 사용해야 한다. 정리하면 지역변수를 2개의 멤버함수에서 함께 사용하기 위해서는 해당 클래스의 멤버변수로 정의해야 한다.

MFC에서는 클래스 CSize를 제공하는데 이 클래스는 사각형 영역의 크기를 저장할 때 주로 사용한다. CSize 클래스는 구조체 SIZE를 클래스화한 것인데 구조체 SIZE는 다음과 같은 구조이다.

```
typedef struct tagSize
{
   LONG cx;
   LONG cy;
} SIZE;
```

CSize 클래스는 SIZE 구조체가 갖은 2개의 멤버변수 cx, cy에 접근할 수 있음은 물론 다양한 메소드가 추가되어 여러 가지 기능을 수행할 수 있다.

3.2 OnDraw( ) 함수가 호출되는 타이밍

OnDraw() 함수는 다시 그리는 작업이 필요할 때 호출되는 함수이다. 다시 그리는 작업이 필요하면 WM_PAINT 메시지가 발생하게 되는데 이 메시지에 대한 메시지 처리기가 OnDraw() 함수이다. WM_PAINT 메시지를 발생시키는 이벤트로는 다음과 같은 것들이 있다.

❶ 윈도우가 처음 생성되었을 때
❷ 최소화버튼이 눌려서 윈도우가 아이콘화되었다가 원상 복귀될 때
❸ 최대화 버튼으로 윈도우가 화면 가득 차거나 원상 복귀될 때
❹ 윈도우의 크기가 변경될 때
❺ 윈도우가 일부나 전체가 다른 응용 프로그램에 의해서 가려졌다가 원상 복귀될 때

OnDraw() 함수가 호출되는 시점은 **화면을 다시 그려야 할 필요가 있을 때**인데, 사용자가 위에 나열된 이벤트 중 하나를 발생시키면 **WM_PAINT** 메시지가 발생한다. 그러면 이전 화면은 클리어(백지화)되고 OnDraw() 함수에 기술된 내용만 화면에 출력된다. 개발자가 프로그래밍을 하다 보면 적절한 타이밍에 OnDraw() 함수가 호출되어야 할 경우가 있다. 이때 사용하는 함수가 **CWnd::Invalidate()** 함수이다.

Invalidate() 함수는 CWnd 클래스의 멤버함수로서 CWnd 클래스의 파생 클래스에서 호출되어 클라이언트 영역이 무효화(Invalidate) 되었음을 알려준다. Invalidate() 함수는 다시 그려져야 하는 영역인 무효화 영역이 생겼음을 알리기에 WM_PAINT 메시지가 전해지고 WM_PAINT 메

시지를 받자마자 OnDraw() 함수를 호출하게 된다. 그렇게 되면 이전 화면은 깨끗하게 지워지고 OnDraw() 함수 내부에 기술한 로직을 수행하게 된다.

Invalidate()는 클라이언트 영역 전체를 무효화 영역으로 지정하여 클라이언트 영역 전체를 다시 그린다. 화면 일부만 다시 그리도록 하려면 InvalidateRect()를 사용하여 무효화 영역으로 지정하고자 하는 사각형의 좌표를 전달인자로 지정한다.

기본예제 3-2 방향키가 눌린 방향으로 사각형 이동하기

[예제설명]

방향키에 의해서 클라이언트 영역 내에서 사각형이 이동하는 예제이다. 사각형이 오른쪽 끝에 다다랐는데도 불구하고 계속 오른쪽 방향키를 누르고 있다면 화면 밖으로 벗어났다가 화면 왼쪽 끝에 다시 나타난다. 상하좌우 모두 화면을 벗어나면 반대쪽에서 다시 나타난다.

[실행결과]

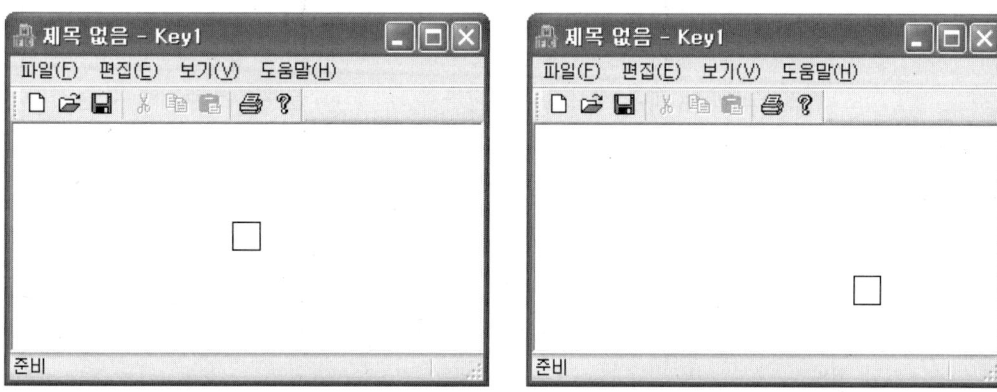

[따라하기]

1 눌려진 방향키 위치로 사각형을 이동하는 예제를 작성하기 위해서 Key1이란 이름의 [단일 문서] 형태의 응용 프로그램을 생성한다. CKey1View 클래스에 멤버변수를 선언한다.

```
class CKey1View : public CView
{
```

```
public:
    CSize m_ViewSize;            //클라이언트 영역의 좌표값을 저장할 변수
    CPoint m_Pt;                 //사각형을 출력하기 위한 위치값을 저장할 변수
}
```

2 [클래스 뷰] 창에서 CKey1View 클래스를 선택한 후 마우스 오른쪽 버튼을 클릭하여 나타난 바로 가기 메뉴에서 [속성]을 선택한다. 화면 오른쪽에 나타난 속성 창에서 [메시지] 아이콘을 선택한 후 메시지 리스트가 나타나면 스크롤바를 내려서 WM_SIZE를 찾는다. WM_SIZE 오른쪽 빈 칸을 선택하면 "<추가> OnSize"가 나타난다. 이를 선택하면 이름이 자동으로 OnSize로 결정되어 CKey1View 클래스에 메시지 처리기를 추가한다. 클라이언트 영역의 크기와 글자가 출력될 위치를 화면 가운데로 지정하기 위해서 다음과 같은 코딩을 추가한다.

```
void CKey1View::OnSize(UINT nType, int cx, int cy)
{
    m_ViewSize::OnSize(nType, cx, cy);
    m_ViewSize=CSize(cx, cy);      //클라이언트 영역의 크기를 지정
    m_Pt=CPoint(cx/2, cy/2);       //사각형 출력 위치를 화면 가운데로 지정
}
```

3 같은 방법으로 WM_KEYDOWN에 대한 메시지 처리기를 CKey1View 클래스에 추가한다. 눌려진 방향키 위치로 글자를 이동하는 예제를 작성하기 위해서 OnKeyDown() 함수에 다음과 같은 코딩을 추가한다.

```
void CKey1View::OnKeyDown(UINT nChar, UINT nRepCnt, UINT nFlags)
{
    switch(nChar){
        case VK_UP :                    //위 방향키가 눌리면
            m_Pt.y -= 10;               //y 좌표값을 감소시키되
            if(m_Pt.y<0)                //y가 0보다 작으면
                m_Pt.y=m_ViewSize.cy    //y에 클라이언트 높이를 대입,
            break;                      //바닥에 사각형이 나타나도록 한다.

        case VK_DOWN :                  //아래 방향키가 눌리면
            m_Pt.y += 10;               //y 좌표값을 증가시키되
            if(m_Pt.y>m_ViewSize.cy)    //y가 클라이언트 높이보다 크면
```

```
            m_Pt.y=0;                       //y에 0을 대입,
        break;                              //천장에 사각형이 나타나도록 한다.

    case VK_LEFT :                          //왼쪽 방향키가 눌리면
        m_Pt.x -= 10;                       //x 좌표값을 감소시키되
        if(m_Pt.x<0)                        //x가 0보다 작으면
            m_Pt.x=m_ViewSize.cx;           //클라이언트 너비를 x에 대입,
        break;                              //오른쪽에 사각형이 나타나도록 한다.

    case VK_RIGHT :                         //오른쪽 방향키가 눌리면
        m_Pt.x += 10;                       //x 좌표값을 증가시키되
        if(m_Pt.x>m_ViewSize.cx)            //x가 클라이언트 너비보다 크면
            m_Pt.x=0;                       //x에 0을 대입,
        break;                              //왼쪽에 사각형이 나타나도록 한다.
    }

    //사각형이 출력될 좌표를 저장할 변수의 값을 변경했기에 OnDraw() 함수를 호출하여
    //이전 화면은 깨끗이 지우고 변경된 위치에 사각형이 새로 그려지도록 한다.
    Invalidate();

    CView::OnKeyDown(nChar, nRepCnt, nFlags);
}
```

4 [클래스 뷰]에서 CKey1View를 클릭하면 화면 아래에 나타난 멤버 함수 중에서 OnDraw() 함수를 더블 클릭하여 오른쪽 에디터 창에 OnDraw() 함수가 나타나면 OnDraw() 함수의 전달인자가 주석문으로 둘러 싸여 있는데 이를 풀어준다. OnDraw() 함수에 넘겨진 포인터 변수 pDC로 화면에 도형을 출력하기 위해서는 pDC->Rectangle()과 같은 함수를 사용할 수 있다. 다음과 같이 입력한 후 [디버그]-[디버깅하지 않고 시작] 메뉴를 선택하여 실행 결과를 확인한다.

```
void CKey1View::OnDraw( CDC* pDC )

    CShapeDoc* pDoc = GetDocument();
    ASSERT_VALID(pDoc);
    if (!pDoc)
        return;
```

CDC 객체 포인터인 pDC로 CDC의 멤버함수인 Rectangle()을 호출하기 위해서 주석 처리를 풀어주었다.

```
    // TODO: 여기에 원시 데이터에 대한 그리기 코드를 추가한다.
    //방향키에 의해서 변경된 좌표에 사각형을 새로 그린다.
    pDC->Rectangle(m_Pt.x-10, m_Pt.y-10, m_Pt.x+10, m_Pt.y+10);
}
```

WM_KEYDOWN에 대한 메시지 처리기인 OnKeyDown() 함수의 Invalidate() 함수를 주석처리한 후에 실행시켜보면 키가 눌려도 사각형이 변경되지 않는 것을 확인할 수 있다. 이는 방향키가 눌리면 OnKeyDown()에서 사각형이 출력될 좌표를 저장할 변수의 값을 변경했지만 변경된 좌표에 사각형을 출력하는 OnDraw() 함수가 호출되지 않기 때문이다. 이로서 Invalidate() 함수가 반드시 필요하다는 것을 깨달을 수 있다.

3.3 WM_CHAR 메시지

키보드 메시지 외에 WM_CHAR라는 메시지가 있는데 이는 키보드 입력과 관련된 메시지 중에서 키보드가 눌렸을 때 문자 값을 얻어올 수 있는 메시지이다. **WM_CHAR 메시지**를 사용하여 눌려진 키 값을 출력하는 프로그램을 작성해 보자. [기본 예제 3-3]을 작성하기 위해서는 다음의 내용을 알고 있어야 한다.

기본예제 3-3 입력된 문자 출력하기

【예제설명】

키보드로 문자를 입력하면 그 문자가 화면에 출력되도록 한다.

【실행결과】

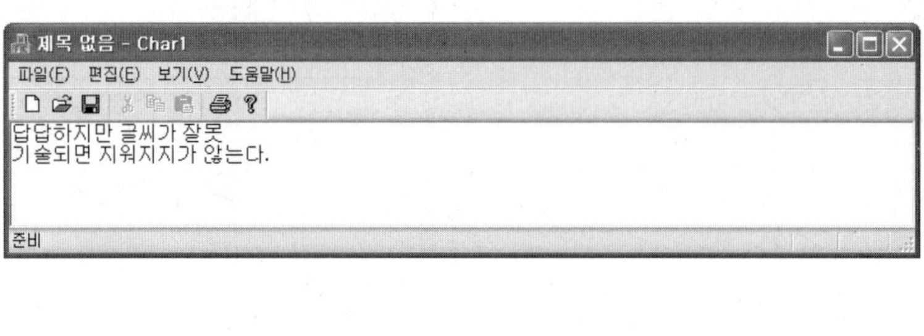

【따라하기】

1 Char1이란 이름의 [단일 문서] 형태의 응용 프로그램을 생성한다. CChar1View 클래스에 멤버변수를 선언한다.

```
class CChar1View : public m_ViewSize
{
public:
   CString m_str;
```

2 [클래스 뷰] 창에서 CChar1View 클래스를 선택한 후 마우스 오른쪽 버튼을 클릭하여 나타난 바로가기 메뉴에서 [속성]을 선택한다. 화면 오른쪽에 나타난 속성 창에서 [메시지] 아이콘을 선택한 후 메시지 리스트가 나타나면 스크롤바를 내려서 WM_CHAR를 찾다. WM_CHAR 오른쪽 빈 칸을 선택하면 "<추가> OnChar"가 나타난다. 이를 선택하면 이름이 자동으로 OnChar로 결정되어 CChar1View 클래스에 메시지 처리기를 추가한다. 키가 입력될 때 눌려진 키 값을 출력하기 위해서 OnChar() 함수에 다음과 같은 코딩을 추가한다.

```
void CChar1View::OnChar(UINT nChar, UINT nRepCnt, UINT nFlags)
{
   // TODO: 여기에 메시지 처리기 코드를 추가 및/또는 기본값을 호출합니다.
   if(nChar >= 32){ // 제어 문자를 제외시킨다.
      m_str += (char) nChar;
      Invalidate();
   }

   CView::OnChar(nChar, nRepCnt, nFlags);
}
```

3 같은 방법으로 WM_KEYDOWN에 대한 메시지 처리기를 CChar1View 클래스에 추가한다. 눌려진 방향키 위치로 글자를 이동하는 예제를 작성하기 위해서 OnKeyDown() 함수에 다음과 같은 코딩을 추가한다.

```
void CChar1View::OnKeyDown(UINT nChar, UINT nRepCnt, UINT nFlags)
{
   // TODO: 여기에 메시지 처리기 코드를 추가 및/또는 기본값을 호출합니다.
```

```
    if(nChar == VK_RETURN){
        m_str += "\n";
        Invalidate();
    }

    CView::OnKeyDown(nChar, nRepCnt, nFlags);
}
```

4 [클래스 뷰]에서 CChar1View를 클릭하면 화면 아래에 나타난 멤버 함수 중에서 OnDraw() 함수를 더블 클릭하여 오른쪽 에디터 창에 OnDraw() 함수가 나타나면 OnDraw() 함수의 전달인자가 주석문으로 둘러 싸여 있는데 이를 풀어준다. OnDraw() 함수에 넘겨진 포인터 변수 pDC로 화면에 문자열을 출력하기 위해서 pDC->DrawText()와 같은 함수를 사용할 수 있다. 다음과 같이 입력한 후 [디버그] → [디버깅하지 않고 시작] 메뉴를 선택하여 실행 결과를 확인한다.

```
void CChar1View::OnDraw(CDC* pDC)
{
    CChar1Doc* pDoc = GetDocument();
    ASSERT_VALID(pDoc);
    if (!pDoc)
        return;

    // TODO: 여기에 원시 데이터에 대한 그리기 코드를 추가합니다.
    CRect rect;
    GetClientRect(&rect);
    pDC->DrawText(m_str, &rect, DT_LEFT);
}
```

CDC 객체 포인터인 pDC로 CDC의 멤버함수인 DrawText()을 호출하기 위해서 주석 처리를 풀어주었다.

SECTION
04 메뉴와 명령 처리기

Introduction to Microsoft Foundation Class Library

메뉴란 사용자가 응용 프로그램의 어떤 기능을 선택할 수 있도록 하는 명령들을 모아놓은 사용자 인터페이스이다. 메뉴의 구조를 보면 타이틀 바 아래쪽에 나타나는 최상위 메뉴를 메뉴바라고 하며 메뉴바는 하위 메뉴로 메뉴 항목을 갖는다.

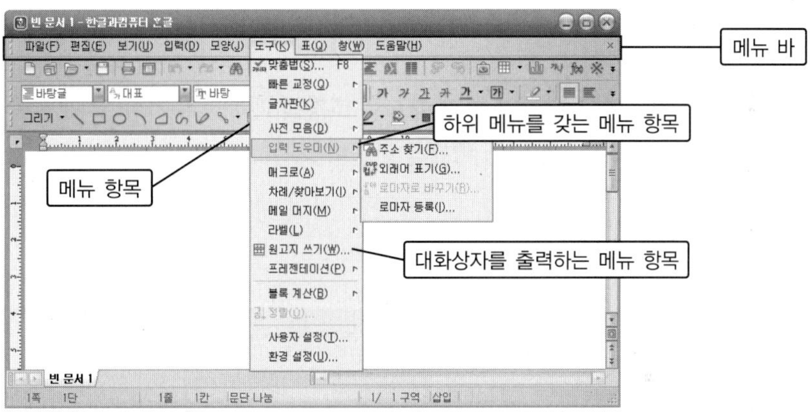

그림 3-8 ● 메뉴의 구조

일반적으로 메뉴항목은 이를 선택할 경우 명령을 수행하는데 경우에 따라서는 메뉴 항목이 하위 메뉴를 가질 경우에는 메뉴 텍스트 끝에 '▶' 표시가 나타난다. 메뉴를 선택하면 대화상자가 나타날 경우에는 메뉴 항목 텍스트 끝에 생략표(...)을 표시하는 것이 관례이다.

MFC 응용 프로그램 마법사는 단일 문서일 경우 다음과 같은 메뉴를 일괄되게 제공해 준다.

하지만, 이 메뉴 내용을 원하는 형태로 만들기 위해서 추가, 삭제, 변경할 수 있다.

기본예제 3-4 배경색을 변경하는 메뉴 만들기

[예제설명]

색상 메뉴를 메뉴 바에 추가하고 색상의 하위 메뉴로 배경색 메뉴를 추가한 후 배경색 메뉴의 하위 메뉴로 흰색, 분리바, 빨간색, 초록색, 파란색 메뉴를 만들어 보자.

[실행결과]

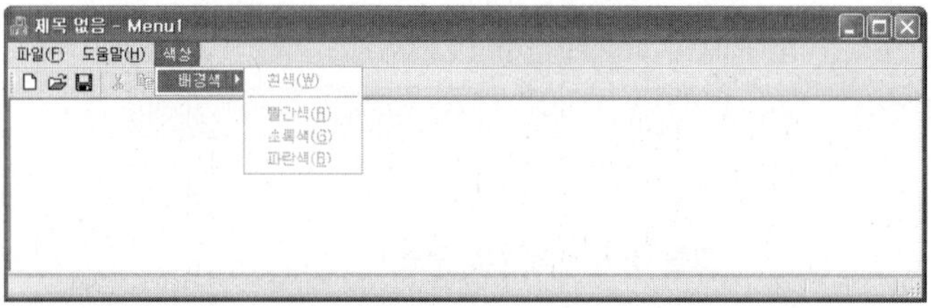

[따라하기]

1. Menu1이란 이름의 [단일 문서] 형태의 응용 프로그램을 생성한다. [보기] → [리소스 뷰] 메뉴를 선택하면 화면 왼쪽에 [리소스 뷰]가 추가된다. 여기서 MFC 응용 프로그램 마법사가 생성한 메뉴 리소스를 볼 수 있다. 'Menu1' 의 [+]를 클릭한 후, [Menu] 리소스의 [+]를 클릭하면 [IDR_MAINFRAME] 메뉴 리소스 항목이 나타난다. [IDR_MAINFRAME] 메뉴 리소스 항목을 더블 클릭하면 화면 가운데에 [리소스 편집기] 창이 나타나서 메뉴 리소스를 편집할 수 있다. 리소스 편집기(Resource

Editor)는 리소스를 시각적으로 편집하는 툴의 총칭하며 리소스의 종류에 따라 구체적인 편집툴의 명칭이 달라진다. 메뉴를 편집하는 툴은 메뉴 편집기(Menu Editor)라고 부른다.

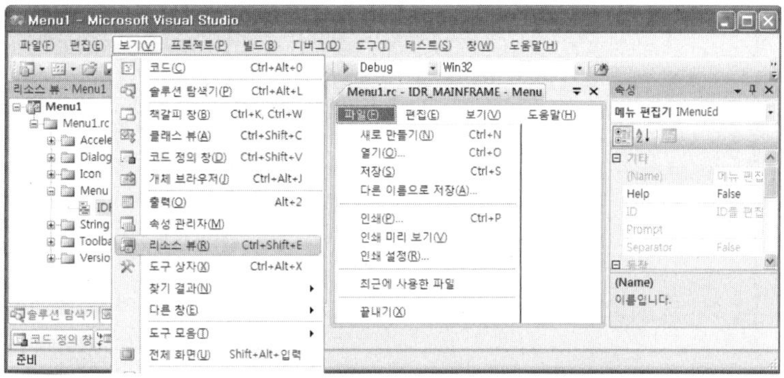

2 삭제하고 싶은 항목을 클릭해서 [Del] 또는 [Ctrl]+X를 누르면 메뉴가 삭제된다. 삭제하고자 하는 메뉴가 하위 메뉴를 갖고 있다면 하위 메뉴도 함께 삭제된다. [편집], [보기] 메뉴를 삭제한다.

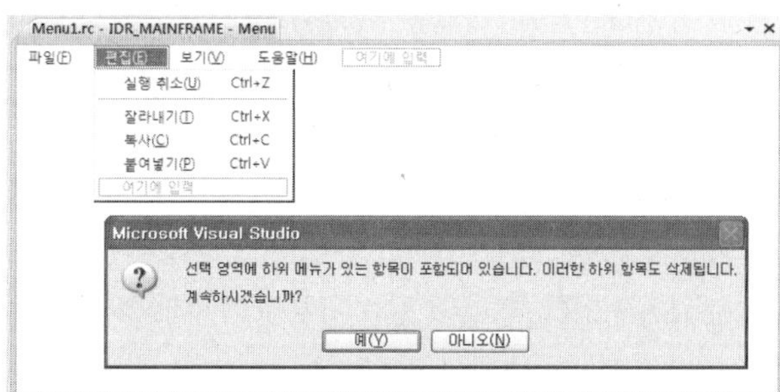

3 아래 그림처럼 메뉴 바에 [색상] 메뉴를 추가하고 [색상] 메뉴의 하위 메뉴로 [배경색] 메뉴를 추가한다. [배경색] 메뉴에 [흰색] 메뉴 항목을 추가한다. [배경색] 메뉴에 하위 메뉴가 추가되기에 '▶' 표시가 나타난다. 화면 오른쪽에는 메뉴 항목에 대한 속성 값을 알려주고 편집할 수 있는 [속성] 창이 나타난다. [속성] 창의 [ID] 항목에 "IDM_BK_WHITE"를 입력한다.

표 3-6 ● 메뉴 속성 창의 항목

속성	설명
ID	리소스 식별자 하위 메뉴를 포함하는 메뉴항목은 리소스 ID를 갖지 않는다.
Prompt	메뉴항목을 선택하면 상태바에 메뉴 항목을 설명하기 위해 나타나는 텍스트이다.
Separator	해당항목은 분리바로 사용된다.
Caption	메뉴에 나타나는 텍스트로 액세스키 지정 방법은 액세스키로 사용할 문자 바로 앞에 &를 붙이면 된다.
Checked	메뉴 텍스트에 체크마크가 나타난다.
Enabled	초기에 선택할 수 없는 상태가 된다.
Grayed	메뉴 텍스트에 회색으로 나타나며 선택할 수 없다.
Popup	속성 값으로 true를 주면 하위 메뉴를 포함하는 상위메뉴가 되며 리소스 ID를 갖지 않게 된다.

4 흰색 메뉴 항목과 다른 메뉴 항목들을 구분하기 위해서 Separator 항목값을 True로 변경하여 분리바를 추가한 후 흰색 메뉴를 만드는 방법과 동일한 방법으로 빨간색, 초록색, 파란색 메뉴를 만든다.

표 3-7 ● 메뉴 속성 창의 항목

Caption	ID	추가 속성	Prompt
색상	(없음)	Popup : True	
배경색	(없음)	Popup : True	
흰색(&W)	IDM_BK_WHITE		글자색을 흰색으로\n흰색
(없음)	(없음)	Separator : True	
빨간색(&R)	IDM_BK_RED		글자색을 빨간색으로\n빨간색
초록색(&G)	IDM_BK_GREEN		글자색을 초록색으로\n초록색
파란색(&L)	IDM_BK_BLUE		글자색을 파란색으로\n파란색

기본예제 3-5 화면 가운데 사각형 출력하기

[예제설명]

메뉴에서 선택한 색상으로 배경색을 채울 사각형을 화면 가운데에 출력하도록 하자.

[실행결과]

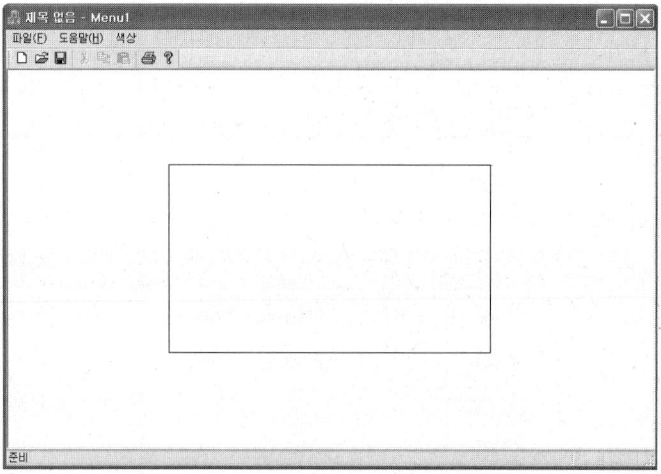

[따라하기]

1 [클래스 뷰]에서 CMenu1View 클래스를 선택하여 배경색을 저장할 변수를 선언한다.

```
class CMenu1View : public CView
{
public:
    COLORREF m_BrushColor;
```

2 생성자에서 배경색을 흰색으로 초기화한다.

```
CMenu1View::CMenu1View()
{
    // TODO: 여기에 생성 코드를 추가합니다.
```

```
    m_BrushColor=WHITE;
}
```

3 [클래스 뷰]에서 CMenu1View를 클릭하면 화면 아래에 나타난 멤버 함수 중에서 OnDraw() 함수를 더블 클릭하여 오른쪽 에디터 창에 OnDraw() 함수가 나타나면 OnDraw() 함수의 전달인자가 주석문으로 둘러 싸여 있는데 이를 풀어준 후에 다음과 같이 입력한 후에 [디버그] → [디버깅하지 않고 시작] 메뉴를 선택하여 실행 결과를 확인한다.

```
void CMenu1View::OnDraw(CDC* pDC)
{
    CMenu1Doc* pDoc = GetDocument();
    ASSERT_VALID(pDoc);
    if (!pDoc)
        return;

    // TODO: 여기에 원시 데이터에 대한 그리기 코드를 추가합니다.
    CRect rc;
    this->GetClientRect(&rc);
    int width=rc.Width();
    int height=rc.Height();
    rc.DeflateRect(width/4, height/4);

    CBrush myBrush(m_BrushColor);
    CBrush *pOldBrush=pDC->SelectObject(&myBrush);

    pDC->Rectangle(&rc);

    pDC->SelectObject(pOldBrush);
    myBrush.DeleteObject();
}
```

4.1 명령 처리기

메뉴 디자인이 끝났다면 이번에는 메뉴가 선택되면 배경색이 변경되도록 하자. 그러기 위해서는 메뉴가 선택되었을 때 발생하는 **WM_COMMAND** 메시지에 대한 명령 처리기를 추가하고 적합한 코드를 추가해야 한다. 명령 처리기를 추가하는 방법은 두 가지가 있는데 이 두 가지 방법을 모두 살펴보도록 하자.

기본예제 3-6 명령 처리기를 추가하여 배경색 변경하기

【예제설명】

흰색, 빨간색, 초록색, 파란색 메뉴에 대한 명령 처리기를 만들어 보자. 이 4가지 메뉴 중에 하나를 선택하면 배경색이 바뀌는 프로그램을 작성해보자.

【실행결과】

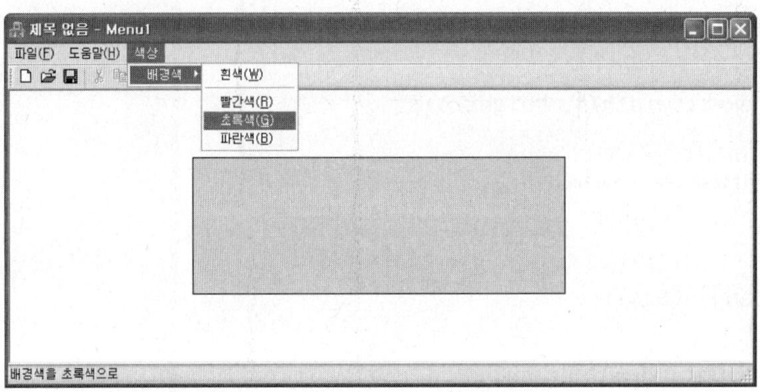

【따라하기】

1 명령 처리기를 추가하는 첫 번째 방법이다. [리소스 뷰] 창에서 흰색 메뉴를 선택한 후 마우스 오른쪽 버튼을 클릭하면 바로가기 메뉴가 나타나고 여기서 [이벤트 처리기 추가...] 메뉴를 선택하면 [이벤트 처리기 마법사] 창이 나타난다.

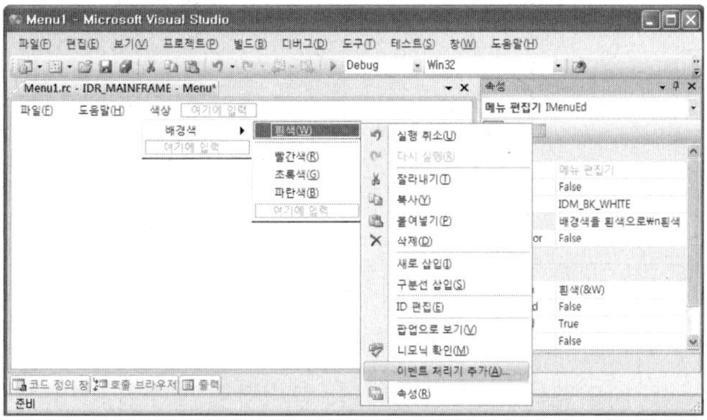

2 [이벤트 처리기 마법사] 창에서 [명령 이름] 란에는 리소스 뷰에서 선택한 흰색 메뉴의 ID(아이디) 값인 IDM_BK_WHITE가 나타난다. 메시지 형식에서는 [COMMAND]를 선택한다. 명령 이름과 메시지 형식에 의해서 함수 처리기 이름이 자동으로 OnBkWhite로 결정된다. 이름을 변경할 수도 있지만, 여기서는 기본적으로 제공되는 이름을 사용하기로 한다. [클래스 목록] 란에서는 "CMenu1View" 클래스를 선택한 후에 <추가 및 편집> 버튼을 클릭한다.

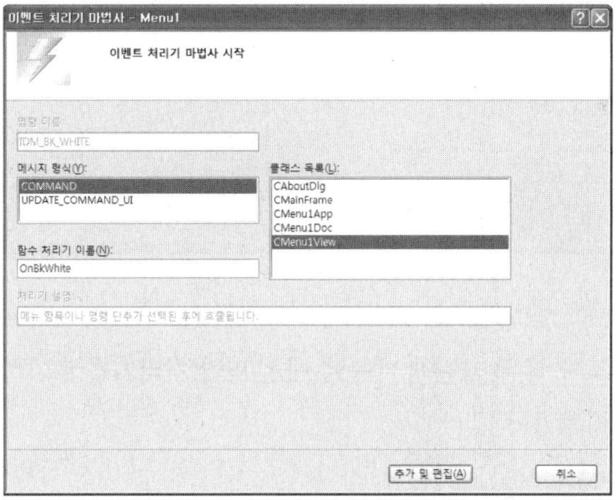

3 추가된 명령 처리기에 다음과 같이 입력한다. 배경색을 저장하는 변수에 흰색을 대입한 후에 Invalidate() 함수를 호출해야만 OnDraw() 함수가 호출되어 메뉴에서 선택한 색상으로 사각형의 배경색이 변경된다.

```
// CMenu1View 메시지 처리기
void CMenu1View::OnBkWhite()
{
    m_BrushColor=RGB(255, 255, 255);
    Invalidate();
}
```

4 이번에는 빨간색에 대한 명령 처리기를 추가하되 흰색 메뉴에 대해서 사용했던 방법과 다른 방법으로 추가하도록 하자. [클래스 뷰] 창에서 "CMenu1View" 클래스를 선택한다. 화면 오른쪽의 [속성] 창에서 번개 모양의 [이벤트] 아이콘( )을 클릭하면 메뉴의 아이디(ID) 값이 나타난다. 여기서 빨간색 메뉴의 아이디 값인 [IDM_BK_RED]를 선택한 후 [+]버튼을 누르면 [COMMAND] 이벤트가 나타난다. 오른쪽 콤보박스를 선택하면"<추가> OnBkRed"가 나타난다. 이를 선택하면 명령 처리기가 추가된다.

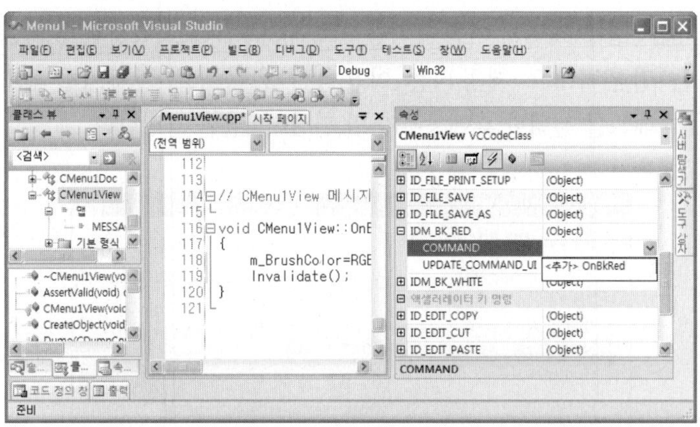

5 흰색, 빨간색 이외에도 초록색, 파란색 메뉴에 대한 명령 처리기를 추가하여 배경색이 변경되도록 다음과 같은 내용을 기술한다.

```
void CMenu1View::OnBkRed()
{
    // TODO: 여기에 명령 처리기 코드를 추가합니다.
    m_BrushColor=RGB(255, 0, 0);
    Invalidate();
}
```

```
void CMenu1View::OnBkGreen()
{
    // TODO: 여기에 명령 처리기 코드를 추가합니다.
    m_BrushColor=RGB(0, 255, 0);
    Invalidate();
}

void CMenu1View::OnBkBlue()
{
    // TODO: 여기에 명령 처리기 코드를 추가합니다.
    m_BrushColor=RGB(0, 0, 255);
    Invalidate();
}
```

4.2 명령 업데이트 UI 처리기와 CCmdUI

일반적으로 응용 프로그램에서 제공되는 모든 메뉴 항목이 항상 사용될 수 있는 것은 아니다. 현재 실행 상태에 따라 사용되지 못하는 경우가 있다. 예를 들어, 편집메뉴의 잘라내기와 복사 같은 메뉴들은 블록지정이 되지 않은 상태에서는 사용할 수 없는 상태에 있다. 그랬다가 블록 지정이 되어 처리할 텍스트가 선택되면 메뉴항목이 선택될 수 있는 상태가 된다. 이와 같이 실행 시 메뉴의 상태를 변경시킬 수 있다.

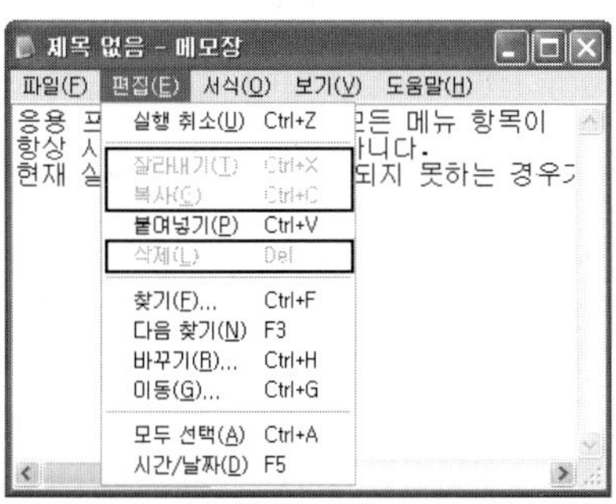

[비활성화 상태의 메뉴]

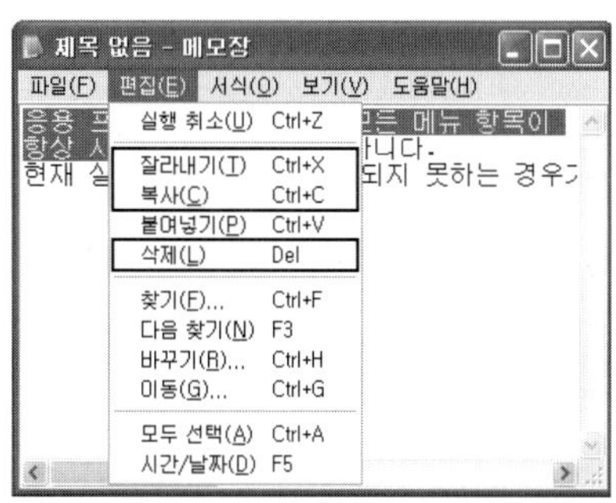

[활성화 상태가 된 메뉴]

MFC는 메뉴 항목을 갱신하기 위한 방법으로 **명령 업데이트 UI 처리기(Update Handler)**를 제공한다. 개발자가 각각의 메뉴 항목에 명령 업데이트 UI 처리기를 작성해 놓으면 모든 메뉴 항목이 선택될 때마다 명령 업데이트 UI 처리기가 호출되어 메뉴 항목의 상태를 바꾸어 준다.

명령 업데이트 UI 처리기는 명령 처리기와 같이 2 가지 방법으로 만들어 줄 수 있다. 명령 업데이트 UI 처리기는 다음과 같이 CCmdUI 객체 포인터를 전달인자로 갖는 간단한 함수 형태이다.

```
void CMenu1View::OnUpdateBkWhite(CCmdUI *pCmdUI)
{
    // TODO: 여기에 명령 업데이트 UI 처리기 코드를 추가합니다.
}
```

CCmdUI 클래스는 업데이트 UI 처리기에서 사용하는 클래스로서 이 클래스가 제공해주는 함수를 통해서 메뉴의 상태를 변경해 줄 수 있다.

표 3-8 ● CCmdUI 클래스의 멤버함수

멤버함수	기능	
Enable	TRUE	사용자가 메뉴항목을 사용할 수 있도록 활성화한다.
	FALSE	사용자가 메뉴항목을 사용할 수 없게 비활성화한다.
SetCheck	1	메뉴 텍스트 왼쪽에 체크 마크가 나타나게 한다.
	0	메뉴 텍스트 왼쪽에 체크 마크가 나타나지 않게 한다.
SetRadio	TRUE	메뉴 텍스트 왼쪽에 원점이 나타나게 한다.
	FALSE	메뉴 텍스트 왼쪽에 원점이 나타나지 않게 한다.
SetText	메뉴항목의 텍스트를 변경한다.	

CCmdUI 클래스의 멤버함수를 사용하여 명령 업데이트 UI 처리기와 관련된 메뉴 항목의 상태를 변경시킬 수 있다. 즉, OnUpdateBkWhite() 내부에서 CCmdUI 포인터 변수인 pCmdUI로 멤버함수를 호출하면 OnUpdateBkWhite()가 흰색 메뉴와 연관된 메뉴이기에 흰색 메뉴의 상태를 변경한다.

명령 업데이트 UI 처리기를 사용할 때 특히 주의할 점은 명령 처리기는 흰색 메뉴를 선택하면 흰색 메뉴와 연관된 명령 처리기인 OnBkWhite()만 호출하지만, 명령 업데이트 UI 처리기는 흰색 메뉴를 선택했는데도 배경색 메뉴의 하위 메뉴인 흰색, 빨간색, 초록색, 파란색에 대한 명령 업데이트 UI

처리기가 모두 호출된다. 그렇기에 빨간색 메뉴를 선택해도 OnUpdateBkWhite()가 호출된다.

```
void CMenu1View::OnUpdateBkWhite(CCmdUI *pCmdUI)
{
    // TODO: 여기에 명령 업데이트 UI 처리기 코드를 추가합니다.
    pCmdUI->SetCheck(1);
}
```

OnUpdateBkWhite()에 위와 같이 기술하면 빨간색 메뉴를 선택해도 흰색 메뉴에 체크 표시를 한다. 그렇기에 흰색 메뉴가 선택되어 현재 사각형의 배경색이 흰색일 경우에는 체크 상태가 되고 흰색이 아닌 경우에는 해제 상태가 되도록 하려면 다음과 같이 특정 조건(m_BrushColor == RGB(255, 255 ,255))을 제시해서 이에 만족할 때에만 체크 상태가 되도록 코딩해야 한다.

```
void CMenu1View::OnUpdateBkWhite(CCmdUI *pCmdUI)
{
    // TODO: 여기에 명령 업데이트 UI 처리기 코드를 추가합니다.
    pCmdUI->SetCheck(m_BrushColor == RGB(255, 255 ,255));
}
```

흰색 메뉴가 선택되면 명령 처리기가 호출되어 배경색을 저장하는 변수인 m_BrushColor에 RGB(255, 255 ,255)가 저장된 후에 OnUpdateBkWhite()가 호출되어 m_BrushColor == RGB(255, 255 ,255) 조건이 참이 되어 흰색 메뉴를 선택 상태로 만들어 준다. 반면, 빨간색 메뉴를 선택하면 m_BrushColor에 RGB(255, 0 , 0)가 저장된 후에 OnUpdateBkWhite()가 호출되어 m_BrushColor == RGB(255, 255 ,255) 조건이 거짓이므로 SetCheck() 함수가 흰색 메뉴를 해제 상태로 만들어 준다.

기본예제 3-7 색상 메뉴의 상태 변경하기

[예제설명]

배경색 메뉴의 하위 메뉴인 흰색, 빨간색, 초록색, 파란색에 대한 명령 업데이트 UI 처리기를 추가하여 현재 배경색인 메뉴에 대해서 체크 표시가 되도록 하자.

【실행결과】

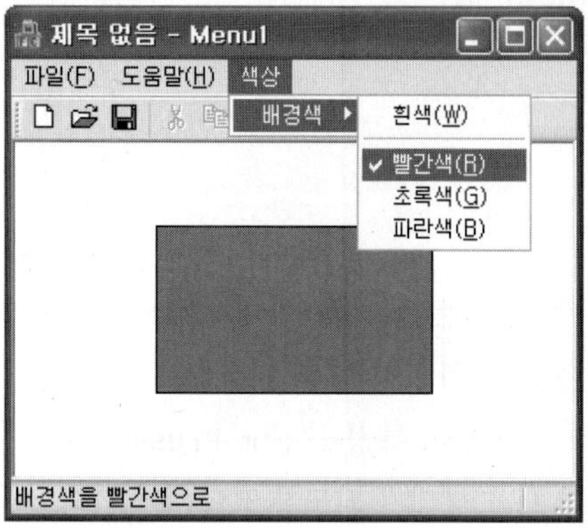

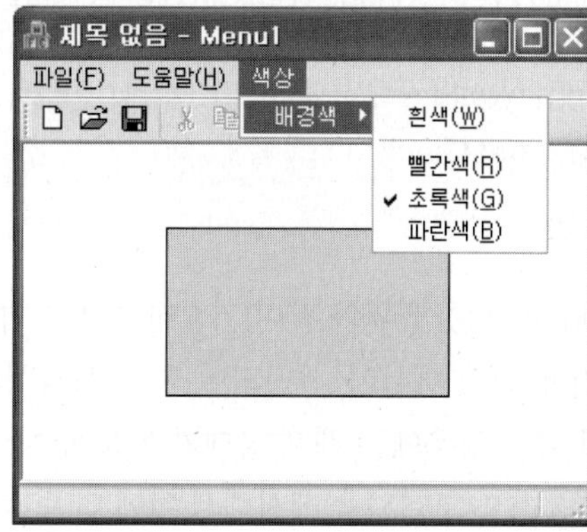

【따라하기】

1 리소스 뷰 창에서 흰색 메뉴를 선택한 후 마우스 오른쪽 버튼을 클릭하면 바로가기 메뉴가 나타나고 [이벤트 처리기 추가] 메뉴를 선택하면 이벤트 처리기 마법사 창이 나타난다. 명령 이름: 란에는 리소스 뷰에서 선택한 흰색 메뉴의 아이디 값이 나타난다. 메시지 형식에서는 UPDATE_COMMAND_UI를 선택한다. 클래스 목록란에서는 CMenu1View 클래스를 선택한 후에 [추가 및 편집] 버튼을 클릭한다.

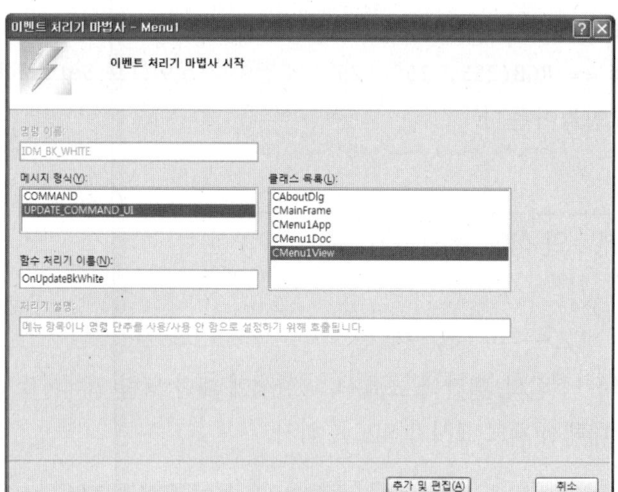

2 추가된 명령 업데이트 UI 처리기에 다음과 같은 코딩을 추가하자.

```
void CMenu1View::OnUpdateBkWhite(CCmdUI *pCmdUI)
{
    // TODO: 여기에 명령 업데이트 UI 처리기 코드를 추가합니다.
    pCmdUI->SetCheck(m_BrushColor == RGB(255, 255 ,255));
}
```

3 빨간색 메뉴에 대한 명령 업데이트 UI 처리기를 또 다른 방법으로 추가해 보자. [클래스 뷰] 창에서 CMenu1View 클래스를 선택한다. 화면 오른쪽 [속성] 창에서 번개 모양의 [이벤트] 아이콘( )을 클릭하면 리소스 아이디값이 나타난다. 여기서 빨간색 메뉴의 아이디값인 IDM_BK_RED를 선택한 후 [+] 버튼을 누르면 UPDATE_COMMAND_UI 이벤트가 나타난다. 이 이벤트에 대한 처리를 담당하는 함수가 추가된다.

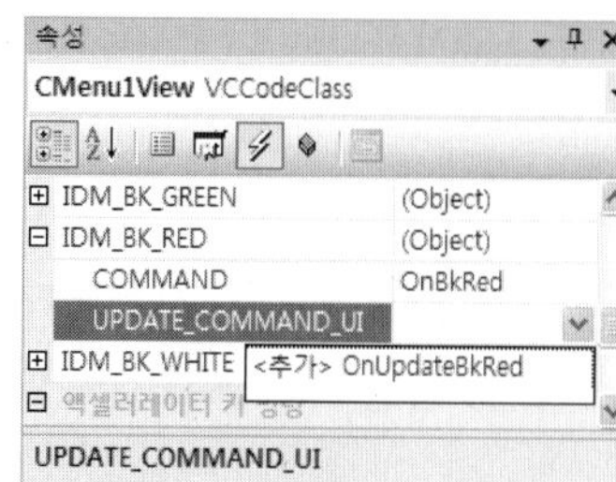

4 흰색, 빨간색 이외에 초록색, 파란색 메뉴가 호출되더라도 배경 색상에 의해서 메뉴의 상태가 변경되도록 하기 위해서 명령 업데이트 UI 처리기를 추가한 후 각각에 다음과 같은 내용을 기술한다.

```
void CMenu1View::OnUpdateBkRed(CCmdUI *pCmdUI)
{
    // TODO: 여기에 명령 업데이트 UI 처리기 코드를 추가합니다.
    pCmdUI->SetCheck(m_BrushColor == RGB(255, 0 ,0));
}

void CMenu1View::OnUpdateBkGreen(CCmdUI *pCmdUI)
{
    // TODO: 여기에 명령 업데이트 UI 처리기 코드를 추가합니다.
    pCmdUI->SetCheck(m_BrushColor == RGB(0, 255, 0));
}

void CMenu1View::OnUpdateBkBlue(CCmdUI *pCmdUI)
{
    // TODO: 여기에 명령 업데이트 UI 처리기 코드를 추가합니다.
    pCmdUI->SetCheck(m_BrushColor == RGB(0 ,0, 255));
}
```

4.3 컨텍스트메뉴(ContextMenu) 와 CMenu 클래스

윈도우 응용 프로그램들은 자주 사용하는 메뉴를 쉽게 선택할 수 있도록 바로가기 메뉴를 제공한다. 바로가기 메뉴는 사용자가 마우스 오른쪽 버튼을 눌렀을 때 나타나는 메뉴이다. 이러한 바로가기 메뉴를 MFC에서는 **컨텍스트 메뉴**라고 부른다. 컨텍스트 메뉴란 마우스 오른쪽 버튼이 눌려졌을 때 해당 위치에 나타나는 드롭다운 메뉴(drop-down menu)를 말한다.

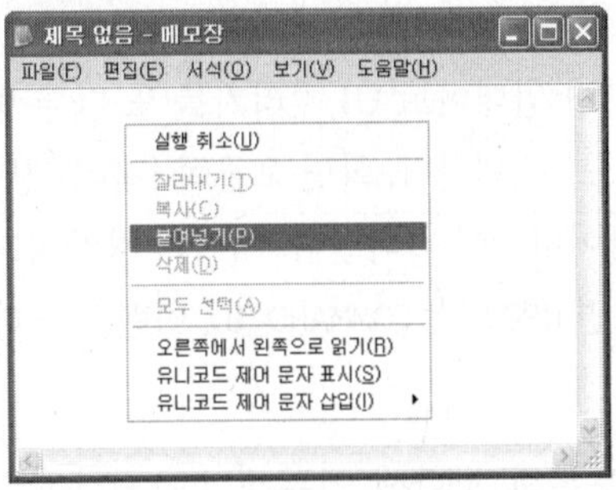

MFC에서는 사용자가 마우스 오른쪽 버튼을 누르면 **WM_CONTEXTMENU 메시지**가 발생한다. 다음은 WM_CONTEXTMENU 메시지에 대한 명령 처리기이다.

```
void CMenu1View::OnContextMenu(CWnd* pWnd, CPoint point)
```

첫 번째 매개변수 pWnd에는 마우스 오른쪽 버튼이 눌려진 윈도우 객체 포인터가 넘어오고 두 번째 매개변수 point에는 마우스가 눌려진 위치가 넘어오게 된다. [색상] 메뉴의 하위 메뉴를 컨텍스트 메뉴로 만들어 보도록 하자. 그러기 위해서는 팝업 메뉴로 출력할 메뉴를 얻어 와야 한다.

메뉴를 얻기 위한 과정은 다음과 같다. CMenu의 LoadMenu() 함수에 메뉴 리소스 ID 또는 메뉴 리소스 명에 해당하는 메뉴 리소스를 로드한다.

```
BOOL CMenu::LoadMenu(UINT nResource);
BOOL CMenu::LoadMenu(LPCSTR lpszResourceName);
```

다음은 LoadMenu() 함수로 리소스에서 메뉴를 읽어오는 예이다.

```
CMenu menu;
menu.LoadMenu(IDR_MAINFRAME);
```

IDR_MAINFRAME은 메뉴바에 대한 아이디 값으로 [리소스 뷰] 창에 가서 확인할 수 있다.

이렇게 얻어진 CMenu 객체로 이번에는 특정 하위 메뉴를 얻어 와야 한다. GetSubMenu() 함수에서 얻고자 하는 메뉴의 위치를 지정하면 하위 메뉴 객체 포인트를 얻을 수 있다.

```
CMenu* CMenu::GetSubMenu(int nPos) const;
```

하위 메뉴의 위치는 맨 왼쪽이 0이고 오른쪽으로 갈수록 1씩 증가한다.

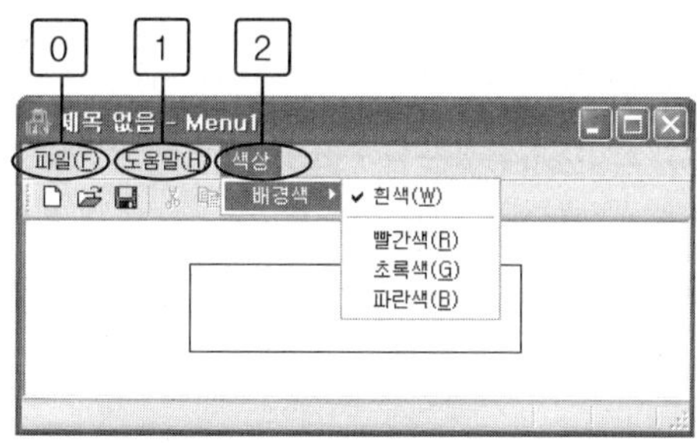

색상 메뉴를 팝업 메뉴로 출력하려면 다음과 같이 기술해야 한다.

```
CMenu *subMenu=menu.GetSubMenu(2);
```

menu는 LoadMenu() 함수를 사용하여 메뉴 바에 대한 정보를 저장하고 있는 메뉴 객체이다. "menu.GetSubMenu(2)" 라고 표현하면 메뉴 바의 2번째 위치한 하위 메뉴가 색상이기에 색상 메뉴에 대한 메뉴 객체의 주소 값을 얻어 온다. 이렇게 얻어진 하위 메뉴 객체의 주소 값을 subMenu 포인터 변수에 저장한다. subMenu는 CMenu 클래스로 선언한 포인터 변수이다.

색상 메뉴의 포인터를 얻었다면 이 포인터를 이용해서 배경색 메뉴를 얻어야 한다.

```
CMenu *pContextMenu=subMenu->GetSubMenu(0);
```

배경색 메뉴를 얻었다면 이 포인터를 이용해서 화면에 표시해야 하는데 이때 사용하는 함수가 TrackPopupMenu()이다. 다음은 TrackPopupMenu()의 형식이다.

```
BOOL CMenu::TrackPopupMenu(UINT nFlags, int x, int y,
                           CWnd* pWnd, LPCRECT lpRect = 0);
```

첫 번째 매개변수 nFlags에는 컨텍스트 위치와 행위를 나타내는 다음과 같은 상수를 지정한다.

구분 상수	설명
TPM_CENTERALIGN	컨텍스트 메뉴의 중앙이 전달인자 x에 지정된 위치에 오도록 한다.
TPM_LEFTALIGN	컨텍스트 메뉴의 왼쪽이 전달인자 x에 지정된 위치에 오도록 한다.
TPM_RIGHTALIGN	컨텍스트 메뉴의 오른쪽이 전달인자 x에 지정된 위치에 오도록 한다.
TPM_LEFTBUTTON	마우스 왼쪽 버튼만으로 메뉴항목을 선택할 수 있도록 한다.
TPM_RIGHTBUTTON	마우스 왼쪽과 오른쪽 버튼을 모두 사용하여 메뉴항목을 선택할 수 있도록 한다.

기본예제 3-8 바로가기 메뉴 만들기

[예제설명]

배경색 메뉴를 바로가기 메뉴로 만들기 위해서 OnContextMenu 명령 처리기를 추가하고 CMenu 클래스의 함수를 이용한다.

[실행결과]

[따라하기]

1. [클래스 뷰] 창에서 CMenu1View 클래스를 선택한 후 [속성] 창에서 [메시지] 아이콘을 클릭한다. 메시지 리스트가 나타나면 WM_CONTEXTMENU를 선택하여 명령 처리기를 추가한다. 명령 처리기의 이름은 자동으로 OnContextMenu로 결정된다.

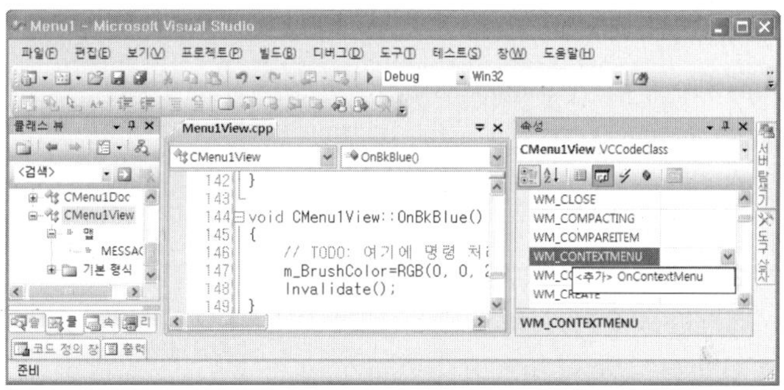

2. 추가된 OnContextMenu()의 전달인자가 주석처리되어 있으므로 이를 해제한 후에 다음과 같이 코딩한다.

```
void CMenu1View::OnContextMenu(CWnd* pWnd, CPoint point)
{
    // TODO: 여기에 메시지 처리기 코드를 추가합니다.
    CMenu menu;
    menu.LoadMenu(IDR_MAINFRAME);
    CMenu *subMenu=menu.GetSubMenu(2);
    CMenu *pContextMenu=subMenu->GetSubMenu(0);
    pContextMenu->TrackPopupMenu(TPM_LEFTALIGN, point.x, point.y, this);
}
```

연습문제

[개념문제]

단원 요약정리를 대신하여 개념을 잡을 수 있도록 본문의 내용을 충실하게 반영한 문제이다.

1. 다음에 알맞은 내용을 보기에서 찾아라.

보기			
1	이벤트 처리 중심의 프로그래밍(Event Driven Programming)	2	윈도우 메시지
3	`GetCapture`	4	컨트롤 통보 메시지
5	메시지 처리 방식 프로그래밍(Message Driven Programming)	6	컨텍스트
7	`ReleaseCapture`	8	`SetROP2`
9	커맨드 메시지	10	`SetCapture`

1.1 이벤트란 사용자가 마우스를 클릭한다든지, 키보드를 입력하는 등 사용자가 컴퓨터를 조작하기 위해 일으키는 사건을 말한다. MFC 윈도우 응용 프로그램은 시각적으로 프로그램을 설계한 후, 사용자가 이벤트를 발생시키면 이에 대한 합당한 처리를 하는 방식으로 프로그램을 개발하는데 이를 ________________________ (이)라고 한다.

1.2 MFC에서는 사용자가 발생한 이벤트를 윈도우 운용체제가 감지하여 해당 이벤트에 대한 표준화된 메시지 형태로 응용 프로그램에 보낸다. 개발자는 응용 프로그램에 메시지가 전달되면 호출되는 메시지 처리기에 합당한 처리를 하는 방식으로 프로그램을 개발하는데 이를 ________________________ (이)라고 한다.

1.3 MFC에서는 발생하는 메시지의 형태에 따라 크게 3가지로 분류한다. WM으로 시작하

는 ⓐ ______________(은)는 응용 프로그램의 윈도우 영역에서 발생하는 메시지로서 다양한 종류가 제공된다. WM_COMMAND 형태로 제공되는 ⓑ ______________(은)는 메뉴를 선택하면 발생하는 메시지로 메뉴의 ID로 어떤 메뉴가 선택되었는지 구분한다. ⓒ ______________(은)는 컨트롤(에디트, 리스트 박스, 콤보 박스)에 이벤트가 발생하게 되면 이 사실을 컨트롤을 포함하고 있는 부모 클래스에 통보하게 되어 붙여진 이름이다.

1.4 마우스 커서가 윈도우를 벗어나도 마우스 메시지를 받을 수 있도록 하기 위해 ⓐ ______________(을)를 호출한다. 마우스 캡쳐를 해제하지 않으면 마우스를 뗀 후에도 마우스 메시지를 뷰가 계속 잡아오기 때문에 비 클라이언트영역의 메뉴나 툴바 등을 선택하여도 아무런 반응을 하지 못하게 되어 응용 프로그램을 종료할 수도 없게 된다. 그렇기 때문에 마우스를 떼면 ⓑ ______________(을)를 호출하여 마우스 캡쳐를 해제해서 마우스 메시지가 정상적으로 마우스 커서가 위치한 윈도우에게 전달되도록 해야 한다. 현재 마우스 버튼이 눌린 상태인지 알아내기 위해 ⓒ ______________(이)가 this를 반환하는지 확인한다.

1.5 레스터 오퍼레이션이란 프로그래머가 설정할 수 있는 중요한 그래픽 옵션 중의 하나로 새로이 그려지는 그림이 화면에 이미 그려져 있는 그림과 어떻게 합성되어 그려질 것인지를 결정하도록 하는 것으로 레스터 오퍼레이션을 사용하기 위해서는 ______________ 함수에 레스터 오퍼레이션 코드를 반환해야 한다.

1.6 윈도우 응용 프로그램들은 자주 사용하는 메뉴를 쉽게 선택할 수 있도록 사용자가 마우스 오른쪽 버튼을 눌렀을 때 나타나는 메뉴를 바로가기 메뉴라 하는데 이러한 바로가기 메뉴를 MFC에서는 ______________ 메뉴라고 부른다.

※ 알맞은 내용으로 빈 칸을 채워라.

2. 프로그래머가 프로그램 진행 상 OnDraw() 함수가 호출될 필요가 있다고 생각될 때는 CWnd 클래스의 ______________ 함수를 사용하여 WM_PAINT 메시지를 인위적으로 발생시켜 화면

에 무효화 영역을 설정한다. ______________는 클라이언트 영역 전체를 무효화 영역으로 지정하여 클라이언트 영역 전체를 다시 그린다. 화면 일부만 다시 그리도록 하려면 함수를 사용하여 무효화 영역으로 지정하고자 하는 사각형의 좌표를 전달인자로 지정한다.

3. 메뉴를 선택하면 운영체제에서 ❶ ______________ 메시지를 발생시킨다. 그래서 메뉴가 선택되었을 때 호출되는 함수를 특별히 ❷ ______________ 핸들러라고 한다.

※ **알맞은 내용을 기술하라.**

4. MFC에서 사각형 영역의 크기를 저장할 때 사용하는 클래스는 무엇인가?

5. 다시 그리는 작업이 필요할 때 호출되는 `OnDraw()` 함수는 WM_PAINT 메시지에 의해서 호출된다고 하였다. `WM_PAINT` 메시지를 발생시키는 이벤트로는 5가지가 있는데 이를 나열하여라.

❶

❷

❸

❹

❺

6. 키 눌림 메시지 처리기 형태는 다음과 같다.

<형식>

```
OnKeyXXX(UINT nChar, UINT nRepCnt, UINT nFlags)
```

</형식>

키 눌림 메시지 처리기의 전달인자의 역할에 대해서 간단하게 기술하라.

전달인자	역할
nChar	❶
nRepCnt	❷
nFlags	❸

7. CCmdUI 클래스는 명령 업데이트 UI 처리기에서 사용하는 클래스로서 이 클래스가 제공해 주는 함수를 통해서 메뉴의 상태를 변경해 줄 수 있다. 다음 함수들의 기능을 간단하게 기술하여라.

멤버 함수	기능
Enable	❶
SetCheck	❷
SetRadio	❸
SetText	❹

※ **다음 물음에 올바른 답을 골라라.**

8. CMenu 클래스의 멤버 함수로 특정 하위 메뉴를 얻어 오기 위해서 사용하는 함수는 무엇인가?

❶ GetSubMenu ❷ LoadMenu ❸ OnLButtonDown ❹ SetCapture

9. MFC에서 사용자가 마우스 오른쪽 버튼을 누를때 발생하는 메시지는 무엇인가?

❶ WM_LBUTTONDOWN ❷ WM_CHAR ❸ WM_CONTEXTMENU ❹ WM_SIZE

10. 메뉴 리소스 ID 또는 메뉴 리소스 명에 해당하는 메뉴 리소스를 로드하는 함수는 무엇인가?

❶ GetSubMenu ❷ LoadMenu ❸ OnLButtonDown ❹ SetCapture

11. 키보드 입력과 관련된 메시지 중에서 키보드가 눌렸을 때 문자값을 얻어올 수 있는 메시지로 키보드 메시지 외에 제공되는 메시지는 무엇인가?

❶ WM_LBUTTONDOWN ❷ WM_CHAR ❸ WM_CONTEXTMENU ❹ WM_SIZE

12. 윈도우 크기를 변경하면 발생하는 메시지는 무엇인가?

❶ WM_LBUTTONDOWN ❷ WM_CHAR ❸ WM_CONTEXTMENU ❹ WM_SIZE

[실습문제]

본문 기본예제보다 조금 난이도가 높은 내용으로 구성된 프로그램을 실제로 작성해 보는 문제로서 단계별 설명을 자세히 해 놓았으므로 시간이 걸리더라도 꼭 풀어보기 바란다. 실력 향상에 많은 도움이 될 문제이다.

실습문제 3-1 프로젝트명 : Ch03Ex01 / 문서 형태 : 단일 문서

【예제설명】

클라이언트 영역에서 마우스 왼쪽 버튼이 눌린 위치에 "무한 도전 Visual C++"이라는 문자열을 출력하는 프로그램을 작성한다.

【실행결과】

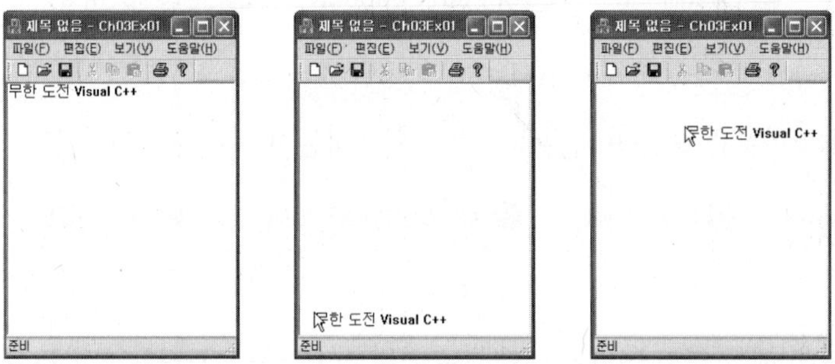

【힌트】

뷰 클래스의 `OnDraw()` 함수 내에서 `TextOut()` 함수를 사용하여 화면에 문자열을 출력한다. 문자열을 출력할 특정위치설정은 `CPoint` 클래스로 `m_XY`를 뷰 클래스의 멤버변수로 선언하여 사용한다. `m_XY`의 초기값은 생성자에서 (0,0)으로 설정한다. 마우스 왼쪽 버튼이 눌린 위치값을 `m_XY`에 저장한 후에 클라이언트 영역 전체를 다시 그려지도록 해야 문자열이 마우스 왼쪽 버튼이 눌린 위치에 출력되므로 `Invalidate()` 함수를 호출한다.

실습문제 3-2 프로젝트명 : Ch03Ex02 / 문서 형태 : 단일 문서

【예제설명】

메뉴에 의해서 글자의 배경색을 변경하는 프로그램을 작성한다.

【실행결과】

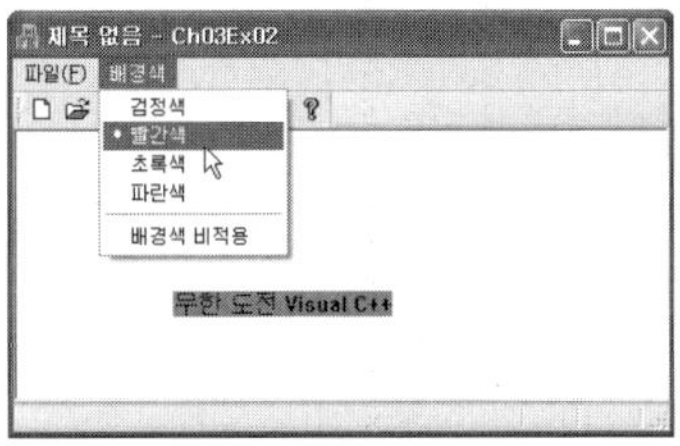

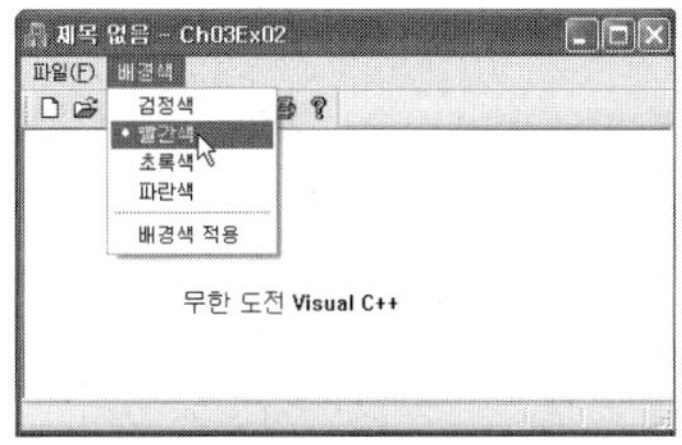

【힌트】

1. 배경색이라는 메뉴를 추가한 후에 출력되는 글자의 배경색을 검정색(ID_BACK_BLACK), 빨간색(ID_BACK_RED), 초록색(ID_BACK_GREEN), 파란색(ID_BACK_BLUE)으로 변경하기 위한 서브 메뉴를 추가한다.
2. 배경색을 결정하는 변수를 COLORREF 형으로 CView 클래스의 파생 클래스에 멤버변수로 선언하고 생성자에서 초기값으로 검정색을 부여한다.
3. OnDraw() 함수에서 배경색을 변경하는 함수인 SetBkColor()를 호출하여 배경색을 변경하되 주의할 점은 TextOutW() 함수를 호출하기 전에 호출해야 한다는 점이다.
4. 배경색에 대한 메시지 핸들러를 추가하고 배경색을 변경하는 코딩을 추가한다. 코딩할 내용은 다음과 같다. 배경색을 결정하는 변수의 값을 선택된 배경색으로 변경한 후에 클라이언트 영역 전체를 다시 그려지도록 해야 글자의 배경색이 변경되므로 Invalidate() 함수를 호출한다.
5. 선택된 메뉴(검정색, 빨간색, 초록색, 파란색)에 대해서는 원점이 찍히도록 갱신 핸들러도 추가하라.
6. 배경색은 항상 적용되는 것이 아니고 [배경색 적용] 메뉴를 선택하면 배경색이 적용되도록 한다. 배경색이 적용된 상태에서는 메뉴가 [배경색 비적용]으로 변경된다. [배경색 비적용] 메뉴를 선택하면 배경색이 적용되지 않아 아무리 배경색을 변경해도 화면에 출력되는 글자에는 배경색이 입혀지지 않는다. 배경색이 적용되지 않는 상태에서는 메뉴가 [배경색 적용]으로 변경된다. 이를 위해서는 UINT 형 멤버변수를 CView 클래스의 파생 클래스에 선언해야 한다.

실습문제 3-3 프로젝트명 : Ch03Ex03 / 문서 형태 : 단일 문서

【예제설명】

사각형을 그리되 사각형을 그리는 작업 중에 마우스의 움직임에 따라(마우스 드래그) 가상의 선이 늘었다 줄었다 하도록 하는 프로그램을 작성하라.

【실행결과】

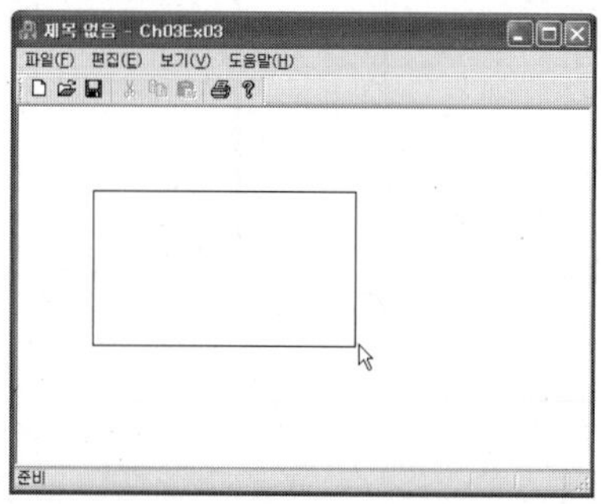

【힌트】

1 마우스 드래그 되는 동안에 가상의 선을 그리려면 이전에 그려진 그림을 지우고 새로운 그림을 그려야 하기 때문에 마우스 드래그 영역의 값을 저장할 멤버 변수(`CPoint m_ptStart, m_ptEnd`)를 추가해야한다.

2 마우스 왼쪽 버튼 눌리면 마우스 캡쳐를 설정하고 드래그 영역 시작 위치를 현재 마우스 왼쪽 버튼이 눌린 위치로 초기화한다. 종료 위치도 마찬가지로 초기화한다.

3 마우스 왼쪽 버튼을 놓으면 마우스 캡쳐를 해제하고 드래그 영역의 종료 위치에 현재 마우스 왼쪽 버튼이 눌린 위치를 저장한다. `Invalidate()` 함수를 이용하여 `OnDraw()` 함수를 호출하여 최종 사각형이 그려질 수 있도록 한다.

4 마우스 왼쪽 버튼 누른 채로 마우스 움직일 때마다 드래깅 중인지를 체크하여 드래그 중일 때만 드래그 영역만큼의 사각형을 그리기 위해서 `Invalidate()` 함수를 이용하여 `OnDraw()` 함수를 호출한다.

5 `OnDraw()` 함수에서 최종 사각형을 그린다.

실습문제 3-4 프로젝트명 : Ch03Ex04 / 문서 형태 : 단일 문서

【예제설명】

4행 5열로 격자를 출력한 후 마우스로 클릭한 위치에 대각선이 그려지도록 한다. 대각선이 그려져 있는 위치를 한 번 더 클릭하면 대각선이 지워지도록 한다.

【실행결과】

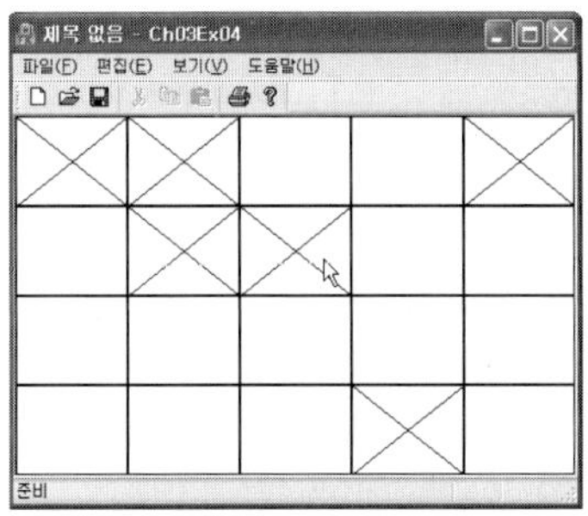

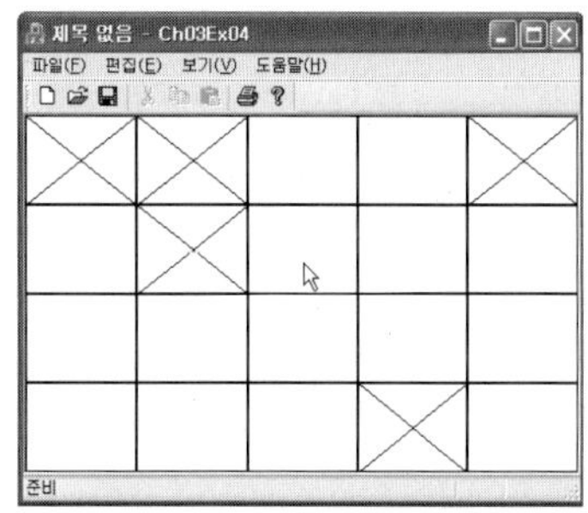

【힌트】

1. 필요한 변수는 격자 하나의 넓이와 높이를 저장할 변수(int m_colCell, m_rowCell)와 대각선 출력 여부를 결정하기 위한 배열(BOOL pbDraw[NROWS][NCOLS])과 사각형 영역을 저장할 변수(CRect rcCell)이다.
2. 생성자에서 대각선을 출력 여부를 결정하는 배열 pbDraw를 FALSE로 초기화 한다.
3. 클라이언트 영역의 크기가 변경(WM_SIZE) 될때 클라이언트 영역의 크기로 셀 하나의 크기(넓이, 높이)를 구한다.
4. 마우스 왼쪽 버튼이 눌리면(WM_LBUTTONDOWN) 마우스 클릭 위치로 대각선이 그려지거나 지워질 격자의 행, 열 위치를 구한 후 윈도우 화면을 다시 그린다.
5. OnDraw() 함수에서 행, 열의 개수만큼 격자를 그리되 현재 셀에 대각선을 출력해야 하는지를 조사하여 그렇다면 대각선을 그린다.

실습문제 3-5 프로젝트명 : Ch03Ex05 / 문서 형태 : 단일 문서

【예제설명】

화살표 키를 사용해서 사각형을 이동하는 프로그램을 작성한다. 화면의 끝에서는 다른 쪽 끝으로 넘어간다.

【실행결과】

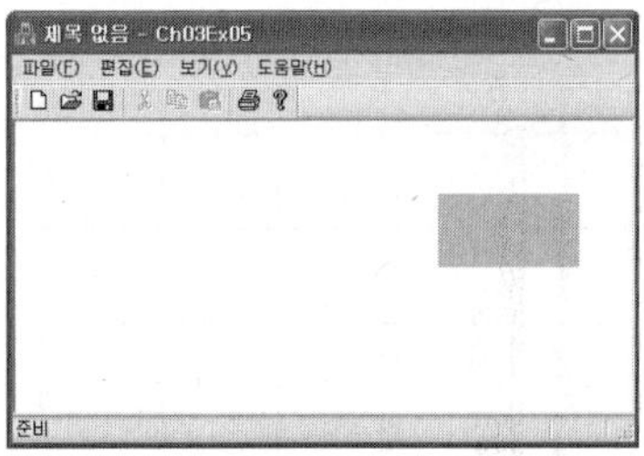

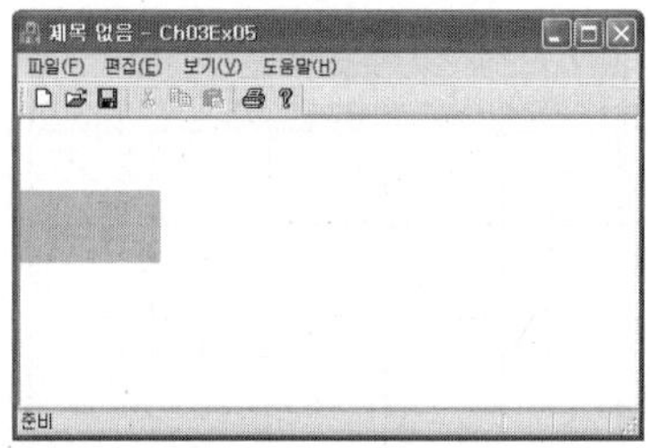

【힌트】

1. 화살표 키가 눌리면 이전 사각형을 지우고 새로 영역에 사각형을 출력하여 사각형이 이동하는 것처럼 보이게 한다. 그러기 위해서는 이전 영역의 사각형 좌표(`CRect rectOld`)와 현재 새로 그려질 영역의 사각형 좌표(`CRect rectCurrent`)를 저장하고 있어야 한다.
2. 이전 영역에는 하얀색 브러시로 사각형을 그려야 하고 현재 영역에는 하늘색 브러시로 사각형을 그려야 하므로 브러시 객체(`CBrush m_brWhite, m_brSkyBlue`)가 필요하다.
3. 경계 영역 처리를 위해서 클라이언트 영역의 크기를 저장할 변수(`CSize m_szClient`)가 필요하다.
4. 그려질 사각형의 넓이, 높이는 100, 50으로 한다. 참고로 하늘색 값은 RGB(166, 202, 240)이다.
5. 생성자에서 현재 새로 그려질 영역의 사각형 좌표값을 (0, 0, 100, 50)으로 지정한다.
6. `OnInitialUpdate()` 가상 함수를 오버라이딩해서 브러시를 생성한다.
7. `OnDestroy()` 함수에서 브러시를 삭제한다.
8. 클라이언트 영역의 크기 변경(`WM_SIZE`)되면 화면 크기를 저장(`m_szClient`)한다.
9. 키가 눌리면(`WM_KEYDOWN`) 이전 영역을 저장하고, 새로운 영역을 계산하여 이전 사각형은 하얀색 브러시로 새로운 영역은 하늘색 브러시로 사각형을 그린다.
10. `OnDraw()` 함수에서 현재 위치에 사각형 출력한다.

실습문제 3-6 프로젝트명 : Ch03Ex06 / 문서 형태 : 단일 문서

【예제설명】

4행 5열로 격자를 출력한 후 화살표 키를 사용해서 격자 내에서 선택된 영역으로 사각형을 이동한다.

【실행결과】

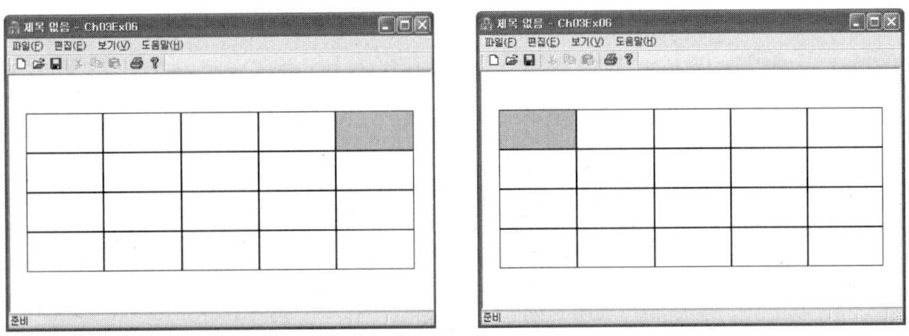

【힌트】

1. [실습문제 3-5] 과 같은 원리이다. 이 문제도 화살표 키가 눌리면 이전 사각형을 지우고 새로 영역에 사각형을 출력하여 사각형이 이동하는 것처럼 보이게 한다. 그러기 위해서는 이전 영역의 격자의 위치()와 현재 새로 그려질 영역의 격자의 위치(ptIndex)를 저장하고 있어야 한다.
2. 이전 영역에는 하얀색 스톡 브러시(`WHITE_BRUSH`)로 사각형을 그릴 것이지만 현재 영역에는 하늘색 브러시로 사각형을 그려야 하므로 브러시 객체(`m_brSkyBlue`)가 필요하다. 그려질 격자의 넓이, 높이는 100, 50으로 한다.
3. 생성자에서 현재 새로 그려질 영역의 격자 위치로 (0, 0)를 지정한다.
4. `OnInitialUpdate()` 가상 함수를 오버라이딩해서 브러시를 생성한다.
5. `OnDestroy()` 함수에서 브러시를 삭제한다. 이때 조심할 점은 스톡 객체는 삭제해선 안 된다.
6. 클라이언트 영역의 크기가 변경되면(`WM_SIZE`) 화면 가운데에 격자를 출력하기 위해서 그려질 사각형의 시작 위치를 구한다.
7. 키가 눌리면(`WM_KEYDOWN`) 이전 영역의 격자의 위치를 저장하고, 새로운 영역의 격자의 위치를 계산하여 이전 사각형은 하얀색 스톡 브러시로 새로운 영역은 하늘색 브러시로 사각형을 그린다.
8. `OnDraw()` 함수에서 행, 열의 개수만큼 격자를 그리되 현재 셀에 하늘색 사각형을 그린다.

Part 02

대화 상자와 컨트롤 다루기

윈도우 응용 프로그램에서 사용자로부터 정보를 입력받거나 필요한 정보를 출력하기 위해 용도로 사용되는 대화 상자를 사용한다. 대화상자에는 다양한 컨트롤을 배치하여 다양한 형태로 사용자의 정보를 입력받을 수 있는데 이들 컨트롤의 종류를 살펴보고 사용 방법을 다루고 있다.

목차

CHAPTER

04 대화 상자와 기본 다루기

사용자로부터 정보를 입력받기 위한 대화 상자와 다양한 컨트롤에 대해서 학습해 보도록 한다.

미리보기

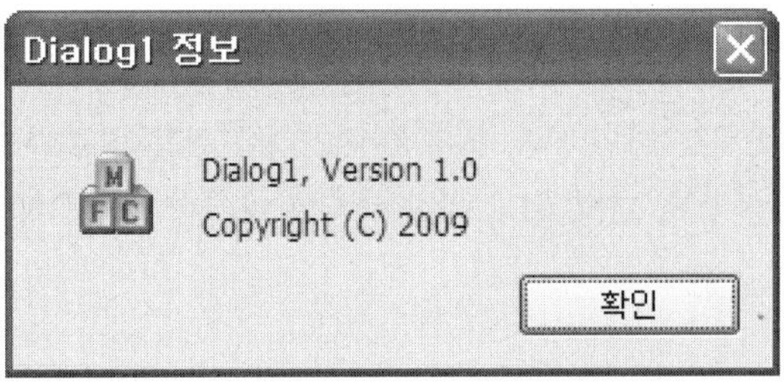

학습목표

1. 대화 상자를 생성하여 사용한다.
2. 대화 상자에서 컨트롤과 멤버 변수 사이의 값을 교환하는 원리를 파악한다.
3. 대화 상자 기반 응용프로그램을 작성한다.

목차

SECTION

01 대화 상자

Introduction to Microsoft Foundation Class Library

대화 상자(dialog box)란 **윈도우 응용 프로그램에서 사용자로부터 정보를 입력받거나 필요한 정보를 출력하기 위한 용도로 사용되는 일종의 윈도우**이다. 대화 상자로부터 사용자가 정보를 입력받기 위해서는 대화 상자에 다양한 컨트롤을 배치해야 한다. 이번 절에서는 원하는 모양의 대화 상자를 만들기 위해서 컨트롤을 배치하여 대화 상자를 출력해 보도록 한다.

MFC 응용 프로그램 마법사로 단일 문서 응용 프로그램을 만들어 주면 대화 상자를 하나 만들어 주는데 이 대화 상자를 통해 MFC에서 대화 상자가 만들어지기 위해서 어떤 과정이 필요한지 살펴보도록 하자.

기본예제 4-1 CAbout 대화 상자 살피기

【예제설명】

MFC 응용 프로그램 마법사에 의해서 생성된 단일 문서를 실행한 후 [도움말] →[Dialog1 정보...] 메뉴를 선택하면 [Dialog1 정보] 대화 상자가 나타난다. 이 대화상자는 MFC 응용 프로그램 마법사가 만들어 주는 대화상자이다.

【실행결과】

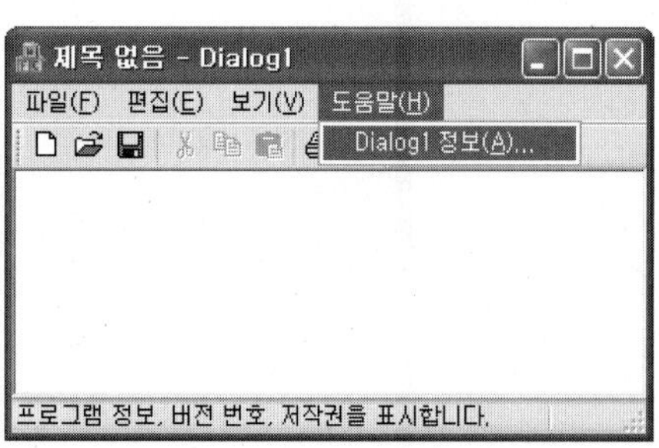

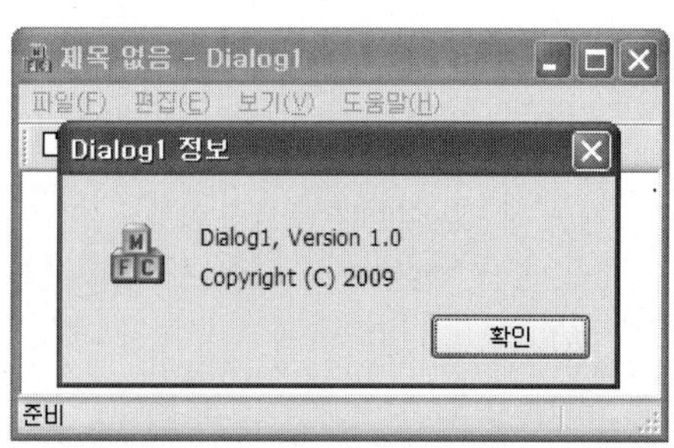

[따라하기]

1 "Dialog1"이란 이름의 단일 문서 형태의 새로운 프로젝트를 생성한다. [보기]-[리소스 뷰] 메뉴를 선택하면 화면 왼쪽에 [리소스 뷰]가 추가된다. 여기서 MFC 응용 프로그램 마법사가 생성한 메뉴 리소스를 볼 수 있다. 'Dialog1'의 [+]를 클릭한 후, [Dialog] 리소스의 [+]를 클릭하여 나타난 [IDD_ABOUTBOX] 리소스 항목을 클릭하면 화면 가운데에 [리소스 편집기] 창에 Dialog1.rc 파일이 열린다. [실행결과]에서 미리본 [도움말] →[Dialog1 정보...] 메뉴를 선택하면 나타난 대화 상자와 동일한 모양의 대화 상자 템플릿(Dialog Box Template)이 나타난다. 대화 상자 템플릿이란 대화 상자 자체와 포함된 컨트롤에 대한 모든 정보를 가진 리소스 형태의 실행파일이다.

2 [클래스 뷰] 창에 나타나는 MFC 응용 프로그램 마법사가 제공해 주는 5개의 클래스 중에서 CAboutDlg 클래스가 대화 상자 클래스이다. CAboutDlg 클래스를 더블 클릭하면 해당 클래스의 정의부로 이동한다. 이 클래스는 **CDialog**로부터 파생되었다. 생성자와 **DoDataExchange()** 멤버 함수를 갖고 있음을 확인할 수 있다. ❶ [리소스 뷰] 창에서 보았던 대화 상자 템플릿의 ID인 "IDD_ABOUTBOX"가 CAboutDlg 클래스 내부에 출력될 대화 상자 템플릿 ID로 지정되어 있음을 확인할 수 있다. 이는 CAboutDlg이 IDD_ABOUTBOX 대화 상자 템플릿을 클래스화한 것임을 증명하는 것이다.

```
class CAboutDlg : public CDialog
{
public:
   CAboutDlg();
```

CDialog를 기본 클래스로 하는 CAboutDlg

생성자 선언

```
    enum { IDD = IDD_ABOUTBOX };
protected:
    virtual void DoDataExchange(CDataExchange* pDX);

protected:
    DECLARE_MESSAGE_MAP()
};

CAboutDlg::CAboutDlg() : CDialog(CAboutDlg::IDD)
{
}

void CAboutDlg::DoDataExchange(CDataExchange* pDX)
{
    CDialog::DoDataExchange(pDX);
}
BEGIN_MESSAGE_MAP(CAboutDlg, CDialog)
END_MESSAGE_MAP()
// 대화 상자를 실행하기 위한 응용 프로그램 명령이다.
void CDialog1App::OnAppAbout()
{
    CAboutDlg aboutDlg;
    aboutDlg.DoModal();
}
```

- enum { IDD = IDD_ABOUTBOX }; : [리소스 뷰] 창에서 보았던 대화 상자 템플릿의 ID가 대화 상자 템플릿 ID로 지정되어 있음
- virtual void DoDataExchange(CDataExchange* pDX); : 컨트롤과 멤버 변수와의 데이터 교환
- CAboutDlg::CAboutDlg() : 생성자 정의
- void CAboutDlg::DoDataExchange(CDataExchange* pDX) : 컨트롤과 멤버 변수와의 데이터 교환
- CAboutDlg aboutDlg; : 대화 상자 객체를 생성한다.
- aboutDlg.DoModal(); : 생성된 객체로 DoModal( ) 함수를 호출하면 화면에 대화 상자가 나타난다.

3 대화 상자는 윈도우 응용 프로그램에서 메뉴를 선택하게 되면 별도의 창으로 나타난다. 그렇기에 대화 상자를 출력하기 위해서 선택했던 메뉴와 대화상자와의 관계를 파악해야 한다. 우선 대화 상자를 출력하기 위해서 선택했던 메뉴의 ID 값을 확인해 보자. [리소스 뷰] 창에서 Menu 왼쪽 [+] 확장 버튼을 클릭하면 IDR_MAINFRAME이라는 ID가 나타난다. IDR_MAINFRAME를 더블 클릭하면 메뉴가 나타난다. [도움말] → [Dialog1 정보...] 메뉴를 선택한 후 속성 창에서 ID 값을 살펴보자. ID값이 ID_APP_ABOUT이란 것을 알게 되었으면 이 메뉴에 대한 이벤트 처리기를 찾아가보도록 하자.

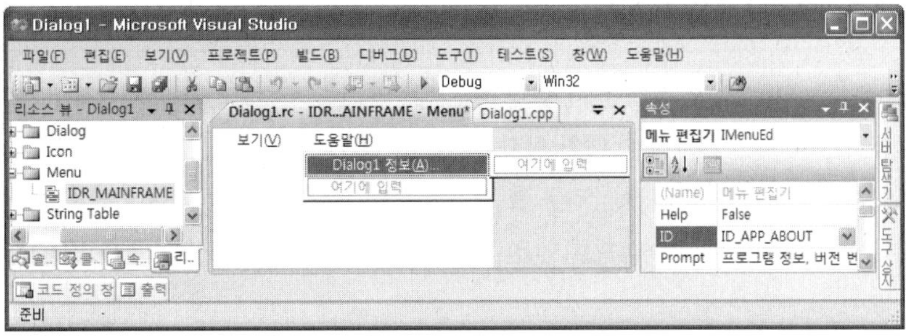

4 [클래스 뷰] 창에서 CDialog1App 클래스의 왼쪽 [+] 확장 버튼을 클릭하면 맵이 나타난다. 맵 아래 쪽 MESSAGE를 클릭하면 CDialog1App 클래스의 메시지 맵으로 이동한다. 메시지 맵에서 ON_COMMAND 매크로를 살펴보면 메뉴의 ID와 메시지 처리를 위한 이벤트 처리기가 매핑되어 있는데 ID_APP_ABOUT 메뉴는 OnAppAbout() 함수와 맵핑된 것을 확인할 수 있다. 이 얘기는 [도움말]-[Dialog1 정보...] 메뉴를 선택하면 OnAppAbout() 함수가 호출된다는 의미이다. OnAppAbout()는 2에서 살펴보았다.

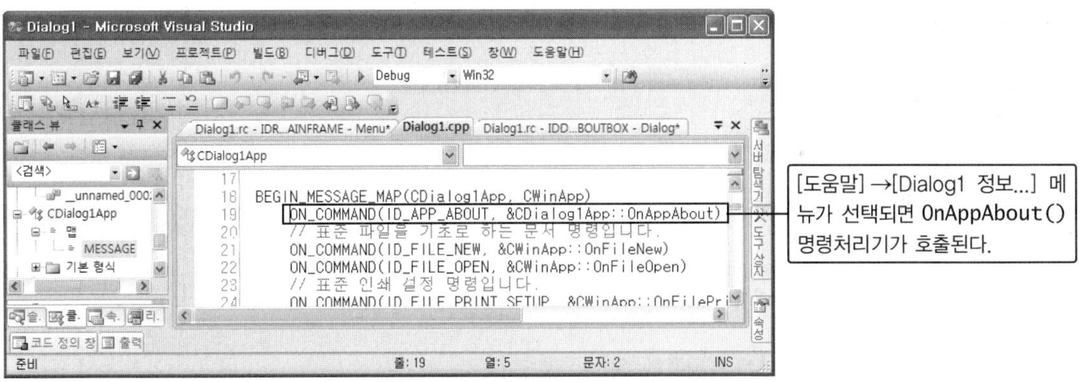

1.1 대화 상자 작성하기

대화 상자를 만들기 위해서 어떤 절차를 거쳐야 하는지 MFC 응용 프로그램 마법사가 제공해 주는 CAboutDlg로 살펴보았다. 우리가 대화 상자를 직접 만들어 주기 위해서도 어떠한 절차를 거쳐야 하는지 정리해 보았다.

대화 상자 작성 절차

> ❶ [리소스 뷰] 창에서 **대화 상자 템플릿을 새로 추가**하여 **컨트롤을 배치**한다.
>
> ❷ 대화 상자 템플릿에 대한 **대화 상자 클래스**를 CDialog의 파생 클래스로 만든다.
>
> ❸ [리소스 뷰] 창에서 대화 상자를 출력하기 위한 메뉴를 새로 추가한다.
>
> ❹ 메뉴에 대한 이벤트 처리기를 만든 후에 **대화 상자 객체를 생성**한 후 **DoMoal() 함수를 호출**하여 대화 상자를 출력한다.

도구 상자에 있는 컨트롤들을 사용하여 대화 상자에 컨트롤 추가하여 사용자에게 정보를 보여주거나 입력받을 수 있다. 회원 정보를 입력받는 대화 상자를 만든다면 이름, 전화번호, 이메일, 주소 등을 입력받아야 한다.

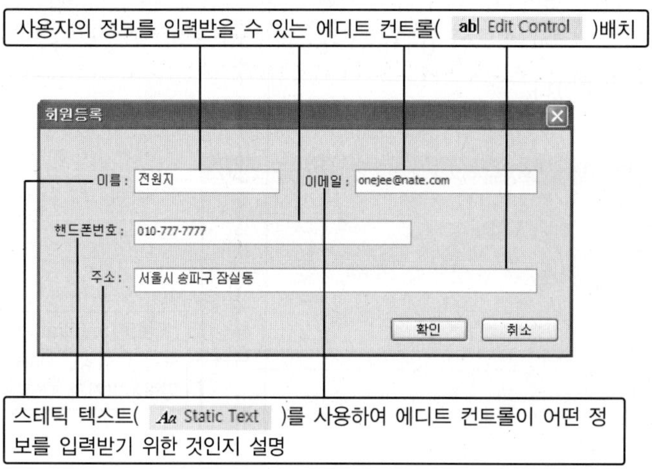

그림 4-1 ● 대화상자에 컨트롤 배치

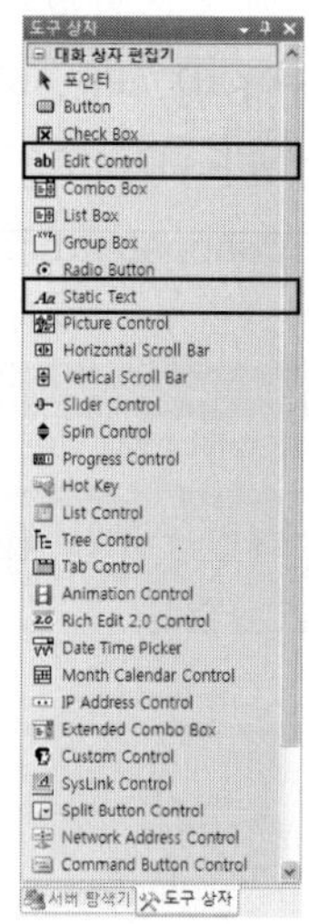

그림 4-2 ● 도구 상자

MFC 기본 컨트롤 중에서 간단한 문자열을 입력받거나 출력할 수 있는 에디트 컨트롤이 제공되므로 이를 이용해서 회원 정보를 입력받도록 하자. 에디트 컨트롤(abl Edit Control)만 배치하면 어떤 내용을 입력해야 할지 알 수 없으므로 스테틱 텍스트(Aa Static Text)를 사용하여 에디트 컨트롤이 어떤 정보를 입력받기 위한 것인지 구분하도록 한다.

기본예제 4-2 회원 정보를 입력받는 대화 상자 만들기

【예제설명】

회원 정보를 입력받는 간단한 대화 상자를 작성해 보자. [도움말]의 [회원 등록...] 메뉴를 선택하면 [회원등록] 대화 상자가 나타난다. 데이터를 입력한 후 [확인] 버튼을 누르면 [회원등록] 대화 상자가 닫히고 [회원 등록 완료] 대화 상자가 출력된다. 결과 화면에는 없지만, [취소] 버튼을 누르면 [회원 등록 취소] 대화 상자가 출력된다.

【실행결과】

【따라하기】

1 우선 대화 상자 템플릿을 만든다. [리소스 뷰] 창에서 Dialog를 선택한 후 마우스 오른쪽 버튼을 클릭하면 바로가기 메뉴가 나타난다. 대화 상자를 새로 추가하기 위해서 [Dialog 삽입] 메뉴를 선택한다. 이렇게 추가된 대화 상자의 ID는 `IDD_DIALOG1`이고 Caption은 Dialog가 기본 값으로 설정된다. 대화 상자에는 기본적으로 <확인>, <취소> 버튼이 포함되어 있다.

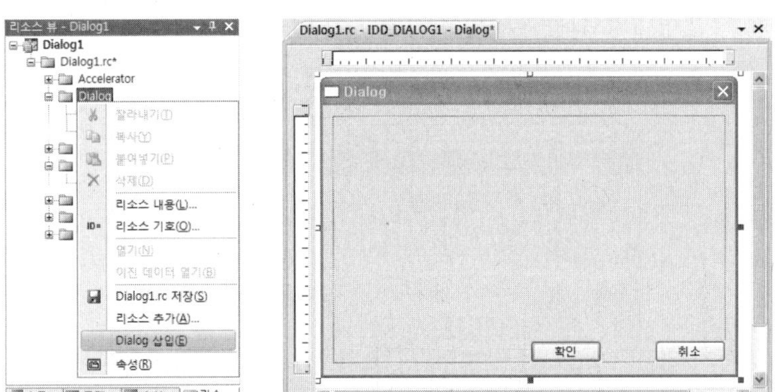

❷ 대화 상자의 이름은 새로 추가할 때마다 IDD_DIALOG1, IDD_DIALOG2, IDD_DIALOG3와 같이 번호가 1씩 증가되면서 자동으로 부여되므로 대화 상자 성격에 맞게 ID를 [속성] 창에서 새로 부여해야 한다. 여기서는 "IDD_MEMBERDIALOG1"로 변경한다. Caption 값을"회원등록"으로 수정한다. Caption에 지정된 값은 대화 상자의 제목줄에 나타난다.

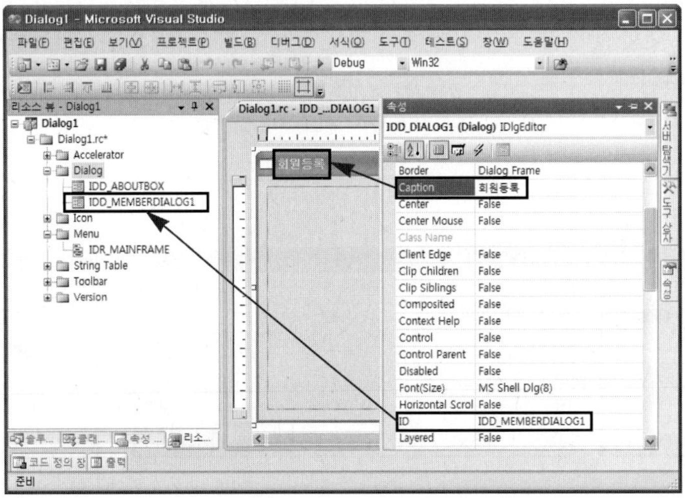

❸ 회원 가입을 위해서 필요한 정보를 입력받기 위한 스테틱 텍스트와 에디트 컨트롤을 대화 상자에 배치한다. 스테틱 컨트롤은 프로그램 상에서 아무런 역할이 없기 때문에 ID는 따로 지정해주지 않고 기본적으로 주어지는 IDC_STATIC이라는 값을 그대로 사용하고 Caption 값만 변경해 준다. 에디트 컨트롤은 성격에 알맞은 ID를 새로 지정해주는 것이 바람직하다. 왜냐하면 대화 상자에 컨트롤들을 추가하면 IDC_EDIT1, IDC_EDIT2, IDC_EDIT3 ...와 같이 번호가 1씩 증가되면서 ID를 자동 부여하는데 이런 형태의 ID는 혼동의 소지가 있기 때문이다.

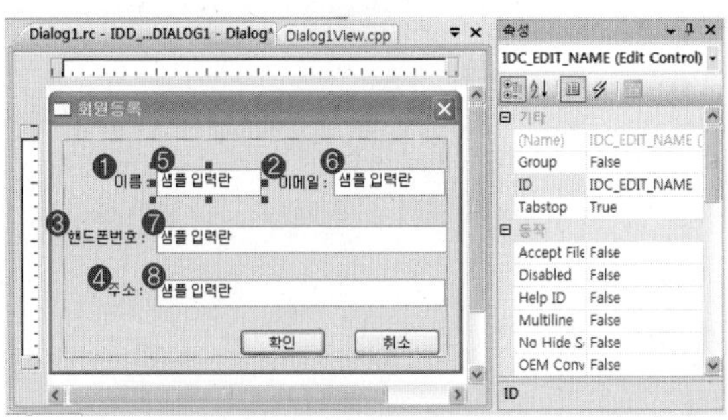

컨트롤	번호	컨트롤 ID	캡션
스텍트 텍스트	❶	IDC_STATIC	이름:
	❷	IDC_STATIC	이메일:
	❸	IDC_STATIC	핸드폰번호:
	❹	IDC_STATIC	주소:
에디트 컨트롤	❺	IDC_EDIT_NAME	(없음)
	❻	IDC_EDIT_EMAIL	(없음)
	❼	IDC_EDIT_HP	(없음)
	❽	IDC_EDIT_ADDRESS	(없음)

4 컨트롤 배치가 끝났으면 IDD_MEMBERDIALOG에 대한 대화 상자 클래스를 만들기 위해서 IDD_MEMBERDIALOG를 선택한 후 마우스 오른쪽 버튼을 눌러서 나타난 바로가기 메뉴에서 [클래스 추가...]를 선택한다. [MFC 클래스 마법사] 창이 나타나면 클래스 이름을 "CMemberDlg"로 입력한 후 <마침>버튼을 누르면 프로젝트에 새로운 클래스 CMemberDlg가 추가된다.

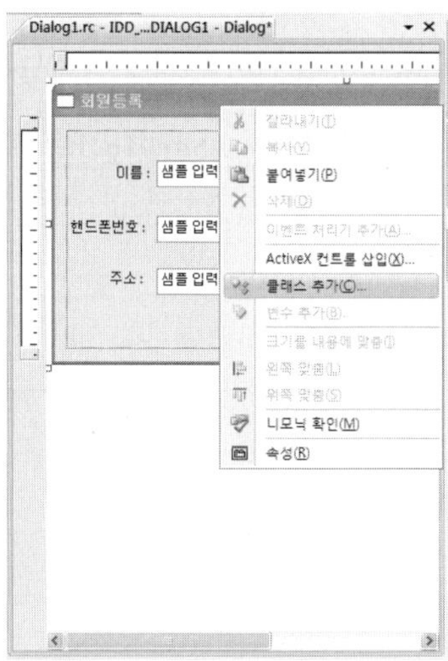

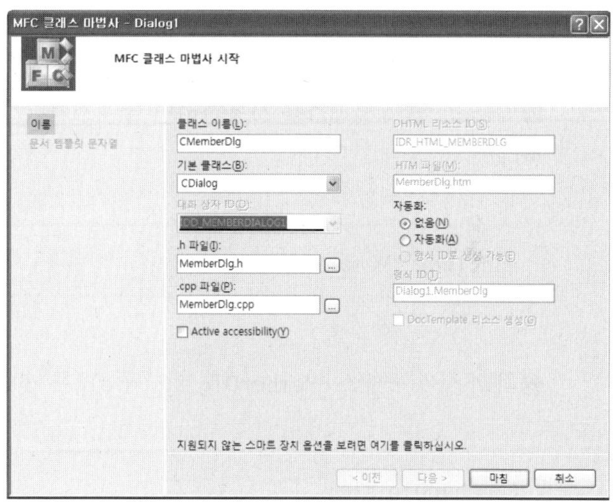

5 대화 상자를 출력하기 위한 메뉴를 추가하자. [리소스 뷰] 창에서 [Menu] → [IDR_MAINFRAME]을 더블 클릭한 후 화면 오른쪽에 메뉴가 나타나면 [도움말] → [Dialog1 정보...] 바로 아래에 "회원 등록..."을 입력한다. 추가된 메뉴의 ID는 ID_MEMBER_REGISTER로 지정한다. 추가된 메뉴에서 마우스 오른쪽 버튼을 눌러서 나타난 바로가기 메뉴에서 [이벤트 처리기 추가...]를 선택하여 이벤

트 처리기를 CDialog1View의 멤버 함수로 추가한 후 다음과 같이 코드를 입력한다.

```
// CDialog1View 메시지 처리기
#include "MemberDlg.h"
void CDialog1View::OnMemberRegister()
{
    CMemberDlg dlg;
    int res=dlg.DoModal();

    if(res==IDOK){
        MessageBox(_T("회원 등록 완료"));
    }else if(res==IDCANCEL){
        MessageBox(_T("회원 등록 취소"));
    }
}
```

이벤트 처리기에 기술한 내용을 살펴보면서 대화 상자를 출력하기 위한 방법을 익히도록 하자.

❶ CMemberDlg 클래스를 사용하려면 클래스가 선언된 헤더파일인 MemberDlg.h를 포함해야 한다.

```
#include "MemberDlg.h"
```

❷ 대화 상자 클래스 CMemberDlg로 객체 dlg를 선언한다.

```
CMemberDlg dlg;
```

❸ 선언한 객체로 DoModal() 함수를 호출하면 대화 상자가 화면에 출력된다.

```
int res=dlg.DoModal();
```

DoModal() 함수는 대화 상자가 닫히기 전까지 함수 호출이 된 상태에서 머무른다. 대화 상자가 닫히면 DoModal() 함수의 호출이 종료되고 DoModal() 함수의 리턴값을 정수형 변수 res에 저장하게 된다. DoModal() 함수의 리턴값으로 <확인>, <취소> 버튼 중에서 어떤 버튼을 눌러서 대화 상자가 닫히게 되었는지를 구분할 수 있다. <확인> 버튼이 눌렸으면 DoModal() 함수의 리턴값은 IDOK가 되고, <취소> 버튼이 눌렸으면 IDCANCEL이 된다.

❹ DoModal() 함수의 리턴값을 저장하고 있는 변수 res를 if문에 적용해서 <확인>, <취소> 중 어떤 버튼에 의해서 대화 상자가 닫혔는지를 알아낼 수 있다.

```
if(res==IDOK){
   MessageBox(_T("회원 등록 완료"));
}else if(res==IDCANCEL){
   MessageBox(_T("회원 등록 취소"));
}
```

회원 정보를 입력받기 위한 대화 상자를 작성하기 위한 절차를 정리해보자. 우선 회원 정보를 입력받기 위한 스테틱 텍스트와 에디트 컨트롤을 대화 상자에 배치하여 대화 상자 탬플릿을 생성하였다. 이렇게 만들어진 대화 상자를 출력하기 위해서 메뉴를 만든다. 메뉴가 선택되면 개발자가 만든 대화 상자가 출력되어야 하기에 개발자가 추가한 대화 상자 템플릿에 대한 클래스를 만든 후 메뉴에 대한 명령처리기에서 대화 상자 객체를 생성한 후 DoModal() 함수를 호출하였다.

1.2 CWnd::MessageBox( ) 함수

메시지 박스는 간단한 메시지를 출력하기 위한 윈도우가 제공하는 대화 상자이다. 다음은 MessageBox() 함수의 형식이다.

```
int MessageBox(
   LPCTSTR lpszText,                //출력할 메시지
   LPCTSTR lpszCaption = NULL,      //제목줄에 출력될 내용
   UINT nType = MB_OK               //메시지 박스의 타입
);
```

메시지 박스가 나타나는 위치는 화면의 정중앙으로 정해져 있다. 메시지 박스를 통해서 전달할 내용을 첫 번째 전달인자(lpszText)에 기술하면 된다. 두 번째, 세 번째 전달인자는 디폴트 파라미터 값이 지정되어 있으므로 생략 가능하다. 만일 메시지 박스 제목줄에 출력하고자 하는 내용이 있다면 두 번째 전달인자(lpszCaption)에 기술한다. 메시지 박스는 <확인> 버튼을 1개 갖고 있는데 만일 다른 유형의 버튼을 갖고 싶을 때에는 세 번째 전달인자(nType)에 MB_로 시작하는 매크로를 지정하면 된다. 다음은 메시지 박스 타입을 결정하는 마지막 전달인자로 사용할 수 있는 매크로를 표로 정리한 것이다.

표 4-1 ● 메시지 박스 타입을 결정하는 상수

메시지 박스 타입	설명
MB_OK	〈확인〉 버튼 한 개
MB_OKCANCEL	〈확인〉, 〈취소〉 버튼 두 개
MB_YESNO	〈예〉, 〈아니오〉 버튼 두 개
MB_YESNOCANCEL	〈예〉, 〈아니오〉, 〈취소〉 버튼 세 개
MB_RETRYCANCEL	〈다시시도〉, 〈취소〉 버튼 두 개
MB_ABORTRETRYIGNORE	〈중단〉, 〈다시시도〉, 〈무시〉 버튼 세 개

메시지 박스를 출력할 때 메시지 박스 앞에 아이콘의 모양을 결정하고 싶을 때에는 다음 표에 있는 매크로를 지정한다.

표 4-2 ● 메시지 박스 아이콘을 결정하는 상수

메시지 박스 아이콘	설명
MB_ICONEXCLAMATION	
MB_ICONINFORMATION	
MB_ICONQUESTION	
MB_ICONSTOP	

마지막 전달인자로 메시지 박스 타입을 위한 매크로와 메시지 박스 아이콘을 위한 매크로를 한꺼번에 지정해야 하는데 이를 위해서 사용되는 연산자가 비트 단위 OR 연산자인 | 이다.

```
MB_ABORTRETRYIGNORE | MB_ICONSTOP
```

다음은 <중단>, <다시시도>, <무시> 버튼 세 개를 갖는 메시지 박스로 아이콘 모양은 ( )로 나타나도록 하자. 메시지 박스를 출력하기 위한 메시지 박스 함수를 사용하는 예를 살펴보도록 하자.

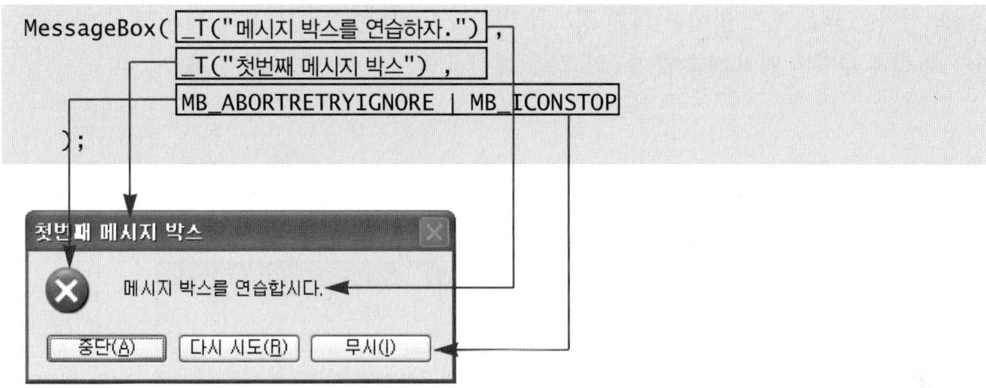

함수를 호출할 때 전달인자가 너무 많으면 불편하므로 MFC의 함수들은 전달인자의 개수를 줄이기 위해서 하나의 전달인자에 여러 개의 옵션 값을 설정하기 위해서 중복되지 않는 값을 갖는 매크로 상수로 옵션 값을 정해 놓고 이를 | 연산자로 결합해서 전달하는 기법을 사용한다.

TIP | AfxMessageBox() 함수

MessageBox() 함수는 CWnd 클래스의 멤버 함수이기 때문에 CWnd 클래스의 파생 클래스에서만 사용가능하다. 만일 도큐먼트 클래스나 애플리케이션 클래스와 같이 CWnd 클래스로부터 파생된 클래스가 아닌 클래스에서 메시지 박스를 출력하기 위해서는 AfxMessageBox() 함수를 사용해야 한다. MFC에서는 클래스에서 상관없이 어디서나 사용할 수 있는 **전역함수**가 있는데 이런 함수들은 이름 앞에 Afx가 붙어 있다.

기본예제 4-3 컨트롤에 대한 멤버 변수 추가하기

[예제설명]

[회원등록] 대화 상자를 띄운 후에 입력한 회원 정보를 얻어가기 위해서는 컨트롤에 대한 멤버 변수를 추가해야 한다. 이렇게 추가된 멤버 변수에 저장된 값을 메시지 박스에 출력하도록 하자.

[실행결과]

[따라하기]

1. 에디트 컨트롤을 선택하고 마우스 오른쪽 버튼을 눌러서 나타난 바로가기 메뉴에서 [변수 추가...] 메뉴를 선택한다.

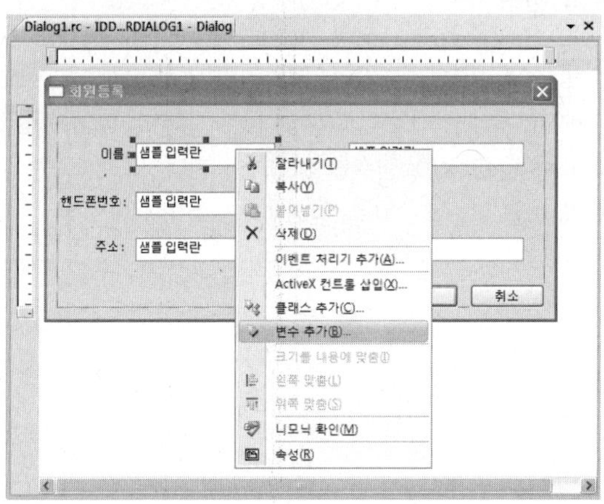

2 [멤버 변수 추가 마법사] 창이 나타난다. 컨트롤과 연결된 변수를 선언하려면 기본적으로 컨트롤 변수가 체크상태여야 한다. 화면 오른쪽에 [범주] 콤보박스를 살펴보면 Control이 선택되어 있는데 이를 Value로 변경한다. [범주] 콤보박스에 "Value"가 선택되어 있다면 IDC_EDIT_NAME에 대한 [변수 형식]은 기본적으로 "CString"으로 지정된다. 기본 형식을 그대로 적용하고 변수의 이름만 "m_strName"으로 지정하고 <마침> 버튼을 누른다.

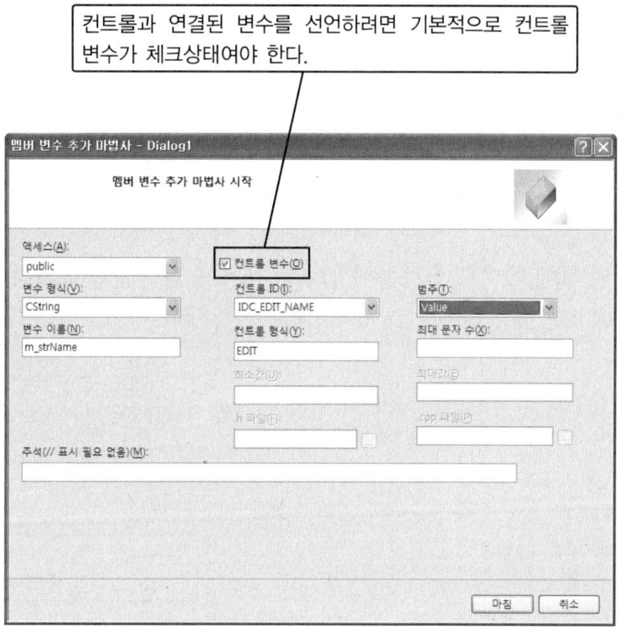

3 동일한 방법으로 IDC_EDIT_EMAIL과 IDC_EDIT_HP, IDC_EDIT_ADDRESS에 대해서 각각 m_strEmail, m_strHPhone, m_strAddress를 추가한다. 추가한 변수를 확인하면 [클래스 뷰] 창에서 CMemberDlg 클래스를 클릭하면 분할 윈도우 아래쪽에 CMemberDlg 클래스의 멤버들이 나타나는데 그 중에 지금 막 추가한 멤버 변수 m_strName이 있음을 확인할 수 있다. m_strName을 더블 클릭하면 화면 오른쪽에 MemberDlg.h 파일이 열리면서 CMemberDlg 클래스의 정의부에 멤버 변수 m_strName이 선언된 위치로 커서가 이동한다.

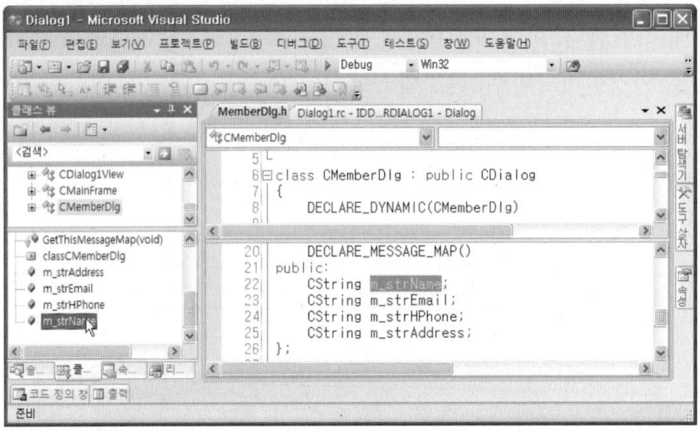

4 대화 상자가 출력된 후에 에디트 컨트롤에 입력된 내용을 화면에 출력하려면 대화 상자를 호출하는 이벤트 처리기에 다음과 같이 코드를 수정한다.

```
#include "MemberDlg.h"
void CDialog1View::OnMemberRegister()
{
   CMemberDlg dlg;
   int res=dlg.DoModal();

   if(res==IDOK){
      CString strMsg;
      strMsg.Format(_T("\n 이      름 : %s \n\n 이 메 일 : %s \n\n\
핸드폰 번호 : %s \n\n 주      소 : %s"),
            dlg.m_strName, dlg.m_strEmail, dlg.m_strHPhone, dlg.m_strAddress);
      MessageBox(strMsg);
   }else if(res==IDCANCEL){
      MessageBox(_T("회원 등록 취소"));
   }
}
```

""로 묶인 문자열이 너무 길어져서 \를 입력하고 다음 줄에 이어서 기술하였다.

1.3 DoDataExchange( ) 함수

대화 상자를 관리하는 클래스인 CDialog에는 DoDataExchange() 함수가 정의되어 있는데, CDialog 클래스의 파생 클래스들은 DoDataExchange() 함수를 반드시 오버라이딩해야 한다. 다음은 [기본예제 4-2]의 CMemberDlg 클래스에 오버라이딩된 DoDataExchange() 함수이다.

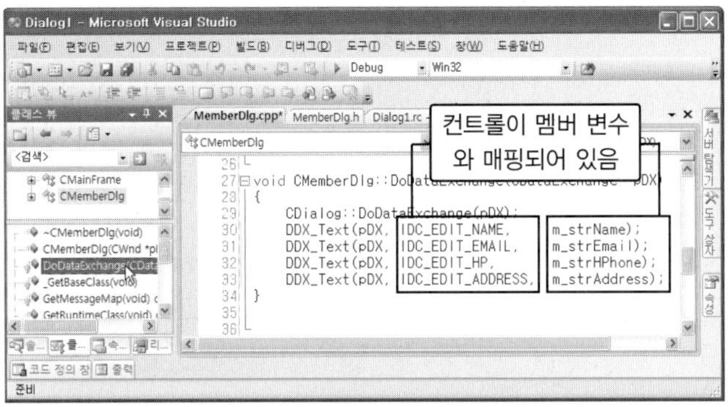

[멤버 변수 추가 마법사]에서 컨트롤 변수 체크 박스를 체크상태에서 특정 컨트롤에 대해 멤버 변수를 선언하였기에 컨트롤과 멤버 변수는 연결되어 있는데 이 정보는 [멤버 변수 추가 마법사]가 DoDataExchange() 함수에 기술해 둔다.

DoDataExchange() 함수에는 컨트롤과 멤버 변수가 맵핑되어 있어 DDX_Text 함수 내부에 기술되어 있다. DDX_Text 함수가 무슨 역할을 하는지를 이해해야만 MFC에서 대화 상자를 잘 다룰 수 있게 된다. **DDX 함수**는 **Dialog Data Exchange**의 약어로서 **컨트롤과 멤버 변수사이에 정보를 교환하는 역할을 한다.**

DoDataExchange() 함수에서는 **DDV 함수**도 사용하는데 DDV는 **Dialog Data Validation**의 약어로서 **멤버 변수에 저장될 값이 유효한지를 확인한 후에 유효하지 않은 값이면 멤버 변수에 값을 저장하지 않고 유효한 값을 입력하라는 에러 메시지를 출력한다.**

다음은 DDV 함수를 설명하기 위해서 앞으로 살펴볼 [기본예제 4-4]의 소스 일부이다.

```
void CShapeDlg::DoDataExchange(CDataExchange* pDX)
{
   CDialog::DoDataExchange(pDX);
   DDX_Text(pDX, IDC_EDIT_THICKNESS, m_nThickness);
   DDV_MinMaxInt(pDX, m_nThickness, 1, 20);
}
```

m_nThickness 변수의 값이 1부터 20 사이인지를 체크한다.

[멤버 변수 추가 마법사] 창에서 에디트 컨트롤(IDC_EDIT_THICKNESS)에 변수를 지정하면서 1부터 20 사이의 값만을 입력하도록 범위를 지정하여 DoDataExchange() 함수에 DDV 함수가 자동 추가된 것이다.

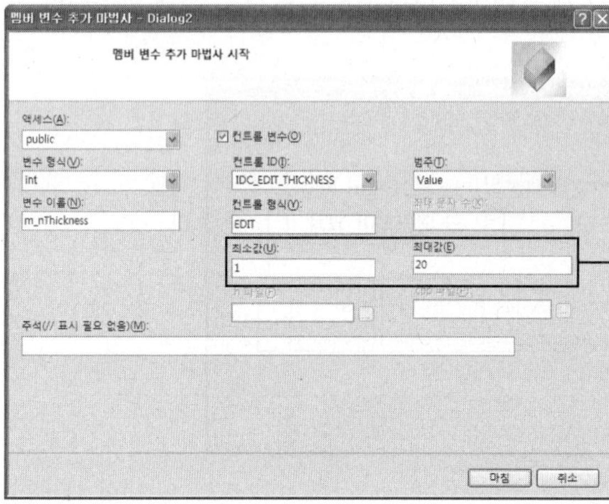

IDC_EDIT_THICKNESS 에디트 컨트롤에 입력된 값이 m_nThickness 변수에 저장되기 전에 1부터 20 사이의 값인지를 체크하도록 하기 위해서 최소값과 최대값을 지정한다.

DoDataExchange() 함수에 DDV 함수가 자동 추가되어 있음을 확인할 수 있다.

IDC_EDIT_THICKNESS 에디트 컨트롤에 숫자를 입력하면 [멤버 변수 추가 마법사]가 자동 추가해준 DoDataExchange() 함수 내부에 해당 컨트롤 변수 m_nThickness 에 대한 유효성을 체크하는 DDV 함수를 자동으로 호출해 준다. 지정한 범위에서 벗어나는 값이 입력되면 에러 메시지가 출력되면서 변수에 저장되지 않는다.

기본예제 4-4 도형의 선 굵기 대화 상자 작성하기

[예제설명]

[도움말] → [도형 대화 상자...] 메뉴를 선택하면 [도형] 대화 상자가 나타난다. 선의 굵기를 입력하는 에디트 컨트롤에 굵기를 지정하면 선의 굵기가 바뀌되 선의 굵기는 1부터 20사이의 값만 입력받도록 설계하였다.

[실행결과]

10을 입력한 후 <확인> 버튼을 누르면 선의 굵기가 변경됨을 확인할 수 있다.

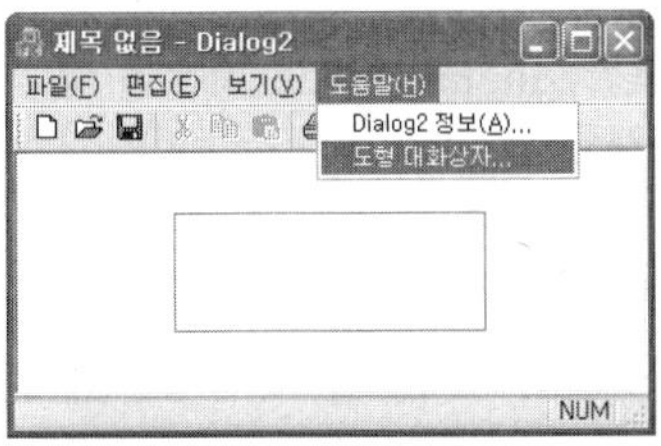

50을 입력해보면 "1에서 20 사이의 정수를 입력하십시오."라는 메시지가 출력되면서 값이 입력되지 않음을 확인할 수 있다.

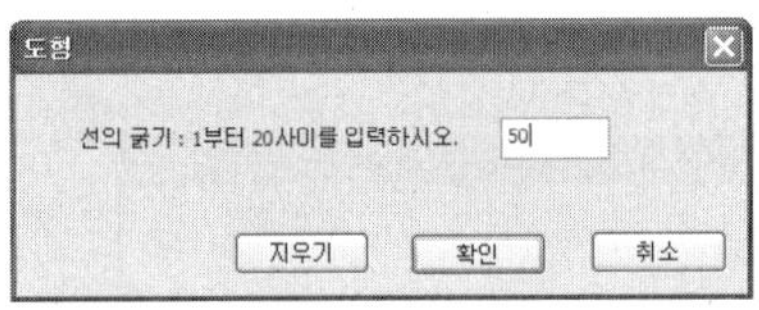

[따라하기]

1. "Dialog2"란 이름의 단일 문서 형태의 새로운 프로젝트를 생성한다. 대화 상자 템플릿을 만들기 위해서 [리소스 뷰] 창에서 Dialog를 선택한 후 마우스 오른쪽 버튼을 클릭하면 바로가기 메뉴가 나타난다. 대화 상자를 새로 추가하기 위해서 [Dialog 삽입] 메뉴를 선택한다. 이렇게 추가된 대화 상자의 ID는 IDD_DIALOG1이고 Caption은 Dialog가 기본값으로 설정된다. 대화 상자의 ID는 "IDD_SHAPEDIALOG"로 변경한다. Caption은 "도형"으로 수정한다. 다음과 내용을 참고해서 화면 설계를 한다. [지우기] 버튼은 도구상자에서 Button 을 선택한 후 만들어 준다.

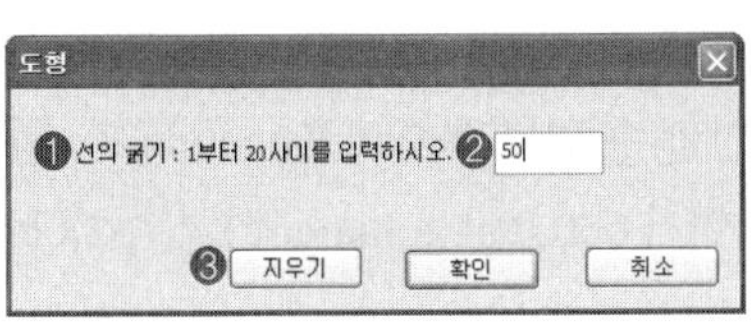

컨트롤 종류	컨트롤 ID	캡션
❶ 스태틱 텍스트	IDC_STATIC	선의 굵기 : 1부터 20사이를 입력하시오.
❷ 에디트 컨트롤	IDC_EDIT_THICKNESS	(없음)
❸ 버튼 컨트롤	IDC_BUTTON_CLEAR	지우기

2. 컨트롤 배치가 끝났으면 IDD_SHAPEDIALOG에 대한 대화 상자 클래스를 만들기 위해서 IDD_SHA-

PEDIALOG를 선택한 후 마우스 오른쪽 버튼을 눌러서 나타난 바로가기 메뉴에서 [클래스 추가...]를 선택한다. [MFC 클래스 마법사] 창이 나타나면 클래스 이름을 "CShapeDlg"로 지정한 후 <마침>버튼을 누르면 프로젝트에 새로운 클래스인 CShapeDlg가 추가된다.

3 에디트 컨트롤을 선택하고 마우스 오른쪽 버튼을 눌러서 나타난 바로가기 메뉴에서 [변수 추가] 메뉴를 선택하여 [멤버 변수 추가 마법사] 창이 나타나면 컨트롤 변수가 체크상태(컨트롤과 연결된 변수를 선언하기 위해서)인지를 확인한다. 화면 오른쪽에 [범주] 콤보 박스를 살펴보면 Control이 선택되어 있는데 이를 Value로 변경한다. [범주] 콤보박스에 "Value"가 선택되어 있다면 IDC_EDIT_THICKNESS에 대한 [변수 형식]은 기본적으로 "int"로 지정된다. 변수 이름은 "m_nThickness"로 지정한다. 위 실행 결과에서 1부터 20 사이의 값을 입력하지 않으면 에러 메시지를 출력하도록 하기 위해서 최소값을 1으로 최대값을 20으로 지정하고 <마침> 버튼을 누른다.

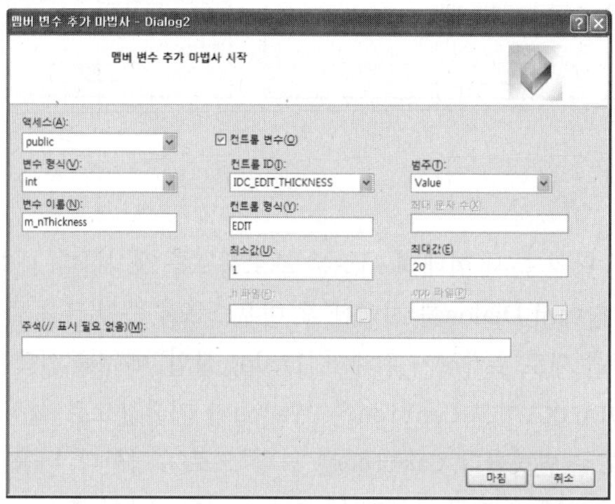

4 [클래스 뷰] 창에서 CShapeDlg 클래스를 클릭하면 분할 윈도우 아래쪽에 CShapeDlg 클래스의 멤버들이 나타나는데 그 중에 DoDataExchange() 함수가 있음을 확인할 수 있다. DoDataExchange() 함수를 더블 클릭하면 화면 오른쪽에 MemberDlg.cpp 파일이 열리면서 DoDataExchange() 함수가 정의한 위치로 커서가 이동한다.

```
void CShapeDlg::DoDataExchange(CDataExchange* pDX)
{
   CDialog::DoDataExchange(pDX);
   DDX_Text(pDX, IDC_EDIT_THICKNESS, m_nThickness);
```

컨트롤과 멤버 변수의 값을 교환하는 DDX 함수

```
    DDV_MinMaxInt(pDX, m_nThickness, 1, 20);    컨트롤에 입력된 값의 유효
}                                               성을 체크하는 DDV 함수
```

5 [클래스 뷰]에서 CDialog2View 클래스를 더블 클릭하여 CDialog2View 클래스가 정의되어 있는 Dialog2View.cpp로 이동하여 선 굵기를 저장할 변수를 선언한다.

```
class CDialog2View : public CView
{
public:
    int m_nThickness;        //선 굵기 저장할 변수 선언
```

6 생성자를 찾아가보면 콜론 초기화로 멤버 변수가 초기화되어 있음을 확인할 수 있다.

```
CDialog2View::CDialog2View()
: m_nThickness(1)   //콜론 초기화로 멤버 변수가 초기화되어 있음
{
    // TODO: 여기에 생성 코드를 추가한다.
}
```

7 [클래스 뷰]에서 CDialog2View를 클릭하여서 나타난 화면 아래에 나타난 멤버 함수 중에서 OnDraw() 함수를 더블 클릭하여 오른쪽 에디터 창에 OnDraw() 함수가 나타나면 OnDraw() 함수의 전달인자가 주석문으로 둘러 싸여 있는데 이를 풀어준 후에 다음과 같이 입력한다.

```
void CDialog2View::OnDraw(CDC* pDC)
{
    CDialog2Doc* pDoc = GetDocument();
    ASSERT_VALID(pDoc);
    if (!pDoc)
        return;
    // TODO: 여기에 원시 데이터에 대한 그리기 코드를 추가한다.
    CRect rc;
    this->GetClientRect(&rc);           //클라이언트 영역의 너비와 높이를 얻어 와서 rc에 저장
    int width=rc.Width();               //너비는 width에 저장하고
    int height=rc.Height();             //높이는 height에 저장한다.
```

```
    rc.DeflateRect(width/4, height/4);   //사각형의 크기를 4분의 1로 축소시킨다.

    //빨간색 실선 펜을 생성하되 펜의 굵기는 대화상자에서 얻어온 값으로 바뀔 수 있도록
      CPen myPen(PS_SOLID, m_nThickness, RGB(255, 0, 0));     //변수로 지정함
    CPen *pOldPen=pDC->SelectObject(&myPen);                 //DC에 펜을 지정함

    pDC->Rectangle(&rc);                    //펜의 적용을 받아 사각형이 그려진다.

    pDC->SelectObject(pOldPen);             //펜 객체를 원래의 펜으로 원상 복귀시키고
    myPen.DeleteObject();                   //myPen 객체를 소멸한다.
}
```

8 대화 상자를 출력하기 위한 메뉴를 추가하자. [리소스 뷰] 창에서 [Menu] → [IDR_MAINFRAME]을 더블 클릭한 후 화면 오른쪽에 메뉴가 나타나면 [도움말] → [Dialog2 정보...] 바로 아래에 "도형 대화 상자..."을 입력한다. 추가된 메뉴의 ID는 IDM_CHANGESHAPE로 지정한다. 추가된 메뉴에서 마우스 오른쪽 버튼을 눌러서 나타난 바로가기 메뉴에서 [이벤트 처리기 추가...]를 선택하여 이벤트 처리기를 CDialog2View의 멤버 함수로 추가한 후 다음과 같이 코드를 입력한다.

```
#include "ShapeDlg.h"
void CDialog2View::OnChangeshape()
{
    CShapeDlg dlg;
    //ⓐ뷰 객체의 멤버 변수 값을 대화 상자 객체의 멤버 변수에 저장함
    dlg.m_nThickness=m_nThickness;
    //대화 상자가 출력되자마자 현재 도형의 선 굵기가 에디트 컨트롤에 반영됨
    dlg.DoModal();

    //ⓑ 대화 상자 객체의 멤버 변수 값을 뷰 객체의 멤버 변수에 저장함
    m_nThickness=dlg.m_nThickness;
    //OnDraw() 함수를 호출하여 변경된 선 굵기로 도형을 새로 그림
    Invalidate();
}
```

1.4 DDX 함수

[기본예제 4-4]에서 데이터 흐름을 도식화하면 다음과 같다. 에디트 컨트롤에 10을 입력한 후 <확인> 버튼을 누르면 이 값이 대화 상자 객체의 멤버 변수인 m_nThickness에 저장되었다가 뷰 객체의 멤버 변수인 m_nThickness에 저장되어야 도형의 선 굵기가 변경될 수 있다.

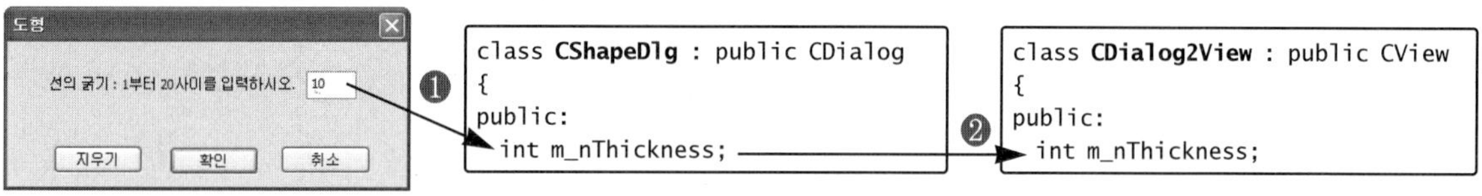

그림 4-3 ● [확인] 버튼이 눌릴 때

대화 상자 객체의 멤버 변수인 m_nThickness에 저장되었다가 뷰 객체의 멤버 변수인 m_nThickness에 저장하는 작업((❷)은 개발자가 직접 코딩해야 한다. [기본예제 4-4]의 ❽ OnChangeshape() 명령핸들러를 살펴보면 ⓑ에 기술되어 있다. 그럼 컨트롤에 입력된 값이 대화 상자 클래스로 저장(❶)되는 것은 자동으로 되는 것일까? 개발자가 직접 코딩하지 않았으므로 자동으로 된다고 생각할 수도 있지만, DoDataExchange() 함수 내부에 멤버 변수 추가 마법사에 의해서 자동 코딩된 DDX 함수 덕분이다.

```
void CShapeDlg::DoDataExchange(CDataExchange* pDX)
{
   CDialog::DoDataExchange(pDX);
   DDX_Text(pDX, IDC_EDIT_THICKNESS, m_nThickness);
   DDV_MinMaxInt(pDX, m_nThickness, 1, 20);
}
```

컨트롤과 멤버 변수의 값을 교환하는 DDX 함수

DDX 함수는 컨트롤의 값을 프로그램 내부에서 가져다 사용하기 위해서 변수에 저장하는 작업뿐만 아니라 반대의 작업인 멤버 변수에 저장된 값을 컨트롤에 반영하는 작업도 한다.

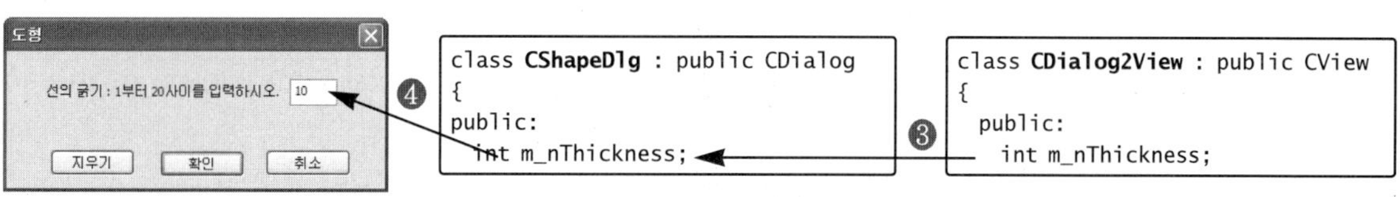

그림 4-4 ● 대화상자 생성될 때

현재 화면에 출력되는 도형의 선 굵기가 10이라면 대화 상자를 출력하자마자 에디트 컨트롤에도 10이 출력되어야 한다. [도형] → [도형 대화 상자...] 메뉴를 선택하자마자 뷰 객체의 멤버 변수인 m_nThickness에 저장된 값이 대화 상자 객체의 멤버 변수인 m_nThickness에 저장되었다가 에디트 컨트롤에 반영되어야 하는데 뷰 객체의 멤버 변수 값을 대화 상자 객체의 멤버 변수에 저장하는 것(❸)은 [기본예제 4-4]의 ❽ OnChangeshape() 명령핸들러의 ⓐ에 기술되어 있다. 그럼 대화 상자 클래스로 저장된 값이 컨트롤에 나타나는 것(❹)은 자동으로 되는 것일까? 이 역시 개발자가 직접 코딩하지 않았지만, DoDataExchange() 함수 내부의 DDX 함수가 이 작업(❹)을 해준다.

DoDataExchange() 함수 내부의 DDX 함수가 호출되지 않으면 컨트롤과 대화 상자 객체 사이의 데이터 값이 교환되지 못한다. 지금까지 설명한 내용으로 비추어 보면 DoDataExchange() 함수 내부의 DDX 함수는 컨트롤과 멤버 변수 사이에 데이터 교환이 양 방향으로 일어난다는 결론인데 어떻게 이럴 수 있을까?

DoDataExchange() 함수 내부의 전달인자인 CDataExchage* pDX는 멤버 변수로 m_bSaveAndValidate라는 변수를 갖고 있다.

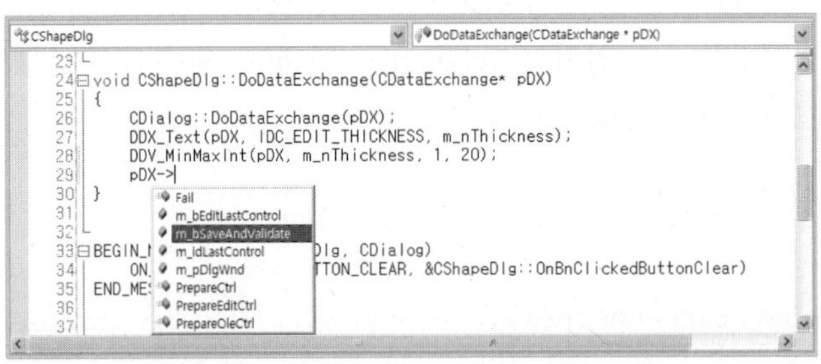

그림 4-5 ● CDataExchage 포인터 변수

m_bSaveAndValidate 변수는 BOOL 형으로 TRUE 혹은 FALSE 값을 가질 수 있으며 이름에서 알 수 있듯이 이 변수의 값이 TRUE인 상태에서 DDX 함수를 호출하면 컨트롤에 입력된 값을 멤버 변수에 저장하는 일을 한다. 멤버 변수에 새로운 값을 저장하면서 유효성 체크도 함께 한다.

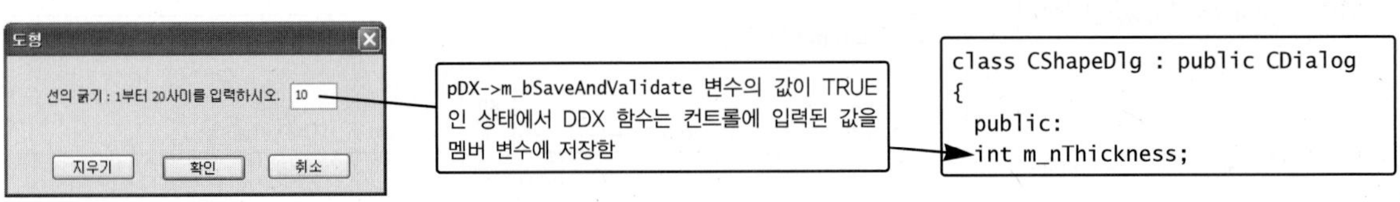

그림 4-6 ● [확인] 버튼이 눌릴 때

반대로 pDX->m_bSaveAndValidate 변수의 값이 FALSE인 상태에서 DDX_Text() 함수를 호출하면 멤버 변수의 값이 컨트롤에 반영된다.

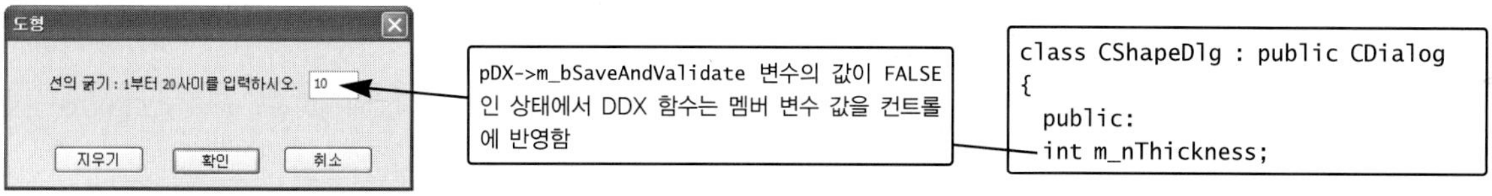

그림 4-7 ● 대화상자가 생성될 때

1.5 CWnd::UpdateData( ) 함수

DoDataExchange() 함수는 개발자가 직접 호출하지 못하고 CWnd 클래스가 제공해 주는 UpdateData()란 함수로 간접적으로 호출해야 한다. 다음은 UpdateData() 함수의 원형 정의이다.

```
BOOL UpdateData( BOOL bSaveAndValidate = TRUE );
```

개발자는 UpdateData() 함수를 통해서 DoDataExchange() 함수를 호출할 수 있다. 즉, DoDataExchange() 함수를 직접 호출할 수가 없어서 개발자가 UpdateData() 함수를 호출하면 내부적으로 DoDataExchange() 함수가 호출된다.

UpdateData() 함수의 원형 정의에서 알 수 있듯이 UpdateData() 함수는 TRUE 혹은 FALSE 값을 가질 수 있는데 UpdateData(TRUE) 형태로 호출하면 DoDataExchange() 함수가 호출될 때 **pDX->m_bSaveAndValidate** 변수의 값에 TRUE가 저장되기에 컨트롤에서 멤버 변수로 데이터 교환이 이루어진다. 이때에는 **DDV_**로 시작되는 함수들도 함께 호출된다. UpdateData() 함수는 전달인자 없이도 호출될 수 있는데 이는 디폴트 매개변수 값으로 TRUE가 지정되어 있기 때문이다. UpdateData() 형태로 호출하면 UpdateData(TRUE)와 동일한 의미이므로 컨트롤에서 멤버 변수로 데이터 교환이 일어난다.

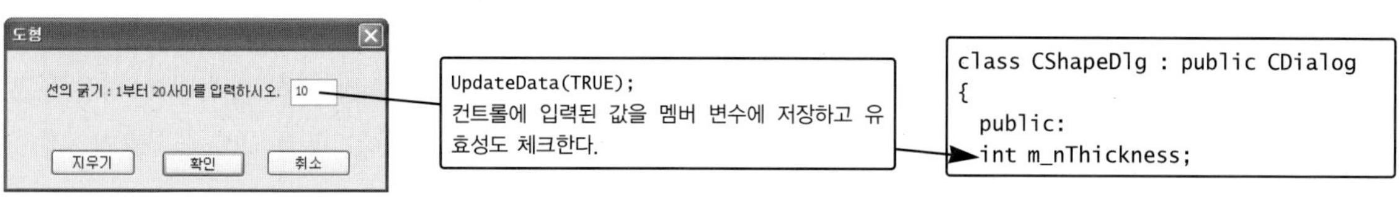

그림 4-8 ● [확인] 버튼이 눌릴 때

UpdateData(FALSE) 형태로 호출하면 DoDataExchang() 함수가 호출될 때 **pDX->m_bSaveAndValidate** 변수의 값에 FALSE가 저장되어서 멤버 변수에서 컨트롤로 데이터 교환이 이루어진다. 이때는 DDX 함수만 호출된다.

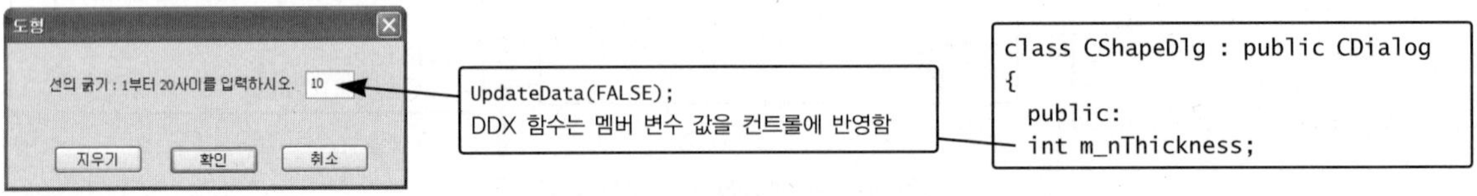

그림 4-9 ● 대화상자가 생성될 때

[기본예제 4-4]에서는 개발자가 따로 DoDataExchange() 함수를 호출하기 위해서 UpdateData() 함수를 호출하지 않았는데도 컨트롤과 멤버 변수 사이에 값이 교환되었다. 이럴 수 있는 이유를 살펴보도록 하자.

대화 상자 클래스는 CDialog 클래스 상속받고 있다는 것은 이미 언급하였다. 이렇게 CDialog에서 파생된 모든 대화 상자 클래스는 대화 상자가 생성되고 나면 CDialog::OnInitDialog() 함수가 호출되고, <확인> 버튼이 눌려져 대화 상자가 닫히기 전에 CDialog::OnOK() 함수가 호출되도록 설계되었다.

CDialog의 OnInitDialog()와 OnOK()를 살펴보면 UpdateData() 함수를 호출하고 있음을 살펴볼 수 있다.

```
BOOL CDialog::OnInitDialog( )
{
   ...
   UpdateData(FALSE);
   ...
}
```

```
void CDialog::OnOK( )
{
   UpdateData(TRUE);
   EndDialog(IDOK);
}
```

우리가 지금까지 만든 대화 상자 클래스들은 CDialog의 파생 클래스로 OnInitDialog()와 OnOK()를 오버라이딩하지 않고 CDialog의 OnInitDialog()와 OnOK()를 상속받아 사용하고 있었고 이들 함수 내부에 컨트롤과 멤버 변수 사이의 값이 교환되도록 하기 위한 UpdateData() 함수가 호출되고 있어서 굳이 개발자가 UpdateData() 함수를 호출할 필요가 없었다. 하지만, 프로그램을 작성하다 보면 대화 상자가 출력되자마자 혹은 <OK> 버튼이 눌리는 사건이 아니더라도 컨트롤과 멤버 변수 사이에 데이터 교환이 일어나도록 해야 할 경우가 생긴다. 이럴 경우에는 개발자가 UpdateData() 함수를 직접 호출해서 컨트롤과 멤버 변수 사이에 데이터 교환이 일어나도록 해야 한다. CDialog의 OnOK() 함수를 살펴보면 EndDialog() 함수가 사용되었는데 이 함수를 호출하면 대화상자가 닫힌다. EndDialog() 함수의 전달인자로 사용한 IDOK는 DoModal() 함수의 리턴값이 된다. <확인> 버튼 이외에 <취소> 버튼이 눌려도 대화상자가 닫히는데 <취소> 버튼이 눌리면 CDialog의 OnCancel() 함수가 호출된다.

```
void CDialog::OnCancel()
{
   EndDialog(IDCANCEL);
}
```

OnCancel() 함수 역시 EndDialog() 함수를 호출하여 대화상자를 닫는데 이번에는 UpdateData() 함수를 호출하지 않는다. 그렇기 때문에 <취소> 버튼을 눌러서 대화상자를 종료하면 컨트롤에 입력된 값이 프로그램에 반영되지 않는 것이다. <취소> 버튼 역시 EndDialog() 함수의 전달인자로 사용한 IDCANCEL이 DoModal() 함수의 리턴값이 된다.

버튼과 BN_CLICKED 메시지

[기본예제 4-4]를 보면 [지우기] 버튼을 만들어 두었는데 이 버튼이 눌리면 이전에 입력한 선의 굵기는 지우고 1로 초기화되도록 해보자. 우선 버튼에 대해서 살펴보자. 버튼은 대화 상자에 이벤트를 일으켜서 작업을 할 수 있도록 해 주는 컨트롤이다. MFC에서 제공되는 대화 상자는 기본적으로 <확인>, <취소> 2개의 버튼을 가지고 있다. 개발자가 추가한 <지우기> 버튼이 눌리면 지금까지 입력한 내용을 지우고 1로 초기화하려면 버튼이 눌렸을 때 발생하는 컨트롤 통보 메시지를 추가해야 한다.

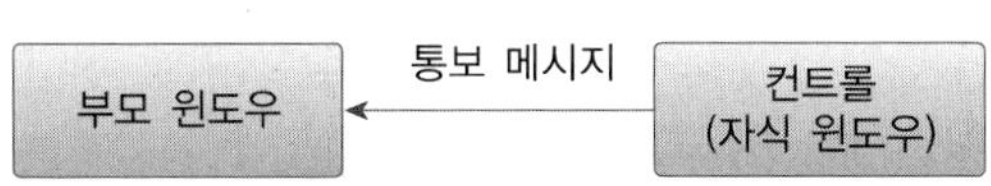

그림 4-10 ● 컨트롤 통보 메시지

컨트롤 통보 메시지(Control Notification Message)는 컨트롤(에디트, 리스트 박스, 콤보 박스)에 이벤트가 발생하게 되면 이 사실을 컨트롤을 포함하고 있는 부모 클래스에 통보하게 되어 붙여진 이름이다. 버튼 컨트롤을 클릭하면(이벤트가 발생하면) BN_CLICKED 메시지가 이벤트를 발생시킨 버튼을 갖고 있는 대화 상자 클래스에 전해진다.

기본예제 4-5 [지우기] 버튼 처리

【예제설명】

[지우기] 버튼을 누르면 이전에 입력한 선의 굵기는 지워지고 1로 초기화되도록 해보자.

【실행결과】

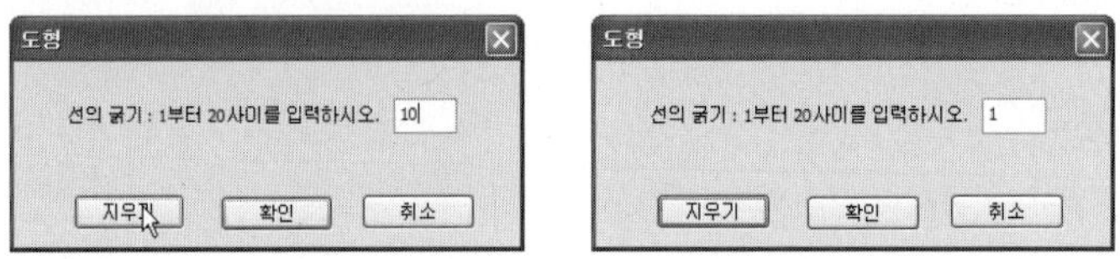

【따라하기】

1 [리소스 뷰] 창에서 [지우기] 버튼을 더블 클릭하면 BN_CLICKED에 대한 이벤트 처리기가 만들어진다. 이렇게 만들어진 이벤트 처리기에 다음과 같이 입력한다.

```
void CShapeDlg::OnBnClickedButtonClear()
{
    // TODO: 여기에 컨트롤 알림 처리기 코드를 추가한다.
    m_nThickness=1;         //IDC_EDIT_THICKNESS 컨트롤과 연결된 멤버 변수에 1을 저장
    UpdateData(FALSE);      //ⓐ 멤버 변수의 값을 컨트롤에 반영
}
```

변수 m_nThickness에 1을 준 후에 이를 컨트롤에 반영하기 위해서 UpdateData(FALSE)를 호출하였다. ⓐ의 UpdateData(FALSE)를 주석 처리하면 [지우기] 버튼을 눌러도 아무런 변화가 없음을 확인할 수 있다.

> 정리하면 대화 상자 내에서 컨트롤에서 멤버 변수로 값이 저장되도록 하기 위해서는 UpdateData(TRUE)를 호출해야 하고, 멤버 변수의 값이 컨트롤에 반영되도록 하려면 UpdateData(FALSE)를 호출해야 한다.

SECTION

02 대화 상자 기반 응용 프로그램

Introduction to Microsoft Foundation Class Library

지금까지 학습한 예제들은 단일 문서 응용 프로그램이었다. 이번 절에서 살펴 볼 내용은 실행시키자마자 첫 화면으로 대화 상자가 제공되는 대화 상자 기반 응용 프로그램이다.

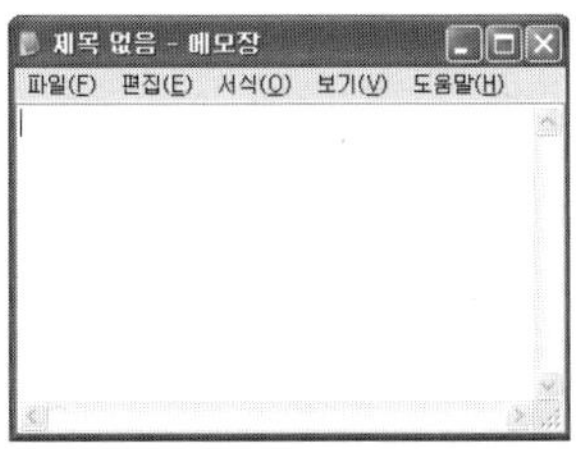

단일 문서 응용 프로그램(메모장)

대화 상자 기반 응용 프로그램(계산기)

그림 4-11 ● 단일 문서 응용 프로그램과 대화 상자 기반 응용 프로그램

대화 상자 기반 응용 프로그램의 대표적인 예는 계산기이다. 윈도우에서 제공되는 계산기는 아니지만, 대화 상자 기반 응용 프로그램으로 간단한 계산기를 만들어 보도록 하자. 그러기 위해서는 비주얼 스튜디오의 MFC 응용 프로그램 마법사에서 [응용 프로그램 종류] 항목을 [대화 상자 기반]으로 선택하여 대화 상자 기반 응용 프로그램을 작성해야 한다.

기본예제 4-6 계산기를 위한 대화 상자 기반 응용 프로그램 만들기

【예제설명】

계산기를 대화 상자 기반 응용 프로그램으로 만들어 보기 위해 대화 상자 기반 응용 프로그램을 작성하는 방법부터 살펴보도록 하자.

【실행결과】

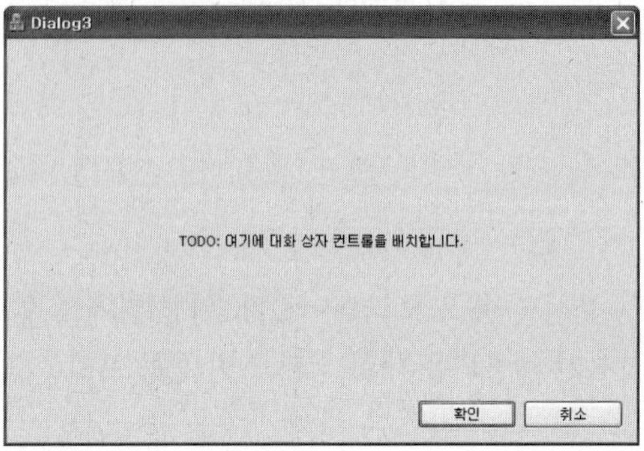

【따라하기】

1 "Dialog3"이란 이름으로 새로운 프로젝트를 생성한다. 응용 프로그램 종류 항목에서 "대화 상자 기반"으로 변경하고 나머지는 기본 설정을 따를 것이므로 <다음> 버튼을 누른다. 사용자 인터페이스 기능과 고급 기능은 기본적으로 선택된 사항을 그대로 따를 것이므로 계속 <다음> 버튼을 누른다.

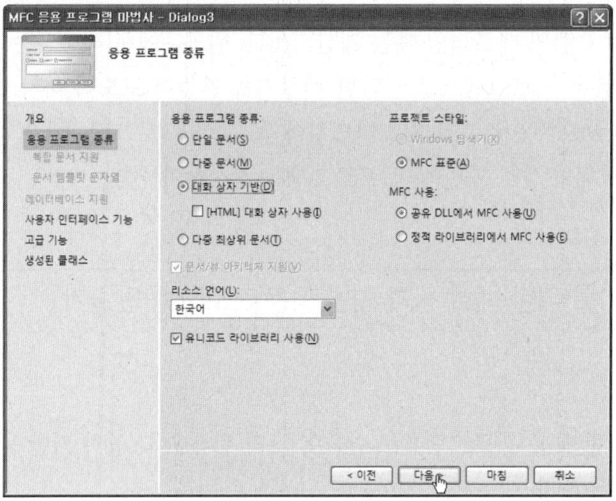

2 마지막 [생성된 클래스] 창을 살펴보면 대화 상자 기반 응용 프로그램으로 작성한 프로젝트는 2개의 클래스(CDialog3App와 CDialog3Dlg)가 생성되었음을 확인할 수 있다.

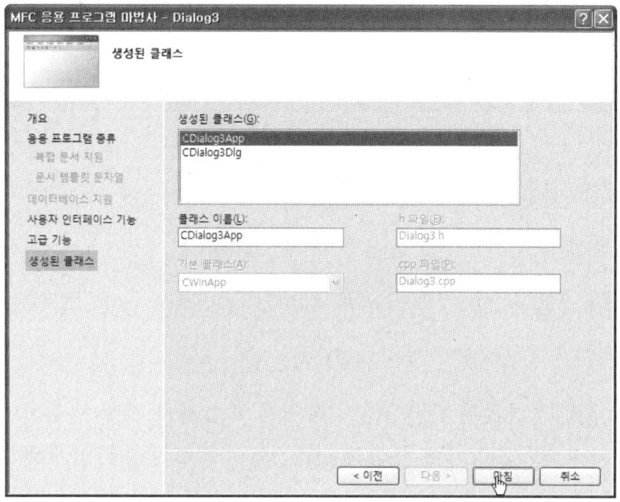

3 실행 결과를 확인하기 위해서 [디버그] → [디버깅하지 않고 시작] 메뉴를 선택하면 실행하자마자 대화 상자가 나타난다.

대화 상자 기반으로 응용 프로그램을 작성하면 MFC 응용 프로그램 마법사의 마지막 단계인 생성된 클래스의 정보를 보여준 화면에 2개의 클래스만 나타난다. 이 두 클래스가 대화 상자 기반 응용프로그램에서 중요한 역할을 하는 클래스이기 때문에 이 클래스를 표로 정리해 보았다.

표 4-3 ● 대화 상자 기반 응용프로그램의 주요 클래스

클래스이름	기본클래스	.h 파일	.cpp 파일	역할
CDialog3App	CWinApp	Dialog3.h	Dialog3.cpp	프로그램의 시작과 끝을 제어 대화 상자 클래스로 객체를 생성한다. 대화 상자 객체로 DoModal( ) 함수를 호출해서 화면에 출력한다.
CDialog3Dlg	CDialog	Dialog3Dlg.h	Dialog3Dlg.cpp	컨트롤을 배치한 대화 상자 클래스

대화 상자를 위해서 다음과 같은 3가지 작업을 개발자가 직접 해줘야만 했지만, 대화 상자 기반 응용 프로그램에서는 이 3가지 작업을 MFC 응용 프로그램 마법사에서 자동으로 해준다.

❶ 대화 상자 템플릿을 만든다.(IDD_DIALOG3_DIALOG)
[리소스 뷰] 창에서 관찰할 수 있다.
❷ 대화 상자 클래스를 만든다.(CDialog3Dlg)
클래스 뷰 창에서 관찰할 수 있다.
❸ 대화 상자 객체를 선언한 후 DoModal() 함수를 호출한다.
애플리케이션 객체의 InitInstance() 함수에 자동으로 DoModal() 함수를 호출하는 코드가 생성되어 있다.

❶ 대화 상자 템플릿

[리소스 뷰] 창에서 Dialog 왼쪽 [+] 확장 버튼을 클릭하면 IDD_DIALOG3_DIALOG라는 ID가 나타난다. IDD_DIALOG3_DIALOG를 더블 클릭하면 Dialog3.rc 파일이 열리면서 프로그램 실행과 동시에 출력된 대화 상자가 나타난다.

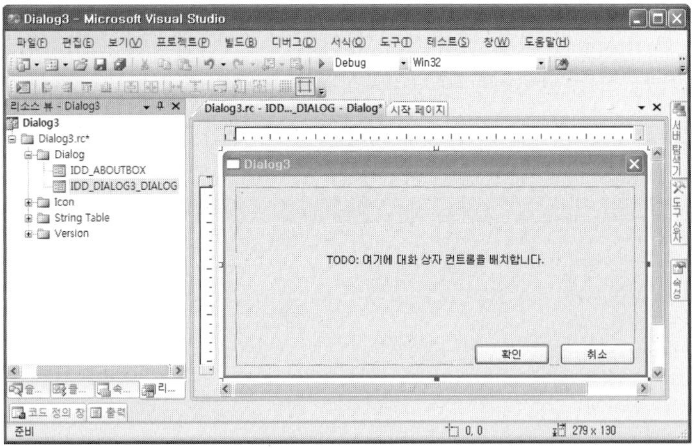

❷ 대화 상자 클래스

클래스 뷰 창에는 MFC 응용 프로그램 마법사가 제공해 주는 3개의 클래스가 나타난다. 이중에서 CDialog3Dlg 클래스가 바로 대화 상자를 출력하는 클래스이다. CDialog3Dlg 클래스를 더블 클릭하면 해당 클래스의 정의부로 간다. 대화 상자 클래스 CDialog3Dlg은 CDialog를 기본 클래스로 가지며 생성자와 DoDataExchange() 함수를 멤버로 갖고 있다. 대화 상자 클래스가 어떤 대화 상자 템플릿을 사용하는지 ID값도 지정되어 있다. [리소스 뷰]에서 보았던 대화 상자 템플릿의 ID(IDD_DIALOG3_DIALOG)가 CDialog3Dlg 클래스 내부에 출력될 대화 상자 템플릿 ID로 지정되어 있음을 확인할 수 있다. CDialog3Dlg는 CDialog의 파생 클래스로 컨트롤들을 배치하고 컨트롤로부터 사용자와의 인터페이스가 가능하도록 하는 클래스이다.

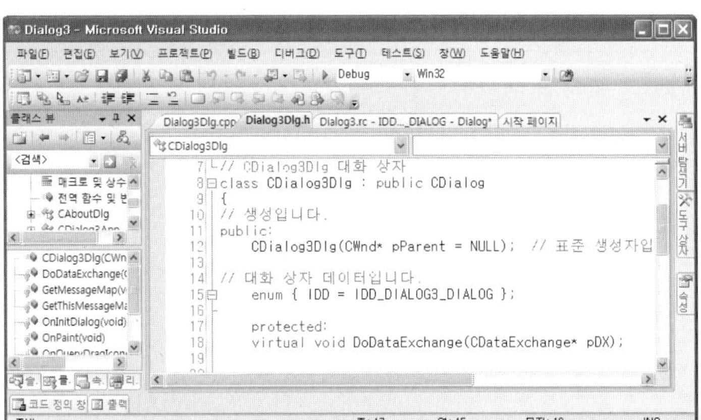

❸ 대화 상자 객체와 DoModal() 함수

Dialog3App는 CWinApp의 파생 클래스로 전역 변수로 선언되어 프로그램을 시작시킨다. CDialog3App 클래스가 전역변수로 생성되자마자 호출되는 InitInstance() 함수에서는 대화 상자 클래스로 객체를 생성한 후에 DoModal() 함수로 대화 상자를 화면에 출력한다.

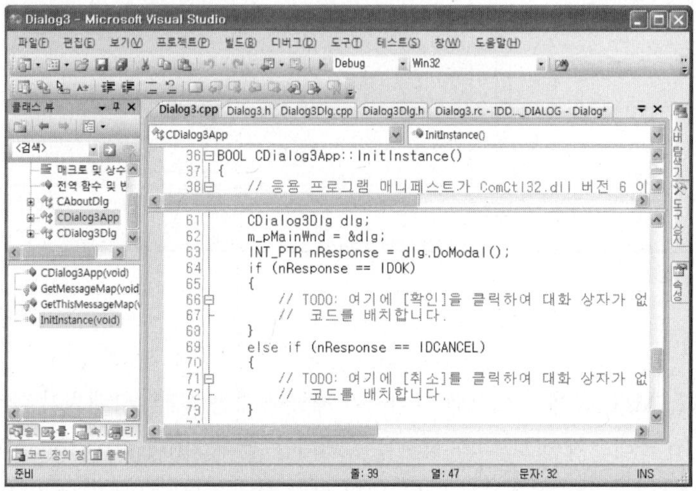

단일 문서 응용 프로그램은 InitInstance() 함수에서 도큐먼트 템플릿 객체를 생성해서 이를 애플리케이션 클래스에 등록했는데 대화 상자 기반 응용 프로그램은 InitInstance() 함수에서 대화 상자 객체를 생성해서 DoModal() 함수를 호출해주기 때문에 프로그램이 시작되자마자 대화 상자가 출력된다.

기본예제 4-7 계산기를 위한 화면 설계하기

[예제설명]

대화 상자 기반 응용 프로그램으로 사칙연산만 가능한 간단한 계산기를 만들어 보도록 하자.

[실행결과]

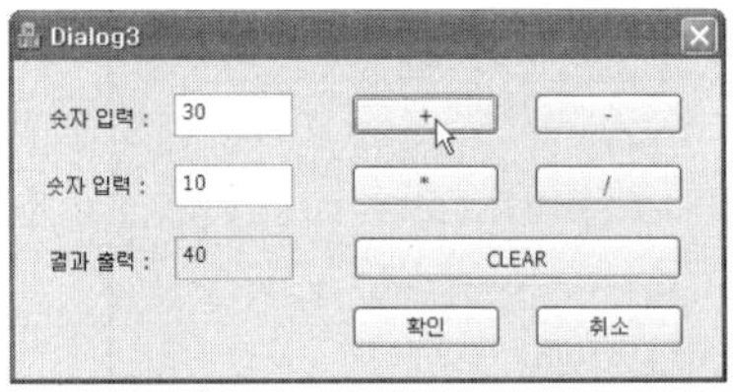

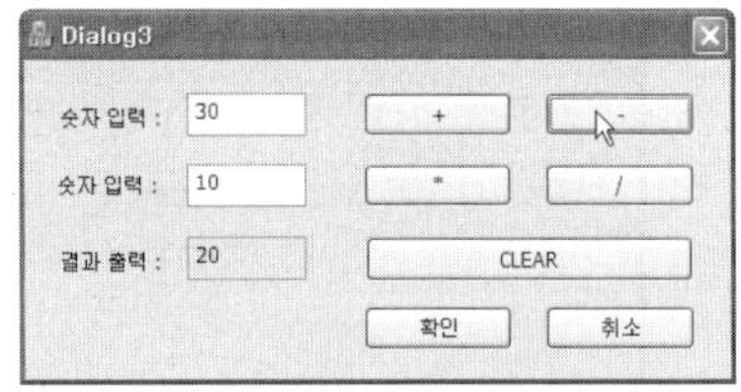

[따라하기]

1 계산기 대화 상자에 컨트롤을 배치하도록 하겠다.

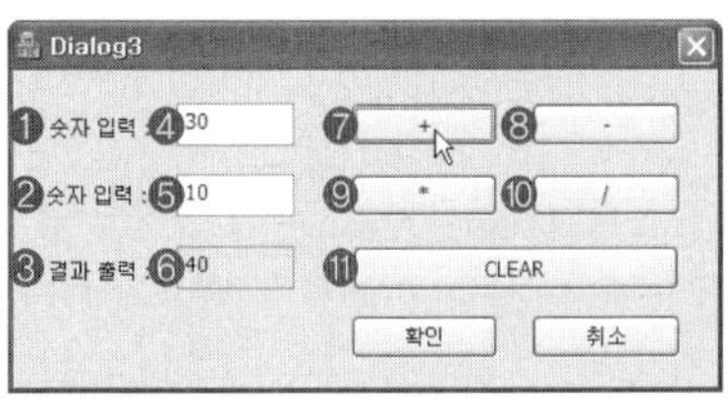

컨트롤 종류	번호	컨트롤 ID	캡션	비고
스테틱 텍스트	❶	IDC_STATIC	숫자 입력:	
	❷	IDC_STATIC	숫자 입력:	
	❸	IDC_STATIC	결과 출력:	
에디트 컨트롤	❹	IDC_EDIT_NUM1	(없음)	
	❺	IDC_EDIT_NUM2	(없음)	
	❻	IDC_EDIT_RESULT	(없음)	Read Only:True
병합 버튼 컨트롤	❼	IDC_BUTTON_PLUS	+	
	❽	IDC_BUTTON_MINUS	–	
	❾	IDC_BUTTON_MULTIPLY	*	
	❿	IDC_BUTTON_DIVIDE	/	
	⓫	IDC_BUTTON_CLEAR	CLEAR	

2 IDC_EDIT_NUM1을 선택한 후 마우스 오른쪽 버튼을 눌러서 나타난 바로가기 메뉴에서 [변수 추가] 메뉴를 선택한다. [멤버 변수 추가 마법사] 창이 나타나면 화면 오른쪽에 [범주] 콤보박스를 "Value"로 변경한 후에 [변수 형식]을 "int"형으로 지정하고 [변수 이름]은 "m_nNum1"으로 입력한다. 계산을 위해 숫자를 입력받는 에디트 컨트롤에 입력되어야 하는 값의 범위를 0부터 100사이로 지정하기 위해서 최소값에 0을 최대값에 100을 기술한다. IDC_EDIT_NUM2에 대해서도 int형으로 멤버 변수를 IDC_EDIT_NUM2란 이름으로 선언하고 값의 범위 역시 0부터 100사이로 지정한다. IDC_EDIT_RESULT는 "m_nResult"란 이름으로 선언한다. [클래스 뷰] 창에는 CDialog3Dlg 클래스를 클릭한 후 화면 아래 DoDataExchange() 함수를 더블 클릭하여 DDX와 DDV 함수가 추가되었음을 확인한다.

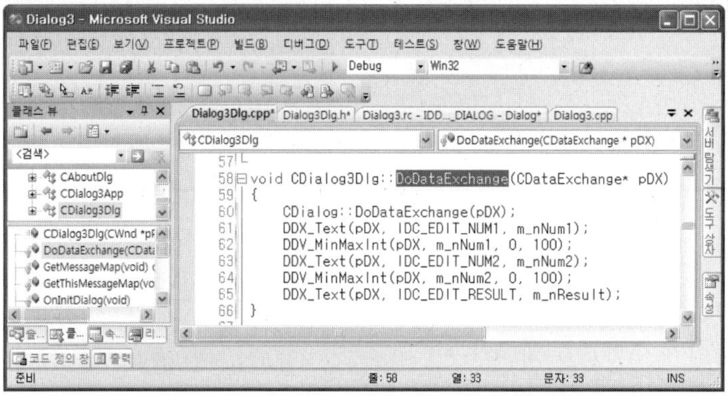

3 [리소스 뷰] 창에서 버튼들을 더블 클릭하면 BN_CLICKED에 대한 이벤트 처리기가 만들어진다. 이렇게 만들어진 이벤트 처리기에 다음과 같이 입력한다.

```
void CDialog3Dlg::OnBnClickedButtonMinus()
{
    // TODO: 여기에 컨트롤 알림 처리기 코드를 추가합니다.
    UpdateData(TRUE);
    m_nResult=m_nNum1-m_nNum2;
    UpdateData(FALSE);
}

void CDialog3Dlg::OnBnClickedButtonMultiply()
{
    // TODO: 여기에 컨트롤 알림 처리기 코드를 추가합니다.
    UpdateData(TRUE);
    m_nResult=m_nNum1*m_nNum2;
    UpdateData(FALSE);
}

void CDialog3Dlg::OnBnClickedButtonDivide()
{
    // TODO: 여기에 컨트롤 알림 처리기 코드를 추가합니다.
    UpdateData(TRUE);
    if(m_nNum2==0)
```

```
        MessageBox(_T("0으로는 나눌 수 없습니다."));
    else{
        m_nResult=m_nNum1/m_nNum2;
        UpdateData(FALSE);
    }
}

void CDialog3Dlg::OnBnClickedButtonClear()
{
    // TODO: 여기에 컨트롤 알림 처리기 코드를 추가합니다.
    m_nResult=m_nNum1=m_nNum2=0;
    UpdateData(FALSE);
}

void CDialog3Dlg::OnBnClickedButtonPlus()
{
    // TODO: 여기에 컨트롤 알림 처리기 코드를 추가합니다.
    UpdateData(TRUE);               //-------------ⓐ
    m_nResult=m_nNum1+m_nNum2;      //-------------ⓑ
    UpdateData(FALSE);              //-------------ⓒ
}
```

ⓐ : 컨트롤에 입력한 값을 변수에 저장한다.

ⓑ : 두 변수를 더해서 결과값을 구한다.

ⓒ : 더한 결과를 저장하고 있는 변수의 값을 컨트롤에 반영한다.

에디트 컨트롤에 입력한 내용을 멤버 변수에 저장하기 위해서 문장 ⓑ를 수행하기 전에 UpdateData(TRUE)를 호출(ⓐ)한다. 이렇게 하면 IDC_EDIT_NUM1과 IDC_EDIT_NUM2에 저장된 값이 멤버 변수 m_nNum1과 m_nNum2에 저장된다. ⓑ를 수행하여 m_nResult에 더한 결과값이 저장되지만 m_nResult 변수에 저장된 값이 IDC_EDIT_RESULT에 반영되어야 하기에 문장 ⓑ를 수행한 후에 UpdateData(FALSE)를 호출한다. 이렇게 하면 m_nResult 변수에 저장된 값이 IDC_EDIT_RESULT에 반영된다.

버튼을 디자인할 때 사칙연산을 위한 버튼 이외에 [CLEAR] 버튼도 추가했다. [CLEAR] 버튼은 에디트 컨트롤에 입력한 값은 사용하지 않고 3개의 에디트 컨트롤을 초기화만 하면 되므로 `UpdateData(TRUE)`는 호출할 필요가 없다.

연습문제

[개념문제]

단원 요약정리를 대신하여 개념을 잡을 수 있도록 본문의 내용을 충실하게 반영한 문제이다.

1. 다음에 알맞은 내용을 보기에서 찾아라.

보기			
1	DDV	2	BN_CLICKED
3	AfxMessageBox	4	UpdateData(TRUE)
5	DDX	6	CDialog
7	UpdateData(FALSE)		

1.1 사용자와 윈도우 애플리케이션의 인터페이스 기능을 제공하기 위한 대화상자는 MFC 클래스 중 ______________ 클래스의 파생 클래스로 정의되어야 한다.

1.2 대화상자를 화면에 나타내기 위해서는 `CDialog` 클래스의 ______________ 함수를 호출해야 한다.

1.3 버튼을 클릭하면 ______________ 이벤트가 발생한다.

1.4 컨트롤에 입력된 데이터 값을 멤버변수로 가지고 오려면 ⓐ ______________ 함수를 호출하고 멤버변수 값을 컨트롤에 반영하려면 ⓑ ______________ 함수를 호출해야 한다.

1.5 MessageBox() 함수는 CWnd 클래스의 멤버 함수이기 때문에 CWnd 클래스의 파생 클래스에서만 사용가능하다. 만일 도큐먼트 클래스나 애플리케이션 클래스와 같이 CWnd 클래스로부터 파생된 클래스가 아닌 클래스에서 메시지 박스를 출력하기 위해서는 함수들은 클래스에 상관없이 어디서나 사용할 수 있는 전역함수인 ________ (을)를 사용해야 한다. MFC에서는 전역함수 이름 앞에 Afx를 붙인다.

1.6 DoDataExchange() 함수에는 컨트롤과 멤버 변수가 맵핑되어 있어 컨트롤과 멤버 변수사이에 정보를 교환하는 역할을 하는 함수가 기술되어 있는데 이러한 함수의 이름은 자료형에 따라 다르지만, 함수의 이름들의 앞에 3 글자가 ________(으)로 시작한다는 공통점이 있다.

1.7 DoDataExchange() 함수에는 Dialog Data Validation의 약어로서 멤버 변수에 저장될 값이 유효한지를 확인한 후에 유효하지 않은 값이면 멤버 변수에 값을 저장하지 않고 유효한 값을 입력하라는 에러 메시지를 출력하도록 하는 함수가 있는데 이 또한 함수의 이름이 자료형에 따라 다르지만, 함수의 이름들의 앞에 3 글자가 ________(으)로 시작한다는 공통점이 있다.

※ **알맞은 내용을 기술하라.**

2. ""로 묶인 문자열이 너무 길어져서 다음 줄에 이어서 기술하고자 할때 사용하는 기호는 무엇인가?

※ **알맞은 내용으로 빈 칸을 채워라.**

3. CDialog의 OnInitDialog()와 OnOK()를 살펴보면 UpdateData() 함수를 호출하고 있음을 살펴볼 수 있는데 OnInitDialog()에서는 ❶ ________ 와 같은 형태로 호출하기에 멤버변수 값을 컨트롤에 반영하고 OnOK()에서는 ❷ ________ 와 같은 형태로 호출하므로 컨트롤의 값을 멤버변수에 저장한다.

4. CDialog의 OnOK() 혹은 OnCancel() 함수를 살펴보면 대화상자를 닫기 위해서 ____________ 함수를 호출한다. 이 함수의 전달인자는 DoModal() 함수의 리턴값이 된다. <확인> 버튼이 눌려서 대화상자가 닫히는 경우에는 전달인자로 IDOK를 사용하고 <취소> 버튼이 눌려도 대화상자가 닫히는데 <취소> 버튼이 눌리면 이 함수의 전달인자로 IDCANCEL을 사용한다.

※ **다음 물음에 올바른 답을 골라라.**

5. 대화상자가 화면에 보이기 바로 전에 호출되는 함수는?

❶ OnCreate　❷ OnInitDilog　❸ DoDataExchange　❹ OnPaint

6. 대화상자내의 컨트롤과 멤버변수 사이에 데이터 값을 송수신하기 위해서 사용하는 함수는?

❶ OnCreate　❷ OnInitDilog　❸ DoDataExchange　❹ OnPaint

[실습문제]

본문 기본예제보다 조금 난이도가 높은 내용으로 구성된 프로그램을 실제로 작성해 보는 문제로서 단계별 설명을 자세히 해 놓았으므로 시간이 걸리더라도 꼭 풀어보기 바란다. 실력 향상에 많은 도움이 될 문제이다.

실습문제 4-1 프로젝트명 : Ch04Ex01 / 문서 형태 : 대화 상자

【예제설명】

원본에 해당되는 에디트 컨트롤에 문자열을 입력한 후 <복사> 버튼을 누르면 입력한 문자열이 복사본 에디트 컨트롤에 복사되도록 한다.

【실행결과】

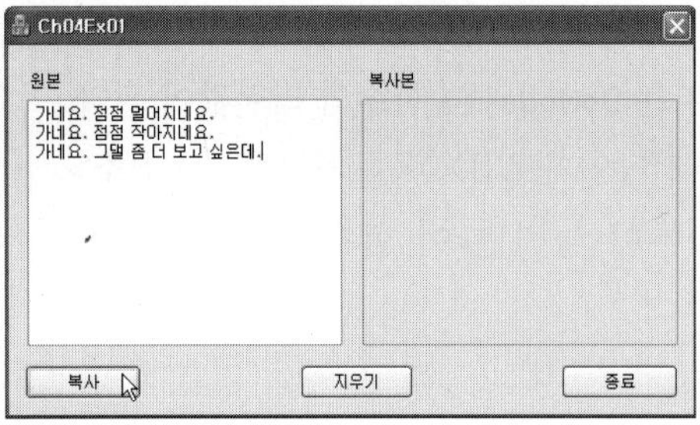

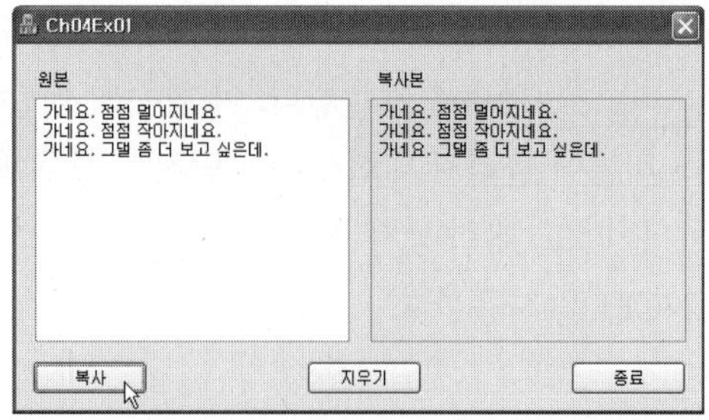

<지우기> 버튼을 누르면 두 에디트 컨트롤에 입력한 내용이 모두 지워진다. <종료> 버튼이 눌리면 대화상자가 닫힌다.

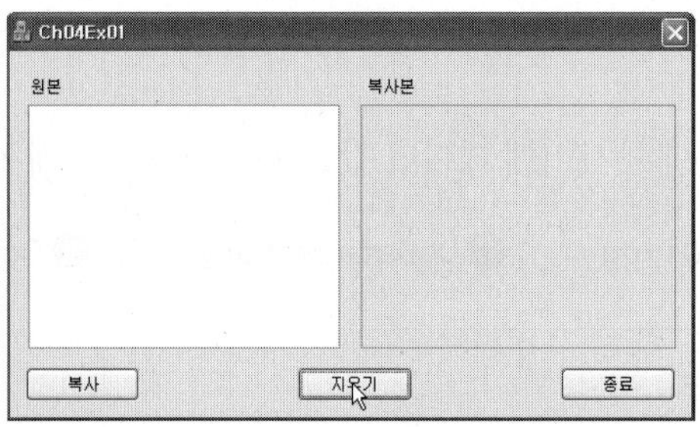

[힌트]

1. 에디트 컨트롤에 여러 줄 입력받도록 하기 위해서 Multiline 속성값과 Want Return 속성값을 `True`로 바꾼다.
2. 에디트 컨트롤에 멤버변수를 추가한다. 이때 화면 오른쪽에 [범주] 콤보박스를 살펴보면 Control이 선택되어 있는데 이를 Value로 변경하여 [변수 형식]을 "CString"으로 지정한다.
3. 이렇게 추가된 컨트롤에 대한 멤버 변수에 컨트롤에 입력한 값이 저장되도록 하려면 `DoDataExchange()` 함수가 호출되어야 하는데 `DoDataExchange()` 함수는 개발자가 직접 호출하지 못하고 CWnd 클래스가 제공해 주는 `UpdateData()`란 함수로 간접적으로 호출해야 한다.
4. `UpdateData(TRUE)` 형태로 호출하면 컨트롤에서 멤버 변수로 데이터 교환이 이루어지고 `UpdateData(FALSE)` 형태로 호출하면 멤버 변수에서 컨트롤로 데이터 교환이 이루어진다. 대화상자를 닫으려면 `EndDialog()` 함수를 호출해야 하는데 `EndDialog()` 함수의 전달인자로 사용한 IDOK 혹은 IDCANCEL 값을 주면 이 값은 `DoModal()` 함수의 리턴값이 되어 어떤 버튼이 눌려서 대화상자가 닫혔는지를 알 수 있도록 해준다.

5 버튼 컨트롤을 클릭하면(이벤트가 발생하면) BN_CLICKED 메시지가 이벤트를 발생시킨 버튼을 갖고 있는 대화 상자 클래스에 전해지므로 이를 통지 메시지라고 하며 <복사>, <지우기> 버튼을 더블 클릭하여 BN_CLICKED에 대한 이벤트 처리기가 만들어서 프로그래밍을 해야 한다.

실습문제 4-2 프로젝트명 : Ch04Ex02 / 문서 형태 : 대화 상자

【예제설명】

간단한 계산기 프로그램을 작성해 보면서 대화상자, 버튼 컨트롤, 에디트 컨트롤에 대해서 복습해 보자.

【실행결과】

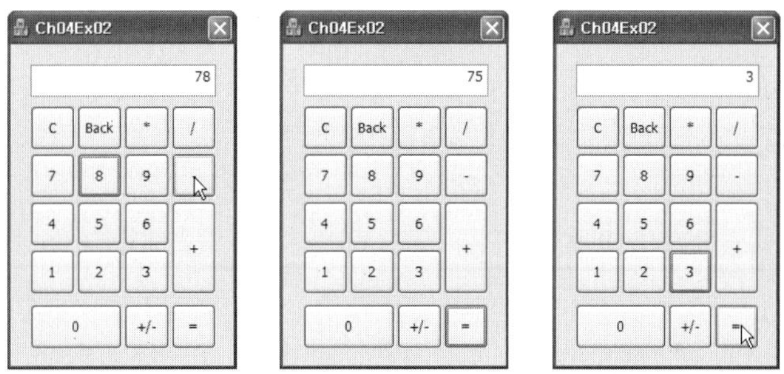

【힌트】

1 멤버변수로 음수인지 양수인지를 판별하는 BOOL m_bSign, 연산자의 종류를 판별할 변수와 에디트 컨트롤에 표시할 값을 저장하고 있는 변수를 선언한다.

2 숫자 버튼이 눌리면 그 버튼으로 연산에 참여할 수치 데이터를 만든다. 사칙 연산자 버튼이 눌리면 연산을 수행한다. 숫자 버튼과 사칙 연산자 버튼이 여러 개이므로 이를 함수로 만들어 놓고 호출해서 사용하는 것이 프로그램을 작성하는데 보다 효율적이다.

3 <C> 버튼은 이전에 연산했던 모든 정보를 클리어하고 <Back> 버튼이 눌리면 입력한 숫자 중의 1의 자리를 지워나간다.

CHAPTER

05 기본 컨트롤 다루기

MFC에서 제공하는 기본 컨트롤에 대해서 학습해 보도록 한다.

미리보기

학습목표

1. 컨트롤의 동작 원리를 이해한다.
2. 기본 컨트롤의 다양한 속성과 통지 메시지를 이해한다.
3. MFC 컨트롤 클래스를 이용하여 기본 컨트롤을 다루는 방법을 익힌다.

목차

SECTION

01 MFC 기본 컨트롤의 종류와 버튼 컨트롤

Introduction to Microsoft Foundation Class Library

컨트롤은 표준화된 형태와 특성을 가진 윈도우로서 사용자에게 입력을 받거나 정보를 보여주는 역할을 한다. MFC 기본 컨트롤에서 제공되는 기본 컨트롤은 4장에서 살펴본 ❶ 에디트 컨트롤(Edit Control), ❷ 스테틱 텍스트(Static Text), ❸ 버튼(Button) 이외에도 ❹ 체크 박스(Check Box), ❺ 라디오 버튼(Radio Button), ❻ 그룹 박스(Group Box), ❼ 픽쳐 컨트롤(Picture Control), ❽ 리스트 박스(List Box), ❾ 콤보 박스(Combo Box), ❿ 수평 스크롤 바(Horizontal Scroll Bar), ⓫ 수직 스크롤 바(Vertical Scroll Bar)가 제공된다.

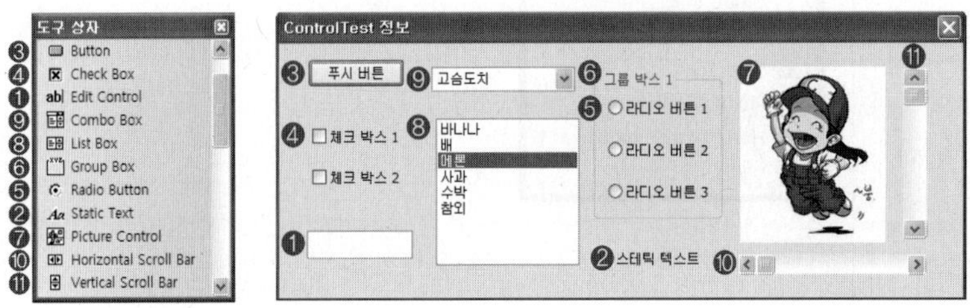

그림 5-1 ● MFC 기본 컨트롤

컨트롤은 대화상자를 비롯해 다른 윈도우의 자식 윈도우(Child Window)로 존재한다. 컨트롤도 이벤트에 의해서 다양한 메시지가 전달되는데 이들 메시지는 부모 윈도우에 보내지므로 이를 **컨트롤 통보 메시지**라고 한다.

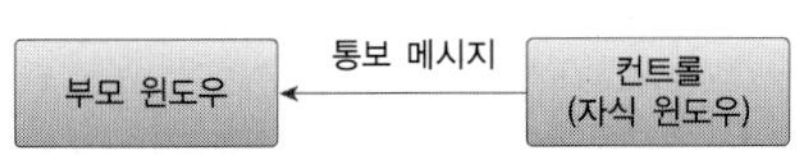

그림 5-2 ● 통보 메시지

4장에서 버튼 컨트롤(IDC_BUTTON_CLEAR)을 학습하면서 BN_CLICKED 메시지를 사용했는데 이 메시지 역시 버튼 컨트롤의 부모 윈도우인 CDialog 파생 클래스에 이벤트 처리기를 추가하여 처리했다.

```
void CShapeDlg::OnBnClickedButtonClear()
{
    // TODO: 여기에 컨트롤 알림 처리기 코드를 추가한다.
}
```

이렇듯 컨트롤은 상태가 변화되었음을 부모에게 알려서 처리하는 방식을 취하는데 이러한 메시지 처리를 통보 메시지라고 한다.

1.1 버튼 컨트롤의 종류

우리가 이미 4장에서 다루었던 버튼은 ❶ 푸시 버튼 컨트롤이다. 푸시 버튼은 버튼이 클릭되면 어떠한 명령을 수행하는 컨트롤이다. 이외에도 ❷ 라디오 버튼과 ❸ 체크 박스, ❹ 그룹 박스가 존재한다.

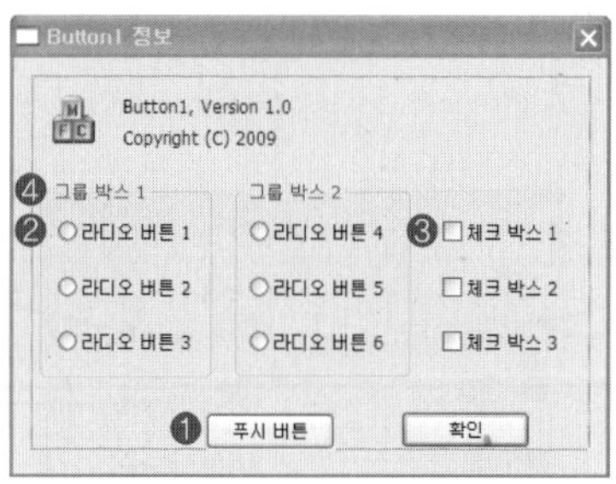

그림 5-3 ● 버튼 컨트롤 종류

라디오 버튼은 여러 개의 항목 중에서 반드시 한 개만 선택(배타적 선택)하기 위한 용도로 사용되는 컨트롤이다. 이때 주의할 것은 **배타적 선택**을 하기 위한 라디오 버튼들을 **그룹**으로 묶어 주어야 한다.

만일 선의 색상과 면의 색상을 선택하는 라디오 버튼을 만든다고 하자. 선의 색상을 결정하기 위한 라디오 버튼들끼리 배타적 선택을 해야 하고 면의 색상을 결정하기 위한 라디오 버튼들끼리 배타적 선택을 해야 하기에 서로 다른 2개의 그룹으로 나누어야만 한다.

그룹 박스는 시각적으로 하나의 그룹처럼 보이도록 할 뿐이기에 컨트롤을 그룹 박스로 묶어보았자 동작에는 아무런 영향을 미치지 않는다. 3개의 라디오 버튼이 선 색상을 결정하는 라디오 버튼이고 나머지 3개는 면 색상을 결정하는 라디오 버튼이라는 것을 시각적으로만 구분할 수 있도록 그룹지어 줄 뿐이다.

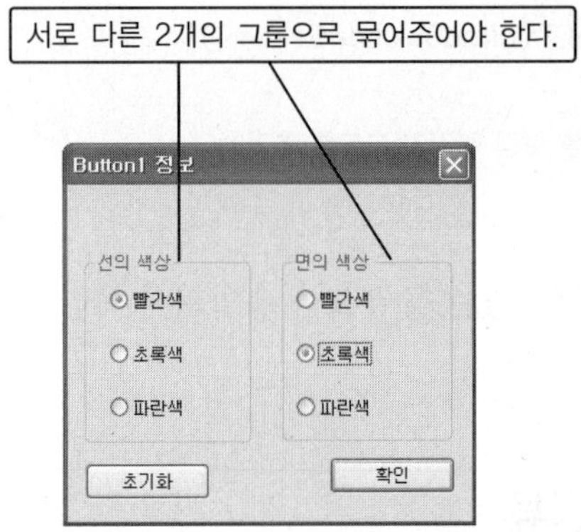

그림 5-4 ● 라디오 버튼의 그룹화

라디오 버튼들을 서로 다른 그룹으로 설정하기 위해서 사용하는 것이 바로 탭 순서와 Group 속성이다. 탭 순서는 탭 키를 눌렀을 때 포커스를 받게 되는 컨트롤의 순서를 의미한다. 탭 순서는 컨트롤을 만든 순서와 동일하다.

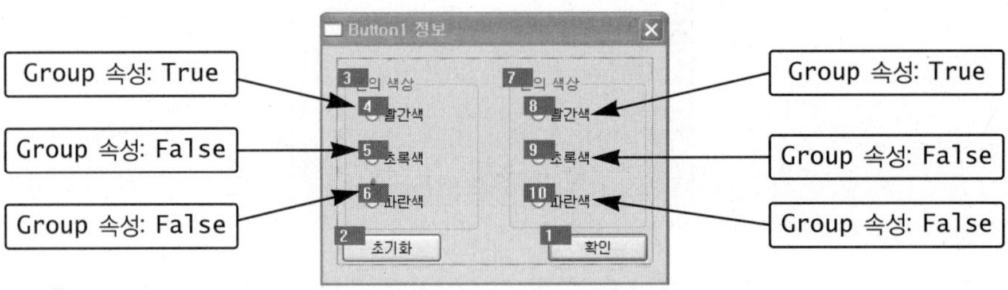

그림 5-5 ● 탭 순서와 Group 속성

라디오 버튼을 하나의 그룹으로 묶어주려면 그룹에 속할 라디오 버튼 중에서 가장 작은 탭 순서 값을 갖는 라디오 버튼의 Group 속성을 True로 지정하고 나머지 라디오 버튼들의 Group 속성에 대해서 False를 지정해 주어야 한다. Group 속성이 True인 라디오 버튼에서부터 다음 Group 속성이 True인 라디오 버튼까지가 하나의 범주이다. 그렇기에 그룹으로 묶어야 하는 라디오 버튼들은 탭 순서가 연속적으로 지정되어야 한다. 만일 라디오 버튼을 만들었다가 지워서 탭 순서가 뒤죽박죽이 되었을 경우에는 탭 순서를 변경하기 위해서 [서식] → [탭 순서] 메뉴를 선택하여 체크 상태로 만든다. 탭 순서가 체크 상태이면 탭 순서가 나타나며 탭 순서도 변경할 수 있다. 마우스를 클릭하는 순서대로 탭 순서가 결정된다. 탭 순서가 제대로 지정되어 있다면 굳이 변경할 필요가 없으므로 [서식] → [탭 순서] 메뉴를 다시 선택하여 해제 상태로 둔다.

체크 박스는 특정 항목을 적용할 것인지 아닌지를 결정하기 위해서 사용하는 컨트롤이다. 라디오 버튼처럼 배타적 선택을 하지 않기 때문에 그룹으로 묶어 줄 필요 없이 단독적으로 사용되는 컨트롤이다. 단지 해당 체크 박스가 체크 상태이면 해당 항목을 적용하겠다는 의미이고 해제 상태이면 적용하지 않겠다는 의미이다.

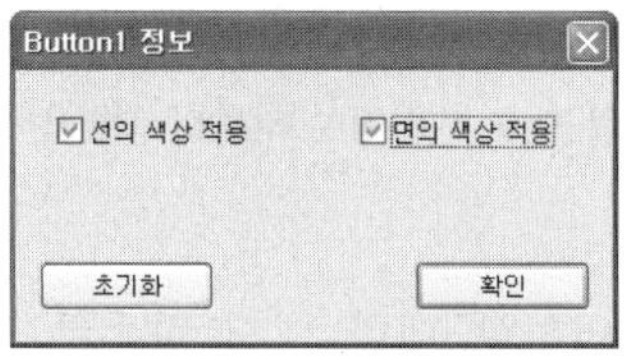

그림 5-6 ● 체크 박스

1.2 라디오 버튼과 체크 박스의 컨트롤 변수

그룹 내의 라디오 버튼 중 어떤 라디오 버튼이 눌렸는지를 프로그램 내부에서 알기 위해서는 이와 연결된 멤버 변수를 선언해야 하는데 `Value` 형으로 선언하면 기본적으로 "`int`" 형으로 잡힌다.

우리가 라디오 버튼을 배치하면서 그룹에 속하는 여러 개의 라디오 버튼들 중에서 하나만 배타적으로 선택되도록 하기 위해서 그룹에 속한 라디오 버튼 중 탭 순서가 가장 작은 라디오 버튼의 `Group` 속성을 `True`로 지정해 주었다. 라디오 버튼에 대한 멤버 변수를 설정하기 위해서 [멤버 변수 추가 마법사] 창을 띄우면 `Group` 속성을 `True`로 지정한 라디오 버튼에 대해서만 멤버 변수를 추가할 수 있다.

선의 색상을 결정하는 라디오 버튼에 대한 변수의 이름을 "`m_nPenColor`"로 지정하면 `m_nPenColor`는 0부터 그룹에 속한 라디오 버튼의 개수보다 하나 적은 값인 2사이의 값을 가질 수 있다. 탭 순서가 작은 것부터 큰 것 순으로 0, 1, 2 값을 갖는다. 빨간색 라디오 버튼을 선택했다면 m_nPenColor 변수값이 0이었다가 초록색 라디오 버튼을 선택했다면 1을 파란색 라디오 버튼을 선택했다면 2를 갖게 된다.

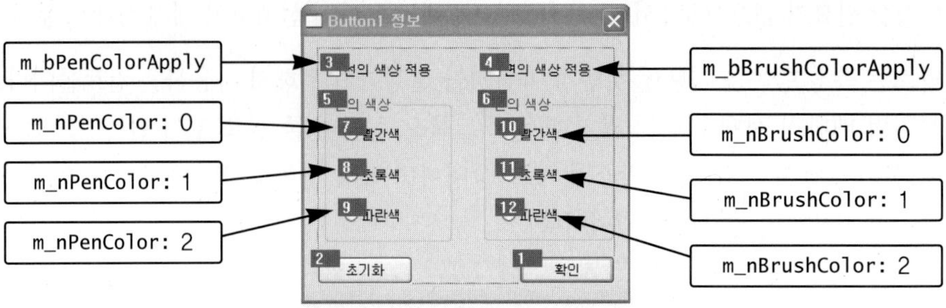

그림 5-7 ● 라디오 버튼의 멤버 변수

면의 색상을 결정하는 라디오 버튼에 대한 멤버 변수를 m_nBrushColor로 선언했다면 m_nBrushColor 변수는 빨간색 라디오 버튼을 선택했다면 0을 초록색 라디오 버튼을 선택했다면 1을, 파란색 라디오 버튼을 선택했다면 2를 갖게 된다.

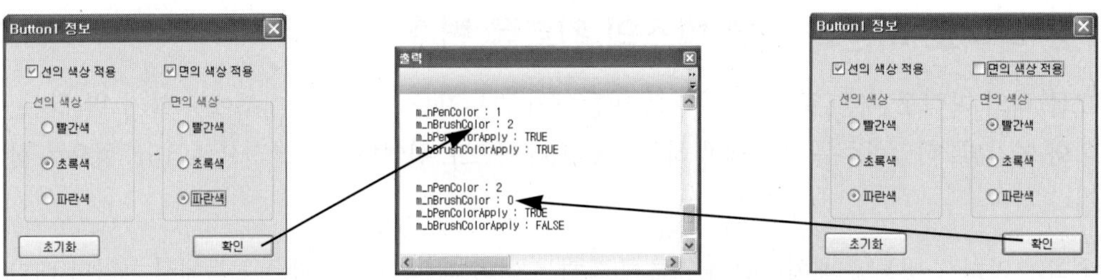

그림 5-8 ● 컨트롤의 상태가 멤버 변수에 적용된 예

반면 체크 박스는 단독적으로 사용되기 때문에 체크 박스에 대한 멤버 변수는 BOOL형으로 선언되며 TRUE(체크 상태이면), FALSE(해제 상태이면) 둘 중의 하나의 값을 갖는다.

기본예제 5-1 버튼 컨트롤을 배치하고 상태 값 얻어오기

[예제설명]

이번 예제를 위해서 따로 대화상자 클래스와 메뉴 설계 부분과 대화상자를 출력하기 위한 코딩 작업을 생략하기 위해서 MFC 응용 프로그램 마법사에서 제공해주는 CAboutDlg를 사용하기로 하자. CAboutDlg와 연결된 [IDD_ABOUTBOX] 대화 상자 템플릿에 다양한 버튼 컨트롤을 배치하고 멤버 변수도 추가한다. [F5]로 디버깅 시작으로 실행한 후 <확인> 버튼을 누르면 [출력] 창에 컨트롤과 연결된 멤버 변수에 저장된 값이 출력된다.

[실행결과]

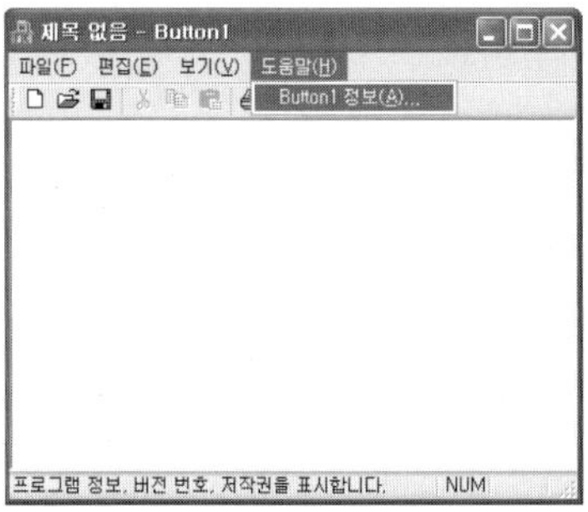

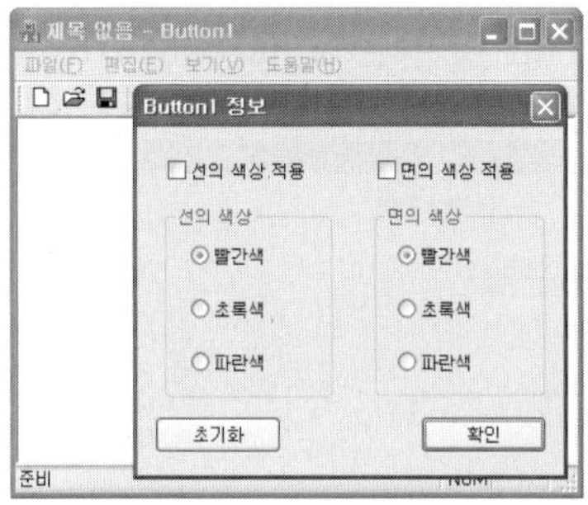

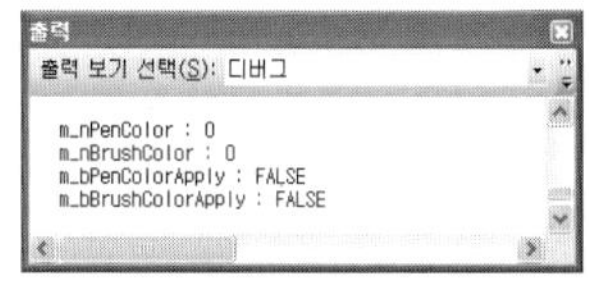

[따라하기]

1 "Button1"이란 이름의 단일 문서 형태의 새로운 프로젝트를 생성한다. [리소스 뷰] 창에서 Dialog 왼쪽 [+] 확장 버튼을 클릭하고 [IDD_ABOUTBOX] 리소스 항목을 클릭하면 화면 가운데에 [리소스 편집기] 창에 Button1.rc 파일이 열린다. [실행결과]에서 미리 본 [도움말] → [Button1 정보...] 메뉴를 선택하여 나타난 대화 상자와 동일한 모양의 대화 상자 템플릿(Dialog Box Template)이 나타난다. 대화 상자에 컨트롤을 배치하도록 한다.

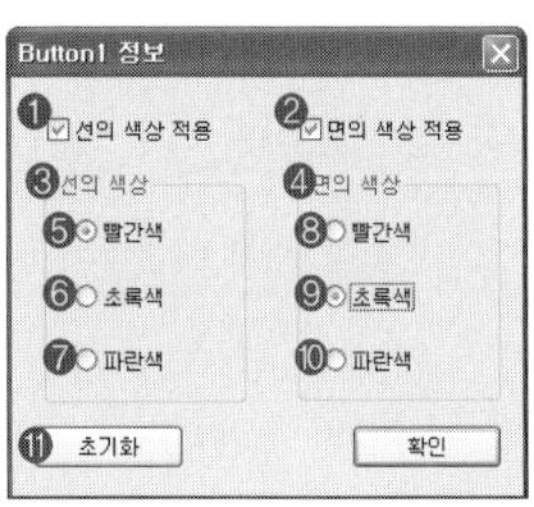

컨트롤	번호	컨트롤 ID	캡션	비고
체크박스	❶	IDC_CHECK_PEN	선의 색상 적용	int
	❷	IDC_CHECK_BRUSH	면의 색상 적용	
그룹박스	❸	IDC_STATIC	선의 색상	
	❹	IDC_STATIC	면의 색상	
라디오버튼	❺	IDC_RADIO_PENCOLOR	빨간색	Group : True
	❻	IDC_RADIO2	초록색	
	❼	IDC_RADIO3	파란색	
	❽	IDC_RADIO_BRUSHCOLOR	빨간색	Group : True
	❾	IDC_RADIO5	초록색	
	❿	IDC_RADIO6	파란색	
버튼컨트롤	⓫	IDC_BUTTON_INIT	초기화	

2 라디오 버튼에 대한 멤버 변수는 Group 속성을 True로 준 것에 대해서만 지정할 수 있다. IDC_RADIO_PENCOLOR 라디오 버튼을 선택한 후 마우스 오른쪽 버튼을 눌러서 나타난 바로가기 메뉴에서 [변수 추가] 메뉴를 선택한다. [멤버 변수 추가 마법사] 창이 나타나면 화면 오른쪽의 [범주] 콤보박스에서 Value를 선택한다. IDC_RADIO_PENCOLOR에 대한 변수의 형식을 "int"로 지정하고 변수의 이름만 "m_nPenColor"로 지정하고 <마침> 버튼을 누른다. 같은 방법으로 IDC_RADIO_BRUSHCOLOR 라디오 버튼에 대해서 int 형 변수 "m_nBrushColor"를 추가한다.

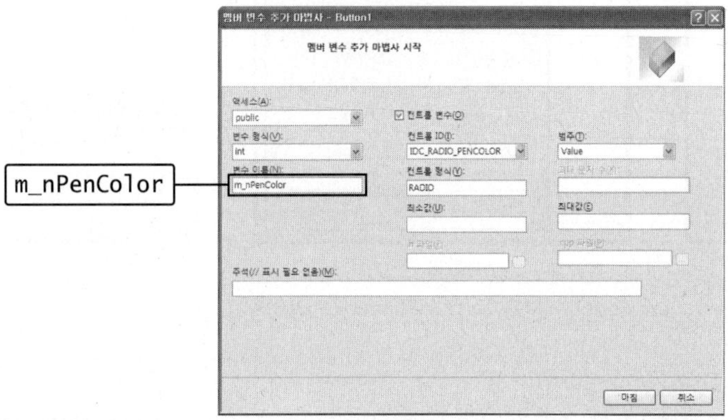

3 "선의 색상 적용" 체크 박스를 선택하고 마우스 오른쪽 버튼을 눌러서 나타난 바로가기 메뉴에서 [변수 추가] 메뉴를 선택한다. [멤버 변수 추가 마법사] 창이 나타나면 화면 오른쪽에 [범주] 콤보박스에서 Value를 선택한다. IDC_CHECK_PEN에 대한 변수의 형식은 기본적으로 "BOOL"로 지정된다. 기본 형식을 그대로 적용하고 변수의 이름만 "m_bPenColorApply"로 지정하고 <마침> 버튼을 누른다. 같은 방법으로 IDC_CHECK_BRUSH 체크 박스에 대해서 BOOL 형 변수 "m_bBrushColorApply"를 추가한다.

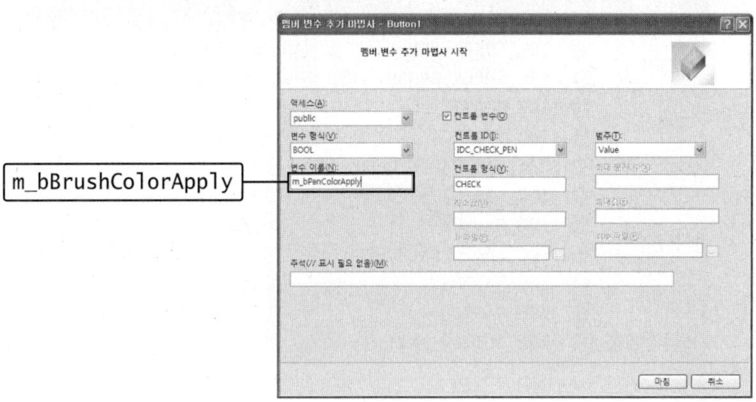

4 [클래스 뷰] 창에서 CAboutDlg 클래스를 클릭하면 분할 윈도우 아래쪽에 CAboutDlg 클래스의 멤버들이 나타나는데 그 중에 지금 막 추가한 멤버 변수 m_nPenColor, m_nBrushColor, m_bPenColorApply, m_bBrushColorApply가 있음을 확인할 수 있다. m_nPenColor를 더블 클릭하면 화면 오른쪽에 AboutDlg.h 파일이 열리면서 CAboutDlgDlg 클래스의 정의부에 멤버 변수가 선언된 위치로 커서가 이동한다. 조금 아래로 내려가면 생성자에서 콜론 초기화로 m_nPenColor와 m_nBrushColor는 0으로 콜론 초기화되어 있고 m_bPenColorApply와 m_bBrushColorApply는 FALSE로 콜론 초기화되어 있음을 확인할 수 있다. 대화 상자가 출력되자마자 빨간색 라디오 버튼이 선택된 상태로 나타난다. 체크 박스는 해제된 상태로 나타난다.

```
class CAboutDlg : public CDialog
{
public:
   int m_nPenColor;
   int m_nBrushColor;
   BOOL m_bPenColorApply;
   BOOL m_bBrushColorApply;
};

CAboutDlg::CAboutDlg() : CDialog(CAboutDlg::IDD)
, m_nPenColor(0)
, m_nBrushColor(0)
, m_bPenColorApply(FALSE)
, m_bBrushColorApply(FALSE)
{
}
```

5 [도움말] → [Dialog1 정보...] 메뉴를 선택하고 호출되는 OnAppAbout() 함수에 다음과 같이 입력한다.

```
void CButton1App::OnAppAbout()
{
   CAboutDlg aboutDlg;
   aboutDlg.DoModal();

   CString strMsg;
```

```
    CString strColorApply=_T("FALSE");
    CString strBrushColorApply=_T("FALSE");


    if(aboutDlg.m_bPenColorApply)
       strColorApply="TRUE";
    if(aboutDlg.m_bBrushColorApply)
       strBrushColorApply="TRUE";

    strMsg.Format(_T("\n m_nPenColor : %d \n m_nBrushColor : %d \n \
          m_bPenColorApply : %s \n m_bBrushColorApply : %s \n\n"),
          aboutDlg.m_nPenColor, aboutDlg.m_nBrushColor,
          strColorApply, strBrushColorApply);
    TRACE(strMsg);
}
```

TIP | 컨트롤에 따른 Value형 멤버 변수의 자료형

컨트롤에 대한 Value형 멤버 변수를 선언하다 보면 컨트롤마다 멤버 변수의 자료형이 다르다는 것을 알 수 있다. 에디트 컨트롤은 CString 형이었는데 라디오 버튼은 int 형이고 체크박스는 BOOL 형인 것을 보면 알 수 있다. 컨트롤의 종류가 다양한 만큼 컨트롤에 따른 멤버 변수의 자료형도 다양하다.

SECTION

02 Control 형 멤버 변수

Introduction to Microsoft Foundation Class Library

프로그래밍을 하다보면 사용자의 편의를 위해서 개발자가 직접 컨트롤을 제어해야 할 경우가 있다. 예를 들어서 [기본예제 5-1]에서 선의 색상 적용 체크 박스가 해제된 상태에서는 선 색상이 적용되지 않는데도 선의 색상을 선택하고 있지 않도록 하기 위해서 선 색상 라디오 버튼을 비활성화되도록 하려면 어떻게 해야 할까?

지금까지는 컨트롤에 입력된 값을 얻어오거나 상태를 알아 오기 위한 멤버 변수를 `Value` 형으로 선언했다. `Value` 형으로 선언하면 `CString`, `int`, `BOOL`과 같은 자료형으로 선언된 멤버변수는 단순한 값만 얻어오기 때문에 세밀하게 컨트롤을 제어할 수 있다. 다행히도 MFC에는 모든 컨트롤들에 대해서 이를 관리하기 위한 클래스를 제공한다. 다음은 컨트롤과 이를 관리하기 위한 클래스를 표로 정리한 것이다. 이러한 클래스들은 다양한 멤버 함수를 제공해 주기 때문에 이 함수들을 이용해서 컨트롤을 제어할 수 있다.

표 5-1 ● MFC 컨트롤 클래스

컨트롤	MFC 클래스	컨트롤 버튼
버튼 컨트롤	CButton	버튼(Button) 체크 박스(Check Box) 라디오 버튼(Radio Button) 그룹 박스(Group Box)
정적 컨트롤	CStatic	스테틱 텍스트(Aa Static Text) 픽쳐 컨트롤(Picture Control)
편집 컨트롤	CEdit	에디트 컨트롤(ab| Edit Control)
리스트 박스 컨트롤	CListBox	리스트 박스(List Box)
콤보 박스 컨트롤	CComboBox	콤보 박스(Combo Box)
스크롤 바 컨트롤	CScrollBar	수평 스크롤 바(Horizontal Scroll Bar) 수직 스크롤 바(Vertical Scroll Bar)

컨트롤의 종류가 다양한 만큼 컨트롤에 따른 MFC 컨트롤 클래스도 다양하다. 다양한 클래스 형을 사용해야 한다고 해서 부담을 느낄 필요는 없다. 왜냐하면 MFC는 상속이란 메커니즘을 사용하기 때문이다. 컨트롤에 따라 서로 다른 클래스 형을 선언해야 하지만 이들은 모두 CWnd을 기본 클래스로 상속구조를 갖는다. 그렇기 때문에 CWnd 클래스의 멤버 함수들이 모든 컨트롤 클래스에서 상속 받아 사용한다.

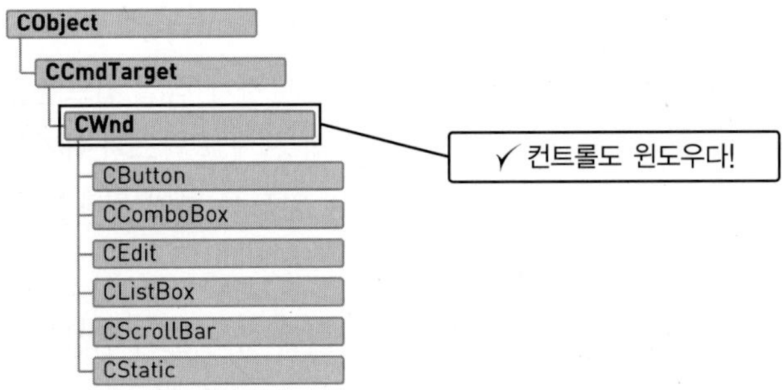

그림 5-9 ● MFC 클래스 계층도

다음은 CWnd 클래스에서 자주 사용하는 멤버 함수를 정리해 놓은 표이다. 이 함수들은 위 표에서 나열한 모든 컨트롤 형에서 사용가능한 멤버 함수들이다.

표 5-2 ● CWnd 클래스의 멤버 함수

멤버 함수	설명
Create	윈도우를 생성시켜준다. CWnd의 파생클래스에서 이 함수가 오버라이딩된다.
ShowWindow	윈도우를 보이거나(SW_SHOW) 보이지 않게(SW_HIDE)한다.
EnableWindow	윈도우를 활성화(TRUE) 시키거나 비활성화(FALSE) 시킨다.
SetWindowPos MoveWindow	윈도우의 크기와 위치를 변경한다.
SetWindowText	윈도우의 메인 텍스트를 변경한다. 메인 프레임인 경우 제목줄에 나타나고 버튼인 경우에는 캡션으로 에디트 컨트롤은 편집 상자에 나타난다.

컨트롤을 다루는 프로그램을 살펴보다 보면 CEdit 객체에서 사용하는 멤버 함수를 CButton 객체에서도 사용하는데 이러한 멤버 함수는 CWnd 클래스에 정의되어 있기 때문이다. 즉, CWnd 클래스의 멤버 함수를 CWnd에서 파생한 CEdit와 CButton에서 공통으로 사용할 수 있다.

동일한 기본 클래스로부터 파생된 클래스로 선언된 객체들은 동일한 멤버 함수들을 가져다 사용하기 때문에 MFC는 상속 관계를 잘 따져서 공부하면 학습해야 할 양을 확 줄일 수 있다.

컨트롤에 대한 멤버 변수를 MFC 컨트롤 클래스로 선언하려면 [멤버 변수 추가 마법사]에서 `Control` 형으로 변수를 추가하면 된다.

기본예제 5-2 버튼 컨트롤 제어하기

【예제설명】

선의 색상 적용 체크 박스가 해제된 상태에서는 선 색상이 적용되지 않는데도 선의 색상을 선택하고 있지 않도록 하기 위해서 선 색상 라디오 버튼을 비활성화되도록 하고 면의 색상도 마찬가지로 면의 색상 적용 체크 박스가 해제된 상태에서는 면 색상 라디오 버튼을 비활성화되도록 하자.

【실행결과】

대화상자가 뜨자마자 선의 색상 적용 체크 박스와 면의 색상 적용 체크 박스가 체크된 상태이기에 선 색상 라디오 버튼과 면 색상 라디오 버튼이 모두 활성화 상태이다. 선의 색상 적용 체크 박스를 클릭하여 체크 상태를 해제 상태로 만들어 주면 선 색상 라디오 버튼들이 모두 비활성화된다. 면의 색상 적용 체크 박스를 클릭하여 체크 상태를 해제 상태로 만들어 주면 면 색상 라디오 버튼들도 모두 비활성화된다. 다시 면의 색상 적용 체크 박스를 체크 상태로 만들어 주면 선 색상 라디오 버튼들이 모두 활성화된다.

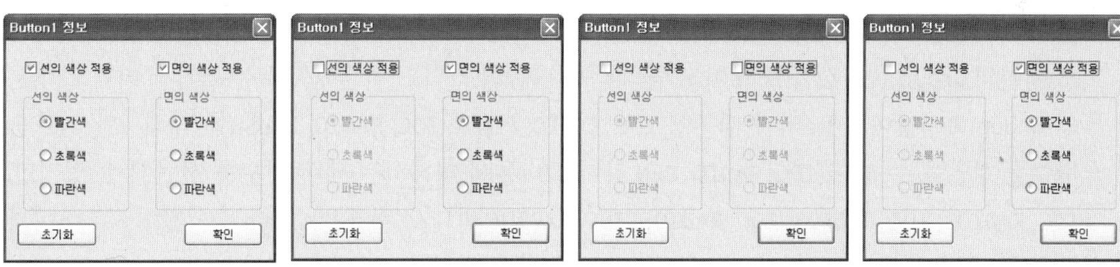

【따라하기】

1 첫 번째로 해야 할 일은 라디오 버튼을 활성화 혹은 비활성화시키기 위해서는 라디오 버튼에 대한 멤버 변수를 `CButton` 클래스로 선언해야 한다. 그러려면 멤버 변수를 추가할 때 컨트롤을 `Control`형

멤버 변수와 연결하면 된다. 그런 후에는 CButton 클래스의 기본 클래스인 CWnd의 멤버 함수 EnableWindow()를 사용해야 한다. IDC_RADIO_PEN 라디오 버튼에 대해서는 CButton 클래스로 멤버 변수를 선언하자. 우선 리소스 뷰 창에서 [Dialog] → [IDD_ABOUTBOX]를 더블 클릭한다. 빨간색 라디오 버튼을 선택한 후에 마우스 오른쪽 버튼을 클릭하여 바로가기 메뉴가 나타나면 [변수 추가] 메뉴를 선택한다. 멤버 변수 추가 마법사 창을 띄우면 범주 콤보박스가 기본적으로 "Control"로 선택되어 있기에 라디오 버튼에 대한 변수 형식이 CButton으로 지정되어 있다. 변수 이름만 m_Radio1이라고 입력하고 <마침> 버튼을 클릭한다.

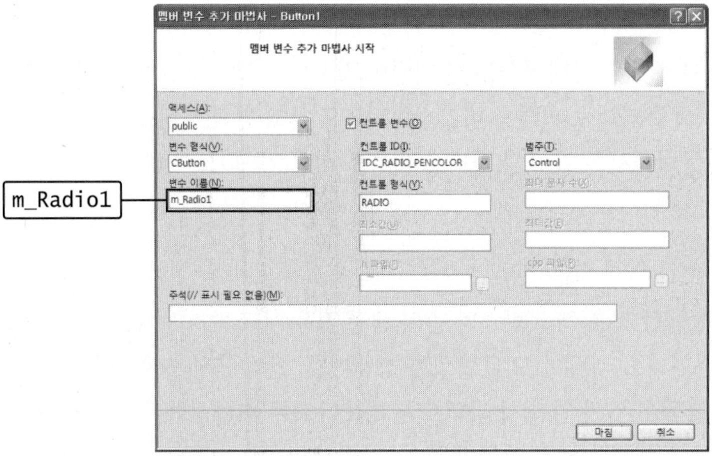

2 CButton 클래스로 선언해야 하는 라디오 버튼은 4개인데, 라디오 버튼은 Group 속성값이 True인 것에 대해서만 멤버 변수를 선언할 수 있다. 선의 색상 그룹의 라디오 버튼 중에서는 빨간색 라디오 버튼의 Group 속성값이 True이고 면의 색상 그룹의 라디오 버튼 중에서는 빨간색 라디오 버튼의 Group 속성값이 True이기 때문에 IDC_RADIO_PEN과 IDC_RADIO_BRUSH에 대해서만 컨트롤 변수를 선언할 수 있다. IDC_RADIO_PEN 라디오 버튼에 대해서는 멤버 변수를 선언할 수 있지만, IDC_RADIO2, IDC_RADIO3, IDC_RADIO5, IDC_RADIO6 라디오 버튼은 Group 속성값이 False이기 때문에 멤버 변수를 선언할 수 없다. 그래서 다음과 같은 편법을 사용한다. IDC_RADIO2, IDC_RADIO3, IDC_RADIO5, IDC_RADIO6 라디오 버튼의 Group 속성값이 False여야 하지만, 멤버 변수를 선언하기 위해서 임시로 Group 속성값을 True로 변경한다.

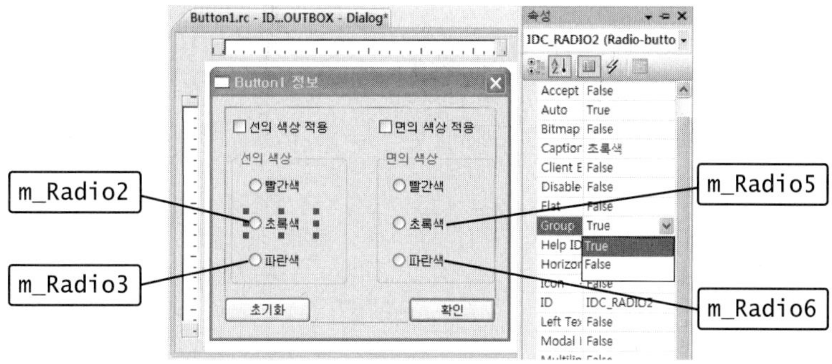

❸ 그런 후에 멤버 변수를 선언하기 위해서 IDC_RADIO2 라디오 버튼을 선택한 후에 마우스 오른쪽 버튼을 클릭하여 바로가기 메뉴가 나타나면 [변수 추가] 메뉴를 선택한다. 멤버 변수 추가 마법사 창을 띄우면 IDC_RADIO3, IDC_RADIO5, IDC_RADIO6에 대해서 범주 콤보박스가 Control로 선택되어 있는지 확인하고 라디오 버튼에 대한 변수 형식이 CButton으로 지정되어 있다. 변수 이름은 각각 m_Radio2, m_Radio3, m_Radio5, m_Radio6로 한다.

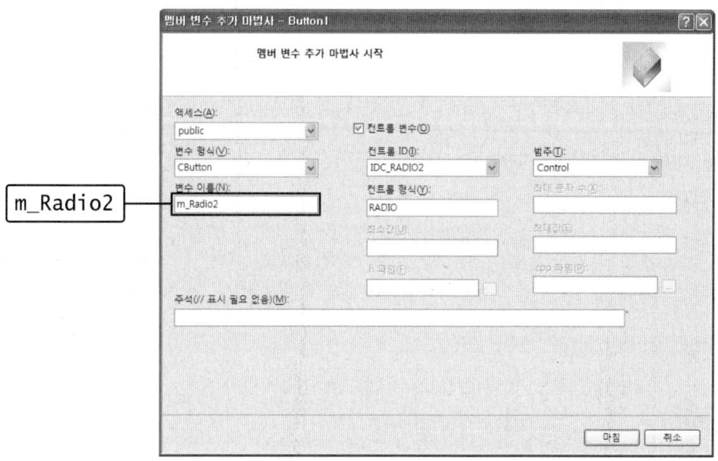

❹ 멤버 변수 선언을 성공적으로 끝냈으면 다시 원래대로 선 색과 면 색을 위한 라디오 버튼끼리 그룹을 지어 배타적 선택을 할 수 있도록 하기 위해서 IDC_RADIO2, IDC_RADIO3, IDC_RADIO5, IDC_RADIO6 라디오 버튼의 Group 속성값을 False로 변경한다.

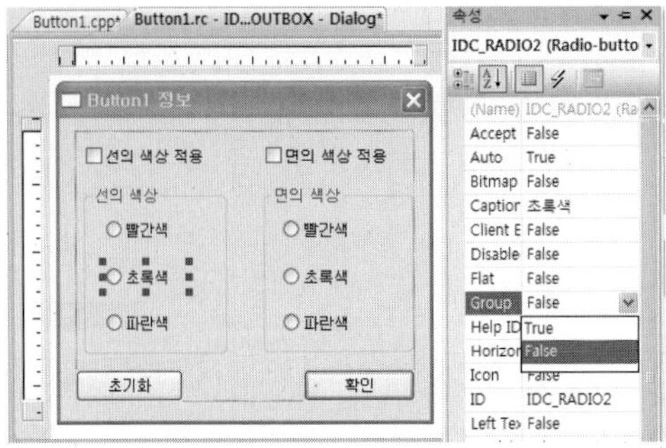

5 체크 박스도 버튼의 일종이므로 선택되면 BN_CLICKED 메시지가 발생하므로 이에 대한 이벤트 처리기를 만든다. [리소스 뷰] 창에서 [Dialog] → [IDD_ABOUTBOX]를 더블 클릭하여 색의 색상 적용 체크 박스를 더블 클릭하여 추가된 이벤트 처리기에 체크 박스의 상태를 물어봐서 해제 상태이면 라디오 버튼들을 비활성화시키고 체크 상태이면 활성화시키도록 하는 내용을 CWnd 클래스의 EnableWindow() 함수를 사용해서 기술하자.

```
void CAboutDlg::OnBnClickedCheckPen()
{
    // TODO: 여기에 컨트롤 알림 처리기 코드를 추가합니다.
    UpdateData(TRUE);
    m_Radio1.EnableWindow(m_bPenColorApply);
    m_Radio2.EnableWindow(m_bPenColorApply);
    m_Radio3.EnableWindow(m_bPenColorApply);
}

void CAboutDlg::OnBnClickedCheckBrush()
{
    // TODO: 여기에 컨트롤 알림 처리기 코드를 추가합니다.
    UpdateData(TRUE);
    m_Radio4.EnableWindow(m_bBrushColorApply);
    m_Radio5.EnableWindow(m_bBrushColorApply);
    m_Radio6.EnableWindow(m_bBrushColorApply);
}
```

6 대화상자가 뜨자마자 선 색상 라디오 버튼들과 면 색상 라디오 버튼들이 모두 활성화 상태이기에 선의 색상 적용 체크 박스와 면의 색상 적용 체크 박스가 체크된 상태로 출력되도록 하기 위해서

생성자에서 체크 박스와 연결된 멤버변수 m_bPenColorApply와 m_bBrushColorApply의 초기값을 TRUE로 변경한다.

```
CAboutDlg::CAboutDlg() : CDialog(CAboutDlg::IDD)
, m_nPenColor(0)
, m_nBrushColor(0)

, m_bPenColorApply(TRUE)
, m_bBrushColorApply(TRUE)
{
}
```

SECTION

03 기본 컨트롤 다루기

Introduction to Microsoft Foundation Class Library

리스트 박스 컨트롤(List Box Control)과 콤보 박스 컨트롤(Combo Box Control)은 여러 개의 항목 중에서 원하는 항목을 선택할 수 있도록 하는 컨트롤이다. 사용 목적은 같지만 형태는 서로 다르다. 리스트 박스는 여러 개의 항목들이 쭉 나열되어 있지만, 콤보 박스는 현재 선택된 한 개의 항목만 보이다가 다른 항목을 선택하려면 [▼] 버튼을 클릭해서 여러 개의 항목들이 나타나면 그 중에서 한 개를 선택한다.

그림 5-10 ● 리스트 박스 컨트롤과 콤보 박스 컨트롤

콤보 박스의 특징은 공간 절약을 할 수 있다는 것 외에도 이름에서 알 수 있듯이 2가지 컨트롤을 결합한 것이다. **에디트 컨트롤**과 **리스트 박스를 결합해 놓은 형태**이다. 에디트 컨트롤의 성격 때문에 데이터를 직접 입력할 수 있고 리스트 박스 성격 때문에 [▼] 버튼을 클릭해서 작은 창에 여러 개의 항목이 나열되어 원하는 항목을 선택할 수 있다. 리스트 박스의 특징은 하나만 선택할 수도 있지만, 경우에 따라서는 여러 개를 선택할 수도 있다.

MFC에서는 리스트 박스를 위해서 **CListBox 클래스**를 제공하고 콤보 박스를 위해서 **CComboBox 클래스**를 제공한다. 다음은 CListBox 클래스의 멤버 함수인데 콤보 박스가 리스트 박스의 기능도 갖고 있기 때문에 CComboBox 클래스에서 CListBox 클래스의 멤버 함수를 사용할 수 있다.

표 5-3 • CComboBox 클래스와 CListBox 클래스의 멤버 함수

멤버 함수	설명
AddString	항목을 추가할 때 사용한다. 무조건 맨 마지막 항목으로 추가된다.
InsertString	인덱스를 지정해서 원하는 위치에 항목을 추가한다.
DeleteString	인덱스를 지정해서 원하는 위치의 항목을 삭제한다.
ResetContent	모든 항목을 삭제해서 다 비운다.
GetCurSel	현재 선택된 항목의 인덱스를 알려준다.
SetCurSel	인덱스를 지정한 위치의 항목이 선택되도록 한다.
GetCount	컨트롤에 존재하는 총 항목의 개수를 반환한다.

대화상자에 리스트 박스와 콤보 박스를 배치하여 살펴보도록 하자. 해야 할 작업을 정리하면 다음과 같다.

- 대화상자에 리스트 박스와 콤보 박스를 배치한다.
- `Control`형 멤버 변수를 선언한다.
- `OnInitDialog()` 함수에서 `AddString()` 함수를 사용하여 항목을 추가한다.
- 특정 항목이 선택된 상태로 리스트 박스가 출력되도록 하려면 `SetCurSel()` 함수에 선택되었으면 하는 항목의 인덱스를 지정한다.

기본예제 5-3 리스트 박스와 콤보 박스에 항목 추가하기

【예제설명】

여러 개의 항목 중 원하는 항목을 선택할 수 있도록 리스트 박스와 콤보 박스 컨트롤을 대화상자에 추가해보자.

[실행결과]

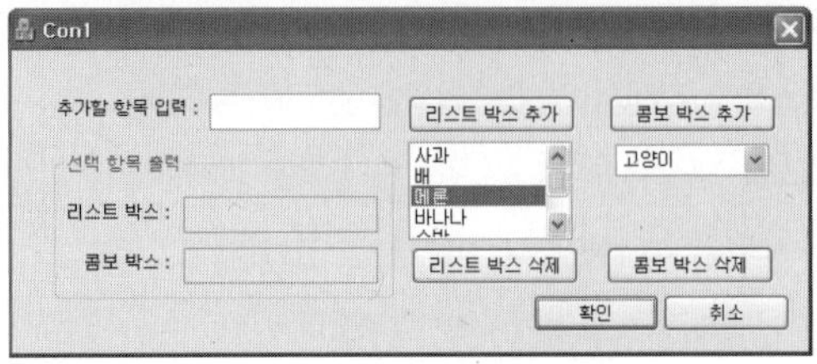

[따라하기]

1 "Con1"이란 이름으로 새로운 프로젝트를 생성한다. 응용 프로그램 종류 항목에서 "대화 상자 기반"으로 변경하고 나머지는 기본 설정을 따를 것이므로 <마침> 버튼을 누른다. 리소스 뷰 창에서 IDD_CON1_DIALOG를 더블 클릭하여 대화상자를 띄운 후 "TODO: 여기에 대화 상자 컨트롤을 배치합니다."라는 내용을 Caption 값으로 갖고 있는 불필요한 스테틱 텍스트를 삭제한 후에 스테틱 텍스트, 에디트 컨트롤, 버튼 컨트롤, 리스트 박스, 콤보 박스를 배치한다.

리스트 박스와 콤보 박스는 Sort 속성값이 기본적으로 True로 지정되어 있어서 항목을 추가하면 추가된 순서대로 항목이 나타나지 않고 데이터들이 정렬되어 나타난다. 만일 정렬되지 않고 추가된 순서대로 항목들이 나타나도록 하려면 Sort 속성값을 False로 변경한다.

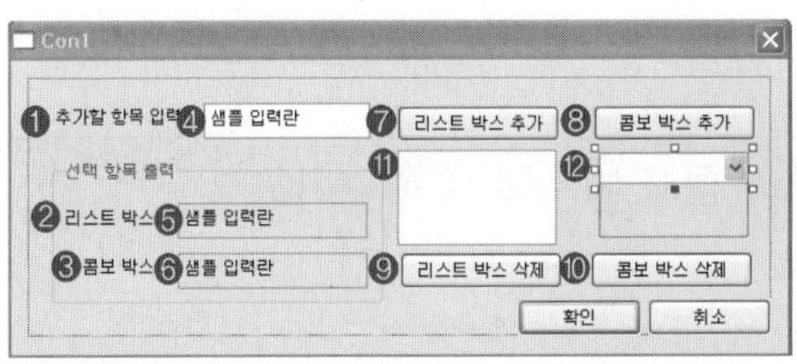

컨트롤 종류	번호	컨트롤 ID	캡션	속성값 지정
스테틱 텍스트	❶	IDC_STATIC	추가할 항목 입력:	
	❷	IDC_STATIC	리스트 박스 :	
	❸	IDC_STATIC	콤보 박스 :	
에디트 컨트롤	❹	IDC_EDIT_INPUT	(없음)	
	❺	IDC_EDIT_LIST	(없음)	Read Only:True
	❻	IDC_EDIT_COMBO	(없음)	Tabstop : False

버튼 컨트롤	❼ ❽ ❾ ❿	IDC_BUTTON_LISTADD IDC_BUTTON_LISTDEL IDC_BUTTON_COMBOADD IDC_BUTTON_COMBODEL	리스트 박스 추가 리스트 박스 삭제 콤보 박스 추가 콤보 박스 삭제	
리스트 박스	⓫	IDC_LIST1	(없음)	Sort : False
콤보 박스	⓬	IDC_COMBO1	(없음)	

2 IDC_EDIT_INPUT 에디트 컨트롤을 선택한 후에 마우스 오른쪽 버튼을 클릭하여 바로가기 메뉴가 나타나면 [변수 추가] 메뉴를 선택한다. 멤버 변수 추가 마법사 창을 띄우면 범주 콤보박스가 기본적으로 "Control"로 선택되어 있기에 라디오 버튼에 대한 변수 형식이 CEdit로 지정되어 있다. 변수 이름만 m_EditInput이라고 입력하고 <마침> 버튼을 클릭한다. 같은 방법으로 다음 표를 보고 Control 형 멤버 변수를 선언한다. [클래스 뷰]에서 추가된 멤버변수를 확인한다.

컨트롤의 종류	ID	범주	변수 형식	변수 이름
에디트 컨트롤	IDC_EDIT_INPUT IDC_EDIT_LIST IDC_EDIT_COMBO	Control Control Control	CEdit CEdit CEdit	m_EditInput m_EditList m_EditCombo
리스트 박스	IDC_LIST1	Control	CListBox	m_List
콤보 박스	IDC_COMBO1	Control	CComboBox	m_Combo

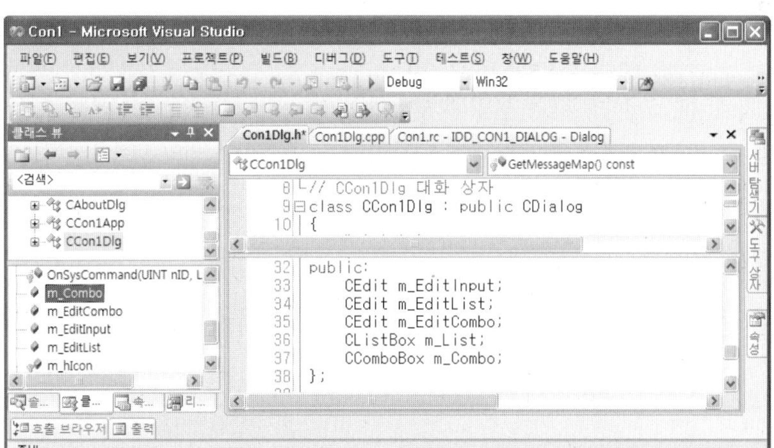

3 대화상자 클래스의 OnInitDialog() 함수에서 리스트 박스와 콤보 박스 클래스의 AddString() 함수를 사용하여 항목을 추가하자.

```
BOOL CCon1Dlg::OnInitDialog()
{
    // ... 생략 ...
    m_List.AddString(_T("사과"));
    m_List.AddString(_T("배"));
    m_List.AddString(_T("바나나"));          // 리스트 박스에 항목 추가함.
    m_List.AddString(_T("수박"));
    m_List.AddString(_T("참외"));
    m_List.InsertString(2, _T("메론"));
    m_List.SetCurSel(2);                     // 세번째 항목인 "바나나"가 선택되도록 함.

    m_Combo.AddString(_T("고양이"));
    m_Combo.AddString(_T("고슴도치"));       // 콤보박스에 항목을 추가함.
    m_Combo.AddString(_T("얼룩말"));
    m_Combo.AddString(_T("사자"));
    m_Combo.SetCurSel(0);                    // 첫번째 항목인 "고양이"가 선택되도록 함.

    return TRUE;  // 포커스를 컨트롤에 설정하지 않으면 TRUE를 반환합니다.
}
```

TIP | 항목을 추가하기 위한 InsertString() 함수

AddString() 함수를 리스트 박스나 콤보박스에 마지막 항목으로 추가한다. 만일 새로운 항목을 항목들 사이에 삽입하려면 InsertString() 함수를 사용하면 된다.

```
m_List.InsertString(2, _T("메론"));
```

위 문장을 실행하면 리스트 박스의 "배"의 인덱스가 1이고 "바나나"의 인덱스가 2이므로 "배"와 "바나나" 사이에 "메론"이 삽입된다.

TIP | CDialog::OnInitDialog() 함수

OnInitDialog() 함수는 대화상자가 화면에 출력될 때 호출되는 가상함수이다. OnInitDialog() 함수에는 대화상자에 배치된 컨트롤을 초기화하는 내용을 기술한다.

단순한 변수에 초기값을 주는 경우에는 대화상자 클래스 생성자에 하지만, 대화상자 클래스 생성자를 호출한 후에 컨트롤들이 생성되므로 Control 형 변수로 선언된 객체로 멤버함수를 호출하는 내용을 생성자에 기술하게 되면 문제가 발생할 수 있기 때문에 이럴 경우에는 OnInitDialog() 함수에서 초기화해야 한다.

3.1 컨트롤 통보 메시지

리스트 박스와 콤보 박스에서 발생하는 메시지 역시 다른 컨트롤과 마찬가지로 이를 포함한 부모인 대화상자 클래스에 메시지를 통보하므로 이를 컨트롤 통보 메시지라고 한다.

표 5-4 ● 리스트 박스의 컨트롤 통보 메시지

메시지	설명
LBN_DBLCLK	리스트 박스의 항목을 더블 클릭했을 때 발생한다.
LBN_ERRSPACE	리스트 박스의 항목을 추가하기 위한 메모리를 할당할 수 없을 때 발생한다.
LBN_KILLFOCUS	리스트 박스가 키보드 포커스를 잃었을 때 발생한다.
LBN_SELCANCLE	리스트 박스의 항목 선택을 취소했을 때 발생한다.
LBN_SELCHANGE	리스트 박스의 항목 선택을 변경했을 때 발생한다.
LBN_SETFOCUS	리스트 박스가 키보드 포커스를 받았을 때 발생한다.

표 5-5 ● 콤보 박스의 컨트롤 통보 메시지

메시지	설명
CBN_DBLCLK	콤보 박스의 리스트 목록의 항목을 더블 클릭했을 때 발생한다.
CBN_ERRSPACE	콤보 박스의 항목을 추가하기 위한 메모리를 할당할 수 없을 때 발생한다.
CBN_KILLFOCUS	콤보 박스가 키보드 포커스를 잃었을 때 발생한다.
CBN_SELCHANGE	콤보 박스의 항목 선택을 변경했을 때 발생한다.
CBN_SETFOCUS	콤보 박스가 키보드 포커스를 받았을 때 발생한다.
CBN_CLOSEUP	콤보 박스의 리스트 목록이 닫힐 때 발생한다.
CBN_DROPDOWN	콤보 박스의 리스트 목록이 보일 때 발생한다.

CBN_EDITCHANGE	콤보 박스의 에디트 컨트롤의 내용을 변경할 때 발생한다.
CBN_EDITUPDATE	콤보 박스의 에디트 컨트롤에 변경된 내용이 보일 때 발생한다.
CBN_SELENDOK	콤보 박스의 항목을 선택한 후 목록을 닫았을 때 발생한다.
CBN_SELENDCANCLE	콤보 박스의 항목을 선택한 후 다른 컨트롤을 선택할 때 발생한다. 선택은 무시된다.

특정 항목을 클릭하면 새로운 항목을 선택한 것이 되므로 LBN_SELCHANGE 메시지가 발생한다. LBN_SELCHANGE 메시지에 대한 이벤트 처리기를 추가한 후에 클릭한 항목 값을 얻어 와 읽기 전용 에디트 컨트롤에 출력해 보도록 하자. 콤보 박스 역시 특정 항목을 클릭했을 때 항목 값을 얻어와 읽기 전용 에디트 컨트롤에 출력하려면 항목의 선택을 변경했을 때 발생하는 CBN_SELCHANGE 메시지에 대한 이벤트 처리기를 추가한 후 선택된 항목을 얻어 오는 알고리즘을 기술해야 한다.

```
// 단일 선택 리스트 박스 컨트롤인 경우
CString str;
int nIndex = m_list.GetCurSel();
if(nIndex != LB_ERR){
   m_list.GetText(nIndex, str);
}
```

기본예제 5-4 리스트 박스와 콤보 박스에서 선택된 항목 출력하기

【예제설명】

리스트 박스와 콤보 박스에서 선택한 항목이 에디트 컨트롤에 나타나도록 하자.

【실행결과】

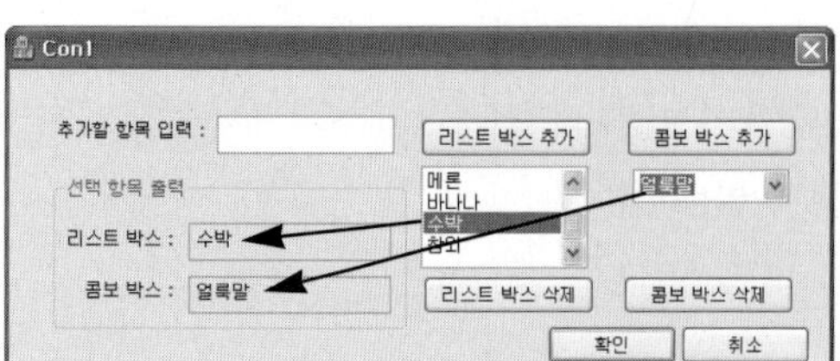

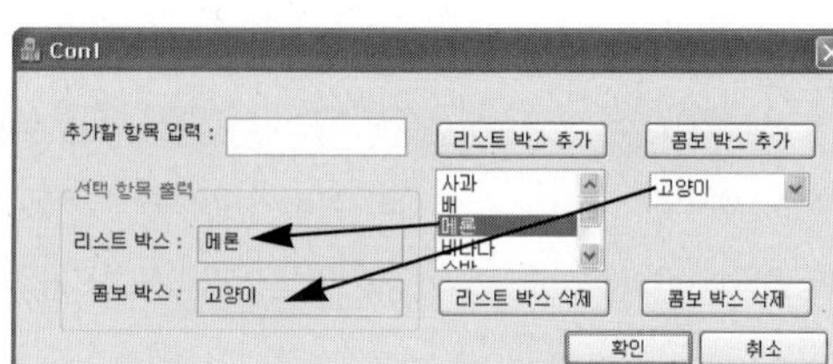

【따라하기】

1 리스트 박스를 선택하고 마우스 오른쪽 버튼을 눌러서 나타난 메뉴에서 [이벤트 처리기 추가...]를 선택한다. [이벤트 처리기 마법사] 창의 메시지 형식에서 LBN_SELCHANGE를 선택하고 [추가 및 편집] 버튼을 선택하면 함수가 추가된다.

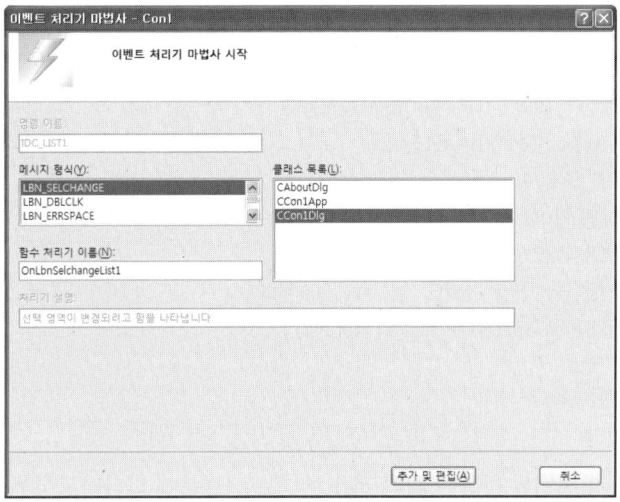

2 추가된 함수로 이동한다. 다음과 같은 내용을 입력한다.

```
void CCon1Dlg::OnLbnSelchangeList1()
{
    // TODO: 여기에 컨트롤 알림 처리기 코드를 추가합니다.
    CString strItem;
    //리스트 박스에서 선택한 항목의 인덱스 위치값을 얻어온다.
    int nIndex = m_List.GetCurSel();
    if(nIndex != LB_ERR){
        //리스트 박스의 해당 인덱스 위치의 항목 값을 얻어온다.
        m_List.GetText(nIndex, strItem);
    }
    //선택한 항목 값을 읽기 전용 에디트 컨트롤에 출력한다.
    m_EditList.SetWindowTextW(strItem);
}
```

3 콤보박스를 선택하고 마우스 오른쪽 버튼을 눌러서 나타난 메뉴에서 [이벤트 처리기 추가...]를 선택한다. [이벤트 처리기 마법사] 창의 메시지 형식에서 CBN_SELCHANGE을 선택하고 [추가 및 편집] 버튼을 누르면 함수가 추가된 후 추가된 함수로 이동한다. 다음과 같은 내용을 입력한다.

```
void CCon1Dlg::OnCbnSelchangeCombo1()
{
    // TODO: 여기에 컨트롤 알림 처리기 코드를 추가합니다.
    CString strItem;
    //콤보 박스에서 선택한 항목의 인덱스 위치값을 얻어온다.
    int nIndex=m_Combo.GetCurSel();
    if(nIndex != LB_ERR){
        //콤보 박스의 해당 인덱스 위치의 항목 값을 얻어온다.
        m_Combo.GetLBText(nIndex, strItem);
        //선택한 항목 값을 읽기 전용 에디트 컨트롤에 출력한다.
        m_EditCombo.SetWindowTextW(strItem);
    }
}
```

4 대화상자가 뜨자마자 선택된 항목이 읽기 전용 에디트 컨트롤에 나타나도록 하려면 OnInitDialog() 함수에서 2, 3에서 만든 함수를 직접 호출해 주어야한다.

```
BOOL CCon1Dlg::OnInitDialog()
{
    // ... 생략 ...
    OnLbnSelchangeList1();
    OnCbnSelchangeCombo1();
    return TRUE; // 포커스를 컨트롤에 설정하지 않으면 TRUE를 반환합니다.
}
```

기본예제 5-5 리스트 박스와 콤보 박스에 항목 추가 삭제하기

[예제설명]

추가할 항목 입력: 에디트 컨트롤에 "체리"를 입력한 후에 [리스트 박스 추가] 버튼을 누르면 입력한 값이 리스트 박스의 항목으로 추가되고 추가할 항목 입력 에디트 컨트롤에 "호랑이"를 입력한 후에 [콤보 박스 추가] 버튼을 누르면 입력한 값이 콤보 박스의 항목으로 추가된다. 또한 리스트 박스 삭제 버튼을 누르면 리스트 박스에서 선택한 항목이 삭제되고 콤보 박스 삭제 버튼을 누르면 콤보 박스에서 선택한 항목이 삭제된다.

[실행결과]

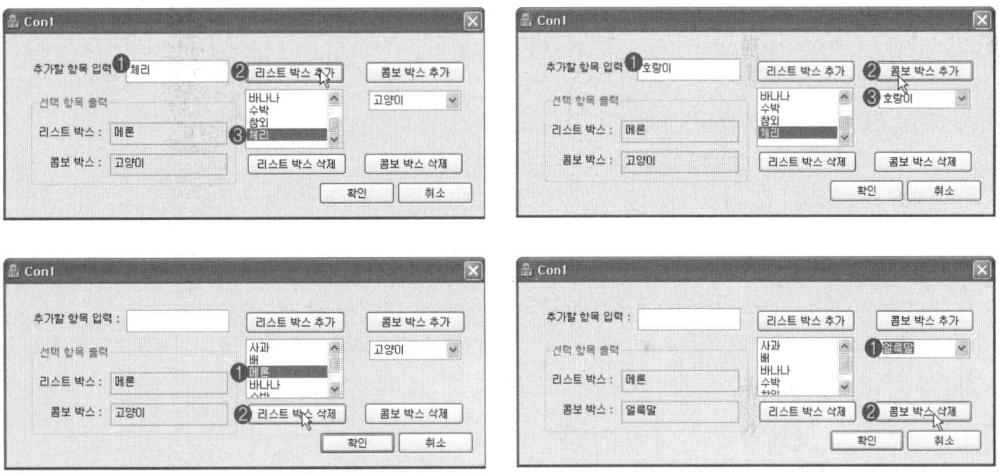

[따라하기]

1 [리소스 뷰] 창에서 버튼들을 더블 클릭하면 BN_CLICKED에 대한 이벤트 처리기가 만들어진다. 이렇게 만들어진 이벤트 처리기에 다음과 같이 입력한다.

```
// [리스트 박스 추가] 버튼에 대한 이벤트 처리기
void CCon1Dlg::OnBnClickedButtonListadd()
{
    // TODO: 여기에 컨트롤 알림 처리기 코드를 추가합니다.
```

```
    CString strEdit;
    //에디트 컨트롤에 입력된 값을 얻어옴
    m_EditInput.GetWindowTextW(strEdit);

    if(strEdit.IsEmpty() == FALSE) {                //입력된 값이 있다면
        m_List.AddString(strEdit);                  //항목으로 추가한 후
        int count=m_List.GetCount();                //현재 항목의 개수를 얻어 와서
        m_List.SetCurSel(count-1);                  //마지막(추가한) 항목이 선택되도록 함
    }
}

// [콤보 박스 추가] 버튼에 대한 이벤트 처리기
void CCon1Dlg::OnBnClickedButtonComboadd()
{
    // TODO: 여기에 컨트롤 알림 처리기 코드를 추가합니다.
    CString strEdit;
    //에디트 컨트롤에 입력된 값을 얻어옴
    m_EditInput.GetWindowTextW(strEdit);

    if(strEdit.IsEmpty() == FALSE) {                //입력된 값이 있다면
        int count=m_Combo.GetCount();               //현재 항목의 개수를 얻어 와서
        m_Combo.InsertString(count, strEdit);       //항목으로 추가한 후
        m_Combo.SetCurSel(count);                   //마지막(추가한) 항목이 선택되도록 함
    }
}

// [리스트 박스 삭제] 버튼에 대한 이벤트 처리기
void CCon1Dlg::OnBnClickedButtonListdel()
{
    // TODO: 여기에 컨트롤 알림 처리기 코드를 추가합니다.
    //리스트 박스에서 선택한 항목의 인덱스 위치값을 얻어온다.
    int nIndex = m_List.GetCurSel();
    if(nIndex != LB_ERR){
        m_List.DeleteString(nIndex);                //선택된 위치의 항목을 삭제
    }
}

// [콤보 박스 삭제] 버튼에 대한 이벤트 처리기
```

```
void CCon1Dlg::OnBnClickedButtonCombodel()
{
    // TODO: 여기에 컨트롤 알림 처리기 코드를 추가합니다.
    //콤보 박스에서 선택한 항목의 인덱스 위치값을 얻어온다.
    int nIndex=m_Combo.GetCurSel();
    int count=m_Combo.GetCount();
    if(nIndex != LB_ERR){
        if(count==1){
            m_Combo.ResetContent();
        }else{
            m_Combo.DeleteString(nIndex);
            m_Combo.SetCurSel(0);
        }
    }
}
```

3.2 스크롤 바와 픽쳐 컨트롤 다루기

스크롤 바 컨트롤(Scroll Bar Control)은 화면의 일정 영역을 스크롤하거나 정해진 범위의 값을 변경시키는 용도로 사용한다. 스크롤 바 컨트롤은 수평 스크롤 바와 수직 스크롤 바 2가지 종류가 제공된다.

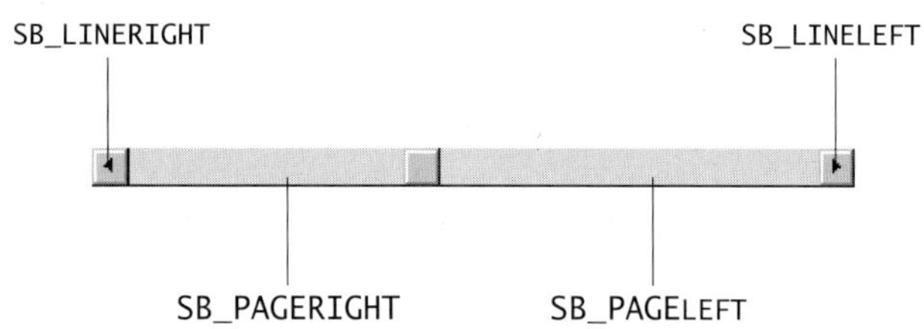

수평 스크롤 바에 이벤트를 일으키면 사용자가 클릭한 부분에 따라 다음과 같은 스크롤 바 코드 값이 전달된다. **양끝의 버튼**을 누르는 것은 비교적 작은 단위(예를 들어 한 줄씩)로 섬세하게 이동하라는 뜻이며 **몸통 부분**을 클릭하는 것은 비교적 큰 단위(예를 들어 한 페이지씩)로 이동하라는 뜻이다.

또한 수평 스크롤 바는 왼쪽, 오른쪽으로 스크롤되지만 수직 스크롤 바는 위, 아래로 스크롤되는데 이때 수평의 왼쪽 이동과 수직의 위쪽 이동은 둘 다 값을 감소시키는 점에서 동일하다. 그래서 SB_LINELEFT와 SB_LINEUP은 같은 의미라고 할 수 있다.

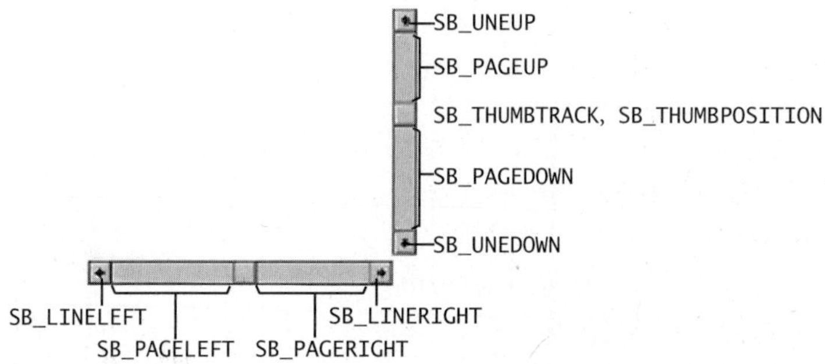

표 5-6 ● 스크롤 바 코드

스크롤 바 코드	설명
SB_LINELEFT 또는 SB_LINEUP	사용자가 왼쪽 화살표 버튼을 눌렀다는 뜻이며 이때는 왼쪽으로 한 단위 스크롤시킨다.
SB_LINERIGHT 또는 SB_LINEDOWN	사용자가 오른쪽 화살표 버튼을 눌렀다는 뜻이며 이때는 오른쪽으로 한 단위 스크롤시킨다.
SB_PAGELEFT 또는 SB_PAGEUP	사용자가 왼쪽 몸통 부분을 눌렀다는 뜻이며 이때는 한 페이지 왼쪽으로 스크롤시킨다.
SB_PAGERIGHT 또는 SB_PAGEDOWN	사용자가 오른쪽 몸통 부분을 눌렀다는 뜻이며 이때는 한 페이지 오른쪽으로 스크롤시킨다.
SB_THUMBPOSITION	스크롤 박스를 드래그한 후 마우스 버튼을 놓았다.
SB_THUMBTRACK	스크롤 박스를 드래그하고 있는 중이다. 이 메시지는 마우스 버튼을 놓을 때까지 계속 전달된다.

스크롤 바 컨트롤은 자신에게 변화가 있을 때 부모 윈도우로 통지 메시지를 보내는데 비해 스크롤 바는 WM_HSCROLL(수평일 경우), WM_VSCROLL(수직일 경우)이라는 별도의 메시지를 부모 윈도우로 보낸다.

```
void OnHScroll (UINT nSBCode, UINT nPos, CScrollBar* pScrollBar);
void OnVScroll (UINT nSBCode, UINT nPos, CScrollBar* pScrollBar);
```

다음은 메시지 처리기의 전달인자로 각각 다음과 같은 정보를 저장한다.

표 5-7 ● 스크롤 바 메시지 처리기의 전달인자

전달인자	설명
nSBCode	스크롤 바 코드 값으로 스크롤 바 내의 어디를 눌렀는가에 대한 정보를 저장한다.
nPos	스크롤 바의 현재 위치값을 저장한다. 스크롤 바 코드가 SB_THUMBPOSITION 또는 SB_THUMBTRACK인 경우에만 사용한다.
pScrollBar	스크롤 바 컨트롤을 가리키는 포인터이다.

MFC에서는 스크롤 바 컨트롤을 위해서 CScrollBar 클래스를 제공한다. CScrollBar 클래스는 다음과 같이 스크롤바의 범위와 현재 위치값을 변경하거나 얻어 오는 함수가 제공된다.

표 5-8 ● CScrollBar 클래스의 멤버 함수

멤버 함수	역할
SetScrollRange()	스크롤 박스 위치값의 최소값과 최대값을 설정한다.
SetScrollPos()	스크롤 박스의 현재 위치를 설정한다.
GetScrollPos()	스크롤 박스의 현재 위치를 얻는다.

기본예제 5-6 리스트 박스와 콤보 박스에 항목 추가하기

[예제설명]

스크롤 바를 이용한 사각형의 색상을 변경해 보자.

[실행결과]

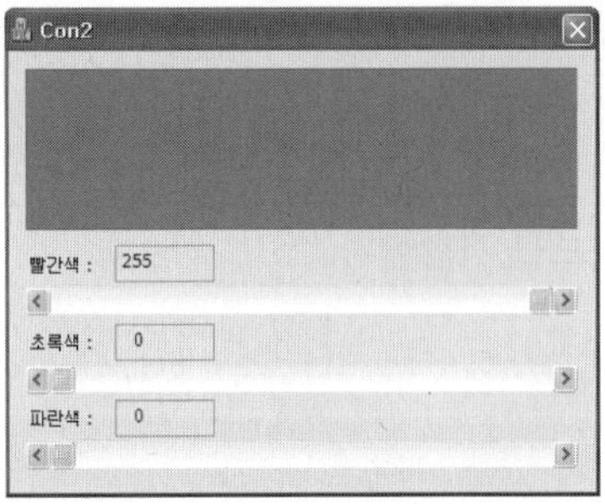

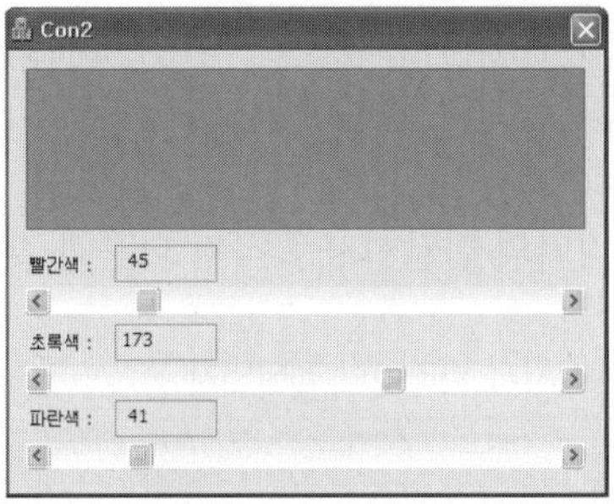

【따라하기】

1 "Con2"이란 이름으로 새로운 프로젝트를 생성하기 위해서 응용 프로그램 종류 항목에서 "대화상자 기반"으로 변경하고 나머지는 기본 설정을 따를 것이므로 <다음> 버튼을 누른다. 사용자 인터페이스 기능과 고급 기능은 기본적으로 선택된 사항을 그대로 따를 것이므로 <마침> 버튼을 누른다. 대화상자 템플릿에 다음과 같이 컨트롤을 배치하도록 하자.

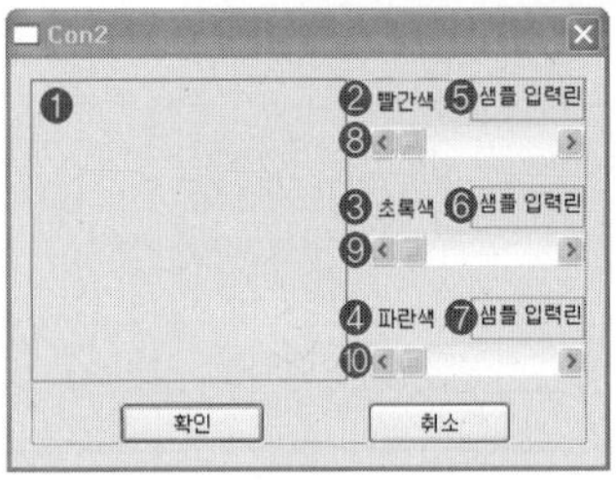

컨트롤 종류	번호	ID	비고
픽쳐 컨트롤	❶	IDC_STATIC_PICTURE	
스텍트 텍스트	❷	IDC_STATIC	Caption : 빨간색
	❸	IDC_STATIC	Caption : 초록색
	❹	IDC_STATIC	Caption : 파란색
에디트 컨트롤	❺	IDC_EDIT_RED	Read Only :True Tabstop : False
	❻	IDC_EDIT_GREEN	
	❼	IDC_EDIT_BLUE	
스크롤바 컨트롤	❽	IDC_SCROLLBAR_RED	
	❾	IDC_SCROLLBAR_GREEN	
	❿	IDC_SCROLLBAR_BLUE	

2 IDC_EDIT_RED 에디트 컨트롤을 선택한 후에 마우스 오른쪽 버튼을 클릭하여 바로가기 메뉴가 나타나면 [변수 추가] 메뉴를 선택한다. 멤버 변수 추가 마법사 창을 띄우면 범주 콤보박스가 기본적으로 "Control"로 선택되어 있기에 라디오 버튼에 대한 변수 형식이 CEdit로 지정되어 있다. 변수 이름만 m_EditRed라고 입력하고 <마침> 버튼을 클릭한다. 같은 방법으로 다음 표를 보고 Control 형 멤버 변수를 선언한다. [클래스 뷰]에서 추가된 멤버변수를 확인한다.

컨트롤의 종류	ID	범주	변수 형식	변수 이름
에디트 컨트롤	IDC_EDIT_RED	Control	CEdit	m_EditRed
	IDC_EDIT_GREEN	Control	CEdit	m_EditGreen
	IDC_EDIT_BLUE	Control	CEdit	m_EditBlue
스크롤바 컨트롤	IDC_SCROLLBAR_RED	Control	CScrollbar	m_ScrollbarRed
	IDC_SCROLLBAR_GREEN	Control	CScrollbar	m_ScrollbarGreen
	IDC_SCROLLBAR_BLUE	Control	CScrollbar	m_ScrollbarBlue

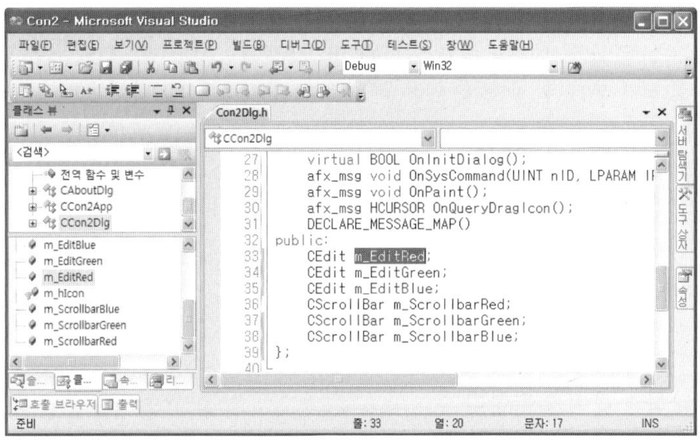

3 픽쳐 컨트롤의 크기와 픽쳐 컨트롤의 면을 채우기 위한 색상을 저장할 변수를 선언한다.

```
class CCon2Dlg : public CDialog
{
   // ... 생략 ...
   CRect m_rectPic;         //픽쳐 컨트롤의 크기를 저장할 변수
   COLORREF m_rectColor;  //픽쳐 컨트롤의 면을 채우기 위한 색상을 저장할 변수
}
```

4 OnInitDialog() 함수에 다음과 같이 입력한다. ChangeColor() 함수는 **8**에서 만들 것이지만, 미리 호출해 놓는다.

```
BOOL CCon2Dlg::OnInitDialog()
```

```
{
    // ... 생략 ...
    //스크롤 컨트롤의 상/하위 범위를 지정한다.
    //RGB의 색상 범위가 0~255이므로 스크롤 컨트롤의 범위도 0~255로 한다.
    m_ScrollbarRed.SetScrollRange(0, 255);
    m_ScrollbarGreen.SetScrollRange(0, 255);
    m_ScrollbarBlue.SetScrollRange(0, 255);

    //픽처 컨트롤의 사각형의 크기를 얻어온다.
    GetDlgItem(IDC_STATIC_PICTURE)->GetWindowRect(&m_rectPic);

    //GetWindowRect은 화면 전체에서 위치 값을 계산하기 때문에
    //이를 클라이언트 영역 좌표로 재계산하여 멤버변수 m_rectPic에 저장한다.
    ScreenToClient(&m_rectPic);

    ChangeColor(); // 7~8번에서 만들어 줄 사용자 정의 함수이다.

    return TRUE;
}
```

5 OnPaint()에 다음과 같이 입력한다.

```
void CCon2Dlg::OnPaint()
{
    if (IsIconic())
    {
    // ... 생략 ...
    }
    else
    {
        CPaintDC dc(this);
        CBrush NewBrush, *oldBrush;
        NewBrush.CreateSolidBrush(m_rectColor); // 브러시를 생성해서
        oldBrush=dc.SelectObject(&NewBrush);     // dc를 선택하도록 한다.
        dc.Rectangle(&m_rectPic);           // 픽처 컨트롤에 사각형을 그린다.
        dc.SelectObject(oldBrush);          // 브러시를 원상 복귀한다.
```

```
        NewBrush.DeleteObject();                // 사용 후에는 브러시를 소멸시킨다.

        CDialog::OnPaint();
    }
}
```

6 스크롤 컨트롤의 NM_RELEASECAPTURE 메시지에 대한 이벤트 처리기에 공통적으로 들어가는 코드를 빼서 ChangeColor() 메서드를 추가하기 위해서 클래스 뷰 창에서 CCon2Dlg 클래스를 선택한 후에 마우스 오른쪽 버튼을 눌러서 나온 바로가기 메뉴에서 [추가] → [함수 추가...] 메뉴를 선택한다.

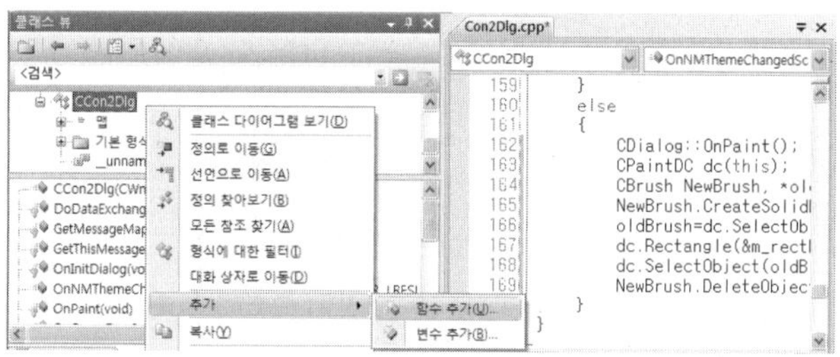

7 [멤버 함수 추가 마법사] 창에서 반환 형식은 void, 매개 변수 형식도 void, 함수 이름은 "ChangeColor"를 입력한 후 <마침> 버튼을 누른다.

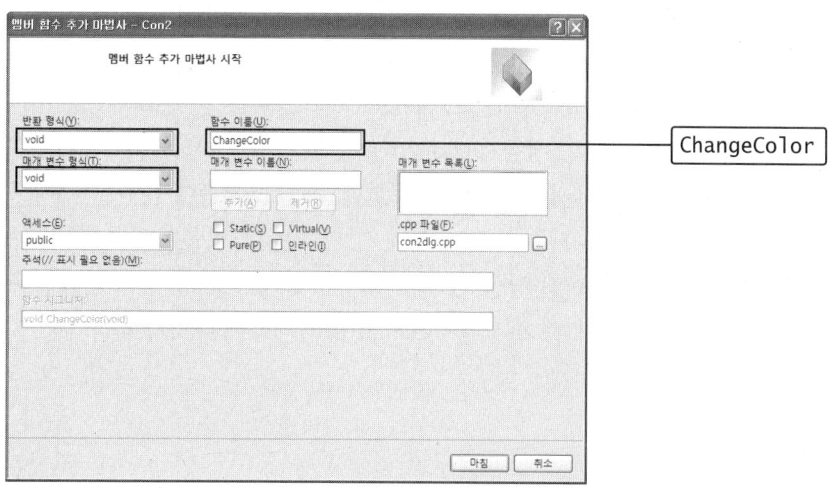

8 ChangeColor() 함수에 다음과 같이 입력한다.

```
void CCon2Dlg::ChangeColor(void)
{
    //스크롤 컨트롤에서 현재 위치 값을 얻어온다.
    int nRed = m_ScrollbarRed.GetScrollPos();
    int nGreen = m_ScrollbarGreen.GetScrollPos();
    int nBlue = m_ScrollbarBlue.GetScrollPos();

    //스크롤의 현재 위치 값을 스태틱 컨트롤에 출력한다.
    CString strTemp;
    strTemp.Format(_T("%3d"), nRed);
    m_EditRed.SetWindowTextW(strTemp);
    strTemp.Format(_T("%3d"), nGreen);
    m_EditGreen.SetWindowTextW(strTemp);
    strTemp.Format(_T("%3d"), nBlue);
    m_EditBlue.SetWindowTextW(strTemp);

    //스크롤 컨트롤에서 얻어 온 값으로 RGB  함수로 색상 조합한다.
    m_rectColor = RGB(nRed, nGreen, nBlue);

    //스크롤 컨트롤을 드래그한 후에 사각형을 다시 그린다.
    InvalidateRect(&m_rectPic);
}
```

9 스크롤 바 컨트롤을 0부터 255 사이의 범위 값을 갖도록 초기화해 두었다. 스크롤 바에 이벤트가 발생했을 때 CCon2Dlg 클래스에 WM_HSCROLL 메시지가 전달되므로 이에 대한 이벤트 처리기를 추가한다. [클래스 뷰] 창에서 CCon2Dlg 클래스를 선택한 후 마우스 오른쪽 버튼을 클릭하여 나타난 바로가기 메뉴에서 [속성]을 선택한다. 화면 오른쪽에 나타난 속성 창에서 [메시지] 아이콘()을 선택한 후 메시지 리스트가 나타나면 스크롤바를 내려서 WM_HSCROLL를 찾는다. WM_HSCROLL 오른쪽 빈 칸을 선택하면 "<추가> OnHScroll"이 나타난다. 이를 선택하면 이름이 자동으로 OnHScroll로 결정되어 CCon2Dlg 클래스에 메시지 처리기를 추가한다.

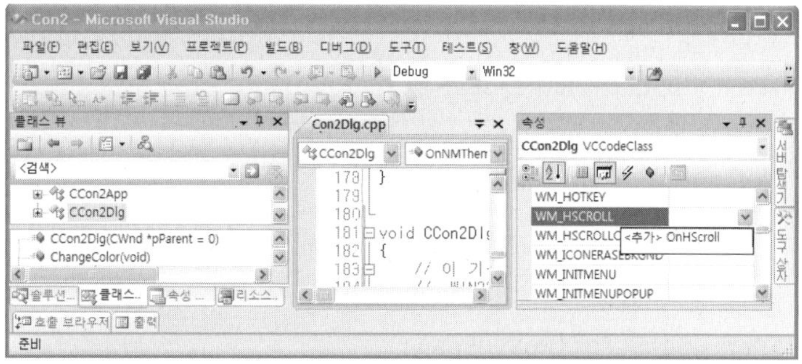

10 추가된 메시지 처리기 OnHScroll()에 스크롤 바에 의해서 사각형의 배경색이 변경되도록 하기 위해서 다음과 같이 입력한다.

```
void CCon2Dlg::OnHScroll(UINT nSBCode, UINT nPos, CScrollBar* pScrollBar)
{
   // TODO: 여기에 메시지 처리기 코드를 추가 및/또는 기본값을 호출합니다.
   int nScrollPos;

   switch(nSBCode){
      case SB_LINELEFT:
         nScrollPos = pScrollBar->GetScrollPos();
         nScrollPos-=1;
         pScrollBar->SetScrollPos(nScrollPos);
         break;

      case SB_LINERIGHT:
         nScrollPos = pScrollBar->GetScrollPos();
         nScrollPos+=1;
         pScrollBar->SetScrollPos(nScrollPos);
         break;

      case SB_PAGELEFT:
         nScrollPos = pScrollBar->GetScrollPos();
         nScrollPos-=15;
         pScrollBar->SetScrollPos(nScrollPos);
         break;
```

```
        case SB_PAGERIGHT:
            nScrollPos = pScrollBar->GetScrollPos();
            nScrollPos+=15;
            pScrollBar->SetScrollPos(nScrollPos);
            break;

        case SB_THUMBTRACK:
            pScrollBar->SetScrollPos(nPos);
            break;
    }
    changeColor();

    CDialog::OnHScroll(nSBCode, nPos, pScrollBar);
}
```

TIP | GetDlgItem( ) 함수

GetDlgItem() 함수는 대화상자나 다른 윈도우 내에서 차일드 윈도우 또는 명시된 컨트롤 포인터를 얻는 함수로 함수의 원형은 다음과 같다.

```
CWnd* GetDlgItem(int nID) const;
```

nID는 얻고자하는 차일드 윈도우나 컨트롤 ID이다.

연습문제

[개념문제]

단원 요약정리를 대신하여 개념을 잡을 수 있도록 본문의 내용을 충실하게 반영한 문제이다.

1. 다음에 알맞은 내용을 보기에서 찾아라.

보기			
1	CBN_SELCHANGE	2	라디오 버튼
3	AddString	4	SetScrollPos
5	컨트롤 통보 메시지	6	DeleteString
7	콤보 박스	8	체크 박스
9	SetScrollRange	10	LBN_SELCHANGE

1.1 ⓐ ____________(은)는 주어진 항목들 중에서 여러 개를 선택할 수 있지만, ⓑ ____________(은)는 배타적 선택 오직 하나만 선택가능하다.

1.2 리스트 박스에서 항목을 추가하기 위한 함수는 ⓐ ____________(이)고 삭제하기 위한 함수는 ⓑ ____________(이)다.

1.3 컨트롤은 대화상자를 비롯해 다른 윈도우의 자식 윈도우(Child Window)로 존재한다. 컨트롤도 이벤트에 의해서 다양한 메시지가 전달되는데 이들 메시지는 부모 윈도우에 보내지므로 이를 ____________(이)라고 한다.

1.4 여러 개의 항목 중에서 원하는 항목을 선택할 수 있도록 하는 컨트롤인 ________

(은)는 현재 선택된 한 개의 항목만 보이다가 다른 항목을 선택하려면 [▼] 버튼을 클릭해서 여러 개의 항목들이 나타나면 그 중에서 한 개를 선택한다. ___________ 의 특징은 공간 절약을 할 수 있다는 것 외에도 이름에서 알 수 있듯이 2가지 컨트롤(에디트 컨트롤과 리스트 박스)을 결합한 것이다.

1.5 리스트 박스에서 특정 항목을 클릭하면 새로운 항목을 선택한 것이 되므로 ⓐ ______________ 메시지가 발생하는데 콤보 박스는 특정 항목을 클릭하면 ⓑ ______________ 메시지가 발생한다.

1.6 CScrollBar 클래스는 다음과 같이 스크롤바의 범위와 현재 위치값을 변경하거나, 얻어오는 함수가 제공되는데 스크롤 박스 위치값의 최소값과 최대값을 설정하는 함수는 ⓐ ________ 이고, 스크롤 박스의 현재 위치를 설정하는 함수는 ⓑ ________ 이다.

※ **다음 물음에 올바른 답을 골라라.**

2. 대화상자나 다른 윈도우 내에서 차일드 윈도우 또는 명시된 컨트롤 포인터를 얻는 함수는 무엇인가?

❶ ShowWindow ❷ GetDlgItem ❸ EnableWindow ❹ MoveWindow

3. 콤보 박스나 리스트 박스에서 특정 위치의 항목이 선택되도록 하는 함수는 무엇인가?

❶ SetCurSel ❷ GetCurSel ❸ GetItemCount ❹ AddString

4. CWnd 클래스의 멤버 함수 중에서 윈도우를 활성화(TRUE) 시키거나 비활성화(FALSE) 시키는 함수는 무엇인가?

❶ ShowWindow ❷ SetWindowText ❸ EnableWindow ❹ MoveWindow

5. ShowWindow 함수에 어떤 매개변수 값을 지정해야 화면에 창이 보이는가?

❶ SW_HIDE ❷ SW_SHOW ❸ SW_MINIMIZE ❹ SW_RESTORE

[실습문제]

본문 기본예제보다 조금 난이도가 높은 내용으로 구성된 프로그램을 실제로 작성해 보는 문제로서 단계별 설명을 자세히 해 놓았으므로 시간이 걸리더라도 꼭 풀어보기 바란다. 실력 향상에 많은 도움이 될 문제이다.

실습문제 5-1 프로젝트명 : Ch05Ex01 / 문서 형태 : 대화 상자

【예제설명】

체크 박스는 여러 개의 항목을 동시에 체크 표시할 수 있다. [빨간색], [초록색], [파란색]의 3개의 체크 박스를 마련해서 <색상변경> 버튼이 클릭되면 지정된 색상으로 픽쳐 박스를 색칠하는 프로그램을 작성한다. 3원색을 조합하여 8가지 색으로 칠할 수 있다.

【실행결과】

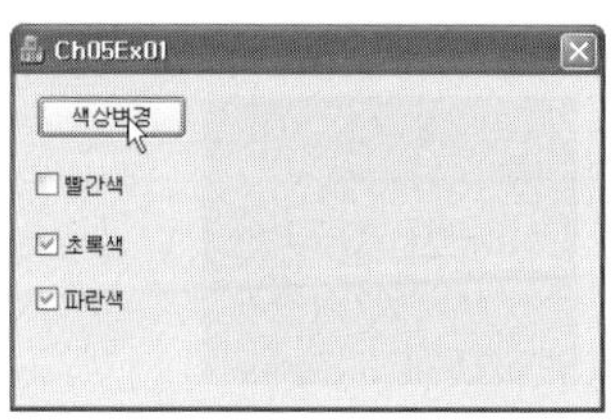

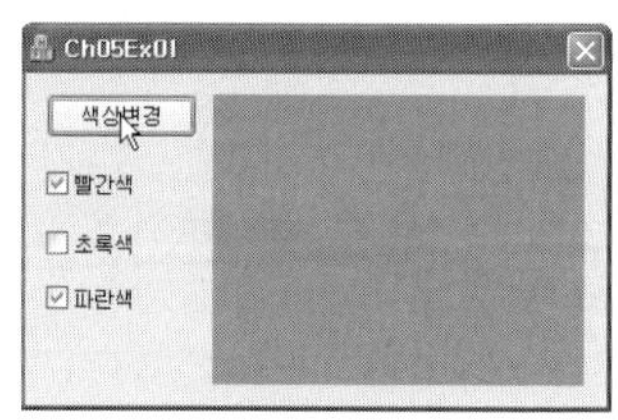

【힌트】

픽쳐 박스 컨트롤의 윈도우 포인터를 얻어온 후 이 윈도우에서 DC와 사각형 영역의 크기를 얻어와서 체크 박스를 조사해서 해당 색상으로 사각형에 색칠을 한다.

실습문제 5-2 프로젝트명 : Ch05Ex02 / 문서 형태 : 대화 상자

【예제설명】

다음과 같이 간단한 신상 입력 대화 상자를 만들어 보자. 성별과 병력을 선택하기 위한 라디오 버튼을 살펴볼 수 있다. 병력 사항을 선택하는 것은 남자일 경우로 제한을 두기 위해서인데, 성별에서 남자가 선택되었다면 선택 가능하도록 하고 여자가 선택되었다면 병력 사항을 선택하지 못하도록 하자.

【실행결과】

실습문제 5-3 프로젝트명 : Ch05Ex03 / 문서 형태 : 대화 상자

【예제설명】

리스트 박스와 콤보 박스에는 동일한 데이터가 항목으로 추가되어 있다. 사용자가 리스트 박스에서 특정 항목을 선택하면 콤보 박스에 동일한 항목이 자동으로 선택되어지고, 반대로 사용자가 콤보 박스에서 특정 항목을 선택하면 리스트 박스에 동일한 항목이 자동으로 선택되어지도록 한다. 또한 콤보박스나 리스트 박스에서 선택된 항목이 화면 위 선택항목 난에 나타난다.

【실행결과】

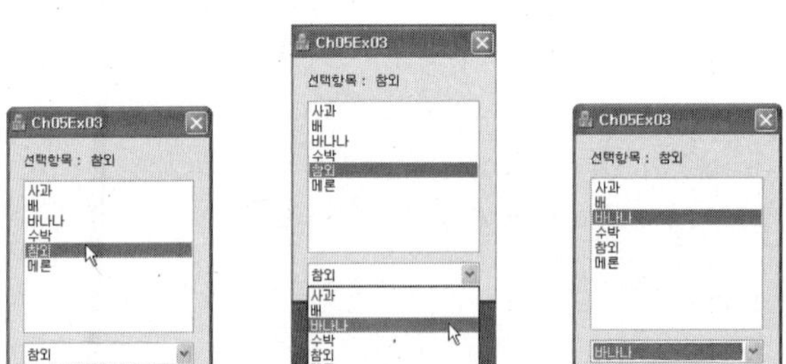

CHAPTER

06 공통 컨트롤 다루기

MFC에서 제공하는 공동 컨트롤에 대해서 학습해 보도록 한다.

미리보기

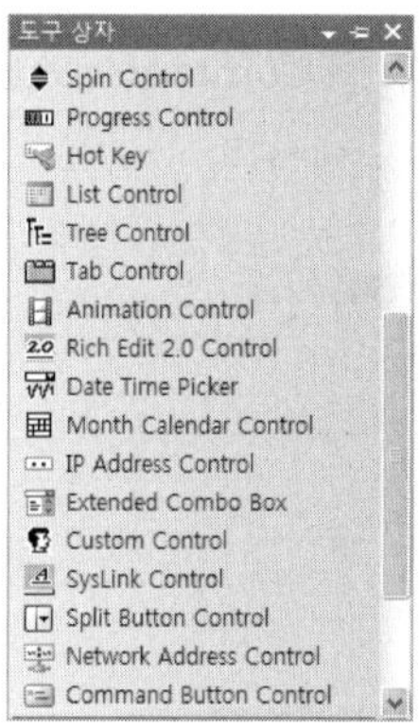

학습목표

1. 공통 컨트롤의 종류와 특징을 학습한다.
2. 각종 공통 컨트롤의 사용 방법을 익힌다.

목차

SECTION

01 MFC 공통 컨트롤의 개념과 프로그레스, 스핀 컨트롤

5장에서는 에디트, 버튼, 리스트 박스 등 기본 컨트롤을 다루어 보았다. 기본 컨트롤은 운영체제가 부팅될 때 알아서 컨트롤 클래스를 등록하지만, 파일을 전송할 때 볼 수 있는 프로그레스바(Progress bar) 컨트롤은 운영체제가 부팅할 때 클래스를 등록하지 않고 DLL에 저장해두어 필요할 때 불러 사용하는데 이런 컨트롤을 공통 컨트롤(Common control)이라고 한다. 공통 컨트롤에는 다음과 같은 것들이 제공된다.

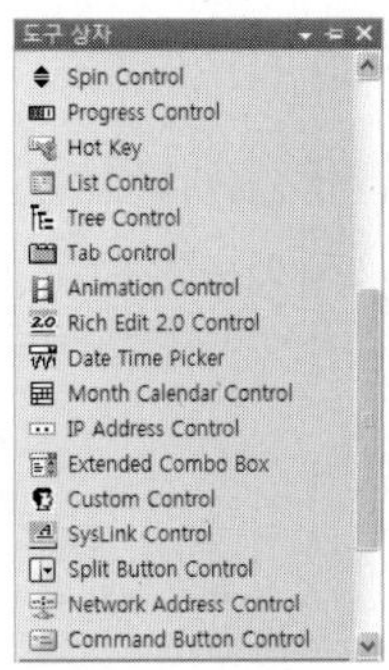

그림 6-1 ● 공통 컨트롤

1.1 프로그레스 컨트롤

파일 전송이나, 프로그램 설치 같은 오래 걸리는 작업에 진행 상태를 알려주기 위한 용도로 자주 사용되는 것이 프로그레스(Progress, 진행) 컨트롤이다.

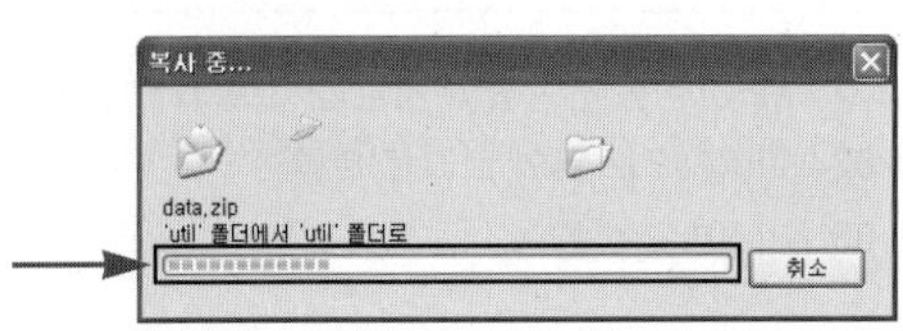

그림 6-2 ● 프로그레스 컨트롤

아래쪽 초록색의 막대가 파일 복사 상태를 보여주는 프로그레스이다. 복사의 정도와 앞으로 복사하는 데 걸리는 시간을 보여주므로 사용자는 얼마나 기다려야 할지를 쉽게 알 수 있다. 그렇지 않으면 사용자는 컴퓨터가 무엇을 하고 있는지 알 수 없으므로 시스템을 의심하게 된다. 프로그레스는 사용자에게 작업의 진행 상태를 알려줄 뿐 어떠한 입력도 받아들이지 않는다. 그래서 프로그래머가 특별히 신경 써 줘야 할 부분은 범위와 위치를 정해 주는 정도에 불과하다.

1.2 프로그레스 컨트롤을 위한 CProgressCtrl 클래스

프로그레스 컨트롤이 제대로 동작하도록 하려면 프로그레스 컨트롤에 대한 Control 형 멤버 변수를 선언한 후에 프로그레스 컨트롤을 제어해야 한다. 프로그레스 컨트롤을 위해 준비된 클래스는 CProgressCtrl이다.

CProgressCtrl 클래스는 프로그레스 컨트롤을 초기화하는 함수로 SetRange() 함수를 제공한다. SetRange() 함수는 프로그레스 컨트롤이 조절할 수 있는 값의 범위를 지정하는 역할을 한다. GetRange() 함수는 현재 범위 값을 얻어온다.

```
void CProgressCtrl::SetRange(short nLower, short nUpper);
void CProgressCtrl::GetRange(int& nLower, int& nUpper);
```

현재 위치를 설정하기 위해서는 SetPos() 함수를, 현재 위치를 얻기 위해서는 GetPos() 함수를 사용한다.

```
int CProgressCtrl::SetPos(int nPos);
int CProgressCtrl::GetPos();
```

nPos 값은 SetRange() 함수로 지정한 범위에 속해야 한다.

OffsetPos() 함수는 현재 위치에 nPos 값을 더한다. nPos 값이 음수이면 현재 위치 값이 감소한다.

```
int CProgressCtrl::OffsetPos(int nPos);
```

StepIt() 함수는 SetStep()으로 설정한 크기인 nStep 값을 매번 현재 위치에 더한다. nStep 값이 음수이면 StepIt() 함수를 호출할 때마다 현재 위치가 감소된다.

```
int CProgressCtrl::SetStep(int nStep);
int CProgressCtrl::StepIt();
```

기본예제 6-1 프로그레스 컨트롤

【예제설명】

<Auto> 버튼이 눌리면 프로그레스 컨트롤이 자동으로 증가하고 <Step> 버튼이 눌릴 때마다 프로그레스 컨트롤이 단계적으로 증가하고, <Reset> 버튼이 눌리면 프로그레스 컨트롤이 리셋된다.

【실행결과】

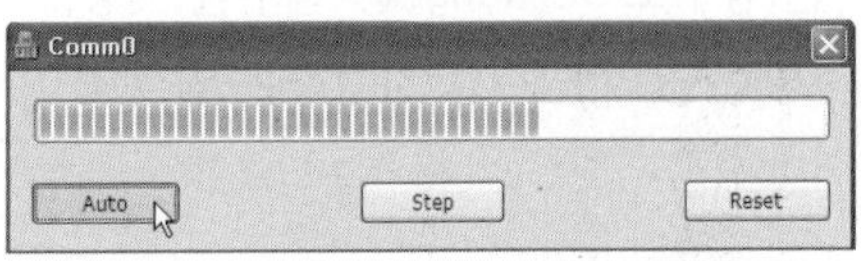

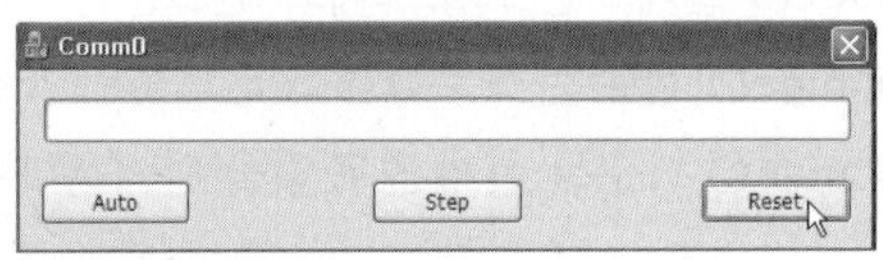

【따라하기】

1 "Comm0"이란 이름으로 새로운 프로젝트를 생성한다. 응용 프로그램 종류 항목에서 "대화 상자 기반"으로 변경하고 나머지는 기본 설정을 따를 것이므로 <마침> 버튼을 누른다. 리소스 뷰 창에서 IDD_COMM0_DIALOG를 더블 클릭하여 대화상자를 띄운 후 "TODO: 여기에 대화 상자 컨트롤을 배치한다."라는 내용을 Caption 값으로 갖고 있는 불필요한 스테틱 텍스트와 <확인>, <취소> 버튼을 삭제한 후에 다음과 같이 프로그레스 컨트롤와 버튼 컨트롤을 배치한다.

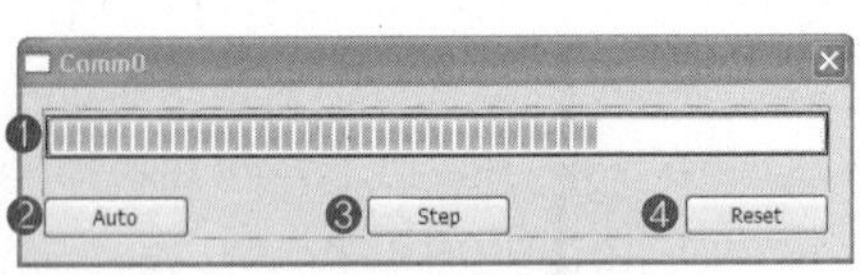

컨트롤 종류	번호	컨트롤 ID	캡션
프로그레스 컨트롤	❶	IDC_PROGRESS1	
버튼 컨트롤	❷	IDC_BUTTON_AUTO	Auto
	❸	IDC_BUTTON_STEP	Step
	❹	IDC_BUTTON_RESET	Reset

2 프로그레스 컨트롤을 선택한 후 마우스 오른쪽 버튼을 눌러서 나타난 바로가기 메뉴에서 [변수 추

가] 메뉴를 선택한다. 멤버 변수 추가 마법사 창이 나타나면 컨트롤 변수가 체크상태인지 확인한 후에 변수 이름을 m_Progress로 입력한다.

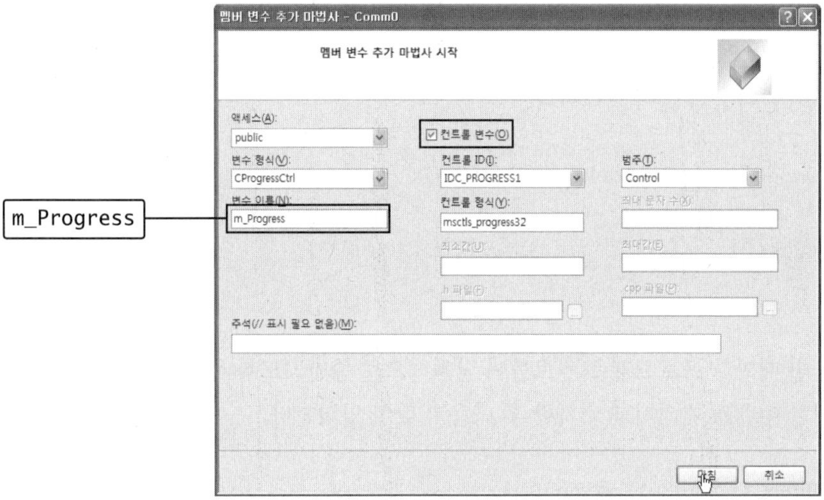

3 클래스 뷰 창의 CComm0Dlg에서 대화상자가 초기화될 때 호출되는 함수인 OnInitDialog() 함수에서 프로그레스 컨트롤을 초기화한다.

```
BOOL CComm0Dlg::OnInitDialog()
{
   // .. 생략 ..
   m_Progress.SetRange(0, 99);   //프로그레스 컨트롤의 범위 지정
   m_Progress.SetPos(0);         //프로그레스 컨트롤의 현재 위치를 0으로 지정
   return TRUE;
}
```

4 <Auto> 버튼이 눌리면 프로그레스 컨트롤이 자동으로 증가되도록 한다.

```
void CComm0Dlg::OnBnClickedButtonAuto()
{
   for(int i=0; i<100; i++){
      m_Progress.SetPos(i);
      //프로그레스 컨트롤의 움직임을 확인할 수 있도록 하기 위한 시간 지연
```

```
        Sleep(50);
    }
}
```

5 <Reset> 버튼이 눌리면 프로그레스 컨트롤이 리셋되도록 하기 위해서 <Reset> 버튼에 대한 이벤트 처리기를 추가한 후 다음과 같이 입력한다.

```
void CComm0Dlg::OnBnClickedButtonReset()
{
    m_Progress.SetPos(0);
}
```

6 <Step> 버튼이 눌릴 때마다 프로그레스 컨트롤이 단계적으로 증가되도록 하기 위해서 <Step> 버튼에 대한 이벤트 처리기를 추가한 후 다음과 같이 입력한다.

```
void CComm0Dlg::OnBnClickedButtonStep()
{
    m_Progress.SetStep(2);
    m_Progress.StepIt();
}
```

1.3 스핀 버튼 컨트롤 다루기

스핀 버튼 컨트롤은 업다운 컨트롤이라고 불리기도 하며 위, 아래 화살표가 겹쳐져 있는 일종의 버튼이며 마우스로 클릭하여 정수값을 1증가 또는 1감소시킬 때 사용한다. 키보드로 직접 수치를 입력하지 않고 마우스나 키보드 위, 아래 방향키로 값을 증감시킬 수 있도록 한 컨트롤이다. 마우스로만 작업을 하다가 키보드로 손이 가야 하면 무척 성가시게 느껴지는데 이 컨트롤을 사용하면 마우스만으로도 값을 입력할 수 있다.

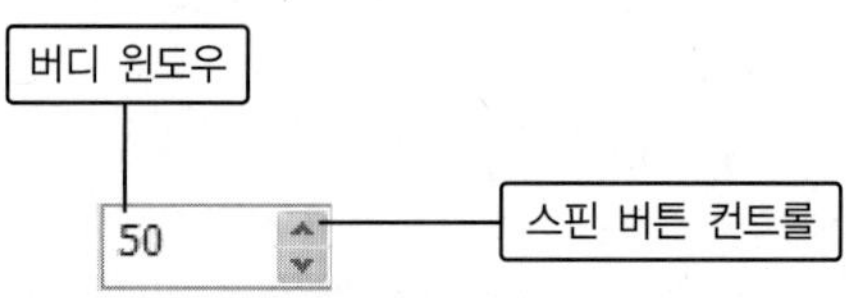

그림 6-3 ● 스핀 버튼 컨트롤과 버디 윈도우

스핀 버튼 컨트롤은 단독으로 사용하지 못하고 에디트나 스태틱 컨트롤 등과 함께 짝을 이루어 사용되는데 이때 스핀 버튼 컨트롤과 함께 짝을 이루어 사용되는 컨트롤을 버디(Buddy:동료) 윈도우라고 한다. 버디 윈도우로 설정되면 스핀 버튼 컨트롤의 위치값이 버디 윈도우에 문자열로 출력되며 또한 역으로 버디 윈도우에 입력된 값이 스핀 버튼 컨트롤의 새로운 위치값이 된다.

스핀 버튼 컨트롤의 속성을 요약하면 다음과 같다.

표 6-1 ● 스핀 버튼 컨트롤의 주요 속성

속성	설명
❶ Auto Buddy	스핀 버튼 컨트롤에 의해 숫자 값을 변경시킬 에디트 컨트롤을 결정할 때 탭 순서가 스핀 버튼 컨트롤 바로 이전인 에디트 컨트롤과 자동 연결된다.
❷ Set Buddy Integer	스핀 버튼 컨트롤의 화살표가 눌리면 스핀 버튼 컨트롤과 연결된 에디트 컨트롤의 값을 1씩 증가 또는 감소한다.
❸ Alignment	스핀 버튼 컨트롤과 연결된 에디트 컨트롤과의 위치 관계를 지정한다.
❹ Arrow Keys	키보드의 화살표 키를 눌러서도 동작이 되도록 한다.
❺ No Thousands	숫자를 출력할 때 1000 단위마다 콤마를 찍어 주는데 이 속성을 지정하면 콤마를 찍어주지 않는다.
❻ Orientation	화살표 방향을 세로 또는 가로로 지정한다.
❼ Wrap	범위 값을 넘어서면 최소값 또는 최대값에서부터 다시 시작되도록 한다.

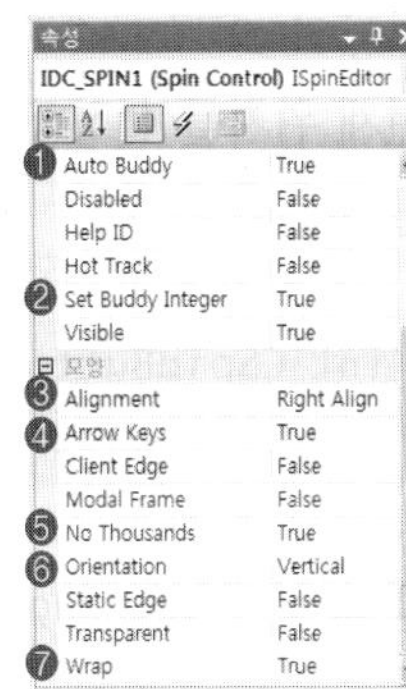

이중 버디 윈도우를 설정하는 Auto Buddy는 거의 선택의 여지없이 True로 지정한다. Auto Buddy 속성을 True로 주면 스핀 버튼 컨트롤을 기준해서 버디 윈도우로 사용할 에디트 컨트롤의 탭 순서가 스핀 버튼 컨트롤의 바로 이전이 되어야 한다.

1.4 스핀 버튼 컨트롤을 위한 CSpinButtonCtrl 클래스

스핀 버튼 컨트롤이 제대로 동작하도록 하려면 스핀 버튼 컨트롤에 대한 Control형 멤버변수를 선언한 후에 스핀 버튼 컨트롤을 제어해야 한다. 스핀 버튼 컨트롤을 위해 준비된 클래스는 CSpinButtonCtrl이다.

2 다음과 같이 에디트 컨트롤에 대한 Value 형 멤버변수를 선언한다. IDC_EDIT1을 선택한 후 마우스 오른쪽 버튼을 눌러서 나타난 바로가기 메뉴에서 [변수 추가] 메뉴를 선택한다.

컨트롤의 종류	ID	범주	변수 형식	변수 이름	비고
Edit Control	IDC_EDIT1	Value	int	m_nNum	최소값 : 1 최대값 : 100

[멤버 변수 추가 마법사] 창이 나타나면 화면 오른쪽에 [범주] 콤보박스를 Value로 변경한 후에 변수 형식을 "int"형으로 지정하고 변수 이름은 m_nNum로 입력한다. 계산을 위해 숫자를 입력받는 에디트 컨트롤에 입력되어야 하는 값의 범위를 1부터 100사이로 지정하기 위해서 최소값에 1을 최대값에 100을 기술하고 <마침> 버튼을 클릭한다.

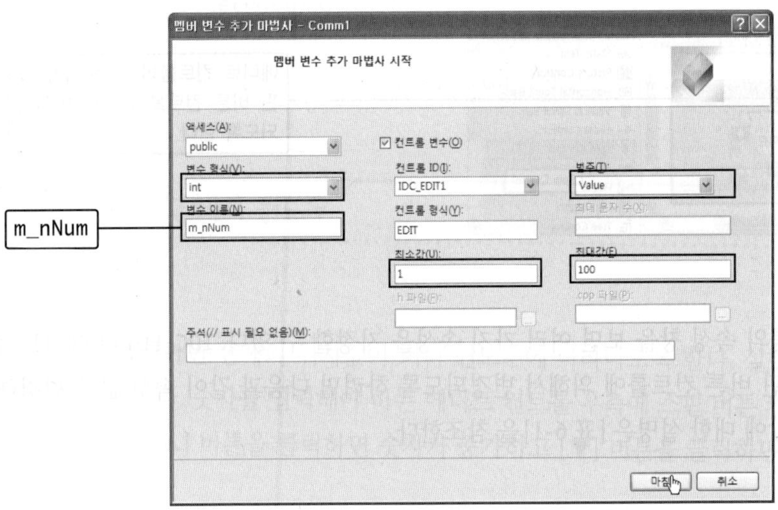

3 실행한 후에 스핀 버튼 컨트롤을 클릭하면 스핀 버튼 컨트롤이 이상하게 동작하는 것을 확인할 수 있다. 스핀 버튼 컨트롤의 [▲] 버튼을 클릭하면 숫자가 증가해야 하는데 감소하고 [▼] 버튼을 클릭하면 숫자가 감소해야 하는데 증가하는 것을 확인할 수 있다. 스핀 버튼 컨트롤의 기본 범위값이 0~100이 아니라 100~0으로 설정되어 있기 때문이다. 스핀 버튼은 사용하기 전에 반드시 최소, 최대값을 지정해야 한다.

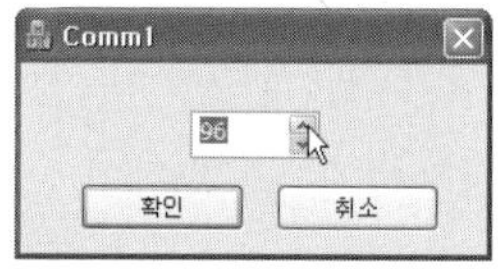

4 스핀 버튼 컨트롤의 값의 범위는 에디트 컨트롤의 최소값을 1 최대값을 100으로 주었기 때문에 스핀 버튼 컨트롤의 범위 역시 1부터 100으로 지정해야 한다. 그렇기 위해서는 스핀 버튼 컨트롤에 대한 Control 형 멤버변수를 선언한 후에 SetRange() 함수로 스핀 버튼 컨트롤을 초기화해야 한다. 우선 스핀 버튼 컨트롤에 대한 Control형 멤버변수를 선언하기 위해서 IDC_SPIN1 스핀 버튼 컨트롤을 선택한 후에 마우스 오른쪽 버튼을 클릭하여 바로가기 메뉴가 나타나면 [변수 추가] 메뉴를 선택한다. 멤버 변수 추가 마법사 창을 띄우면 범주 콤보박스가 기본적으로 "Control"로 선택되어 있기에 라디오 버튼에 대한 변수 형식이 CSpinButtonCtrl로 지정되어 있다. 변수 이름만 "m_Spin"이라고 입력하고 <마침> 버튼을 클릭한다.

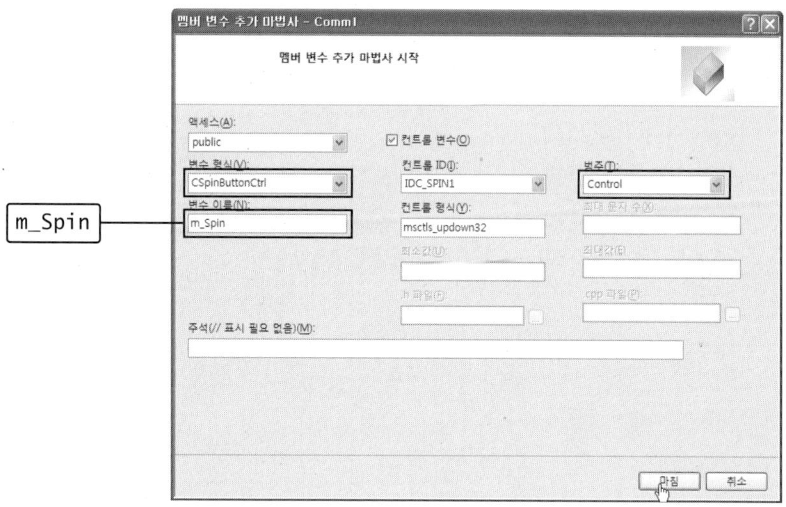

5 SetRange() 함수를 호출하는 곳은 OnInitDialog() 함수이어야 한다. 클래스 뷰 창에서 컨트롤을 초기화하는 OnInitDialog() 함수를 찾아서 스핀 버튼 컨트롤이 조절할 수 있는 값의 범위를 지정하기 위한 SetRange() 함수를 호출한 후에 실행하면 스핀 버튼 컨트롤이 제대로 동작하는 것을 확인할 수 있다.

```
BOOL CComm1Dlg::OnInitDialog()
{
   // ... 생략 ...
   m_Spin.SetRange(1, 100);         //스핀 버튼 컨트롤이 조절할 수 있는 값의 범위를 지정
   m_Spin.SetPos(50);               //스핀 버튼 컨트롤의 현재 위치 값을 1로 설정
   return TRUE;                     //포커스를 컨트롤에 설정하지 않으면 TRUE를 반환한다.
}
```

SECTION

02 이미지 리스트와 트리 컨트롤

Introduction to Microsoft Foundation Class Library

이미지 리스트는 동일한 크기의 **여러 개의 이미지를 집합**처럼 사용할 수 있도록 담아두는 컨트롤이다. 이미지 리스트를 사용하면 각각의 이미지를 **배열 항목처럼 취급하여 0부터 시작하는 인덱스로 참조**할 수 있다.

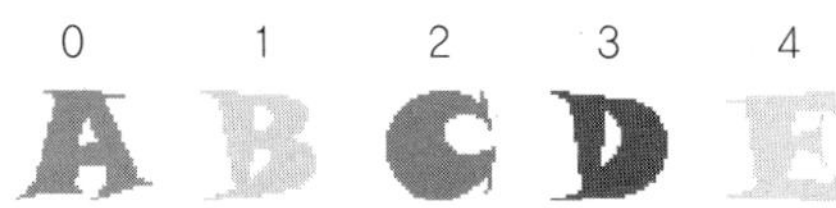

그림 6-4 ● 이미지들의 집합

이미지 리스트는 독립적으로 사용하기보다는 다음에 학습할 트리 컨트롤이나 리스트 컨트롤에 함께 사용된다.

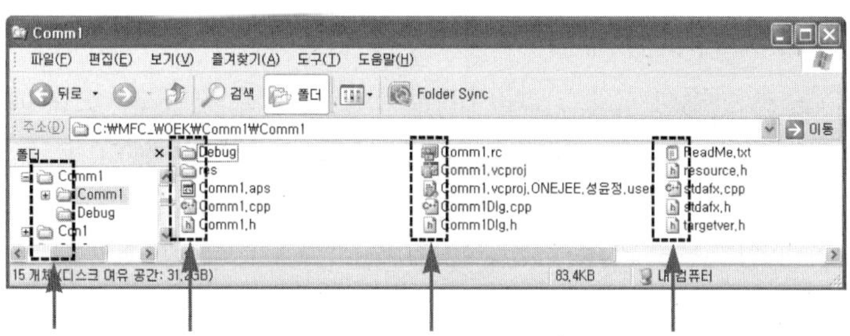

그림 6-5 ● 트리 컨트롤과 리스트 컨트롤에서 사용되는 이미지 리스트

2.1 이미지 리스트 컨트롤을 위한 CImageList 클래스

이미지 리스트를 위해 제공되는 MFC 클래스는 **CImageList**이다. 이미지 리스트를 사용하기 위해서는 이미지 리스트와 연결해 줄 이미지 파일을 [리소스 뷰] 창에서 [Import] 해야 한다.

[리소스 뷰] 창에서 가져온 이미지 파일을 이미지 리스트에 연결하기 위해서는 CImageList 객체를 생성한 후 CImageList::Create() 함수를 호출해야 한다.

```
BOOL CImageList::Create(
    UINT nBitmapID,   //비트맵 리소스 ID
    int cx,           //잘라낼 이미지의 폭(픽셀 단위)
    int nGrow,        //이미지 리스트에 항목을 추가할 때 추가되는 개수
    COLORREF crMask   //이미지 리스트가 투명하게 나타나도록 하는 마스크 색상
);
```

CImageList::Create() 함수는 다양한 형태로 오버로딩되어 있다. 위 형식은 가장 많이 사용되는 형태이다.

```
CImageList m_ImageList;
m_ImageList.Create(IDB_BITMAP1, 48, 5, RGB(255, 255, 255));
```

이미지 리스트 역시 비트맵과 마찬가지로 리소스 뷰에서 bmp 파일을 외부에서 가져와야 한다. 비트맵 리소스 IDB_BITMAP1로부터 이미지 리스트를 생성하되, 각 이미지의 폭은 60이고, 이미지 리스트는 한번에 5개씩 추가된다. 흰색을 마스크 색상으로 두어 흰색을 투명색으로 지정한다.

이미지 리스트를 비트맵 리소스 ID와 연결을 해두었으면 이미지를 출력하도록 한다. 이미지를 출력하기 위해서는 Draw()를 사용한다.

```
BOOL CImageList::Draw(
    CDC* pDC,         //이미지 리스트를 출력할 화면 DC
    int nImage,       //몇 번째 이미지 항목을 출력할지 위치 지정(0을 기본으로 함)
    POINT pt,         //이미지가 나타날 위치 지정
    UINT nStyle       //출력할 스타일 지정
);
```

```
m_ImageList.SetBkColor(CLR_NONE);
m_ImageList.Draw(pDC, 0, CPoint(50, 10), ILD_NORMAL);
```

출력할 대상을 나타내는 디바이스 컨텍스트를 pDC로 지정하여 0번 인덱스의 이미지를 50, 10 위치에 출력한다. 그리기 스타일을 ILD_NORMAL로 지정하면 이미지의 배경색을 이용하여 출

력하며 배경색이 CLR_NONE으로 설정된 경우에는 마스크를 이용하여 이미지를 투명하게 출력한다.

SetBkColor() 함수는 이미지 리스트에 저장된 이미지의 배경색을 바꾸어 출력할 때 사용하는 함수로서 CLR_NONE을 사용하면 배경이 투명해진다.

기본예제 6-3 이미지 리스트 컨트롤

[예제설명]

간단한 5개의 이미지를 하나의 비트맵에 그린 후 화면에 출력해보자.

[실행결과]

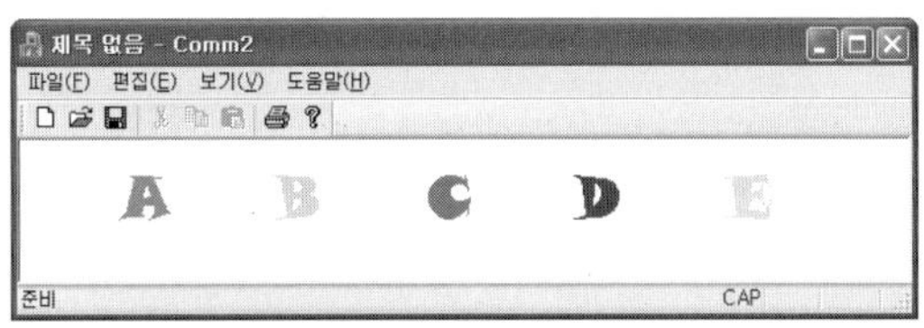

[따라하기]

1 "Comm2"란 이름의 프로젝트를 단일 문서로 만든 후 리소스 뷰 탭에서 Comm2.rc를 선택한 후 마우스 오른쪽 버튼을 클릭하면 바로가기 메뉴가 나타난다. 이 메뉴에서 [리소스 추가...] 메뉴를 선택한다. [리소스 추가] 창에서 [Bitmap] 항목을 선택한 후 [새로 만들기] 버튼을 클릭한다.

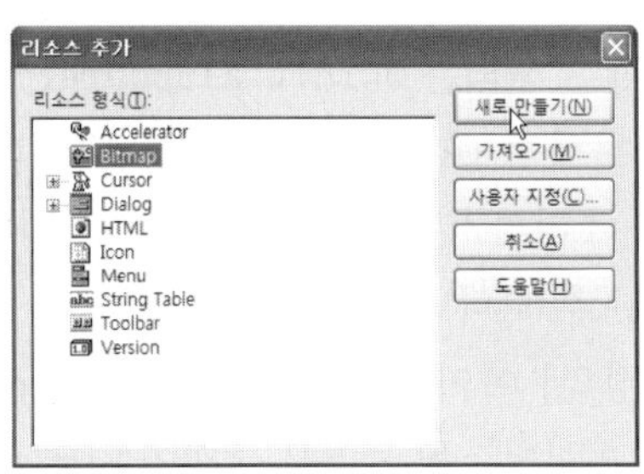

2 새로 만들어진 비트맵 파일 res 폴더에 bitmap1.bmp로 저장되고 IDB_BITMAP1이란 이름이 자동 부여되어 나타난다. 추가된 비트맵에 자유롭게 그림을 그릴 수 있다. 본서에서는 [이미지 편집기] 도구 모음에서 [텍스트 도구]를 선택한 후 알파벳을 입력하였다. IDB_BITMAP1을 선택하고 마우스 오른쪽 버튼을 클릭하여 나타난 바로가기 메뉴에서 [속성] 메뉴를 선택하면 화면 오른쪽에 [속성]창이 나타난다. 여기서 비트맵 ID를 변경할 수도 있고 비트맵 파일의 이름과 위치 정보와 함께 비트맵의 크기 정보도 얻을 수 있다. 이 비트맵의 높이와 너비는 (48, 240)이다.

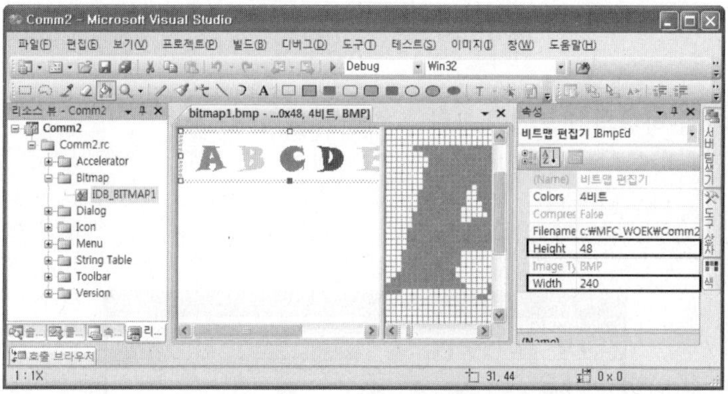

3 CComm2View 클래스에 이미지 리스트(CImageList) 객체 변수를 멤버변수로 선언한다.

```
class CComm2View : public CView
{
    public:
        CImageList m_ImageList;
};
```

4 뷰 객체가 새로 업데이트될 때 호출되는 OnInitialUpdate() 함수에서 이미지 리스트에 비트맵 리소스 ID와 연결하기 위해서 CImageList::Create() 함수를 호출해야 한다. 우선 OnInitialUpdate() 함수를 추가하기 위해서 클래스 뷰 창에서 CComm2View 클래스를 선택한 후 마우스 오른쪽 버튼을 누른 후 나타난 바로가기 메뉴에서 [속성]을 선택한다. 화면 오른쪽에 [속성] 창이 나타나면 [재정의] 아이콘을 선택한 후 OnInitialUpdate() 함수를 찾아 OnInitialUpdate의 오른쪽 콤보박스를 눌러서 "<추가> OnInitialUpdate"가 나타나면 이를 클릭한다.

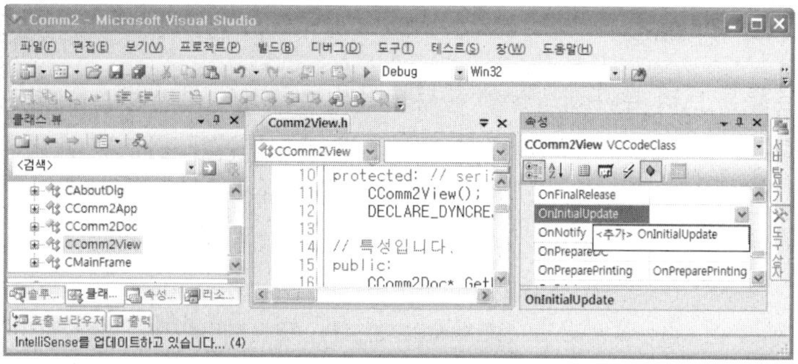

5 새롭게 추가된 `OnInitialUpdate()` 함수에 다음과 같이 입력한다.

```
void CComm2View::OnInitialUpdate()
{
    m_ImageList.Create((IDB_BITMAP1, 60, 5, RGB(255, 255, 255);
    CView::OnInitialUpdate();
}
```

6 화면을 다시 그려야 할 때 호출되는 `OnDraw()` 함수에서 `CImageList::Draw()` 함수를 호출한다. `Draw()` 함수의 전달인자 pDC 앞뒤에 붙은 주석처리를 제거하는 것을 잊지 않도록 한다.

```
void CComm2View::OnDraw(CDC* pDC)
{
    CComm2Doc* pDoc = GetDocument();
    ASSERT_VALID(pDoc);
    if (!pDoc)
    return;
    m_ImageList.Draw(pDC, 0, CPoint( 50, 10), ILD_NORMAL);
    m_ImageList.Draw(pDC, 1, CPoint(150, 10), ILD_NORMAL);
    m_ImageList.Draw(pDC, 2, CPoint(250, 10), ILD_NORMAL);
    m_ImageList.Draw(pDC, 3, CPoint(350, 10), ILD_NORMAL);
    m_ImageList.Draw(pDC, 4, CPoint(450, 10), ILD_NORMAL);
}
```

2.2 트리 컨트롤

트리 컨트롤은 트리 뷰(Tree View) 컨트롤이라 부르기도 하며 텍스트나 이미지를 이용하여 **계층적인 구조**로 정보들을 효과적으로 보여주는 컨트롤이다. 윈도우 탐색기 왼편에 디렉토리를 나타내는 컨트롤이 바로 트리 컨트롤의 전형적인 예이다. 비주얼 스튜디오의 클래스 뷰 역시 트리 컨트롤을 사용한 예이다.

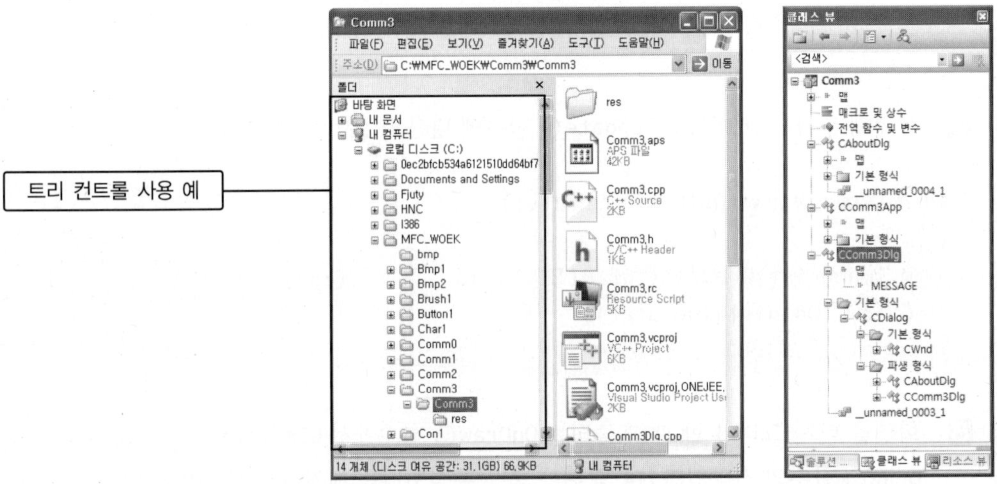

그림 6-6 ● 트리 컨트롤의 사용 예 : 윈도우 탐색기와 비주얼 스튜디오의 클래스 뷰

트리에 표시하는 하나의 정보를 아이템이라고 하며 아이템들을 노드라고도 한다. 아이템은 텍스트를 나타내는 레이블과 아이템을 설명하는 이미지로 구성되어 있으며 이중 텍스트는 필수이지만 이미지는 선택적으로 사용할 수 있다. 이미지를 사용하려면 이미지 리스트를 사용해야 한다. 트리 컨트롤에 포함된 아이템들은 그룹별로 출력될 수 있으며 부모 아이템 아래에 여러 개의 자식 아이템이 존재하는 형태를 가지며 계층 구조의 최상위 항목을 루트 아이템이라고 부르며 루트 항목은 부모 아이템을 가지고 있지 않다.

트리 컨트롤의 속성 중에서 `Has Buttons` 속성을 `True`로 주면 자식 아이템이 노드에 사각형 모양의 버튼을 그려주는데 버튼은 [+] 혹은 [-] 형태이다. 아이템 옆의 [+] 버튼이나 [-] 버튼을 눌러서 하위 아이템의 노드를 확장하거나 축소할 수 있다. 이러한 기능 때문에 많은 정보를 압축된 형태로 보여줄 수 있고, 원하는 데이터의 내용만 자세히 확인할 수 있도록 해준다.

Has Lines 속성을 True로 주면 각 노드를 연결하는 라인을 그려준다. Lines at root 속성을 True로 주면 루트 노드에도 라인을 그려준다.

이들 트리 컨트롤은 데이터가 한번 입력된 후에 변하지 않는 정적인 데이터가 아니라 수시로 변경될 수 있는 가변적인 데이터이다. 윈도우 탐색기에서 파일이나 폴더가 사용자에 의해서 지워지거나 추가되면 트리 컨트롤의 데이터도 변경된다. 트리 컨트롤의 세밀한 부분까지도 제어할 수 있어야 하기에 다른 컨트롤에 비해 트리 컨트롤은 다루기가 힘들다.

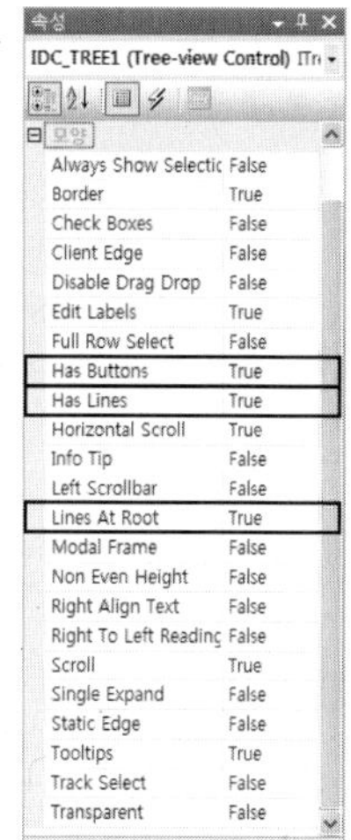

그림 6-7 ● 트리 컨트롤의 속성

2.3 트리 컨트롤을 위한 CTreeCtrl 클래스

CTreeCtrl은 트리 컨트롤을 제어하기 위해서 MFC에서 제공되는 클래스이다.

트리 컨트롤을 생성하여 초기화하는 과정은 다음과 같다.

> ❶ CTreeCtrl 객체 선언 후 CTreeCtrl::Create()로 트리 컨트롤을 생성한다. 대화상자에서 트리 컨트롤을 추가하였다면 트리 컨트롤의 Control 형 멤버변수로 CTreeCtrl 객체 변수를 추가하면 된다.
>
> ❷ CImageList 객체 선언 후 CImageList::Create()로 이미지 리스트를 생성하고 초기화한다.
>
> ❸ CTreeCtrl::SetImageList()로 트리 컨트롤에서 사용할 이미지 리스트를 설정한다.
>
> ❹ CTreeCtrl::InsertItem()으로 항목을 추가한다.

❷ CImageList 객체 선언 후 CImageList::Create()로 이미지 리스트를 생성하고 초기화한다.

```
CImageList m_ImageList;
m_ImageList.Create(IDB_BITMAP1, 16, 5, ILD_NORMAL); //이미지 리스트에 비트맵 ID를 연결
```

❸ 그 후에 트리 컨트롤의 객체에 SetImageList() 함수를 이용하여 이미지 리스트와 연결해야 한다.

```
CImageList* CTreeCtrl::SetImageList(CImageList * pImageList, int
                                    nImageListType);
```

- pImageList: 트리 컨트롤에서 사용할 이미지 리스트
- nImageListType: 이미지 리스트에 포함된 이미지의 용도. 항목을 나타내는 일반 이미지일 경우에는 TVSIL_NORMAL, 사용자 정의 상태 이미지일 경우에는 TVSIL_STATE를 사용한다.

```
m_Tree.SetImageList(&m_ImageList, TVSIL_NORMAL);
```

❹ 트리 컨트롤에 노드를 추가하려면 InsertItem() 함수를 사용한다.

```
HTREEITEM CTreeCtrl::InsertItem (LPCTSTR lpszItem, int nImage,
int nSelectedImage, HTREEITEM hParent = TVI_ROOT,
HTREEITEM hInsertAfter = TVI_LAST);
```

- lpszItem : 아이템에 표시할 텍스트이다.
- nImage : 아이템에 표시할 이미지를 나타내며 이미지 리스트에서의 인덱스 값을 사용한다.
- nSelectedImage : 아이템이 선택되면 표시할 이미지를 나타내며 이미지 리스트에서의 인덱스 값을 사용한다.
- hParent : 부모 아이템을 나타내는 HTREEITEM 값이다. 루트 아이템을 추가할 경우에는 TVI_ROOT를 사용한다.
- hInsertAfter : 아이템을 추가할 위치를 나타내며 보통 다음 표의 값 중 하나를 사용. 아이템 다음 위치에 추가하고 싶을 경우 그 아이템을 나타내는 HTREEITEM 값을 사용한다.

표 6-2 ● 아이템을 추가할 위치를 위한 값(hInsertAfter 속성값)

값	의미
TVI_FIRST	제일 앞쪽에 추가한다.
TVI_LAST	제일 뒤쪽에 추가한다.
TVI_ROOT	루트 아이템으로 추가한다.
TVI_SORT	철자순으로 정렬이 되도록 추가한다.

```
//루트 노드를 생성한다.
HTREEITEM   m_hRoot=m_Tree.InsertItem(_T("컴퓨터와 인터넷"), 0, 1);
//루트 노드에 자식 아이템을 추가한다.
HTREEITEM   m_hKind[0]=m_Tree.InsertItem(m_hRoot, _T("IT 전문서"));
```

기본예제 6-4 트리 컨트롤

【예제설명】

도서 목록을 출력하는 트리 컨트롤을 만들어 보자.

【실행결과】

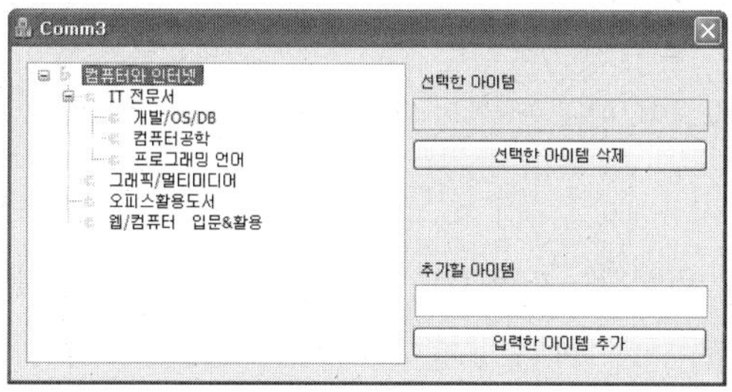

【따라하기】

1 "Comm3"란 이름으로 새로운 프로젝트를 생성한다. 응용 프로그램 종류 항목에서 "대화 상자 기반"으로 변경하고 나머지는 기본 설정을 따를 것이므로 <마침> 버튼을 누른다. 리소스 뷰 창에서 IDD_COMM3_DIALOG를 더블 클릭하여 대화상자를 띄운 후 "TODO: 여기에 대화 상자 컨트롤을 배치한다."라는 내용을 Caption 값으로 갖고 있는 불필요한 스테틱 텍스트와 <확인>, <취소> 버튼을 삭제한 후에 다음과 같이 트리 컨트롤과 그 밖의 컨트롤을 배치한다.

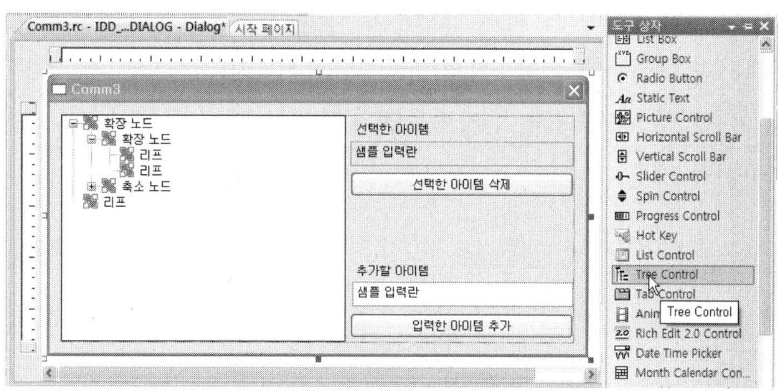

컨트롤 종류	번호	컨트롤 ID	캡션	속성
트리 컨트롤	❶	IDC_TREE1		Has Buttons : True Has Lines : True Lines at root : True
스테틱 텍스트	❷	IDC_STATIC	선택한 아이템	
	❸	IDC_STATIC	추가할 아이템	
에디트 컨트롤	❹	IDC_EDIT_SELECT	(없음)	Read Only : True
	❺	IDC_EDIT_INSERT	(없음)	
버튼 컨트롤	❻	IDC_BUTTON_DELETE	선택한 아이템 삭제	
	❼	IDC_BUTTON_INSERT	입력한 아이템 추가	

2 트리 컨트롤을 제어하기 위해서는 Control 멤버 변수를 선언해야 한다. 트리 컨트롤을 선택한 후 마우스 오른쪽 버튼을 눌러서 나타난 바로가기 메뉴에서 [변수 추가] 메뉴를 선택한다. 멤버 변수 추가 마법사 창이 나타나면 컨트롤 변수가 체크상태인지 확인한 후에 변수 이름은 m_Tree로 입력한다. 에디트 컨트롤 IDC_EDIT_SELECT와 IDC_EDIT_INSERT에 대해서도 각각 m_EditSel과 m_EditInsert로 선언한다.

3 윈도우 탐색기를 살펴보면 알 수 있듯이 트리 컨트롤은 텍스트 형식의 노드 항목 앞에 이미지를 표시할 수 있다. 먼저 리소스 뷰 탭에서 Comm3.rc를 선택한 후 마우스 오른쪽 버튼을 클릭하면 바로가기 메뉴가 나타난다. 이 메뉴에서 [리소스 추가...] 메뉴를 선택한다. [리소스 추가] 창에서 [Bitmap] 항목을 선택한 후 [새로 만들기] 버튼을 클릭한다. 추가된 비트맵에 자유롭게 그림을 그릴 수 있다. 본서에서는 [이미지 편집기] 도구 모음에서 [텍스트 도구]를 선택한 후 알파벳을 입력하였다. IDB_BITMAP1을 선택하고 마우스 오른쪽 버튼을 클릭하여 나타난 바로가기 메뉴에서 [속성] 메뉴를 선택하면 화면 오른쪽에 [속성]창이 나타난다. 여기서 비트맵 ID를 변경할 수도 있고 비트맵 파일의 이름과 위치 정보와 함께 비트맵의 크기 정보도 얻을 수 있다. 이 비트맵의 높이와 너비는 (16, 80)이다.

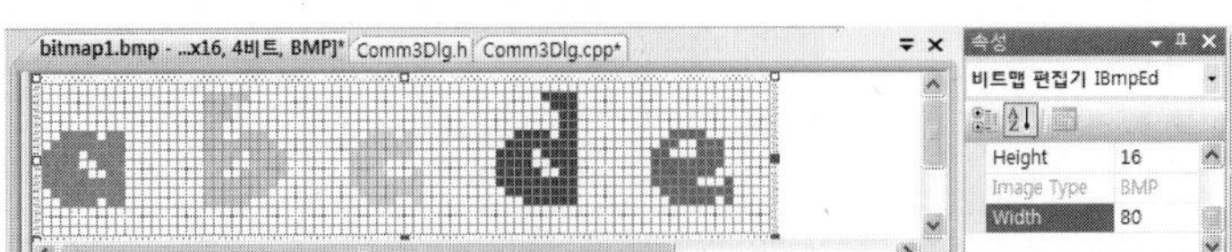

4 CComm3Dlg 클래스에 멤버 변수를 선언한다.

```
class CComm3Dlg : public CDialog
{
   //... 생략 ...
   CImageList m_ImageList;         //트리 컨트롤에 이미지를 출력하기 위한 이미지 리스트
   HTREEITEM m_hRoot;              //트리 컨트롤의 루트 노드
   HTREEITEM  m_hKind[4];          //도서 분류를 저장할 서브 노드
}
```

5 클래스 뷰 창의 CComm3Dlg 클래스에서 OnInitDialog() 함수에 다음과 같이 입력한다.

```
BOOL CComm3Dlg::OnInitDialog()
{
   //... 생략 ...
   //이미지 리스트에 비트맵 ID를 연결
   m_ImageList.Create(IDB_BITMAP1, 16, 5, ILD_NORMAL);
   //트리 컨트롤에 이미지 리스트 지정
   m_Tree.SetImageList(&m_ImageList, TVSIL_NORMAL);

   //루트 노드를 생성한다. (레벨 1)
   m_hRoot=m_Tree.InsertItem(_T("컴퓨터와 인터넷"), 0, 1);
   m_hKind[4];

   //자식 아이템에 추가할 항목을 문자열 배열에 저장해 둠
   CString strKind[]={ _T("IT 전문서"), _T("그래픽/멀티미디어"),
                       _T("오피스활용도서"), _T("웹/컴퓨터 입문&활용") };

   CString strIT[]={ _T("개발/OS/DB"), _T("컴퓨터공학"), _T("프로그래밍 언어") };

   //루트 노드에 자식 아이템을 추가한다. (레벨 2)
   for(int i=0; i<4; i++)
      m_hKind[i]=m_Tree.InsertItem(strKind[i], 2, 2, m_hRoot, TVI_LAST);

   //IT 전문서에 자식 아이템을 추가한다. (레벨 3)
   for(int i=0; i<3; i++)
```

```
        m_Tree.InsertItem(strIT[i], 2, 2, m_hKind[0], TVI_LAST);

    m_Tree.Expand(m_hRoot, TVE_EXPAND);
    m_Tree.Expand(m_hKind[0], TVE_EXPAND);
    return TRUE;   // 포커스를 컨트롤에 설정하지 않으면 TRUE를 반환합니다.
}
```

2.4 트리 컨트롤의 이벤트

트리 컨트롤에서 특정 노드를 선택하면 그 노드의 텍스트 값을 얻어서 출력하도록 한다. 그러기 위해서는 우선 트리 컨트롤에서 발생하는 이벤트를 알아야 한다.

표 6-3 ● 트리 컨트롤의 이벤트 종류

이벤트	발생 시기
TVN_DELETEITEM	노드가 삭제될 때
TVN_ITEMEXPANDING	노드가 확장되기 직전
TVN_ITEMEXPANDED	노드가 확장된 직후
TVN_KEYDOWN	키보드가 눌렸을 때
TVN_SELCHANGED	선택된 항목이 바뀐 후

선택 항목을 알아내기 위해서는 다음과 같이 입력한다.

```
HTREEITEM hItem = m_tree.GetSelectedItem();
if(hItem != NULL) {
    CString str = m_tree.GetItemText(hItem);
    MessageBox(str);
}
```

트리 컨트롤에 노드를 추가할 때에는 `InsertItem()` 함수를 사용해야 한다는 것은 이미 학습한 내용이다. 그렇다면 존재하는 노드를 수정하려면 어떻게 해야 할까? 이때 사용하는 함수가 `SetItemText()`이다.

```
BOOL SetItemText(
   HTREEITEM hItem,          //변경할 노드의 핸들
   LPCTSTR lpszItem          //변경할 텍스트
);
```

이번에는 노드를 삭제할 때 사용하는 DeleteItem() 함수를 살펴보자.

```
BOOL DeleteItem(
   HTREEITEM hItem           //삭제할 노드의 핸들
);
```

```
HTREEITEM hItem = m_tree.GetSelectedItem();
if(hItem != NULL) {
   m_tree.DeleteItem(hItem);
}
```

기본예제 6-5 트리 컨트롤 이벤트 처리

[예제설명]

트리 컨트롤에서 발생하는 이벤트를 처리하도록 하자.

[실행결과]

선택된 아이템이 나타난다. 특정 아이템이 선택된 상태에서 [선택한 아이템 삭제] 버튼을 누르면 해당 항목이 삭제된다.

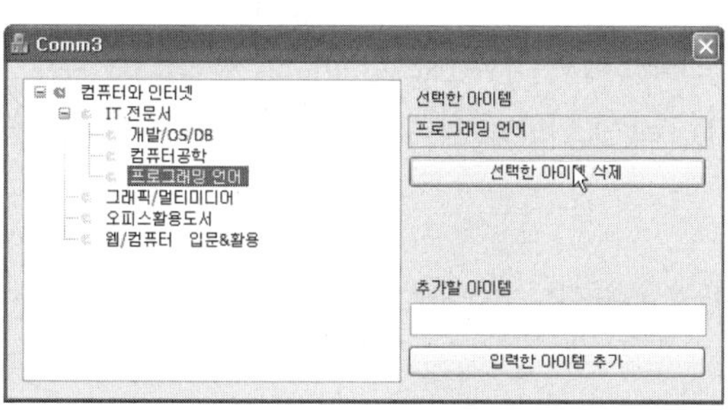

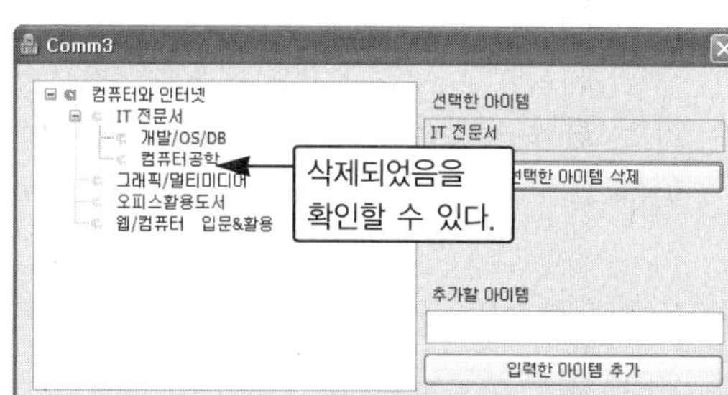

추가할 아이템을 어느 아이템 아래에 추가할 것인지를 결정한 후 아이템을 선택한다. 그런 후에 [추가할 아이템] 에디트에 추가할 내용을 입력한 후 [입력한 아이템 추가] 버튼을 누르면 아이템이 추가된다.

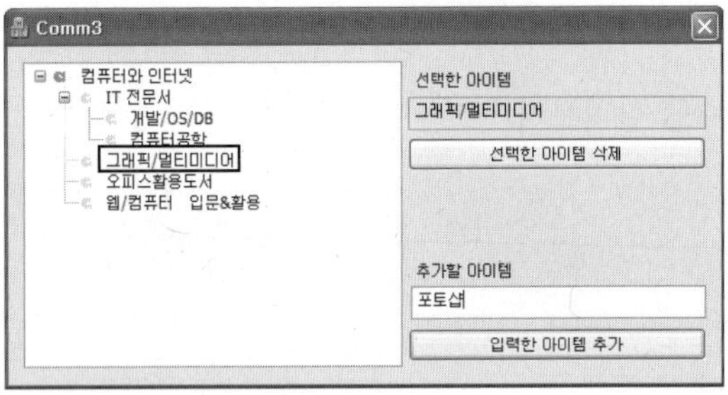

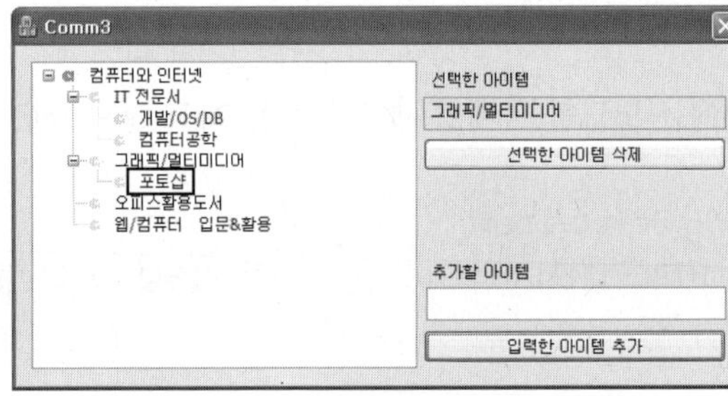

[따라하기]

1 트리 컨트롤에서 특정 노드를 선택된 항목이 바뀔 때마다 선택된 내용을 출력할 것이므로 TVN_SELCHANGED 이벤트의 처리기 함수를 추가해야 한다. TVN_SELCHANGED 이벤트의 처리기 함수를 추가하여 알맞은 코딩을 입력하기에 앞서 선택된 노드에 대한 정보는 또 다른 이벤트가 발생하였을 때에도 사용해야 하기에 선택된 노드에 대한 정보를 저장할 변수를 CComm3Dlg 클래스에서 멤버 변수로 선언해야 한다.

```
class CComm3Dlg : public CDialog
{
   HTREEITEM m_hSelectItem;               //트리 컨트롤의 현재 선택된 노드
}
```

2 트리 컨트롤의 특정 항목이 선택되면 그 내용을 출력한다. 그러기 위해서는 TVN_SELCHANGED 메시지에 대한 이벤트 처리기를 추가해야 한다. [리소스 뷰] 창에서 트리 컨트롤을 선택한 후 마우스 오른쪽 버튼을 클릭하여 나타난 바로가기 메뉴에서 [이벤트 처리기 추가] 메뉴를 선택한다. [이벤트 처리기 마법사] 창이 나타나면 메시지 형식 리스트 박스에서 "TVN_SELCHANGED"를 선택한 후 [추가 및 편집] 버튼을 클릭한다. OnTvnSelchangedTree1() 이벤트 처리기에 다음과 같은 내용을 입력한다.

```
void CComm3Dlg::OnTvnSelchangedTree1(NMHDR *pNMHDR, LRESULT *pResult)
{
```

```
    LPNMTREEVIEW pNMTreeView = reinterpret_cast<LPNMTREEVIEW>(pNMHDR);

    //현재 선택한 아이템의 핸들 값을 멤버변수에 저장
    m_hSelectItem = pNMTreeView->itemNew.hItem;

    //선택한 아이템의 텍스트를 얻어와서
    CString strSel = m_Tree.GetItemText(m_hSelectItem);
    //대화상자의 에디트 상자에 설정
    m_EditSel.SetWindowTextW(strSel);
    *pResult = 0;
}
```

매개변수로 넘어온 pNMHDR는 NM_TREEVIEW 구조체의 포인터이다. NM_TREEVIEW 구조체는 TV_ITEM 구조체로 선언된 itemOld와 itemNew를 멤버로 갖는다. 이전에 선택되었던 노드는 itemOld에 새로 선택된 노드는 itemNew에 그 정보가 저장되는데 TV_ITEM 구조체는 hItem에 선택된 노드의 핸들 값을 저장한다. 그러므로 pNMTreeView->itemNew.hItem를 CComm3Dlg 클래스에서 멤버 변수를 선언한 m_hSelectItem에 지정함으로써 선택된 노드에 대한 정보를 사용할 수 있다.

3 위에서 살펴본 CTreeCtrl 클래스의 멤버 함수들을 이용해서 노드를 추가, 수정, 삭제해 보도록 한다. 먼저 [선택한 아이템 삭제] 버튼이 눌리면 현재 선택한 노드의 값을 삭제하도록 한다.

```
void CComm3Dlg::OnBnClickedButtonDelete()
{
    if(m_hSelectItem != m_hRoot){
        int res=MessageBox(_T("정말 삭제하시겠습니까?"), _T("삭제"), MB_YESNO);
        if(res == IDYES){
            m_Tree.DeleteItem(m_hSelectItem);
            m_EditInsert.SetWindowTextW(_T(""));
        }
    }else{
        AfxMessageBox(_T("루트 노드는 삭제해서는 안됩니다."));
    }
}
```

4 이번에는 [입력한 아이템 추가] 버튼이 눌리면 에디트 컨트롤에 입력한 내용이 현재 선택한 노드의 자식 노드로 추가되도록 한다.

```
void CComm3Dlg::OnBnClickedButtonInsert()
{
   CString strInsert;
   m_EditInsert.GetWindowTextW(strInsert);
   if(strInsert.IsEmpty()==FALSE){
      m_Tree.InsertItem(strInsert, 2, 3, m_hSelectItem);
      m_Tree.Expand(m_hSelectItem, TVE_EXPAND);
   }
   else{
      AfxMessageBox(_T("노드로 추가할 텍스트를 입력하세요."));
   }
   m_EditInsert.SetWindowTextW(_T(""));//에디트 컨트롤의 내용을 지운다.
}
```

트리 컨트롤을 학습하면서 살펴보았던 CTreeCtrl 클래스의 멤버 함수들을 정리해 보자.

표 6-4 ● CTreeCtrl 클래스의 주요 멤버 함수

함수	설명
GetItemText	트리 컨트롤 아이템의 텍스트를 반환
SetItemText	트리 컨트롤 아이템의 텍스트를 변경
InsertItem	트리 컨트롤에 아이템을 추가
Expand	트리 컨트롤 자식 노드의 리스트를 확장
DeleteItem	트리 컨트롤로부터 아이템을 삭제

03 리스트 컨트롤

Introduction to Microsoft Foundation Class Library

리스트 컨트롤은 리스트 뷰(List View) 컨트롤이라고 부르기도 하며 리스트 박스와 유사하지만, 표 형식의 2차원적인 정보를 보여주기에 알맞다. 리스트 뷰 컨트롤의 대표적인 예는 윈도우 탐색기로서 윈도우 탐색기 오른쪽 화면을 보면 선택한 폴더의 내용을 보여주는데 파일 이름뿐만 아니라, 크기, 종류, 수정한 날짜 등의 세부 정보를 보여준다. 세부 정보의 위쪽에는 헤더 컨트롤이 있어 세부 항목들의 제목을 보여준다.

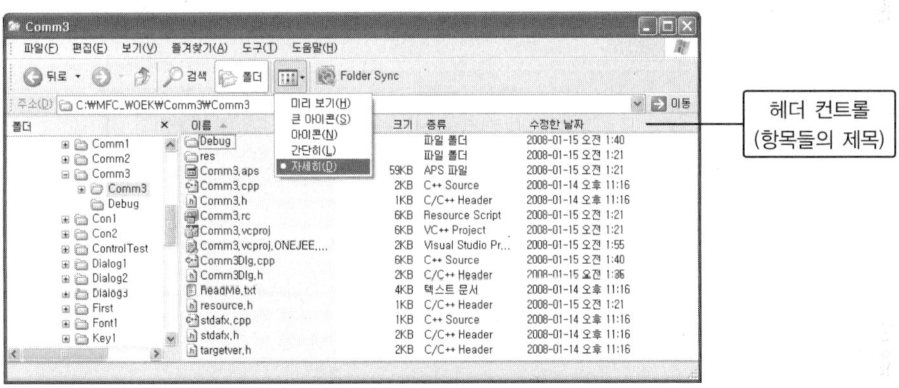

그림 6-8 ● 트리 컨트롤의 사용 예

리스트 컨트롤은 텍스트는 물론 트리 컨트롤처럼 이미지를 가질 수 있고 확장스타일로 체크박스와 연동도 가능하다. 항목들을 큰 아이콘, 아이콘, 간단히, 자세히 네 가지의 다른 형태로 보여준다. 윈도우 탐색기의 경우 [보기] 메뉴나 도구 모음을 통해서 보기 상태를 변경시킬 수 있다. 리스트 컨트롤 항목을 보여주는 방법을 지정하기 위해서는 LVI_ICON, LVI_SMALLICON, LVI_LIST, LVI_REPORT 등이 있는데 차례로 "큰 아이콘", "아이콘", "간단히", "자세히"에 해당한다.

32×32 크기의 아이콘과 텍스트로 항목을 표시하며 [보기] → [큰 아이콘]을 선택한다.

그림 6-9 ● 아이콘 보기(LVS_ICON)

16×16 크기의 아이콘과 텍스트로 항목을 표시하며 [보기] → [아이콘]을 선택한다.

그림 6-10 ● 작은 아이콘 보기(LVS_SMALLICON)

16×16 크기의 아이콘과 텍스트로 항목을 표시하며 [보기] → [간단히]를 선택한다.

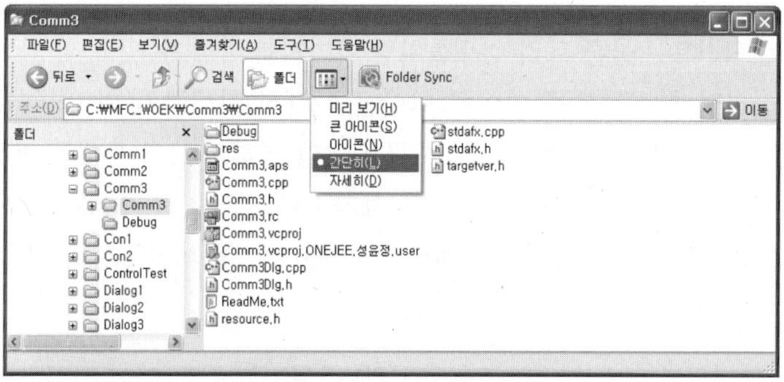

그림 6-11 ● 목록 보기(LVS_LIST)

16×16 크기의 아이콘과 텍스트로 항목을 표시하며 [보기] → [자세히]를 선택한다. 서브 항목으로 부가적인 정보를 표시하고 헤더 컨트롤로 각 열의 폭 조절과 항목 정렬이 가능하다.

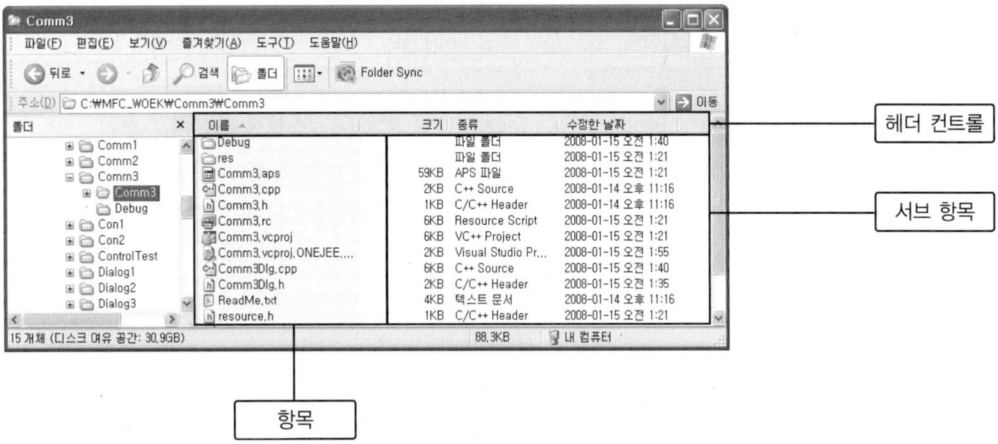

그림 6-12 ● 보고서 보기(LVS_REPORT)

3.1 리스트 컨트롤을 위한 CListCtrl 클래스

`CListCtrl`은 리스트 컨트롤을 제어하기 위해서 MFC에서 제공되는 클래스이다. 리스트 컨트롤을 제어하기 위해서 `Control` 멤버 변수를 추가하면 `CListCtrl`로 선언된다. 다음은 `CListCtrl` 클래스가 제공해주는 멤버 함수이다.

표 6-5 ● CListCtrl 클래스의 멤버 함수

멤버 함수	설명
InsertColumn	새로운 컬럼을 추가한다.
InsertItem	새로운 항목을 추가한다.
DeleteItem	지정한 항목을 삭제한다.
GetItemText SetItemText	지정한 항목에서 텍스트를 얻거나 설정한다.
GetImageList SetImageList	항목에 표시할 아이콘은 이미지 리스트에 저장되는데, 사용할 이미지 리스트를 설정하고 얻는다.
GetItemCount	항목의 개수를 얻는다.

❶ 리스트 컨트롤을 생성하여 초기화하는 과정은 다음과 같다.

> ❶ CListCtrl 객체 선언 후 CListCtrl::Create()로 리스트 컨트롤을 생성한다. 대화상자에서 리스트 컨트롤을 추가하였다면 리스트 컨트롤의 Control 형 멤버변수로 CListCtrl 객체 변수를 추가하면 된다.
>
> ❷ CImageList 객체 선언 후 CImageList::Create()로 이미지 리스트를 생성하고 초기화한다.
>
> ❸ CListCtrl::SetImageList()로 리스트 컨트롤에서 사용할 이미지 리스트를 설정한다.
>
> ❹ CListCtrl::InsertColumn()으로 보고서 보기(LVI_REPORT)에서 표시할 헤더를 초기화한다.
>
> ❺ CListCtrl::InsertItem()으로 항목을 추가한다.
>
> ❻ CListCtrl::SetItemText()로 서브 항목을 채운다.

❷ CImageList 객체 선언 후 CImageList::Create()로 이미지 리스트를 생성하고 초기화한다.

리스트 컨트롤이 텍스트만 표시하는 경우가 아니라면 하나의 항목에 대해 최소 두 종류의 이미지가 필요하다. 아이콘 보기(LVI_ICON)에서 사용할 큰 이미지와 나머지 보기에서 사용할 작은 이미지이다. 윈도우 탐색기에서는 32×32 크기와 16×16 크기를 사용했지만, 크기는 정해진 것이 아니다. 본서에서는 큰 아이콘 이미지 크기를 48×48로 한다. 리스트 컨트롤에 사용되는 이미지는 트리 컨트롤에서와 마찬가지로 이미지 리스트를 사용하는데, 큰 이미지와 작은 이미지를 위해 이미지 리스트 객체가 2개 필요하다.

```
CImageList m_LargeImageList;        // 48X48 크기의 비트맵을 위한 이미지 리스트
CImageList m_SmallImageList;        // 16X16 크기의 비트맵을 위한 이미지 리스트
```

리스트 컨트롤은 큰 아이콘 형태로 볼 경우를 위한 48×48 크기와 그 나머지 보기에 사용할 16×16 크기의 이미지가 필요하다. 그러므로 2개의 비트맵 파일을 리소스에 등록해야 한다. 48×48 크기의 비트맵 ID는 IDB_BITMAP_LARGE이고 16×16 크기의 비트맵 ID는 IDB_BITMAP_SMALL로 하였다면 선언한 이미지 리스트에 비트맵 ID를 연결한다.

```
// 큰 아이콘을 위한 이미지 리스트에 비트맵 ID를 연결
m_LargeImageList.Create(IDB_BITMAP_LARGE, 48, 1, RGB(0, 128, 128));
// 작은 아이콘을 위한 이미지 리스트에 비트맵 ID를 연결
m_SmallImageList.Create(IDB_BITMAP_SMALL, 16, 1, RGB(0, 128, 128));
```

❸ CListCtrl::SetImageList()로 리스트 컨트롤에서 사용할 이미지 리스트를 설정한다.

```
CImageList* CListCtrl::SetImageList (CImageList* pImageList,
int nImageListType);
```

- pImageList: 리스트 컨트롤에서 사용할 이미지 리스트를 지정한다.
- nImageListType: 이미지 리스트에 포함된 이미지의 용도를 나타내는 상수 값을 지정한다.

표 6-6 ● 이미지 리스트에 포함된 이미지의 용도를 나타내는 상수

nImageListType	용도
LVSIL_NORMAL	아이콘 보기
LVSIL_SMALL	작은 아이콘 보기, 목록 보기, 보고서 보기
LVSIL_STATE	상태 이미지

```
//리스트 컨트롤에 이미지 리스트를 설정
m_List.SetImageList(&m_LargeImageList, LVSIL_NORMAL);
m_List.SetImageList(&m_SmallImageList, LVSIL_SMALL);
```

❹ CListCtrl::InsertColumn()으로 보고서 보기(LVI_REPORT)에서 표시할 헤더를 초기화한다.

리스트 컨트롤에 항목을 추가하기 위해서 컬럼을 생성해서 어떤 항목을 저장할 것인지 설정해야 한다. 리스트 컨트롤에 컬럼을 추가하려면 InsertColumn() 함수를 사용해야 한다.

```
int CListCtrl::InsertColumn (int nCol, LPCTSTR lpszColumnHeading,
          int nFormat = LVCFMT_LEFT, int nWidth = -1, int nSubItem = -1);
```

- nCol: 열 번호를 나타내며 0부터 시작한다.
- lpszColumnHeading: 헤더 컨트롤에 표시할 텍스트를 기술한다.
- nFormat: 헤더 컨트롤에 표시할 텍스트의 정렬 방식을 나타내며 LVCFMT_LEFT(왼쪽), LVCFMT_RIGHT(오른쪽), LVCFMT_CENTER(가운데) 중 하나를 선택한다.
- nWidth: 열의 폭(픽셀 단위)을 지정한다.
- nSubItem: 연관된 하위 항목의 인덱스를 나타내며, 보통 nCol과 같은 값을 사용한다.

```
CRect rect;
m_List.GetClientRect(&rect);//리스트 컨트롤의 크기를 얻어온다.
m_List.InsertColumn(0, _T("도서명"), LVCFMT_LEFT,300);
m_List.InsertColumn(1, _T("저자"), LVCFMT_LEFT, 100);
m_List.InsertColumn(2, _T("책가격"), LVCFMT_LEFT, rect.Width()-400);
```

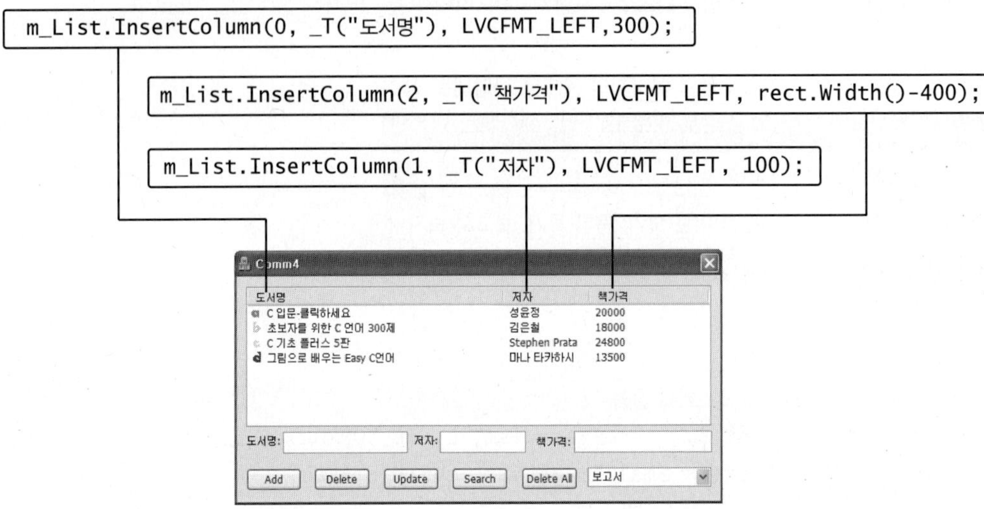

그림 6-13 ● 헤더 컨트롤에 출력할 열 제목과 열 번호

❺ CListCtrl::InsertItem()으로 항목을 추가한다.

```
int CListCtrl::InsertItem (int nItem, LPCTSTR lpszItem, int nImage);
```

- nItem: 항목 인덱스이며 0부터 시작한다.
- lpszItem: 항목에 표시할 텍스트를 기술한다.
- nImage: 항목에 표시할 이미지로서 이미지 리스트에서의 인덱스 값을 사용한다.

InsertItem() 은 무조건 첫 번째 컬럼인 도서명에 텍스트를 추가한다. 텍스트 앞에 붙일 이미지도 지정해야 한다.

텍스트를 출력할 행의 위치 / 출력할 텍스트 / 텍스트 앞에 붙을 이미지 리스트의 위치

```
m_List.InsertItem( 0 , _T("C 입문-클릭하세요"),          0 );
m_List.InsertItem( 1 , _T("초보자를 위한 C 언어 300제"), 1 );
m_List.InsertItem( 2 , _T("C 기초 플러스 5판"),          2 );
m_List.InsertItem( 3 , _T("그림으로 배우는 Easy C언어"),  3 );
```

```
m_List.InsertItem(0 , _T("C 입문-클릭하세요"), 0);
m_List.InsertItem(1 , _T("초보자를 위한 C 언어 300제"), 1);
m_List.InsertItem(2 , _T("C 기초 플러스 5판"), 2);
m_List.InsertItem(3 , _T("그림으로 배우는 Easy C언어"), 3);
```

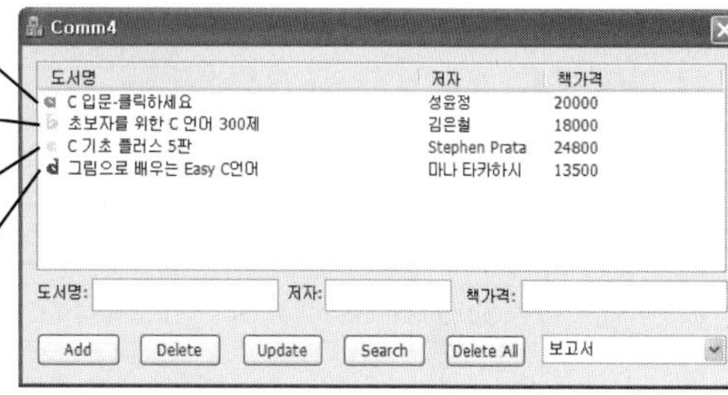

그림 6-14 ● 항목 추가하기

❻ CListCtrl::SetItemText()로 서브 항목을 채운다.

두 번째 컬럼부터는 SetItemText() 함수를 사용해서 각 컬럼에 텍스트를 출력해야 한다.

```
BOOL CListCtrl::SetItemText (int nItem, int nSubItem, LPCTSTR lpszText);
```

- nItem: 항목 인덱스이며 0부터 시작한다.
- nSubItem: 서브 항목 인덱스이며 1부터 시작. 0을 사용하면 항목 텍스트 변경이 가능하다.
- lpszText: 서브 항목(nSubItem>0) 또는 항목(nSubItem=0)에 표시할 텍스트를 기술한다.

nItem : 텍스트를 출력할 행의 위치 / nSubItem : 텍스트를 출력할 열의 위치 / 출력할 텍스트

```
m_List.SetItemText( 0, 1, _T("성윤정")          );
m_List.SetItemText( 0, 2, _T("20000")           );
m_List.SetItemText( 1, 1, _T("김은철")          );
m_List.SetItemText( 1, 2, _T("18000")           );
m_List.SetItemText( 2, 1, _T("Stephen Prata")   );
m_List.SetItemText( 2, 2, _T("24800")           );
m_List.SetItemText( 3, 1, _T("마나 타카하시")   );
m_List.SetItemText( 3, 2, _T("13500")           );
```

nItem은 InsertItem() 함수에서 설명했듯이 리스트 컨트롤에 출력할 사람이 바뀔 때마다 달라진다. 저자 이름을 출력하기 위한 nSubItem은 1로 고정되어 있고, 책 가격을 출력하기 위한 nSubItem은 2로 고정되어 있다.

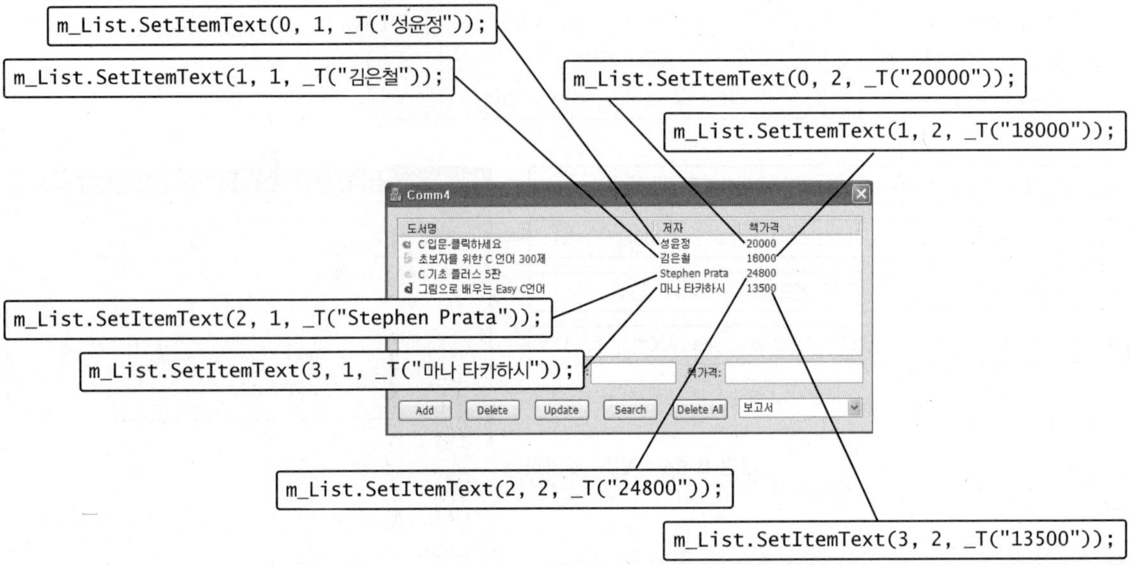

그림 6-15 ● 항목 인덱스와 서브 항목 인덱스

nItem과 nSubItem이 헷갈릴 수 있으므로 마지막으로 정리하고 넘어가도록 한다.

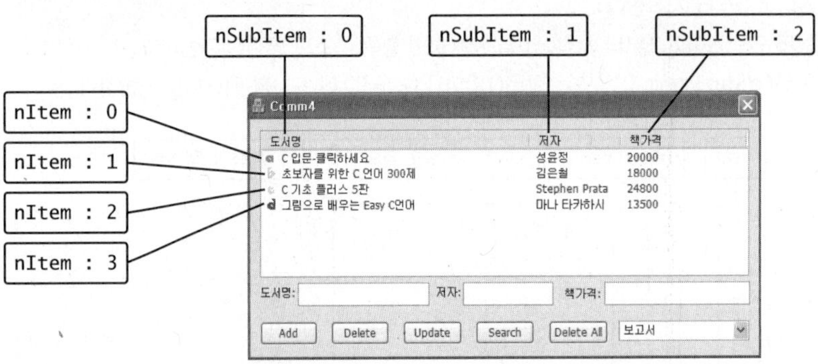

그림 6-16 ● nItem과 nSubItem의 역할

리스트 컨트롤의 스타일을 동적으로 변경할 수 있다.

```
BOOL CWnd::ModifyStyle (DWORD dwRemove, DWORD dwAdd, UINT nFlags = 0);

● dwRemove: 제거할 스타일
● dwAdd: 추가할 스타일
● nFlags: 기본값 사용
```

```
// 아이콘 보기로 변경한다.
m_List.ModifyStyle(LVS_TYPEMASK, LVS_ICON);
// 레이블 편집을 가능하게 한다.
m_List.ModifyStyle(0, LVS_EDITLABELS);
```

보여 주기 형태를 변경하거나 편집 가능하도록 하게 하는 기본 스타일 외에도 확장 스타일을 변경할 수도 있다.

```
DWORD CListCtrl::SetExtendedStyle (DWORD dwNewStyle);

● dwNewStyle : 새로 적용할 확장 스타일
```

보고서 보기에서 격자무늬를 표시한다.

```
m_List.SetExtendedStyle(m_List.GetExtendedStyle()|LVS_EX_GRIDLINES);
```

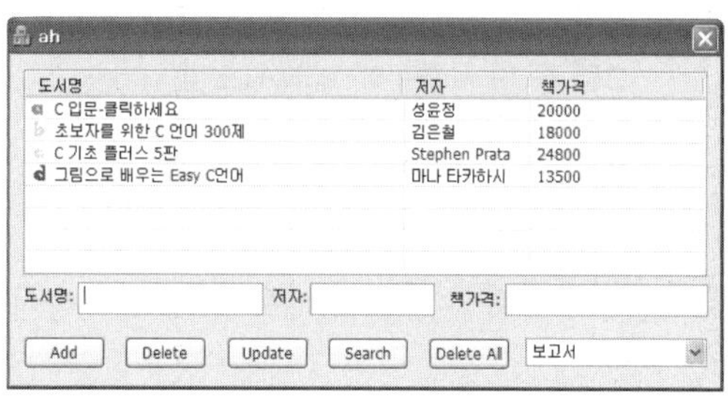

그림 6-17 ● 리스트 컨트롤에 격자무늬 표시

보고서 보기에서 항목을 선택하면 줄 전체가 선택되도록 한다.

```
m_List.SetExtendedStyle(m_List.GetExtendedStyle()|LVS_EX_FULLROWSELECT);
```

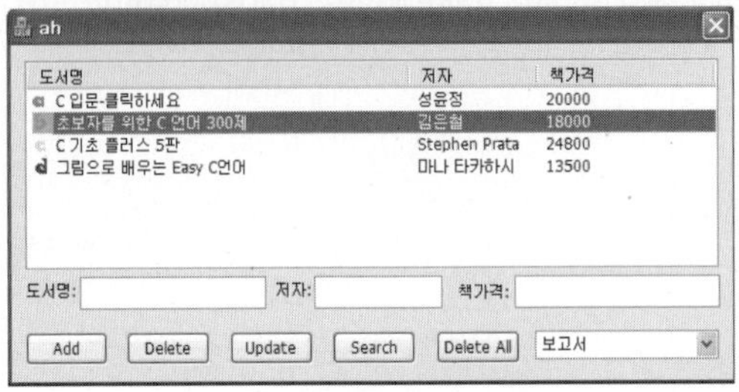

그림 6-18 ● 항목을 선택하면 줄 전체가 선택되는 리스트 컨트롤

리스트 뷰의 항목이 선택 가능한 옵션들이라면 다음 속성을 이용하여 항목에 체크 박스를 붙일 수 있다.

```
m_List.SetExtendedStyle(m_List.GetExtendedStyle()|LVS_EX_CHECKBOXES);
```

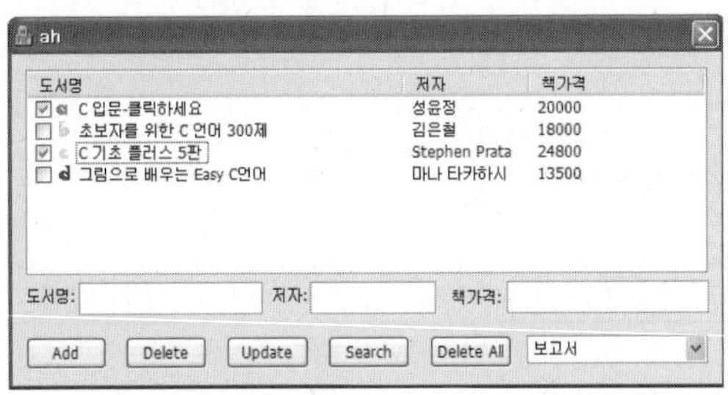

그림 6-19 ● 항목에 체크 박스 붙이기

체크 박스가 나타남은 물론이고 사용자가 체크 박스를 클릭할 때 체크 박스의 상태를 자동으로 변경해 주기도 한다. 프로그램에서 항목의 체크 상태를 조사하고 싶거나 바꾸고 싶을 때는 다음 두 함수를 호출한다.

```
BOOL CListCtrl::SetCheck(int nItem, BOOL fCheck=1);
BOOL CListCtrl::GetCheck(int nItem);
```

하나의 항목을 삭제하려면 CListCtrl::DeleteItem() 함수를 사용하고 모든 항목을 삭제하려면 CListCtrl::DeleteAllItems() 함수를 사용한다.

```
// 첫 번째 항목 삭제
m_List.DeleteItem(0);
// 모든 항목 삭제
m_List.DeleteAllItems();
```

기본예제 6-6 리스트 컨트롤

【예제설명】

도서 목록을 출력하는 리스트 컨트롤을 만들어 보자.

【실행결과】

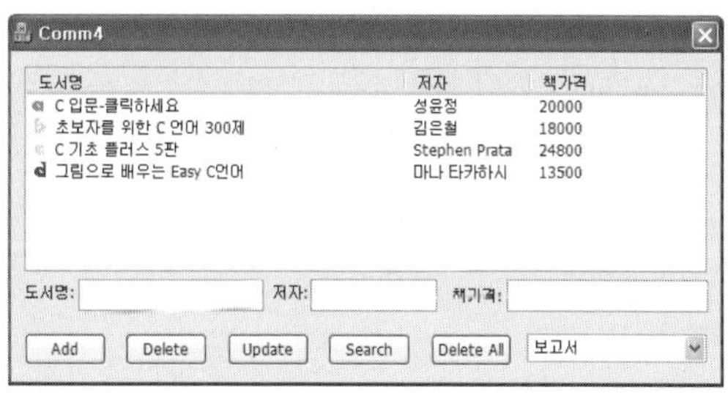

【따라하기】

1 "Comm4"란 이름으로 새로운 프로젝트를 생성한다. 응용 프로그램 종류 항목에서 "대화 상자 기반"으로 변경하고 나머지는 기본 설정을 따를 것이므로 <마침> 버튼을 누른다. 리소스 뷰 창에서 IDD_COMM4_DIALOG를 더블 클릭하여 대화상자를 띄운 후 "TODO: 여기에 대화 상자 컨트롤을 배치한다."라는 내용을 Caption 값으로 갖고 있는 불필요한 스테틱 텍스트와 <확인>, <취소> 버튼을 삭제한 후에 다음과 같이 리스트 컨트롤과 그 밖의 컨트롤을 배치한다. 리스트 컨트롤을 추가한 후 속성 창에서 View를 Report로 변경하고 콤보박스에 추가할 항목을 속성에 세미콜론을 구분자로 하여 "아이콘;작은 아이콘;목록;보고서;"와 같이 입력한다.

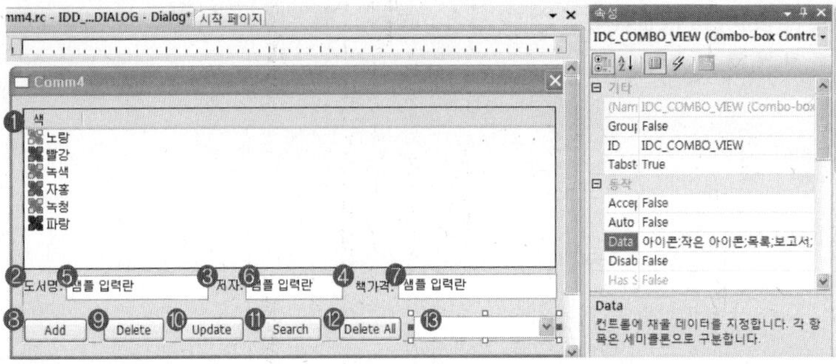

컨트롤 종류	번호	컨트롤 ID	캡션	속성	멤버변수
트리 컨트롤	❶	IDC_LIST1		View : Report	CListCtrl m_List
스테틱 텍스트	❷	IDC_STATIC	도서명 :		
	❸	IDC_STATIC	저자 :		
	❹	IDC_STATIC	책가격 :		
에디트 컨트롤	❺	IDC_EDIT_TITLE	(없음)		CEdit m_EditTitle
	❻	IDC_EDIT_AUTHOR	(없음)		CEdit m_EditAuthor
	❼	IDC_EDIT_PRICE	(없음)		CEdit m_EditPrice
버튼 컨트롤	❽	IDC_BUTTON_ADD	Add		
	❾	IDC_BUTTON_DELETE	Delete		
	❿	IDC_BUTTON_UPDATE	Update		
	⓫	IDC_BUTTON_SEARCH	Search		
	⓬	IDC_BUTTON_DELETEALL			
콤보 박스	⓭	IDC_COMBO_VIEW		Data : 아이콘;작은 아이콘;목록;보고서; Sort : False	CComboBox m_Combo

2 리스트 컨트롤을 제어하기 위해서는 Control 멤버 변수를 선언해야 한다. 리스트 컨트롤을 선택한 후 마우스 오른쪽 버튼을 눌러서 나타난 바로가기 메뉴에서 [변수 추가] 메뉴를 선택한다. 멤버 변수 추가 마법사 창이 나타나면 컨트롤 변수가 체크상태인지 확인한 후에 변수 이름을 m_List로 입력한다. 에디트 컨트롤 IDC_EDIT_TITLE과 IDC_EDIT_AUTHOR, IDC_EDIT_PRICE에 대해서도

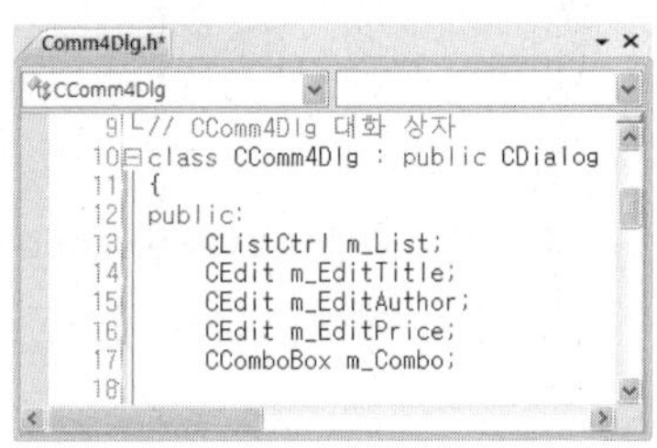

Control 멤버 변수로 각각 m_EditTitle과 m_EditAuthor, m_EditPrice를 선언하고 콤보 박스에 대해서도 Control 멤버 변수로 m_Combo를 선언한다.

3. 윈도우 탐색기를 살펴보면 알 수 있듯이 리스트 컨트롤은 텍스트 형식의 항목 앞에 이미지를 표시할 수 있다. 먼저 리소스 뷰 탭에서 Comm4.rc를 선택한 후 마우스 오른쪽 버튼을 클릭하면 바로가기 메뉴가 나타난다. 이 메뉴에서 [리소스 추가...] 메뉴를 선택한다. [리소스 추가] 창에서 [Bitmap] 항목을 선택한 후 [가져 오기] 버튼을 클릭한다. res 폴더에 미리 비트맵 파일을 가져다 놓았다는 가정 하에 이 폴더에서 비트맵 파일을 가져온다. 가져온 비트맵 파일은 IDB_BITMAP1, IDB_BITMAP2란 이름이 자동 부여되어 나타난다. 큰 아이콘으로 사용할 비트맵은 파일 이름을 IDB_BITMAP_LARGE로 작은 아이콘으로 사용할 비트맵은 파일 이름을 IDB_BITMAP_SMALL로 변경한다. [예제 6-3]과 [예제 6-4]에서 사용했던 비트맵을 가져온다. 혹은 직접 그려도 된다.

4. CComm4Dlg 클래스의 멤버변수인 CImageList 클래스로 m_LargeImageList와 m_SmallImageList를 선언한다.

```
class CComm4Dlg : public CDialog
{
public:
    CImageList m_LargeImageList;           //48X48 크기의 비트맵을 위한 이미지 리스트
    CImageList m_SmallImageList;           //16X16 크기의 비트맵을 위한 이미지 리스트
    // ... 생략 ...
}
```

5. 대화상자를 초기화하는 OnInitDialog() 함수에 다음과 같이 입력한다.

```
BOOL CComm4Dlg::OnInitDialog()
{
    // 큰 아이콘을 위한 이미지 리스트에 비트맵 ID를 연결
    m_LargeImageList.Create(IDB_BITMAP_LARGE, 48, 1, RGB(0, 128, 128));
    // 작은 아이콘을 위한 이미지 리스트에 비트맵 ID를 연결
    m_SmallImageList.Create(IDB_BITMAP_SMALL, 16, 1, RGB(0, 128, 128));

    //리스트 컨트롤에 이미지 리스트를 설정
    m_List.SetImageList(&m_LargeImageList, LVSIL_NORMAL);      //큰 아이콘으로 설정
    m_List.SetImageList(&m_SmallImageList, LVSIL_SMALL);       //작은 아이콘으로 설정
```

```
//리스트 컨트롤의 크기를 얻어온다.
CRect rect;
m_List.GetClientRect(&rect);

// 컬럼 추가
m_List.InsertColumn(0, _T("도서명"), LVCFMT_LEFT,300);
m_List.InsertColumn(1, _T("저자"), LVCFMT_LEFT, 100);

//마지막에 추가할 컬럼의 폭은 리스트 컨트롤의 너비에서 이미 추가한
//컬럼들의 너비를 뺀 값으로 하면 3개의 컬럼이 리스트 컨트롤에 딱 맞게 추가된다.
m_List.InsertColumn(2, _T("책가격"), LVCFMT_LEFT, rect.Width()-400);

// 서브 항목으로 추가할 데이터를 배열에 저장
CString sampleTitle[ ] = { _T("C 입문-클릭하세요"), _T("초보자를 위한 C 언어 300제"),
                          _T("C 기초 플러스 5판"), _T("그림으로 배우는 Easy C언어")};
CString sampleAuthor[ ] = { _T("성윤정"), _T("김은철"),
                          _T("Stephen Prata"), _T("마나 타카하시")};
CString samplePrice[ ] = { _T("20000"), _T("18000"), _T("24800"), _T("13500")};

for(int i=0 ; i<4 ; i++) {
    //도서명 추가하기
    m_List.InsertItem(i, sampleTitle[i], i%5);
    //저자 추가하기
    m_List.SetItemText(i, 1, sampleAuthor[i]);
    //책 가격 추가하기
    m_List.SetItemText(i, 2, samplePrice[i]);
}

//현재 리스트 컨트롤의 보기 형태가 리포트이기에 콤보박스에서도
m_Combo.SetCurSel(3); //이 항목이 선택되어 있도록 한다.

//확장 스타일을 변경하기
//격자무늬를 표시한다.
//m_List.SetExtendedStyle(m_List.GetExtendedStyle()|LVS_EX_GRIDLINES);
//항목을 선택하면 줄 전체가 선택되도록 한다.
//m_List.SetExtendedStyle(m_List.GetExtendedStyle()|LVS_EX_FULLROWSELECT);
```

```
    //항목에 체크 박스를 붙일 수 있다.
    //m_List.SetExtendedStyle(m_List.GetExtendedStyle()|LVS_EX_CHECKBOXES);

    return TRUE;   // 포커스를 컨트롤에 설정하지 않으면 TRUE를 반환합니다.
}
```

6 콤보 박스로 리스트 컨트롤 항목을 보여주는 형태를 변경하도록 해보자. 콤보 박스에서 항목이 선택되면 발생하는 이벤트 처리기를 추가한 후에 다음과 같이 코딩하고 실행해 보자.

```
void CComm4Dlg::OnCbnSelchangeComboView()
{
    int nSel=m_Combo.GetCurSel();

    switch(nSel){
        case 0 : m_List.ModifyStyle(LVS_TYPEMASK, LVS_ICON);
                    break;
        case 1 : m_List.ModifyStyle(LVS_TYPEMASK, LVS_SMALLICON);
                    break;
        case 2 : m_List.ModifyStyle(LVS_TYPEMASK, LVS_LIST);
                    break;
        case 3 : m_List.ModifyStyle(LVS_TYPEMASK, LVS_REPORT);
                    break;
    }
}
```

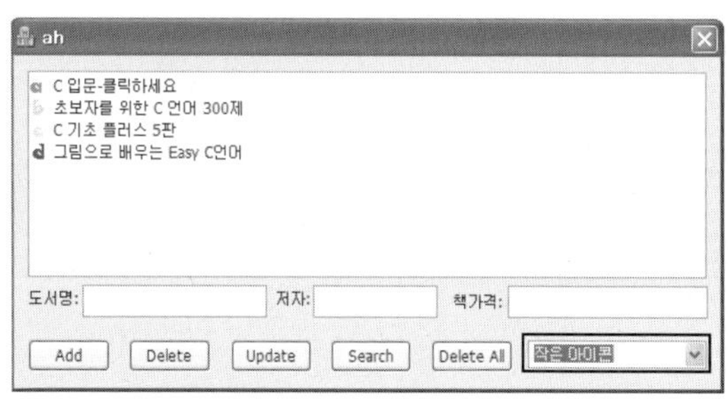

7 도서명, 저자, 책가격 에디트 컨트롤에 내용을 입력한 후에 <Add> 버튼을 누르면 입력한 내용이 리스트 컨트롤에 추가되도록 하기 위해서 <Add> 버튼에 대한 이벤트 처리기 함수를 만든 후 다음과 같이 코딩한다.

```
void CComm4Dlg::OnBnClickedButtonAdd()
{
    // 추가할 행의 위치를 얻어오기 위해서 리스트 컨트롤에 항목의 개수를 얻어온다.
    int   nItemNum = m_List.GetItemCount();

    CString temp;

    m_EditTitle.GetWindowTextW(temp);    //도서명 추가하기
    m_List.InsertItem(nItemNum , temp, rand()%5);

    m_EditAuthor.GetWindowTextW(temp);  //저자 추가하기
    m_List.SetItemText(nItemNum, 1, temp);

    m_EditPrice.GetWindowTextW(temp);    //책가격 추가하기
    m_List.SetItemText(nItemNum, 2, temp);

    //에디트 컨트롤에 입력한 값을 리스트 컨트롤에 추가하였으면
    //에디트 컨트롤을 초기화한다.
    m_EditTitle.SetWindowTextW(_T(""));
    m_EditAuthor.SetWindowTextW(_T(""));
    m_EditPrice.SetWindowTextW(_T(""));
}
```

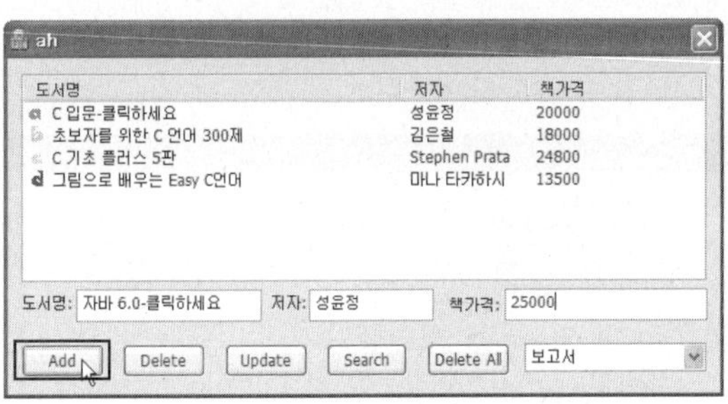

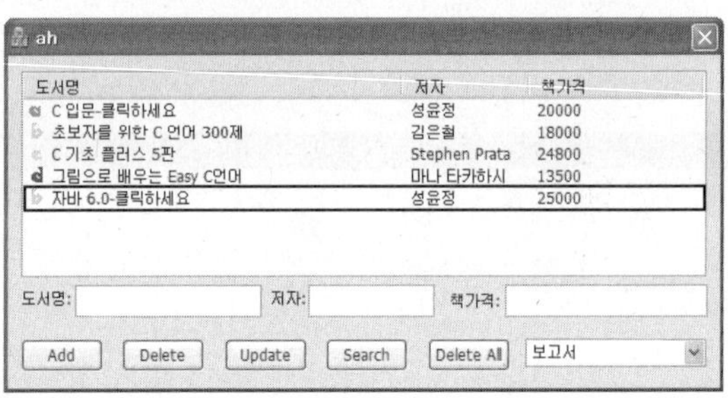

8 CComm4Dlg 대화상자의 <삭제> 버튼에 대한 이벤트 처리기 함수를 만든 후 다음과 같이 코딩한다.

```
void CComm4Dlg::OnBnClickedButtonDel()
{
```

```
    int count = m_List.GetItemCount();              //리스트 컨트롤의 현재 항목 수를 얻어온다.
    int i;
    for(i=count-1 ; i>=0 ; i--){                     //모든 항목을 조사하여
        if(m_List.GetItemState(i, LVIS_SELECTED) != 0)  //선택된 항목을 삭제
            m_List.DeleteItem(i);
    }
}
```

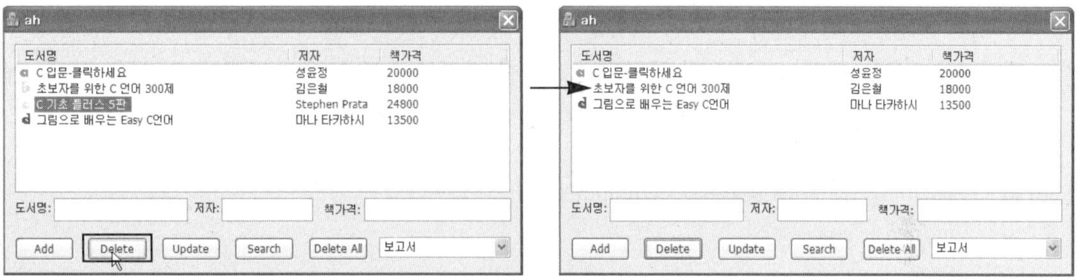

9 마우스 또는 키보드로 새로운 항목을 선택한 경우 WM_NOTIFY 통지 메시지가 발생하며 통지 코드는 LVN_ITEMCHANGED이다. 리스트 컨트롤에 항목의 선택이 변경되었을 때 발생하는 이벤트 처리기에 다음과 같은 코딩을 하여 선택된 항목에 대한 내용이 에디트 컨트롤에 나타나도록 해 보자.

```
void CComm4Dlg::OnLvnItemchangedList1(NMHDR *pNMHDR, LRESULT *pResult)
{
    LPNMLISTVIEW pNMLV = reinterpret_cast<LPNMLISTVIEW>(pNMHDR);
    // 현재 선택된 아이템 번호를 얻어와서
    int nItem=pNMLV->iItem;
    //해당 아이템 번호의 서브 아이템이 0인 항목을 얻어와 도서명 에디트 컨트롤에 출력
    m_EditTitle.SetWindowTextW(m_List.GetItemText(nItem, 0));
    //해당 아이템 번호의 서브 아이템이 1인 항목을 얻어와 저자 에디트 컨트롤에 출력
    m_EditAuthor.SetWindowTextW(m_List.GetItemText(nItem, 1));
    //해당 아이템 번호의 서브 아이템이 2인 항목을 얻어와 책가격 에디트 컨트롤에 출력
    m_EditPrice.SetWindowTextW(m_List.GetItemText(nItem, 2));
    *pResult = 0;
}
```

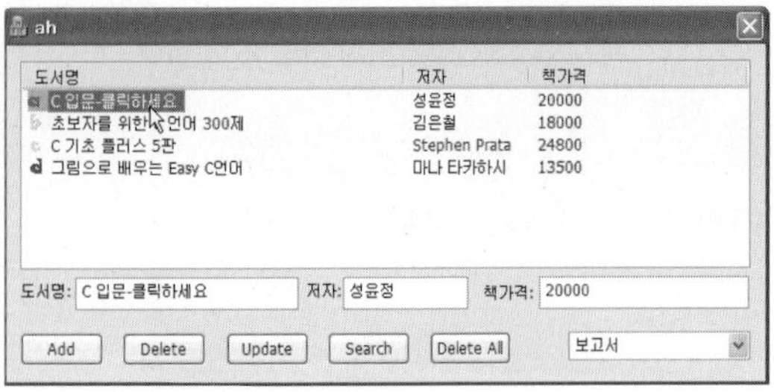

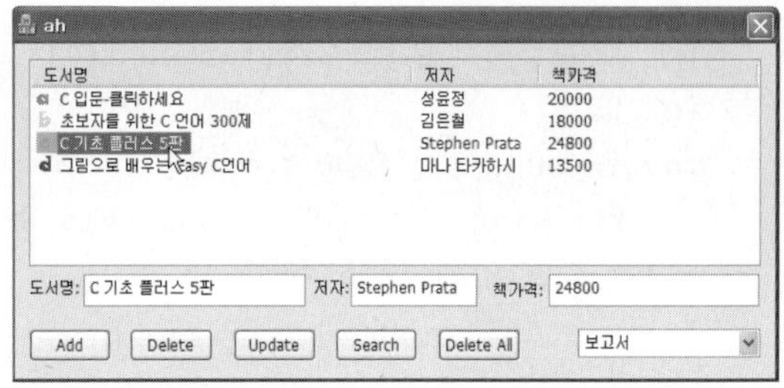

10 항목을 수정하기 위해서 수정 대상 항목을 선택하면 에디트 컨트롤에 선택한 항목의 내용이 출력된다. 이 내용을 편집하여 선택한 항목의 텍스트를 변경해 주도록 하기 위해서 <Update> 버튼에 대한 이벤트 처리기 함수를 만든 후 다음과 같이 코딩한다.

```
void CComm4Dlg::OnBnClickedButtonUpdate()
{
   int idx=-1;
   idx=m_List.GetNextItem(-1, LVNI_ALL|LVNI_SELECTED);
   if(idx==-1){
      AfxMessageBox(_T("선택된 항목이 없습니다."));
      return;
   }

   CString temp;

   m_EditTitle.GetWindowTextW(temp);     //도서명 추가하기
   m_List.SetItemText(idx , 0, temp);

   m_EditAuthor.GetWindowTextW(temp);   //저자 추가하기
   m_List.SetItemText(idx, 1, temp);

   m_EditPrice.GetWindowTextW(temp);     //책가격 추가하기
   m_List.SetItemText(idx, 2, temp);

   m_EditTitle.SetWindowTextW(_T(""));
   m_EditAuthor.SetWindowTextW(_T(""));
   m_EditPrice.SetWindowTextW(_T(""));
}
```

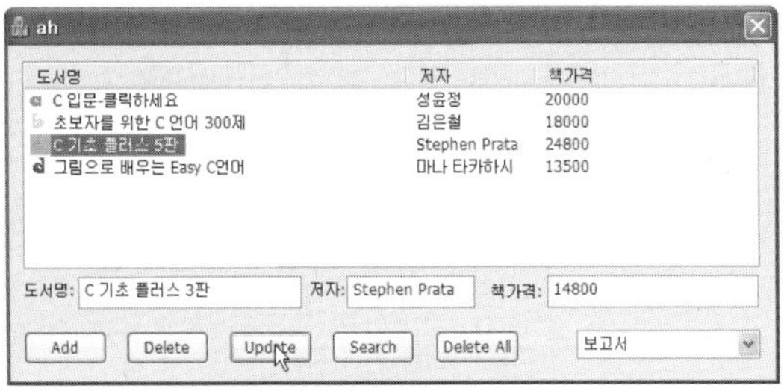

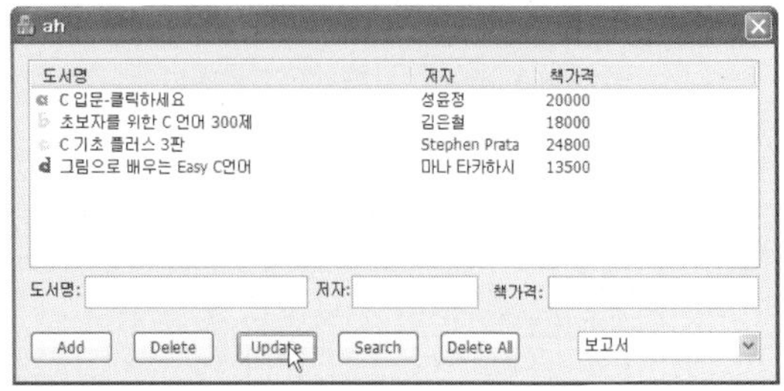

11 항목을 검색하고자 할 때에는 에디트 컨트롤에 검색하고자 하는 항목의 내용을 입력한 후에 <Search> 버튼을 누르면 검색에서 발견된 항목만 선택 상태로 만들어 준다. 만일 조건에 맞는 항목이 발견되지 않으면 에러 메시지를 출력한다. <Search> 버튼에 대한 이벤트 처리기 함수를 만든 후 다음과 같이 코딩한다.

```
void CComm4Dlg::OnBnClickedButtonSearch()
{
   CString temp;

   m_EditTitle.GetWindowTextW(temp);

   LVFINDINFOW fi;
   fi.flags = LVFI_STRING;
   fi.psz = temp;
   fi.vkDirection = VK_DOWN;

   int idx = m_List.FindItem(&fi);

   if(idx==-1){
      AfxMessageBox(_T("선택된 항목이 없습니다."));
      return;
   }

   LVITEMW lvItem;
   lvItem.iItem=idx;
   lvItem.mask=LVIS_FOCUSED|LVIS_SELECTED;
   m_List.SetItemState(idx, &lvItem);
   m_List.EnsureVisible(idx, FALSE);
}
```

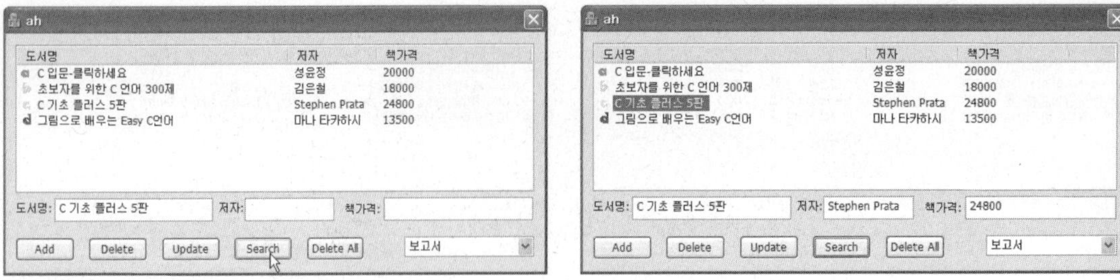

조건에 맞는 항목을 검색할 때에는 FindItem() 함수를 사용한다. 검색 조건은 LVFINDINFOW 구조체에 설정한다.

```
typedef struct tagLVFINDINFOW
{
   UINT flags;
   LPCTSTR psz;
   LPARAM lParam;
   POINT pt;
   UINT vkDirection;
} LVFINDINFOW, FAR* LVFINDINFOW;
```

flags 멤버는 검색의 형태를 지정하는 여러 개의 플래그 조합으로 구성되는데 LVFI_STRING 를 설정하면 문자열과 일치하는 텍스트를 가진 항목을 검색한다. psz는 검색 조건에 사용할 문자열을 lParam은 검색 조건에 사용할 32비트 데이터, pt는 검색 조건에 사용할 좌표값을 지정한다. vkDirection은 검색방향을 지정하는데 VK_LEFT, VK_DOWN, VK_HOME등의 가상 키 코드 값 중 하나를 지정해 준다. LVFINDINFOW 원하는 검색 조건을 지정하고 FindItem() 함수를 호출하면 최초로 발견된 항목의 인덱스를 리턴해 준다. 특정 항목을 선택 상태로 만들 때는 SetItemState() 함수로 선택 플래그와 포커스 플래그를 주면 된다. 검색된 항목이 리스트 뷰의 아래쪽이나 위쪽에 있어서 보이지 않을 수도 있는데 이때는 EnsureVisible() 함수로 보이도록 해 주어야 한다.

```
m_List.EnsureVisible(idx, FALSE);
```

EnsureVisible() 함수는 idx 항목이 리스트 뷰에 보이도록 해 주는데 필요할 경우 항목을 스크롤시키기도 한다.

마지막 인수를 TRUE로 주면 항목이 부분적으로 보이기만 하고 스크롤을 시키지 않는다. 만약 검색 후 이 처리를 하지 않으면 비록 검색된 항목이 선택된 상태로 되어 있다 하더라도 사용자는 어떤 항목이 검색되었는지 리스트 뷰를 직접 스크롤해 보아야 하므로 불편할 것이다.

리스트 컨트롤을 학습하면서 살펴보았던 CListCtrl 클래스의 멤버 함수들을 정리해 보자.

표 6-7 ● CListCtrl 클래스의 주요 멤버 함수

함수	설명
InsertColumn	리스트 컨트롤에 새로운 열을 삽입
SetExtendedStyle	리스트 컨트롤의 스타일을 확장
InsertItem	리스트 컨트롤에 아이템을 추가 할 때 사용
SetItem	리스트 컨트롤 아이템의 속성을 설정 할 때 사용
GetItemText	리스트 컨트롤 아이템이나 서브 아이템의 텍스트를 회수
DeleteItem	리스트 컨트롤로부터 아이템을 삭제
SetItemText	리스트 컨트롤 아이템이나 서브 아이템의 텍스트를 변경

연습문제

[개념문제]

단원 요약정리를 대신하여 개념을 잡을 수 있도록 본문의 내용을 충실하게 반영한 문제이다.

1. 다음에 알맞은 내용을 보기에서 찾아라.

보기			
1	CProgressCtrl	2	GetRange
3	CListCtrl	4	StepIt
5	SetRange	6	GetPos
7	DeleteItem	8	TVN_SELCHANGED
9	SetPos	10	DeleteAllItems
11	InsertItem		

1.1 리스트 컨트롤(CListCtrl)에서 아이템을 추가하기 위한 함수는 ⓐ ______________ 이고 삭제하기 위한 함수는 ⓑ ______________ (이)다.

1.2 프로그레스 컨트롤이 제대로 동작하도록 하기 위해서 MFC에서는 __________ 클래스를 제공해 준다.

1.3 프로그레스 컨트롤을 초기화하는 함수로 프로그레스 컨트롤이 조절할 수 있는 값의 범위를 지정하는 역할을 하는 함수는 ⓐ __________ (이)고 현재 범위 값을 얻어오는 함수는 ⓑ __________ (이)다.

1.4 프로그레스 컨트롤의 현재 위치 설정하기 위해서는 ⓐ __________ 함수를 현재 위치를 얻기 위해서는 ⓑ __________ 함수를 사용한다.

1.5 SetStep() 함수는 프로그레스 바의 변화치를 설정하는 함수인데. SetStep()으로 설정한 크기만큼 현재 위치에서 더해가는 함수 __________(이)다. 변화치가 음수이면 __________ 함수를 호출할 때마다 현재 위치가 감소한다.

1.6 트리 컨트롤에서 특정 노드를 선택하면 선택된 항목이 바뀌는데 이때마다 발생하는 메시지는 __________(이)다.

1.7 리스트 컨트롤은 리스트 뷰(List View) 컨트롤이라고 부르기도 하며 표 형식의 2차원적인 정보를 보여주기에 알맞다. 리스트 뷰 컨트롤의 대표적인 예는 윈도우 탐색기의 선택한 폴더의 내용(파일 이름, 크기, 종류, 수정한 날짜 등의 세부 정보)을 보여주는 오른쪽 화면인데 리스트 컨트롤을 제어하기 위해서 MFC에서 제공되는 클래스는 __________(이)다.

1.8 리스트 컨트롤에서 하나의 항목을 삭제하려면 __________ 함수를 사용하고 모든 항목을 삭제하려면 __________ 함수를 사용한다.

※ **다음 물음에 올바른 답을 골라라.**

2. 리스트 컨트롤(CListCtrl)에서 컬럼 생성을 위한 함수는 무엇인가?

❶ InsertItem ❷ GetItemText ❸ GetItemCount ❹ InsertColumn

3. 동일한 크기의 여러 개의 이미지를 집합처럼 사용할 수 있도록 담아두는 컨트롤은 무엇인가?

❶ 이미지 리스트 ❷ 트리 컨트롤 ❸ 리스트 컨트롤 ❹ 프로그레스 컨트롤

※ **알맞은 내용으로 빈 칸을 채워라.**

4. 트리 컨트롤을 생성하여 초기화하는 과정을 정리하면 크게 4가지로 정리할 수 있다. 이 과정을 이론적으로 기술해 보고 간단한 예를 들어 보도록 하라.

❶

예 :

❷

예 :

❸

예 :

❹

예 :

5. 리스트 컨트롤을 생성하여 초기화하는 과정을 정리하면 크게 6가지로 정리할 수 있다. 이 과정을 이론적으로 기술해 보고 간단한 예를 들어 보도록 하라.

❶

예 :

❷

예 :

❸

예 :

❹

예 :

❺

예 :

❻

예 :

[실습문제]

본문 기본예제보다 조금 난이도가 높은 내용으로 구성된 프로그램을 실제로 작성해 보는 문제로서 단계별 설명을 자세히 해 놓았으므로 시간이 걸리더라도 꼭 풀어보기 바란다. 실력 향상에 많은 도움이 될 문제이다.

실습문제 6-1 프로젝트명 : Ch06Ex01 / 문서 형태 : 대화 상자 기반

[예제설명]

두 개의 프로그래스 컨트롤을 배치한 후 <첫번째 프로그래스 자동 증가> 버튼이 눌리면 위쪽에 배치한 프로그래스 컨트롤이 자동으로 증가되도록 하고, <수동 감소> 버튼이 눌리면 위쪽에 배치한 프로그래스 컨트롤이 버튼이 눌릴 때마다 감소되도록 하고, <수동 증가> 버튼이 눌리면 위쪽에 배치한 프로그래스 컨트롤이 버튼이 눌릴 때마다 증가되도록 한다.

[실행결과]

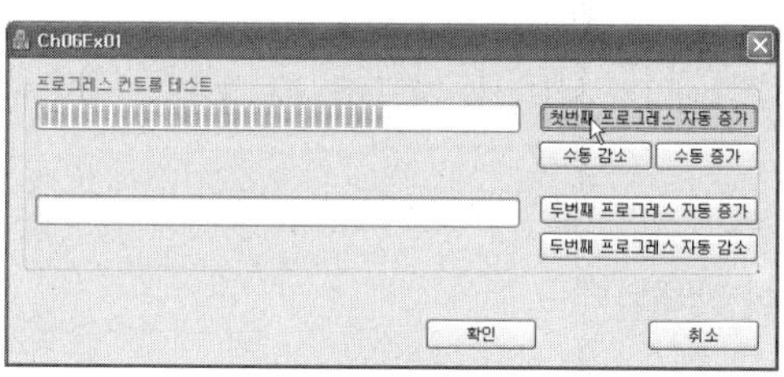

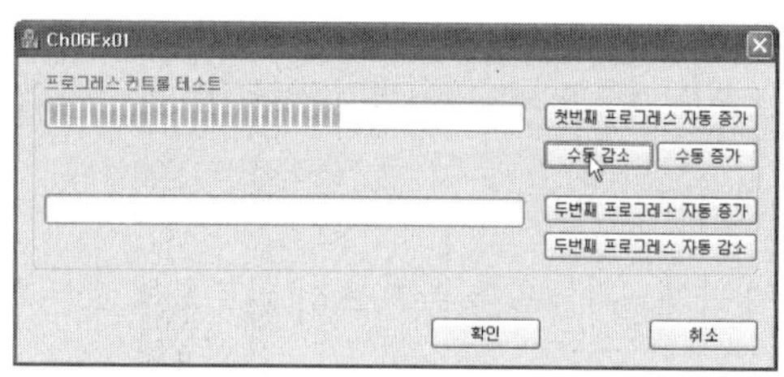

<두번째 프로그래스 자동 증가> 버튼이 눌리면 아래쪽에 배치한 프로그래스 컨트롤이 자동으로 증가되도록 하고 <두번째 프로그래스 자동 감소> 버튼이 눌리면 아래쪽에 배치한 프로그래스 컨트롤이 자동으로 감소되도록 한다.

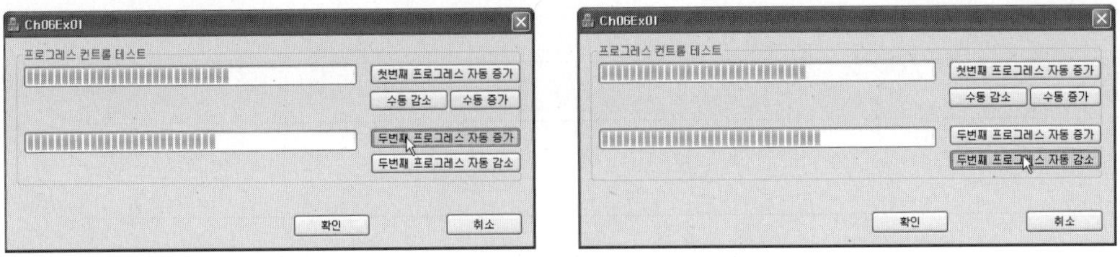

실습문제 6-2 프로젝트명 : Ch06Ex02 / 문서 형태 : 대화 상자 기반

【예제설명】

대화상자가 뜨자마자 트리 컨트롤에 항목이 전혀 존재하지 않는다. <초기화> 버튼을 누르면 트리 컨트롤에 다음과 같은 항목이 추가되어 있다. 특정 항목을 선택하면 선택된 항목의 아이콘이 바뀌고 반전되어 나타난다.

【실행결과】

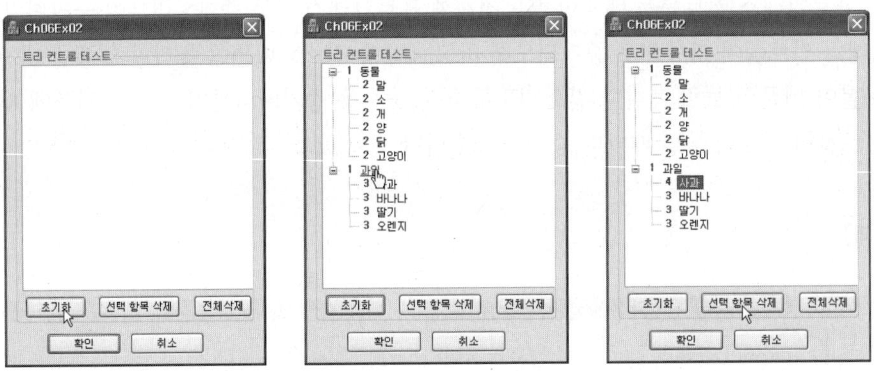

<전체 삭제> 버튼을 누르면 트리 컨트롤의 모든 항목이 삭제된다.

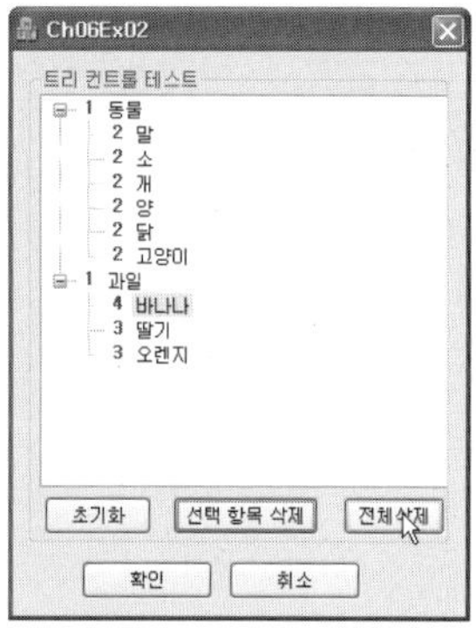

실습문제 6-3 프로젝트명 : Ch06Ex03 / 문서 형태 : 대화 상자 기반

【예제설명】

대화상자가 뜨자마자 트리 컨트롤에 항목이 추가되어 있다. 항목을 추가하려면 <추가> 버튼을 누른다. 대화상자가 나타나면 데이터를 입력한 후 <확인> 버튼을 누른다.

【실행결과】

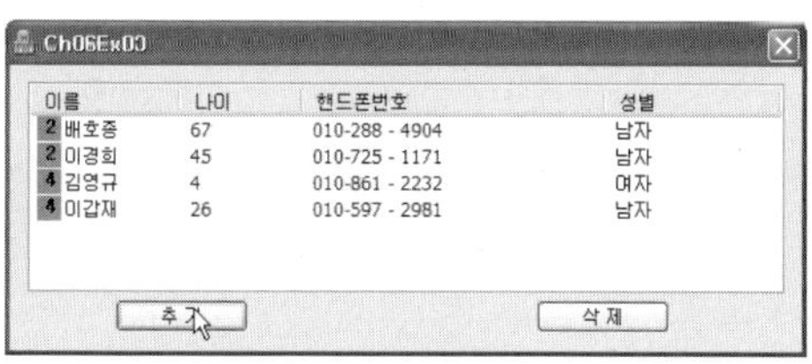

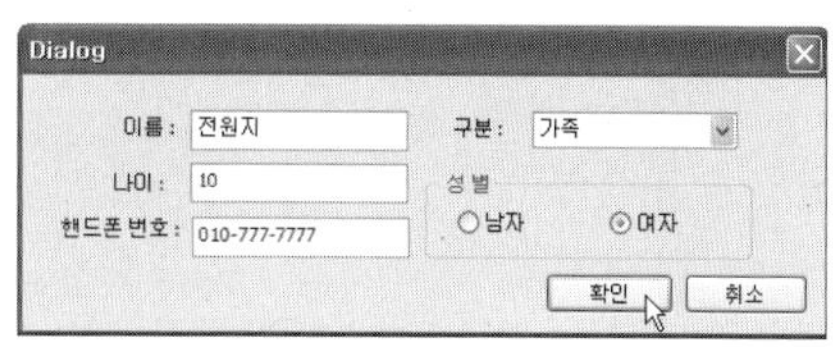

대화상자에 입력한 내용이 리스트 컨트롤에 추가된 것을 확인할 수 있다. 특정 항목을 선택하고 <삭제> 버튼을 누르면 해당 항목이 리스트 컨트롤에서 제거된다.

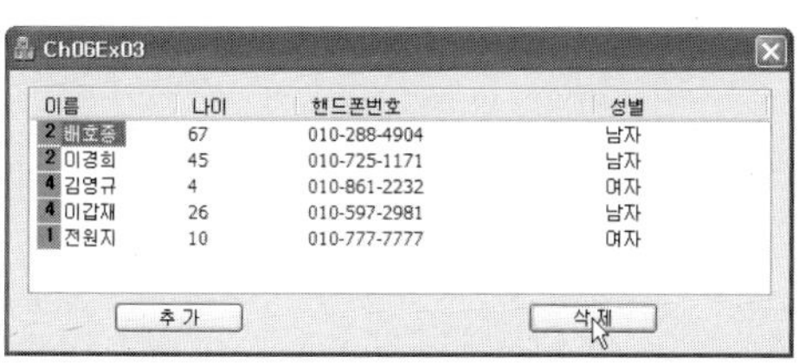

CHAPTER

07 다양한 대화상자 다루기

MFC로 다양한 형태의 대화상자를 만들어 보자.

미리보기

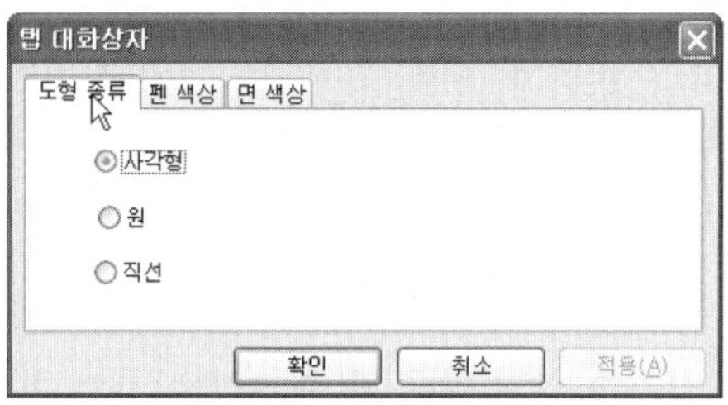

학습목표

1. 모달 대화상자와 모달리스 대화상자의 차이점을 이해하고 작성 방법을 익힌다.
2. 공통 대화상자를 다루는 방법을 배운다.
3. 프로퍼티 시트와 프로퍼티 페이지를 이용한 탭이 있는 대화상자를 작성한다.

목차

SECTION

01 모달리스 대화상자

Introduction to Microsoft Foundation Class Library

대화상자의 종류는 크게 모달(Modal) 대화상자와 모달리스(Modaless) 대화상자로 나뉜다. 모달과 모달리스라는 표현을 처음 들어보는 분들은 뭔가 어려운 느낌이 들 것이다. 하지만 알고 보면 그리 어렵지 않은 개념이다. 대화상자가 떠 있는 상태에서 대화상자 바깥쪽의 다른 부분을 클릭하면 삑하고 소리를 내는 경험을 해 보았을 것이다. 이러한 대화상자가 모달 대화상자이다. **모달 대화상자**는 **대화상자가 출력되면 사용자가 대화상자를 닫기 전까지 해당 응용 프로그램에서 다른 작업을 할 수 없다.** 모달 대화상자를 닫아야만 응용 프로그램 내의 다른 윈도우에 포커스를 둘 수 있다.

반면 **모달리스 대화상자**는 **대화상자를 닫지 않은 채 즉, 대화상자가 화면에 출력되어 있는 채로 사용자가 얼마든지 응용 프로그램에서 다른 작업을 할 수 있다.** 예를 들어 워드 프로세스의 [편집] 메뉴의 [찾아 바꾸기] 메뉴를 선택하면 나타나는 [찾아 바꾸기] 대화상자가 대표적인 사용 예이다.

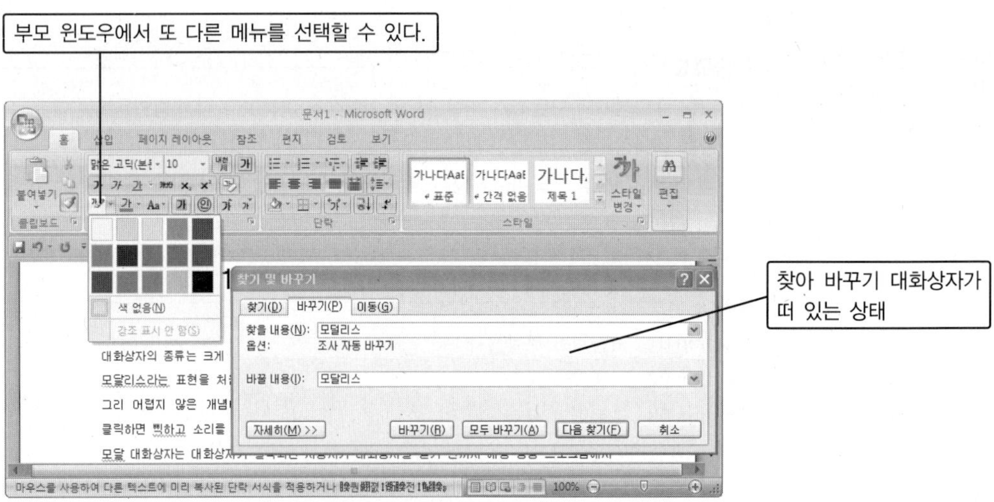

그림 7-1 ● 모달리스 대화상자의 예

찾기 명령의 경우에는 반복 수행해야 하는 경우가 많다. 이 대화상자를 모달 대화상자로 만들었다면 매번 대화상자를 띄워서 입력하고 실행해야 한다. [찾아 바꾸기] 대화상자는 띄워 놓고 블럭을 지정할 수도 있고 글을 입력할 수도 있다. 이와 같이 모달리스 대화상자는 대화상자를 닫지 않고도 다른 작업을 할 수 있기 때문에 작업의 속도를 향상시킬 수 있다.

모달 대화상자가 모달리스 대화상자보다 프로그램하기가 훨씬 쉬우므로 초보자들은 모달 대화상자를 선호할 것이지만 응용 프로그램의 특징에 따라 모달리스 대화상자로 구현할 경우도 생기므로 모달리스 대화상자를 만드는 과정이 어렵겠지만, 꼼꼼히 공부해 두기 바란다.

대화상자가 모달이냐 모달리스냐는 대화상자 템플릿을 디자인할 때 결정되는 것이 아니고 실행 시에 결정되는 것이다. 모달 대화상자는 객체를 생성하고, 대화상자를 화면에 출력하기 위해서 DoModal()을 호출하는데 모달리스는 DoModal() 대신 Create() 함수를 이용해서 출력한다. 모달 대화상자 객체를 소멸하는 것은 우리가 직접해주지 않더라도 <확인>, <취소> 버튼이 눌리면 CDialog로 부터 상속 받은 OnOk()와 OnCancel() 함수를 호출하여 EndDialog()로 대화상자를 닫는다. 하지만, 모달리스 대화상자는 DestroyWindow() 함수로 대화상자를 닫아야 한다. 대화상자 템플릿에 기본적으로 제공해주는 <확인>, <취소> 버튼은 이미 OnOk()와 OnCancel() 함수를 호출하여 EndDialog() 함수로 대화상자를 닫도록 되어 있으므로 모달리스 대화상자를 만들기 위해서는 대화상자 템플릿에 기본적으로 제공해주는 <확인>, <취소> 버튼을 삭제하고 <닫기> 버튼을 추가하여 <닫기> 버튼이 눌리면 DestroyWindow() 함수로 대화상자가 닫히도록 구현해야 한다. 또한 모달 대화상자는 지역변수로 선언하면 되지만 모달리스는 대화상자가 떠 있는 상태에서 응용 프로그램 내의 다른 부분에서 액세스해야 하기에 new 연산자로 힙 상에 생성해 놓고 이를 접근하기 위한 포인터 변수는 클래스 내의 멤버 변수로 선언해 놓아야 한다.

다음은 이 두 대화상자를 비교해 놓은 표이다.

	모달 대화상자	모달리스 대화상자
변수선언	지역변수로 객체 선언 CModalDlg dlg;	멤버변수로 선언 후 동적으로 메모리할당 CModalessDlg* m_pDlg; m_pDlg=new CModalessDlg();
생성	dlg.DoModal( );	m_pDlg->Create( );
소멸	dlg.EndDialog( );	m_pDlg->DestroyWindow( ); delete m_pDlg;

모달리스 대화상자는 모달 대화상자와는 달리 생성과 소멸에 있어 복잡한 처리가 요구된다. 또한 모달 대화상자는 대화상자에서 사용자가 입력한 내용이 <확인> 버튼이 눌려서 창이 닫히고 나서 적용되면 되지만, 모달리스 대화상자는 대화상자를 닫지 않은 채로 떠 있는 상태에서 값을 변경하면 메인 윈도우가 변경된 값을 즉각 인지할 수 있도록 해 주어야 한다는 부담감도 있다.

기본예제 7-1 모달리스 대화상자 다루기

[예제설명]

[색상 대화상자] 메뉴의 서브 메뉴인 [색 모달리스 대화상자...]를 선택하면 색 모달리스 대화상자가 나타나고 색을 선택한 후 <적용> 버튼을 클릭하면 도형의 배경색이 변경된다. 대화상자가 떠 있는 상태에서 메뉴의 배경색 메뉴를 선택하여 도형의 배경색을변경할 수도 있다.

[실행결과]

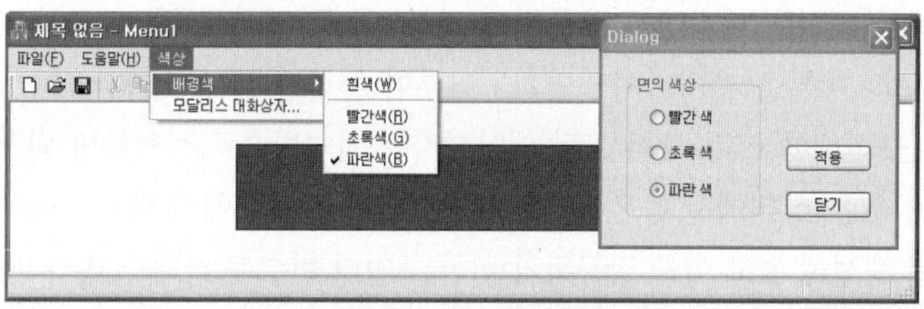

[따라하기]

1 Chapter 03의 Section 04에서 메뉴와 명령 처리기를 학습하면서 작성했던 Menu1 프로젝트를 복사한 후 폴더 이름을 Modaless로 변경한다. 그런 후에 대화 상자 템플릿을 만들기 위해서 [리소스 뷰] 창에서 Dialog를 선택한 후 마우스 오른쪽 버튼을 클릭하여 나타난 바로가기 메뉴에서 [Dialog 삽입] 메뉴를 선택한다. 추가된 모달리스 대화상자를 위한 템플릿에 추가한 후 다음과 같이 컨트롤을 배치한다.

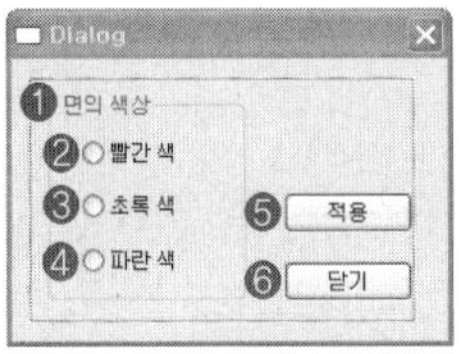

컨트롤	번호	컨트롤 ID	캡션	비고
그룹박스	❶	IDC_STATIC	면의 색상	
라디오버튼	❷	IDC_RADIO1	빨간색	Group : True
	❸	IDC_RADIO2	초록색	
	❹	IDC_RADIO3	파란색	
버튼 컨트롤	❺	IDC_BUTTON_APPLY	적용	
	❻	IDC_BUTTON_CLOSE	닫기	

2 컨트롤 배치가 끝났으면 대화 상자 클래스를 만들기 위해서 새로 추가한 대화 상자 템플릿을 선택한 후에 마우스 오른쪽 버튼을 눌러서 나타난 바로가기 메뉴에서 [클래스 추가...]를 선택한다. [MFC 클래스 마법사] 창이 나타나면 클래스 이름을 "CModalessDlg"로 지정한 후 <마침>를 누른다. 프로젝트에 새롭게 추가한 CModalessDlg 클래스에 멤버변수를 추가한다. 라디오 버튼에 대한 멤버 변수는 Group 속성을 True로 준 것에 대해서만 지정할 수 있기에 IDC_RADIO1 라디오 버튼을 선택한 후 마우스 오른쪽 버튼을 눌러서 나타난 바로가기 메뉴에서 [변수 추가] 메뉴를 선택한다. [멤버 변수 추가 마법사] 창이 나타나면 int 형으로 m_nRadio를 추가한다.

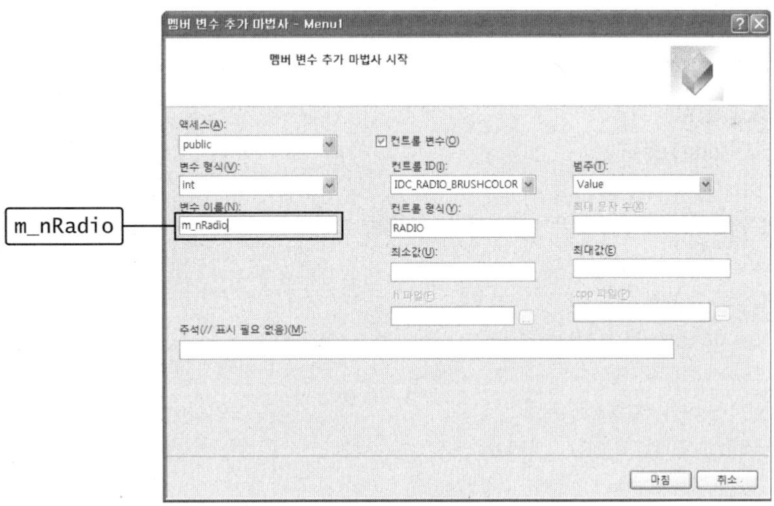

3 모달리스 대화상자는 프로그램이 시작되어 끝날 때까지 계속 화면에 출력되어 있을 수 있으므로 이를 포인터 변수로 접근하도록 하고 동적으로 메모리 할당을 해야 한다.우선 CMenu1View 클래스에 모달리스 대화상자 클래스인 CModalessDlg로 포인터 변수를 선언한다.

```
class CModalessDlg;
class CMenu1View : public CView
{
public:
   CModalessDlg* m_pDlg;
   // ... 생략 ...
}
```

4 CModalessDlg 포인터 변수를 생성자에서 NULL 값으로 초기화한다.

```
CMenu1View::CMenu1View()
{
   m_pDlg=NULL;
}
```

5 대화상자를 출력하기 위한 메뉴를 추가하자. 리소스 뷰 창에서 [Menu] → [IDR_MAINFRAME]을 더블 클릭한 후 화면 오른쪽에 메뉴가 나타나면 [색상] 바로 아래에 "모달리스 대화상자..."를 입력한다. 추가된 메뉴의 아이디는 ID_MODALESS로 지정한다. 해당 메뉴에 대한 명령 핸들러 OnModaless()를 추가한 후에 다음과 같이 입력한다.

```
#include "ModalessDlg.h"
void CMenu1View::OnModaless()
{
   // m_pDlg 변수값이 NULL이면 아직 객체가 생성된 것이 아니므로
   if(m_pDlg==NULL){
      // 동적 메모리할당을 한 후에
      m_pDlg=new CModalessDlg(this);

      // CModalessDlg 대화상자를 생성하고
      m_pDlg->Create(IDD_DIALOG1, this);

      // 현재 사각형의 배경색에 해당되는 라디오 버튼을 체크상태로 만든다.
      CButton* pButton=NULL;

      switch(this->m_BrushColor){
         case RGB(255, 0, 0) :
```

```
            pButton=(CButton* )(m_pDlg->GetDlgItem(IDC_RADIO1));
            break;
         case RGB(0, 255, 0) :
            pButton=(CButton* )(m_pDlg->GetDlgItem(IDC_RADIO2));
            break;
         case RGB(0, 0, 255) :
            pButton=(CButton* )(m_pDlg->GetDlgItem(IDC_RADIO3));
            break;
      }
      if(pButton != NULL)
         pButton->SetCheck(1);

      // 화면에 나타내기 위해서 ShowWindow() 함수를 호출
      m_pDlg->ShowWindow(SW_SHOW);

   }else if(m_pDlg!=NULL){        // m_pDlg 변수값이 NULL이 아니면
      // 모달리스 대화상자가 이미 생성된 것이므로 포커스만 준다.
      m_pDlg->SetFocus();
   }
}
```

[소스설명]

모달 대화상자는 대화상자가 닫히기 전까지 다른 작업을 못하는 반면 모달리스 대화상자는 대화상자가 떠 있는 상태에서 얼마든지 다른 작업을 할 수 있다. 창 크기를 변경하기도 하고 [모달리스 대화상자...] 메뉴를 또 다시 선택할 수도 있다. 이미 메뉴가 선택되어 모달리스 대화상자가 떠 있다면 [모달리스 대화상자...] 메뉴가 선택되어도 대화상자가 더 이상 생성되지 않도록 해야 하므로 m_pDlg(모달리스 대화상자 포인터 변수)의 값이 NULL인지를 물어본다. m_pDlg가 NULL인 경우에는 모달리스 대화상자가 생성되지 않은 상태이므로 Create()로 객체를 생성해야 한다.

m_pDlg가 NULL이 아니라면 이미 모달리스 대화상자가 생성된 것이므로 포커스만 주어야 한다.

6 프로그램이 실행되어 CModalessDlg 클래스가 모달리스 대화상자로 동작할 수 있도록 하기 위한 프로그래밍을 해보자. 모달리스 대화상자는 자기 부모 윈도우에 접근할 수 있어야 하므로 부모 윈도우 주소값을 저장할 멤버변수를 선언한다. CModalessDlg에 CWnd 클래스로 포인터 변수 m_pParent를 선언한다.

```
class CModalessDlg : public CDialog
{
public:
   CWnd* m_pParent;
}
```

7 CModalessDlg 객체가 생성될 때 생성자의 전달인자로 부모 윈도우 주소값을 얻어 온다. 이렇게 얻어온 부모 윈도우 주소값을 CModalessDlg 클래스의 다른 멤버함수에서 사용할 수 있도록 하기 위해서 다음과 같이 코딩한다.

```
CModalessDlg::CModalessDlg(CWnd* pParent /*=NULL*/)
   : CDialog(CModalessDlg::IDD, pParent)
   , m_nRadio(-1)
{
      // CModalessDlg 클래스의 멤버변수에 생성자의 전달인자 값을 대입
      this->m_pParent=pParent;
}
```

8 <닫기> 버튼(IDC_BUTTON_CLOSE)을 눌렀을 경우 대화상자가 닫히도록 하려면 DestroyWindow()를 호출해야 하는데 그러기에 앞서 CModalessDlg 포인터 변수(m_pDlg)값을 NULL로 초기화해야 한다. 왜냐하면 모달리스 대화상자를 출력하기 위한 명령 핸들러를 살펴보면 pView->m_pDlg가 NULL일 경우만 모달리스 대화상자를 생성하기 때문이다. 또한 동적으로 할당받았던 메모리도 해제해야 한다.

```
// CMenu1View 클래스를 사용하기 위해서는 Menu1View.h를 포함해야 하는데
// Menu1View.h는 반드시 그 전에 Menu1Doc.h가 인클루드 되어 있어야 한다.
#include "Menu1Doc.h"
#include "Menu1View.h"
void CModalessDlg::OnBnClickedClose()
{
   // 모달리스 대화상자를 호출해준 부모 윈도우에 접근하기 위해서 생성자에서
   // CWnd *로 선언된 멤버변수인 pParent에 부모 윈도우 주소값을 저장해 두었다.
   // 우리가 접근하려는 CModalessDlg 포인터 변수 m_pDlg는 CMenu1View 클래스의
   // 멤버변수이기에 다운 캐스팅을 해야 한다.
   CMenu1View *pView;
```

```
    pView=(CMenu1View *)m_pParent;    // CWnd*를 CMenu1View *로 다운 캐스팅
    pView->m_pDlg=NULL;               // CModalessDlg 포인터 변수 m_pDlg를 NULL로 초기화
    DestroyWindow();                  // 모달리스 대화상자를 닫고 나서
    delete this;                      // 동적으로 할당받았던 메모리를 해제
}
```

9 메인 윈도우의 [닫기] 버튼(☒)이 눌려도 정상적으로 모달리스 대화상자가 닫혀야 하기에 [닫기] 버튼이 눌렸을 때 발생하는 WM_CLOSE 메시지에 대한 메시지 핸들러를 추가하여 [닫기] 버튼이 눌렸을 때 호출되는 메시지 핸들러를 호출한다.

```
// 모달리스 대화상자가 닫혀야 하기에 [종료] 버튼이 눌렸을 때 발생하는
// WM_CLOSE 메시지에 대한 메시지 핸들러
void CModalessDlg::OnClose()
{
    // [닫기] 버튼이 눌렸을 때 호출되는 메시지 핸들러 호출
    OnBnClickedButtonClose();
    // CDialog::OnClose();
}
```

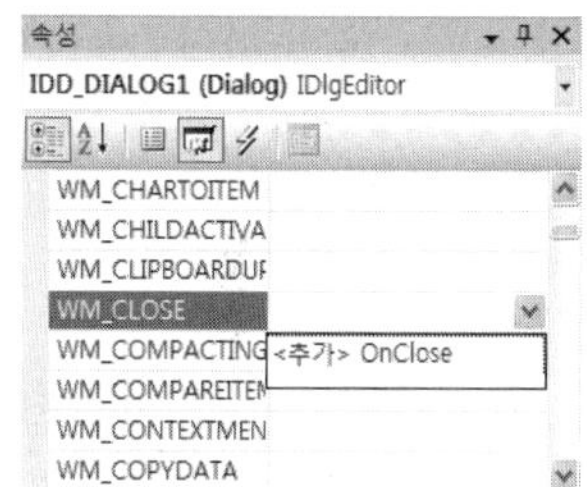

10 <적용> 버튼이 눌리면 대화상자가 떠 있는 상태에서도 대화상자에서 선택된 항목이 적용되어야 한다. 대화상자에서 선택된 내용을 뷰 클래스의 멤버변수에 대입한 후 Invalidate()를 호출하여 OnDraw()가 호출되어 다시 그려지도록 해야 한다. 이때 주의할 점은 뷰가 다시 그려져야 하므로 반드시 뷰 포인트로 접근해서 Invalidate()를 호출해야 한다는 점이다.

```
void CModalessDlg::OnBnClickedButtonApply()
{
    CMenu1View *pView;
    pView=(CMenu1View *)m_pParent;

    // 대화상자 컨트롤의 상태 값을 Value형 멤버변수에 저장하기 위해 UpdateData() 호출
    UpdateData(TRUE);
    switch(m_nRadio){
       case 0 : pView->m_BrushColor=RGB(255, 0, 0);
              break;
       case 1 : pView->m_BrushColor=RGB(0, 255, 0);
```

```
            break;
        case 2 : pView->m_BrushColor=RGB(0, 0, 255);
            break;
    }
    // 변경된 뷰의 멤버변수로 다시 그려지도록 하기 위해서 Invalidate() 호출
    pView->Invalidate();
}
```

TIP | Debug 폴더

혹시 새로 추가한 메뉴가 나타나지 않는다면 Debug 폴더를 모두 지운 후 새로 컴파일해서 실행시켜 본다.

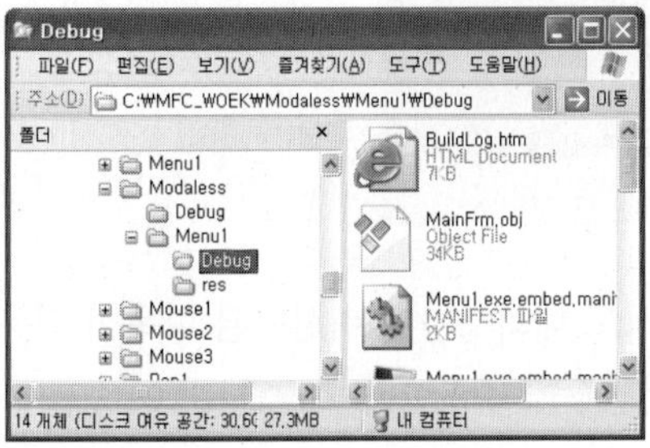

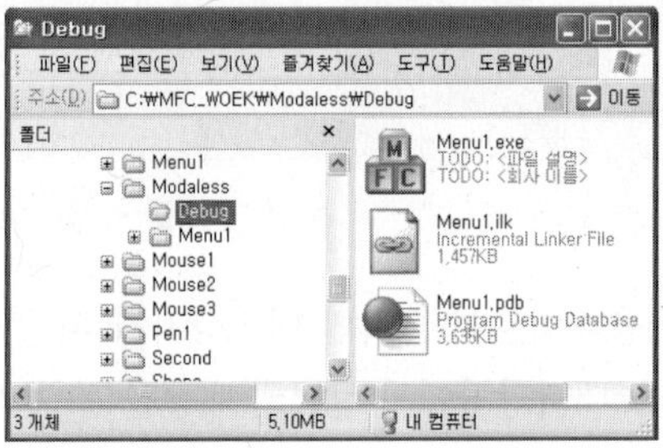

SECTION

02 공통 대화상자

Introduction to Microsoft Foundation Class Library

MFC에는 대부분의 윈도우 응용 프로그램에 들어가는 공통적인 대화상자를 클래스화해 두었는데 이를 공통 대화상자(Common Dialog)라고 한다. 예를 들어 파일을 열기 위한 대화상자나 색상을 선택하기 위한 대화상자와 같이 모든 응용프로그램에서 동일한 형태의 대화상자를 만날 수 있는데 이들이 바로 공통 대화상자이다. 사용자 입장에서는 통일감 있는 인터페이스를 제공해 주기에 한 번만 사용방법을 익히면 다시 배우지 않아도 된다는 장점이 있다.

공통 대화상자는 자주 사용되기 때문에 아예 윈도우가 운영체제 차원에서 제공해 주므로 응용 프로그램들은 윈도우의 서비스만 받아 쉽게 사용할 수 있다. 지금까지 직접 대화상자 템플릿을 디자인한 후에 대화상자 클래스를 만들어 사용해 왔지만, 공통 대화상자는 이미 템플릿을 설계해 놓고 이를 클래스로 정의해 놓았기 때문에 MFC에서 어떤 공통 대화 상자가 제공되는지 알면 우리가 프로그램을 작성할 때 일일이 대화상자를 디자인하지 않고도 쉽게 가져다 사용만 하면 되기에 편리하다.

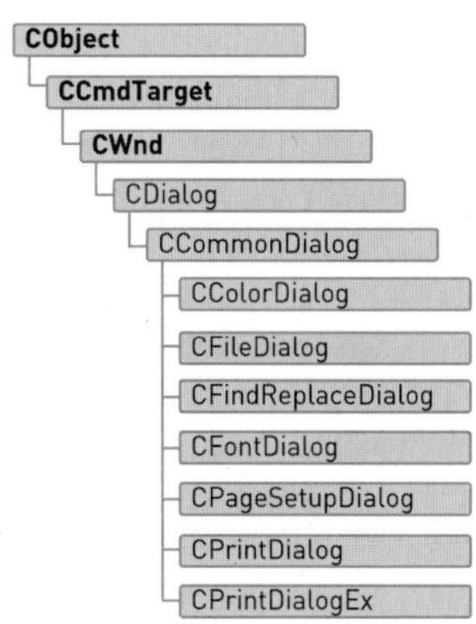

그림 7-2 ● 공통 대화 상자 관련 MFC 클래스

다음은 MFC에서 제공해 주는 공통 대화상자를 나열해 놓은 표이다.

표 7-1 ● 공통 대화상자의 종류

클래스	설명	관련 함수
CColorDialog	색상 선택	GetColor
CFontDialog	폰트 선택	ChooseFont
CFileDialog	파일 선택	GetOpenFileName, GetSaveFileName
CPrintDialog	프린터 설정	PrintDlg
CFindReplaceDialog	찾기 혹은 바꾸기	FindText, ReplaceText
CPageSetupDialog	페이지 설정	PageSetupDlg

이들을 모두 살펴보는 것은 무리이므로 색 공통 대화상자와 글꼴 대화상자에 대해서만 학습하기로 하자.

2.1 색 공통 대화상자

색 공통 대화상자는 사용자에게 색상을 입력받을 필요가 있을 때 사용하며 CColorDialog란 이름으로 클래스를 정의해 두었다. 이 클래스는 CDialog의 파생 클래스이므로 DoModal()을 호출하면 화면에 출력된다.

```
CColorDialog dlg();
dlg.DoModal();
COLORREF m_BrushColor=dlg.GetColor();
```

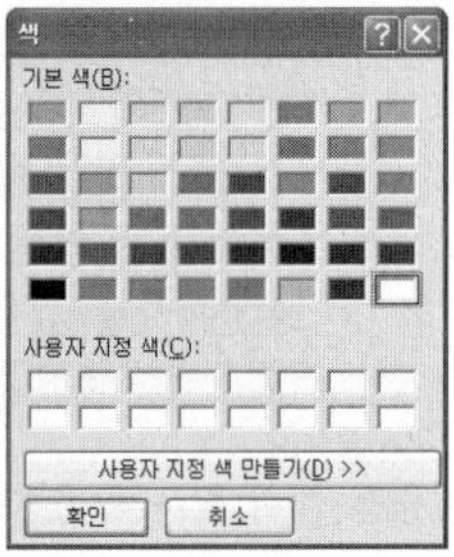

그림 7-3 ● 색 공통 대화상자

CColorDialog의 생성자의 첫 번째 전달인자는 COLORREF 형인데 여기에 색을 지정하면 색 대화상자에 지정한 값이 선택되어 나타난다. 색 대화상자에서 선택한 색을 얻어오려면 GetColor()를 호출하면 되는데 이 함수는 COLORREF 구조를 반환한다. <사용자 정의 색 만들기> 버튼을 누르면 색상 대화상자가 펼쳐지는데 대화상자가 출력되자마자 펼쳐진 형태로 나타나도록 하기 위해서는 생성자의 두 번째 전달인자에 CC_FULLOPEN을 지정하면 된다.

```
CColorDialog dlg(m_BrushColor , CC_FULLOPEN);
dlg.DoModal();
COLORREF m_BrushColor=dlg.GetColor();
```

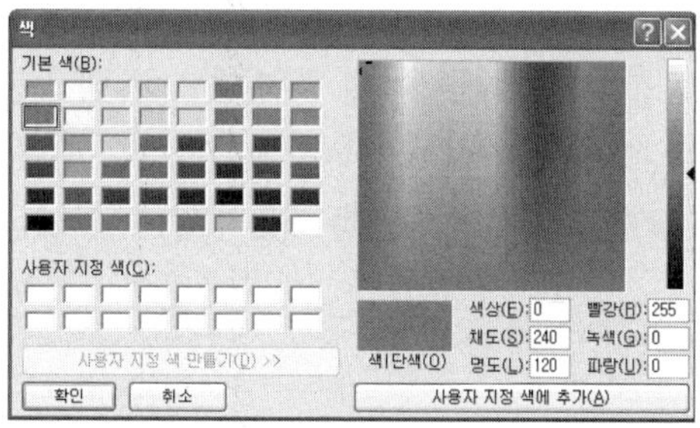

그림 7-4 ● 펼쳐진 색상 대화상자

기본예제 7-2 색 공통 대화상자 다루기

【예제설명】

Chapter 03의 Section 04에서 메뉴와 명령 처리기를 학습하면서 작성했던 Menu1 프로젝트를 복사한 후 폴더 이름을 CommDlg1로 변경한 후 색 공통 대화상자를 위한 코드를 추가해 보도록 하자.

【실행결과】

[공통 대화상자] 메뉴의 서브 메뉴인 [색 공통대화상자...]를 선택하면 색 공통대화상자가 나타나고 색을 선택한 후 <확인> 버튼을 클릭하면 도형의 배경색이 변경된다.

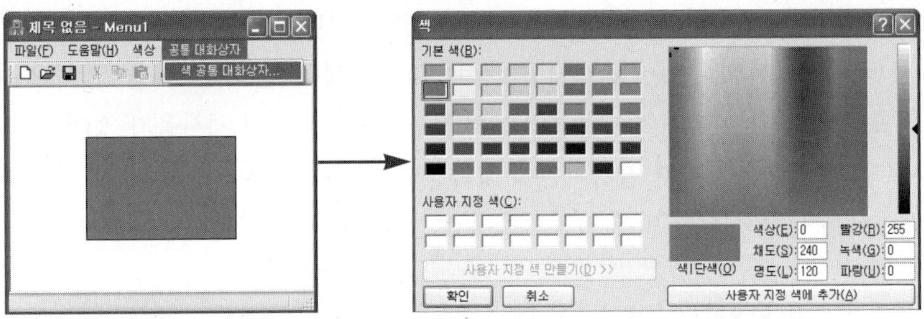

[따라하기]

1 Menu1 프로젝트를 복사한 후 폴더 이름을 CommDlg1로 변경한 후에 아래 그림처럼 메뉴 바에 [공통 대화상자] 메뉴를 추가하고 [공통 대화상자] 메뉴의 하위 메뉴로 [색 공통 대화상자...] 메뉴를 추가한다. [속성] 창의 [ID] 항목에 "IDM_COMMCOLORDLG"를 입력한다. IDM_COMMCOLORDLG 메뉴에 대한 이벤트 처리기를 CMenu1View 클래스에 추가한 후 다음과 같이 입력한다.

```
void CMenu1View::OnCommcolordlg()
{
   CColorDialog dlg(m_BrushColor , CC_FULLOPEN);
   if(dlg.DoModal() == IDCANCEL)
      return;
   m_BrushColor=dlg.GetColor();
   Invalidate();
}
```

2.2 글꼴 공통 대화상자와 폰트

글꼴 공통 대화상자는 텍스트의 글꼴, 크기, 문자 속성 등을 지정할 수 있는 대화상자이며 MFC에서 CFontDialog란 이름으로 클래스를 정의해 두었다. 다음은 CFontDialog 클래스의 생성자이다.

```
CFontDialog(
   LPLOGFONT lplfInitial = NULL,   // LPLOGFONT 구조체로 디폴트 폰트 지정
   DWORD dwFlags = CF_EFFECTS | CF_SCREENFONTS,  // 폰트 선택에 대한 플래그
   CDC* pdcPrinter = NULL,          // 프린터의 디바이스 컨텍스트에 대한 포인터
```

```
    CWnd* pParentWnd = NULL          // 부모 윈도우
);
```

생성자의 첫 번째 인자는 LOGFONT 구조체에 대한 포인터가 들어가는데 이 구조체에 정해 준 값이 글꼴 대화 상자에 기본 값으로 표시된다. LOGFONT 구조체는 다음과 같이 정의되어 있다.

```
typedef struct tagLOGFONT {
    LONG lfHeight;          // 높이
    LONG lfWidth;           // 폭
    LONG lfEscapement;      // 기울기 10도를 기울이게 하려면 100을 넣는다.
    LONG lfOrientation;     // 한문자당 기울기
    LONG lfWeight;          // 굵기 (일반 : 400 FW_NORMAL, BOLD : 700 FW_BOLD 정도)
    BYTE lfItalic;          // Italic
    BYTE lfUnderline;       // 밑줄 (TRUE)
    BYTE lfStrikeOut;       // 취소선 (TRUE)
    BYTE lfCharSet;         // 문자셋 (영문만 , 0, 한글도 하려면 1도 )
    BYTE lfOutPrecision;
    BYTE lfClipPrecision;
    BYTE lfQuality;
    BYTE lfPitchAndFamily;
    TCHAR lfFaceName[LF_FACESIZE];  // 글꼴
} LOGFONT;
```

글꼴 대화상자를 출력하는 방법은 다른 대화상자와 마찬가지로 대화상자 객체를 생성한 후에 DoModal() 함수를 호출한다.

```
CFontDialog fontDlg;
fontDlg.DoModal();
```

GetCurrentFont() 함수를 호출하여 대화상자에서 선택된 글꼴 역시 LOGFONT 구조체로 값을 얻어온다.

```
LOGFONT logfont
fontDlg.GetCurrentFont(&logfont);
```

화면에 출력하는 텍스트가 해당 글꼴의 적용을 받도록 하려면 우선 Font 객체를 생성해야 한다.

```
Cfont newFont;
```

```
Font.CreateFontIndirect(&newFont);
```

이렇게 생성된 글꼴을 SelectObject() 함수를 호출하여 DC가 선택하도록 한 후에 텍스트를 출력한다.

```
pOldFont=(CFont *)pDC->SelectObject(&newFont); // 폰트 선택
pDC->TextOutW(5,5,_T("한글 & English 글꼴 적용하기"));
```

텍스트에 색상도 지정하려면 GetColor() 함수를 호출한 후 얻어낸 색상을 SetTextColor() 함수를 호출하여 DC에 지정한다.

```
m_FontColor=fontDlg.GetColor();
pDC->SetTextColor(m_FontColor);
```

기본예제 7-3 글꼴 공통 대화상자 다루기

【예제설명】

[글꼴] 공통 대화상자에서 글꼴을 선택한 후 <확인> 버튼을 클릭하면 텍스트의 글꼴체가 변경된다.

【실행결과】

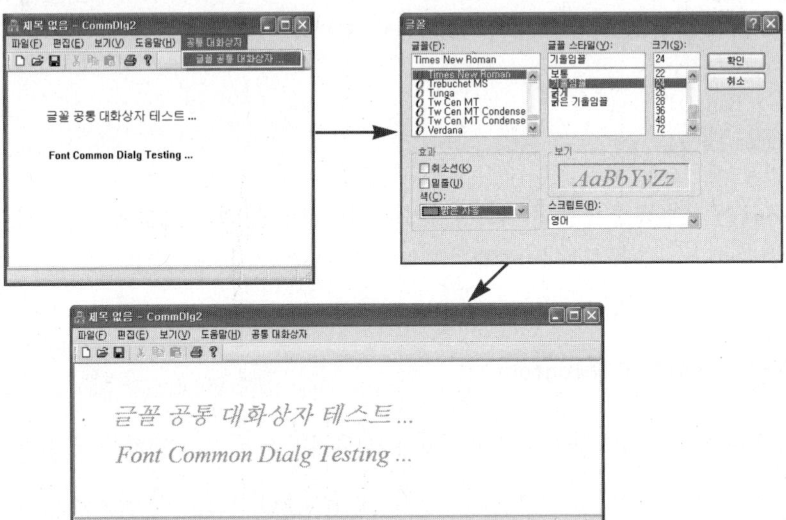

【따라하기】

1 CommDlg2란 이름으로 단일 문서 형식의 프로젝트를 만든 후에 CCommDlg2View 클래스에 글자 색상을 저장할 변수와 글꼴을 저장할 구조체 변수를 선언한다.

```
class CCommDlg2View : public CView
{
public:
    LOGFONT m_logFont;
    COLORREF m_FontColor;
```

2 CCommDlg2View 클래스가 생성될 때 초기화 작업을 하는 OnInitialUpdate()를 속상 창에서 추가하기 위해서 [재정의] 아이콘을 선택한 후 "<추가> OnInitialUpdate()"를 선택한다. 새롭게 추가된 OnInitialUpdate() 함수에 다음과 같이 입력한다.

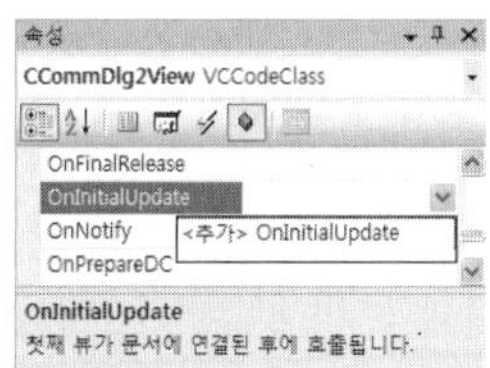


```
void CCommDlg2View::OnInitialUpdate()
{
    CView::OnInitialUpdate();

    CClientDC dc(this);                    //DC 생성
    CFont *pFont=dc.GetCurrentFont();      //클라이언트 영역의 폰트를
    pFont->GetLogFont(&m_logFont);         //로그폰트 멤버 값으로 지정
}
```

3 OnDraw()에 다음과 같이 코드를 추가한다.

```
void CCommDlg2View::OnDraw(CDC* pDC)
{
```

```
    CCommDlg2Doc* pDoc = GetDocument();
    ASSERT_VALID(pDoc);
    if (!pDoc)
        return;

    CFont newFont,*pOldFont;                           // 폰트 객체 만들기
    newFont.CreateFontIndirect(&m_logFont);            // 폰트 생성
    pOldFont=(CFont *)pDC->SelectObject(&newFont);     // 폰트 선택

    pDC->SetTextColor(m_FontColor);
    pDC->TextOutW(50, 50,_T("글꼴 공통 대화상자 테스트 ..."));
    pDC->TextOutW(50,100,_T(" Font Common Dialg Testing ..."));

    pDC->SelectObject(pOldFont);
    newFont.DeleteObject();
}
```

4 [도움말] 메뉴 오른쪽에 아래 그림처럼 메뉴 바에 [공통 대화상자] 메뉴를 추가하고 [공통 대화상자] 메뉴의 하위 메뉴로 [글꼴 공통 대화상자...] 메뉴를 추가한다. [속성] 창의 [ID] 항목에 "IDM_COMMFONTDLG"를 입력한다. IDM_COMMFONTDLG 메뉴에 대한 이벤트 처리기를 CCommDlg2View 클래스에 추가한 후 다음과 같이 입력한다.

```
void CCommDlg2View::OnCommfontdlg()
{
    CFontDialog dlg(&m_logFont);          // 글꼴 대화상자 생성

    if(dlg.DoModal()==IDCANCEL)
        return;

    dlg.GetCurrentFont(&m_logFont);       // 선택된 폰트를 멤버 변수에 지정
    m_FontColor=dlg.GetColor();           // 선택된 폰트 색상도 멤버 변수에 지정
    Invalidate();
}
```

2.3 파일 공통 대화상자

프로그램에서 파일에 정보를 저장하거나 파일을 불러오는 작업은 흔히 있는 일이다. 이러한 작업을 위해서는 대상 파일의 이름과 위치를 얻어와야 하는데 MFC에서는 파일 공통 대화상자를 제공해 주기에 약간의 옵션만 설정한 후 생성해서 사용하면 쉽게 모든 처리가 이루어진다.

공통 대화상자 중 가장 대표적인 대화상자인 파일 대화상자는 CFileDialog 클래스로 정의되어 있으며 생성자는 다음과 같다.

```
CFileDialog(
    BOOL  bOpenFileDialog,          // Open(TRUE)인지 SaveAS(FALSE) 대화상자인지 결정
    LPCTSTR lpszDefExt = NULL,      // 디폴트 확장자
    LPCTSTR lpszFileName = NULL,// 초기에 선택해야 하는 디폴트 파일이름
    DWORD dwFlags = OFN_HIDEREADONLY | OFN_OVERWRITEPROMPT, // 보여질 파일의 속성
    LPCTSTR lpszFilter = NULL,      // 검색할 파일 형태의 필터
    CWnd* pParentWnd = NULL         // 부모 윈도우의 포인터
);
```

다음은 파일 대화상자를 출력하는 예이다.

```
CFileDialog fileDlg(TRUE);
fileDlg.DoModal();
```

파일 저장 대화상자를 출력할 때 다음과 같이 생성자에 전달해주면 텍스트 파일을 모두 보여준다.

```
char Filter[] = "Text File(*.txt)|*.txt|모든파일(*.*)|*.*|";
CFileDialog fileSaveDlg(FALSE,     // 다른 이름으로 저장 대화상자
    "text file(*.txt)",            // 디폴트 확장자
    "*.txt",                 // 디폴트 파일이름
    OFN_HIDEREADONLY |       // 읽기 전용 체크박스를 숨긴 형태로 생성
    OFN_FILEMUSTEXIST,       // 사용자가 존재하는 파일만 입력 없는 파일일 경우 경고 발생
    Filter,      // 확장자가 txt인 경우와 모든 파일 형태만 나타남
    NULL         // 대화상자의 부모 윈도우
);
```

그림 7-5 ● 다른 이름으로 저장 대화상자

디폴트 확장자는 확장자 없이 파일명을 직접 입력하면 파일 이름 다음에 디폴트 확장자 `txt`가 자동으로 붙는다. 위 멤버 변수 중에서 가장 중요한 멤버 변수인 `lpszFilter`는 파일 형식 콤보박스에 필터를 보여준다.

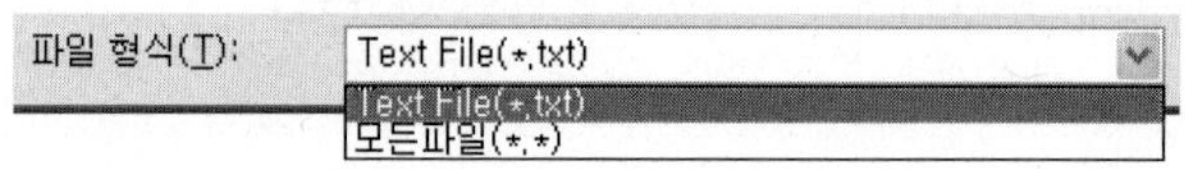

그림 7-6 ● 파일 형식 콤보박스와 필터

`lpszFilter`에는 여러 개의 필터를 줄 수 있으며 각 필터는 설명과 패턴으로 구성되어 있고 각 항목은 "|"로 구분된다. 마지막 항목 뒤에도 "|"로 끝나야 한다.

첫 번째 필터 / 두 번째 필터

```
"Text File(*.txt)|*.txt|모든파일(*.*)|*.*|"
```

설명 / 패턴 / 설명 / 패턴

파일 열기 대화상자는 파일 저장 대화상자와 유사하며 단지 생성자의 첫 번째 전달인자만 TRUE로 바꾸어 준다.

```
CString szFilters = _T("Text File(*.txt)|*.txt|모든파일(*.*)|*.*|");
CFileDialog fileDlg(TRUE,  // 열기 대화상자
    _T("txt"),             // 디폴트 확장자
    _T("*.txt"),           // 디폴트 파일이름
    OFN_HIDEREADONLY |     // 읽기 전용 체크박스가 선택된 형태로 생성
    OFN_FILEMUSTEXIST,     // 사용자가 존재하는 파일만 입력 없는 파일일 경우 경고 발생
```

```
    szFilters,              // 확장자가 txt인 경우와 모든 파일 형태만 나타남
    NULL);
```

그림 7-7 ● 열기 대화상자

기본예제 7-4 파일 공통 대화상자 다루기

【예제설명】

CFileDialog 클래스를 사용해서 [다른 이름으로 저장] 대화상자와 [열기] 대화상자를 만들어보자.

【실행결과】

[열기] 대화상자에서 선택한 파일명과 그 파일의 경로명을 얻어 올 수 있다.

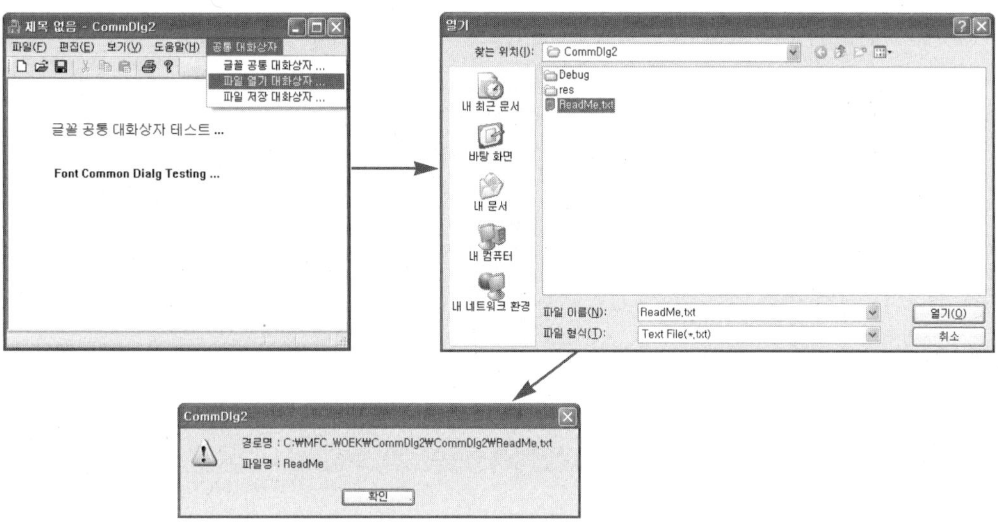

[다른 이름으로 저장] 대화상자에서도 마찬가지로 선택한 파일명과 그 파일의 경로명을 얻어 올 수 있다.

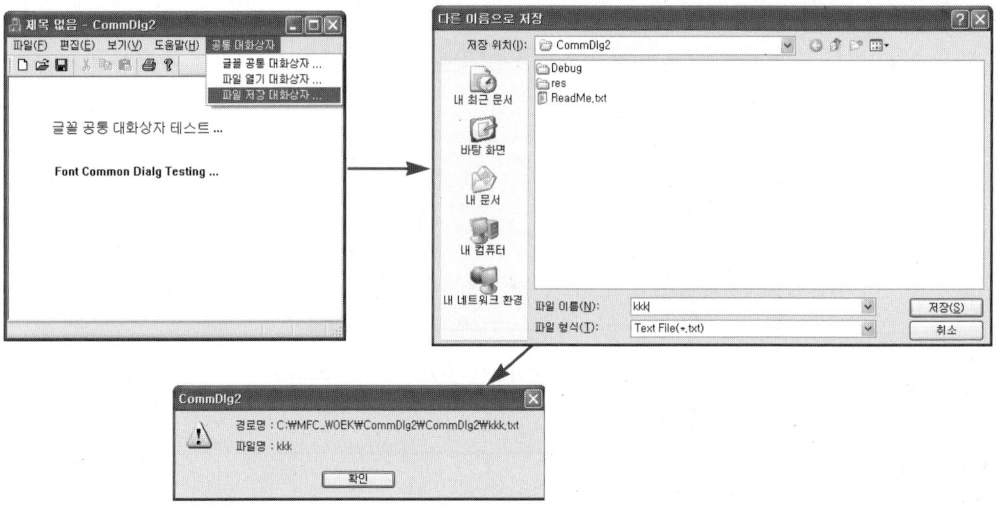

[따라하기]

1. [기본예제 7-3]에서 실습했던 CommDlg2에 [파일 열기 대화상자...] 메뉴를 IDM_FILEOPEN이란 ID로 추가한 후 이벤트 처리기를 CCommDlg2View 클래스에 추가한 후 다음과 같이 입력한다.

```
void CCommDlg2View::OnFileopen()
{
    CString szFilters = _T("Text File(*.txt)|*.txt|모든파일(*.*)|*.*|");
    CFileDialog fileDlg(TRUE, // 열기 대화상자
        _T("txt"),              // 디폴트 확장자
        _T("*.txt"),            // 디폴트 파일이름
        OFN_HIDEREADONLY |      // 읽기 전용 체크박스가 선택된 형태로 생성
        OFN_FILEMUSTEXIST,      // 사용자가 존재하는 파일만 입력 없는 파일일 경우 경고 발생
        szFilters,              // 확장자가 txt인 경우와 모든 파일 형태만 나타남
        NULL);

    CString pathName, fileName, temp;

    if(fileDlg.DoModal() == IDOK) {
        // GetPathName() 함수를 호출하여 파일의 경로명을 얻어온다.
```

```
        pathName = fileDlg.GetPathName();
        // GetFileTitle() 함수를 호출하여 파일의 이름을 얻어온다.
        fileName = fileDlg.GetFileTitle();

        temp.Format(_T(" 경로명 : %s          \n\n 파일명 : %s "), pathName, fileName);
        AfxMessageBox(temp);
    }
}
```

2 [파일 저장 대화상자...] 메뉴를 IDM_FILESAVE이란 ID로 추가한 후 이벤트 처리기를 CCommDlg2View 클래스에 추가한 후 다음과 같이 입력한다.

```
void CCommDlg2View::OnFilesave()
{
    CString szFilters = _T("Text File(*.txt)|*.txt|모든파일(*.*)|*.*|");
    CFileDialog fileDlg(FALSE,    // 다른 이름으로 저장 대화상자
        _T("txt"),                // 디폴트 확장자
        _T("*.txt"),              // 디폴트 파일이름
        OFN_HIDEREADONLY |        // 읽기 전용 체크박스를 숨긴 형태로 생성
        OFN_FILEMUSTEXIST,        // 사용자가 존재하는 파일만 입력 없는 파일일 경우 경고 발생
        szFilters,                // 확장자가 txt인 경우와 모든 파일 형태만 나타남
        NULL);

    CString pathName, fileName, temp;

    if(fileDlg.DoModal() == IDOK)  {
        // GetPathName() 함수를 호출하여 파일의 경로명을 얻어온다.
        pathName = fileDlg.GetPathName();
        // GetFileTitle() 함수를 호출하여 파일의 이름을 얻어온다.
        fileName = fileDlg.GetFileTitle();

        temp.Format(_T(" 경로명 : %s          \n\n 파일명 : %s "), pathName, fileName);
        AfxMessageBox(temp);
    }
}
```

2.4 찾기 바꾸기 대화상자

워드 프로세서와 같이 주로 문서 작업을 하는 프로그램에서 찾기나 바꾸기를 할 때 사용되는 대화상자를 만들기 위해서는 CFindReplaceDialog 클래스를 사용한다. 찾기나 바꾸기 대화상자는 모달리스 대화상자 형태로 동작하기에 코딩이 간단하지 않으며 다른 공통 대화상자의 생성방법과 차이가 있다.

모달리스 대화상자는 DoModal() 함수 대신 Create() 함수로 대화상자를 생성한다. 다음은 CFindReplaceDialog 클래스의 Create() 함수의 기본 형식이다.

```
virtual BOOL Create(
   BOOL bFindDialogOnly,             // 찾기(TRUE)인지 바꾸기(FALSE) 대화상자인지 결정
   LPCTSTR lpszFindWhat,             // 찾을 문자열을 지정
   LPCTSTR lpszReplaceWith = NULL,   // 바꿀 문자열을 지정
   DWORD dwFlags = FR_DOWN,          // 대화상자를 위한 플래그 지정
   CWnd* pParentWnd = NULL           // 대화상자의 부모 윈도우
);
```

RegisterWindowMessage() 함수는 시스템에 고유한 윈도우 메시지를 정의하기 위해서 사용한다.

```
static UINT NEAR WM_FIND = RegisterWindowMessage(_T("COMMDLG_FIND"));
```

위 예와 같이 RegisterWindowMessage() 함수로 WM_FIND라는 메시지를 사용자가 정의하였다면 WM_FIND 메시지가 발생했을 때 호출할 함수를 매핑해 주어야 하는데 이때 사용하는 매크로 함수는 ON_REGISTERED_MESSAGE이다.

```
ON_REGISTERED_MESSAGE(nMessageVariable, memberFxn )
```

ON_REGISTERED_MESSAGE 매크로의 첫 번째 전달인자에는 RegisterWindowMessage() 함수로 등록해 놓은 윈도우 메시지 ID를 지정하였고 두 번째 전달인자는 이 메시지와 매핑할 메시지 핸들러 처리기의 이름이다.

호출할 함수는 다음과 같이 WPARAM과 LPARAM을 전달인자로 가져야 하고 리턴값은 LRESULT 형이어야 한다.

```
afx_msg LRESULT memberFxn( WPARAM, LPARAM );
```

```
BEGIN_MESSAGE_MAP(CMyWnd3, CWnd)
   ON_REGISTERED_MESSAGE(WM_FIND, OnFind)
END_MESSAGE_MAP()
```

기본예제 7-5 찾기 및 바꾸기 공통 대화상자 다루기

【예제설명】

[공통 대화상자] → [찾기 및 바꾸기...] 메뉴를 선택하면 [바꾸기] 대화상자가 나타난다. 실질적인 기능은 하지 못하지만, 찾기 및 바꾸기 공통 대화상자를 출력하는 방법에 초점을 맞추어서 학습하기 바란다.

【실행결과】

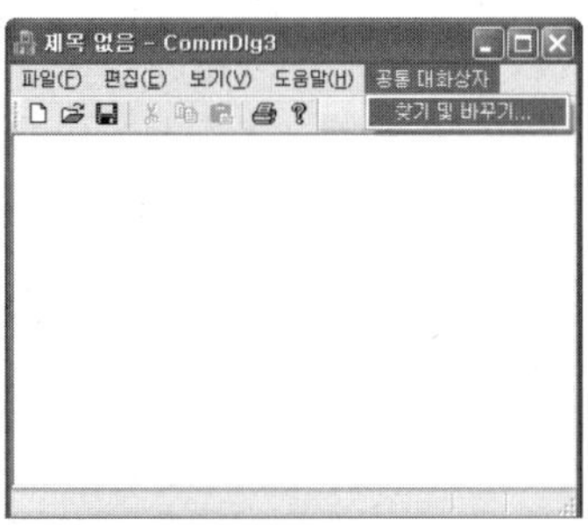

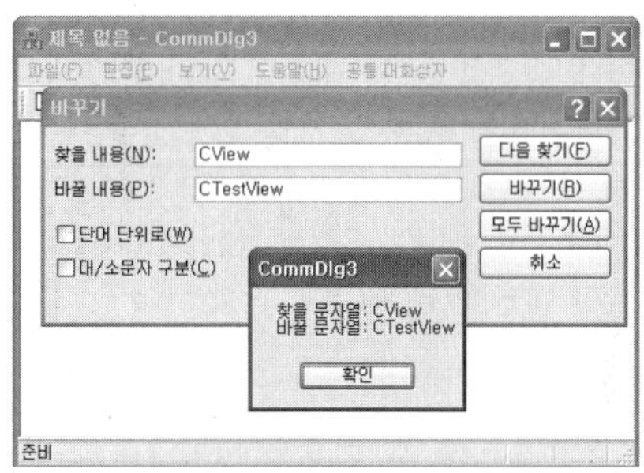

【따라하기】

1 "CommDlg3"이란 이름의 단일 문서 형태의 새로운 프로젝트를 생성한 후에 뷰 클래스에 모달리스 대화상자 클래스인 `CFindReplaceDialog`로 포인터 변수를 선언한다.

```
class CCommDlg2View : public CView
{
public:
   CFindReplaceDialog *m_pDlg;
```

```
    // ... 생략 ...
}
```

2 CFindReplaceDialog 포인터 변수를 생성자에서 NULL 값으로 초기화한다.

```
CCommDlg2View::CCommDlg2View()
{
    m_pDlg=NULL;
}
```

3 찾기 및 바꾸기 대화상자를 출력하기 위한 메뉴를 추가하자. 리소스 뷰 창에서 [Menu] → [IDR_MAINFRAME]을 더블 클릭한 후 화면 오른쪽에 메뉴가 나타나면 [색상] 바로 아래에 "찾기 및 바꾸기..."를 입력한다. 추가된 메뉴의 아이디는 IDM_FINDREPLACE로 지정한다. 해당 메뉴에 대한 명령 핸들러 OnFindreplace()를 추가한 후에 다음과 같이 입력한다.

```
void CCommDlg3View::OnFindreplace()
{
    if(m_pDlg != NULL)
        m_pDlg->SetFocus();
    else{
        m_pDlg = new CFindReplaceDialog();
        m_pDlg->Create(FALSE, _T(""), _T(""), FR_DOWN, this);
    }
}
```

4 찾기 및 바꾸기 작업을 할 때 발생하는 메시지에 대한 메시지 핸들러를 뷰 클래스에 직접 추가하도록 한다. [클래스 뷰] 창에서 CommDlg3View를 선택한 후 마우스 오른쪽 버튼을 눌러 나온 바로 가기 메뉴에서 [추가] → [함수 추가...] 메뉴를 선택한다. 반환 형식에는 "LRESULT"를 입력하고 함수 이름에는 "OnFindReplaceCmd"를 입력하고 매개 변수 형식에는 "WPARAM"를 매개 변수 이름에는 "wParam"를 입력한 후 [추가] 버튼을 누른다. 매개 변수 목록에 "WPARAM wParam"가 추가된 것을 확인한 후에 또 다시 매개 변수 형식에는 "LPARAM"를 매개 변수 이름에는 "lParam"를 입력한 후 [추가] 버튼을 누른 후에 역시 매개 변수 목록에 "LPARAM lParam"에 추가된 것을 확인한다. 액세스 콤보박스에서 "protected"를 선택한 후에 <마침> 버튼을 누른다.

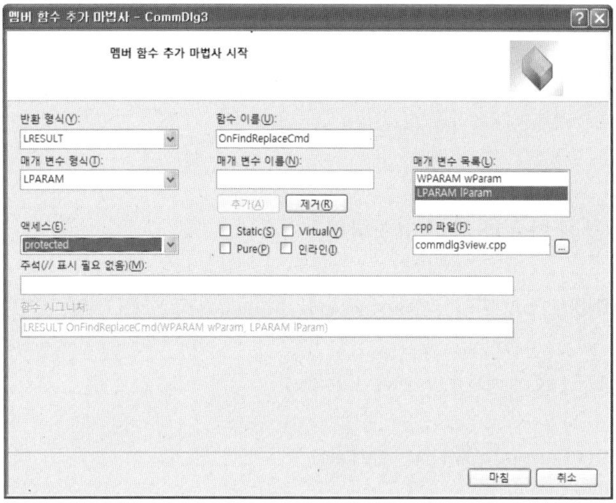

5 추가한 OnFindReplaceCmd() 함수에 다음과 같이 입력한다.

```
LRESULT CCommDlg3View::OnFindReplaceCmd(WPARAM wParam, LPARAM lParam)
{
    CString str;

    if(m_pDlg->IsTerminating()){
        m_pDlg = NULL;
        return 0;
    }
    else if(m_pDlg->FindNext()){
        str.Format(_T("찾을 문자열: %s"), m_pDlg->GetFindString());
        MessageBox(str);
    }
    else if(m_pDlg->ReplaceCurrent()){
        str.Format(_T("찾을 문자열: %s\n\r바꿀 문자열: %s"),
            m_pDlg->GetFindString(), m_pDlg->GetReplaceString());
        MessageBox(str);
    }
    else if(m_pDlg->ReplaceAll()){
        str.Format(_T("찾을 문자열: %s\n\r바꿀 문자열: %s"),
            m_pDlg->GetFindString(), m_pDlg->GetReplaceString());
```

```
        MessageBox(str);
    }
    return 0;
}
```

6 뷰 클래스 상단 부분에 다음과 같이 코딩한다.

```
static UINT WM_FINDREPLACE = ::RegisterWindowMessage(FINDMSGSTRING);

IMPLEMENT_DYNCREATE(CCommDlg3View, CView)

BEGIN_MESSAGE_MAP(CCommDlg3View, CView)
    // 표준 인쇄 명령입니다.
    ON_COMMAND(ID_FILE_PRINT, &CView::OnFilePrint)
    ON_COMMAND(ID_FILE_PRINT_DIRECT, &CView::OnFilePrint)
    ON_COMMAND(ID_FILE_PRINT_PREVIEW, &CView::OnFilePrintPreview)
    ON_COMMAND(IDM_FINDREPLACE, &CCommDlg3View::OnFindreplace)
    ON_REGISTERED_MESSAGE(WM_FINDREPLACE, OnFindReplaceCmd)
END_MESSAGE_MAP()
```

SECTION

03 프로퍼티 시트와 프로퍼티 페이지를 이용한 탭 대화상자

Introduction to Microsoft Foundation Class Library

응용 프로그램은 갈수록 복잡해져 가고 있고 이에 따라 사용자가 선택할 수 있는 옵션의 종류도 늘어나게 되었다. 이러한 다양한 옵션을 정해진 스크린(화면)에 어떻게 하면 효율적으로 보여 줄 수 있을까 하는 고민의 결과가 바로 우리가 이번 절에서 학습할 여러 대화상자를 한꺼번에 포개 넣은 탭 형태의 대화상자이다. 다음은 이번 절에서 우리가 만들어 줄 도형의 종류, 선의 색상, 면의 색상을 결정하는 대화상자를 갖는 탭 형태의 대화상자이다.

탭 형태의 대화상자는 여러 개의 다양한 대화상자를 포개 넣고 있다. 현재 드러나 있는 대화상자가 아닌 다른 대화상자에서 작업을 해야 할 경우에는 대화상자 위에 보이는 제목을 눌러서 원하는 대화상자로 이동할 수 있다.

대화상자가 사용자가 작업하고 있는 상황에 관련되는 모든 옵션을 보여 줄 만큼 크지 않을 때 MFC에서는 프로퍼티 시트와 프로퍼티 페이지를 이용한 탭 형태의 대화상자를 만들어 준다.

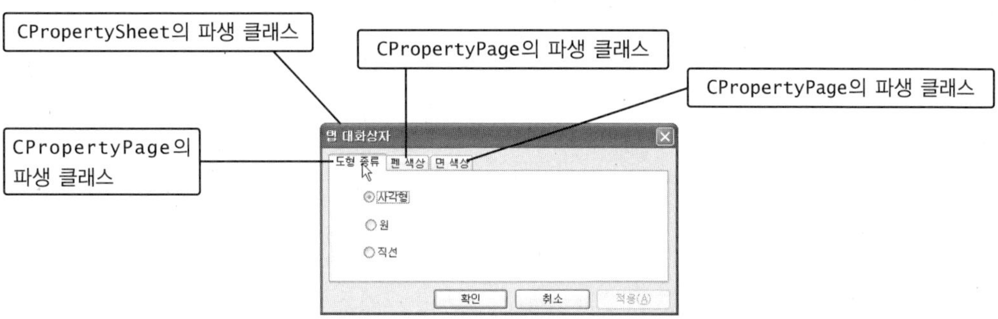

그림 7-8 ● 탭 대화상자

프로퍼티 시트와 프로퍼티 페이지는 모두 대화상자의 일종인데 하는 역할이 다르다. 프로퍼티 페이지는 도형의 종류, 선의 색상, 면의 색상을 결정하는 개별적인 각각의 대화상자가 되고 이들 프로퍼티 페이지를 한데 묶어 관리하는 대화상자가 프로퍼티 시트이다. 프로퍼티 시트는 사용자가 탭을 선택할 때에 페이지를 설정하여 내보이고, 각 페이지의 내용을 변경하는 등 총괄적인 작업을 한다.

MFC에서 프로퍼티 시트(Property Sheet)를 작성하기 위해서는 CPropertySheet의 파생 클래스를 설계해야 하고 프로퍼티 페이지(Property Page)를 작성하기 위해서는 CPropertyPage의 파생 클래스를 설계해야 한다.

우리가 작성할 탭 대화상자는 3개의 탭으로 구성되므로 CPropertyPage 클래스의 파생 클래스를 3개 설계해야 하고 이렇게 3개의 프로퍼티 페이지를 한꺼번에 올려놓을 수 있는 대화상자를 만들기 위해서는 CPropertySheet의 파생 클래스를 한 개 설계해야 한다. CPropertyPage 클래스는 CDialog 클래스의 파생 클래스로서 대화상자 템플릿 위에 배치한 컨트롤과 멤버변수 사이의 통신이나 유효성 체크를 위한 DDX/DDV 기능을 포함하고 있고 CPropertySheet 클래스로 선언된 객체는 DoModal() 멤버함수를 사용하여 탭 대화상자를 화면에 나타낸다.

탭 대화상자를 만들기 위해서 우선적으로 해야 할 일은 3개의 탭으로 구성할 대화상자 템플릿을 만드는 일이다. 이 3개의 대화상자 템플릿은 CPropertyPage 클래스의 파생 클래스에서 사용된다. 프로퍼티 페이지는 프로퍼티 시트의 일부분일 뿐이므로 페이지에서 시트를 닫는 일은 하지 말아야 하고 시트가 알아서 닫도록 해야 한다.

기본예제 7-6 탭 형태 대화상자 만들기

【예제설명】

3개의 탭을 갖는 대화상자를 만들어 보자.

【실행결과】

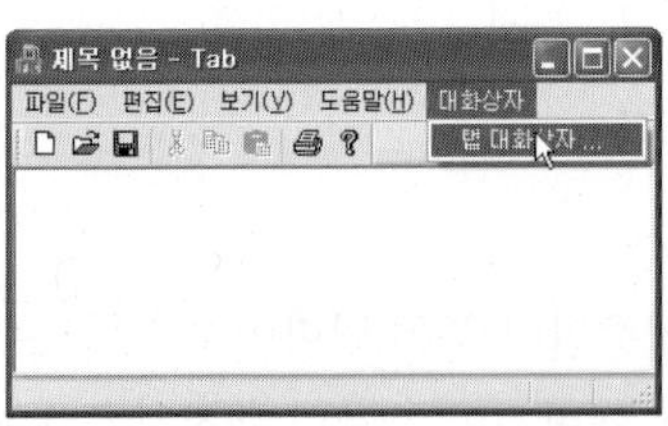

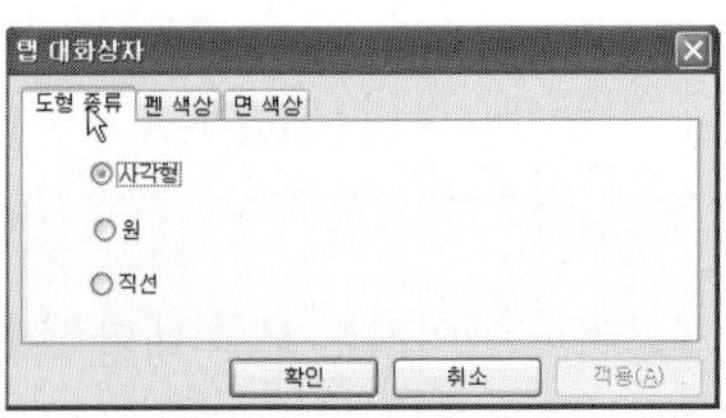

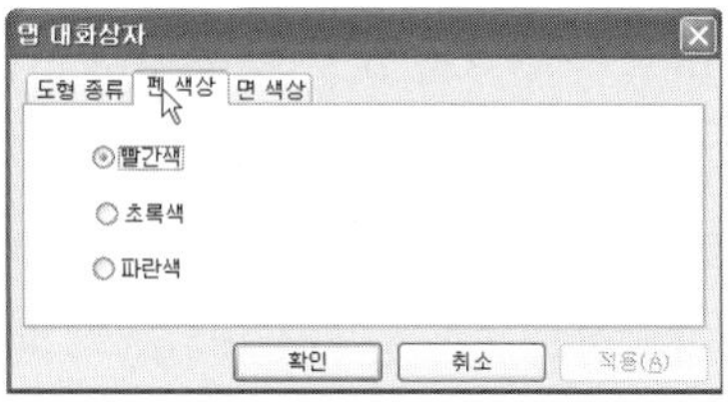

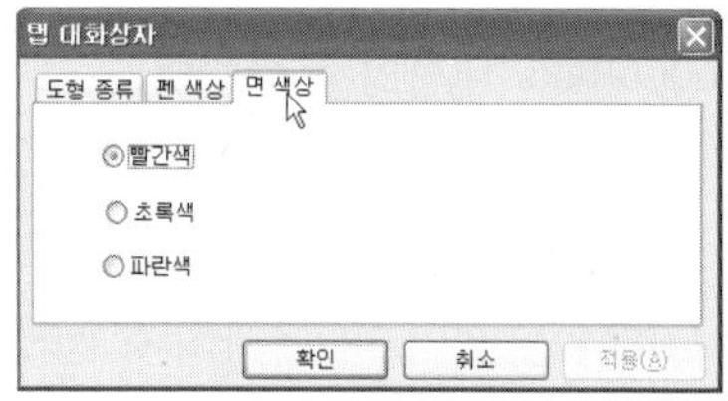

[따라하기]

1 "Tab"이란 이름의 단일 문서 형태의 새로운 프로젝트를 생성한 후에 리소스 뷰 창에서 대화상자 템플릿을 추가하되 ID는 [IDD_DIALOGSHAPE]로 하고 Caption은 "도형 종류"를 입력한다. 그런 후에 라디오 버튼을 오른쪽 표를 참조해서 왼쪽 화면과 같이 디자인한다.

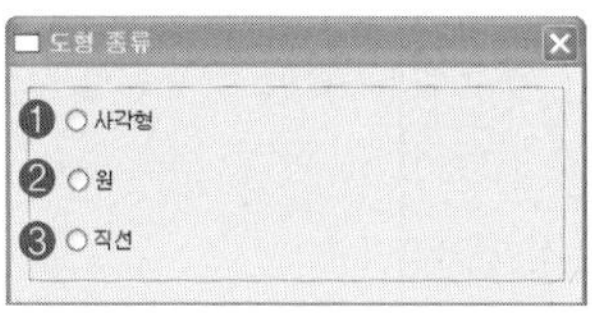

번호	ID	Caption	Group
❶	IDC_RADIOSHAPE	사각형	True
❷	IDC_RADIO2	원	False
❸	IDC_RADIO3	직선	False

2 [리소스 뷰] 창에서 대화상자 템플릿을 추가하되 ID는 [IDD_DIALOGPENCOLOR]로 그대로 사용하고 Caption만 [펜 색상]으로 지정한다. 다음 표를 참조해서 왼쪽 화면과 같이 디자인한다.

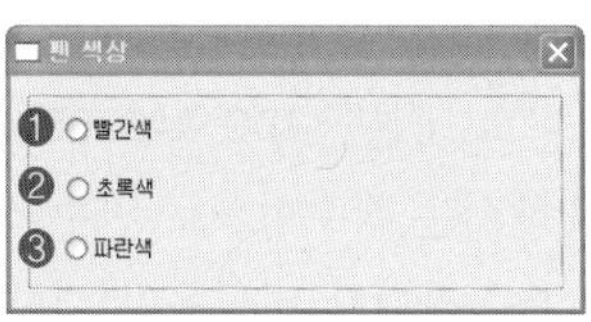

번호	ID	Caption	Group
❶	IDC_RADIOPENCOLOR	빨간색	True
❷	IDC_RADIO2	초록색	False
❸	IDC_RADIO3	파란색	False

3 [리소스 뷰] 창에서 대화상자 템플릿을 추가하되 ID는 [IDD_DIALOGBRUSHCOLOR]로 그대로 사용하고 Caption만 [면 색상]으로 지정한다. 다음 표를 참조해서 왼쪽 화면과 같이 디자인한다.

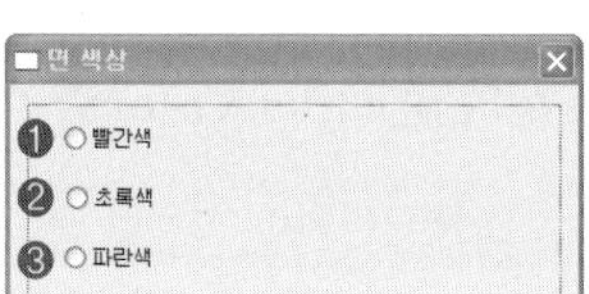

번호	ID	Caption	Group
❶	IDC_RADIOBRUSHCOLOR	빨간색	True
❷	IDC_RADIO2	초록색	False
❸	IDC_RADIO3	파란색	False

4 IDD_DIALOGSHAPE 대화상자 템플릿을 선택한 후 마우스 오른쪽 버튼을 눌러서 나타난 바로가기 메뉴에서 클래스 추가를 선택한다. 클래스 이름은 "CShapePage"로 입력하고 기본 클래스는 CPropertyPage로 지정한다. 마찬가지 방법으로 IDD_DIALOGPENCOLOR 대화상자 템플릿과 IDD_DIALOGBRUSHCOLOR 대화상자 템플릿에 대해서도 CPropertyPage의 파생 클래스로 CPenColorPage와 CBrushColorPage를 생성한다.

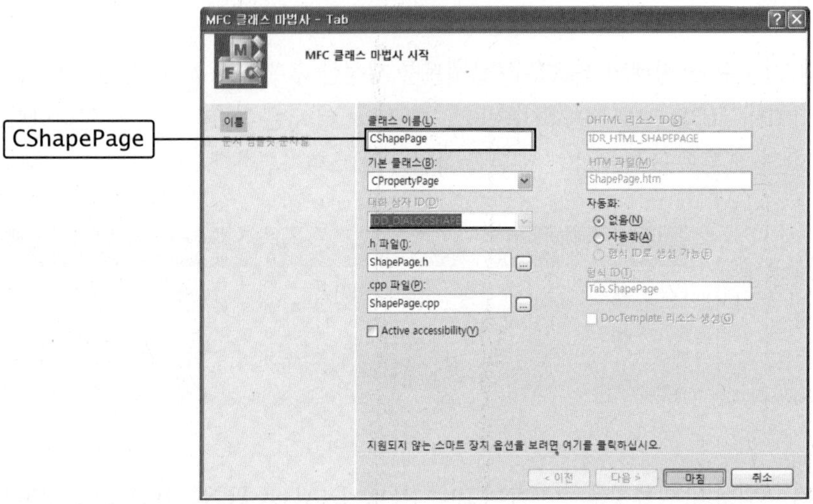

5 대화상자에 포함된 컨트롤에 선택된 정보를 저장하려면 대화상자 클래스에 멤버 변수를 정의해야 한다. 우선 도형의 종류를 선택하는 대화상자(IDD_DIALOGSHAPE)에 대해서 멤버변수를 지정하자. IDD_DIALOGSHAPE 대화상자에 라디오 버튼을 추가할 때 첫 번째 라디오 버튼인 IDC_RADIOSHAPE의 Group 속성을 True로 지정했다. 이렇게 지정한 라디오 버튼에 대해서는 정수형으로 변수 선언을 할 수 있다. Group 속성을 True로 지정한 사각형(IDC_RADIOSHAPE) 라디오 버튼을 선택한 후 마우스 오른쪽 버튼을 클릭한 후 나타난 메뉴에서 [변수 추가...]를 선택한다. [멤버 변수 추가 마법사] 창에서 범주를 [Value]로 변수 형식을 [int]로 변수 이름을 [m_nShapeStyle]로 지정한다. 같은 방법으로 펜의 색상을 선택하는 대화상자(IDD_DIALOGPEN)의 Group 속성을 True로 지정한 빨간색(IDC_RADIOPENRED) 라디오 버튼에 대해서 멤버변수를 int 형의 m_nPenColor란 이름으로 지정한다. 면의 색상을 선택하는 대화상자(IDD_DIALOGBRUSH)의 Group 속성을 True로 지정한 빨간색(IDC_RADIOBRUSHRED) 라디오 버튼에 대해서 멤버변수를 int 형의 m_nBrushColor란 이름으로 지정한다.

6 위에서 만든 2개의 프로퍼티 페이지를 한꺼번에 올려놓을 수 있는 대화상자를 만들기 위해서는 프로퍼티 시트(CPropertySheet)의 파생 클래스를 정의해야 한다. 프로퍼티 시트는 대화상자 템플릿을 필요로 하지 않는다. 그렇기 때문에 클래스 뷰 창에서 프로젝트 명인 Tab을 선택한 후에 마우스 오른쪽 버튼을 클릭해서 나타난 바로가기 메뉴에서 [추가] → [클래스]를 선택한다. [클래스 추가] 창 왼쪽 범주에서는 [MFC]를 선택하고 오른쪽 템플릿에서는 MFC 클래스를 선택한 후 <추가> 버튼을 클릭한다.

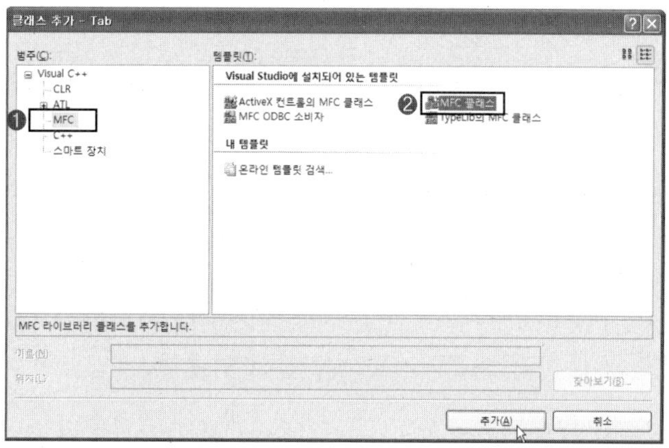

7 [MFC 클래스 마법사] 창에서 클래스 이름은 "CTabSheetDlg"를 입력하고 기본 클래스는 [CPropertySheet]를 선택한 후에 <마침> 버튼을 클릭한다.

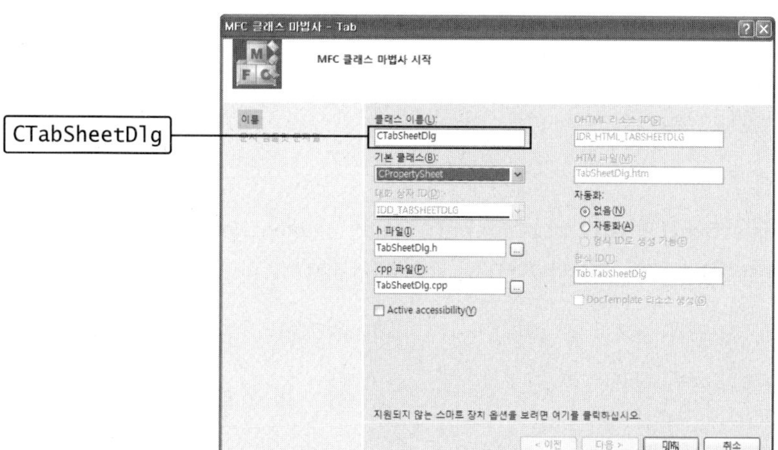

8 프로퍼티 시트 안에 프로퍼티 페이지가 속해 있으려면 프로퍼티 시트의 파생 클래스인 CTabSheetDlg 클래스 내부에 프로퍼티 페이지의 파생 클래스인 CShapePage, CPenColorDlg, CBrushColorDlg 클래스로 오브젝트를 선언해야 한다.

```
#include "ShapePage.h"
#include "PenColorPage.h"
#include "BrushColorPage.h"
class CTabSheetDlg : public CPropertySheet
{
   DECLARE_DYNAMIC(CTabSheetDlg)

public:
   CShapePage m_ShapePage;
   CPenColorPage m_PenColorPage;
   CBrushColorPage m_BrushColorPage;
   // ... 생략 ...
}
```

9 CTabSheet 클래스에서 생성자인 CTabSheet()는 중복 선언되어 두 번 나타난다. 이 생성자 모두에 탭 대화상자에 나타날 순서대로 프로퍼티 페이지를 추가한다.

```
CTabSheetDlg::CTabSheetDlg(UINT nIDCaption, CWnd* pParentWnd, UINT iSelectPage)
   :CPropertySheet(nIDCaption, pParentWnd, iSelectPage)
{
   AddPage(&m_ShapePage);
   AddPage(&m_PenColorPage);
   AddPage(&m_BrushColorPage);
}

CTabSheetDlg::CTabSheetDlg(LPCTSTR pszCaption, CWnd* pParentWnd, UINT iSelectPage)
   :CPropertySheet(pszCaption, pParentWnd, iSelectPage)
{
   AddPage(&m_ShapePage);
   AddPage(&m_PenColorPage);
   AddPage(&m_BrushColorPage);
}
```

10 [대화상자(&C)] 메뉴와 그 서브 메뉴로 [스타일 탭 대화상자...]를 추가한다. 이때 메뉴의 아이디는 [IDM_TABDIALOG]로 지정한다. 그런 후에 이 메뉴에 대한 명령 핸들러를 뷰 클래스의 멤버 함수로 정의한다. 추가된 명령 핸들러에 다음과 같이 코딩한다.

```
#include "TabSheetDlg.h"
void CTabView::OnTabdialog()
{
    CTabSheetDlg dlg(_T("탭 대화상자"));
    dlg.DoModal();
}
```

TIP | 프로젝트 내에서 클래스 새로 정의하기

지금까지는 파생 클래스를 설계할 때 디폴트로 지정된 기본 클래스를 사용해 왔다. 하지만, 프로퍼티 페이지의 경우에는 대화상자 템플릿에 대해서 기본 클래스가 **CDialog**로 주어지는데 이를 **CPropertyPage**로 변경해야 한다. 이럴 경우 자칫 잘못하여 기본 클래스를 바꾸지 않는 실수를 범할 수 있다. 만일 **CPenColorDlg** 클래스를 설계하면서 기본 클래스를 **CPropertyPage**로 변경하지 않아 **CDialog**의 파생 클래스로 만들었다면 이를 삭제하고 새로 만들어야 한다. 클래스를 삭제하기 위해서는 솔루션 탐색기에서 헤더 파일과 소스 파일을 제거해야 한다.

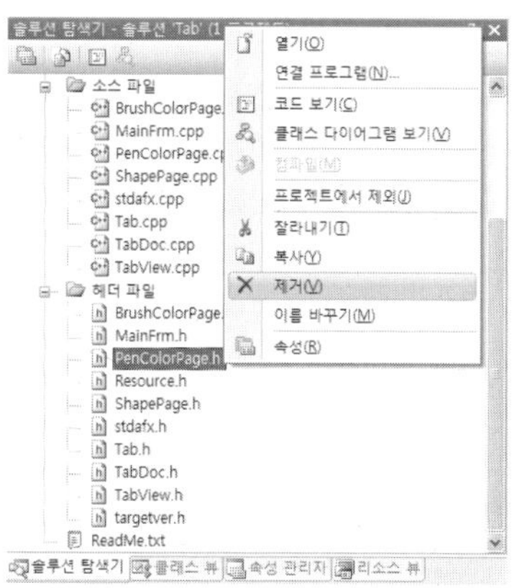

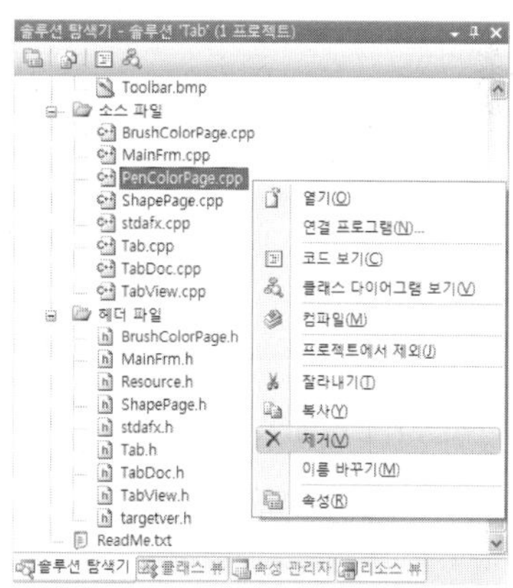

헤더 파일과 소스 파일을 제거하기 위해서 해당 파일을 선택한 후에 마우스 오른쪽 버튼을 클릭해서 나타난 바로가기 메뉴에서 [제거]를 선택한다. 그러면 다음과 같은 화면이 나오는데 이때 〈삭제〉 버튼을 눌러야만 클래스가 완전히 삭제된다.

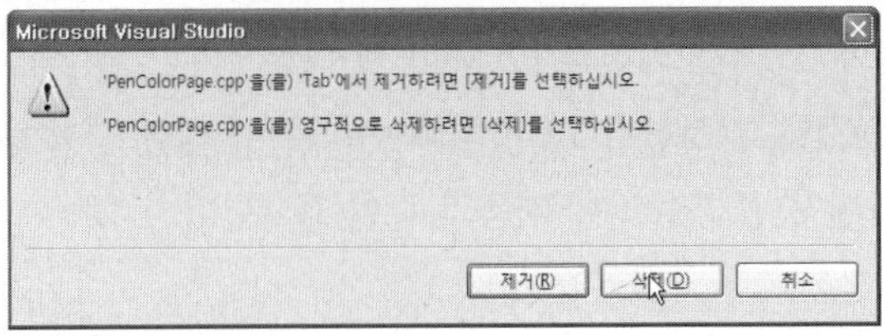

〈제거〉 버튼을 누르면 프로젝트 내에서만 클래스가 삭제될 뿐 클래스가 정의된 파일이 여전히 프로젝트 내에 존재하고 있게 되므로 반드시 〈삭제〉 버튼을 눌러서 프로젝트 내에서 뿐만 아니라 물리적인 파일도 삭제해야 한다.

기본예제 7-7 탭 대화상자에서 정보 얻어오기

【예제설명】

도형의 종류와 선과 면의 색상을 탭 대화상자에서 얻어 와서 화면에 출력하자.

【실행결과】

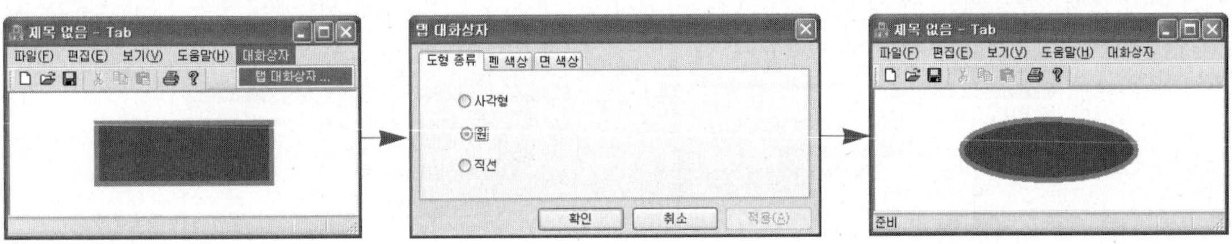

【따라하기】

1 도형의 종류와 선과 면의 색상을 탭 대화상자에서 얻어 올 수 있도록 하기 위해서 우선 도형의 종류와 선과 면의 색상을 저장할 변수부터 뷰 클래스에 선언해 주기로 하자.

```
class CTabView : public CView
{
public:
   int m_nShapeType;
```

```
    COLORREF m_PenColor;
    COLORREF m_BrushColor;
```

2 뷰 클래스의 생성자에서 선의 종류와 면의 종류를 저장할 변수에 초기값을 지정한다.

```
CTabView::CTabView()
{
    // TODO: 여기에 생성 코드를 추가합니다.
    m_nShapeType=0;
    m_PenColor=RGB(255,0,0);
    m_BrushColor=RGB(0,0,255);
}
```

3 뷰 클래스의 OnDraw()에서 펜 객체를 생성하면서 CreatePen()함수의 첫 번째 전달인자로 변수를 지정한다. 브러시도 마찬가지로 CreateSolidBrush()함수의 전달인자로 변수를 지정하고 도형의 종류를 판단하여 해당되는 도형을 그리도록 한다.

```
void CTabView::OnDraw(CDC* pDC)
{
    CTabDoc* pDoc = GetDocument();
    ASSERT_VALID(pDoc);
    if (!pDoc)
        return;

    CRect rc;
    this->GetClientRect(&rc);
    int width=rc.Width();
    int height=rc.Height();
    rc.DeflateRect(width/4, height/4);

    CPen myPen, * pOldPen;
    myPen.CreatePen(PS_SOLID, 5, m_PenColor);
    pOldPen = pDC->SelectObject(&myPen);

    CBrush myBrush;
    myBrush.CreateSolidBrush(m_BrushColor);
```

```
    CBrush* pOldBrush;
    pOldBrush = pDC->SelectObject(&myBrush);
    switch(m_nShapeType){
        case 0 : pDC->Rectangle(&rc);
                 break;
        case 1 : pDC->Ellipse(&rc);
                 break;
        case 2 : pDC->MoveTo(rc.left, rc.top);
                 pDC->LineTo(rc.right, rc.bottom);
                 break;
    }
    pDC->SelectObject(pOldPen);
    pDC->SelectObject(pOldBrush);
    DeleteObject(&myPen);
    DeleteObject(&myBrush);
}
```

4 [탭 대화상자...] 메뉴에 대한 명령 핸들러에 다음과 같이 코딩한다.

```
#include "TabSheetDlg.h"
COLORREF colors[]={RGB(255, 0, 0), RGB(0, 255, 0), RGB(0, 0, 255)};

void CTabView::OnTabdialog()
{
    CTabSheetDlg dlg(_T("탭 대화상자"));

    dlg.m_ShapePage.m_nShapeStyle=this->m_nShapeType;
    switch(m_PenColor){
        case RGB(255, 0, 0) : dlg.m_PenColorPage.m_nPenColor=0;
                              break;
        case RGB(0, 255, 0) : dlg.m_PenColorPage.m_nPenColor=1;
                              break;
        case RGB(0, 0, 255) : dlg.m_PenColorPage.m_nPenColor=2;
                              break;
    }
    switch(m_BrushColor){
```

```
        case RGB(255, 0, 0) : dlg.m_BrushColorPage.m_nBrushColor=0;
                              break;
        case RGB(0, 255, 0) : dlg.m_BrushColorPage.m_nBrushColor=1;
                              break;
        case RGB(0, 0, 255) : dlg.m_BrushColorPage.m_nBrushColor=2;
                              break;
    }

    dlg.DoModal();

    m_nShapeType=dlg.m_ShapePage.m_nShapeStyle;
    m_PenColor=colors[dlg.m_PenColorPage.m_nPenColor];
    m_BrushColor=colors[dlg.m_BrushColorPage.m_nBrushColor];

    Invalidate();
}
```

연습문제

[개념문제]

단원 요약정리를 대신하여 개념을 잡을 수 있도록 본문의 내용을 충실하게 반영한 문제이다.

1. 다음에 알맞은 내용을 보기에서 찾으시오.

보기			
1	CPropertyPage	2	CColorDialog
3	GetCurrentFont	4	Create
5	LOGFONT	6	CFindReplaceDialog
7	CPropertySheet	8	DoModal

1.1 탭 대화상자를 만들기 위해서는 프로퍼티 페이지와 프로퍼티 시트가 필요하다. 개별된 각각의 대화상자를 프로퍼티 페이지로 보고, 그 프로퍼티 페이지를 한데 묶어놓을 수 있게 하는 대화상자가 프로퍼티 시트이다. MFC에서 프로퍼티 시트를 작성하기 위해서 ⓐ ______________ 클래스를 제공하고 프로퍼티 페이지를 작성하기 위해서는 ⓑ ______________ 클래스를 제공한다.

1.2 대화상자가 모달이냐 모달리스냐는 대화상자 템플릿을 디자인할 때 결정되는 것이 아니고 실행 시에 결정된다. 모달 대화상자는 대화상자를 화면에 출력하기 위해서 ⓐ ______________ 함수를 호출하는 반면, 모달리스는 ⓐ ______________ 대신 ⓑ ______________ 함수를 이용해서 출력한다.

1.3 사용자에게 색상을 입력받을 필요가 있을 때 사용하는 색 공통 대화상자를 위한 MFC 클래스는 ______________ (이)란 이름으로 정의해 두었다.

1.4 글꼴 대화상자에서 선택된 글꼴을 얻어오기 위해서는 ⓐ ______________ 함수를 호출해야 하며 ⓑ ______________ 구조체 형태의 값으로 얻어온다.

1.5 워드 프로세서와 같이 주로 문서 작업을 하는 프로그램에서 찾기나 바꾸기를 할 때 사용되는 대화상자를 만들기 위해서는 ⓐ ______________ 클래스를 사용한다. 찾기나 바꾸기 대화상자는 모달리스 대화상자 형태로 동작하기에 `DoModal()` 함수 대신 ⓑ ______________ 함수로 대화상자를 생성한다.

※ **알맞은 내용을 기술하라.**

2. 대화상자의 종류는 크게 모달(Modal) 대화상자와 모달리스(Modaless) 대화상자로 나뉘는데 모달 대화상자와 모달리스 대화상자에 대해서 차이점을 부각시켜서 설명하라.

3. 모달리스 대화상자는 객체를 생성하고, 대화상자를 화면에 출력하고, 사용자가 입력한 데이터를 처리해야 하고, 대화상자 객체를 소멸하는 방법이 모달 대화상자와는 전혀 다르다. 다음은 이 두 대화상자를 비교해 놓은 표이다. 빈 칸을 채워라.

	모달 대화상자	모달리스 대화상자
변수선언	지역변수로 객체 선언 `CModalDlg dlg;`	
생성	`dlg.DoModal();`	
소멸	`dlg.EndDialog();`	

[실습문제]

본문 기본예제보다 조금 난이도가 높은 내용으로 구성된 프로그램을 실제로 작성해 보는 문제로서 단계별 설명을 자세히 해 놓았으므로 시간이 걸리더라도 꼭 풀어보기 바란다. 실력 향상에 많은 도움이 될 문제이다.

실습문제 7-1 프로젝트명 : Ch07Ex01 / 문서 형태 : 단일 문서

【예제설명】

다음 대화상자는 원하는 색상의 라디오 버튼을 선택한 후 <적용> 버튼을 누르면 메인 윈도우의 색상을 변경한다. 이 대화상자는 [닫기] 버튼(×)에 의해서 닫히지 않는다. 마우스로 메인 윈도우를 누를 때마다 대화상자가 생성되었다가 소멸된다. 대화상자가 떠 있는 상태에서 메인 윈도우를 클릭하면 대화상자가 닫힌다. 대화상자가 떠 있는 상태에서 메인 윈도우를 클릭하려면 이 대화상자는 모달리스로 구현해야 한다. 대화상자를 다시 나타나도록 하려면 메인 윈도우를 다시 한 번 클릭한다. 대화상자가 나타날 때에는 현재 메인 윈도우의 색상에 해당되는 라디오 버튼이 선택된 상태로 나타나야 한다.

【실행결과】

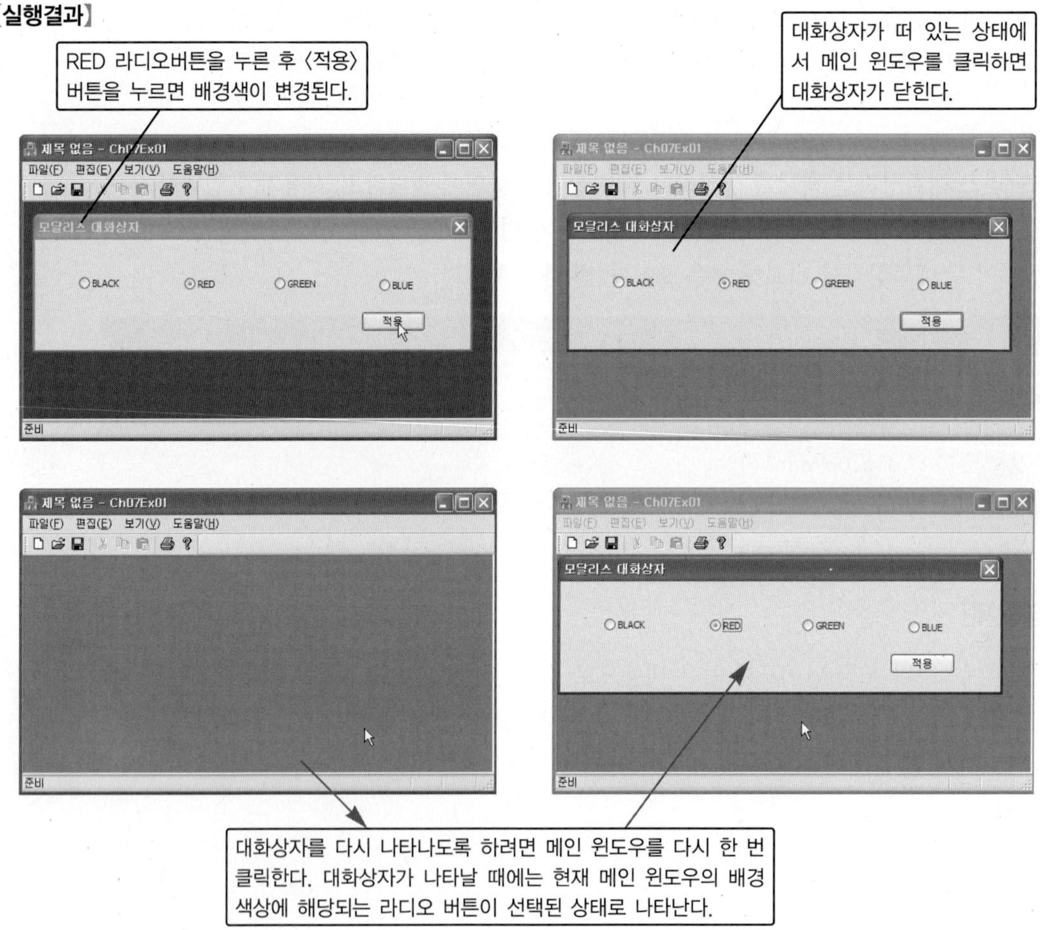

실습문제 7-2 프로젝트명 : Ch07Ex02 / 문서 형태 : 단일 문서

【예제설명】

공통 대화상자 중에 가장 많이 사용되는 공통 대화 상자인 색, 파일 열기, 글꼴 대화상자로 다음과 같은 결과가 나오도록 프로그램을 작성하라.

【실행결과】

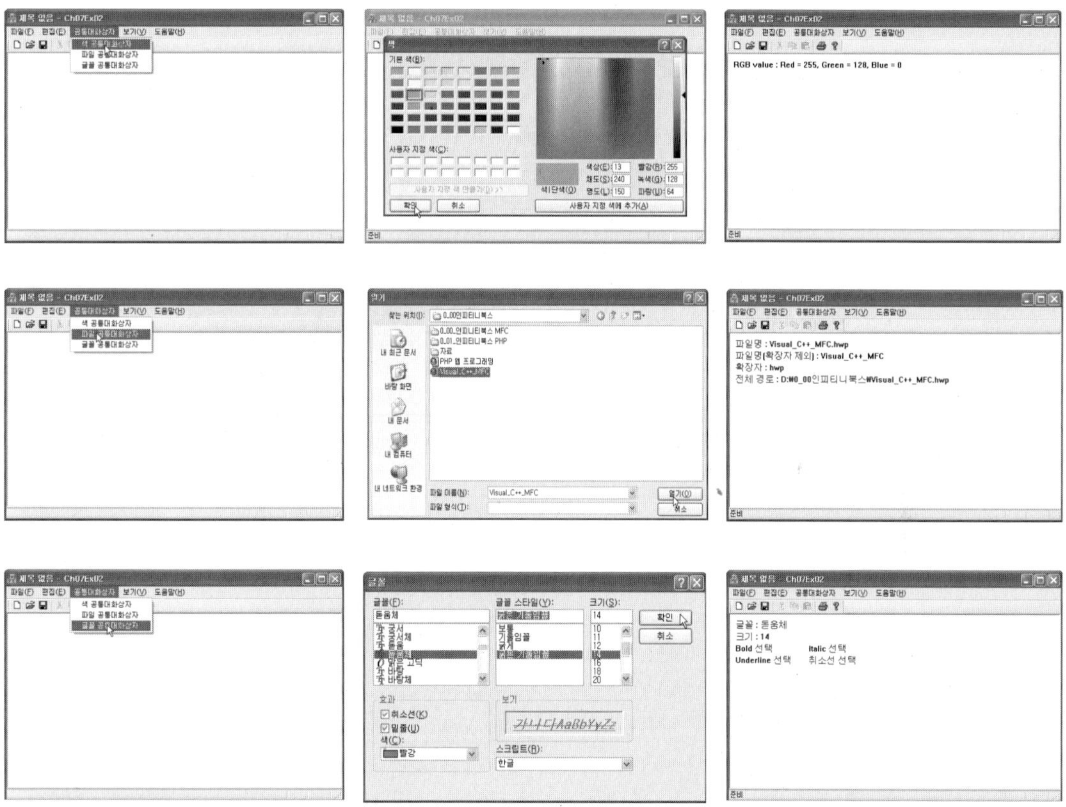

실습문제 7-3 프로젝트명 : Ch07Ex03 / 문서 형태 : 단일 문서

【예제설명】

프로퍼티 시트와 프로퍼티 페이지를 사용하여 다음과 같은 대화상자를 만들어 보자. 메뉴에서 [차량 견적...]을 선택하면 탭 대화상자가 나타난다. 차종을 선택하고 배기량과 옵션을 선택한 후 <확인> 버튼을 누르면 선택된 내용이 메시지 박스에 출력된다.

【실행결과】

Part 03

고급 사용자 인터페이스

3부는 Visual C++를 이용하여 애플리케이션을 작성할 때 필수적으로 처리해야 하는 다양한 형태(SDI, MDI, 분할 윈도우 등)의 사용자 인터페이스의 구현 방법을 학습한다. 또한 동일한 자료형을 여러 개를 한꺼번에 저장할 수 있는 컬렉션 클래스에 대해서 학습한다.

목차

Chapter 08 SDI 구조

데이터를 처리하고 저장하는 도큐먼트와 데이터를 보여주는 뷰의 구조를 전반적으로 살펴보고 효율적으로 사용하는 방법을 학습한다.

Section 01 SDI 구조 분석하기
Section 02 도큐먼트와 뷰 아키텍처
Section 03 도큐먼트 파일 입출력과 직렬화
Section 04 사용자 인터페이스

Chapter 09 컬렉션 클래스

MFC에서 제공하는 클래스 중 동일한 자료형 여러 개를 한꺼번에 저장할 수 있는 컬렉션 클래스에 대해서 학습한다.

Section 01 배열과 컬렉션 클래스
Section 02 객체 직렬화

Chapter 10 다양한 뷰와 MDI 구조

사용자의 편의를 위해서 혹은 다루고자 하는 데이터의 종류에 따라서 윈도우의 뷰 영역을 좌우로 나누기도 하고 뷰를 전환하기도 한다. 여러 종류의 뷰 클래스에 대해서 알아보고 분할 윈도우와 다중 문서에 대해서 알아본다.

Section 01 뷰 클래스의 종류
Section 02 분할 윈도우
Section 03 MDI 응용 프로그램 구조

CHAPTER 08

SDI 구조

데이터를 처리하고 저장하는 도큐먼트와 데이터를 보여주는 뷰의 구조를 전반적으로 살펴보고 효율적으로 사용하는 방법을 살펴보도록 하겠다.

미리보기

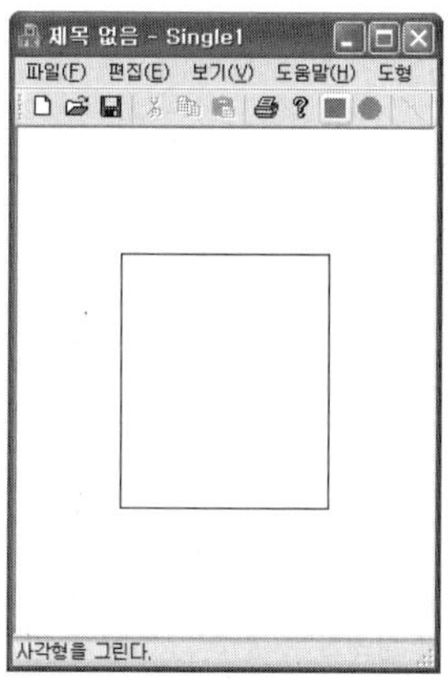

학습목표

1. SDI 구조를 분석한다.
2. 도큐먼트/뷰 구조를 개괄적으로 이해하고 도큐먼트/뷰 구조의 핵심 함수를 익힌다.
3. CArchive 클래스를 이용한 직렬화 기법을 익힌다.
4. 메인 프레임 윈도우의 구조를 살피고 툴바와 상태바를 다루는 방법을 살핀다.

목차

SECTION

01 SDI 구조 분석하기

Introduction to Microsoft Foundation Class Library

MFC에서는 도큐먼트/뷰 구조를 기반으로 하는 응용 프로그램을 SDI(Single Document Interface)와 MDI(Multiple Document Interface) 2가지로 나누는데 이번 절에서는 MDI 응용 프로그램보다 상대적으로 간단한 구조를 갖는 SDI 응용 프로그램을 중심으로 도큐먼트/뷰 구조의 다양한 측면과 각 클래스 별 핵심 함수를 학습하도록 하자.

SDI 구조의 응용 프로그램은 5개의 객체가 상호작용하면서 하나의 응용 프로그램을 이룬다. MFC 응용 프로그램은 하나의 **도큐먼트 템플릿 클래스**(CDocTemplate)를 **응용 프로그램 클래스**(CWinApp)에 등록하는데 이는 MFC로 프로그램을 작성하는데 기본이 되는 **도큐먼트 클래스**(CDocument), **프레임 클래스**(CMainFrame), **뷰 클래스**(CView)를 리소스들을 하나로 묶어주고 관리한다.

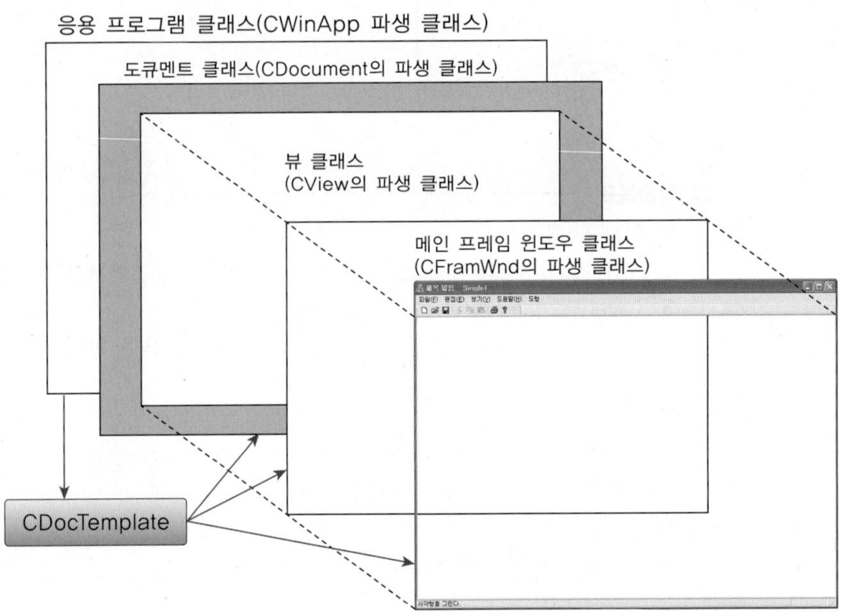

그림 8-1 ● CDocument, CView, CFrameWnd, CDocTemplate, CWinApp 사이의 관계

SDI는 Single Document Interface의 약어로 SDI 구조의 응용 프로그램에서 도큐먼트 객체는 1개 존재하지만, **뷰 객체**는 **여러 개** 존재할 수 있는데 대표적인 예가 **분할 윈도우**이다.

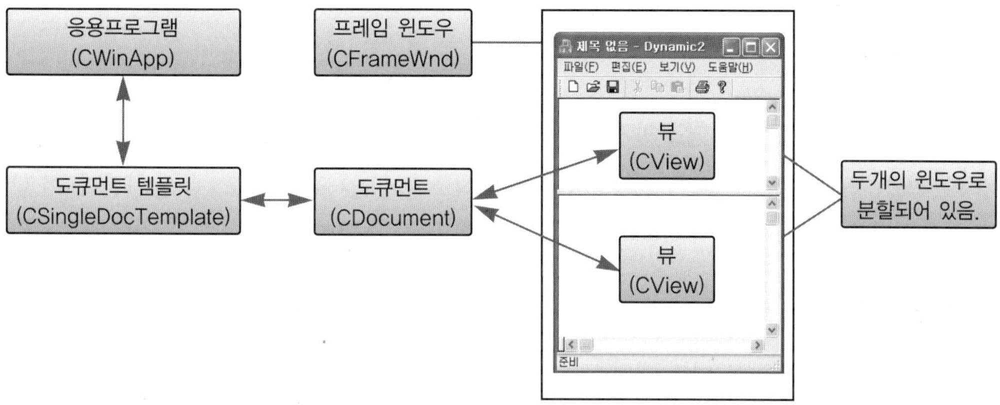

그림 8-2 ● 분할 윈도우 구조

MFC를 사용하여 윈도우 응용 프로그램을 작성하는 데 반드시 필요한 가장 기본이 되고 프로그램의 뼈대를 이루는 **AFX 클래스**인 **CWinApp**, **CFrameWnd**, **CDocument**, **CView**들은 프로그램 수행 중에 객체 간의 상호 작용을 위해서 특정 객체를 명시적으로 참조해야 한다. 다음은 SDI 구조의 응용 프로그램에서 객체를 참조하기 위한 함수들을 정리해 놓은 그림이다.

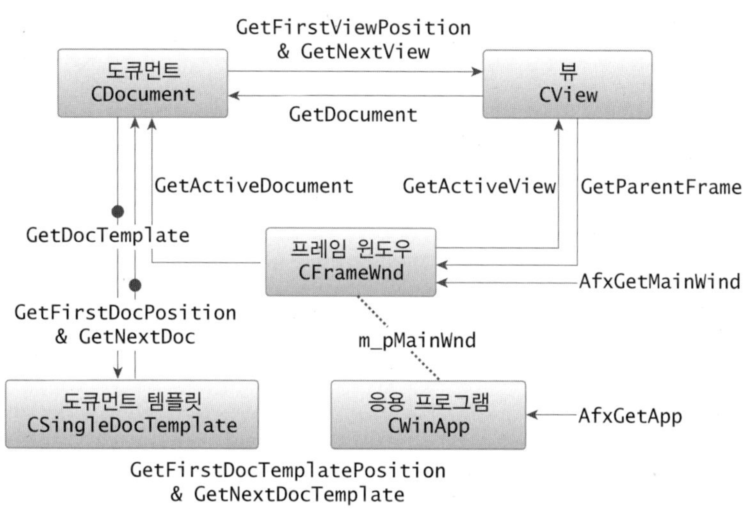

그림 8-3 ● CDocument, CView, CFrameWnd, CWinApp간의 상호 참조

어플리케이션을 참조하기 위한 AfxGetApp( )

AfxGetApp() 함수는 현재 응용 프로그램의 시작과 종료를 제어하고 응용 프로그램 전체를 관리하는 CWinApp *를 반환한다. 함수 이름 앞에 Afx가 붙은 것은 어디에서나 호출 가능한 전역 함수이다.

메인 프레임 윈도우를 참조하기 위한 AfxGetMainWnd( )

AfxGetMainWnd() 함수는 메인 프레임 윈도우를 참조할 수 있도록 CWnd *를 반환한다. 이 함수 역시 이름 앞에 Afx가 붙어 있으므로 어디에서나 호출 가능하다.

프레임 윈도우에서 도큐먼트나 뷰를 참조하기

하나의 응용 프로그램에는 여러 개의 도큐먼트와 뷰를 가질 수 있다. 응용 프로그램 내의 프레임 윈도우는 한 개이고 이 프레임 윈도우과 연결된 여러 개의 도큐먼트 중에서 현재 활성화된 것의 포인터를 얻으려면 GetActiveDocument() 함수를 호출해야 한다. 뷰 역시 프레임 윈도우과 연결된 여러 개 중 현재 활성화된 뷰 포인터를 얻으려면 GetActiveView() 함수를 호출해야 한다.

뷰에서 프레임 윈도우나 도큐먼트를 참조하기

뷰 클래스에서 자신을 생성해 주는 부모 윈도우는 하나이므로 프레임 윈도우를 참조하려면 GetParentFrame() 함수를 호출해야 한다. 뷰와 연결된 도큐먼트도 한 개이므로 이를 참조하려면 GetDocument() 함수를 호출해야 한다.

SECTION

02 도큐먼트와 뷰 아키텍처

Introduction to Microsoft Foundation Class Library

MFC를 이해하는 데 빠지지 않고 등장하는 이야기가 도큐먼트와 뷰 구조(Document/View Architecture)이다. 쉽게 이야기해서 **도큐먼트**란 응용 프로그램에서 처리하는 **데이터를 관리**하는 부분을 말하고 **뷰**는 **데이터를 표시**하는 부분을 말한다.

MFC에서는 데이터를 관리하는 부분과 이를 표시하는 부분을 분리하도록 하기 위해서 도큐먼트 클래스와 뷰 클래스를 제공한다. 지금까지 작성한 예제에서는 이 구조를 지키지 않았지만, MFC에서의 도큐먼트와 뷰 구조는 원칙적으로 데이터를 관리하는 부분과 이를 표시하는 부분을 분리하도록 하여 같은 데이터라도 다양한 형태로 보여지도록 하여 프로그램의 유지보수를 용이하게 하고 있다. 윈도우 응용 프로그램 중에서 같은 데이터를 다른 형태로 보여주는 대표적인 예로 들 수 있는 프로그램은 엑셀 프로그램이다.

엑셀은 셀에 수치 형태로 데이터를 출력하기도 하고, 표로 그리기도 하고 그래프 모양으로 그리기도 한다. 이는 근본 데이터는 한 번만 저장되어 있고, 수치 형태, 표 형태, 그래프 형태 3 가지로 보여지도록 한 것이다. 이렇게 할 수 있는 이유가 바로 데이터를 저장하는 부분과 보여 지는 부분을 서로 독립적으로 분리해 놓았기 때문인데 우리가 학습하는 MFC에서도 원칙적으로 데이터를 저장하는 부분은 도큐먼트(`CDocument`) 클래스에, 보여지는 부분은 뷰(`CView`) 클래스에 구현하는 것을 원칙으로 하고 있다.

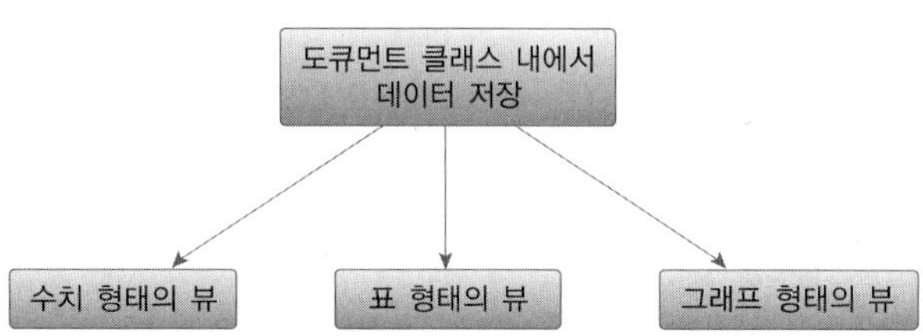

그림 8-4 ● 도큐먼트와 뷰의 관계

셀에 저장된 수치 형태의 데이터를 변경하더라도 뷰마다 따로 데이터를 관리한다면 다른 뷰에 저장된 데이터도 갱신해야 한다는 불편함이 있겠지만 도큐먼트 클래스에 한번만 데이터를 저장해 놓고 이 데이터를 끌어와서 여러 가지 형태의 뷰에 보여지기 때문에 데이터가 수정되더라도 일관성 있는 정보를 제공하게 된다.

지금까지와는 달리 데이터를 관리하는 부분과 이를 표시하는 부분을 분리하여 프로그램을 작성하다 보면 도큐먼트에서 뷰를 참조하거나 뷰에서 도큐먼트를 참조할 일이 종종 생기는데 원활한 참조를 하기 위해서는 AFX 클래스 사이의 객체 포인터를 얻거나 상호 작용을 하기 위한 함수들을 알고 있어야 한다.

다음은 도큐먼트의 멤버 함수를 정리한 표이다.

표 8-1 ● 도큐먼트의 상호 참조를 위한 멤버 함수

멤버 함수	설명
CDocument* CFrameWnd::GetActiveDocument()	활성 도큐먼트 객체의 주소를 리턴
CDocument* CView::GetDocument()	뷰 객체와 연결된 도큐먼트 객체의 주소를 리턴
POSITION CDocument::GetFirstViewPosition()	도큐먼트 객체와 연결되어 뷰 리스트에 관리되는 뷰 중 첫 번째 뷰 객체의 주소를 리턴
CView* CDocument::GetNextView(POSITION& rPosition)	뷰 리스트에서 다음 뷰 객체의 주소를 리턴

도큐먼트에서 뷰 포인터를 얻는 방법은 좀 더 복잡하다. 왜냐하면 하나의 도큐먼트에 여러 개의 뷰가 결합되어 있기 때문이다. 도큐먼트는 리스트로 뷰를 연결해서 관리하고 있다.

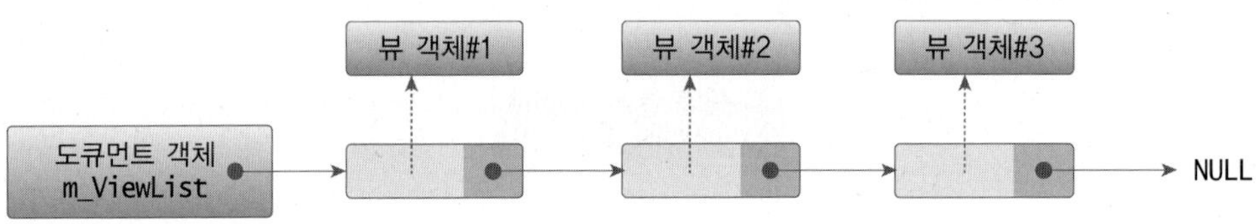

그림 8-5 ● 도큐먼트 객체와 뷰 객체들 사이의 관계

그렇기 때문에 우선 첫 번째 뷰를 얻은 후에 다음에 오는 뷰들을 얻어 와야 한다. 첫 번째 뷰는 GetFirstViewPosition() 함수를 호출해서 얻고 이 후에 오는 뷰들은 GetNextView() 함수를 반복 호출해서 얻어 올 수 있다.

```
POSITION pos = GetFirstViewPosition();
while(pos != NULL){
   CView* pView = GetNextView(pos);
}
```

GetFirstViewPosition() 함수는 연결 리스트의 시작 점에 해당되는 POSITION 타입의 값을 리턴한다. 이 값을 이용하여 GetNextView() 함수를 호출할 때마다 뷰 객체의 주소를 차례로 얻는다.

도큐먼트와 뷰 구조에서 핵심적인 역할을 하는 도큐먼트 클래스와 뷰 클래스에서 자주 사용하는 함수를 살펴보도록 하자

표 8-2 ● 도큐먼트의 주요 멤버 함수

멤버 함수	설명
void SetModifiedFlag(BOOL bModified=TRUE)	도큐먼트 객체가 유지하는 데이터를 수정한 경우 호출
void UpdateAllViews(CView* pSender, LPARAM lHint = 0L, CObject* pHint=NULL)	도큐먼트 객체와 연결된 모든 뷰의 화면을 갱신
virtual BOOL OnNewDocument()	새 문서를 생성할 때 자동으로 호출
virtual BOOL OnOpenDocument (LPCTSTR lpszPathName)	파일을 열 때 자동으로 호출
virtual void DeleteContents()	새로운 문서를 생성하거나 파일을 열 때 자동으로 호출
virtual void Serialize(CArchive& ar)	파일을 열거나 저장할 때 자동으로 호출

표 8-3 ● 뷰의 주요 멤버 함수

멤버 함수	설명
virtual void OnDraw(CDC* pDC)	화면 출력, 인쇄, 인쇄 미리보기를 할 때 자동으로 호출
virtual void OnInitialUpdate()	뷰 객체가 도큐먼트 객체와 연결된 후 화면에 보이기 전에 자동으로 호출
virtual void OnUpdate(CView* pSender, LPARAM lHint, CObject* pHint)	뷰를 무효화하는 함수로 CDocument::UpdateAllViews()와 CView::OnInitialUpdate()에서 호출

2.1 열거형

도형의 종류를 결정하는 변수를 뷰 클래스의 멤버 변수로 m_ShapeType이라고 선언했지만 이 변수에 어떤 값을 저장할지 막막할 것이다. 프로그래머가 임의로 도형 대 정수형 값으로 정해 놓고 그 값을 대입해야 하는데 0을 사각형, 1을 원, 2를 직선으로 매핑을 해 놓으면 프로그램을 작성하다가 혼란을 초래할 수 있다. 이때 요긴하게 사용하는 것이 바로 **매크로 상수**이다.

```
#define RECTANGLE  0
#define ELLIPSE    1
#define LINE       2
```

열거형(enumeration)을 사용하면 일일이 매크로 상수로 정의하지 않고도 정수 값과 매크로 상수 사이에 매핑을 할 수 있다.

```
enum SHAPE{ RECTANGLE, ELLIPSE, LINE };
```

enum은 새로운 **자료형을 선언하는 예약어**로 SHAPE란 자료형은 { } 안에 나열한 3개의 값 중에 하나만 가질 수 있는 자료형이다. { } 안에 나열된 RECTANGLE, ELLIPSE, LINE은 매크로 상수로 첫 번째 기술한 상수의 값을 0으로 지정하고 그 다음에 나오는 상수들의 값은 여기서 1씩 증가된 값으로 매핑해 준다. 우리는 도형의 종류를 RECTANGLE, ELLIPSE, LINE 3개 중의 하나로 지정하지만 컴파일러는 내부적으로 0, 1, 2 중의 하나의 값으로 인식하게 된다.

2.2 stdafx.h

MFC는 다양한 클래스를 사용한다. 클래스를 사용하기 위해서는 클래스가 정의된 헤더파일을 포함(include)하고 있어야 하는데 MFC 응용 프로그램 마법사가 생성해 준 모든 파일에 일일이 프로그램에 필요한 헤더 파일을 포함시키는 건 정말 귀찮은 일이다. 다행히도 MFC 응용 프로그램 마법사는 stdafx.h를 프로젝트 단위당 한 개씩 만들어 주고 stdafx.h 파일에 자주 사용되는 MFC 클래스가 정의된 헤더파일들을 포함해 놓고 stdafx.h를 MFC 응용 프로그램 마법사가 생성해준 모든 파일에 포함(include)해 놓았기에 개발자가 일일이 프로그램에 필요한 헤더파일들을 포함할 필요가 없다. 말하자만 **stdafx.h 파일**은 **헤더 파일들을 포함해놓은 헤더 파일 집합**이라고 할 수 있다. 매크로 상수나 새로운 자료형의 선언을 cpp 파일에 정의해 둔다면 해당파일 안에서만 유효하기에 여러 파일에서 사용되는 매크로 상수나 새로운 자료형은 stdafx.h에 정의해 두는 것이 효율적이다. 왜냐하면 MFC 응용 프로그램 마법사가 이미 모든 .cpp 파일에 stdafx.h를 포함(include)해 두었기 때문에 stdafx.h에 선언된 매크로 상수나 새로운 자료형은 모든 파일에서 사용될 수 있기 때문이다.

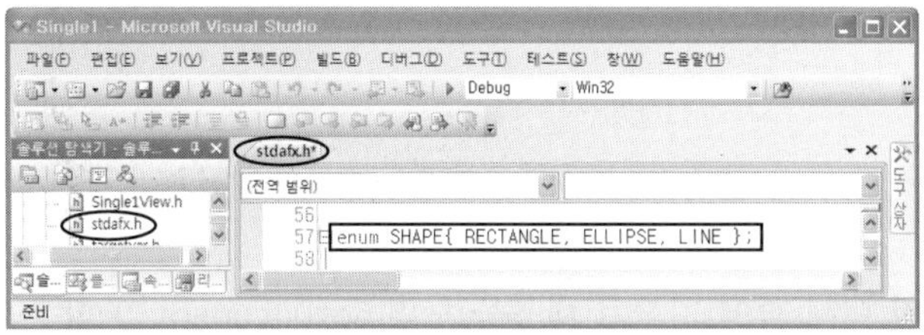

우리가 사용할 도형의 종류를 결정할 SHAPE 열거형은 뷰 클래스에서 사용되므로 stdafx.h에 정의해 두겠다.

2.3 뷰 객체 포인터를 얻어주는 CView::GetDocument( ) 함수

도큐먼트 클래스에서 자료 관리를 하지만 이를 가져다 출력하는 것은 뷰 클래스이다. MFC에서는 이런 구도로 프로그램을 해야 한다고 이미 언급하였다. 그렇기 때문에 MFC에서는 당연히 **뷰 클래스에서 도큐먼트 클래스를 자유롭게 접근할 수 있는 방법**을 제공해 주고 있는데 그것이 바로 **GetDocument() 함수**이다. 이 함수는 CView 클래스에 정의되어 있다.

MFC 응용 프로그램 마법사는 새롭게 프로젝트를 생성하면 프로젝트명을 붙여서 CView의 파생클래스가 만들어지는데, 이때 CView의 GetDocument() 함수 역시 CView의 파생 클래스에 오버라이딩되어서 제공된다.

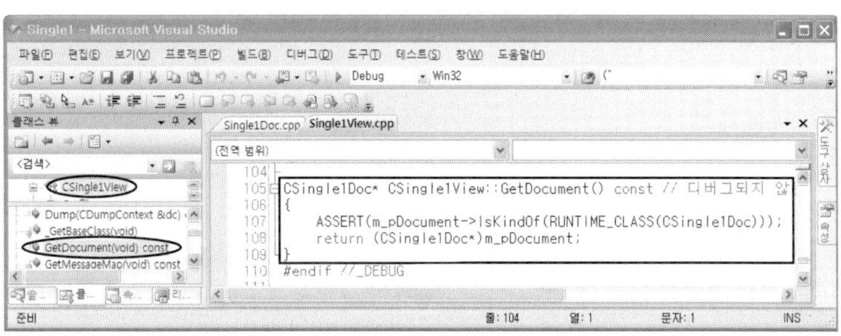

GetDocument() 함수를 사용해서 뷰 객체와 연결되어 있는 도큐먼트 객체 포인터를 얻을 수 있기 때문에 이 포인터 값으로 도큐먼트 내에 정의된 멤버 변수를 뷰에서 자유롭게 사용할 수 있다.

다음은 MFC 응용 프로그램 마법사가 제공해 주는 OnDraw() 함수이다.

```
void CSingle1View::OnDraw(CDC* pDC)
{
   CSingle1Doc* pDoc = GetDocument();
   ASSERT_VALID(pDoc);
   if (!pDoc)
      return;
}
```

OnDraw() 함수의 첫 번째 줄에 기술된 내용을 보면 GetDocument() 함수를 호출해서 도큐먼트 객체 포인터를 얻어낸 다음 그 값을 도큐먼트 클래스로 선언한 포인터 변수 pDoc에 저장해 둔다.

OnDraw() 함수에서 도큐먼트 클래스의 멤버에 접근해야 한다면 포인터 변수 pDoc로 접근하면 된다. 도큐먼트 클래스에 멤버 변수 m_ShapeType를 선언하고 ELLIPSE로 초기화해 두었다면 뷰의 멤버 함수인 OnDraw() 함수에서 이 변수에 접근하기 위해서는 다음과 같이 사용해야 한다.

```
pDoc->m_ShapeType
```

2.4 명령 메시지 처리

메뉴가 선택되면 발생하는 메시지는 COMMAND이다. 클래스의 계층구조를 보면 AFX 클래스들은 CCmdTarget 클래스로부터 파생되었다.

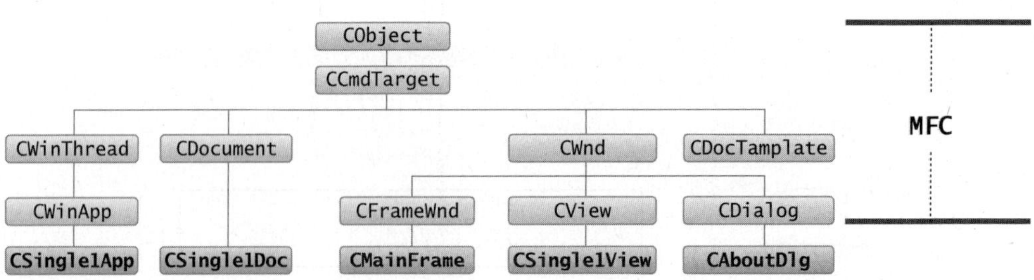

그림 8-6 ● AFX 클래스의 계층도

CCmdTarget 클래스는 WM_COMMAND 메시지를 처리할 수 있도록 설계되었기 때문에 AFX 클래스인 CWinApp, CDocument, CFrameWnd, CView, CDialog 중 어느 클래스에서도 명령 핸들러를 추가할 수 있다.

그럼 어느 클래스에 명령 핸들러를 추가하는 것이 좋을까? 프로그래밍하기 쉬운 쪽에 추가한다. 지금까지는 메뉴에 의해 결정된 상태값을 저장하는 변수를 뷰 클래스에 선언하였기에 명령 핸들러도 뷰 클래스의 멤버 함수로 선언했다. 이번 예제에서는 도형의 종류를 결정하는 변수를 도큐먼트 클래스에 선언해 둘 것이므로 명령 핸들러도 도큐먼트 클래스의 멤버 함수로 정의하는 것이 프로그램을 작성하는데 용이하다.

일반적인 윈도우 메시지를 처리하는 기능은 CWnd 클래스이기에 CWnd 상위에 있는 클래스는 윈도우 메시지를 받는 기능이 없다. 아래 MFC 계층 구조에서 알 수 있듯이 WM_COMMAND 메시지에 의한 처리가 가능한 클래스는 CCmdTarget이고 이 클래스의 상속을 받는 클래스는 명령 메시지를 처리할 수 있게 된다.

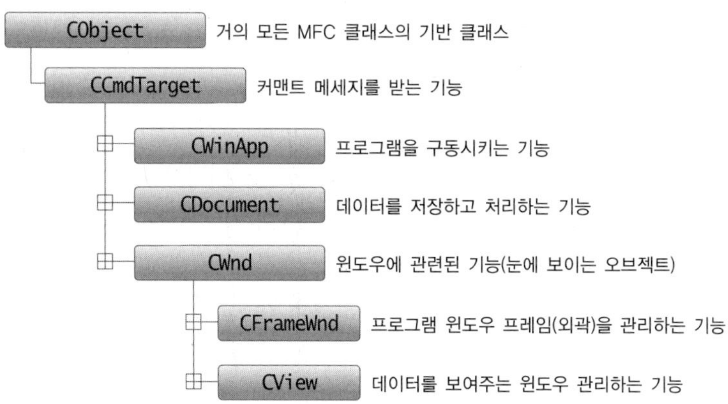

그림 8-7 ● 메시지 처리와 CCmdTarget 클래스

사용자가 메뉴 항목을 선택하여 프로그램에 명령을 내리면 WM_COMMAND 메시지가 모든 AFX 클래스에 전달된다. 하지만 다음과 같이 AFX 클래스에 메시지가 전달되는 순서는 정해져 있다.

❶ 데이터를 화면에 표시하는 방법 CView 파생 클래스

❷ 프로그램의 데이터를 처리하는 기능 CDocument 파생 클래스

❸ 프레임 윈도우의 제어에 관계된 커맨드를 처리 CFrameWnd 파생 클래스

❹ 프로그램의 시작과 종료에 관련된 커맨드 CWinApp 파생 클래스

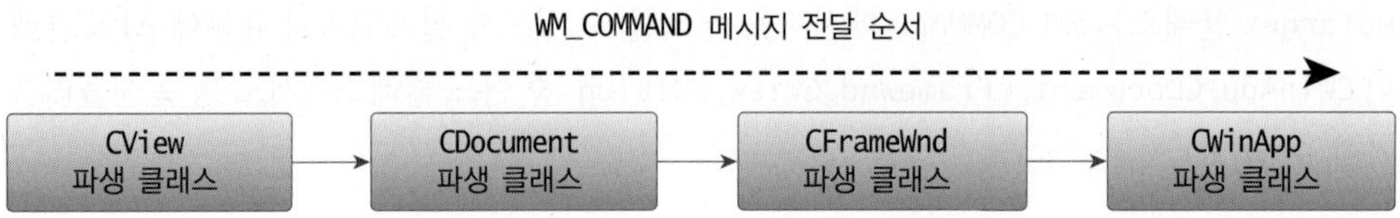

그림 8-8 ● WM_COMMAND 메시지 전달 경로

그래서 만일 하나의 메뉴에 대해서 여러 클래스에 명령 핸들러를 지정해 놓으면 문제가 발생할 수도 있으므로 이점에 유의하시기 바란다.

2.5 CDocument::UpdateAllViews() 함수

사용자는 메뉴를 선택하자마자 해당 도형으로 새로 그려지기를 기대할 것이다. 명령 핸들러에 단순히 도형의 종류를 결정하는 변수(m_ShapeType)의 값만 변경한다면 화면에는 메뉴에서 선택한 도형이 그려지지 않는다.

만일 변수의 값이 변경되었으므로 이 변수 값에 해당되는 도형이 출력되기 원한 거였다면 메뉴가 선택되자마자 도형을 출력하는 로직이 기술된 OnDraw() 함수를 호출해야 한다. 메뉴를 선택하자마자 OnDraw() 함수가 호출되도록 하려면 프로그래머가 특정함수를 호출해야 하는데 뷰 클래스에 명령 핸들러를 추가했다면 Invalidate() 함수를 사용한다. 하지만, Invalidate() 함수는 CWnd 클래스의 멤버 함수이기 때문에 CWnd의 파생클래스에서만 사용할 수 있다. 명령 핸들러를 **도큐먼트 클래스**에 추가한다면 Invalidate() 함수를 사용할 수 없다. 다행히도 도큐먼트 클래스에도 클라이언트 영역을 무효화시키는 함수가 제공되는데 그 함수가 바로 UpdateAllViews() 함수이다. **UpdateAllViews() 함수는 다시 그려져야 하는 영역인 무효화 영역이 생겼음을 뷰에 알림으로서 WM_PAINT 메시지가 뷰 클래스에 전해지고 뷰 클래스는 WM_PAINT 메시지를 받자마자 OnDraw() 함수를 호출하여 그 내부에 기술한 로직을 수행하도록 한다.**

```
void UpdateAllViews(
    CView* pSender,          // 갱신 대상에서 제외되는 뷰, NULL이면 모든 뷰
    LPARAM lHint = 0L,       // 일부의 로직만 수행하도록 하기 위한 사용되는 변수
    CObject* pHint = NULL
);
```

함수이름을 보면 View 다음에 s가 붙어서 복수임을 확인할 수 있다. 즉, 여러 개의 뷰를 갱신하겠다는 의미이다. 이 장의 서두에서 그렸던 그림을 다시 살펴보도록 하자.

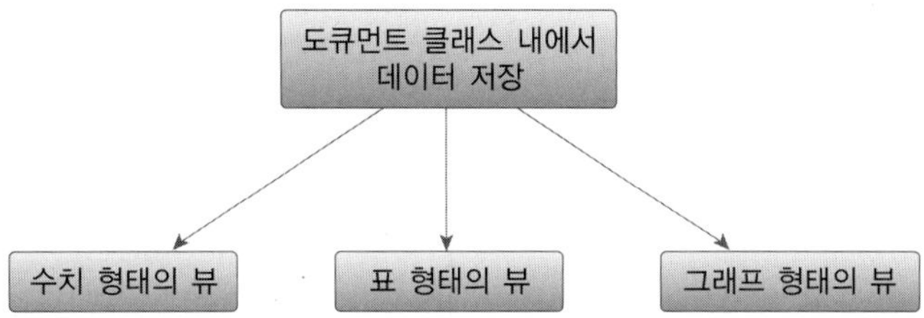

그림 8-9 ● 도큐먼트와 뷰의 관계

위 그림을 보면 하나의 뷰가 데이터를 저장하고 있고 도큐먼트가 가지고 있는 데이터를 여러 형태로 보여주기 위해서 여러 개의 뷰와 연결되어 있다.

도큐먼트는 한 개 이상의 뷰와 연결되는 구조로 설계된다. 도큐먼트 내의 데이터 값이 변경되었다면 이 데이터 값을 가져가 보여주는 모든 뷰도 갱신되어야 한다. 도큐먼트와 연결된 여러 개의 뷰가 모두 갱신되어야 하기에 함수의 이름에 복수를 의미하는 s가 붙게 된 것이다. 만일 갱신되지 않아야 하는 특정 뷰가 있다면 UpdateAllViews() 함수의 첫 번째 전달인자로 뷰 포인터 값을 준다. UpdateAllViews() 함수의 첫 번째 전달인자는 갱신에서 제외되는 뷰 포인터 값을 지정한다. 그렇기 때문에 도큐먼트와 연결되어 있는 모든 뷰 정보가 다 갱신되어야 한다면 제외되는 뷰가 없는 것이므로 NULL 값을 준다.

UpdateAllViews() 함수는 일반적으로 다음과 같은 형태로 호출한다.

```
UpdateAllViews(NULL);
```

두 번째, 세 번째 전달인자는 디폴트 파라미터값을 사용하고 첫 번째 전달인자에는 NULL 값을 주는 형태로 사용한다.

기본예제 8-1 다양한 도형 출력하기

【예제설명】

메뉴를 추가하여 다양한 형태의 도형이 출력될 수 있도록 예제를 작성한다.

[실행결과]

[도형] → [타원] 메뉴를 선택하면 타원이 출력된다.

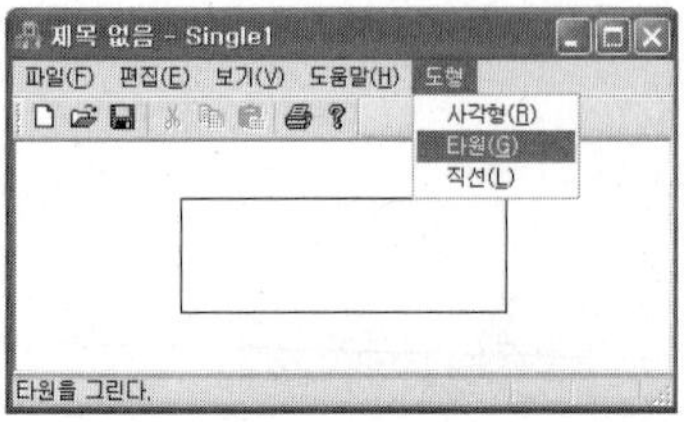

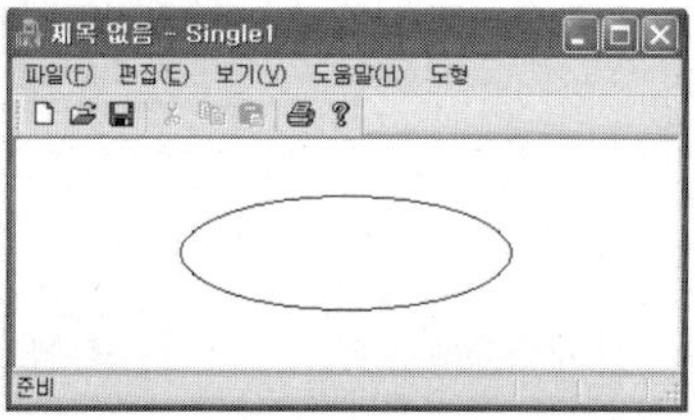

[따라하기]

1 "`Single1`"이란 이름의 단일 문서 형태의 새로운 프로젝트를 생성한 후에 다음과 같이 메뉴를 디자인 하자. 메뉴 바에 도형 메뉴를 추가한다. 도형 메뉴의 서브 메뉴로 사각형, 타원, 직선을 추가한다.

Caption	ID	Prompt	비고
도형	(없음)	Popup : True	
사각형(&R)	ID_RECTANGLE	사각형을 그린다.\n사각형	도형 메뉴의 서브 메뉴
타원(&G)	ID_ELLIPSE	타원을 그린다.\n타원	도형 메뉴의 서브 메뉴
직선(&L)	ID_LINE	직선을 그린다.\n직선	도형 메뉴의 서브 메뉴

2 메뉴에 의해서 출력될 도형이 변경하려면 도형의 종류를 저장하는 멤버 변수를 선언해야 한다. 멤버 변수를 선언하기 전에 "`stdafx.h`" 파일에 도형의 종류를 결정하는 열거형을 선언한다.

```
enum SHAPE{ RECTANGLE, ELLIPSE, LINE };
```

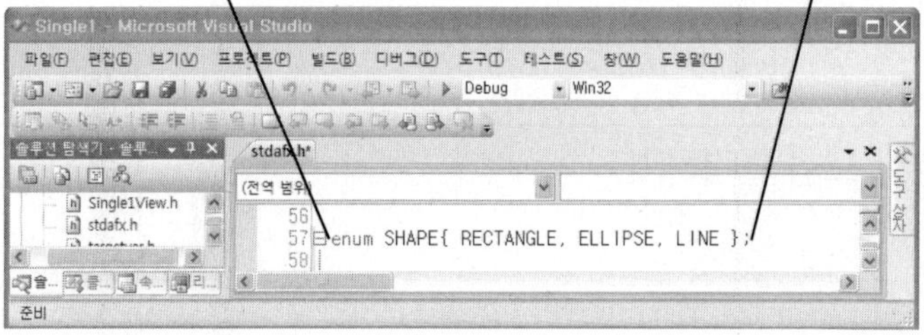

3 지금까지는 모든 변수를 뷰 클래스의 멤버 변수로 선언했지만 이번 장에서는 도큐먼트와 뷰와의 관계를 살피기 위해서 도형의 종류를 결정하는 변수를 도큐먼트 클래스의 멤버 변수로 선언하겠다. 선언된 변수는 생성자에서 초기화해야 한다. [클래스 뷰] 창에서 CSingle1Doc 클래스를 선택한 후 마우스 오른쪽 버튼을 누른 후 바로 가기 메뉴가 나타나면 [추가] → [변수 추가]를 선택한 후 자료형을 SHAPE로 변수명을 m_ShapeType으로 지정한다.

```
class CSingle1Doc : public CDocument
{
// 도형의 종류를 결정하는 변수를 도큐먼트 클래스의 멤버 변수로 선언
public:
   SHAPE m_ShapeType;
};
```

4 [클래스 뷰] 창에서 CSingle1Doc 클래스를 선택하면 분할 창 아래쪽에 Single1Doc 클래스의 멤버 변수와 멤버 함수들이 나타난다. 추가된 변수 m_ShapeType를 더블 클릭하면 Single1Doc.h 헤더파일이 열리면서 CSingle1Doc 클래스 정의부에 변수가 추가된 것을 확인할 수 있다. 초기화면에 원이 출력되도록 도큐먼트 클래스의 생성자에 추가한 멤버 변수 m_ShapeType를 RECTANGLE로 초기화하자.

```
CSingle1Doc::CSingle1Doc()
{
   // 도형의 종류를 결정하는 변수를 초기화한다.
   m_ShapeType=RECTANGLE;
}
```

5 이제 OnDraw() 함수에서 m_ShapeType에 저장된 값에 알맞은 도형을 출력하는 로직을 기술할 차례이다. 도큐먼트 객체 포인터로 멤버 변수에 접근해서 도형의 종류를 구분하여 해당 도형을 출력하도록 하자.

```
void CSingle1View::OnDraw(CDC* pDC)
{
   CSingle1Doc* pDoc = GetDocument();
   ASSERT_VALID(pDoc);
   if (!pDoc)
```

```
        return;

    // 클라이언트 영역의 크기를 얻어온다.
    CRect rc;
    this->GetClientRect(&rc);
    int width=rc.Width();
    int height=rc.Height();
    // 클라이언트 크기의 1/4씩 축소시킨다.
    rc.DeflateRect(width/4, height/4);

    // 종류에 따른 도형을 화면에 출력
    switch(pDoc->m_ShapeType){
        case RECTANGLE : pDC->Rectangle(&rc);
                         break;
        case ELLIPSE   : pDC->Ellipse(&rc);
                         break;
        case LINE      : pDC->MoveTo(rc.left, rc.top);
                         pDC->LineTo(rc.right, rc.bottom);
                         break;
    }
}
```

6 [클래스 뷰] 창에서 CSingle1Doc 클래스를 선택한 후에 마우스 오른쪽 버튼을 눌러 나타난 바로 가기 메뉴에서 속성을 선택하여 화면 오른쪽에 나타난 [속성] 창에서 번개 모양의 [이벤트] 아이콘을 클릭하면 메뉴의 아이디(ID) 값이 나타난다. 여기서 사각형 메뉴의 아이디 값인 ID_RECTANGLE를 선택한 후 [+]버튼을 누르면 COMMAND 이벤트가 나타난다. 이 이벤트에 대한 처리를 담당하는 함수를 추가할 수 있다.

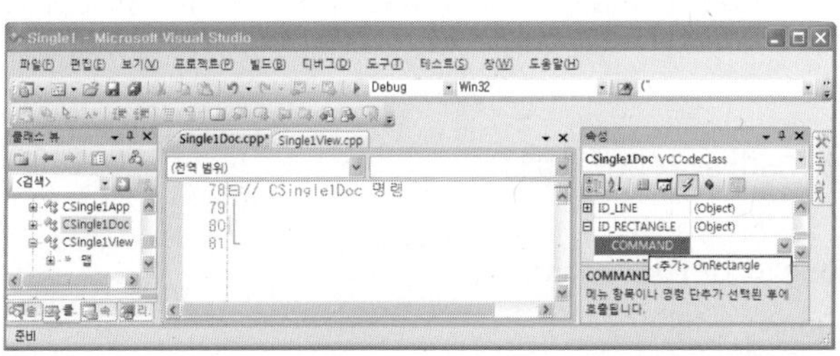

7 나머지 메뉴인 타원(ID_ELLIPSE)과 직선(ID_LINE)에 대해서도 CSingle1Doc 클래스에 명령 핸들러를 추가하자. 명령 핸들러에 다음과 같이 코딩을 추가한다. 메뉴가 선택되면 바로 선택된 도형이 출력되도록 하기 위해서 명령 핸들러에서 "UpdateAllViews(NULL);"를 호출해야 한다는 점을 명심하기 바란다.

```
// 사각형 메뉴에 대한 메시지 핸들러
void CSingle1Doc::OnRectangle()
{
    // 도형의 종류를 사각형으로 지정한 후
    m_ShapeType=RECTANGLE;
    // 화면을 다시 출력한다.
    UpdateAllViews(NULL);
}

// 타원 메뉴에 대한 메시지 핸들러
void CSingle1Doc::OnEllipse()
{
    m_ShapeType=ELLIPSE;
    UpdateAllViews(NULL);
}

// 선 메뉴에 대한 메시지 핸들러
void CSingle1Doc::OnLine()
{
    m_ShapeType=LINE;
    UpdateAllViews(NULL);
}
```

SECTION

03 도큐먼트 파일 입출력과 직렬화

도큐먼트와 뷰 구조를 개괄적으로 이해했다면 이번에는 데이터를 파일에 저장하고 또 읽어오는 작업을 해보자. 응용 프로그램 마법사는 도큐먼트 뷰 구조 응용 프로그램에서 직렬화 기능을 사용할 수 있도록 기본 코드를 생성해 주기에 이를 사용하면 데이터를 파일에 저장하고 읽어오는 코드를 편하게 작성할 수 있다.

직렬화란 용어가 생소하게 들릴지도 모르겠지만, 이 개념은 도큐먼트 클래스의 멤버 함수 중 Serialize()를 호출해서 데이터와 결합된 모든 객체를 디스크 파일에 순차적으로 저장하고 읽을 수 있는 원리에서 비롯된 것이다. **Serialize**(직렬화)란 순차적(연속적)이라는 뜻을 갖고 있으며 영속적인 저장 매체, 예를 들어 디스크 **파일에 객체의 내용을 저장하거나 읽어오는 과정을 의미**한다.

MFC에서는 CFile 클래스의 Write(), Read() 함수로 파일 입출력을 하지만 직렬화 과정을 이용하면 CFile 클래스를 사용하여 직접 디스크에 I/O 작업을 수행하지 않고도 쉽고 간편하게 데이터를 파일에 저장할 수 있다.

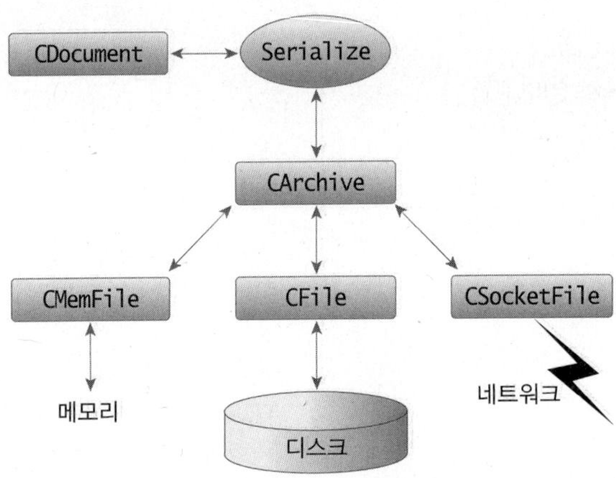

그림 8-10 ● 도큐먼트와 직렬화

도큐먼트 클래스의 멤버 함수 중 Serialize()의 매개 변수로 CArchive 객체가 전달되는데 CArchive 클래스는 CFile 클래스의 Write(), Read() 함수 대신 삽입(<<)과 추출(>>) 연산자를 이용하여 파일 입출력을 한다. CArchive 객체의 IsStoring() 멤버 함수를 호출하여 요청된 작업이 저장하기 위한 작업인지 로드하기 위한 작업인지를 구분하는데 **IsStoring()** 함수의 결과값이 **TRUE**이면 **파일 출력**을 위해서 **삽입**(<<) 연산자로 CArchive 객체에 순차적으로 데이터를 저장하고, **FALSE**이면 **파일 입력**을 위해서 **추출**(>>) **연산자**로 CArchive 객체 ar로부터 순차적으로 데이터를 읽어 온다.

응용 프로그램 마법사가 생성해준 SDI 응용 프로그램은 [파일] 메뉴가 존재하고 그 서브 메뉴로 [저장] 과 [열기] 메뉴가 존재한다. 이들을 선택하면 파일 대화상자가 나타난다. [파일]-[저장] 또는 [다른 이름으로 저장] 메뉴는 응용 프로그램 클래스의 OnFileSave() 함수와 OnFileSaveAs() 함수를 각각 호출하도록 메시지 맵에 등록되어 있고, [파일]-[열기] 메뉴 역시 응용 프로그램 클래스의 OnFileOpen() 함수를 호출하도록 메시지 맵에 등록되어 있다. 이들 함수는 내부적으로 도큐먼트 객체의 Serialize() 함수를 자동 호출한다. CDocument 클래스의 Serialize() 함수는 매개 변수로 CArchive 객체가 전달되기에 CArchive 객체로 파일 입출력을 한다.

기본예제 8-2 파일 입출력

【예제설명】

현재 상태를 파일에 저장했다가 출력하는 예제를 작성한다.

【따라하기】

1. 단일 문서로 프로그램을 작성하면 [파일] 메뉴가 있다. [저장] 메뉴를 선택하면 파일 대화상자가 나타난다. 파일의 경로를 지정하여 "shape"란 이름으로 저장한다. 프로그램 제목 줄에 저장한 파일명이 나타난다.

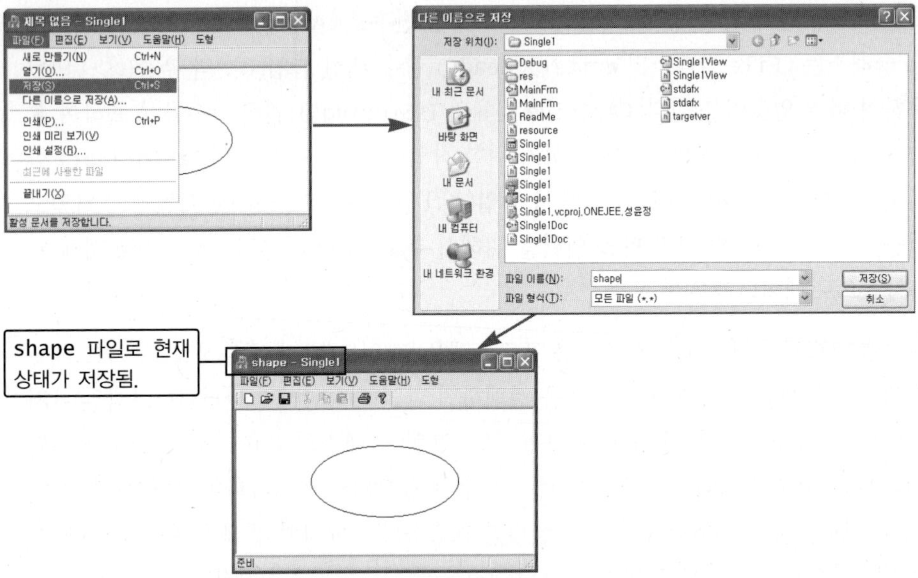

2 프로그램을 종료한 후 다시 실행시킨 후에 [파일] → [열기] 메뉴를 선택하여 shape 파일을 열어 보면 저장 당시에 나타난 화면이 제공되지 않는다. 왜냐하면 그 위치에 파일이 생성만 될 뿐 데이터들이 저장되지 않기 때문이다. 왜냐하면 응용 프로그램마다 저장되어야 하는 데이터가 다르기 때문에 응용 프로그램을 작성하는 개발자가 어떤 데이터를 저장할 것인지 프로그래밍해야 한다.

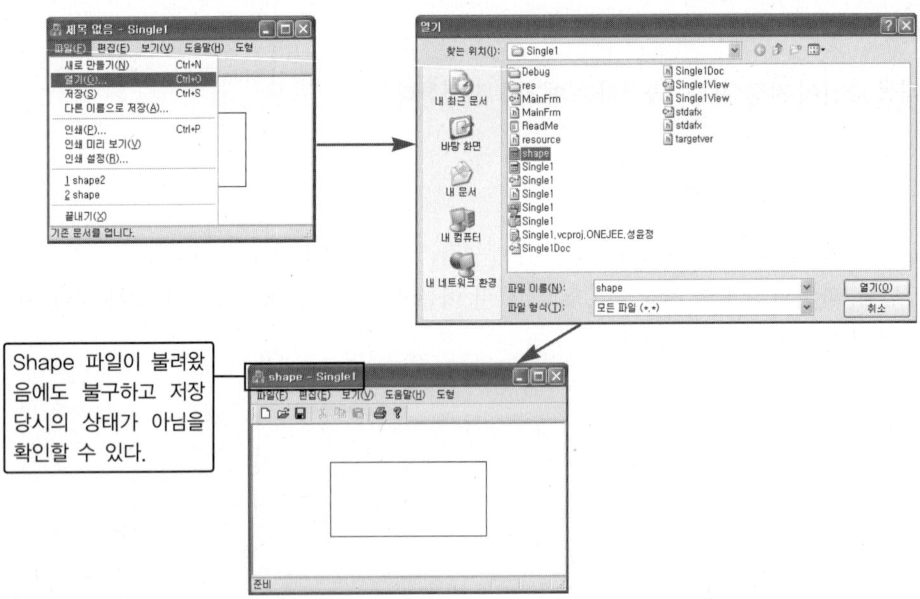

3 또한 메뉴에서 도형을 선택한 후 처음부터 새로 시작하기 위해서 [파일] → [새로 만들기] 메뉴를 선택해도 프로그램 제목 줄에는 "제목 없음"이라고 파일명이 나타나지만, 그림은 사각형으로 초기화되지 않는다. 이 또한 개발자가 직접 프로그램을 작성해야한다.

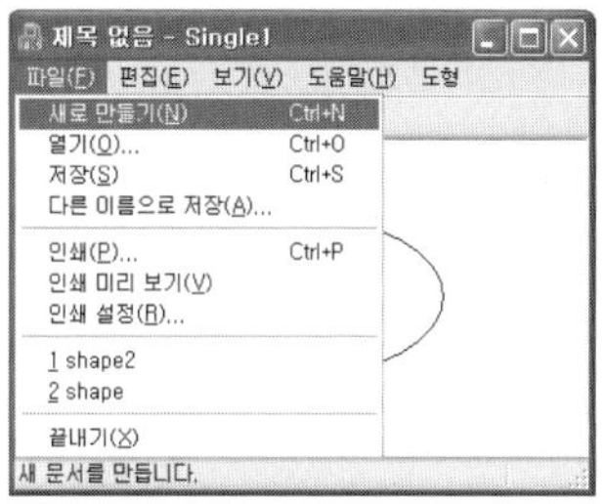

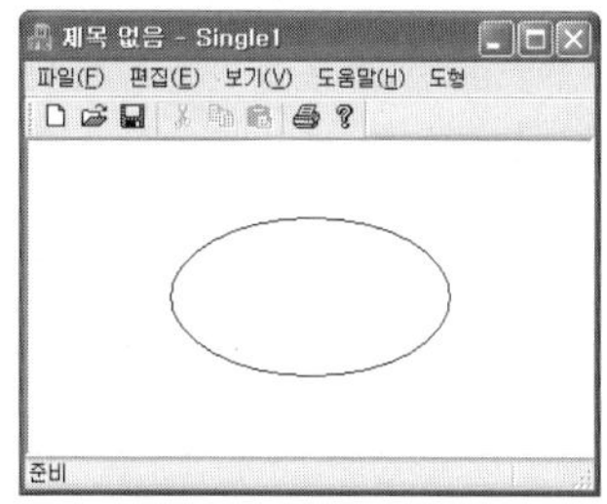

4 우선 [파일] → [새로 만들기] 메뉴를 선택할 경우 호출되는 OnNewDocument() 메소드에 다음과 같이 코딩하여 애플리케이션이 처음 뜨자마자 그려지는 사각형이 출력되도록 한다.

```
BOOL CSingle1Doc::OnNewDocument()
{
    if (!CDocument::OnNewDocument())
        return FALSE;

    // TODO: 여기에 재초기화 코드를 추가합니다.
    // SDI 문서는 이 문서를 다시 사용합니다.
    // 도형의 종류를 결정하는 변수를 초기화한다.
    m_ShapeType=RECTANGLE;
    return TRUE;
}
```

5 CSingle1Doc 클래스의 Serialize() 함수에 다음과 같은 코딩을 추가하여 파일 입출력이 가능하도록 하자.

```
void CSingle1Doc::Serialize(CArchive& ar)
{
    if (ar.IsStoring())
    {
        // TODO: 여기에 저장 코드를 추가합니다.
```

```
        ar<<(unsigned int)m_ShapeType;
    }
    else
    {
        // TODO: 여기에 로딩 코드를 추가합니다.
        ar>>(unsigned int &)m_ShapeType;
    }
}
```

SECTION

04 사용자 인터페이스

Introduction to Microsoft Foundation Class Library

단일 문서 응용 프로그램을 작성하면 기본적으로 툴바와 상태바가 제공되는데 이번 절에서는 툴바와 상태바를 직접 제어해 보도록 하겠다.

4.1 툴바

툴바(**ToolBar**)는 일반적으로 메뉴 항목의 기능을 빠르게 수행할 목적으로 제공되는 **비트맵 형식의 버튼들의 집합**이다. 툴바는 프레임 윈도우가 생성될 때 생성되어 비 클라이언트 영역에 위치하는 윈도우의 일종으로 **CToolBar 클래스**로 구현할 수 있다.

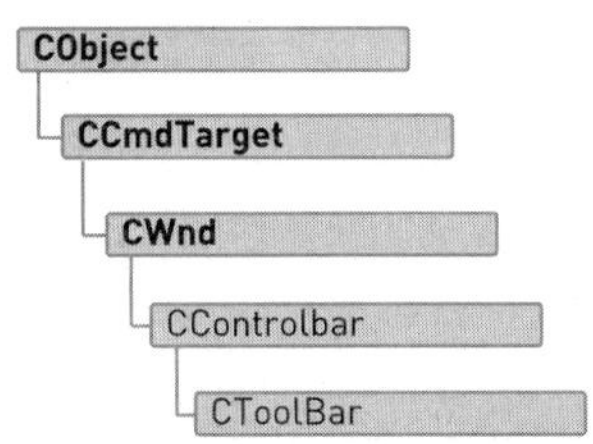

그림 8-11 ● 툴바 관련 MFC 클래스

툴바를 생성하는 가장 간단한 방법은 툴바 리소스를 편집하거나 생성하는 것이다. MFC에서는 메뉴나 대화상자와 마찬가지로, 리소스 에디터를 통해서 작업할 수 있다. [리소스 뷰] 창에서 [Toolbar]를 선택한다. 메뉴와 마찬가지로 툴바 역시 기본적으로 제공되는 툴바의 아이디는 [IDR_MAINFRAME]이다. **툴바의 ID**가 **메뉴의 ID와 동일한 것**을 보면 툴바는 메뉴와 연결되어 있다. **툴바**는 **메뉴 중에서 가장 자주 사용되는 것을 빠르게 수행하려는 목적**에서 사용되기에 메뉴 ID를 지정하는 것으로 쉽게 작성할 수 있다.

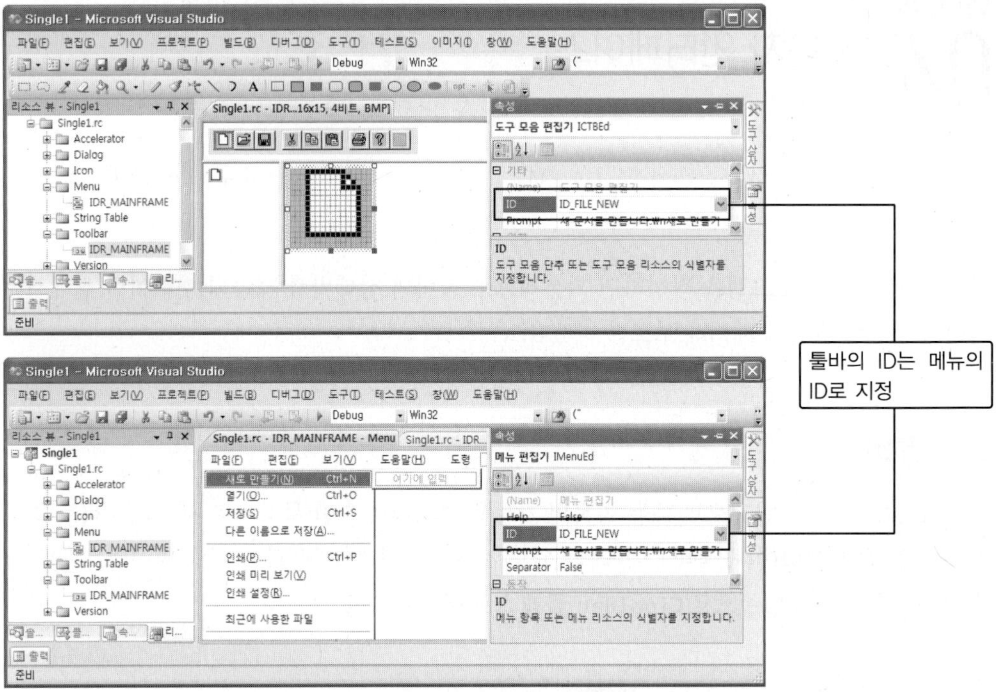

툴바는 프레임 윈도우에서 차일드(자식) 윈도우로 관리하기에 CMainFrame 클래스에 멤버로 선언되어 있다.

```
class CMainFrame : public CFrameWnd
{
   // ...생략...
   CToolBar    m_wndToolBar;
   // ...생략...
}
```

프레임 윈도우가 생성될 때 호출되는 OnCreate() 함수에 다음과 같이 툴바를 생성하는 코드가 추가되어 있다.

```
int CMainFrame::OnCreate(LPCREATESTRUCT lpCreateStruct)
{
   if (CFrameWnd::OnCreate(lpCreateStruct) == -1)
      return -1;
```

```
    if ( !m_wndToolBar.CreateEx(this, TBSTYLE_FLAT, WS_CHILD |
         WS_VISIBLE | CBRS_TOP | CBRS_GRIPPER | CBRS_TOOLTIPS |          ❶
         CBRS_FLYBY | CBRS_SIZE_DYNAMIC) ||
         !m_wndToolBar.LoadToolBar(IDR_MAINFRAME))                       ❷
    {
        TRACE0("도구 모음을 만들지 못했다.\n");
        return -1;              // 만들지 못했다.
    }
    // ... 생략 ...
    // TODO: 도구 모음을 도킹할 수 없게 하려면 이 세 줄을 삭제하십시오.
    m_wndToolBar.EnableDocking(CBRS_ALIGN_ANY);
    EnableDocking(CBRS_ALIGN_ANY);                                       ❸
    DockControlBar(&m_wndToolBar);

    return 0;
}
```

위 코드를 보면 툴바를 생성하기 위해서 CreateEx() 함수를 호출(❶)하였고 툴바 리소스를 로드하기 위해서 LoadToolBar() 함수를 호출(❷)한 것을 확인할 수 있다. 또한 툴바들은 일반적으로 프레임 윈도우에서 분리될 수 있는데 도킹 가능한 툴바를 만들려면 툴바와 프레임 윈도우 양쪽에서 모두 EnableDocking() 함수를 호출(❸)해야 하며 DockControlBar() 함수로 툴바를 프레임 윈도우에 도킹시킨다. 도킹 스타일은 CBRS_ALIGN_TOP, CBRS_ALIGN_BOTTOM, CBRS_ALIGN_LEFT, CBRS_ALIGN_RIGHT, CBRS_ALIGN_ANY로 지정한다. CBRS_ALIGN_ANY는 프레임 윈도우 상하좌우 어디에든 도킹이 가능하도록 한다.

다음은 툴바를 생성할 때 사용하는 CreateEx() 함수의 형식이다.

```
virtual BOOL CreateEx(
    CWnd* pParentWnd,                                // 툴바의 부모 윈도우의 포인터
    DWORD dwCtrlStyle = TBSTYLE_FLAT,                // 툴바의 스타일을 평평하게 보이도록 함
    DWORD dwStyle = WS_CHILD | WS_VISIBLE | CBRS_ALIGN_TOP, // 툴바의 윈도우 스타일
    CRect rcBorders = CRect(0, 0, 0, 0),             // 툴바의 최소한의 기본 크기
    UINT nID = AFX_IDW_TOOLBAR                       // 툴바의 ID : 이미 정해진 값
);
```

CreateEx() 함수에서 툴바에 스타일을 지정한다. 세 번째 매개변수에서 툴바 윈도우 스타일을 지정하는데 이때 사용할 수 있는 상수 값들은 다음과 같다.

스타일	설명
CBRS_GRIPPER	Gripper 추가
CBRS_TOOLTIPS	툴팁 도움말 표시
CBRS_FLYBY	상태바에 도움말 표시
CBRS_SIZE_DYNAMIC	사이즈 변환가능
CBRS_FLOAT_MULTI	여러 개의 툴바를 도킹

기본예제 8-3 툴바 만들기

【예제설명】

이번 예제에서는 툴바를 만들어 보고 어떻게 동작하는지 살펴보도록 하자.

【실행결과】

도형의 종류를 굳이 메뉴를 선택하지 않더라도 툴바를 통해서 빠르게 변경할 수 있다. 메뉴를 작성할 때 [Prompt] 속성 값으로 준 문자열 중에서 \n을 기준으로 앞에 기술한 내용은 상태 표시바에 나타나고 뒤에 기술한 내용은 툴 팁으로 나타난다.

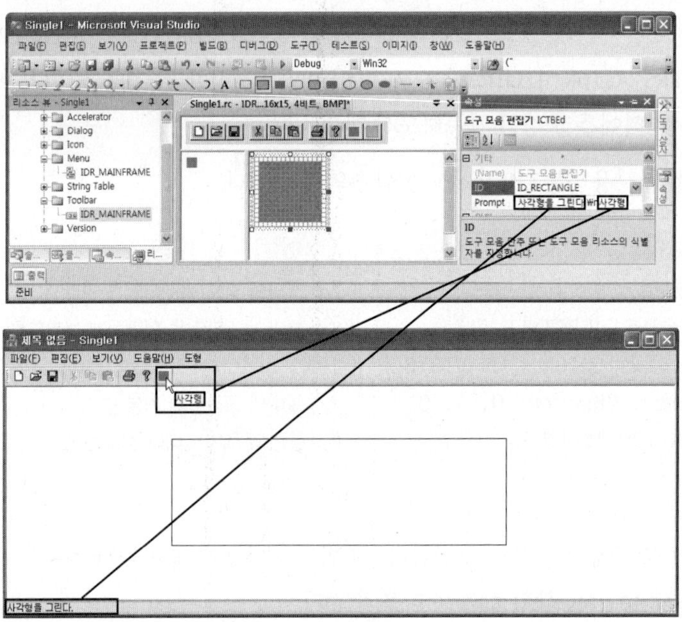

【따라하기】

1 [리소스 뷰] 창에서 [Toolbar] → [IDR_MAINFRAME]을 선택하면 툴바가 나타난다. 툴바의 오른쪽 툴바 다음에 새롭게 툴바를 추가할 수 있다. 툴바는 반드시 메뉴와 연결을 시켜주어야 한다. 연결방법은 이미 살펴본 데로 툴바의 ID를 메뉴의 ID로 지정해 주면 된다. 툴바를 제작하기 전에 `Single1` 프로젝트에서 출력되는 도형을 변경하는 메뉴에 대해서 툴바로 제작하기 위해서 도형 변경 관련 메뉴와 연결한다.

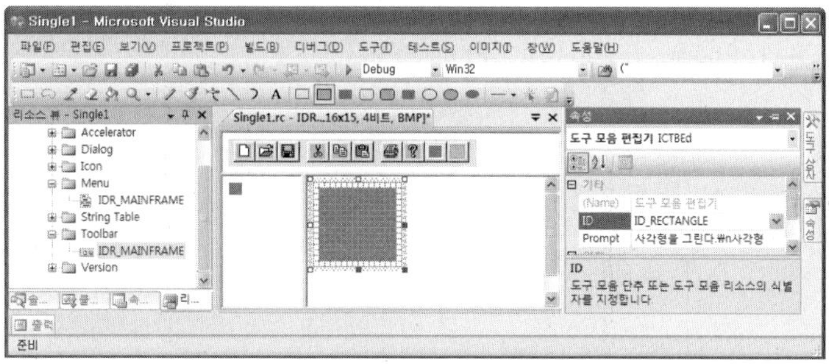

4.2 상태바

상태바는 **윈도우 하단에 위치**하며 **응용 프로그램의 현재 상태에 대한 정보를 표시해 주는 역할**을 한다. 상태바는 **팬**이라 불리는 표시 영역들로 나뉘는데 팬은 고정되거나 변화할 수 있는 크기를 갖는다. 제일 왼쪽의 팬은 가변 크기 팬으로 메뉴에 대한 설명이 출력되고 나머지는 키보드의 상태를 나타낸다. 키보드 중 대/소문자를 변경하며 입력하기 위한 캡스 락키와 방향키와 숫자 키를 변경하면 입력하기 위한 넘버 락키와 스크롤 락키에 대한 상태 값을 알려준다.

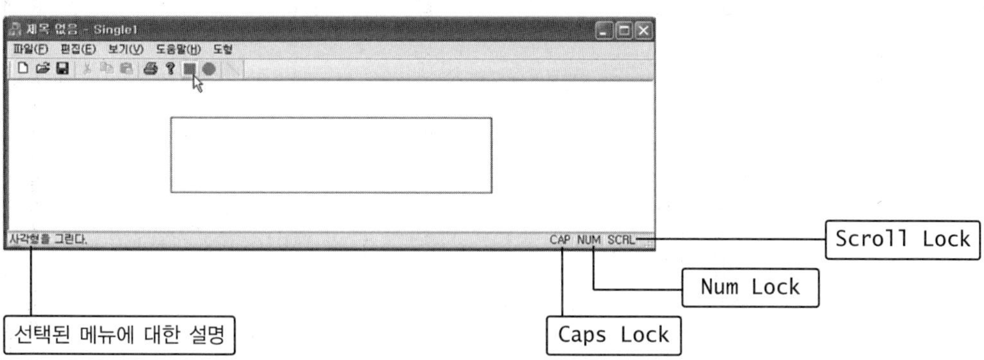

툴바와 달리 상태바는 리소스를 제공하지 않다. MFC에서는 **CStatusBar 클래스**로 통해서 상태바를 구현한다.

상태바 역시 툴바와 마찬가지로 프레임 윈도우가 생성될 때 생성되기에 CMainFrame 클래스에 CStatusBar 클래스로 객체 변수 m_wndStatusBar가 선언되어 있다.

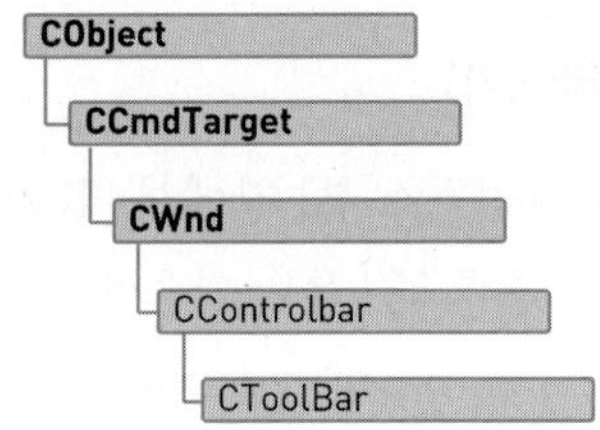

그림 8-12 ● 상태 바 관련 MFC 클래스

```
class CMainFrame : public CFrameWnd
{
   // …
   CStatu sBar m_wndStatusBar;
   // …
}
```

CStatusBar 역시 Create()를 사용하여 상태바를 생성한다. 그런 후에 SetIndicators() 함수로 상태바를 팬으로 분할한다. SetIndicators() 함수의 매개변수로 배열이 사용되는데 이 배열은 팬으로 분할하기 위한 상수 값들을 정의해 두었다.

```
static UINT indicators[] ={ID_SEPARATOR,
                           ID_INDICATOR_CAPS,
                           ID_INDICATOR_NUM,
                           ID_INDICATOR_SCRL
                           };
```

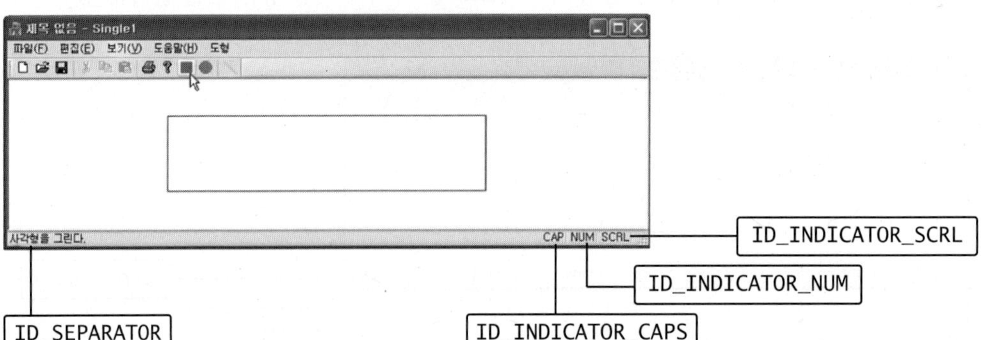

다음은 상태바가 생성하는 코드가 있는 프레임 윈도우의 OnCreate() 함수이다.

```
int CMainFrame::OnCreate(LPCREATESTRUCT lpCreateStruct)
{
    if (CFrameWnd::OnCreate(lpCreateStruct) == -1)
        return -1;
    if (!m_wndStatusBar.Create(this) ||
            !m_wndStatusBar.SetIndicators(indicators,
              sizeof(indicators)/sizeof(UINT)))
    {
        TRACE0("Failed to create status bar\n");
        return -1;              // fail to create
    }
    return 0;
}
```

SetPaneInfo( ) 함수

CStatusBar 클래스의 함수를 사용하여 프로그램이 실행되는 중에 상태를 알려줄 수 있다. SetPaneInfo() 함수는 팬의 정보를 변경하기 위한 용도로 사용된다.

```
void SetPaneInfo( int nIndex,    // 몇 번째 팬에 대한 정보를 설정할 것인지를 결정
                  UINT nID,      // 팬에 어떤 정보를 표시할 지를 결정
                  UINT nStyle,   // 팬의 스타일을 결정
                  int cxWidth    // 팬의 너비를 설정
);
```

팬의 스타일은 다음과 같다.

상수	설명
SBPS_NOBORDERS	팬의 경계선을 표시하지 않는다.
SBPS_POPOUT	바깥으로 돌출한 모양으로 표시한다.
SBPS_DISABLED	팬을 비활성화한다.
SBPS_STRETCH	상태바에 여러 개의 팬들이 있을 때 각 팬들이 설정된 너비만큼 상태바를 점유하고, 나머지 영역은 이 스타일이 설정된 팬이 차지하게 된다. 하나의 상태바에는 이 스타일을 갖는 팬이 오직 하나만 존재해야 한다.
SBPS_NORMAL	안쪽으로 파인 모양으로 표시한다.

```
m_wndStatusBar.SetPaneInfo(1, ID_SEPARATOR, SBPS_NORMAL, 200);
```

SetPaneText( ) 함수

상태바에 문자열을 표시하기 위한 함수이다.

```
BOOL SetPaneText( int nIndex,          // 몇 번째 팬에 대한 정보를 설정할 것인지를 결정
                  LPCTSTR lpszNewText, // 팬에 출력할 문자열을 설정
                  BOOL bUpdate = TRUE  // 갱신된 내용으로 다시 그릴 것인지를 결정
);
```

위 함수를 사용하여 상태바를 변경해 보도록 할 텐데 1번 패널에는 현재 시간을 2번 패널에는 클라이언트 영역 내의 마우스의 위치를 출력할 것이다.

타이머 설정하기

1번 패널에 현재 시간을 출력하려면 시계처럼 현재 시간이 변경될 때마다 그 시간을 출력할 것이기에 타이머를 설정해야 한다. 우선 타이머에 대한 개념을 살펴보고 이를 사용하는 방법을 학습하기로 한다.

WM_TIMER란 타이머를 설정하기 위해서 반드시 알아야 하는 메시지인데 이 메시지는 우리가 지금까지 사용한 키보드나 마우스와 같이 프로그램 실행 중에 사용자로부터 입력받는 메시지와는 다르다. **사용자의 동작과는 무관하게 발생하는 메시지**로서 이 메시지는 한 번 지정해 놓으면 **일정 시간 간격을 두고 계속해서 발생하기 때문에 주기적으로 같은 동작이 반복되어야 할 경우에는 이 메시지를 사용**한다.

WM_TIMER란 메시지는 SetTimer()란 함수를 이용해서 타이머를 설정해 주어야 발생한다.

```
UINT SetTimer(
    UINT nIDEvent,    // 타이머의 ID
    UINT nElapse,     // WM_TIMER 메시지를 발생시킬 시간 간격(단위:1/1000초)
    void ( CALLBACK* lpfnTimer )(HWND, UINT, UINT, DWORD) = NULL
);
```

3번째 매개변수에는 설정된 시간마다 호출될 함수명을 적어주면 되는데, 보통은 NULL 값을 설정해 준다. NULL 값으로 설정해 주면 OnTimer() 함수가 호출된다.

```
SetTimer(1, 1000, NULL);    // 1번 타이머는 1초마다 한 번씩 WM_TIMER 메시지를 발생시킴
SetTimer(2, 800, NULL);     // 2번 타이머는 0.8초마다 한 번씩 WM_TIMER 메시지를 발생시킴
```

동작중인 타이머를 멈추려면 KillTimer() 함수를 호출한다.

뷰 클래스에서 메인 프레임 윈도우에 접근하기

2번 패널에 클라이언트 영역 내의 마우스의 위치를 출력하려면 뷰 클래스에서 마우스가 움직일 때마다 발생하는 메시지에 대한 메시지 핸들러를 추가한 후 여기서 상태바를 제어해야 한다. 이를 위해서는 2가지에 대해서 신경을 써야 하는데 그 하나는 상태바를 제어하기 위한 멤버 변수 m_wndStatusBar가 프레임 윈도우에 protected로 선언되어 있다는 점이다.

protected 멤버는 **해당 클래스에서만 접근가능하고 다른 클래스에서는 접근 불가능**하기에 protected 멤버를 외부에서 접근할 수 있도록 하기 위한 public 멤버 함수를 추가해야 한다. 뿐만 아니라 뷰 클래스에서 메인 프레임 윈도우에 접근하려면 상호 참조를 위한 함수를 사용해야 하는데 이를 위한 함수는 AfxGetMainWnd()와 GetParentFrame()이 있다. AfxGetMainWnd() 함수는 전역 함수이므로 어느 클래스에서나 사용가능한 함수이다. 단지 우리가 접근하고자하는 m_wndStatusBar(상태바를 제어하는)는 CMainFrame 클래스의 멤버 변수이기에 AfxGetMainWnd() 함수로 리턴되는 CWnd* 로는 접근이 불가능하다. 그러므로 (CMainFrame *)로 다운 캐스팅해야만 한다.

```
CMainFrame *pFrame=(CMainFrame *)AfxGetMainWnd();
```

이런 2가지 점에 유의해서 다음 예제를 작성해 보도록 하자.

기본예제 8-4 상태바 변경하기

[예제설명]

indicators 배열을 수정해서 기본적으로 제공되는 상태 바에서 0번 패널은 그대로 두고 키 상태를 표시해주는 3개의 팬을 삭제한 후에 2개의 ID_SEPARATOR를 추가하여 1번 패널에는 현재 시간을 출력하고 2번 패널에는 마우스의 위치를 출력하도록 하자.

【실행결과】

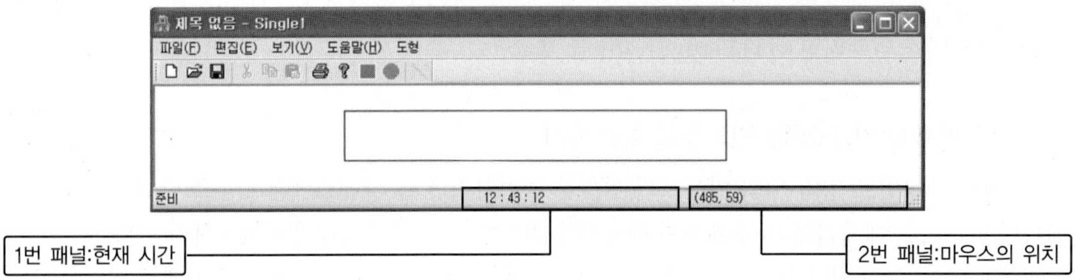

【따라하기】

1 클래스 뷰 창에서 `Single1` 프로젝트를 선택한 후 전역 함수 및 변수를 클릭하여 클래스 뷰 하단에 나타나는 뷰에서 `indicators`를 더블 클릭하면 `indicators` 배열이 선언된 위치로 이동한다. 이동한 후에 다음과 같이 변경한다.

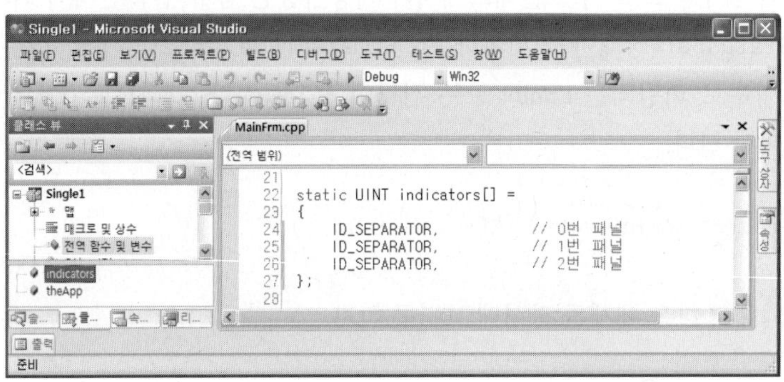

2 `CMainFrame` 클래스의 `OnCreate` 함수에 다음과 같은 코드를 추가한다.

```
int CMainFrame::OnCreate(LPCREATESTRUCT lpCreateStruct)
{
   // ... 생략 ...
   // 팬의 정보를 변경한다.
   m_wndStatusBar.SetPaneInfo(1, ID_SEPARATOR, SBPS_POPOUT, 200);
   m_wndStatusBar.SetPaneInfo(2, ID_SEPARATOR, SBPS_POPOUT, 200);
```

```
    // 팬에 문자열을 표시한다.
    m_wndStatusBar.SetPaneText(1, _T("현재 시간 :"));
    m_wndStatusBar.SetPaneText(2, _T("마우스 위치 :"));

    return 0;
}
```

3 1번 패널에 현재 시간을 출력하려면 WM_TIMER란 메시지가 1초에 한 번씩 발생하도록 SetTimer() 란 함수를 이용해서 타이머를 설정해 주어야 한다. Single1 프로젝트의 메인 프레임 윈도우가 생성될 때 호출되는 OnCreate() 함수에 타이머를 설정하는 루틴을 넣도록 하자.

```
int CMainFrame::OnCreate(LPCREATESTRUCT lpCreateStruct)
{
    // ... 생략 ...
    // 1번 타이머는 1초마다 한 번씩 WM_TIMER 메시지를 발생시킴
    SetTimer(1, 1000, NULL);

    return 0;
}
```

4 클래스 뷰 창에서 CMainFrame 클래스를 선택한 후 마우스 오른쪽 버튼을 클릭하여 나타난 바로가기 메뉴에서 [속성]을 선택한다. 화면 오른쪽에 나타난 속성 창에서 [메시지] 아이콘을 선택한 후 메시지 리스트가 나타나면 스크롤바를 내려서 WM_TIMER를 찾는다. WM_TIMER 오른쪽 빈 칸을 선택하면 "<추가> OnTimer"가 나타난다. 이를 선택하면 이름이 자동으로 OnTimer로 결정되어 CMainFrame 클래스에 메시지 핸들러를 추가한다. 상태바에 현재 시간이 출력되도록 하기 위해서 OnTimer() 함수에 다음과 같은 코딩을 추가한다.

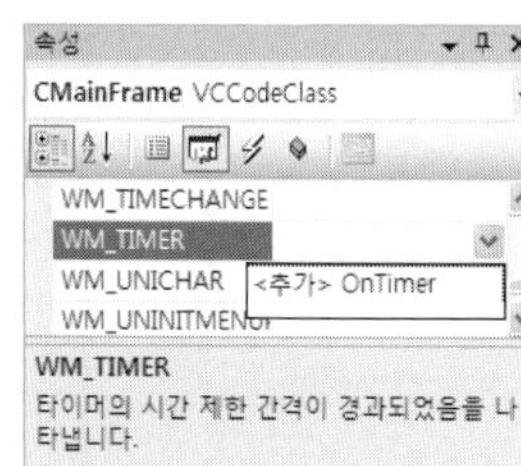


```
void CMainFrame::OnTimer(UINT_PTR nIDEvent)
{
    // 현재 시간을 얻어온다.
    CTime t = CTime::GetCurrentTime();
    // 시간을 문자열로 변경한다.
```

```
    CString strTime=t.Format("%H : %M : %S");
    // 팬에 출력한다.
    m_wndStatusBar.SetPaneText(1, strTime);

    CFrameWnd::OnTimer(nIDEvent);
}
```

5 이번에는 상태바의 2번 패널에 마우스의 위치를 출력하도록 하자. 마우스의 위치값을 알아내기 위한 클래스는 뷰 클래스인데 상태바는 메인 프레임 클래스의 멤버 변수이고 메인 프레임 윈도우 내의 상태바를 제어하는 멤버 변수는 protected로 선언되어 있다. 그러므로 이를 뷰에서 접근해서 사용하려면 public 형 멤버 함수를 추가한다. 클래스 뷰에서 CMainFrame을 선택한 후에 마우스 오른쪽 버튼을 눌러 나타난 바로가기 메뉴에서 [추가] → [함수 추가] 메뉴를 선택한다. [멤버 함수 추가 마법사] 창이 나타나면 반환 형식에 "CStatusBar *"을 입력하고 함수 이름에는 "GetStatusBar"를 입력한 후 액세스가 public인지 확인하고 <마침> 버튼을 누른다.

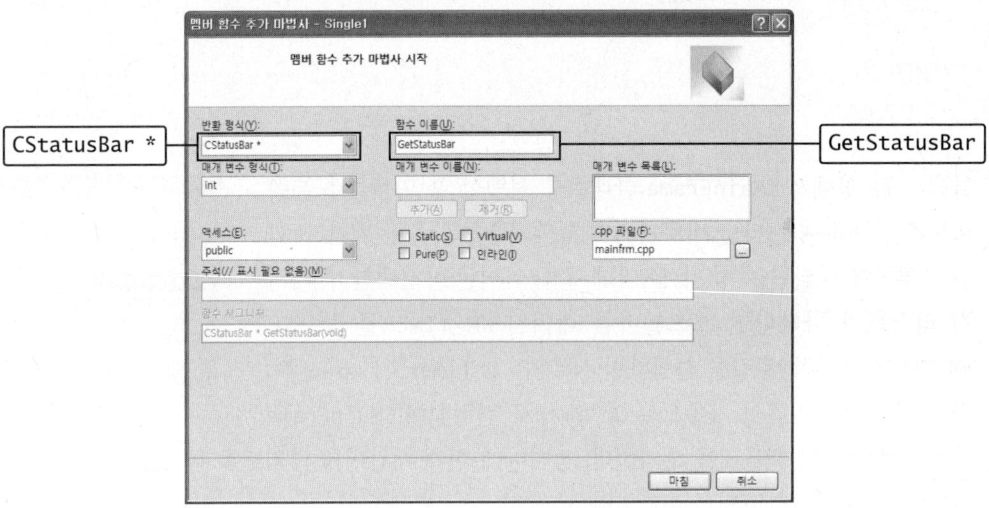

6 추가된 GetStatusBar() 메소드에 다음과 같이 입력한다.

```
CStatusBar * CMainFrame::GetStatusBar(void)
{
    // 상태바를 제어하는 변수의 주소를 되돌린다.
```

```
    return &m_wndStatusBar;
}
```

7 클래스 뷰 창에서 CSingle1View 클래스를 선택한 후 마우스 오른쪽 버튼을 클릭하여 나타난 바로가기 메뉴에서 [속성]을 선택한다. 화면 오른쪽에 나타난 속성 창에서 [메시지] 아이콘을 선택한 후 메시지 리스트가 나타나면 스크롤바를 내려서 WM_MOUSEMOVE를 찾는다. WM_MOUSEMOVE 오른쪽 빈 칸을 선택하면 "<추가> OnMouseMove"가 나타난다. 이를 선택하면 이름이 자동으로 OnMouseMove로 결정되어 CMainFrame 클래스에 메시지 핸들러를 추가한다. 상태바에 마우스의 위치를 출력하기 위해서 다음과 같은 코딩을 추가한다.

```
// CMainFrame 클래스를 사용하기 위한 헤더파일을 인클루드함
#include "MainFrm.h"
void CSingle1View::OnMouseMove(UINT nFlags, CPoint point)
{
    // 마우스의 위치 정보를 문자열로 변경한다.
    CString msg;
    msg.Format(_T("(%d, %d)"), point.x, point.y);

    // 메인 프레임의 주소를 얻어온다.
    CMainFrame *pFrame=(CMainFrame *)AfxGetMainWnd();
    // 팬에 출력한다.
    pFrame->GetStatusBar()->SetPaneText(2, msg);

    CView::OnMouseMove(nFlags, point);
}
```

연습문제

[개념문제]

단원 요약정리를 대신하여 개념을 잡을 수 있도록 본문의 내용을 충실하게 반영한 문제이다.

1. 다음에 알맞은 내용을 보기에서 찾아라.

보기			
1	GetActiveDocument	2	WM_TIMER
3	Serialize	4	CToolBar
5	IsStoring	6	AfxGetApp
7	GetDocument	8	stdafx
9	SetTimer	10	GetParentFrame
11	GetActiveView	12	AfxGetMainWnd

1.1 MFC를 사용하여 윈도우 응용 프로그램을 작성하는 데 반드시 필요한 가장 기본이 되고 프로그램의 뼈대를 이루는 AFX 클래스로 CWinApp, CFrameWnd, CDocument, CView가 있다. 현재 응용 프로그램의 시작과 종료를 제어하고 응용 프로그램 전체를 관리하는 어플리케이션을 참조하기 위한 전역 함수인 ⓐ ___________ (은)는 CWinApp *를 반환한다.

ⓑ ___________ 함수는 메인 프레임 윈도우를 참조할 수 있도록 CWnd *를 반환하는 전역 함수이다.

하나의 응용 프로그램에는 여러 개의 도큐먼트와 뷰를 가질 수 있다. 응용 프로그램 내의 프레임 윈도우는 한 개이고 이 프레임 윈도우과 연결된 여러 개의 도큐먼트 중에서 현재 활성화된 것의 도큐먼트 포인터를 얻으려면 ⓒ ___________ 함수를 호출해야 한다. 뷰 역시 프레임 윈도우와 연결된 여러 개 중 현재 활성화 된 뷰 포인터를 얻으려면 ⓓ ________ 함수를 호출해야 한다.

뷰 클래스에서 자신을 생성해 주는 부모 윈도우는 하나이므로 프레임 윈도우를 참조하려면 ⓔ ________ 함수를 호출해야 한다. 뷰와 연결된 도큐먼트도 한 개이므로 이를 참조하려면 ⓕ ________ 함수를 호출해야 한다.

1.2 MFC 응용 프로그램 마법사가 프로젝트 단위당 한 개씩 만들어주어 자주 사용되는 MFC 클래스가 정의된 헤더파일들을 포함해 놓은 헤더 파일은 ________`.h`(이)다. MFC 응용 프로그램 마법사가 생성해준 모든 파일은 ________`.h`(을)를 포함하고 있기에 프로그램에 필요한 헤더 파일을 일일이 포함시키지 않아도 된다. 말하자면 ________`.h` 파일은 헤더 파일들을 포함해놓은 헤더 파일 집합이라고 할 수 있다.

1.3 ________(이)란 순차적(연속적)이라는 뜻을 갖고 있으며 영속적인 저장 매체, 예를 들어 디스크 파일에 객체의 내용을 저장하거나 읽어오는 과정을 의미한다.

1.4 `CArchive` 클래스는 `CFile` 클래스의 `Write()`, `Read()` 함수 대신 삽입(<<)과 추출(>>) 연산자를 이용하여 파일 입출력을 한다. `CArchive` 객체의 ________ 멤버 함수를 호출하여 요청된 작업이 저장하기 위한 작업인지 로드하기 위한 작업인지를 구분하는데 ________ 함수의 결과값이 `TRUE`이면 파일 출력을 위해서 삽입(<<) 연산자로 `CArchive` 객체에 순차적으로 데이터를 저장하고, `FALSE`이면 파일 입력을 위해서 추출(>>) 연산자로 `CArchive` 객체 ar로부터 순차적으로 데이터를 읽어온다.

1.5 툴바는 일반적으로 메뉴 항목의 기능을 빠르게 수행할 목적으로 제공되는 비트맵 형식의 버튼들의 집합인데 툴바는 프레임 윈도우가 생성될 때 생성되어 비 클라이언트 영역에 위치하는 윈도우의 일종으로 ________ 클래스로 구현할 수 있다.

1.6 사용자의 동작과는 무관하게 한 번 지정해 놓으면 일정 시간 간격을 두고 계속해서 발생하는 메시지로 주기적으로 같은 동작이 반복되어야 할 경우에 ⓐ ________ 메시지를 사용하는데 이 메시지를 발생시키기 위해서 사용하는 함수는 ⓑ ________(이)다.

※ **알맞은 내용을 기술하라.**

2. 하나의 도큐먼트에 여러 개의 뷰가 결합되어 있기 때문에 도큐먼트는 리스트로 뷰를 연결해서 관리하고 있다. 그렇기 때문에 도큐먼트에 연결된 모든 뷰를 얻기 위한 방법은 정형화되어 있는데 그것을 기술해 보아라.

※ **관련된 내용끼리 선을 그어라.**

3. 툴바 윈도우 스타일을 지정하기 위한 상수 값들을 해당 설명과 매핑시켜 보아라.

스타일		설명
CBRS_GRIPPER ❶		ⓐ 사이즈 변환가능
CBRS_TOOLTIPS ❷		ⓑ 툴팁 도움말 표시
CBRS_FLYBY ❸		ⓒ Gripper 추가
CBRS_SIZE_DYNAMIC ❹		ⓓ 여러 개의 툴바를 도킹
CBRS_FLOAT_MULTI ❺		ⓔ 상태바에 도움말 표시

※ **다음 물음에 올바른 답을 골라라.**

4. 도큐먼트의 주요 멤버 함수 중에서 파일을 열거나 저장할 때 자동으로 호출하는 함수는 무엇인가?

❶ OnInitialUpdate ❷ UpdateAllViews ❸ DeleteContents ❹ Serialize

5. 도큐먼트의 주요 멤버 함수 중에서 도큐먼트 객체가 유지하는 데이터를 수정한 경우 호출하는 함수는 무엇인가?

❶ SetModifiedFlag ❷ UpdateAllViews ❸ DeleteContents ❹ Serialize

6. 도큐먼트의 주요 멤버 함수 중에서 도큐먼트 객체와 연결된 모든 뷰의 화면을 갱신해야할 경우 호출하는 함수는 무엇인가?

❶ SetModifiedFlag ❷ UpdateAllViews ❸ DeleteContents ❹ Serialize

7. 뷰의 주요 멤버 함수 중에서 뷰 객체가 도큐먼트 객체와 연결된 후 화면에 보이기 전에 자동으로 호출하는 함수는 무엇인가?

❶ OnInitialUpdate ❷ UpdateAllViews ❸ DeleteContents ❹ Serialize

8. 상태바에 문자열을 표시하기 위한 함수는 무엇인가?

❶ SetTimer ❷ GetCurrentTime ❸ SetPaneText ❹ SetPaneInfo

[실습문제]

본문 기본예제보다 조금 난이도가 높은 내용으로 구성된 프로그램을 실제로 작성해 보는 문제로서 단계별 설명을 자세히 해 놓았으므로 시간이 걸리더라도 꼭 풀어보기 바란다. 실력 향상에 많은 도움이 될 문제이다.

실습문제 8-1 프로젝트명 : Ch08Ex01 / 문서 형태 : 단일 문서

【예제설명】

[텍스트 출력] → [정보입력...] 메뉴를 선택하면 대화상자가 나타난다. 대화상자에서 출력할 문자열과 해당 문자열이 출력될 좌표값과 텍스트 색상을 입력받아 화면에 출력한다. 좌표값을 입력받는 에디트 컨트롤 옆에 스핀 버튼을 추가하여 직접 좌표를 입력하지 않고 스핀 버튼을 누르면 좌표값이 증가되도록 한다. 현재 클라이언트 영역의 크기값을 얻어와 스핀 컨트롤의 범위값으로 지정한다.

【실행결과】

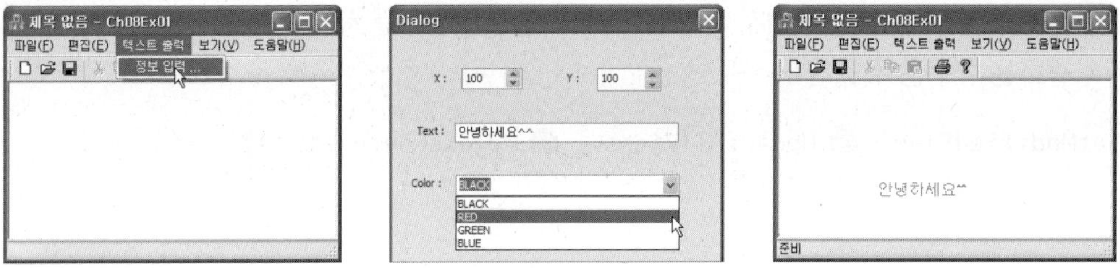

[파일] → [저장] 메뉴를 선택하여 파일에 저장하면 출력할 문자열, 좌표값, 색상 정보가 파일에 저장된다.

[새로 만들기]를 선택하면 이전에 출력된 내용이 백지화되고 화면이 클리어된다.

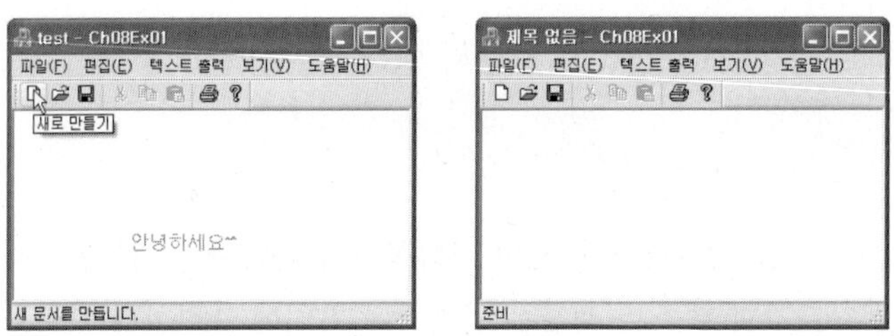

파일을 열면 파일에 저장되었던 정보에 의해서 화면에 출력될 문자열이 결정되고 텍스트 색상을 적용되어 파일에서 읽어들인 좌표값 위치에 출력한다.

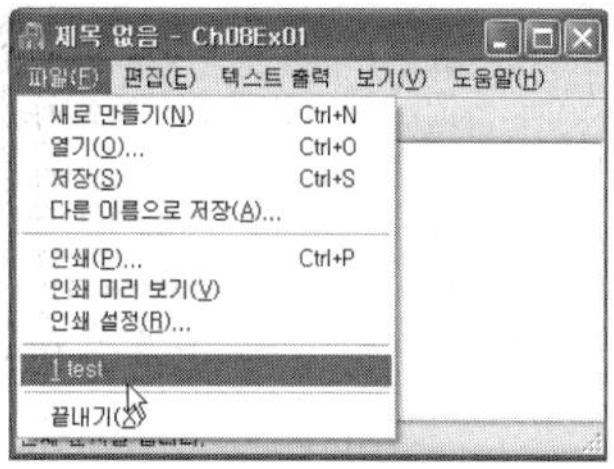

【힌트】

정보가 파일에 저장되도록 하기 위해서 대화상자에서 입력받은 값을 저장할 변수는 도큐먼트 클래스의 멤버 변수로 선언한다.

도큐먼트 클래스에 저장된 값을 뷰 클래스에서 얻어와 화면에 출력한다.

도큐먼트 클래스의 멤버 변수에 저장된 값은 파일에 저장하고 파일을 열면 저장되어 있던 데이터를 도큐먼트의 멤버 변수에 저장한다.

실습문제 8-2 프로젝트명 : Ch08Ex02 / 문서 형태 : 단일 문서

【예제설명】

화면 가운데 클라이언트의 1/4 크기의 사각형을 출력하고 사각형 영역의 중심을 지나가는 십자가를 그리도록 한다. `DrawText()` 함수를 이용해서 "Hello"를 출력하되 정렬 방식을 결정하는 메뉴를 추가하여 메뉴가 선택될 때 마다 "무한 도전 Visual C++"이 메뉴에서 선택한 정렬 방식에 맞게 출력되도록 한다. 이 역시 현재 출력되는 정렬 방식을 파일에 저장하였다가 다시 파일을 열면 문자열이 해당 정렬 방식에 의해 출력되도록 하기 위해서 정렬방식을 결정하는 변수는 도큐먼트 클래스의 멤버 변수로 선언한다.

【실행결과】

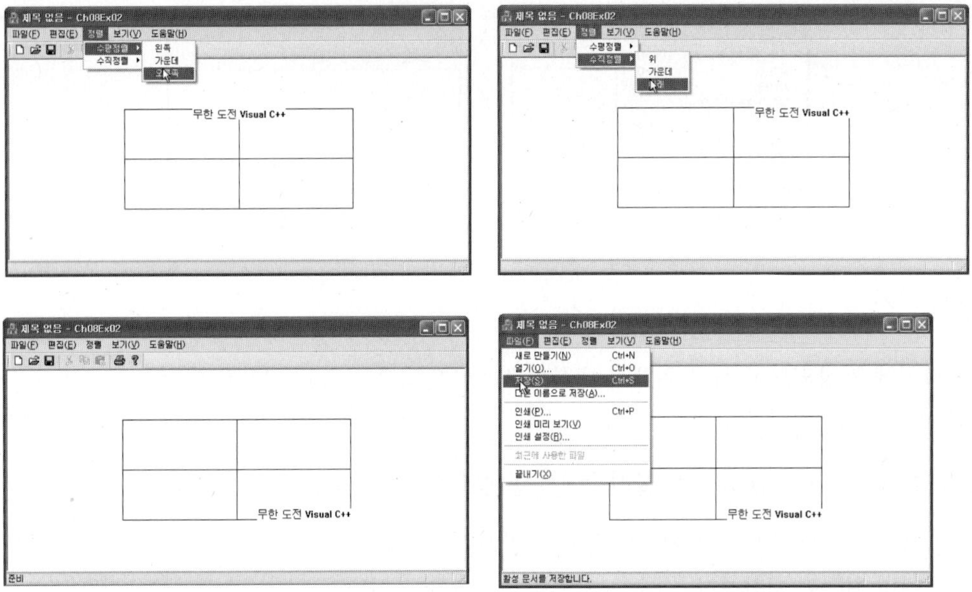

실습문제 8-3 프로젝트명 : Ch08Ex03 / 문서 형태 : 단일 문서

【예제설명】

화면에 출력되는 그림의 크기를 변경하기 위한 메뉴와 다양한 그림(BMP)이 출력되도록 하기 위한 메뉴를 갖는 프로그램을 작성하고 툴바를 추가하여 이 메뉴들과 연결하도록 한다. 현재 화면에 출력되는 그림과 그림 크기에 대한 정보는 도큐먼트 클래스의 멤버 변수로 선언한다. 각 메뉴에 대한 갱신 핸들러도 추가하여 툴바에서 현재 선택된 도구모음에 대한 구분이 생기도록 한다.

【실행결과】

CHAPTER

09 컬렉션 클래스

MFC는 동일한 자료형 여러 개를 한꺼번에 저장할 수 있는 컬렉션 클래스를 제공한다.

INTRODUCTION TO MICROSOFT FOUNDATION CLASS LIBRARY

미리보기

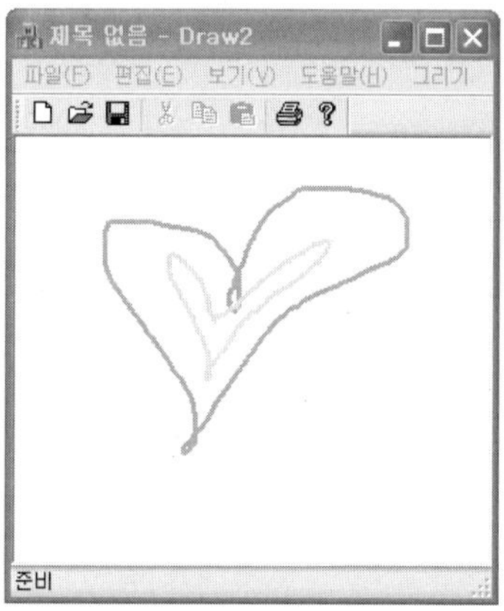

학습목표

1. 배열, 리스트 클래스 동작 원리와 사용방법을 학습한다.
2. CArchive 클래스로 파일 입출력을 하기 위한 직렬화 가능한 클래스를 설계한다.

목차

SECTION

01 배열과 컬렉션 클래스

Introduction to Microsoft Foundation Class Library

컬렉션 클래스란 배열, 링크드 리스트, 맵 등과 같은 자료 구조를 좀 더 편리하게 사용할 수 있도록 MFC에서 제공해주는 클래스를 말한다. MFC에서는 배열을 위해서 CArray를, 링크드 리스트를 위해서 CList를, 맵을 위해서 CMap을 제공해준다. 어떤 종류의 프로그램이든 내부적으로 데이터를 유지 관리하기 마련이므로 이들 컬렉션 클래스를 사용하면 보다 효율적인 응용 프로그램을 작성할 수 있다.

TIP | 자료구조란?

자료구조는 자료를 효율적으로 이용할 수 있도록 컴퓨터에 저장하는 방법을 제공해준다. 효율적인 자료구조를 선택하면 프로그램의 속도를 향상시킬 수 있다. 대부분의 언어에서 API로 기본 자료구조를 만들어 제공해 준다.

1.1 배열 클래스

MFC에서는 **동일한 자료형태를 저장**하기 위해서 **배열 클래스**(CArray)를 제공해준다. 배열 클래스는 배열을 대신하여 사용할 수 있는 클래스로서 원소를 일렬로 유지해서 위치에 접근, 원소들이 순차적으로 유지되고 각 원소의 접근은 해당 인덱스를 이용해서 접근한다. 순서가 있고 인덱스로 접근해서 사용한다는 면에서는 C나 C++ 언어의 배열과 유사한데 왜 배열 클래스가 존재하는 걸까? C나 C++ 언어의 배열은 생성할 당시에 정한 배열의 길이를 늘이거나 줄일 수 없다. 크기가 고정되어 있기 때문에 배열을 생성할 때 지정한 길이를 벗어나는 인덱스를 접근하려고 하면 예외가 발생한다. 그러나 프로그램을 작성하다보면 처음에 필요로 했던 크기보다 더 큰 크기를 가져야 할 상황이 발생한다. 이럴 경우 배열 클래스를 사용한다면 크기를 동적으로 늘리거나 줄일 수 있다. 원소가 가득 차게 되면 자동적으로 저장 영역을 늘려 주고 저장된 데이터가 삭제되면 자동으로 크기가 줄어든다. 이러한 성격 때문에 배열 클래스를 가변 길이의 배열이라고 할 수 있다. 또한 배열 클래스는 데이터를 중간 어느 곳이나 삽입하고 삭제할 수 있다는 장점도 있다.

MFC에서 제공해 주는 배열 클래스는 비 템플릿 클래스와 템플릿 클래스 2종류로 나뉜다.

비 템플릿 클래스는 자주 사용하는 자료형을 곧바로 사용할 수 있도록 클래스를 제공한다. 비 템플릿 클래스는 **afxcoll.h** 헤더 파일이 필요하다.

표 9-1 ● 비 템플릿 배열 클래스

클래스 이름	데이터 타입	사용 예
CByteArray	BYTE	CByteArray array;
CWordArray	WORD	CWordArray array;
CDWordArray	DWORD	CDWordArray array;
CUIntArray	UINT	CUIntArray array;
CStringArray	CString	CStringArray array;
CPtrArray	void 포인터	CPtrArray array;
CObArray	CObject 포인터	CObArray array;

비 템플릿 배열 클래스에서 제공하지 않는 자료형인 경우 **템플릿 클래스**를 사용한다. 템플릿 클래스는 **afxtempl.h** 헤더 파일이 필요하다. 템플릿 클래스를 사용하면 자료형을 프로그래머가 결정할 수 있다. MFC에서 제공해 주는 템플릿 배열 클래스는 **CArray**이다.

표 9-2 ● 템플릿 배열 클래스

클래스 이름	데이터 타입	사용 예
CArray	프로그래머가 결정	CArray<CPoint, CPoint&> array;

배열 객체 생성 방법

배열 클래스를 사용하여 배열을 생성하는 방법은 다음과 같다. 생성된 배열 클래스는 원소가 하나도 없다. 만일 **배열 객체의 원소의 개수**를 알고 싶을 때에는 **GetSize()** 멤버 함수를 사용한다.

```
CUIntArray  array;  //배열을 생성한다.
cout<< "배열 객체를 생성하자마자 배열 원소의 개수 : "<< array.GetSize(); //0
```

배열 객체를 생성하자마자 원소의 개수는 0이다. 배열 객체에 데이터를 추가하려면 Add() 함수를 사용한다.

```
list.Add(90);
list.Add(85);
list.Add(100);
list.Add(70);
list.Add(95);

cout<< "배열 원소의 개수 :  "<< array.GetSize();   //5
```

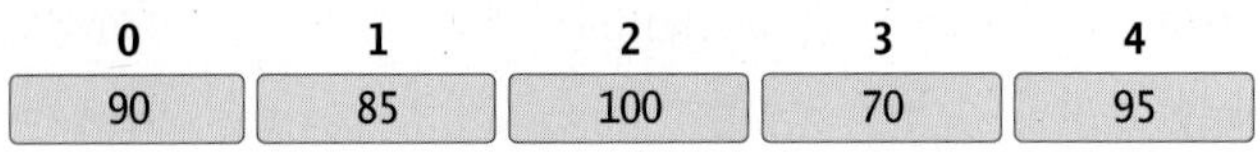

그림 9-1 ● 배열 객체에 원소 추가

배열 원소에 접근하려면 일반 배열처럼 [] 연산자를 사용하면 된다.

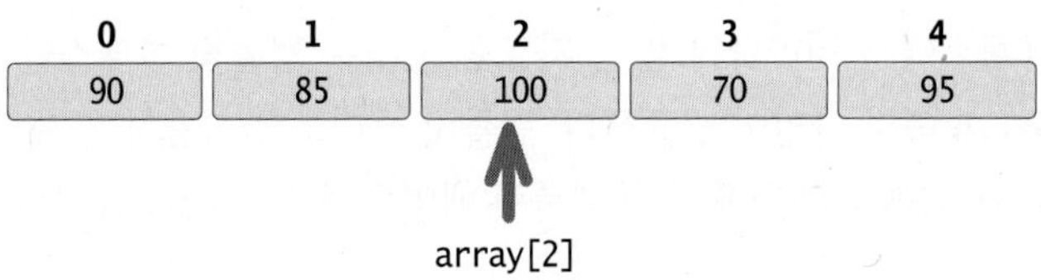

그림 9-2 ● 원소 접근

```
for(int i=0; i<array.GetSize(); i++)
   cout<<array[i]<<"  ";
cout<<endl;
```

SetSize() 함수를 호출하여 생성된 **배열 객체의 크기를 설정**할 수 있다.

```
array.SetSize(10);              //배열의 크기를 설정한다.
cout<< "배열 원소의 개수 : "<< array.GetSize(); //10
```

Add() 함수를 호출할 때마다 원소가 자동으로 증가하지만, 데이터가 존재하는 범위를 벗어나는 인덱스로 접근하면 예외가 발생한다. GetSize() 함수가 원소의 개수를 알려주기에 이 함수로 배열의 크기를 미리 알아낸다면 범위를 벗어나지 않도록 조심해야 한다.

배열의 **임의의 위치에 원소를 추가하기 위해서**는 **InsertAt()** 멤버 함수를 사용하고 **삭제하기 위해서**는 **RemoveAt()** 멤버 함수를 사용한다. InsertAt() 멤버 함수의 첫 번째 매개변수에 인덱스를 주고 두 번째 매개변수에는 삽입할 데이터를 준다.

```
array.InsertAt(2, 60);
```

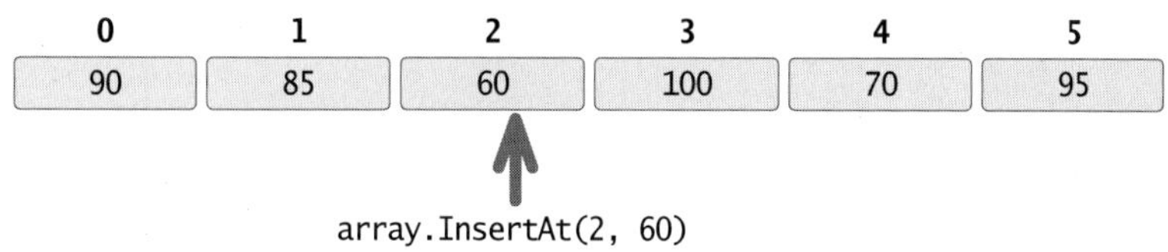

그림 9-3 ● 원소 추가하기

배열 객체에서 특정 위치의 데이터를 삭제하려고 할 때 RemoveAt() 함수에 삭제할 데이터의 위치 값을 지정한다.

```
array.RemoveAt(2);
```

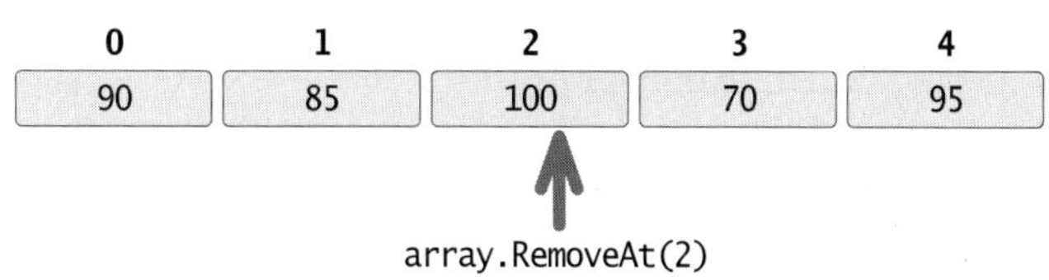

그림 9-4 ● 원소 삭제하기

해당 위치의 원소가 삭제되고 뒤에 있던 원소들이 한 칸씩 앞으로 이동되었음을 확인할 수 있다.

기본예제 9-1 배열 클래스 다루기

【예제설명】

배열 클래스를 사용해 보도록 한다.

【실행결과】

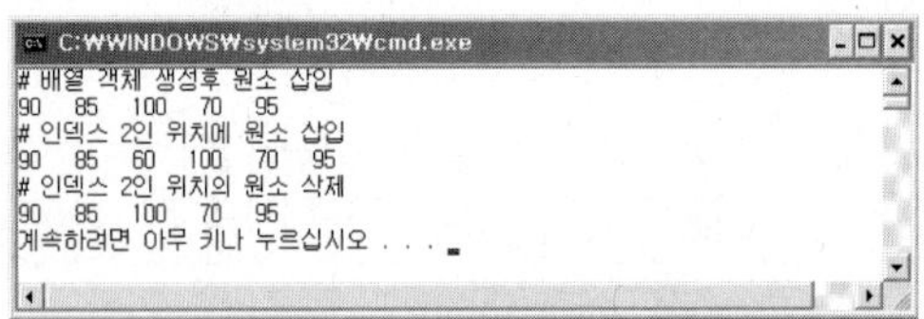

【따라하기】

1 [파일] → [새로 만들기] → [프로젝트...] 메뉴를 선택한다. [새 프로젝트] 창의 [프로젝트 형식]에서 [Visual C++]를 선택하고 [Win32]를 선택한다. [템플릿]에서는 `Visual Studio`에 설치되어 있는 템플릿 항목 중 [Win32 콘솔 응용 프로그램]을 선택한 후에 이름에 "`Console1`"을 입력한 후 <확인> 버튼을 누른다.

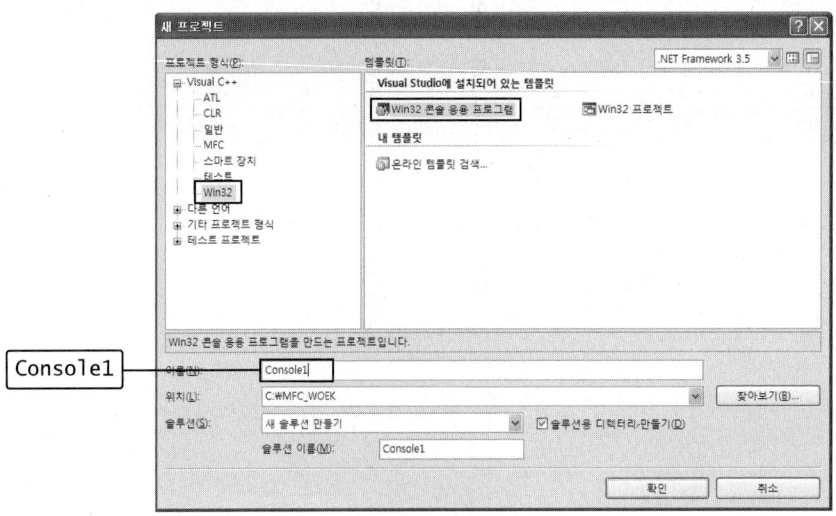

2 Win32 응용 프로그램 마법사 창의 초기화면은 생성될 프로젝트의 개요가 나타난다. <다음> 버튼을 클릭하면 다음 단계인 응용 프로그램 종류를 선택하는 창이 나타난다. 응용 프로그램 설정을 위한 창으로 전환되었으면 응용 프로그램 종류를 위한 항목에서 [콘솔 응용 프로그램]을 선택하고 [공용 헤더 파일 추가 대상:]에서 [MFC]를 체크하고 <마침> 버튼을 클릭한다.

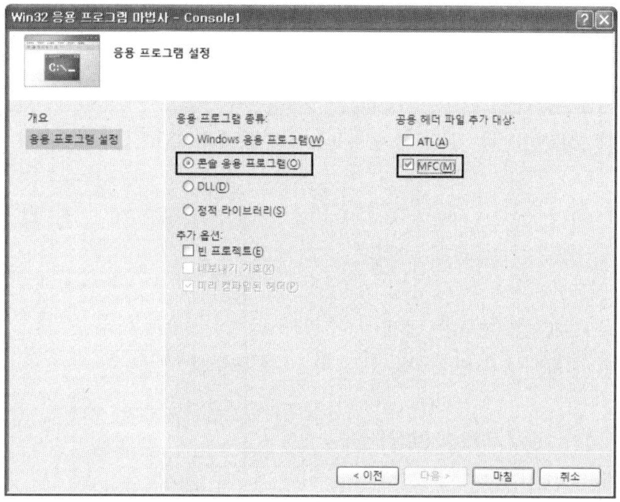

3 Win32 응용 프로그램 마법사에 의해서 프로젝트가 생성되면 _tmain() 멤버 함수에 다음과 같이 입력한다.

```
// Console1.cpp : 콘솔 응용 프로그램에 대한 진입점을 정의한다.
//
#include "stdafx.h"
#include "Console1.h"

#ifdef _DEBUG
#define new DEBUG_NEW
#endif

// 유일한 응용 프로그램 개체입니다.
CWinApp theApp;
using namespace std;
```

```
int _tmain(int argc, TCHAR* argv[], TCHAR* envp[])
{
   int nRetCode = 0;

   // MFC를 초기화한다. 초기화하지 못한 경우 오류를 인쇄한다.
   if (!AfxWinInit(::GetModuleHandle(NULL), NULL, ::GetCommandLine(), 0))
   {
      // TODO: 오류 코드를 필요에 따라 수정한다.
      _tprintf(_T("심각한 오류: MFC를 초기화하지 못했습니다.\n"));
      nRetCode = 1;
   }
   else
   {
      // TODO: 응용 프로그램의 동작은 여기에서 코딩한다.
      cout<<"# 배열 객체 생성 후 원소 삽입 \n";

      CUIntArray  array;//배열을 생성한다.
      array.Add(90);
      array.Add(85);
      array.Add(100);
      array.Add(70);
      array.Add(95);

      for(int i=0; i<array.GetSize(); i++)
            cout<<array[i]<<"  ";
        cout<<endl;

      cout<<"# 인덱스 2인 위치에 원소 삽입 \n";

      array.InsertAt(2, 60);

      for(int i=0; i<array.GetSize(); i++)
            cout<<array[i]<<"  ";
         cout<<endl;

      cout<<"# 인덱스 2인 위치의 원소 삭제 \n";
```

```
        array.RemoveAt(2);

        for(int i=0; i<array.GetSize(); i++)
            cout<<array[i]<<"  ";
          cout<<endl;

        return nRetCode;
    }
}
```

템플릿 배열 클래스

비 템플릿 배열 클래스에서 제공되지 않는 데이터 타입인 경우에는 템플릿 클래스를 사용한다. 공간상의 좌표값을 저장하는 CPoint3D 클래스를 정의한 후 이를 원소로 갖는 배열 클래스를 선언하도록 하자.

```
class CPoint3D{
public:
   int x; int y; int z;
};
```

비 템플릿 배열 클래스로 객체를 생성하기 위해서는 우선 저장할 원소들의 자료형을 미리 정해야 한다. CPoint3D 객체를 저장할 배열 객체를 만들기 위해서는 다음과 같이 정의한다.

```
CArray<CPoint3D, &CPoint3D> array;
```

CArray< 다음에 기술한 < >를 타입 파라미터(type parameter)라고 부른다. 타입 파라미터는 원소들의 타입을 제한하는 역할을 한다. CArray<CPoint3D, &CPoint3D>로 생성된 객체는 원소로써 CPoint3D 형의 데이터만 저장할 수 있게 된다.

기본예제 9-2 템플릿 배열 클래스 다루기

[예제설명]

템플릿 배열 클래스로 CPoint3D 객체를 저장할 배열 객체를 만들어 사용해 보자.

[실행결과]

[따라하기]

1 [파일] → [새로 만들기] → [프로젝트...] 메뉴를 선택하고 [새 프로젝트] 창의 [프로젝트 형식]에서 [Visual C++]를 선택하고 [Win32]를 선택한다. [템플릿]에서는 Visual Studio에 설치되어 있는 템플릿 항목 중 [Win32 콘솔 응용 프로그램]을 선택한 후에 이름에 "Console2"를 입력한 후 <확인> 버튼을 누른다. 응용 프로그램 종류를 위한 항목에서 [콘솔 응용 프로그램]을 선택하고 [공용 헤더 파일 추가 대상:] MFC를 체크하고 <마침> 버튼을 클릭한 후 다음과 같은 내용을 입력한다.

```
// Console2.cpp : 콘솔 응용 프로그램에 대한 진입점을 정의한다.
//
#include "stdafx.h"
#include "Console2.h"

#ifdef _DEBUG
#define new DEBUG_NEW
#endif

// 유일한 응용 프로그램 개체입니다.
CWinApp theApp;
using namespace std;
```

```
// CPoint3D 클래스 정의
class CPoint3D{
public:
   int x; int y; int z;
   CPoint3D()
   {
      x=0; y=0; z=0;
   }
   CPoint3D(int x, int y, int z)
   {
      this->x=x;
      this->y=y;
      this->z=z;
   }
   void Prn(){
      cout<<"( " <<x<<", "<<y<<", "<<z<<" )\n";
   }
};

int _tmain(int argc, TCHAR* argv[], TCHAR* envp[])
{
   int nRetCode = 0;

   // MFC를 초기화한다. 초기화하지 못한 경우 오류를 인쇄한다.
   if (!AfxWinInit(::GetModuleHandle(NULL), NULL, ::GetCommandLine(), 0))
   {
         // TODO: 오류 코드를 필요에 따라 수정한다.
         _tprintf(_T("심각한 오류: MFC를 초기화하지 못했습니다.\n"));
         nRetCode = 1;
   }
   else
   {
         // TODO: 응용 프로그램의 동작은 여기에서 코딩한다.
         CArray<CPoint3D, CPoint3D&> array;

         for(int i=1; i<=5; i++){
            CPoint3D pt(i*10, i*10, i*10);
```

```
            array.Add(pt);
        }

        for(int i=0; i<array.GetSize(); i++)
            array[i].Prn();
        }

    return nRetCode;
}
```

1.2 리스트 클래스

링크드 리스트는 노드(**node**)와 링크(**link**)로 구성된다. **노드**는 **실제의 정보**를 담고 있는 단위이고, **링크**는 **인접 노드의 위치**를 저장하고 있다. 링크 덕분에 리스트가 연결이 되고 노드를 순차적으로 접근할 수 있다. 링크는 노드를 연결할 수 있는 고리를 말한다.

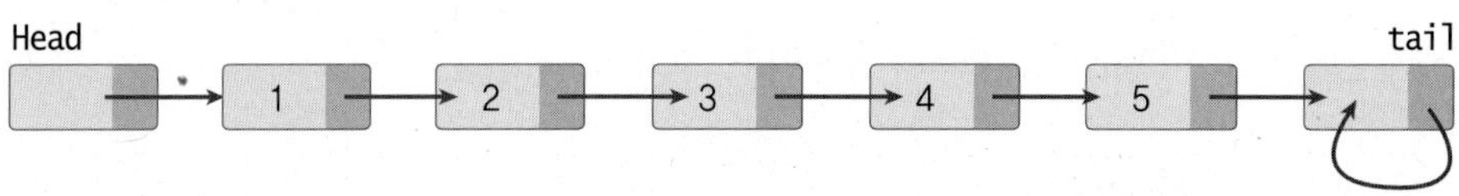

그림 9-5 ● 링크드 리스트의 구조

링크드 리스트는 각각이 다음의 노드를 정확히 가리키고 있는 구조이므로 제일 처음의 노드만 알고 있으면 어느 위치의 노드라도 찾아갈 수 있다. 이러한 중요한 제일 처음의 노드를 헤드(head)라고 한다. 그리고 특별히 링크드 리스트의 제일 마지막을 나타내는 테일(tail) 노드를 만들어서 마지막 노드임을 표시한다. 리스트의 처음 부분을 가리키는 포인터를 헤드라고 하고 마지막을 테일이라고 한다.

배열 클래스와 마찬가지로 리스트 클래스도 비 템플릿 리스트 클래스와 템플릿 클래스 2가지로 나뉜다.

비 템플릿 클래스는 자주 사용하는 자료형을 곧바로 사용할 수 있도록 클래스를 제공한다.

표 9-3 ● 비 템플릿 리스트 클래스

클래스 이름	데이터 타입	사용 예
CObList	CObject 포인터	CObList list;
CPtrList	void 포인터	CPtrList list;
CStringList	CString	CStringList list;

비 템플릿 리스트 클래스에서 제공하지 않는 자료형인 경우 템플릿 클래스를 사용한다. 템플릿 클래스를 사용하면 자료형을 프로그래머가 결정할 수 있다. MFC에서 제공해 주는 템플릿 리스트 클래스는 CList이다.

표 9-4 ● 템플릿 리스트 클래스

클래스 이름	데이터 타입	사용 예
CList	프로그래머가 결정	CList<CPoint, CPoint&> list;

리스트 클래스를 사용하여 객체를 생성한 후에는 AddTail() 멤버 함수를 사용하여 리스트 맨 뒤쪽에 데이터를 추가한다.

```
CStringList  list;        //배열을 생성한다.
list.AddTail(_T("사과"));
list.AddTail(_T("배"));
list.AddTail(_T("바나나"));
list.AddTail(_T("파인애플"));
```

리스트에 저장된 모든 데이터를 접근하기 위해서 리스트의 시작점인 헤드를 찾아서 테일을 만날 때까지 다음 데이터들을 접근해야 한다.

```
POSITION pos=list.GetHeadPosition();
while(pos != NULL)
   CString data=list.GetNext(pos);
```

기본예제 9-3 템플릿 리스트 클래스 다루기

【예제설명】

공간상의 좌표값을 저장하는 CPoint3D 클래스를 정의한 후 이를 원소로 갖는 리스트 클래스를 선언하도록 하자.

【실행결과】

【따라하기】

1. [파일] → [새로 만들기] → [프로젝트...] 메뉴를 선택하고 [새 프로젝트] 창의 [프로젝트 형식]에서 [Visual C++]를 선택하고 [Win32]를 선택한다. [템플릿]에서는 Visual Studio에 설치되어 있는 템플릿 항목 중 [Win32 콘솔 응용 프로그램]을 선택한 후에 이름에 "Console3"을 입력한 후 <확인> 버튼을 누른다. 응용 프로그램 종류를 위한 항목에서 [콘솔 응용 프로그램]을 선택하고 [공용 헤더 파일 추가 대상:]에서 [MFC]를 체크하고 <마침> 버튼을 클릭한 후 다음과 같은 내용을 입력한다.

```
// Console3.cpp : 콘솔 응용 프로그램에 대한 진입점을 정의한다.
//
#include "stdafx.h"
#include "Console3.h"

#ifdef _DEBUG
#define new DEBUG_NEW
#endif
// 유일한 응용 프로그램 개체입니다.
CWinApp theApp;
```

```
using namespace std;

class CPoint3D{
public:
   int x; int y; int z;
   CPoint3D()
   {
      x=0; y=0; z=0;
   }
   CPoint3D(int x, int y, int z)
   {
      this->x=x;
      this->y=y;
      this->z=z;
   }
   void Prn(){
      cout<<"( " <<x<<", "<<y<<", "<<z<<" )\n";
   }
};

int _tmain(int argc, TCHAR* argv[], TCHAR* envp[])
{
   int nRetCode = 0;

   // MFC를 초기화한다. 초기화하지 못한 경우 오류를 인쇄한다.
   if (!AfxWinInit(::GetModuleHandle(NULL), NULL, ::GetCommandLine(), 0))
   {
      // TODO: 오류 코드를 필요에 따라 수정한다.
      _tprintf(_T("심각한 오류: MFC를 초기화하지 못했습니다.\n"));
      nRetCode = 1;
   }
   else
   {
      // TODO: 응용 프로그램의 동작은 여기에서 코딩한다.
      CList<CPoint3D, CPoint3D&> list;
      for(int i=1; i<=5; i++){
         CPoint3D pt(i*10, i*10, i*10);
```

```
            list.AddTail(pt);
        }

        POSITION pos=list.GetHeadPosition();
        while(pos != NULL){
            CPoint3D data=list.GetNext(pos);
            data.Prn();
        }
    }

    return nRetCode;
}
```

기본예제 9-4 원 그리기

[예제설명]

이번에 작성할 예제는 마우스를 드래그 할 때마다 원이 그려지는 프로그램을 작성해 보도록 하겠다. 이번 예제에서 관건은 윈도우 크기가 변경되면 드래그 할 때 그려졌던 모든 원들이 사라지지 않도록 하고 또 그려졌던 그림의 정보가 파일에 저장되도록 하는 것이다. 지워지지 않도록 하려면 마우스 좌표 값을 저장해 두었다가 윈도우 크기가 변경될 때 자동 호출되는 OnDraw() 함수에서 저장된 좌표 위치에 원을 다시 그려야 한다. 마우스를 드래그하면서 그려졌던 화면을 파일에 저장하려면 마우스의 좌표 값을 도큐먼트 클래스에 저장해 두어야 한다. 그래야만 Serialize() 함수를 통해 파일 입출력을 할 수 있기 때문이다. 좌표를 저장하기 위해서 배열을 쓸 것인지 리스트를 쓸 것인지 고민해야 하는데 곡선이 한번 그려지고 나면 WM_PAINT 메시지가 발생할 때마다 곡선을 다시 그리기 위해서 좌표들을 순차적으로 처리하는 일이 빈번하게 발생하고 중간에 좌표를 삽입하거나 삭제하는 일은 거의 없다는 점에서 배열을 사용한다.

[실행결과]

마우스로 드래그하여 그림을 그린 후 [파일] → [저장] 메뉴를 누른 후 파일 이름을 입력한다.

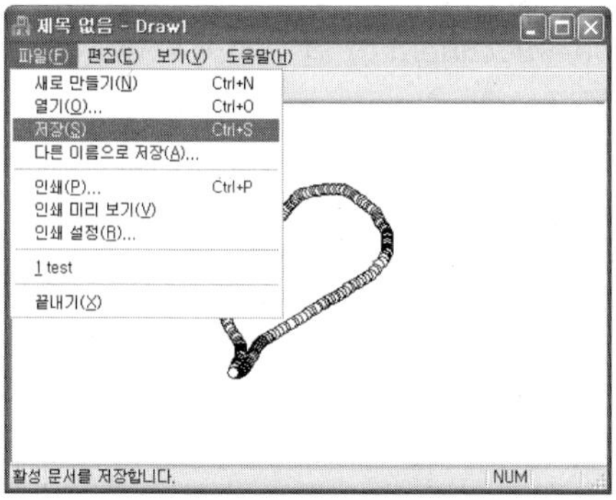

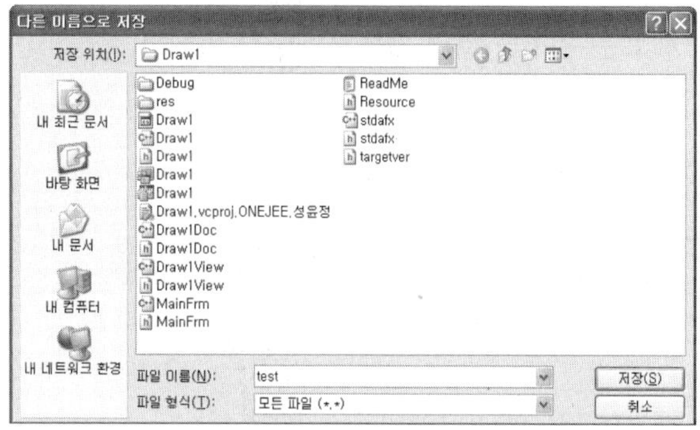

[파일] → [새로 만들기] 메뉴를 선택하면 화면이 깨끗이 클리어된다. [파일] → [열기] 메뉴를 선택하여 파일을 불러오면 저장 당시의 그림을 불러온다.

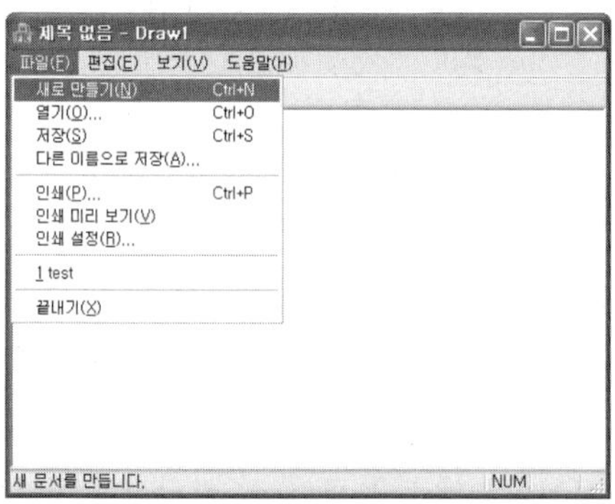

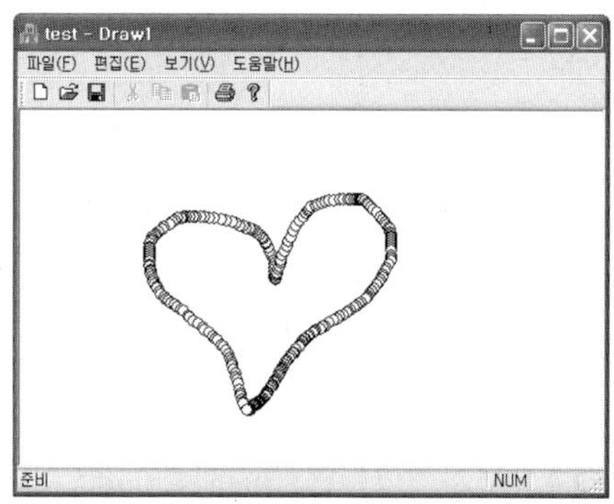

[따라하기]

1 "Draw1"이란 이름의 단일 문서 형태의 새로운 프로젝트를 생성한다. 도큐먼트 클래스에 CArray 객체를 생성한다.

```
class CDraw1Doc : public CDocument
{
public:
    // CArray 객체를 생성한다.
    CArray<CPoint, CPoint&> m_ptArray;
}
```

2 새로운 문서를 열면 재초기화하기 위해서 호출되는 OnNewDocument() 함수에서 CArray 객체를 초기화한다.

```
BOOL CDraw1Doc::OnNewDocument()
{
    if (!CDocument::OnNewDocument())
        return FALSE;

    // TODO: 여기에 재초기화 코드를 추가합니다.
    // SDI 문서는 이 문서를 다시 사용합니다.
    // 새 문서를 열면 CArray 객체의 모든 원소를 제거한다.
    m_ptArray.RemoveAll();

    return TRUE;
}
```

3 마우스가 드래그되는 위치에 원을 연속적으로 출력하기 위해서 [클래스 뷰] 창에서 뷰 클래스를 선택한 후 마우스 오른쪽 버튼을 클릭하여 나타난 바로가기 메뉴에서 [속성]을 선택한다. 화면 오른쪽에 나타난 속성 창에서 [메시지] 아이콘을 선택한 후 메시지 리스트에서 WM_MOUSEMOVE를 찾아 오른쪽 빈 칸을 선택하면 "<추가> OnMouseMove"가 나타난다. 이를 선택하면 이름이 자동으로 OnMouseMove로 결정되어 뷰 클래스에 메시지 핸들러를 추가한다. 마우스가 드래그되는 위치에 원을 연속적으로 출력하기 위해서 OnMouseMove() 함수에 다음과 같이 코딩하여 마우스가 움직일 때마다 좌표값을 도큐먼트 클래스의 배열 객체에 저장한다.

```
void CDraw1View::OnMouseMove(UINT nFlags, CPoint point)
{
    CDraw1Doc *pDoc=GetDocument();
    CClientDC dc(this);
    if( (nFlags & MK_LBUTTON) == MK_LBUTTON){
        pDoc->m_ptArray.Add(point);
        dc.Ellipse(point.x-10, point.y-10, point.x+10, point.y+10);
    }

    CView::OnMouseMove(nFlags, point);
}
```

4 OnDraw() 함수에서 마우스가 움직일 때마다 저장해 두었던 좌표값 위치에 원을 출력한다.

```
void CDraw1View::OnDrew(CDC* pDC)
{
   CDDraw1Doc* pDoc = GetDocument();
   ASSERT_VALID(pDoc);
   if (!pDoc)
      return;

   for(int i=0; i<pDoc->m_ptArray.GetSize(); i++){
      CPoint point=pDoc->m_ptArray[i];
      pDC->Ellipse(point.x-5, point.y-5, point.x+5, point.y+5);
   }
}
```

5 MFC에서 데이터를 디스크에 읽고 쓰기 위한 작업은 직렬화(Serialization)하는 과정을 통해서 가능하다. 이러한 과정은 CDocument 클래스의 Serialize() 함수에서 한다. CDraw1Doc 클래스의 Serialize() 함수에 다음과 같은 코딩을 추가하여 파일 입출력이 가능하도록 하자.

```
void CDraw1Doc::Serialize(CArchive& ar)
{
   if (ar.IsStoring())
   {
      ar<<m_ptArray.GetSize();
      for(int i=0; i<m_ptArray.GetSize(); i++)
         ar<<m_ptArray[i];
   }
   else
   {
      m_ptArray.RemoveAll();
      CPoint point;
      int size;
      ar>>size;
      for(int i=0; i<size; i++){
         ar>>point;
         m_ptArray.Add(point);
```

```
        }
    }
}
```

6 [클래스 뷰]에서 뷰 클래스의 멤버 함수 중에서 OnDraw( ) 함수를 찾아 다음과 같이 입력한다.

```
void CDraw1View::OnDraw(CDC* pDC)
{
    CDraw1Doc* pDoc = GetDocument();
    ASSERT_VALID(pDoc);
    if (!pDoc)
        return;

  for(int i=0; i<pDoc->m_ptArray.GetSize( ); i++){
    CPoint point=pDoc->m_ptArray[i];
    pDC->Ellipse(point.x-5, point.y-5, point.x+5, point.y+5);
  }
}
```

CDC 객체 포인터인 pDC로 CDC의 도형을 그리기 위한 다양한 함수들을 호출하기 위해서 주석 처리를 풀어주었다.

SECTION

02 객체의 직렬화

Draw1 프로그램을 수정하여 마우스로 그림을 그리되 메뉴를 통해 색상을 바꿀 수 있도록 해 보자. 이 프로그램에서 데이터를 파일에 저장하려면 의외로 복잡하다는 것을 알 수 있다. 마우스 버튼을 누른 상태에서 마우스가 움직이면 이 경로를 따라 곡선이 그려져야 하기에 마우스 커서가 지나간 좌표를 모두 저장해야 하고 펜의 색상을 변경할 수 있으므로 곡선에 대한 펜의 색상도 저장되어야 한다. 이렇게 저장된 데이터가 파일로 저장될 수 있도록 하려면 `Serialize` 기능을 구현해야 한다.

이미 도큐먼트의 데이터를 파일에 저장하기 위해서는 `Serialize()` 함수를 이용한다는 것은 알고 있지만 다시 한번 정리하자. 프로그램에서 파일|열기 또는 파일|저장 메뉴를 선택하면 여러 단계를 거쳐 `Serialize()` 함수를 호출하게 되는데 이 과정은 MFC 클래스 내부에 감추어져 있다. `Serialize()` 함수에서는 `CArchive` 객체의 <<나 >> 연산자를 이용하여 파일 입출력을 한다. `CArchive` 객체를 통해 직렬화 가능한 데이터 타입은 다음과 같다.

표 9-5 ● CArchive 객체의 〈〈나 〉〉 연산자로 파일 입출력 가능한 데이터 타입

구분	데이터 타입
기본형	BYTE, WORD, LONG, DWORD, float, double, int, short, char, wchar_t, unsigned, bool, ULONGLONG, LONGLONG
비 기본형	RECT, POINT, SIZE, CRect, CPoint, CSize, CString, CTime, CTimeSpan, COleVariant, COleCurrency, COleDateTime, COleDataTimeSpan

우리가 작성할 프로그램은 저장할 데이터가 마우스의 위치뿐만 아니라 색상 정보까지이기에 `CPoint` 객체뿐만 아니라 현재 색상 값인 COLORREF 값도 저장해야 한다. 이를 한꺼번에 관리하기 위해서는 이들을 멤버로 갖는 클래스를 따로 설계해야 한다. [표 9-5]에 언급된 데이터 타입 이외의 클래스들은 곧바로 직렬화하지 못하고 `Serialize()` 함수를 통해 파일 입출력하려면 다음과 같은 요건을 만족해야 한다.

> ❶ CObject 클래스로부터 상속받아야 한다.
> ❷ 헤더 파일에 DECLARE_SERIAL 매크로를 적어주어야 한다.
> ❸ 생성 함수를 만들어야 한다.
> ❹ Serialize( ) 함수를 오버라이딩해서 데이터를 저장하는 루틴을 기술한다.
> ❺ 소스 파일에 IMPLEMENT_SERIAL 매크로를 적어주어야 한다.
> ❻ <<, >> 연산자도 오버라이딩한다.

Serialize 기능을 사용하여 클래스의 데이터를 CArchive에 저장하려면 그 클래스에 몇 가지 함수를 구현해 주어야 한다. 이 함수들은 MFC 클래스들과 상호 작용을 하면서 Serialize 기능이 동작하도록 해 준다. 그러나 프로그래머 입장에서는 그 내용을 자세히 알 필요가 없다. 그래서 MFC는 그것을 매크로로 처리한다. DECLARE_SERIAL과 IMPLEMENT_SERIAL 매크로는 #define 문으로 되어 있어서 컴파일하기 직전에 복잡한 함수로 대치한다.

DECLARE_SERIAL은 헤더 파일에 들어가 이 함수들을 클래스에 선언해 주는 기능을 하고, IMPLEMENT_SERIAL은 소스 파일에 들어가 이 함수들을 실제 구현해 주는 기능을 한다. 이 내용은 프로그래머가 자세히 알 필요가 없는 것이라서 이렇게 매크로로 처리하는 것이다. 우리는 그냥 Serialize 기능을 구현하기 위해서 헤더 파일에 DECLARE_SERIAL 매크로를 적어주고 소스 파일에 IMPLEMENT_SERIAL 매크로를 적어 준다는 정도만 알고 있으면 된다.

다음은 파일에 저장할 때 마우스의 위치뿐만 아니라 색상 정보까지도 저장되도록 하기 위해서 직렬화 기능을 사용할 수 있도록 CMyData 클래스를 설계한 것이다.

파일명 : MyData.h

```
class CMyData : public CObject ························ ❶
{
   DECLARE_SERIAL(CMyData) ···························· ❷
public:
   COLORREF m_PenColor;
   CArray<CPoint, CPoint&> m_ptArray;
public:
   CMyData(); ·········································· ❸
   CMyData(COLORREF PenColor);
   virtual ~CMyData();
```

```
    void Serialize(CArchive& ar); ···································· ❹

    void Draw(CDC *pDC);
};
```

파일명 : MyData.cpp

```
#include "StdAfx.h"
#include "MyData.h"

IMPLEMENT_SERIAL(CMyData, CObject, 1) ································ ❺

CMyData::CMyData(void)
{
    m_PenColor=RGB(0,0,0);
}
CMyData::CMyData(COLORREF PenColor)
{
    m_PenColor=PenColor;
}
CMyData::~CMyData(void)
{

}

void CMyData::Serialize(CArchive& ar) ································ ❻
{
    CObject::Serialize(ar);
    if(ar.IsStoring()){
        ar << m_PenColor;
        m_ptArray.Serialize(ar);
    }
    else{
        ar >> m_PenColor;
        m_ptArray.Serialize(ar);
    }
}
```

❶ CObject 클래스로부터 상속받아야 한다.

직렬화 기능을 사용하려면 최상위 클래스에 CObject가 있어야 한다. 이와 같이 직접 CObject 클래스로부터 파생시켜도 되고 CObject를 최상위 클래스로 하는 다른 클래스로부터 파생시켜도 된다.

❷, ❺ 헤더 파일에 DECLARE_SERIAL 매크로를 적어주어야 한다.

CObject 클래스로부터 파생하기만 하면 직렬화 기능을 사용할 수 있는 것이 아니다. 다음과 같은 매크로가 각각 클래스 선언부와 구현부에 있어야 한다. DECLARE_SERIAL 매크로에서 버전은 1로 시작하는 것이 좋고 새로운 데이터가 추가되면 버전을 높여야 한다.

❸ 생성 함수를 만들어야 한다.

반드시 전달인자 없는 디폴트 생성자가 있어야 하므로 없는 경우에는 추가해야 한다.

❹, ❻ Serialize() 함수를 오버라이딩해서 데이터를 저장하는 루틴을 기술한다.

CObject 클래스가 제공하는 Serialize() 함수를 자신의 클래스에 맞게 오버라이딩한다. 이때 기반 클래스의 Serialize() 함수를 먼저 호출한 후 자신의 데이터에 직렬화를 적용해야 한다.

기본예제 9-5 자유 곡선 그리기

【예제설명】

이번에 작성할 예제는 마우스 버튼을 누른 상태에서 마우스가 움직이면 이 경로를 따라 곡선이 그려져야 한다. 윈도우 크기가 변경되면 드래그할 때 그렸던 이전의 곡선들이 사라지지 않도록 하기 위해서 마우스 커서가 지나간 좌표를 모두 저장해야 하고 펜의 색상을 변경할 수 있으므로 곡선에 대한 펜의 색상도 저장해야 한다. 이렇게 저장된 데이터가 파일로 저장될 수 있도록 하려면 Serialize 기능을 구현해야 한다.

【실행결과】

마우스로 드래그하여 그림을 그린 후 [파일] → [저장] 메뉴를 누른 후 파일 이름을 입력한다.

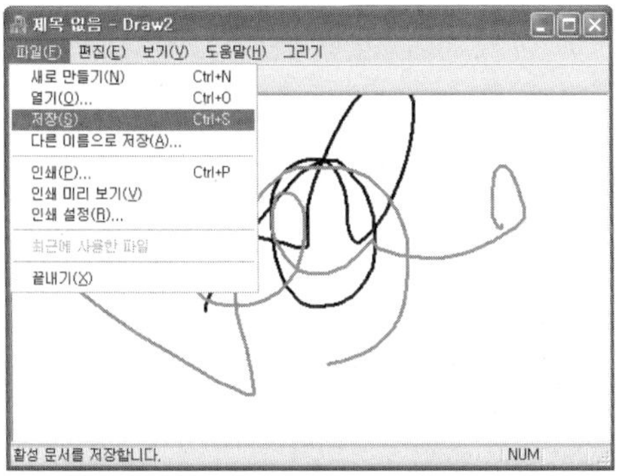

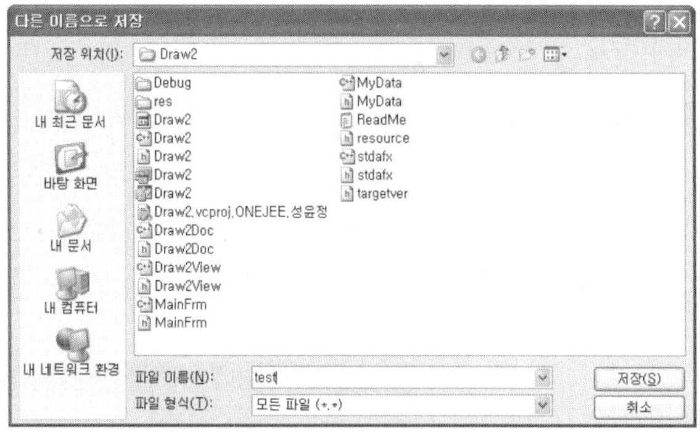

[파일] → [새로 만들기] 메뉴를 선택하면 화면이 깨끗이 클리어된다.

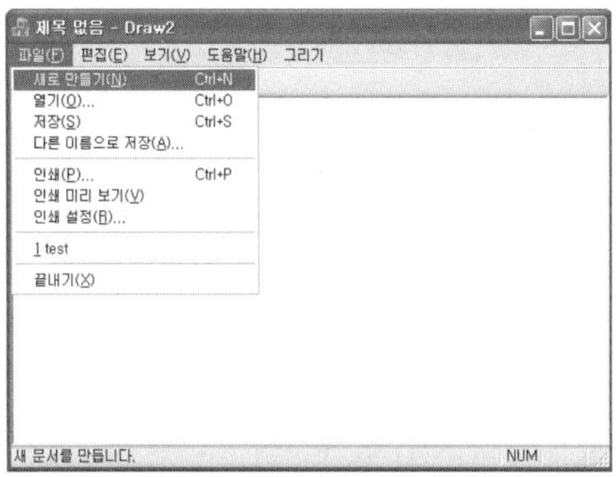

[파일] → [열기] 메뉴를 선택하여 파일을 불러오면 저장 당시의 그림이 불려온다.

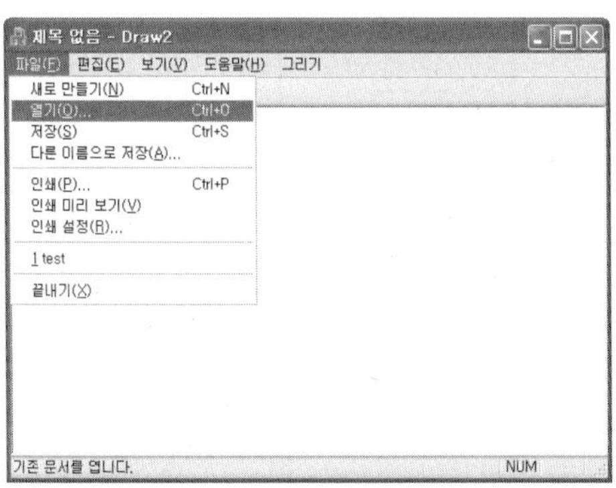

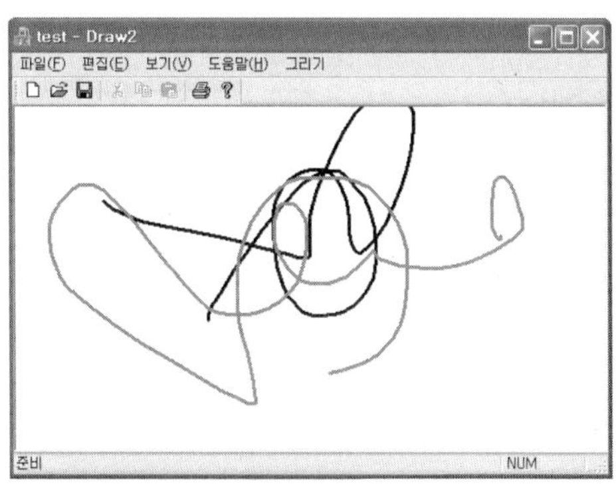

【따라하기】

1. "Draw2"이란 이름의 단일 문서 형태의 새로운 프로젝트를 생성한다. 하나의 곡선을 표현하기 위해서는 CMyData 클래스를 추가하자. [클래스 뷰] 창에서 프로젝트명을 클릭한 후 마우스 오른쪽 버튼을 눌러 나타난 바로가기 메뉴에서 [추가] → [클래스...]을 선택한다. [클래스 추가] 창이 나타나면 범주는 [C++]로 지정하고 템플릿은 [C++ 클래스]로 지정한 후 <추가> 버튼을 누른다.

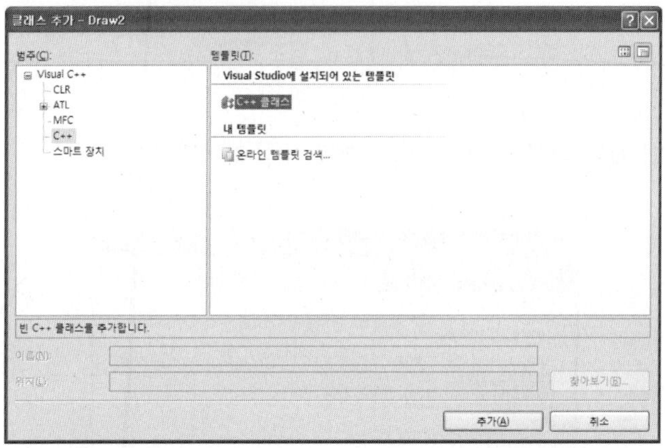

2. Serialize 기능을 사용하여 데이터를 쓰고 읽을 수 있도록 하기 위해서 CObject를 기본 클래스로 해야 한다. [일반 C++ 클래스 마법사] 창이 나타나면 클래스 이름:으로 "CMyData"를 기본 클래스:로는 "CObject"를 입력하고 가상 소멸자를 체크한 후 <마침> 버튼을 누른다.

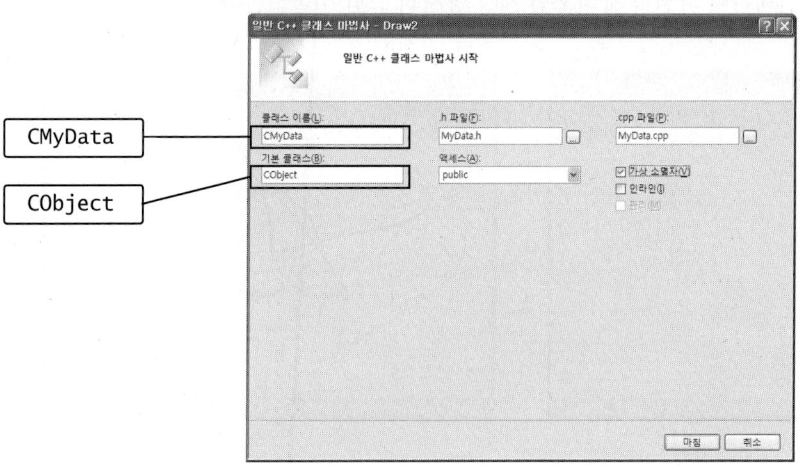

3 하나의 곡선을 표현하기 위해서는 다음과 같은 멤버가 필요하다. 마우스 커서가 지나간 좌표를 모두 저장하기 위해서는 CPoint 객체를 원소로 갖는 배열 객체와 펜의 색상을 변경할 수 있으므로 곡선에 대한 펜의 색상을 저장하기 위한 COLORREF를 멤버로 추가해야 한다(❶). 또한 Serialize 기능을 사용하여 데이터를 쓰고 읽을 수 있도록 하기 위해서 DECLARE_SERIAL(CMyData) 매크로를 추가한다(❷). 펜의 색상을 지정하여 객체를 생성하기 위한 COLORREF를 매개변수로 갖는 생성자를 추가한다(❸). Serialize() 함수를 오버라이딩해서 데이터를 저장하는 루틴을 기술한다(❹). m_PenColor에 저장된 색상을 갖는 펜을 생성하여 배열에 저장되어 있는 점들의 좌표를 모두 연결한 선을 그리기 위한 Draw() 함수를 추가한다(❺). 다음은 헤더 파일인 MyData.h의 내용이다.

```
class CMyData : public CObject
{
    DECLARE_SERIAL(CMyData) ········································ ❷
public:
    COLORREF m_PenColor;
    CArray<CPoint, CPoint&> m_ptArray; ····························· ❶
public:
    CMyData();
    virtual ~CMyData();
    CMyData(COLORREF PenColor); ···································· ❸
    void Serialize(CArchive& ar); ·································· ❹
    void Draw(CDC *pDC); ··········································· ❺
};
```

4 다음은 소스 파일인 MyData.cpp의 내용이다.

```
IMPLEMENT_SERIAL(CMyData, CObject, 1) ······························ ❷

CMyData::CMyData(void)
{
    m_PenColor=RGB(0,0,0);
}

CMyData::~CMyData(void)
{
```

```
}

CMyData::CMyData(COLORREF PenColor)
{
   m_PenColor=PenColor;                              ❸
}

void CMyData::Serialize(CArchive& ar)
{
   CObject::Serialize(ar);
   if(ar.IsStoring()){
      ar << m_PenColor;
      m_ptArray.Serialize(ar);                       ❹
   }
   else{
      ar >> m_PenColor;
      m_ptArray.Serialize(ar);
   }
}
void CMyData::Draw(CDC *pDC)
{
   CPen pen(PS_SOLID, 3, m_PenColor);
   CPen *pOldPen=pDC->SelectObject(&pen);

   pDC->MoveTo(m_ptArray[0]);
   for(int i=1; i<m_ptArray.GetSize(); i++)          ❺
   {
      pDC->LineTo(m_ptArray[i]);
   }
   pDC->SelectObject(pOldPen);
}
```

5 템플릿 클래스를 사용하기 위해서 솔루션 탐색기에서 `stdafx.h` 파일을 열어 파일 제일 하단에 다음과 같이 `afxtempl.h` 파일을 포함(include)한다.

```
#include <afxtempl.h>
```

6 지금까지 하나의 곡선을 표현하는데 필요한 데이터를 관리하기 위한 CMyData 클래스를 만들었다. 이제 여러 개의 곡선을 관리하기 위한 리스트 객체를 만들 차례이다. CMyData 객체를 관리하기 위해서 CTypedPtrList 템플릿 클래스를 사용할 것이다. CTypedPtrList 클래스는 CMyData 객체 포인터를 관리하기에 객체를 통째로 복사하는 CList 클래스보다 효율적이기 때문이다. CMyData 클래스를 사용하려면 이를 선언한 헤더파일(MyData.h)을 포함해야 하는데 MFC에서는 헤더파일(Draw2Doc.h)에서 헤더 파일(MyData.h)을 포함하지 않고 소스 파일(Draw2Doc.cpp)에서 포함하고 헤더 파일(MyData.h)에서는 "class CMyData;"와 같이 기술하여 CMyData 클래스를 참조할 수 있도록 한다.

```
class CMyData;
class CDraw2Doc : public CDocument
{
public:
   CTypedPtrList<CObList, CMyData*> m_MyDataList;
   // ... 생략 ...
};
```

7 Serialize() 함수를 사용하여 곡선의 정보를 파일에 저장해야 한다. CTypedPtrList 클래스는 Serialize() 함수를 지원하기에 다음과 같이 간단하게 CTypedPtrList 객체가 관리하는 데이터를 파일에 쓰고 읽을 수 있다.

```
#include "MyData.h"
void CDraw2Doc::Serialize(CArchive& ar)
{
   m_MyDataList.Serialize(ar);
}
```

8 하나의 문서 작업이 완료되면 도큐먼트 클래스는 자신이 가지고 있는 데이터를 메모리에서 삭제해야 한다. 도큐먼트 클래스에서 DeleteContents()를 오버라이딩하여 도큐먼트가 가지고 있는 데이터를 삭제하는 내용을 기술해 놓는다. DeleteContents() 함수는 도큐먼트가 닫힐 때마다 호출되기 때문이다. DeleteContents() 함수를 오버라이딩하려면 클래스 뷰에서 CDraw2Doc를 선택한 후에 마우스 오른쪽 버튼을 눌러 나타난 바로가기 메뉴에서 속성을 선택한다. 화면 오른쪽에 속성 창이 나타나면 [재정의] 아이콘을 선택한 후 가상 함수 리스트에서 DeleteContents를 찾아

오른쪽 빈 칸을 선택하면 “<추가> DeleteContents”가 나타난다. 이를 선택하면 이름이 자동으로 DeleteContents로 결정되어 도큐먼트 클래스에 가상함수가 추가된다. 다음과 같이 코딩하여 하나의 문서 작업이 완료되면 도큐먼트 클래스는 자신이 가지고 있는 데이터를 메모리에서 삭제하도록 한다.

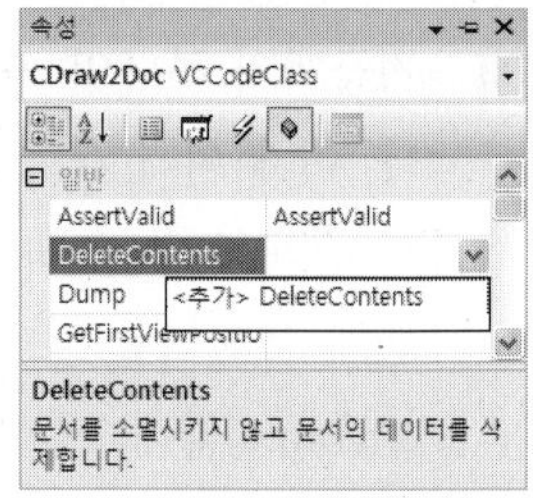


```
void CDraw2Doc::DeleteContents()
{
   // TODO: 여기에 특수화된 코드를 추가 및/또는 기본 클래스를 호출합니다.
   // IsEmpty() 함수를 호출하여 리스트가 비었을 때까지 while 루프를 돌면서
   // RemoveHead() 함수를 호출한다.
   while(!m_MyDataList.IsEmpty())
   {
      m_MyDataList.RemoveHead();
   }

   UpdateAllViews(NULL);

   CDocument::DeleteContents();
}
```

9 [클래스 뷰]에서 뷰 클래스의 멤버변수를 추가하기 위해서 뷰 클래스를 더블클릭하여 다음과 같이 입력한다.

```
class CDraw2View : public CView
{
public:
   COLORREF m_PenColor;          // 펜의 현재 색상을 저장하는 변수
   CPen m_CurrentPen;            // 현재 펜을 생성하기 위한 변수
   // 마우스를 이동하면 이전 좌표에서 현재 마우스 좌표까지 선을 그려주어야 하기에
   CPoint m_ptPrev;              // 이전 마우스 좌표를 저장할 변수
   // 현재 곡선을 가리키는 CMyData 객체 포인터 변수
   CMyData *m_pCurrentMyData;
};
```

10 위에 선언한 변수들에 대해 생성자에서 다음과 같이 초기화한다.

```
#include "MyData.h"
CDraw2View::CDraw2View()
{
    // TODO: 여기에 생성 코드를 추가합니다.
    m_PenColor = RGB(0, 0, 0);
    m_CurrentPen.CreatePen(PS_SOLID, 3, m_PenColor);
    m_pCurrentMyData = NULL;
}
```

11 마우스 버튼이 눌렸을 때부터 선을 그리기 시작해야 하므로 마우스 버튼이 눌려진 점으로 m_ptPrev를 초기화한다. 마우스 버튼이 눌린 점으로 이 변수들을 초기화하려면 OnLButtonDown() 함수에서 작업을 해야 한다. 뷰 클래스를 선택한 후 마우스 오른쪽 버튼을 클릭하여 나타난 바로가기 메뉴에서 [속성]을 선택한다. 화면 오른쪽에 나타난 속성 창에서 [메시지] 아이콘을 선택한 후 메시지 리스트에서 [WM_LBUTTONDOWN]을 찾아 오른쪽 빈 칸을 선택하여 나타난 "<추가> OnLButtonDown"를 선택하면 뷰 클래스에 메시지 처리기 OnLButtonDown()이 추가된다. 여기에 다음과 같은 코딩을 추가한다.

```
void CDraw2View::OnLButtonDown(UINT nFlags, CPoint point)
{
    CDraw2Doc *pDoc = GetDocument();
    // 마우스가 눌린 순간에 new 연산자를 이용하여 새로운 곡선을 저장할 CMyData 객체를 생성
    m_pCurrentMyData = new CMyData(m_PenColor);
    // CTypedPtrList 클래스의 AddTai() 함수를 호출하여 CMyData 객체 추가
    pDoc->m_MyDataList.AddTail(m_pCurrentMyData);
    // 도큐먼트에 데이터가 변경되었음을 알리기 위한 SetModifiedFlag() 함수 호출
    pDoc->SetModifiedFlag();
    // 마우스 커서가 다른 윈도우 위로 이동해도 메시지를 계속 잡아 올 수 있도록 함
    SetCapture();

    m_ptPrev = point;

    CView::OnLButtonDown(nFlags, point);
}
```

12 마우스가 움직일 때마다 이전의 선을 지우고, 마우스 커서가 이동한 위치에 새로운 선을 그리기 위해서 OnMouseMove()를 OnLButtonDown() 메시지 처리기를 추가하는 방법과 같은 방법으로 추가한 후 다음과 같은 코딩을 입력한다.

```
void CDraw2View::OnMouseMove(UINT nFlags, CPoint point)
{
    // SetCapture() 함수를 호출했다면 ReleaseCapture() 함수가 호출될 때까지
    // GetCapture() 함수는 this를 반환한다.
    if (GetCapture() != this)
        return;

    CClientDC dc(this);
    // 마우스 좌표값을 m_pCurrentMyData->m_ptArray에 저장한다.
    m_pCurrentMyData->m_ptArray.Add(point);
    // 현재 펜을 설정한 후에
    CPen* pOldPen = dc.SelectObject(&m_CurrentPen);
    dc.MoveTo(m_ptPrev);   //이전 좌표에서
    dc.LineTo(point);       //현재 좌표까지 선을 그린다.
    dc.SelectObject(pOldPen);
    // 다음에 그릴 선이 연결되어 그려지도록 하기 위해서 현재 좌표를 이전 좌표로 저장해 둠
    m_ptPrev = point;

    CView::OnMouseMove(nFlags, point);
}
```

13 마우스를 떼면 그 순간 직선이 그려지도록 하기 위해서 OnLButtonUp()를 OnLButtonDown() 메시지 처리기를 추가하는 방법과 같은 방법으로 추가한 후 다음과 같은 코딩을 입력한다.

```
void CDraw2View::OnLButtonUp(UINT nFlags, CPoint point)
{
    // 마우스를 떼면 ReleaseCapture() 함수를 호출하여 SetCapture를 해제한다.
    ReleaseCapture();
    CView::OnLButtonUp(nFlags, point);
}
```

14 윈도우 크기가 변경되어 WM_PAINT 메시지가 발생하더라도 드래그할 때 그렸던 이전의 곡선들이

그대로 유지되는 것처럼 보이기 위해서 OnDraw() 함수에서 리스트에 저장된 정보로 다시 곡선을 그려나간다.

```
void CDraw2View::OnDraw(CDC* pDC)
{
   CDraw2Doc* pDoc = GetDocument();
   ASSERT_VALID(pDoc);
   if (!pDoc)
      return;

   // TODO: 여기에 원시 데이터에 대한 그리기 코드를 추가합니다.
   // GetHeadPosition() 함수는 while 문안의 GetNext() 함수와 쌍으로 리스트의 모든
   // 항목을 참조하도록 해준다.
   POSITION pos=pDoc->m_MyDataList.GetHeadPosition();
   while(pos != NULL)
   {
      CMyData *pMyData=pDoc->m_MyDataList.GetNext(pos);
      // CMyData의 Draw() 함수에 곡선을 출력하는 로직이 완벽하게 구현되어 있으므로
      // OnDraw() 함수에서는 단순히 Draw() 함수를 호출해 주기만 하면 곡선이 그려진다.
      pMyData->Draw(pDC);
   }
}
```

15 펜의 색상을 변경하기 위한 메뉴를 만들기 위해 메뉴바에 그리기 메뉴를 추가한다. 그리기 메뉴의 서브 메뉴로 "펜 색상..."을 추가한다. 메뉴의 ID는 IDM_PENCOLOR로 한다. [클래스 뷰] 창에서 뷰 클래스를 선택한 후에 마우스 오른쪽 버튼을 눌러 나타난 바로가기 메뉴에서 속성을 선택하여 화면 오른쪽에 나타난 [속성] 창에서 번개 모양의 [이벤트] 아이콘을 클릭하면 메뉴의 아이디(ID) 값이 나타난다. 여기서 [펜 색상...] 메뉴의 아이디 값인 IDM_PENCOLOR를 선택한 후 [+]버튼을 눌러 COMMAND 이벤트가 나타나면 이 이벤트에 대한 처리를 담당하는 함수를 추가하여 다음과 같이 입력한다.

```
void CDraw2View::OnPencolor()
{
   CColorDialog dlg(m_PenColor);
   if(dlg.DoModal() == IDOK)
```

```
    {
        m_PenColor = dlg.GetColor();
        m_CurrentPen.DeleteObject();
        m_CurrentPen.CreatePen(PS_SOLID,3, m_PenColor);
    }
}
```

연습문제

[개념문제]

단원 요약정리를 대신하여 개념을 잡을 수 있도록 본문의 내용을 충실하게 반영한 문제이다.

1. 다음에 알맞은 내용을 보기에서 찾으시오.

보기			
1	컬렉션 클래스	2	afxtempl
3	GetSize	4	InsertAt
5	AddTail	6	CList
7	CArray	8	SetSize
9	afxcoll	10	RemoveAt
11	CMap	12	Add

1.1 ⓐ ____________(이)란 배열, 링크드 리스트, 맵 등과 같은 자료 구조를 좀 더 편리하게 사용할 수 있도록 MFC에서 제공해주는 클래스를 말한다. MFC에서는 배열을 위해서 ⓑ ____________(을)를 링크드 리스트를 위해서 ⓒ ____________(을)를 맵을 위해서 ⓓ ____________(을)를 제공해준다.

1.2 비 템플릿 클래스는 자주 사용하는 자료형을 곧바로 사용할 수 있도록 클래스를 제공한다. 비 템플릿 클래스는 ⓐ ____________.h 헤더 파일이 필요하다. 비 템플릿 배열 클래스에서 제공하지 않는 자료형인 경우 템플릿 클래스를 사용한다. 템플릿 클래스는 ⓑ ____________.h 헤더 파일이 필요하다. 템플릿 클래스를 사용하면 자료형을 프로그래머가 결정할 수 있다.

1.3 MFC에서 제공해 주는 템플릿 배열 클래스인 CArray는 배열 객체의 원소의 개수를 알고 싶을 때에는 ⓐ ________ 멤버 함수를 사용하고 데이터를 추가하려면 ⓑ ________ 함수를 사용하고 생성된 배열 객체의 크기를 설정하기 위해서는 ⓒ ________ 함수를 사용한다.

배열에 임의의 위치에 원소를 추가하기 위해서는 ⓓ ________ 멤버 함수를 사용하고 삭제하기 위해서는 ⓔ ________ 멤버 함수를 사용한다.

1.4 리스트 클래스를 사용하여 객체를 생성한 후에는 ________ 함수를 사용하여 리스트 맨 뒤쪽에 데이터를 추가한다.

※ 알맞은 내용을 기술하라.

2. 리스트에 저장된 모든 데이터를 접근하기 위해서 리스트의 시작점인 헤드를 찾아서 테일을 만날 때까지 다음 데이터들을 접근해야 하는데 예를 들어 그 과정을 기술해 보아라.

3. `CArchive` 객체의 <<나 >> 연산자로 파일 입출력 가능한 데이터 타입이외의 클래스들은 곧바로 직렬화하지 못하고 `Serialize()` 함수를 통해 파일 입출력하려면 6 단계의 절차를 거쳐야 하는데 그 과정을 간단하게 기술해 보아라.

[실습문제]

본문 기본예제보다 조금 난이도가 높은 내용으로 구성된 프로그램을 실제로 작성해 보는 문제로서 단계별 설명을 자세히 해 놓았으므로 시간이 걸리더라도 꼭 풀어보기 바란다. 실력 향상에 많은 도움이 될 문제이다.

실습문제 9-1 프로젝트명 : Ch09Ex01 / 문서 형태 : 단일 문서

【예제설명】

마우스 왼쪽 버튼이 눌릴 때마다 눌린 위치에 "무한 도전 Visual C++"가 출력되도록 한다. `CList`를 사용해서 윈도우 크기가 변경되더라도 이전에 출력된 내용이 그대로 유지되도록 한다. 현재 상태가 파일 저장되도록 프로그램을 작성하자. [파일] → [저장] 메뉴를 선택하여 파일에 저장한다.

【실행결과】

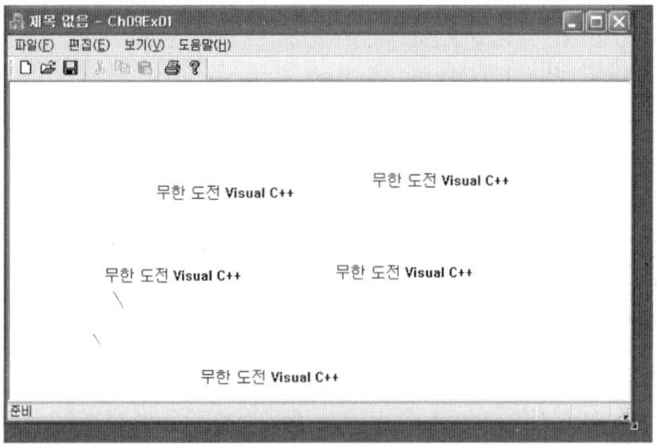

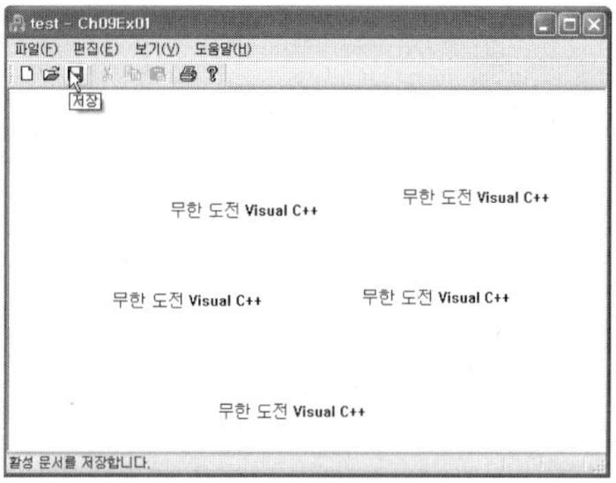

[새로 만들기]를 선택하면 새로운 문서가 만들어지면서 화면에 출력되었던 내용이 모두 지워진다.

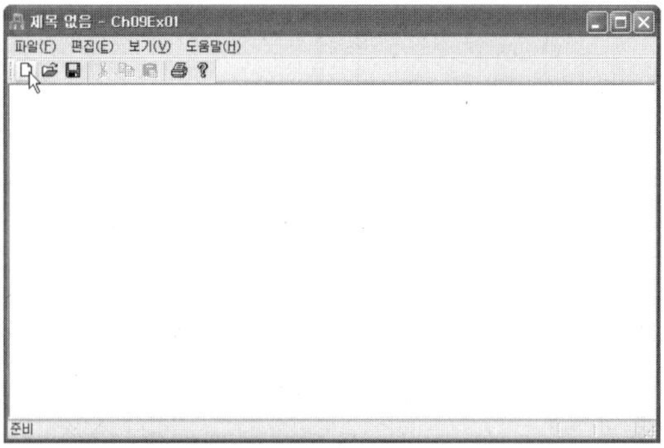

파일 열기를 하면 저장 당시에 화면이 제공된다.

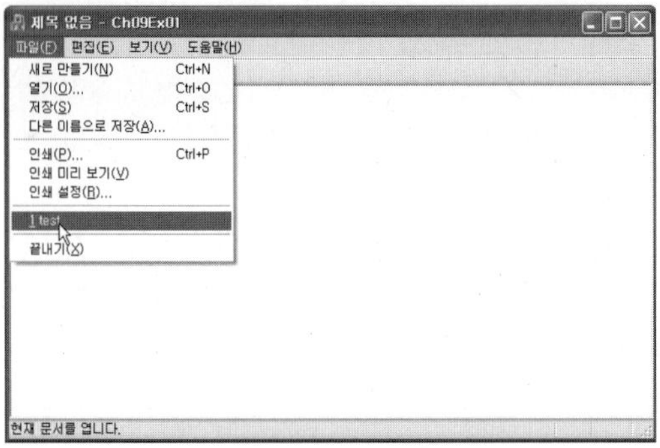

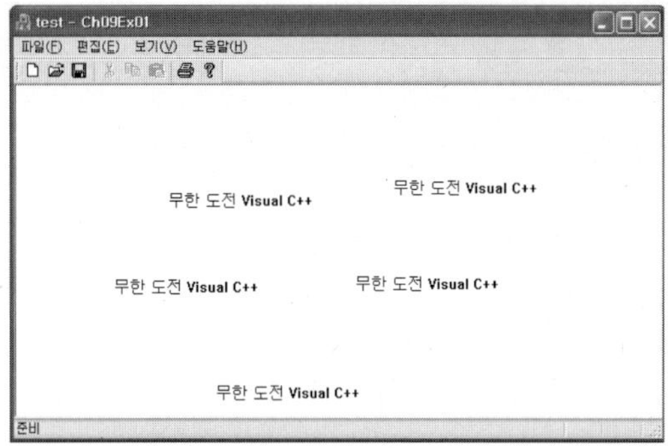

실습문제 9-2 프로젝트명 : Ch09Ex02 / 문서 형태 : 단일 문서

【예제설명】

이번 문제는 자유곡선, 직선, 사각형, 타원을 그리는 프로그램을 작성하는 것이다. 마우스 움직임을 따라다니면서 그림을 그릴 것이다. 선과 면의 색상이 변경가능하도록 한다.

【실행결과】

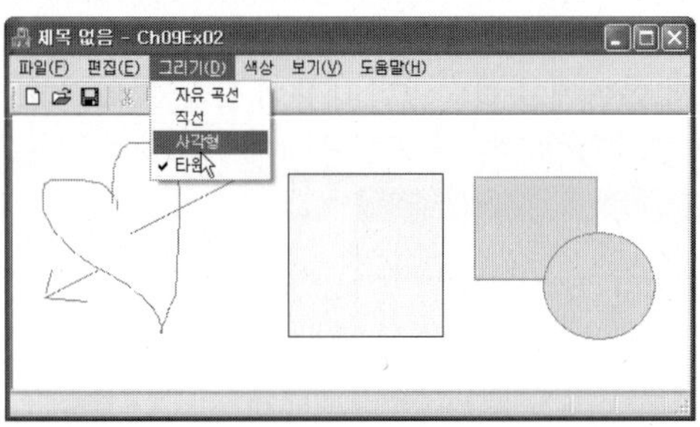

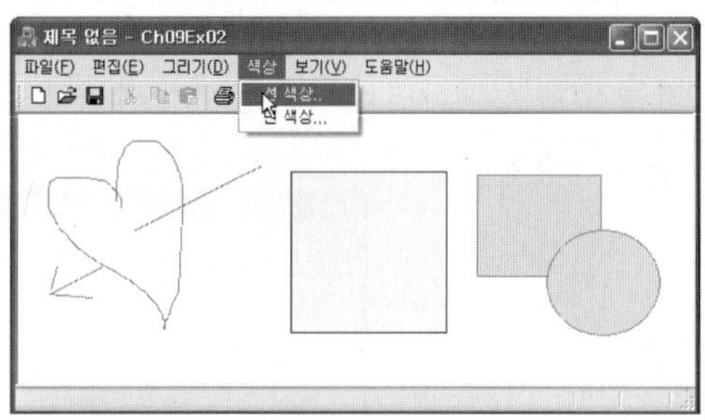

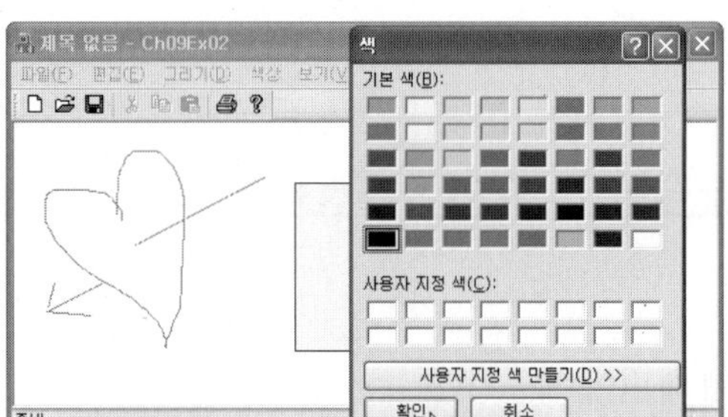

그림을 그린 후 [파일] → [저장] 메뉴를 누른 후 파일 이름을 입력한다.

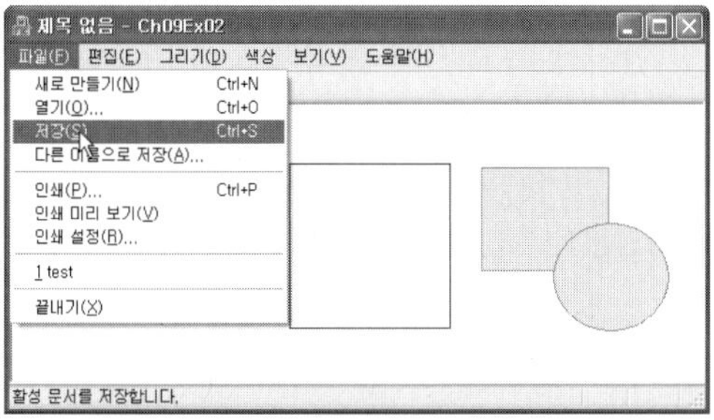

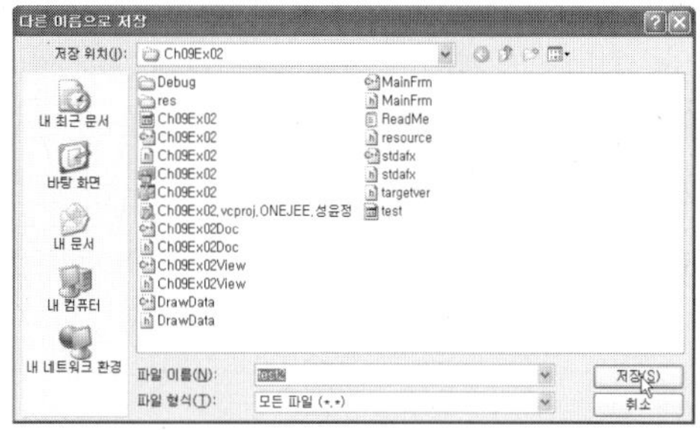

[파일] → [새로 만들기] 메뉴를 선택하면 화면이 깨끗이 클리어 된다.

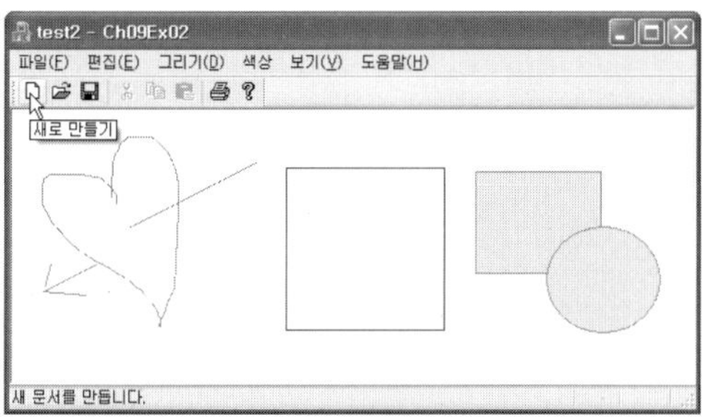

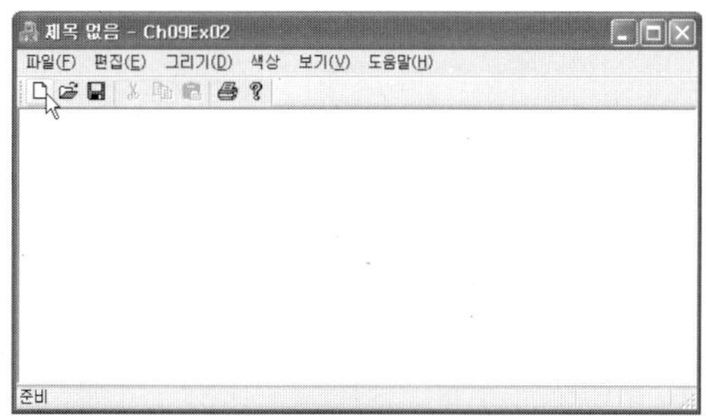

[파일] → [열기] 메뉴를 선택하여 파일을 불러오면 저장 당시의 그림이 불러온다.

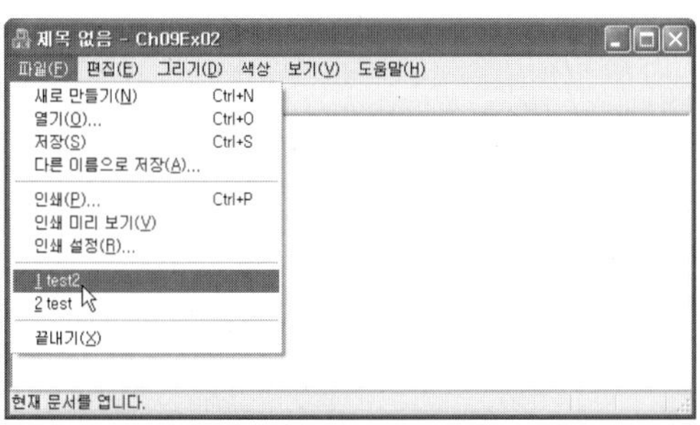

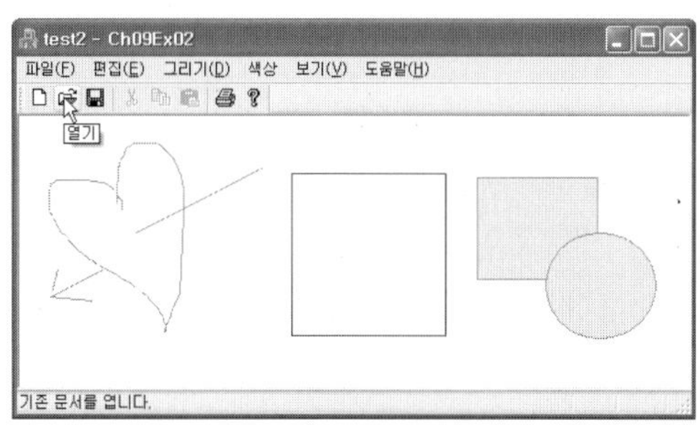

[힌트]

현재 그려야 하는 것이 자유곡선, 직선, 사각형, 타원인지를 구분하기 위한 변수가 필요하다. 직선, 원, 사각형을 그리기 위해서는 시작점과 현재점을 저장하고 있어야 하고 선과 면의 색상을 변경하기 위해서는 펜의 색상과 면의 색상을 저장해야 한다. 파일 입출력이 가능해야 하기에 이러한 변수를 멤버로 갖는 직렬화 가능한 클래스를 설계한다. 여러 개의 도형을 관리하기 위한 리스트 객체가 필요하기에 `CTypedPtrList` 객체를 도큐먼트 클래스의 멤버로 선언한다.

CHAPTER

10 다양한 뷰와 MDI 구조

사용자의 편의를 위해서 혹은 다루고자 하는 데이터의 종류에 따라서 윈도우의 뷰 영역을 좌우로 나누기도 하고 뷰를 전환하기도 한다. 이번 장에서는 여러 종류의 뷰 클래스에 대해서 알아보고 분할 윈도우와 다중 문서에 대해서 알아본다.

미리보기

학습목표

1. MFC 뷰 클래스의 특징과 용도를 개관한다.
2. 다양한 뷰 클래스를 다루는 방법을 익힌다.
3. 여러 개의 뷰 또는 여러 개의 도큐먼트 타입을 생성하고 활용하는 방법을 익힌다.

목차

SECTION

01 뷰 클래스의 종류

Introduction to Microsoft Foundation Class Library

뷰 클래스는 프로그램에서 데이터를 입력받기도 하고 도큐먼트의 데이터를 표현하고 출력하는 역할을 한다. MFC에서는 데이터의 다양한 표현을 위해서 다음과 같이 여러 종류의 클래스들을 제공해 주고 있는데 이들은 모두 CView 클래스의 파생 클래스이다. CView에서 파생된 클래스는 크게 CCtrlView와 CScrollView로 나뉜다. **CCtrlView** 클래스는 **컨트롤 기능을 뷰 차원에서 제공하도록 설계**되어 있고 **CScrollView** 클래스는 **스크롤 가능한 뷰**를 제공해준다. 다음은 뷰 클래스들에 대한 기능을 정리한 표이다.

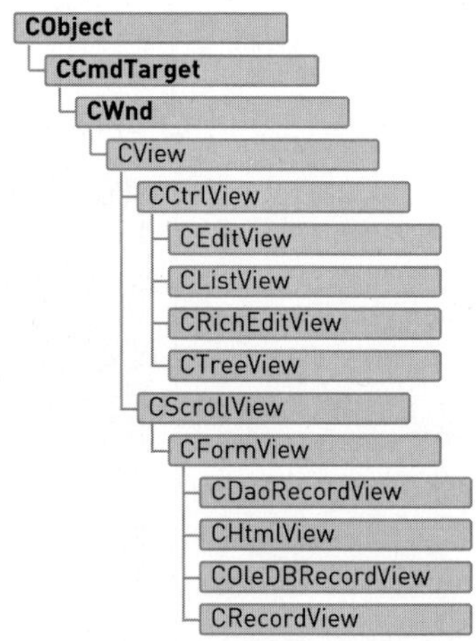

그림 10-1 ● 뷰 클래스의 종류

표 10-1 ● 뷰 클래스의 종류와 기능

클래스 이름	기 능
CView	모든 뷰 클래스의 기반 클래스
CCtrlView	컨트롤 기능 뷰 클래스의 기반 클래스
CEditView	에디트 관련 기능을 구현하는 뷰 클래스
CListView	리스트 컨트롤의 기능을 구현하는 뷰 클래스
CRichEditView	리치에디트 컨트롤의 기능을 구현하는 뷰 클래스
CTreeView	트리 컨트롤의 기능을 구현하는 뷰 클래스
CScrollView	스크롤이 가능한 뷰 클래스
CFormView	대화상자 기반의 문서/뷰 구조를 갖는 뷰 클래스
CDaoRecordView	DAO를 지원하는 뷰 클래스
CHtmlView	HTML을 지원하는 뷰 클래스
COleDBRecordView	OLE DB를 지원하는 뷰 클래스
CRecordView	ODBC를 지원하는 뷰 클래스

MFC 응용 프로그램 마법사를 이용하여 프로젝트를 생성하면 마지막 단계에서 뷰의 기반 클래스를 다음 그림과 같이 다양한 종류를 선택할 수 있도록 한다.

1.1 폼 뷰

폼 뷰는 CView를 상속 받은 SDI 형태의 프로그램 구조를 갖고 있으면서도, 컨트롤을 사용할 수 있는 형태이다. CMainFrame의 자식 윈도우로서 작동한다. CFormView 클래스를 상속 받아 사용자 정의 폼 뷰 프로그램을 작성해 보도록 하자.

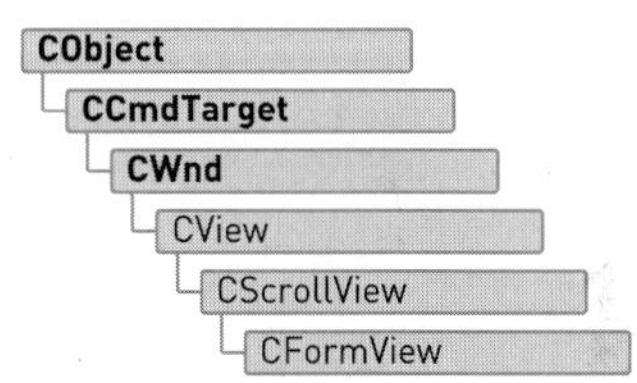

그림 10-2 ● CFormView 클래스 계층도

기본예제 10-1 개인 정보 입출력

[예제설명]

이름, 핸드폰 번호, 이메일과 성별을 입력한 후 <입력완료> 버튼을 누르면 화면 왼쪽 에디트 컨트롤에 입력한 내용이 출력된다.

【실행결과】

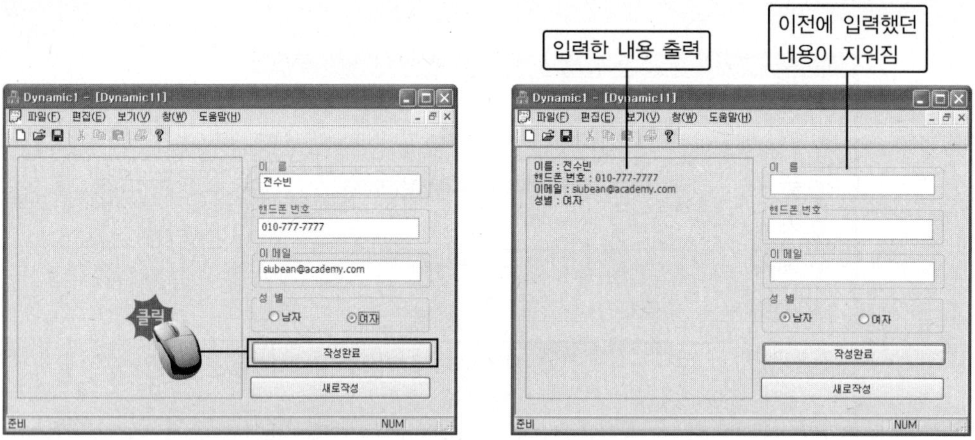

【따라하기】

1 이번 예제에서 사용할 프로젝트를 "Dynamic1"이란 이름으로 생성한다. 응용 프로그램 종류 항목에서 응용 프로그램 종류만 [단일 문서]로 변경하고, 나머지는 기본 선택 사항을 따르되 맨 마지막 단계에서 CDynamic1View의 기본 클래스를 CFormView로 변경한다.

2 이렇게 생성된 CDynamic1View 클래스는 CFormView 클래스를 기본 클래스로 갖으며, "IDD_DYNAMIC1_FORM"이란 대화상자 템플릿을 갖고 있어 이곳에 컨트롤들을 배치할 수 있음을 알 수 있다.

```
class CDynamic1View : public CFormView
{
    //... 생략 ...
    public:
        enum{ IDD = IDD_DYNAMIC1_FORM };
    //... 생략 ...
}
```

3 [리소스 뷰]에서 [Dialog] → [IDD_DYNAMIC1_FORM]을 선택하여 나타난 대화 상자 템플릿에 다음과 같이 컨트롤을 배치하자.

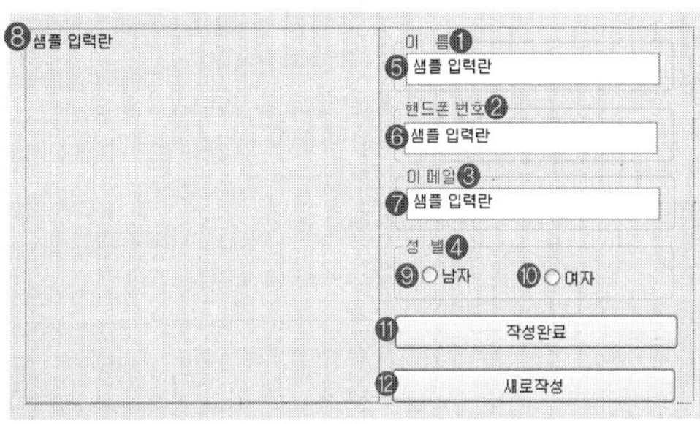

컨트롤	번호	컨트롤 ID	캡션	비고
그룹박스	1	IDC_STATIC	이름	
	2	IDC_STATIC	핸드폰 번호	
	3	IDC_STATIC	이메일	
	4	IDC_STATIC	성별	
에디트컨트롤	5	IDC_EDIT_NAME	(없음)	
	6	IDC_EDIT_HP	(없음)	
	7	IDC_EDIT_EMAIL	(없음)	
	8	IDC_EDIT_OUTPUT	(없음)	Multiline : True Want Return : True Read Only : True
라디오버튼	9	IDC_RADIO_SEX	남자	Group : True
	10	IDC_RADIO2	여자	
버튼컨트롤	11	IDC_BUTTON_DONE	입력 완료	
	12	IDC_BUTTON_CLEAR	새로 작성	

4 다음과 같이 각 컨트롤에 대해서 멤버 변수를 선언한다.

컨트롤 ID	범주	자료형	변수명
IDC_EDIT_NAME	Value	CString	m_strName
IDC_EDIT_HP	Value	CString	m_strHP
IDC_EDIT_EMAIL	Value	CString	m_strEmail
IDC_EDIT_OUTPUT	Control	CEdit	m_Edit
IDC_RADIO_SEX	Value	int	m_nSex

5 [입력 완료] 버튼이 눌리면 에디트 컨트롤에 입력한 내용을 출력하도록 하자.

```
void CDynamic1View::OnBnClickedButtonDone()
{
   UpdateData(TRUE);

   CString temp;

   temp =  _T(" 이름 : ") + m_strName;
   temp += _T("\r\n 핸드폰 번호 : ") + m_strHP;
   temp += _T("\r\n 이메일 : ") + m_strEmail;

   if(m_nSex == 0)
      temp += _T("\r\n 성별 : 남자 ");
   else
      temp += _T("\r\n 성별 : 여자 ");

   m_strName  = _T("");
   m_strHP    = _T("");
   m_strEmail = _T("");
   m_nSex     = 0;

   UpdateData(FALSE);
   m_Edit.SetWindowText(temp);
}
```

6 [새로 작성] 버튼이 눌리면 모든 컨트롤에 입력하거나 출력했던 내용이 클리어되도록 해보자.

```
void CDynamic1View::OnBnClickedButtonClear()
{
   m_strName  = _T("");
   m_strHP    = _T("");
   m_strEmail = _T("");
   m_nSex     = 0;

   UpdateData(FALSE);
   m_Edit.SetWindowText( _T(""));
}
```

SECTION

02 분할 윈도우

Introduction to Microsoft Foundation Class Library

분할 윈도우(Split Windows)는 프레임의 뷰 영역을 두 개 이상의 영역으로 나누어서 보여 주기 위한 것이다. 그 대표적인 사용 예는 윈도우 탐색기이다. 윈도우 탐색기를 보면 프레임의 뷰 영역을 두 개의 영역으로 나누어서 보여주고 있다.

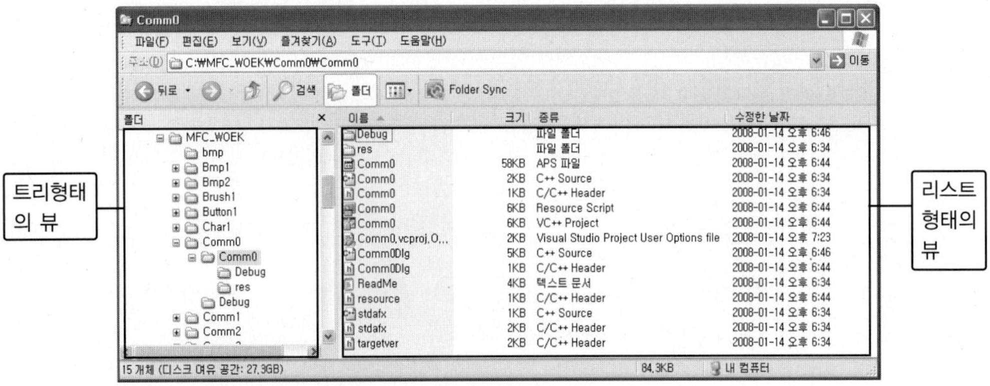

윈도우 탐색기는 분할 바를 기준으로 왼쪽에는 폴더를 트리 형태로 보여주고 오른쪽은 리스트 형태로 왼쪽에서 선택한 드라이브나 폴더의 내용을 보여주고 있다. 분할 윈도우는 크게 동적 분할 윈도우, 정적 분할 윈도우 두 종류가 있다. 우선 동적 분할 윈도우부터 살펴보도록 하자.

2.1 동적 분할 윈도우

동적 분할 윈도우는 처음에는 하나의 뷰 영역을 나타내지만, 사용자가 프로그램을 실행하는 도중에 뷰 영역을 나눌 수 있다. 같은 뷰 클래스를 기반으로 여러 개의 뷰를 생성하고 총 네 개의 구획(Pane)이 생성 가능하다.

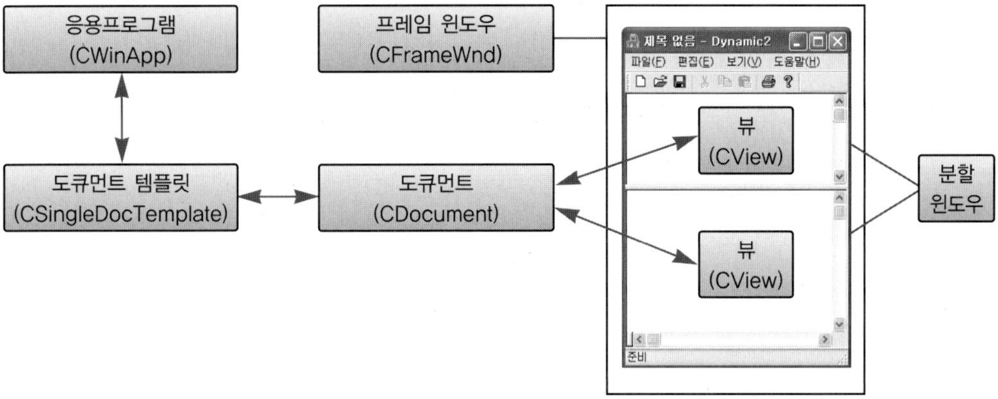

그림 10-3 ● 동적 분할 윈도우의 구조

기본예제 10-2 동적 분할 윈도우

【예제설명】

동적 분할 윈도우는 분할된 뷰 영역에서 같은 내용만 보여준다.

【실행결과】

실행결과는 다음과 같이 처음 프로그램이 시작되었을 경우에는 분할되어 있지 않다. 클라이언트 영역의 우 상단에 있는 스크롤바 위쪽의 분할 바를 드래그하면 프레임이 상하로 분할되어 나타난다.

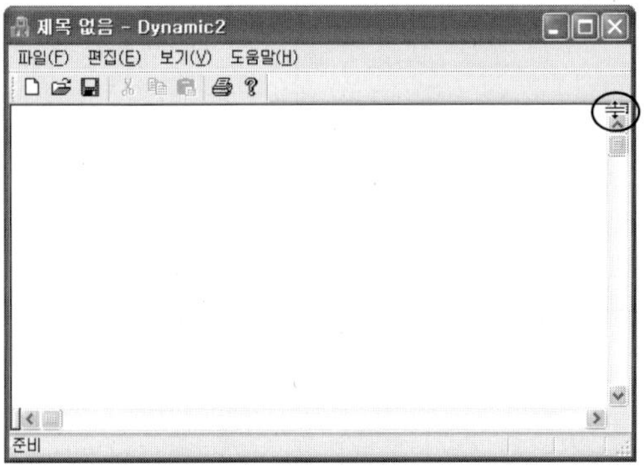

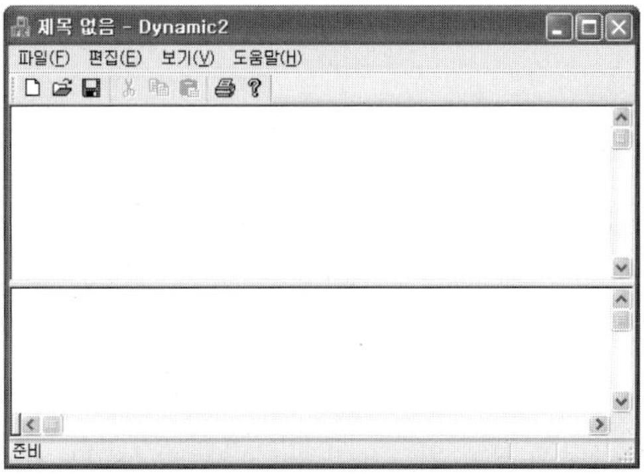

이번에는 좌 하단에 있는 분할 바를 드래그해보자. 그러면 프레임이 좌우로 분할되어 나타난다.

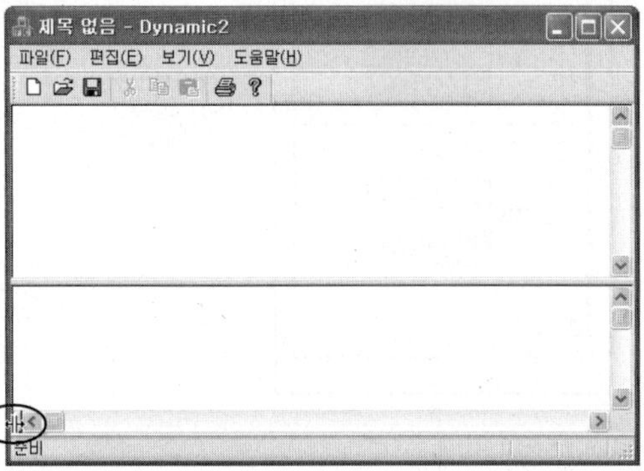

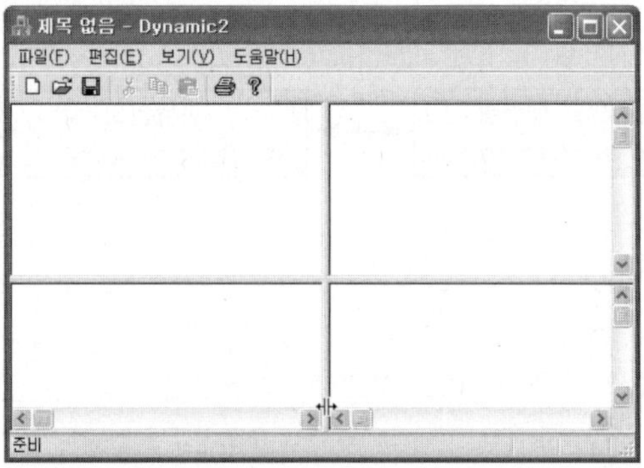

[따라하기]

1 이번 예제에서 사용할 프로젝트를 "Dynamic2"이란 이름으로 생성한다. 응용 프로그램 종류 항목에서 응용 프로그램 종류만 [단일 문서]로 변경하고, 나머지는 기본 선택 사항을 따르되 [사용자 인터페이스 기능]을 정의하는 단계에서 [분할 창]을 체크한다.

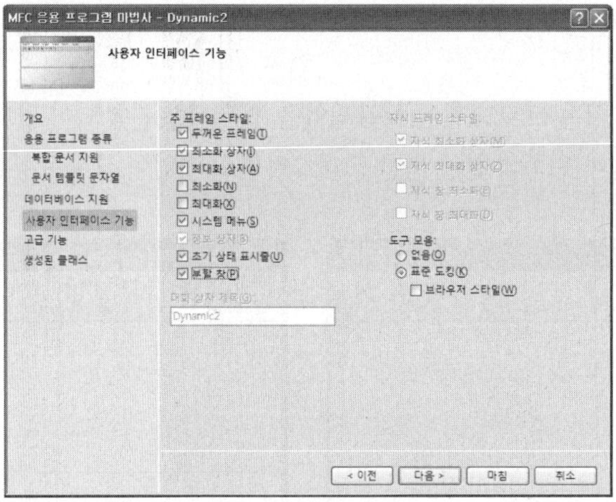

2 어떻게 분할 윈도우가 나타나는지 살펴보기 위해서 소스를 분석해 보도록 하자. `CMainFrame` 클래스에 보면 `CSplitterWnd` 클래스로 멤버변수가 선언되어 있다.

```
class CMainFrame : public CFrameWnd
{
  //..생략..
  protected:
    CSplitterWnd m_wndSplitter;
  //..생략..
}
```

3 이번에는 CMainFrame 클래스의 OnCreateClient() 함수를 살펴보자. OnCreateClient() 함수는 뷰 영역이 생성될 때 자동으로 호출되는 함수인데 이 함수는 동적 분할 윈도우를 만들 때 사용한다. 이 함수 내부에서 동적 분할 윈도우를 만들 수 있는데, 그러려면 CSplitterWnd 클래스로 선언한 멤버변수로 Create() 함수를 호출해야 한다.

```
BOOL CMainFrame::OnCreateClient(LPCREATESTRUCT /*lpcs*/, CCreateContext* pContext)
{
  return m_wndSplitter.Create(this,  //분할 윈도우의 부모 윈도우 포인터
    2,                      //분할 윈도우의 행의 최대 개수
    2,                      //분할 윈도우의 열의 최대 개수
    CSize(10, 10),          //표시할 수 있는 최소 창 크기
    pContext                //분할 윈도우 영역에 설정할 도큐먼트 객체의 정보를 가짐
  );
}
```

TIP | OnCreateClient() 함수

OnCreateClient() 함수는 프레임 윈도우의 클라이언트 영역이 생성될 때 애플리케이션 프레임 워크로부터 호출되는 함수이다. 분할 윈도우를 사용하기 위해서 CSplitterWnd 클래스의 객체를 메인 프레임 클래스에 멤버 변수로 등록하였다. 이 객체를 OnCreateClient() 함수에서 Create() 함수나 CreateStatic() 함수를 통해서 분할 윈도우를 생성하는 것이다.

2.2 정적 분할 윈도우

정적 분할 윈도우는 프로그램 실행 처음부터 뷰 영역이 나누어져 있으면 프로그램 실행 도중에는 윈도우 영역을 나눌 수 없다. 또한, **서로 다른 내용**을 보여 줄 수 있다. 우리가 분할 윈도우의 예로 살펴본 윈도우 탐색기는 정적 분할 윈도우이다. 서로 다른 뷰 클래스를 기반으로 여러 개의 뷰를 생성한다. 총 256개의 구획 생성이 가능하다.

이번 예제에서는 정적 분할 윈도우로 두 개의 영역으로 분할할 것이고 왼쪽 영역은 트리 뷰를 오른쪽 영역은 리스트 뷰 형태를 만들어 보겠다. 예제를 살펴보기 전에 우선 트리 뷰와 리스트 뷰에 대해서 학습해 보도록 하자.

트리 뷰를 위한 클래스로 MFC에서는 **CTreeView 클래스**를 제공한다. CTreeView 클래스는 트리 컨트롤을 이용한 사용자 인터페이스 제공한다. CTreeView 클래스는 뷰 영역 전체가 트리 컨트롤로 채워진 형태의 응용 프로그램을 편리하게 작성하게 해준다.

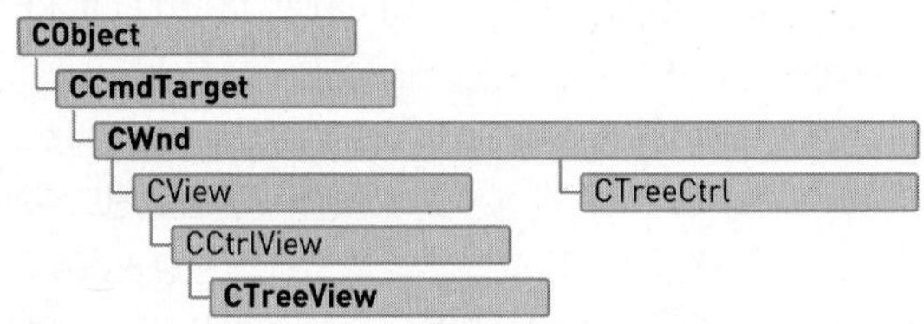

그림 10-4 ● CTreeView의 계층도

CTreeView 클래스를 다루기 위해서는 CTreeCtrl 클래스를 사용해야 하며 두 클래스의 사용방법은 매우 유사하다. 이미 CTreeCtrl 클래스를 배웠으므로 어렵지 않게 CTreeView 클래스를 사용할 수 있다. CTreeView 클래스의 상위 클래스인 CCtrlView 클래스는 컨트롤 기반 뷰 클래스를 위한 공통의 인터페이스와 기능을 제공한다. CTreeView 클래스와 같이 컨트롤을 기반으로 한 뷰 클래스에는 CEditView, CRichEditView, CListView가 있다. 모두 CCtrlView 클래스에서 파생되었다.

CTreeView 클래스를 기반으로 하는 트리 뷰 클래스에서 트리 컨트롤을 접근하려면 GetTree-Ctrl() 함수를 호출해야 한다.

```
//트리 컨트롤 객체에 대한 참조값을 얻기 위해 GetTreeCtrl() 함수를 호출한다.
CTreeCtrl& tree = GetTreeCtrl();

// 참조 변수를 이용하여 트리 컨트롤을 다룬다.
tree.SetImageList(...);
tree.InsertItem(...);
```

리스트 뷰를 위한 클래스로 MFC에서는 **CListView 클래스**를 제공한다. CListView 클래스는 리스트 컨트롤을 이용한 사용자 인터페이스를 제공하는 뷰 클래스이다. CListView 클래스를 다루기 위해서는 리스트 컨트롤을 직접 다룰 수 있는 클래스 CListCtrl를 사용해야 하는데 두 클래스의 사용방법은 매우 유사하다.

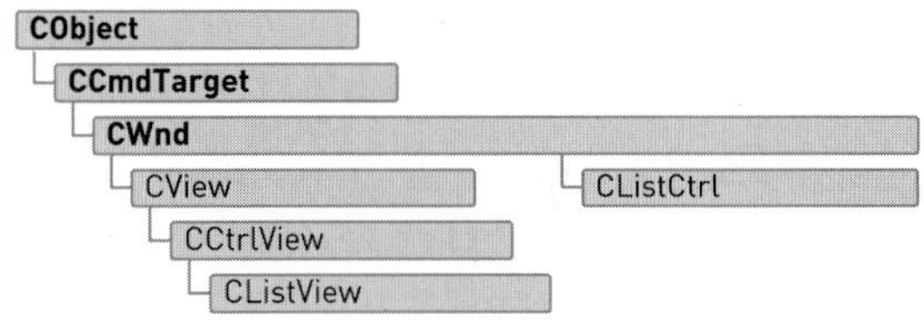

그림 10-5 ● CListView의 계층도

이미 CListCtrl 클래스를 배웠으므로 어렵지 않게 CListView를 사용할 수 있다. CListView 클래스를 사용하는 예를 살펴보자.

```
//리스트 컨트롤 객체에 대한 참조값(CListCtrl)을 얻기 위해 GetListCtrl() 함수 호출
CListCtrl& list = GetListCtrl();

// 참조 변수를 이용하여 리스트 컨트롤을 다룬다.
list.SetImageList(...);
list.InsertColumn(...);
```

기본예제 10-3 정적 분할 윈도우

【예제설명】

정적 분할 윈도우는 분할된 뷰 영역에서 다른 내용을 보여줄 수 있다. 왼쪽 영역은 트리 뷰를 오른쪽 영역은 리스트 뷰 형태로 만들어 보자.

【실행결과】

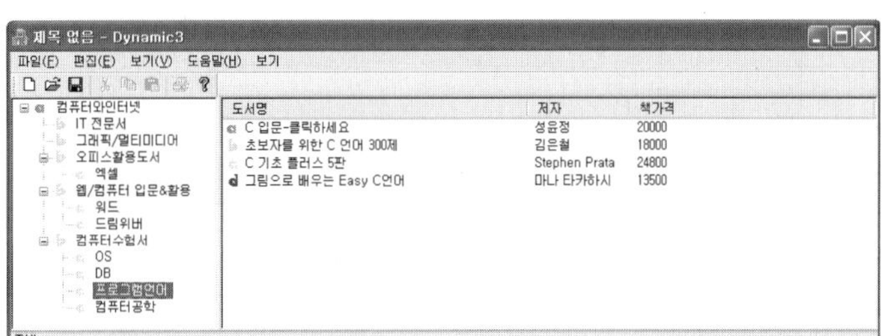

【따라하기】

1 이번 예제에서 사용할 프로젝트를 “Dynamic3”이란 이름으로 생성한다. 응용 프로그램 종류 항목에서 응용 프로그램 종류만 [단일 문서]로 변경하고, 나머지는 기본 선택 사항을 따르되 [사용자 인터페이스 기능]을 정의하는 단계에서 [분할 창]을 체크한다.

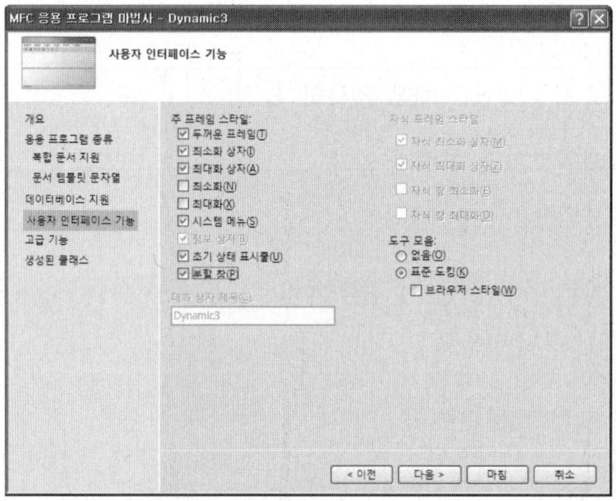

2 마지막 단계에서 `Dynamic3View`의 기본 클래스를 `CTreeView`로 변경한다.

3 정적 분할 윈도우는 서로 다른 뷰를 나타낼 수 있으므로 뷰 클래스를 하나 더 추가하도록 하자. 클래스 뷰 창에서 Dynamic3을 선택한 후 마우스 오른쪽 버튼을 클릭하여 나타난 바로가기 메뉴에서 [추가]를 선택한 후 [클래스]를 선택한다.

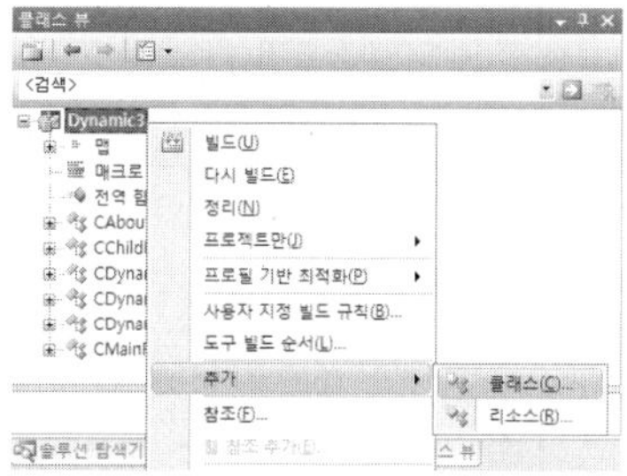

4 [클래스 추가] 창의 왼쪽 [범주]에서 [MFC]를 선택하고 오른쪽 [템플릿]에서 [MFC 클래스]를 선택한 후 [추가] 버튼을 클릭한다.

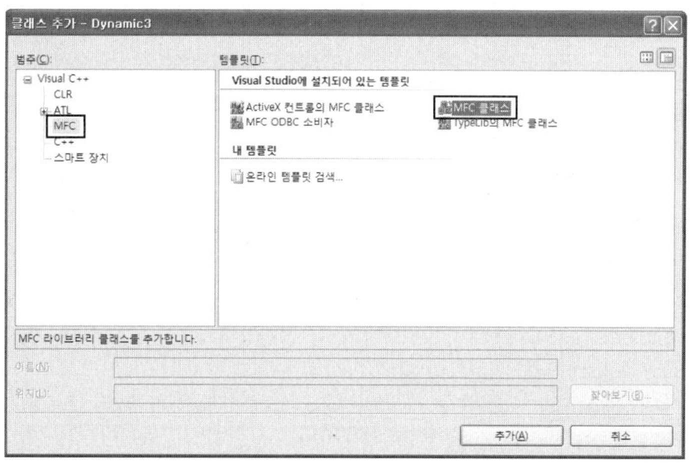

5 클래스 이름 입력란에 새롭게 만들 클래스의 이름인 `CRightView`를 입력한 후 기본 클래스를 `CListView`로 지정한 후 [마침] 버튼을 누른다.

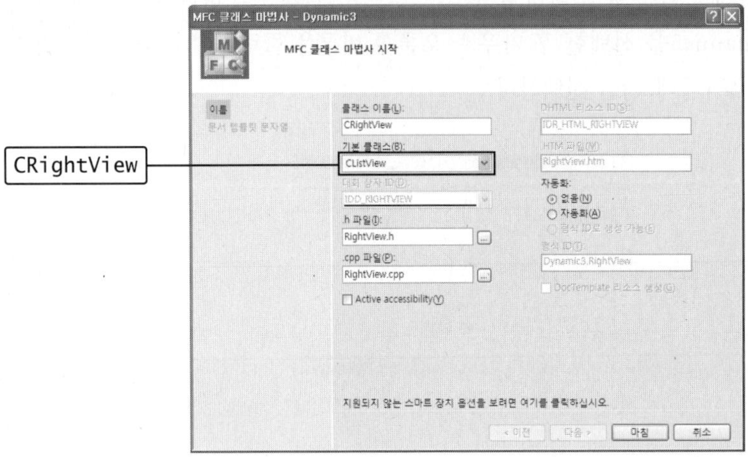

6 정적 분할 윈도우를 만들려면 CSplitterWnd 클래스의 Create() 대신 CreateStatic()을 호출한다. CreateStatic() 함수는 정적 분할 윈도우를 만들기 위한 함수이다. 동적 분할 윈도우를 학습할 때 살펴 본 OnCreateClient() 함수의 내용을 변경하도록 하자.

```
#include "Dynamic3Doc.h"
#include "Dynamic3View.h"
#include "RightView.h"

BOOL CMainFrame::OnCreateClient(LPCREATESTRUCT /*lpcs*/,
   CCreateContext* pContext)
{
   m_wndSplitter.CreateStatic(
      this, //분할 윈도우의 부모 윈도우 포인터
      1, 2  // 1행 2열로 분할
   );

   m_wndSplitter.CreateView(0, 0,          //화면 왼쪽에
      RUNTIME_CLASS(CDynamic3View),      //CTreeView의 파생클래스를 지정
      CSize(200, 300),                   //화면에 출력될 크기
      pContext);

   m_wndSplitter.CreateView(0, 1, //화면 오른쪽에
```

```
        RUNTIME_CLASS(CRightView),    //CRightView의 파생클래스를 지정
        CSize(300, 300),                         //화면에 출력될 크기
        pContext);

        return TRUE;
}
```

TIP | CreateView( ) 함수

CreateView() 함수는 정적 분할 윈도우 창을 생성하기 위해 호출되는 멤버함수를 정적 분할 윈도우 사용자가 열 또는 행을 분할하고자 할 때 새 창을 생성해 준다. 함수의 원형은 다음과 같다.

```
virtual BOOL CreateView(
    int row,     // 새로운 뷰 윈도우를 위한 분할 윈도우의 행
    int col,     // 새로운 뷰 윈도우를 위한 분할 윈도우의 열
    CRuntimeClass* pViewClass,    // 새로운 뷰의 CRunTimeClass 명시
    SIZE sizeInit, // 새로운 뷰 윈도우의 처음 크기
    // 새로운 뷰 윈도우와 연결하고자 하는 도큐먼트의 정보를 가진 포인터
    CCreateContext* pContext
);
```

7 이번 예제에서 사용할 비트맵 파일을 import한다. 이 책에서는 [Chapter 06 공통 컨트롤 다루기]를 학습하면서 사용했던 비트맵을 사용하기로 한다. 비트맵 파일을 가져왔다면 이름을 IDB_BITMAP_LARGE와 IDB_BITMAP_SMALL로 변경한다.

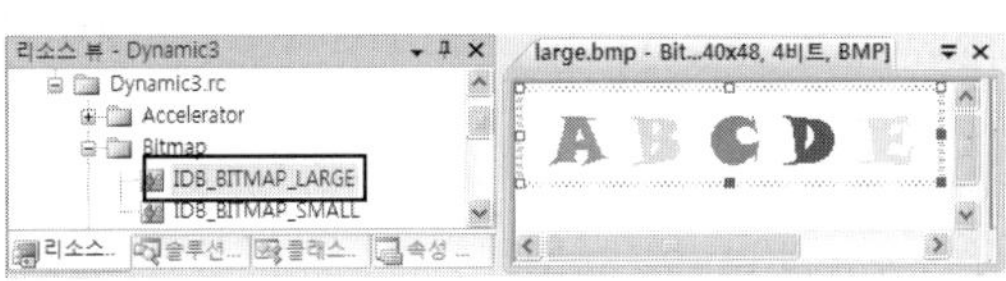

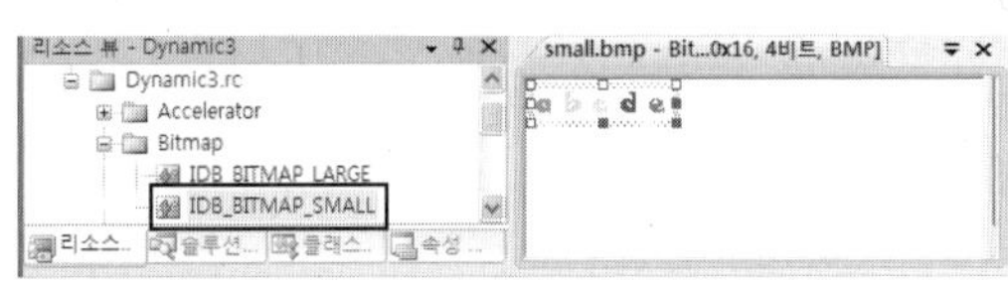

8 화면 왼쪽의 CTreeView의 파생 클래스에 대해 초기화하기 위해서 OnInitialUpdate() 함수에 다음과 같이 기술한다.

```
void CDynamic3View::OnInitialUpdate()
```

```
{
    CTreeView::OnInitialUpdate();

    // CTreeView::GetTreeCtrl() 함수를 호출하여 CTreeCtrl 객체에 대한 참조값을 얻는다.
    CTreeCtrl& tree = GetTreeCtrl();

    // CImageList 객체 생성과 이미지 리스트 초기화
    CImageList il;
    il.Create(IDB_BITMAP_SMALL, 16, 1, RGB(255, 255, 255));

    // 이미지 리스트 설정
    tree.SetImageList(&il, TVSIL_NORMAL);
    il.Detach();

    // 1 레벨 초기화
    HTREEITEM hRoot = tree.InsertItem(_T("컴퓨터와인터넷"), 0, 0, TVI_ROOT, TVI_LAST);

    // 2 레벨 초기화
    HTREEITEM hkind[5];

    CString kind[] = {_T("IT 전문서"), _T("그래픽/멀티미디어"),
        T("오피스활용도서"), _T("웹/컴퓨터 입문&활용"), _T("컴퓨터수험서")};

    for(int i=0; i<5; i++)
        hkind[i] = tree.InsertItem(kind[i], 1, 1, hRoot, TVI_LAST);

    // 3 레벨 초기화
    tree.InsertItem(_T("엑셀"), 2, 2, hkind[2], TVI_LAST);
    tree.InsertItem(_T("워드"), 2, 2, hkind[3], TVI_LAST);
    tree.InsertItem(_T("드림위버"), 2, 2, hkind[3], TVI_LAST);
    tree.InsertItem(_T("OS"), 2, 2, hkind[4], TVI_LAST);
    tree.InsertItem(_T("DB"), 2, 2, hkind[4], TVI_LAST);
    tree.InsertItem(_T("프로그램언어"), 2, 2, hkind[4], TVI_LAST);
    tree.InsertItem(_T("컴퓨터공학"), 2, 2, hkind[4], TVI_LAST);
}
```

9 뷰 클래스에서 네 개의 트리 컨트롤 스타일을 추가한다.

```
BOOL CDynamic3View::PreCreateWindow(CREATESTRUCT& cs)
{
    // TODO: CREATESTRUCT cs를 수정하여 여기에서
    // Window 클래스 또는 스타일을 수정합니다.
    cs.style |= TVS_HASBUTTONS;
    cs.style |= TVS_HASLINES;
    cs.style |= TVS_LINESATROOT;
    cs.style |= TVS_TRACKSELECT;

    return CTreeView::PreCreateWindow(cs);
}
```

10 화면 오른쪽에 CListView의 파생 클래스를 배치하였다. 리스트 뷰에 초기화를 위해서 OnInitialUpdate() 함수를 오버라이딩하여야 한다. OnInitialUpdate() 함수를 오버라이딩하려면 클래스 뷰에서 CRightView를 선택한 후에 마우스 오른쪽 버튼을 눌러 나타난 바로가기 메뉴에서 속성을 선택한다. 화면 오른쪽에 속성 창이 나타나면 [재정의] 아이콘을 선택한 후 가상 함수 리스트에서 OnInitialUpdate를 찾아 오른쪽 빈 칸을 선택하면 "<추가> OnInitialUpdate"가 나타난다.

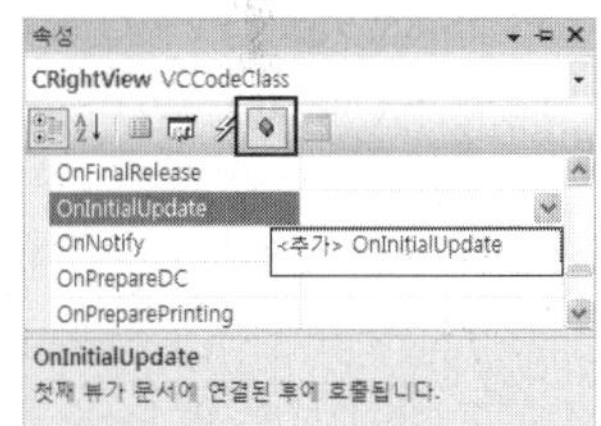

이를 선택하면 이름이 자동으로 OnInitialUpdate로 결정되어 뷰 클래스에 가상함수가 추가되는데 OnInitialUpdate() 함수에 다음과 같이 기술한다.

```
void CRightView::OnInitialUpdate()
{
    CListView::OnInitialUpdate();

    // CListView::GetTreeCtrl() 함수를 호출하여 CListCtrl 객체에 대한 참조값을 얻는다.
    CListCtrl& list = GetListCtrl();

    // CImageList 객체 생성과 이미지 리스트 초기화
    CImageList largeImageList, smallImageList;
```

```
    // 큰 아이콘을 위한 이미지 리스트에 비트맵 ID를 연결
    largeImageList.Create(IDB_BITMAP_LARGE, 48, 1, RGB(0, 128, 128));
    // 작은 아이콘을 위한 이미지 리스트에 비트맵 ID를 연결
    smallImageList.Create(IDB_BITMAP_SMALL, 16, 1, RGB(0, 128, 128));

    // 이미지 리스트 설정
    list.SetImageList(&largeImageList, LVSIL_NORMAL);
    list.SetImageList(&smallImageList, LVSIL_SMALL);
    largeImageList.Detach();
    smallImageList.Detach();

    //컬럼 헤더를 초기화한다.
    CRect rect;
    list.GetClientRect(&rect);//리스트 컨트롤의 크기를 얻어온다.
    list.InsertColumn(0, _T("도서명"), LVCFMT_LEFT,300);
    list.InsertColumn(1, _T("저자"), LVCFMT_LEFT, 100);
    list.InsertColumn(2, _T("책가격"), LVCFMT_LEFT, rect.Width()-400);

    //항목을 추가한다.
    list.InsertItem( 0 , _T("C 입문-클릭하세요"),              0 );
    list.InsertItem( 1 , _T("초보자를 위한 C 언어 300제"),     1 );
    list.InsertItem( 2 , _T("C 기초 플러스 5판"),              2 );
    list.InsertItem( 3 , _T("그림으로 배우는 Easy C언어"),     3 );

    list.SetItemText( 0,  1,  _T("성윤정")                     );
    list.SetItemText( 0,  2,  _T("20000")                      );
    list.SetItemText( 1,  1,  _T("김은철")                     );
    list.SetItemText( 1,  2,  _T("18000")                      );
    list.SetItemText( 2,  1,  _T("Stephen Prata")              );
    list.SetItemText( 2,  2,  _T("24800")                      );
    list.SetItemText( 3,  1,  _T("마나 타카하시")              );
    list.SetItemText( 3,  2,  _T("13500")                      );
}
```

11 다음과 같이 메뉴를 추가하여 리스트 컨트롤의 보기 형태를 바꾸어 보자.

Caption	ID	추가 속성	Prompt
보기	(없음)	Popup:True	
아이콘	ID_ICONVIEW	(없음)	리스트 컨트롤의 보기 형태를 아이콘으로 변경\아이콘
작은 아이콘	ID_SMALLICONVIEW	(없음)	리스트 컨트롤의 보기 형태를 작은 아이콘으로 변경\작은 아이콘
목록	ID_LISTVIEW	(없음)	리스트 컨트롤의 보기 형태를 목록으로 변경\목록
보고서	ID_REPORTVIEW	(없음)	리스트 컨트롤의 보기 형태를 보고서로 변경\보고서

12 위에서 설계한 메뉴에서 공통적으로 사용될 함수를 CMainFrame 클래스의 멤버 함수로 미리 만들어 놓자. 함수의 반환 형식은 CListView*이고 함수 이름은 GetListView 이다.

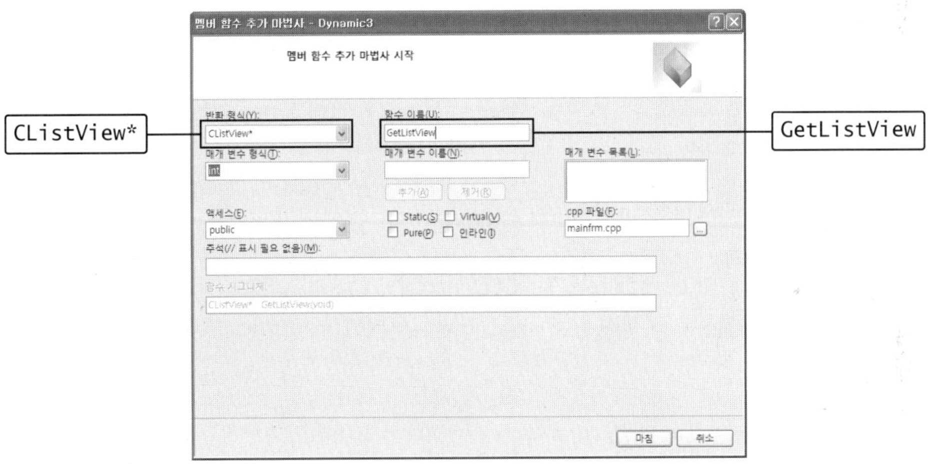

13 생성된 함수에 다음과 같이 입력한다.

```
CListView* CMainFrame::GetListView(void)
{
    CDocument * pDoc=GetActiveDocument();
    POSITION pos=pDoc->GetFirstViewPosition();
    CView *pView=pDoc->GetNextView(pos);
    pView=pDoc->GetNextView(pos);
```

```
    if(pView != NULL)
        return (CListView *)pView;
    else
        return NULL;
}
```

14 이번에는 메뉴에 대한 명령 처리기를 추가하기 위해서 [클래스 뷰] 창에서 "CMainFrame" 클래스를 선택한다. 화면 오른쪽의 [속성] 창에서 번개 모양의 [이벤트] 아이콘( )을 클릭하면 메뉴의 아이디(ID) 값이 나타난다. 메뉴의 아이디 값을 선택한 후 [+]버튼을 누르면 [COMMAND] 이벤트가 나타난다. 오른쪽 콤보박스를 선택하여 명령 처리기를 추가한 후에 다음과 같이 입력한다.

```
void CMainFrame::OnIconview()
{
    CListCtrl& list = GetListView()->GetListCtrl();
    list.ModifyStyle(LVS_TYPEMASK, LVS_ICON);
}

void CMainFrame::OnSmalliconview()
{
    CListCtrl& list = GetListView()->GetListCtrl();
    list.ModifyStyle(LVS_TYPEMASK, LVS_SMALLICON);
}

void CMainFrame::OnListview()
{
    CListCtrl& list = GetListView()->GetListCtrl();
    list.ModifyStyle(LVS_TYPEMASK, LVS_LIST);
}

void CMainFrame::OnReportview()
{
    CListCtrl& list =  GetListView()->GetListCtrl();
    list.ModifyStyle(LVS_TYPEMASK, LVS_REPORT);
}
```

기본예제 10-4 정적 분할 윈도우로 좀 더 복잡한 화면 구성

[예제설명]

이번에는 정적 분할로 보다 복잡한 화면 구성을 해보자.

[실행결과]

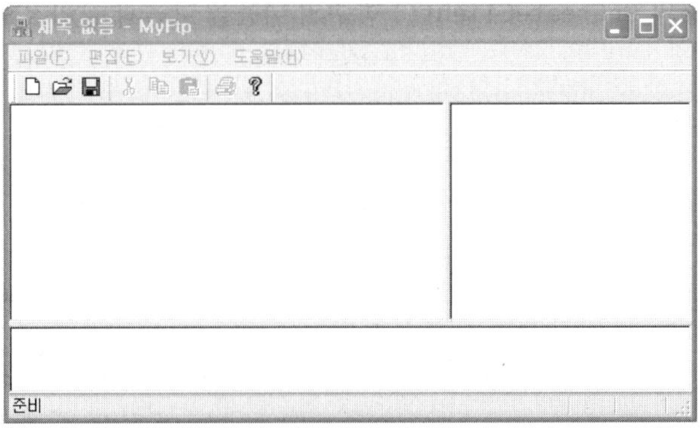

[따라하기]

1 이름을 Dynamic4로 하여 단일 문서 프로젝트를 하나 만든다. [MFC 응용 프로그램 마법사] 창에서 [사용자 인터페이스 기능]을 정의하는 단계에서 [분할 창]을 체크한다.

2 정적 분할 윈도우는 서로 다른 뷰를 나타낼 수 있으므로 뷰 클래스를 추가하도록 하자. 클래스 뷰 창에서 Dynamic4를 선택한 후 마우스 오른쪽 버튼을 클릭하여 나타난 바로가기 메뉴에서 [추가]를 선택한 후 [클래스]를 선택한다. [클래스 추가] 창의 왼쪽 [범주]에서 [MFC]를 선택하고 오른쪽 [템플릿]에서 [MFC 클래스]를 선택한 후 [추가] 버튼을 클릭한다. 클래스 이름 입력란에 새롭게 만들 클래스의 이름인 `CClientView`를 입력한 후 기본 클래스를 `CView`로 지정한 후 [마침] 버튼을 누른다. 동일한 방법으로 `CView`를 기본 클래스로 하는 `CStatusView`도 추가해 놓는다.

3 우선 MFC 응용 프로그램 마법사로 분할 창을 사용하겠다고 옵션을 지정하게 되면 기본적으로 제공되는 `CSplitterWnd` 멤버변수로는 상하를 분할하고 윗부분을 좌우로 분할하기 위해서 `CMainFrame` 클래스에 `CSplitterWnd` 클래스로 멤버변수를 하나 더 생성한다.

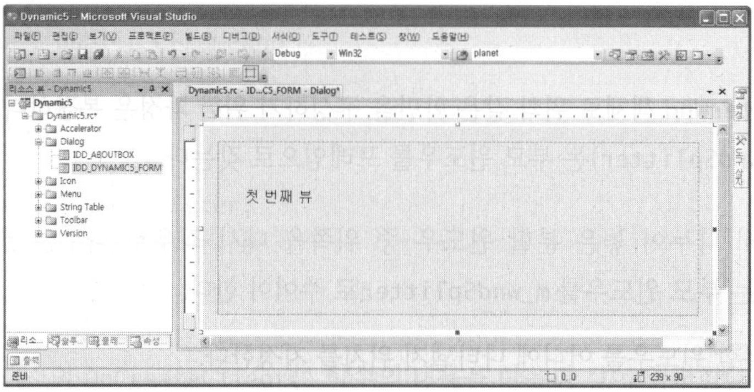

2 뷰 전환에 이용할 CTest2View와 CTest3View 클래스를 CFormView를 기본 클래스로 하여 생성한다. 클래스 뷰 창에서 프로젝트 명을 선택한 후 마우스 오른쪽 버튼을 클릭하여 나타난 바로가기 메뉴에서 [추가]를 선택한 후 [클래스]를 선택한다. [클래스 추가] 창의 왼쪽 [범주]에서 [MFC]를 선택하고 오른쪽 [템플릿]에서 [MFC 클래스]를 선택한 후 [추가] 버튼을 클릭한다. [MFC 클래스 마법사] 창의 클래스 이름 입력란에 새롭게 만들 클래스의 이름을 입력하고 기본 클래스를 CFormView로 한 후에 <마침> 버튼을 누른다. 리소스 뷰 탭의 Dialog에 자동 추가된 "IDD_TEST2VIEW"란 대화상자 템플릿에 "두 번째 뷰"를 출력하는 스텍틱 컨트롤을 추가하고 "IDD_TEST3VIEW"란 대화상자 템플릿에 "세 번째 뷰"를 출력하는 스텍틱 컨트롤을 추가한다. 이 역시 화면이 전환되었음을 확인하기 위한 것이다.

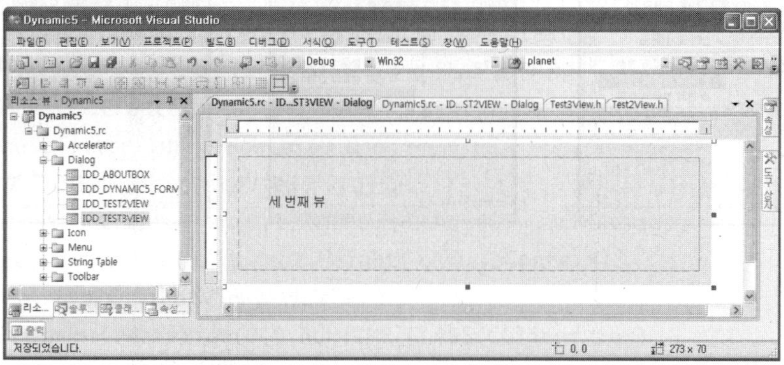

3 뷰 클래스들의 생성자를 protected에서 public으로 변경한다.

```
class CDynamic5View : public CFormView
{
```

```
public:
    CDynamic5View();
    //... 생략 ...
}

class CTest2View : public CFormView
{
public:
    CTest2View();
    //... 생략 ...
}

class CTest3View : public CFormView
{
public:
    CTest3View();
    //... 생략 ...
}
```

4 CMainFrame 클래스에 화면전환을 위해서 사용할 뷰 클래스 3개에 대해서 객체 포인터 형태로 멤버변수를 정의해 놓는다. 그러려면 해당 클래스들이 정의되어 있는 헤더파일을 인클루드(포함)시켜야 한다.

```
#include "Dynamic5Doc.h"                          //헤더 파일을 인클루드함
#include "Dynamic5View.h"
#include "Test2View.h"
#include "Test3View.h"

class CMainFrame : public CFrameWnd
{
public:
        //뷰 클래스에 대한 객체 포인터 변수를 선언해 둔다.
        CDynamic5View *          m_pDynamic5View;
        CTest2View *             m_pTest2View;
        CTest3View *             m_pTest3View;
        bool m_bFirst;
        //..생략..
}
```

5 CMainFrame 생성자에서 m_bFirst 변수를 false로 초기화한다.

```
CMainFrame::CMainFrame() : m_bFirst(false)
{
}
```

6 CMainFrame 클래스의 OnCreateClient()를 재정의한다. 클래스 뷰 창에서 CMainFrame 클래스를 선택한 후 마우스 오른쪽 버튼을 눌러서 나온 바로가기 메뉴에서 [속성]을 선택한다. [속성]창에서 [재정의] 버튼을 클릭한 후 OnCreateClient()를 오버라이딩한 후 다음과 같이 코딩한다.

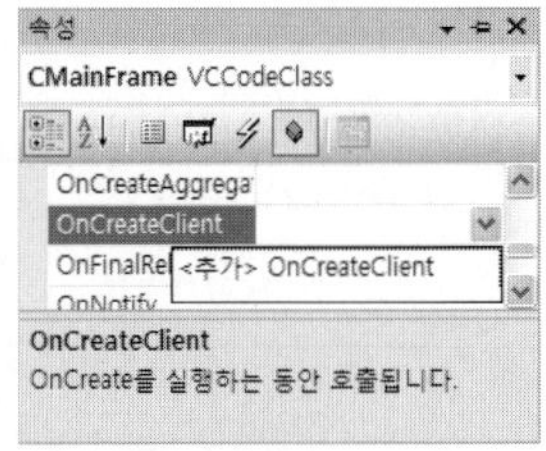


```
BOOL CMainFrame::OnCreateClient(LPCREATESTRUCT lpcs, CCreateContext* pContext)
{
   m_pTest2View=new CTest2View;   //뷰 클래스로 객체 변수를 선언한 후
   //뷰 객체를 생성한다.
   ((CView *)m_pTest2View)->Create(NULL, NULL, 0L,
      CFrameWnd::rectDefault, this, IDD_TEST2VIEW, pContext);
   m_pTest2View->ShowWindow(SW_HIDE);                   //생성한 뷰를 숨긴다.
   m_pTest2View->SetDlgCtrlID(IDD_TEST2VIEW);           //생성된 뷰에 컨트롤 ID를 설정

   m_pTest3View=new CTest3View;  //뷰 클래스로 객체 변수를 선언한 후
   //뷰 객체를 생성한다.
   ((CView *)m_pTest3View)->Create(NULL, NULL, 0L,
      CFrameWnd::rectDefault, this, IDD_TEST3VIEW, pContext);
   m_pTest3View->ShowWindow(SW_HIDE);                   //생성한 뷰를 숨긴다.
   m_pTest3View->SetDlgCtrlID(IDD_TEST3VIEW);           //생성된 뷰에 컨트롤 ID를 설정
   return CFrameWnd::OnCreateClient(lpcs, pContext);
}
```

7 CMainFrame 클래스에 SwitchToForm() 함수를 추가하자. 클래스 뷰 창에서 CMainFrame 클래스를 선택한 후 마우스 오른쪽 버튼을 눌러서 나온 바로가기 메뉴에서 [추가] → [함수]를 선택한 후 [멤버 함수 추가 마법사] 창에서 [반환 형식]은 [void]로 [함수 이름]은 [SwitchToForm], [매개 변수 형식]은 [unsigned int]로 [매개 변수 이름]은 [viewID]로 지정한 후 [추가] 버튼을 클릭한다.

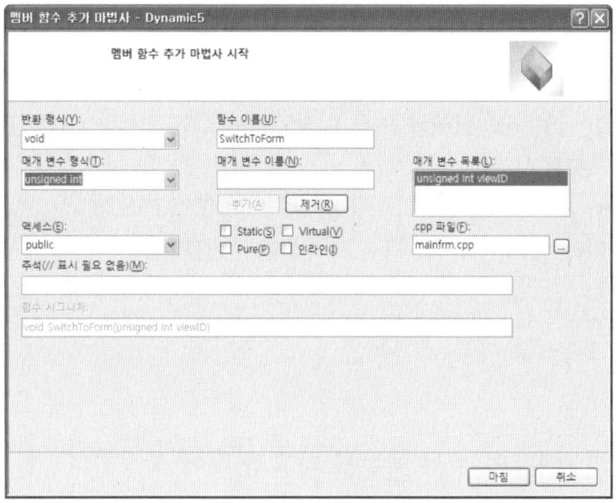

8 추가된 SwitchToForm() 함수에 다음과 같이 입력한다. SwitchToForm() 함수의 매개변수는 폼 뷰의 대화상자 템플릿 아이디이다.

```
void CMainFrame::SwitchToForm(unsigned int viewID)     //대화상자 템플릿 아이디
{
    //SwitchToForm() 함수가 최초로 호출되었다면
    if(m_bFirst==false){            //m_bFirst가 false이고 이때 활성화된 뷰는 비디오 뷰이기에
        //m_pDynamic5View에 비디오 뷰 포인터를 저장해 둔다.
        m_pDynamic5View = (CDynamic5View*)GetActiveView();
        //이후에 SwitchToForm() 함수에 대해서 위 문장들이 수행되지 않도록 하기 위해서
        m_bFirst = true;            //m_bFirst에 true를 저장한다.
    }
    //현재 활성화된 뷰를 pOldActiveView에 저장해 둔다.
    CView* pOldActiveView = GetActiveView();
    //SwitchToForm() 함수의 매개변수로 전달된 값은 전환하고자 하는 대화상자의
    //템플릿 아이디이므로 뷰의 포인터 값을 얻어 와서 pNewActiveView에 저장해 둔다.
    CView* pNewActiveView = (CView*)GetDlgItem(viewID);
    if(pNewActiveView != NULL){
        if(pNewActiveView==pOldActiveView)      //전환하고자 하는 뷰가 이전 뷰와 동일하다면
            return;                             //아래 문장들을 수행하지 않고 함수에서 벗어남

        pOldActiveView->ShowWindow(SW_HIDE);    //현재 보이는 뷰를 화면에서 감춘다.
        pOldActiveView->SetDlgCtrlID(viewID);
```

```
        SetActiveView(pNewActiveView);                  //전환하고자 하는 새로운 뷰를 활성화한 후에
        pNewActiveView->ShowWindow(SW_SHOW);            //이를 화면에 보이게 한다.
        //SetDlgCtrlID()에 AFX_IDW_PANE_FIRST 아이디를 부여하여 단일문서에서 하나뿐인
        //클라이언트 뷰가 되도록 한다.
        pNewActiveView->SetDlgCtrlID(AFX_IDW_PANE_FIRST);
        //프레임 윈도우 레이아웃을 변경한다. 즉, 크기 등을 재설정한다.
        RecalcLayout();
    }
}
```

9 화면전환을 위한 [보기] 메뉴의 서브 메뉴를 다음과 같이 작성한다.

Caption	ID	추가 속성	Prompt
(없음)	(없음)	구분선	
첫 번째 뷰로의 전환	ID_FIRSTVIEW	(없음)	첫 번째 뷰로의 전환\첫 번째 뷰
두 번째 뷰로의 전환	ID_SECONDVIEW	(없음)	두 번째 뷰로의 전환\두 번째 뷰
세 번째 뷰로의 전환	ID_THIRDVIEW	(없음)	세 번째 뷰로의 전환목록\세 번째 뷰

10 메뉴에 대한 이벤트 처리기를 추가한 후 다음과 같이 입력한다.

```
void CMainFrame::OnFirstview()
{
    SwitchToForm(IDD_DYNAMIC5_FORM);
}

void CMainFrame::OnSecondview()
{
    SwitchToForm(IDD_TEST2VIEW);
}

void CMainFrame::OnThirdview()
{
    SwitchToForm(IDD_TEST3VIEW);
}
```

SECTION

03 MDI 응용 프로그램 구조

Introduction to Microsoft Foundation Class Library

MDI(Multiple Document Interface)는 SDI와는 달리 하나의 응용 프로그램에서 동시에 여러 개의 도큐먼트를 가질 수 있다. 우리가 지금까지 학습하면서 만들어 왔던 응용 프로그램은 단일 문서(SDI)이다. 단일 문서는 메모장처럼 한순간에 한 개의 문서만 사용가능한 것이다. 한 개의 문서가 열려 있는데 또 다른 문서를 열면 이전 문서는 닫힌다.

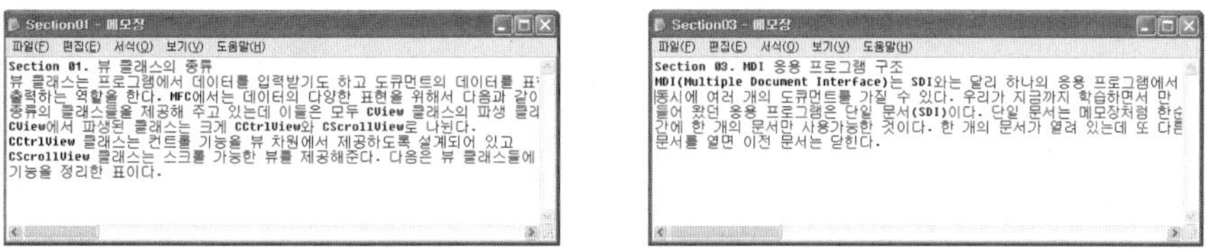

그림 10-6 ● 응용 프로그램의 예

반면 지금부터 학습할 다중 문서는 지금까지 MFC를 공부하기 위해 사용한 Visual Studio나 워드 프로세서(마이크로 소프트 워드)와 같이 여러 개의 문서를 가져다 작업할 수 있는 응용 프로그램이다. 다중 문서(MDI)는 여러 개의 문서를 한꺼번에 열어놓고 창을 이동시켜 가면서 동시에 여러 문서로 작업할 수 있다.

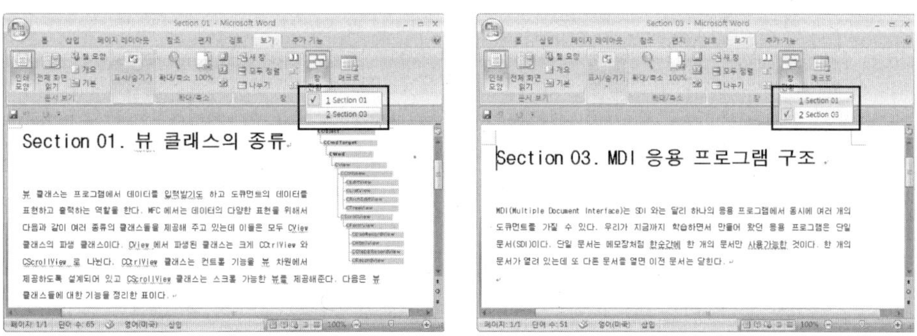

그림 10-7 ● MDI 응용 프로그램의 예

이번 절에서는 MFC를 이용한 MDI 응용 프로그램의 작성방법과 구조를 살펴볼 것이다. MDI의 기본 구조는 다음 그림과 같다. 이중 응용 프로그램, 도큐먼트 템플릿, 메인 윈도우 객체는 항상 존재하고, 차일드 프레임 윈도우, 도큐먼트 템플릿, 도큐먼트, 뷰 객체는 새로운 문서가 열려거나 저장된 문서를 열 때마다 새로 생성된다.

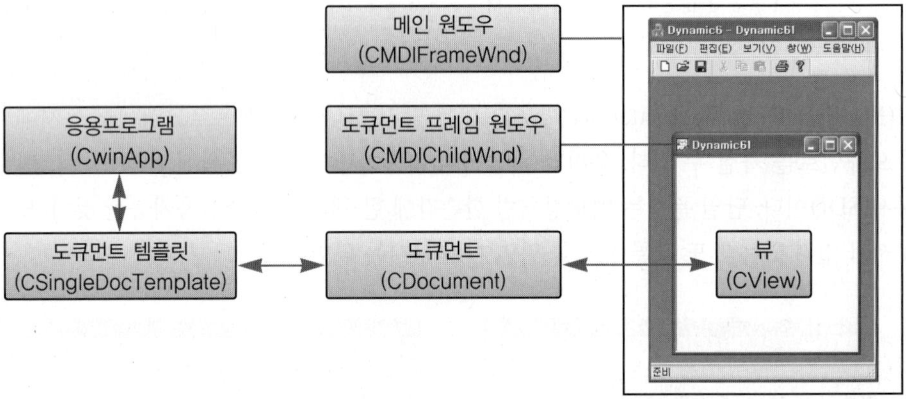

그림 10-8 ● MDI 응용 프로그램의 구조

SDI와 MDI 응용 프로그램을 비교해 보기 위해서 `CWinApp`의 파생 클래스인 `CDynamic6App`의 멤버함수인 `InitInstance()`를 살펴보면 다음과 같다.

```
BOOL CDynamic6App::InitInstance()
{
   // ... 소스 중략 ...
   CMultiDocTemplate* pDocTemplate;
   pDocTemplate = new CMultiDocTemplate(IDR_Dynamic6TYPE,
      RUNTIME_CLASS(CDynamic6Doc),                                  ❷
      RUNTIME_CLASS(CChildFrame), // 사용자 지정 MDI 자식 프레임이다.
      RUNTIME_CLASS(CDynamic6View));

   if (!pDocTemplate)
      return FALSE;
   AddDocTemplate(pDocTemplate); ..................................❶
```

```
    // 주 MDI 프레임 창을 만듭니다.
    CMainFrame* pMainFrame = new CMainFrame;
    if (!pMainFrame || !pMainFrame->LoadFrame(IDR_MAINFRAME))
    {
        delete pMainFrame;
        return FALSE;
    }                                                          ··········❸
    // ... 소스 중략 ...
    m_pMainWnd = pMainFrame;
    pMainFrame->ShowWindow(m_nCmdShow);
    pMainFrame->UpdateWindow();
    return TRUE;
}
```

응용 프로그램 객체는 CWinApp 클래스의 멤버 함수인 AddDocTemplate() 함수를 호출하여 도큐먼트 템플릿 객체를 CWinApp의 파생 클래스에 등록한다는 것을 확인할 수 있다(❶). 도큐먼트 템플릿으로 CSingleDocTemplate 클래스 대신 CMultiDocTemplate 클래스를 사용한다. 위 소스를 살펴보면 CMultiDocTemplate 클래스로 도큐먼트 템플릿 객체를 생성하면서 생성자에서 리소스(IDR_Dynamic6TYPE)와 도큐먼트 클래스(CDynamic6Doc), 자식 프레임 클래스(CChildFrame), 뷰 클래스(CDynamic6View)를 하나로 묶어주고 관리한다. 리소스, 도큐먼트 클래스, 자식 프레임 클래스, 뷰 클래스를 설정한다는 것을 확인할 수 있다(❷). 다중 문서에서는 도큐먼트, 뷰를 품고 있는 자식 프레임 윈도우를 등록한 것 이외에 메인 프레임 윈도우를 별도로 생성해 주어야 한다(❸). SDI 응용 프로그램과 달리 MDI 응용 프로그램은 도큐먼트 객체를 재사용하지 않고 매번 새로 생성한다.

다중 문서로 작성한 응용 프로그램은 다음과 같이 클래스가 하나 더 추가된다.

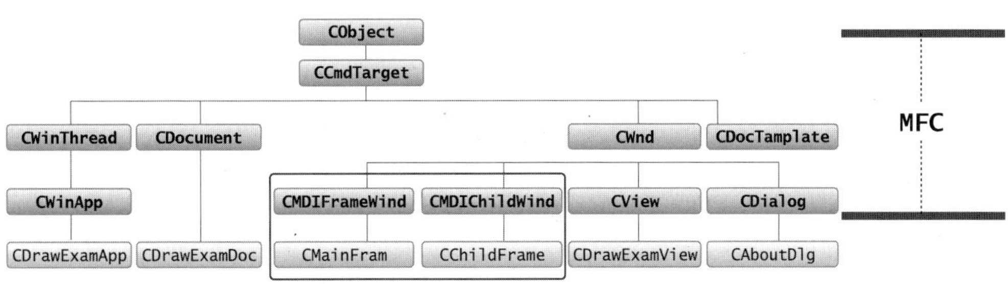

그림 10-9 ● MDI 응용 프로그램일 경우 MFC 응용 프로그램 마법사가 생성한 클래스

다중 문서의 프레임 윈도우는 두 종류가 있다. 프로그램 전체를 둘러싸고 있는 메인 프레임 윈도우와 그 안쪽에 작은 프레임 윈도우인 자식 프레임 윈도우가 그것이다. 메인 프레임 윈도우는 `CMDIFrameWnd`의 파생 클래스인 `CMainFrame`이고 자식 프레임 윈도우는 `CMDIChildWnd`의 파생 클래스인 `CChildFrame`이다. `CMDIFrameWnd`와 `CMDIChildWnd`는 `CFrameWnd`의 파생 클래스이기 때문에 윈도우를 최소화, 최대화시킨다든가, 도구모음, 상태바를 포함할 수 있는 등 프레임 윈도우가 하는 모든 것을 할 수 있다.

프로그램 수행 중 객체들 간에 상호 작용을 하기 위해서는 특정 객체를 명시적으로 참조할 수 있어야 한다. 다음은 MDI 응용 프로그램에서 주요 객체를 참조하는 함수들을 정리한 것이다.

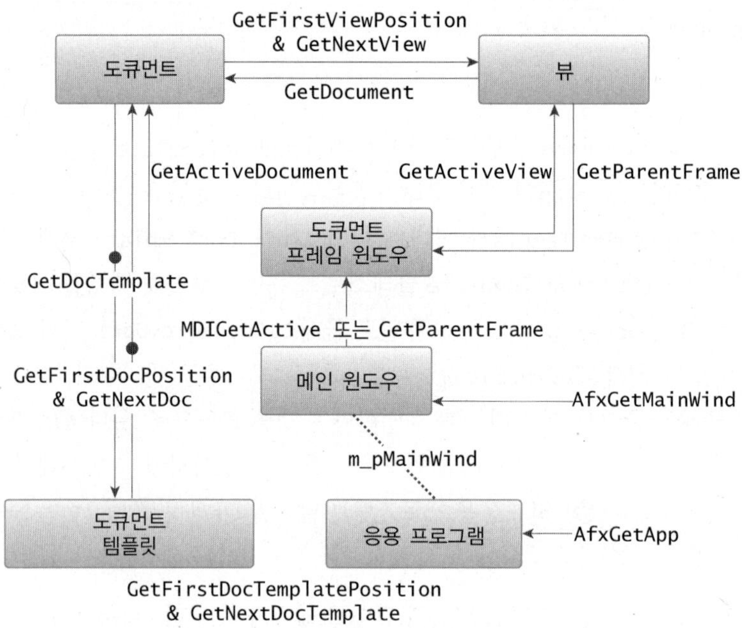

그림 10-10 ● MDI 응용 프로그램의 주요 객체를 참조하는 함수

다음 두 함수 모두 활성 도큐먼트 프레임 윈도우 객체의 주소를 리턴한다.

```
CMDIChildWnd* CMDIFrameWnd::MDIGetActive(BOOL* pbMaximized = NULL);
CFrameWnd* CFrameWnd::GetActiveFrame();
```

MDI 응용 프로그램의 특징은 [파일] → [새 파일] 메뉴 항목을 선택하면 새로운 도큐먼트, 도큐먼트 프레임 윈도우, 뷰 객체가 생성되며, [창] → [다음 창] 메뉴 항목을 선택하면 활성 도큐먼트에 대한 뷰를 추가로 생성 가능하다. 최소 두 개의 메뉴를 사용한다.

기본예제 10-6 MFC 응용 프로그램 마법사를 이용한 다중 문서 응용 프로그램 작성

[예제설명]

비주얼 스튜디오에서 다중 문서를 만드는 것은 아주 간단한다. 응용 프로그램 종류를 선택하는 창에서 응용 프로그램의 설정을 위한 항목이 있는데 기본적으로 다중 문서가 선택되어 있기 때문이다. 이번 예제에서는 다중문서를 작성해 보도록 하자.

[실행결과]

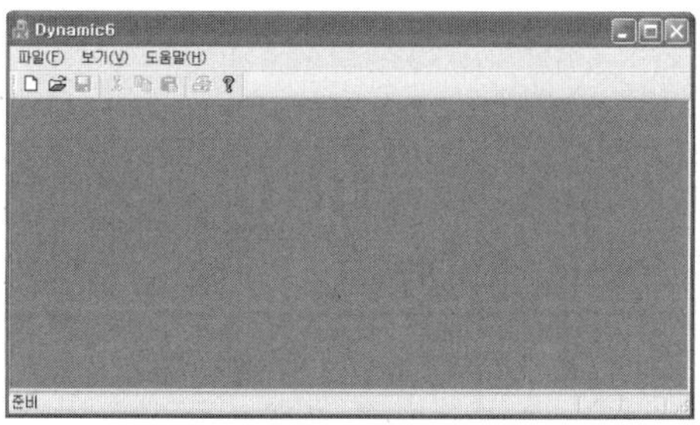

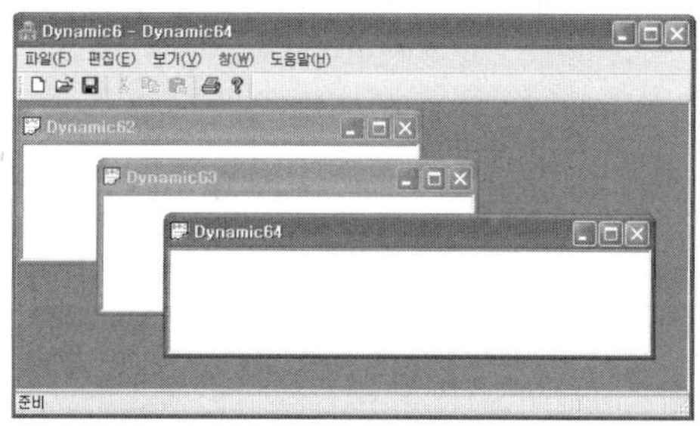

[따라하기]

1 [파일] → [새로 만들기] → [프로젝트...] 메뉴를 선택한 후 [새 프로젝트] 창의 [프로젝트 형식]에서 [Visual C++]를 선택하고 [MFC]를 선택한다. [템플릿]에서는 Visual Studio에 설치되어 있는 템플릿 항목 중 [MFC 응용 프로그램]을 선택한 후에 이름에 "Dynamic6"을 입력한 후 <확인> 버튼을 누른다. MFC 응용 프로그램 마법사 창의 초기화면은 생성될 프로젝트의 개요가 나타난다. <다음> 버튼을 클릭하면 다음 단계인 응용 프로그램 종류를 선택하는 창이 나타난다. 응용 프로그램 종류를 선택하는 창으로 전환되었으면 응용 프로그램의 설정을 위한 항목을 선택한다. 기본적으로 다중 문서가 선택되어 있다. 기본적으로 설정된 상태 그대로 두고 <마침> 버튼을 클릭한다. [디버그] → [디버깅하지 않고 시작] 메뉴를 선택하여 실행 결과로 MDI 응용 프로그램이 만들어졌는지 확인해 보자.

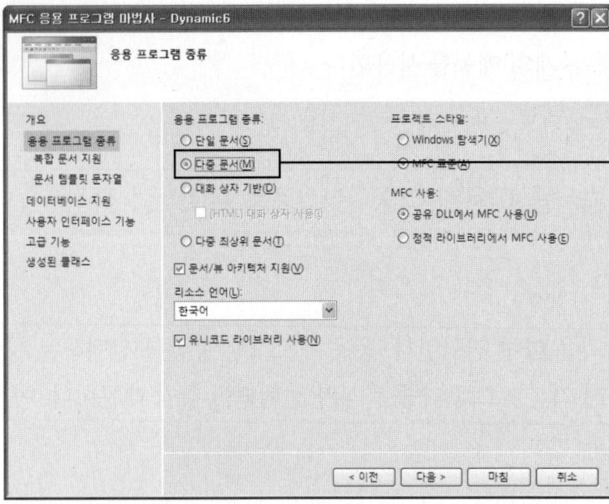
MFC 응용 프로그램 마법사 - Dynamic6
응용 프로그램 종류
개요
응용 프로그램 종류
복합 문서 지원
문서 템플릿 문자열
데이터베이스 지원
사용자 인터페이스 기능
고급 기능
생성된 클래스
응용 프로그램 종류:
단일 문서(S)
다중 문서(M)
대화 상자 기반(D)
다중 최상위 문서(T)
문서/뷰 아키텍처 지원(V)
리소스 언어(L):
한국어
유니코드 라이브러리 사용(N)
프로젝트 스타일:
Windows 탐색기(X)
MFC 표준(A)
MFC 사용:
공유 DLL에서 MFC 사용(U)
정적 라이브러리에서 MFC 사용(E)
< 이전
다음 >
마침
취소
응용 프로그램 종류는 기본적으로
다중 문서가 선택되어 있다.

연습문제

[개념문제]

단원 요약정리를 대신하여 개념을 잡을 수 있도록 본문의 내용을 충실하게 반영한 문제이다.

1. 다음에 알맞은 내용을 보기에서 찾으시오.

보기			
1	정적 분할 윈도우	2	분할 윈도우
3	CCtrlView	4	CFormView
5	동적 분할 윈도우	6	CTreeView
7	CScrollView		

1.1 CView에서 파생된 클래스는 크게 컨트롤 기능을 뷰 차원에서 제공하도록 설계되어 있는 ⓐ __________ 클래스와 스크롤 가능한 ⓑ __________ 클래스로 나뉜다.

1.2 CView를 상속받은 SDI 형태의 프로그램 구조를 갖고 있으면서도, 컨트롤을 사용할 수 있는 형태인 폼 뷰는 __________ 클래스의 상속 받아 사용자가 설계하여 사용한다.

1.3 __________(은)는 프레임의 뷰 영역을 두 개 이상의 영역으로 나누어서 보여 주기 위한 것이다. 그 대표적인 사용 예는 윈도우 탐색기로서 프레임의 뷰 영역을 두 개의 영역으로 나누어서 보여주고 있다. 분할 바를 기준으로 왼쪽에는 폴더를 트리 형태로 보여주고 오른쪽은 리스트 형태로 왼쪽에서 선택한 드라이브나 폴더의 내용을 보여주고 있다.

1.4 분할 윈도우는 크게 동적 분할 윈도우와 정적 분할 윈도우의 두 종류가 있는데 ⓐ ______________ 는 처음에는 하나의 뷰 영역을 나타내지만, 사용자가 프로그램을 실행하는 도중에 뷰 영역을 나눌 수 있으며 같은 뷰 클래스로 총 네 개 까지 뷰를 생성할 수 있다. ⓑ ______________ (은)는 프로그램 실행 처음부터 뷰 영역이 나누어져 있으며 프로그램 실행 도중에는 윈도우 영역을 나눌 수 없다. 또한 서로 다른 뷰 클래스를 기반으로 여러 개의 뷰를 생성하는데 총 256개의 구획 생성이 가능하다. ⓑ ______________ 의 대표적인 예로는 윈도우 탐색기를 들 수 있다.

1.5 트리 뷰를 위한 클래스로 MFC에서는 ______________ 클래스를 제공한다. ______________ 클래스는 뷰 영역 전체가 트리 컨트롤로 채워진 형태이다.

※ **다음 물음에 대한 올바른 답을 골라라.**

2. 트리 컨트롤 객체에 대한 참조값을 얻기 위한 함수는 무엇인가?

❶ `OnCreateClient` ❷ `Create` ❸ `GetTreeCtrl` ❹ `GetListCtrl`

3. 리스트 컨트롤 객체에 대한 참조값(`CListCtrl`)을 얻기 위한 함수는 무엇인가?

❶ `OnCreateClient` ❷ `Create` ❸ `GetTreeCtrl` ❹ `GetListCtrl`

4. 프레임 윈도우의 클라이언트 영역이 생성될 때 애플리케이션 프레임 워크로부터 호출되는 함수는 무엇인가?

❶ `OnCreateClient` ❷ `Create` ❸ `GetTreeCtrl` ❹ `GetListCtrl`

[실습문제]

본문 기본예제보다 조금 난이도가 높은 내용으로 구성된 프로그램을 실제로 작성해 보는 문제로서 단계별 설명을 자세히 해 놓았으므로 시간이 걸리더라도 꼭 풀어보기 바란다. 실력 향상에 많은 도움이 될 문제이다.

실습문제 10-1 프로젝트명 : Ch10Ex01 / 문서 형태 : 단일 문서

【예제설명】

서점 관리를 위한 프로그램을 작성한다. 에디트 컨트롤에 도서 정보를 입력한 후 <Add> 버튼을 누르면 리스트 컨트롤에 해당 정보가 추가된다.

【실행결과】

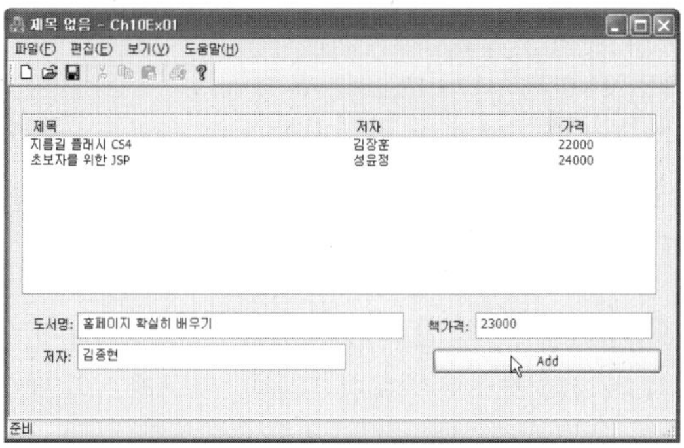

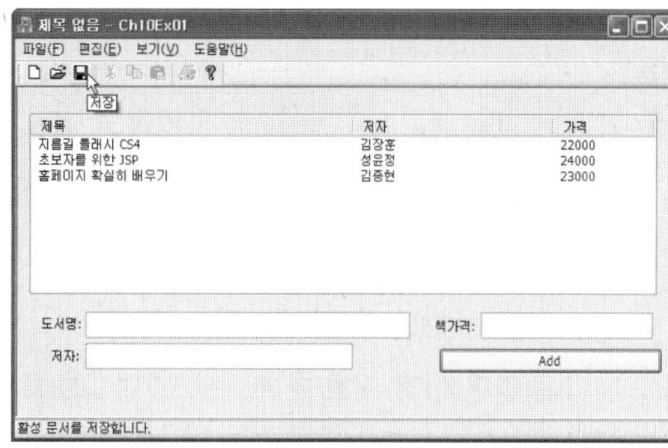

파일에 저장한 후 [새로 만들기]를 누르면 리스트 컨트롤에 추가되었던 항목들이 모두 제거된다.

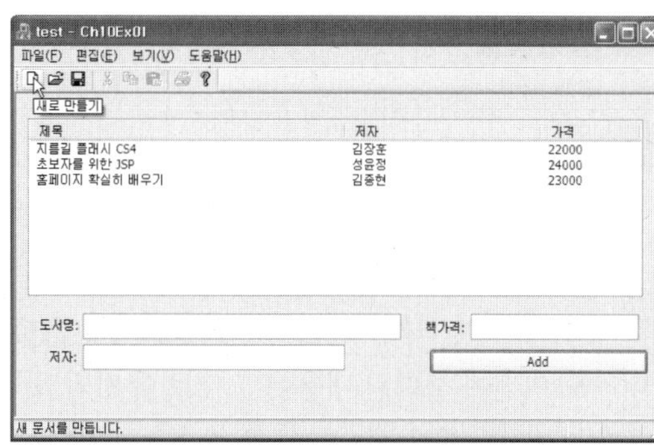

[열기]를 누른 후 앞에서 저장한 파일을 열면 이전에 추가했던 모든 도서 정보가 리스트 컨트롤에 출력된다.

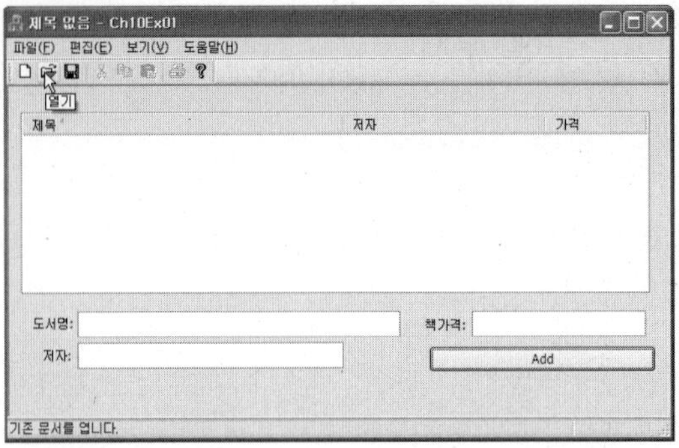

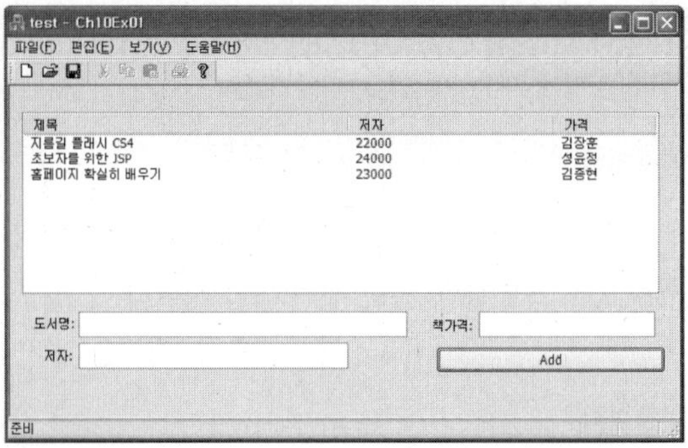

【힌트】

서점 관리를 위해서는 도서 정보를 입력받기 위한 컨트롤을 배치해야 하고 입력한 도서 정보를 파일에 저장해야 해야 한다. 두 가지를 만족하려면 파일 입출력이 가능한 SDI 구조로 프로젝트를 생성하되 컨트롤 배치를 위해서 뷰는 `CFormView`의 파생 클래스가 되도록 한다.

도서 정보인 도서명과 저자명 및 가격을 멤버로 갖는 `CMyData` 클래스를 별도로 설계한다. 도서들의 정보를 파일을 열면 이전 정보가 그대로 출력되도록 하기 위해서 리스트 객체를 도큐먼트 클래스의 멤버로 선언한다.

실습문제 10-2 프로젝트명 : Ch10Ex02 / 문서 형태 : 단일 문서

【예제설명】

정적 분할 윈도우는 분할된 뷰 영역에서 서로 다른 내용을 보여줄 수 있다. 상하로 분할하여 위쪽 영역은 데이터를 입력받을 수 있는 에디트 트리 뷰로 작성하고 아래 쪽 영역은 마우스 왼쪽 버튼이 눌릴 때마다 눌린 위치에 "무한 도전 Visual C++"가 출력되도록 한다. `CList`를 사용해서 윈도우 크기가 변경되더라도 이전에 출력된 내용이 그대로 유지되도록 한다.

【실행결과】

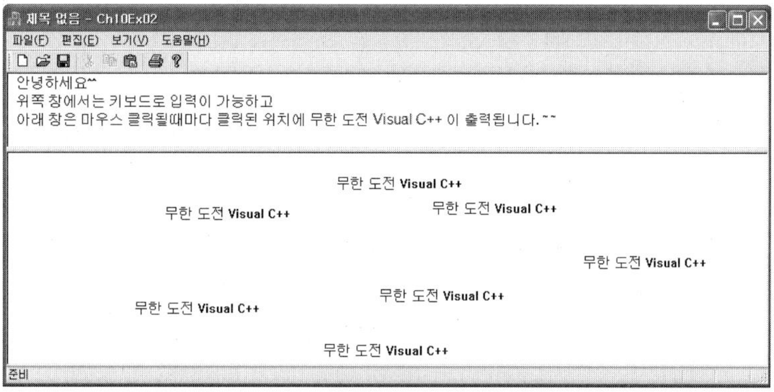
제목 없음 - Ch10Ex02
파일(F) 편집(E) 보기(V) 도움말(H)
안녕하세요^^
위쪽 창에서는 키보드로 입력이 가능하고
아래 창은 마우스 클릭될때마다 클릭된 위치에 무한 도전 Visual C++ 이 출력됩니다.~~
무한 도전 Visual C++
무한 도전 Visual C++
무한 도전 Visual C++
무한 도전 Visual C++
무한 도전 Visual C++
무한 도전 Visual C++
무한 도전 Visual C++
준비

Part 04

MFC 고급 다루기

간단한 데이터베이스 애플리케이션 구축에 많이 사용되는 Access MDB를 사용한 애플리케이션을 제작해 본다. 도서 관리 시스템의 개발을 통해 정보를 입력, 수정, 삭제, 검색 등의 기능을 구현하는 방법을 학습하고 TCP/IP 소켓 프로그래밍 기법에 대해서 학습한다. 실전 프로젝트로 게임과 비디오 대여 관리 프로그램을 작성하면서 이 책을 마무리한다.

목차

Chapter 11 멀티 스레드

MFC에서는 스레드를 여러 개 둘 수 있는 멀티스레딩((Multi-Threading)을 제공한다. 이번 장에서는 MFC에서 멀티스레드 사용 방법을 학습한다.

Section 01 스레드의 개요
Section 02 스레드의 구현과 실행
Section 03 스레드의 동기화

Chapter 12 데이터베이스 프로그래밍

서점 관리 프로그램을 작성할 경우 도서에 관한 정보를 저장해야 하는데 이를 위해서는 데이터베이스를 활용해야 한다. 이번 장에서는 데이터베이스에 대한 기본적인 문법 사항과 함께 MFC에서 데이터베이스에 쉽게 접근할 수 있도록 하는 ODBC와 ADO에 대해서 학습한다.

Section 01 데이터베이스와 ODBC
Section 02 OLE DB

Chapter 13 네트워크 프로그래밍

MFC를 이용한 TCP/IP 소켓 프로그래밍 기법에 대해서 학습한다.

Section 01 네트워크의 개요
Section 02 소켓 프로그래밍

Chapter 14 실전 프로젝트

실전 프로젝트에서는 보다 복잡하고 어려운 예제를 통해 Visual C++의 문법을 더욱 깊은 곳까지 살펴본다.

Section 01 같은 그림 찾기 게임
Section 02 비디오 대여 관리 프로그램

CHAPTER

11 멀티 스레드

MFC에서는 스레드를 여러 개 둘 수 있는 멀티스레딩((Multi-Threading)을 제공한다. 이번 장에서는 MFC에서 멀티스레드 사용 방법을 살펴보겠다.

미리보기

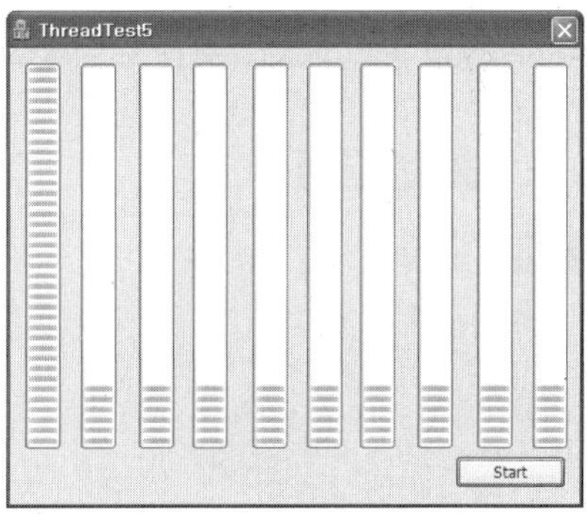

학습목표

1. 스레드의 개념과 동작 원리를 이해한다.
2. MFC 스레드의 두 종류인 작업자 스레드와 UI 스레드 사용법을 익힌다.
3. 다양한 스레드 동기화 기법을 이해하고 적용한다.

목차

SECTION

01 스레드의 개요

Introduction to Microsoft Foundation Class Library

우리가 어떤 프로그램을 사용하려면 그 프로그램을 설치해야 한다. 설치된 프로그램은 하드 디스크 내에 존재하지만, 이를 사용하기 위해서는 해당 프로그램을 실행시켜야 한다. 프로세스란 설치되어 있는 많은 프로그램 중에서 지금 당장 사용하기 위해서 실행시켜 놓아 현재 사용 가능한 상태의 일부 프로그램을 말한다. 즉 **실행 중인 프로그램을 프로세스**라고 한다.

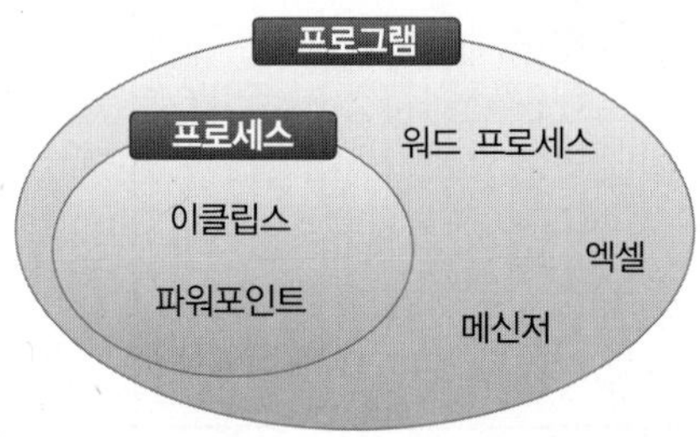

그림 11-1 ● 프로그램과 프로세스

우리가 사용하는 윈도우즈와 같은 운영체제는 여러 개의 프로세스를 동시에 사용할 수 있는 **멀티 프로세스**로 동작하고 있다.

스레드는 하나의 프로세스 내에서 일을 처리하는 세부 실행 단위이다. 우리가 지금까지 작성한 예제들은 단일 스레드로 동작하는 프로그램이었다. 이번 장에서는 다중 스레드로 동작하는 프로그램을 작성해 볼 것이다. 그러기에 앞서 다중 스레드로 구현하게 되었을 경우 어떤 장점이 있는지에 대한 설명을 일상생활에서 흔히 볼 수 있는 예로 견주어 설명하겠다.

저녁 식사를 위해 밥, 국, 반찬 이렇게 3가지 요리를 한다고 생각해 보자. 단일 스레드 방식으로 요리를 한다면 밥을 다 짓고 나서 국을 만들고 그리고 나서 반찬을 만들어야 한다. 밥은 30분이 소요되고 국은 20분, 반찬은 40분이라고 가정할 때 총 요리 시간은 90분이 된다.

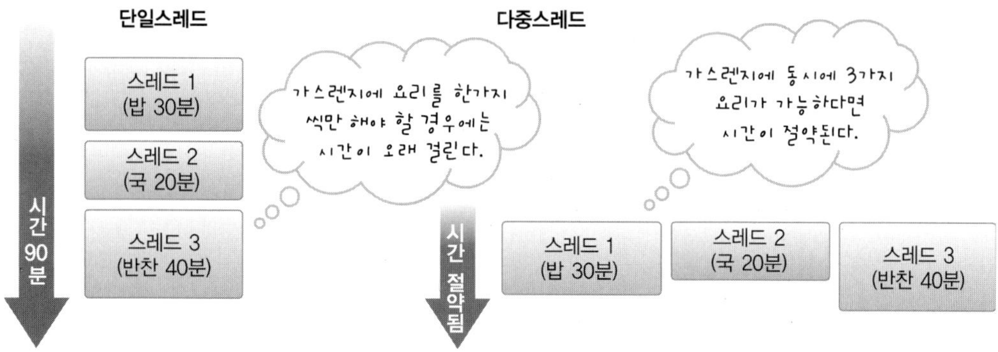

그림 11-2 ● 단일 스레드와 다중 스레드

일반적으로 가정주부들은 밥과 국과 반찬을 동시에 해 치운다. 밥이 끓고 있는 동안 국을 끓이기 위한 준비를 하고 국이 끓는 동안 반찬을 위한 준비를 한 후 가스렌지에서 동시에 3가지 요리를 할 수 있으므로 아마도 40분 정도면 3개의 요리가 완성될 것이다.

이러한 일상생활에서와 같이 우리가 사용하는 프로그램 중에서도 다중 스레드로 동작하는 것들이 많이 있는데 그 중 하나가 파일을 다운받을 수 있는 ftp 클라이언트 프로그램이다. 만일 ftp 클라이언트 프로그램을 단일 스레드로 구현한다면 다운받을 파일의 사이즈가 클 경우 그 파일이 다운받는 동안 다른 파일을 다운받지 못한다.

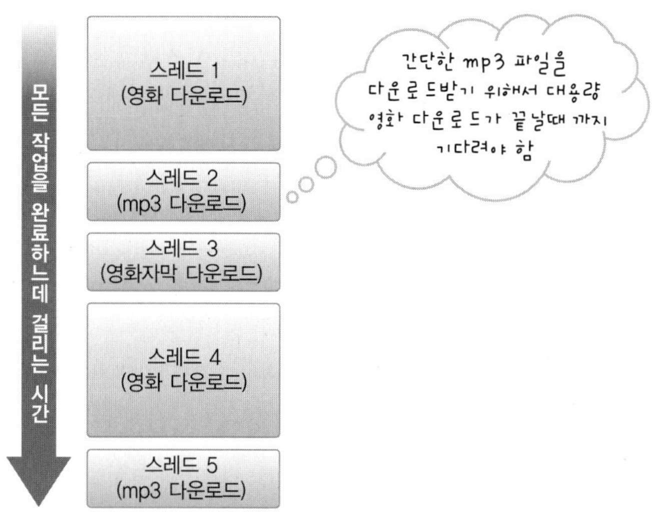

그림 11-3 ● 단일 스레드로 동작하는 ftp 프로그램

하지만, 다행히도 우리가 사용하는 ftp 클라이언트 프로그램들은 일반적으로 동시에 여러 개의 스레드가 진행될 수 있도록 다중 스레드로 구현해 놓았기 때문에 파일의 사이즈가 커서 다운로드를 받는 시간이 오래 걸리더라도 다른 파일들을 다운로드 걸어 놓을 수 있다. 한꺼번에 여러 개의 파일을 다운로드 받을 수 있다.

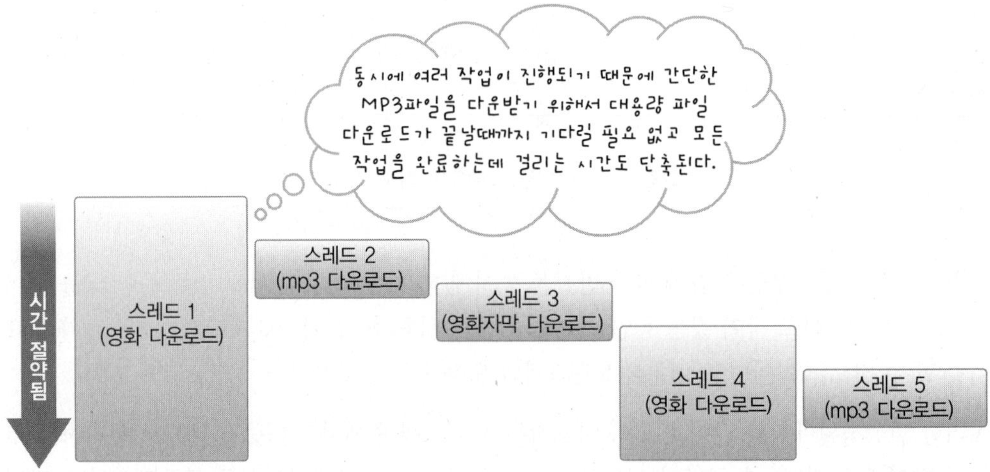

그림 11-4 ● 다중 스레드로 동작하는 ftp 프로그램

다중 스레딩은 하나의 프로세스 내에 여러 개의 스레드를 가지고 프로그램을 동시에 처리하는 것을 의미한다. 다중 스레딩은 메모리는 점유하지 않으면서 프로그램의 수행속도를 향상시킨다. 프로세서가 동시에 여러 개 동작하는 것은 운영체제에서 제공해 주지만, 하나의 프로세서 내에서 여러 개의 스레드가 동작하도록 하는 것은 프로그래머가 직접 작성해야 한다. MFC에서 어떻게 다중 스레드를 구현하는지 학습해보자.

TIP | 다중 스레드를 위한 시분할

여러 개의 스레드가 동작하기 위해서 컴퓨터는 시분할 방식으로 동작한다. 주부 한명이 밥과 국과 반찬을 하기 위해서 시간 안배를 해서 동시에 요리를 하듯이 컴퓨터 역시 하나의 CPU가 스레드1을 위해서 1초 스레드2를 위해서 1초 스레드3을 위해서 1초 스레드4를 위해서 1초 스레드5를 위해서 1초 할당되었다가 다시 스레드1을 위해서 1초 ... 이런 식으로 일정 시간을 나누어서 일을 처리한다.

SECTION

02 스레드의 구현과 실행

Introduction to Microsoft Foundation Class Library

MFC에서는 다중 스레드를 위해서 작업자 스레드와 사용자 인터페이스 스레드(UI 스레드)를 제공한다. 이번 절에서는 다중 스레드를 구현하는 방법을 학습하도록 한다.

우리가 지금까지 작성해온 MFC 프로그램은 모두 단일 스레드 방식이었다. 단일 스레드는 한 프로세스에 하나의 스레드만을 가진 것인데 반해 다중 스레드는 하나의 프로세스에 다수의 스레드를 가지고 동시에 작업을 수행한다. 하나의 작업을 분할해서 동시에 수행하는 다중 스레드 쪽이 훨씬 성능이 좋다.

스레드를 구현하는 방법은 2가지이다.

작업자 스레드(Worker Thread): 메시지 루프를 가지고 있지 않다.
사용자 인터페이스 스레드(UI 스레드, User Interface Thread): 메시지 루프를 가지고 있다.

일반적으로 작업 스레드가 사용자 인터페이스 스레드보다 다 널리 사용된다.

2.1 작업자 스레드를 사용하는 방법

작업자 스레드를 생성하기 위해서는 AfxBeginThread()를 호출해야 한다. 함수명 앞에 Afx가 붙은 것으로 봐서 MFC 전역함수 형태로 제공됨을 알 수 있다.

```
CWinThread* AfxBeginThread (
   AFX_THREADPROC pfnThreadProc,
   LPVOID pParam,
   int nPriority = THREAD_PRIORITY_NORMAL,
   UINT nStackSize = 0,
```

```
    DWORD dwCreateFlags = 0,
    LPSECURITY_ATTRIBUTES lpSecurityAttrs = NULL
);
```

다음은 AfxBeginThread() 함수의 인자를 정리한 표이다.

표 11-1 ● AfxBeginThread( ) 함수의 인자

인자	기능
pfnThreadProc	스레드 실행 시작점이 되는 함수(=제어 함수)의 주소이다. pfnThreadProc 인자가 가리키는 함수를 MFC에서는 제어 함수라 부르고 제어 함수의 형태는 다음과 같다. UINT 함수이름 (LPVOID pParam);
pParam	제어 함수에 전달할 인자(32비트)이다. 제어함수는 오직 하나의 32비트 값만을 인자로 사용한다. 그러므로 다양한 값을 전달해야 할 경우에는 구조체 변수의 주소형태로 지정한다.
nPriority	스레드의 우선순위 레벨 값을 지정한다.
nStackSize	스레드 스택의 크기를 바이트 단위로 지정한다.
dwCreateFlags	스레드 생성을 제어하는 부가적인 값으로 0 또는 CREATE_SUSPENDED 두 가지 값을 갖는다. 0을 사용하면 곧바로 스레드가 실행되고 CREATE_SUSPENDED을 사용하면 스레드가 생성되지만 실행되지는 않는다.
lpSecurityAttrs	보안 설명자와 핸들 상속 정보에 관한 정보를 전달하는 역할을 한다.

스레드로 동작하는 함수는 아무 함수나 될 수 있는 것이 아니고 특정 형식을 갖추고 있어야 한다. 리턴형은 UINT이어야 하고 인수는 LPVOID이어야 한다. 그리고 전역함수로 선언하거나 클래스 멤버함수일 경우에는 정적 함수로 선언해야 한다. 예를 들면 다음과 같은 함수를 이용해서 작업 스레드를 만들 수 있다.

```
UINT ThreadFunc(LPVOID pParam)
{
    UINT n = (UINT)pParam; //LPVOID형을 UINT 형으로 타입 캐스팅한다.
    UINT sum = 0;
    for(UINT i=1; i<n; i++){
        sum += i;
        Sleep(100); //계산 속도를 느리게 하기 위해서 0.1초 동안 쉼
    }
```

```
  return 0;
}
```

스레드로 동작하려면 CPU의 시분할 시간보다 긴 작업일 경우에만 의미가 있다. 만일 ThreadFunc() 함수를 수행하는데 걸리는 시간이 시분할 시간보다 적게 걸린다면 스레드로 동작시켜보았자 아무런 의미가 없다. ThreadFunc() 함수 내부에서는 for, while과 같은 루프를 돌면서 시간이 오래 걸리는 작업을 수행한다. 우리가 작성할 스레드 예제에서 사용되는 ThreadFunc() 함수 역시 시간이 오래 걸리는 작업을 수행하는 것처럼 동작시키기 위해서 Sleep() 함수를 호출하였다. Sleep() 함수를 호출하면 스레드의 동작이 잠시 쉬게 된다. 이 함수의 인수에는 얼마나 쉬게 할지를 1000분의 1초 단위로 지정한다. 1초를 멈추게 하려면 1000을 주어야 한다.

```
Sleep(1000); //1초동안 작업을 멈춤.
```

ThreadFunc() 함수는 인수를 갖는다. 만일 이 함수를 일반적인 함수를 호출하듯이 하여 인수로 정수형 변수를 주려고 한다면 다음과 같이 기술해야 한다.

```
UINT n=600;
//스레드를 사용하지 않은 경우
ThreadFunc((LPVOID) n);
```

하지만, ThreadFunc라는 함수가 하나의 독립된 스레드로서 주 프로세스와 함께 동시에 실행되도록 하려면 AfxBeginThread() 함수의 첫 번째 인자에 함수의 이름을 기술하되 인수를 두 번째 인수에 전달해 주어야 한다. AfxBeginThread() 함수의 세 번째 인자부터는 디폴트 값을 갖고 있기에 크게 신경 쓰지 않아도 된다.

```
UINT n=600;
AfxBeginThread(ThreadFunc, (LPVOID)n);
```

작업 스레드를 생성하기 위해서 한 가지 더 언급할 내용은 AfxBeginThread() 함수는 CWinThread 타입 객체를 동적으로 생성하고(스레드를 만든 후) 이 객체의 주소값을 리턴한다. 따라서 이 주소를 저장해 두고 CWinThread 클래스의 멤버 함수를 호출하면 스레드를 제어할 수 있다. CWinThread 클래스가 제공해 주는 유용한 함수를 요약하면 다음과 같다.

표 11-2 ● CWinThread 클래스가 제공해 주는 유용한 함수

int CWinThread::GetThreadPriority();
스레드 우선순위 레벨 값을 얻음
BOOL CWinThread::SetThreadPriority(int nPriority);
스레드 우선순위 레벨 값을 변경
DWORD CWinThread::SuspendThread();
스레드 실행을 일시 정지
DWORD CWinThread::ResumeThread();
스레드를 재시작

AfxBeginThread() 함수를 호출할 때 세 번째 인자를 지정해서 우선순위를 지정할 수도 있지만, AfxBeginThread() 함수의 리턴 값을 CWinThread 객체 포인터에 저장해 두었다가 이 주소로 스레드 우선순위 레벨 값을 변경할 수도 있다.

```
CWinThread  *pThread = AfxBeginThread(ThreadFunc, (LPVOID)n);
pThread->SetThreadPriority(THREAD_PRIORITY_ABOVE_NORMAL);
```

네 번째 인자는 스레드가 사용할 스택의 최대 크기인데 0을 지정하면 최대 1MB까지 사용하게 된다. 일반적으로 0을 지정한다. 다섯 번째 인자는 0또는 CREATE_SUSPENDED를 설정할 수 있는데 0을 설정하면 스레드가 바로 실행하고 CREATE_SUSPENDED를 설정하면 스레드가 생성된 후 명시적으로 ResumeThread() 함수를 호출할 때까지 실행을 멈추고 있다.

```
CWinThread  *pThread = AfxBeginThread(ThreadFunc, (LPVOID)n,
                               THREAD_PRIORITY_NORMAL, 0, CREATE_SUSPENDED);
pThread->ResumeThread();
```

스레드 종료하기 위해서는 스레드 제어 함수가 리턴될 때 리턴값을 지정해야 하는데 리턴 값을 0으로 지정하면 일반적으로 정상 종료를 뜻한다.

기본예제 11-1 작업자 스레드 함수

[예제설명]

스레드를 사용한 경우와 그렇지 않은 경우의 차이를 확인할 수 있는 간단한 프로그램을 작성하자. 마우스 왼쪽 버튼을 클릭하면 간단한 계산을 하고 계산 결과를 메시지 박스로 출력한다. 계산 작업을 전역 함수로 정의하고 스레드로 실행시켜 보자.

[실행결과]

프로그램을 실행하자마자 마우스 클릭을 8번하고도 메뉴를 선택하는 등 다른 작업을 할 수 있다. 마우스를 8번 클릭한 이벤트를 모두 인식해서 스레드 8개가 동시에 수행되며 일정시간이 지나고 나면 계산 결과가 8번 출력된다. 대화상자가 모달리스가 아니고 모달이어서 대화상자를 모두 닫아야 다른 작업을 할 수 있다. 대화상자마저 모달리스로 만들어 준다면 제어함수 내부에서 for문이 수행되는 동안에도 얼마든지 다른 작업을 할 수 있다. 이번 예제는 모달대화상자이기 때문에 <확인>버튼을 눌러 대화상자를 모두 닫은 후에야 다른작업을 할 수 있다.

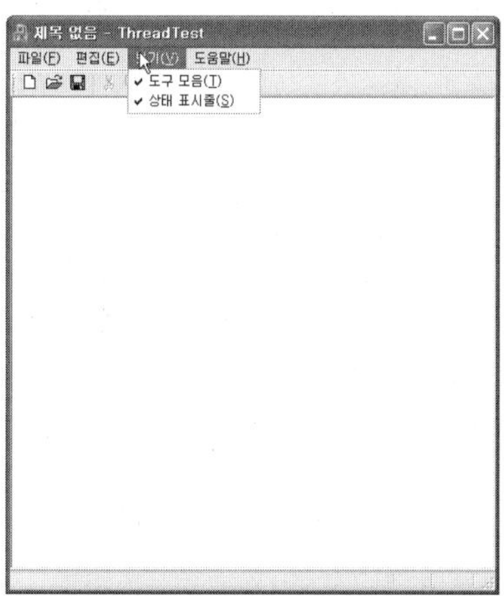

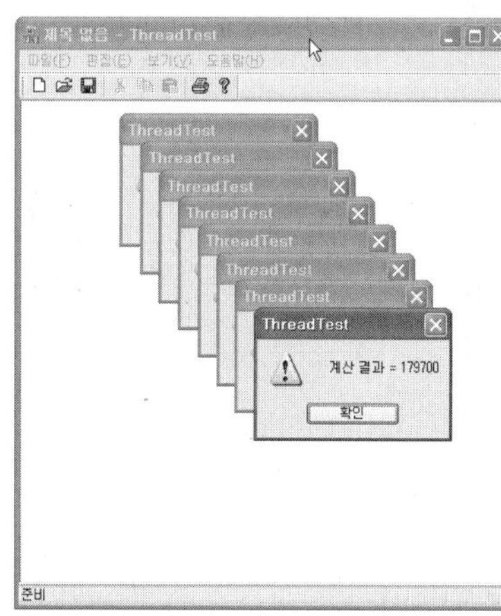

[따라하기]

1 이번 예제에서 사용할 프로젝트를 "ThreadTest"란 이름으로 생성한다. 응용 프로그램 종류 항목에서 응용 프로그램 종류만 [단일 문서]로 변경한다.

2 마우스 왼쪽 버튼을 클릭하면 간단한 계산을 하고 계산 결과를 메시지 박스로 출력하기 위해서는 OnLButtonDown() 함수에서 작업을 해야 한다. 뷰 클래스를 선택한 후 마우스 오른쪽 버튼을 클릭하여 나타난 바로가기 메뉴에서 [속성]을 선택한다. 화면 오른쪽에 나타난 속성 창에서 [메시지] 아이콘을 선택한 후 메시지 리스트에서 [WM_LBUTTONDOWN]을 찾아 오른쪽 빈 칸을 선택하여 나타난 "<추가> OnLButtonDown"를 선택하면 뷰 클래스에 메시지 처리기 OnLButtonDown()이 추가된다. 추가된 CThreadTestView 클래스의 OnLButtonDown() 함수의 앞쪽에 다음 함수를 작성한다.

```
//제어함수는 전역함수로 선언하거나 클래스 멤버함수일 경우에는 정적 함수로 선언해야 한다.
UINT ThreadFunc(LPVOID pParam)
{
   //LPVOID형을 UINT형으로 캐스팅
   UINT n = (UINT)pParam;

   UINT sum = 0;
   for(UINT i=1; i<n; i++){
      sum += i;
      //스레드로 동작하는 것을 확인하기 위해서
      //0.01초간 대기 시간을 둔다.
      Sleep(10);
   }
   //계산결과를 출력한다.
   CString str;
   str.Format(_T("계산 결과 = %d "), sum);
   AfxMessageBox(str);
   return 0;
}
```

3 OnLButtonDown() 함수에서 전역함수로 선언한 ThreadFunc() 함수를 호출하여 마우스 왼쪽 버튼을 클릭하면 간단한 계산을 하고 계산 결과를 메시지 박스로 출력하도록 한다.

```
void CThreadTestView::OnLButtonDown(UINT nFlags, CPoint point)
{
   UINT n=600;


   //스레드를 사용한 경우
```

```
    AfxBeginThread(ThreadFunc, (LPVOID)n );

    //스레드를 사용하지 않은 경우 : 함수 내부
    //ThreadFunc( (LPVOID) n );
    CView::OnLButtonDown(nFlags, point);
}
```

4 스레드로 동작한다는 것의 의미를 보다 직관적으로 이해하기 위해서 이번에는 이를 일반 함수로 실행하여 스레드로 실행한 것과의 차이점을 살펴보자. AfxBeginThread()를 주석처리하고 ThreadFunc() 함수를 일반함수처럼 호출한다.

```
void CThreadTestView::OnLButtonDown(UINT nFlags, CPoint point)
{
    UINT n=600;

    //스레드를 사용한 경우
    //AfxBeginThread(ThreadFunc, (LPVOID)n );

    //스레드를 사용하지 않은 경우 : 함수 내부
    ThreadFunc( (LPVOID) n );
    CView::OnLButtonDown(nFlags, point);
}
```

5 실행한 후 마우스를 클릭하고 나면 마치 먹통이 된 것처럼 어떠한 동작도 할 수 없다. 마우스 한번 클릭에 ThreadFunc() 함수가 호출되어 이 함수 내부의 for 문 반복 수행을 마칠 때까지 아무런 동작도 할 수 없기 때문이다.

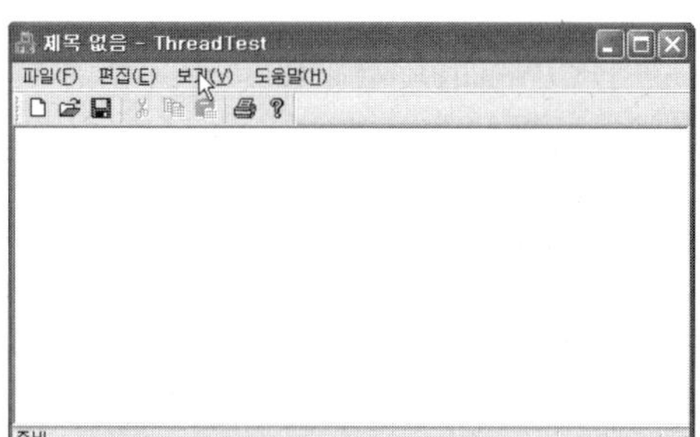

기본예제 11-2 스레드 실행 제어하기

[예제설명]

마우스를 클릭하면 세 개의 스레드가 각각 자신의 막대 길이를 늘리면서 경쟁적으로 화면에 출력을 하는 프로그램을 작성하자. 이 실습은 스레드를 이용한 화면 출력 기법을 익히는 것과 스레드가 멈추었다가 다시 진행하도록 스레드의 실행을 제어하는 방법과 함께 스레드의 우선순위 변경에 따른 결과를 직접 확인하는 것을 목표로 한다. 두 번째 막대를 그리는 스레드에 우선순위를 가장 높게 주었기에 다음 그림처럼 동작한다.

[실행결과]

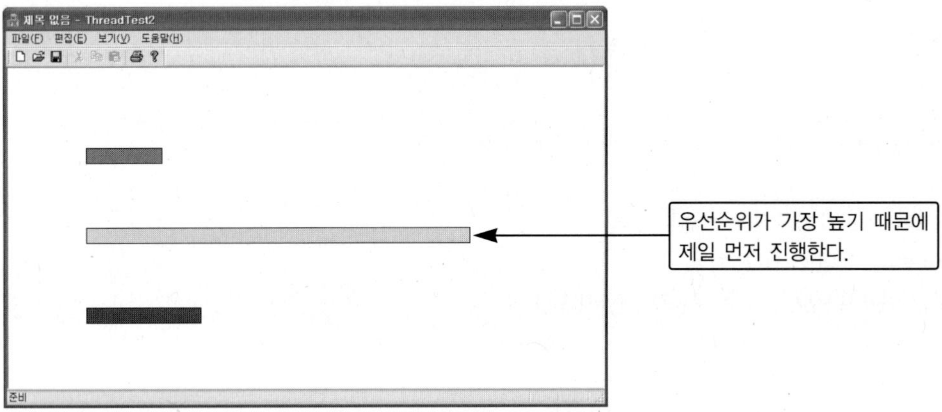

[따라하기]

1 이번 예제에서 사용할 프로젝트를 "ThreadTest2"란 이름으로 생성한다. 응용 프로그램 종류 항목에서 응용 프로그램 종류만 [단일 문서]로 변경한다.

2 뷰 클래스의 헤더 파일에 구조체 ThreadParams를 선언하고 뷰 클래스 내부에 다음과 같은 멤버 변수를 추가한다. ThreadParams는 스레드 제어함수에 전달할 데이터를 모아 놓은 것으로서 출력할 윈도우를 나타내는 핸들과 막대의 면 색상과 그려질 y 좌표 값을 저장하고 있다.

```
struct ThreadParams
{
```

```
    COLORREF color;                  // 면 색상
    HWND hwnd;                       // 윈도우 핸들
    int posY;                        // 막대를 그릴 y 좌표
};
```

3 CThreadTest2View 클래스에 스레드를 제어하기 위해서 AfxBeginThread() 함수의 리턴값을 CWinThread 객체 포인터값을 저장할 변수와 저장할 스레드 제어함수에 전달인자로 넘겨줄 변수를 선언한다.

```
class CThreadTest2View : public CView
{
public :
    CWinThread *pThread1, *pThread2, *pThread3;
    ThreadParams arg1, arg2, arg3;
```

4 CThreadTest2View 클래스의 OnLButtonDown 함수의 앞쪽에 다음 함수를 작성한다.

```
//제어함수는 전역함수로 선언하거나 클래스 멤버함수일 경우에는 정적 함수로 선언해야 한다.
UINT ThreadFunc(LPVOID arg)
{
    ThreadParams *pArg = (ThreadParams *)arg;

    //CDC 객체를 선언하고 디바이스 컨텍스트 핸들과 연결한다.
    CDC dc;
    HDC hdc = ::GetDC(pArg->hwnd);
    dc.Attach(hdc);

    int i, x, y;
    x = 100; y=pArg->posY;

    CBrush   brush(pArg->color);
    dc.SelectObject(&brush);

    for(i=0; i<100000; i++){
        int inc = i/200;
        dc.Rectangle(x, y, x+inc, y+20);
```

```
    }
    dc.Detach();
    ::ReleaseDC(pArg->hwnd, hdc);
    return 0;
}
```

5 CThreadTest2View 클래스의 OnLButtonDown 메시지 핸들러를 추가한 후 다음과 같은 코드를 작성한다.

OnLButtonDown이 리턴하면 CClientDC 객체가 파괴되므로 dc를 스레드에게 전달할 수 없다는 점에 유의한다. 대신 각 스레드에게 윈도우 핸들 값을 넘겨주고 스레드 제어함수에서는 윈도우 핸들을 이용하여 직접 CDC 객체를 만들어준다.

```
void CThreadTest2View::OnLButtonDown(UINT nFlags, CPoint point)
{
    //화면을 지운다.
    CClientDC dc(this);
    dc.SelectStockObject(WHITE_PEN);
    dc.SelectStockObject(WHITE_BRUSH);
    CRect rect;
    GetClientRect(&rect);
    dc.Rectangle(&rect);

    //첫 번째 스레드 생성(정지 상태)
    arg1.hwnd = this->m_hWnd;
    arg1.posY = 100;
    arg1.color=RGB(255, 0, 0);
    pThread1 = AfxBeginThread(ThreadFunc, &arg1, THREAD_PRIORITY_NORMAL, 0,
                    CREATE_SUSPENDED);

    //두 번째 스레드 생성(정지 상태)
    arg2.hwnd = this->m_hWnd;
    arg2.posY = 200;
    arg2.color=RGB(0, 255, 0);
    pThread2 = AfxBeginThread(ThreadFunc, &arg2, THREAD_PRIORITY_NORMAL, 0,
                     CREATE_SUSPENDED);
```

```
    //세 번째 스레드 생성(정지 상태)
    arg3.hwnd = this->m_hWnd;
    arg3.posY = 300;
    arg3.color=RGB(0, 0, 255);
    pThread3 = AfxBeginThread(ThreadFunc, &arg3, THREAD_PRIORITY_NORMAL, 0,
                    CREATE_SUSPENDED);

    //세개의 스레드를 모두 실행한다.
    pThread1->ResumeThread();
    pThread2->ResumeThread();
    pThread3->ResumeThread();

    pThread2->SetThreadPriority(THREAD_PRIORITY_ABOVE_NORMAL);
    CView::OnLButtonDown(nFlags, point);
}
```

6 pThread2->SetThreadPriority(THREAD_PRIORITY_ABOVE_NORMAL);를 주석처리해서 우선순위를 동일하게 주면 옥신각신하면서 비슷한 속도로 막대를 늘려나간다.

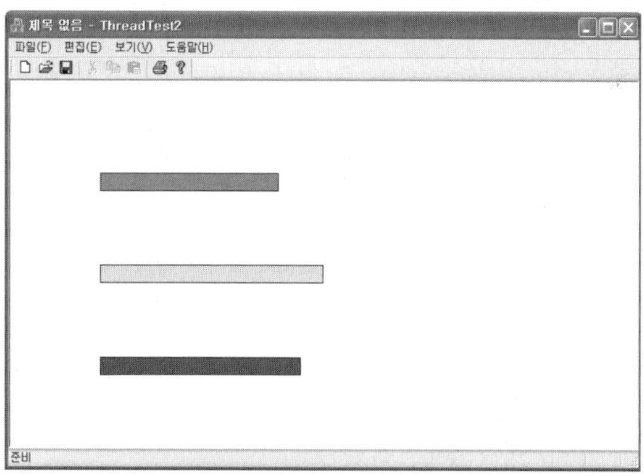

2.2 사용자 인터페이스 스레드를 사용하는 방법

사용자 인터페이스 스레드는 앞에서 다룬 작업자 스레드와 달리 메시지 루프를 가지고 있어서 사용자 입력이나 그 밖의 메시지 형태로 전달되는 이벤트를 처리할 수 있다. 메시지 루프는 윈도우 프로그램의 핵심 요소 중 하나이다. 이 루프가 멈추면 응용 프로그램은 '응답 없음' 상태가 되어 정상적으로 동작하지 못한다. 일반적으로 윈도우 응용 프로그램을 작성할 때 최상위 프레임 윈도우는 보통 CMainFrame 객체인데, 이 객체는 오로지 하나만 존재하는 것이 일반적이고 다른 윈도우와 달리 메인 메시지 루프와 연결되어 있다. 이 메인 프레임 윈도우는 응용 프로그램 전반에 관여하는 메시지 큐를 갖고 있는데 이는 프레임 윈도우 하나에 대해 별도로 갖게 된다. 최상위 윈도우 프레임을 하나 생성하게 되면 그에 관련된 스레드와 메인 메시지 큐가 생성된다.

즉, 이러한 사용자 인터페이스 스레드의 대표적인 예로는 응용 프로그램 객체를 들 수 있다. 즉 MFC 응용 프로그램에는 최소 하나의 사용자 인터페이스 스레드가 존재하는 것이다. 응용 프로그램 객체에 해당되는 사용자 인터페이스 스레드 이외에 새로운 사용자 인터페이스 스레드를 생성하기 위해서는 다음과 같은 과정을 거쳐야 한다.

CWinThread 클래스로부터 새로운 클래스를 파생한다.

클래스 선언부와 구현부에 각각 DECLARE_DYNCREATE, IMPLEMENT_DYNCREATE 매크로를 선언한다.

CWinThread 클래스가 제공하는 가상 함수 중 일부를 재정의. CWinThread::InitInstance()는 반드시 오버라이딩해야 하며, 나머지 함수는 필요에 따라 오버라이딩한다.

AfxBeginThread()를 이용하여 새로운 UI 스레드 생성

UI 스레드를 생성하는 핵심 함수는 작업자 스레드와 마찬가지로 AfxBeginThread() 함수를 사용하지만 그 함수의 형태가 다르다.

```
CWinThread* AfxBeginThread (
   CRuntimeClass* pThreadClass,
   int nPriority = THREAD_PRIORITY_NORMAL,
   UINT nStackSize = 0,
   DWORD dwCreateFlags = 0,
   LPSECURITY_ATTRIBUTES lpSecurityAttrs = NULL
);
```

다음은 `AfxBeginThread()` 함수의 인자를 정리한 표이다.

표 11-3 ● AfxBeginThread() 함수의 인자

인자	기능
`pThreadClass`	객체 정보를 담고 있는 `CRuntimeClass` 구조체의 주소를 대입한다. 사용 형태는 RUNTIME_CLASS(클래스이름)와 같다.
`nPriority`	스레드의 우선순위 레벨을 지정한다.
`nStackSize`	스레드 스택의 크기를 지정한다.
`dwCreateFlags`	0 또는 CREATE_SUSPENDED를 지정한다.
`lpSecurityAttrs`	보안 설명자와 핸들 상속 정보를 지정한다.

기본예제 11-3 작업자 스레드 함수

이번 예제에서는 `AfxBeginThread()` 함수를 이용하여 사용자 인터페이스 스레드를 생성하고 활용하는 예를 살펴보겠다.

[실행결과]

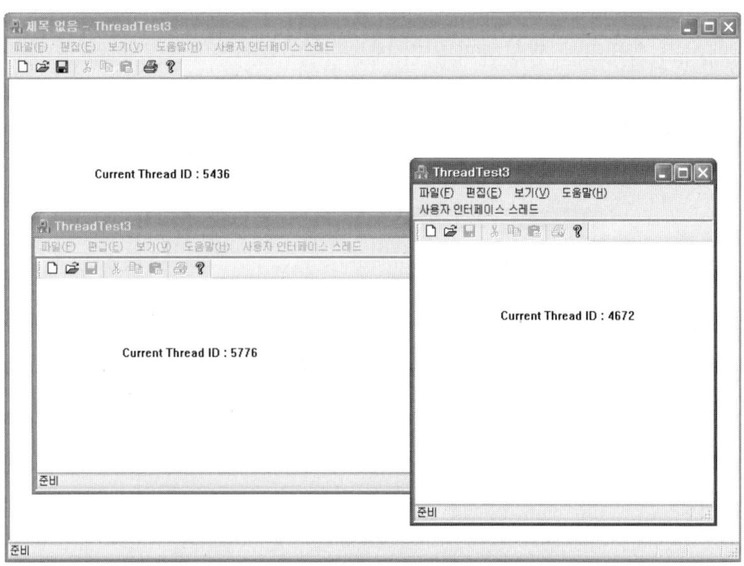

【따라하기】

1 이번 예제에서 사용할 프로젝트를 "ThreadTest3"란 이름으로 생성한다. 응용 프로그램 종류 항목에서 응용 프로그램 종류만 [단일 문서]로 변경한다. 사용자 인터페이스 스레드를 생성하려면 CWinThread 클래스의 파생 클래스를 프로젝트에 등록해야 한다. [클래스 뷰] 창에서 프로젝트명을 선택한 후에 마우스 오른쪽 버튼을 클릭하여 나타난 바로가기 메뉴에서 [추가] → [클래스...]를 선택한다. [MFC 클래스 마법사] 창이 나타나면 [클래스 이름 :]에는 "CUserInterfaceThread"를 입력하고 [기본 클래스 :] 콤보 박스에서는 "CWinThread"를 선택한 후 <마침> 버튼을 누른다.

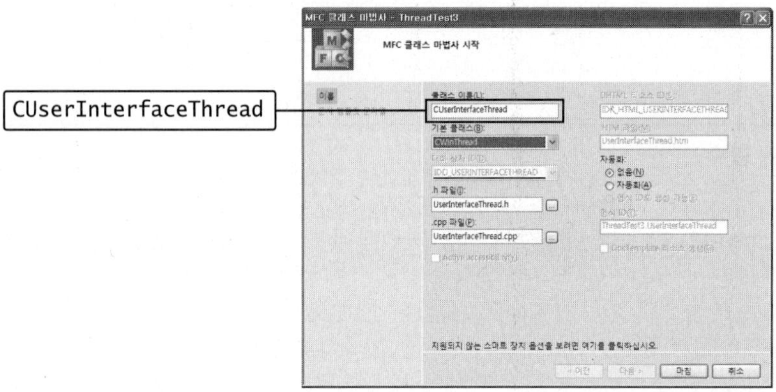

2 사용자 인터페이스 스레드를 생성하기 위한 메뉴를 추가한다. 도움말 메뉴 오른쪽에 [사용자 인터페이스 스레드] → [스레드 생성]이란 메뉴를 새로 만들되 ID는 ID_CREATE_UITHREAD로 준다. 그런 후에 CMainFrame 클래스에 이벤트 처리기를 추가한다.

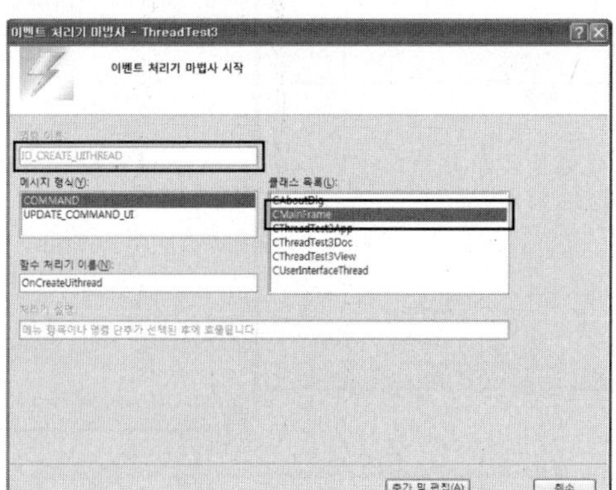

3 추가한 이벤트 처리기에 다음과 같이 입력한다.

```
#include "UserInterfaceThread.h"

void CMainFrame::OnCreateUithread()
{
    AfxBeginThread(RUNTIME_CLASS(CUserInterfaceThread));
}
```

4 CMainFrame 클래스의 WM_PAINT 메시지에 대한 이벤트 처리기를 추가한 후 다음과 같이 입력하여 현재 스레드의 ID를 출력한다.

```
void CMainFrame::OnPaint()
{
    CPaintDC dc(this); // device context for painting
    // TODO: 여기에 메시지 처리기 코드를 추가합니다.
    // 그리기 메시지에 대해서는 CFrameWnd::OnPaint()을(를) 호출하지 마십시오.
    // TODO: 여기에 원시 데이터에 대한 그리기 코드를 추가합니다.
    CString strTmp = _T("");
    strTmp.Format(_T("Current Thread ID : %d"), ::GetCurrentThreadId());
    dc.TextOutW(100, 100, strTmp);
}
```

5 사용자 인터페이스 스레드로 사용할 CUserInterfaceThread 클래스의 InitInstance() 함수에 프레임 윈도우를 생성하는 코드를 작성한다.

```
#include "MainFrm.h"

BOOL CUserInterfaceThread::InitInstance()
{
    // TODO: 여기에서 각 스레드에 대한 초기화를 수행합니다.
    CMainFrame* pFrame=new CMainFrame();
    if(!pFrame)
        return FALSE;
    m_pMainWnd=pFrame;
```

```
    pFrame->LoadFrame(IDR_MAINFRAME,
        WS_OVERLAPPENWINDOW | FWS_ADDTOTITLE
        NULL,NULL);

    pFrame->ShowWindow(SW_SHOW);
    pFrame->UpdateWindow();

    return TRUE;
}
```

6 CMainFrame 객체를 다른 클래스에서 생성하려면 생성자의 접근 제한자가 public이어야 하므로 CMainFrame 클래스가 정의된 파일에서 다음과 같이 수정한다.

```
class CMainFrame : public CFrameWnd
{

public:
    CMainFrame();
```

SECTION

03 스레드의 동기화

Introduction to Microsoft Foundation Class Library

다중 스레드에서 가장 중요시 생각해야 하는 것 중에 하나가 바로 동기화이다. **동기화**가 필요한 이유는 **여러 스레드들이 공통적으로 나누어서 사용하는 자원이나 정보가 엉켜 버리지 않도록 하기 위함**이다. 이번 절에서는 다중 스레드 프로그램에서 하나의 자원을 여러 개의 스레드가 동시에 접근하여 사용할 경우 발생하는 문제를 해결하기 위해 동기화하는 방법을 학습한다.

동기화가 필요한 이유를 설명하기 위해서 변기를 공유 메모리에 비유해 보자. 여러 가구가 함께 사는 집에 화장실이 하나 있다고 가정해 보자. 아침이 되면 이 화장실을 여러 사람(스레드)들이 차지하려고 할 것이다. 변기(공유 메모리)를 여러 사람이 함께 사용하는 것은 상상도 못할 것이다. 한꺼번에 변기를 차지하려는 사태를 막기 위해서 화장실에 들어간 사람은 변기를 사용하기 전에 화장실 문부터 잠글 것(lock)이다. 그렇지 않으면 용변을 보는 동안에 다른 사람이 문을 열어 버리는 참담한 사태가 발생할 수 있기 때문이다. 용무가 끝난 사람은 화장실 문을 열면 밖에서 기다리고 있던 사람이 용무를 보기 위해서 화장실에 들어가고 이 사람도 용무를 보기 전에 문부터 잠글 것이다. 이러한 일련의 작업들이 바로 공유 데이터를 여러 스레드가 동시에 사용하지 못하도록 동기화시키는 것과 동일한 원리이다.

공유 데이터(변기)를 사용하고 있는 영역(화장실)에 스레드(사람)가 진입하기 바로 전에 락(문고리)을 걸게 된다. 이렇게 락(문고리)을 걸어두면 다른 스레드(사람들)는 락(문고리)을 해제할 때까지 이 영역(화장실)에 진입하지 못하게 된다. 이렇듯 공유 데이터가 사용되는 영역을 크리티컬 섹션이라고 하고 크리티컬 섹션에서는 하나의 스레드만 동작하도록 하여 문제를 발생시키지 않게 한다.

다중 스레드일 경우에 두 개 이상의 스레드가 공유 리소스를 사용하게 되어 문제가 발생할 것 같으면 동기화를 통해 이러한 문제를 해결해야 하는데 MFC에서는 동기화를 위한 객체로 다음 4가지를 제공해 준다.

크리티컬 섹션(Critical Section)
이벤트(Events)
뮤텍스(Mutexes)
세마포(Semaphores)

이들을 동기화 객체(Synchronization Object)라 부르는데 모두 용도와 특성(장단점)이 다르므로 작업의 종류에 따라 적절한 것을 선택해서 사용한다.

3.1 크리티컬 섹션

첫 번째 살펴볼 방법은 크리티컬 섹션(Critical Section)인데 크리티컬 섹션은 공유 리소스를 접근하는 **다수의 스레드가 있을 때 오직 하나의 스레드만 접근할 수 있도록 하는 방법**으로 속도는 빠르지만 서로 다른 프로세스에 속한 스레드 간의 동기화를 위한 목적으로는 사용할 수 없다는 단점이 있다.

동시에 수행될 스레드들이 모두 참조할 수 있도록 다음과 같이 CCriticalSection을 전역 변수로 선언해 둔다.

```
// 전역 변수로 선언
CCriticalSection g_cs;
```

동시에 구동되는 스레드들에서 동시에 수행되어서는 안 되는 부분을 다음과 같이 **Lock, UnLock 함수**로 감싸준다.

```
// 스레드 A
g_cs.Lock();
// 스레드 A의 작업 코드 중 공유 변수가 접근하는 영역
g_cs.Unlock();
...
// 스레드 B
g_cs.Lock();
// 스레드 B의 작업 코드 중 공유 변수가 접근하는 영역
g_cs.Unlock();
```

이와 같이 Lock과 UnLock 함수로 감싸준 부분은 절대로 동시에 수행되지 않는다. 스레드 A에서 함수를 호출하고 작업 코드를 실행되고 있을 때 스레드 B가 Lock 함수를 만나면 스레드 A에서 UnLock 함수를 호출해 줄 때까지 스레드 B는 Lock 함수에 걸려 잠을 자고 있어야 한다. 이때 스레드 B는 CPU나 기타 시스템 리소스를 전혀 사용하지 않는다. 스레드 A의 작업을 마치고 UnLock 함수를 호출하는 순간, 스레드 B는 Lock에서 풀려나 다음 코드를 진행할 수 있다.

기본예제 11-4 크리티컬 섹션을 이용한 동기화

【예제설명】

[기본예제 1-2]를 가져와서 크리티컬 섹션의 효과를 확인할 수 있도록 프로그램을 수정해 보도록 하자. 마우스 클릭을 하면 세 개의 스레드가 동시에 동작하되 크리티컬 섹션에 다다르게 되면 먼저 크리티컬 섹션에 들어온 스레드가 크리티컬 섹션을 빠져나가기 전까지 다른 스레드들이 락에 걸려 동작을 멈추게 되고 락을 걸었던 스레드가 락을 풀게 되면 나머지 스레드가 동작하도록 하는 예제이다.

【실행결과】

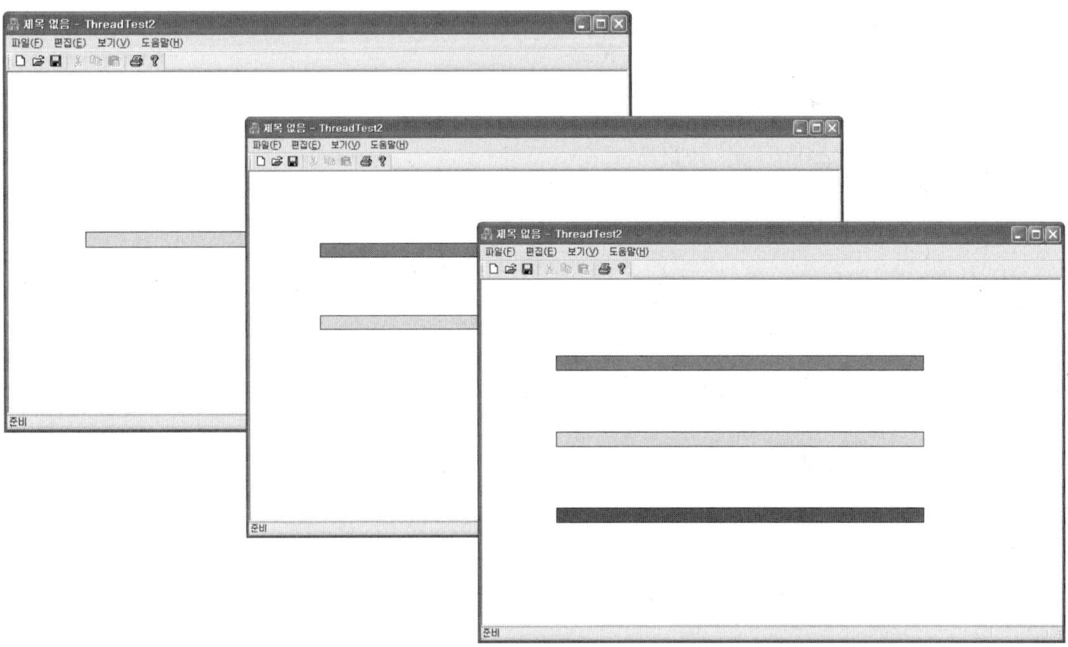

[따라하기]

1. [기본예제 1-2]에서 사용한 ThreadTest2를 복사해서 프로젝트 폴더명을 ThreadTest4로 변경한다.

   그런 후에 다음과 같이 소스를 변경한다. 중복되는 내용은 생략했다.

```
#include "afxmt.h"

CCriticalSection g_cs;     //전역 변수로 선언해 둔다.

UINT ThreadFunc(LPVOID arg)
{
    ThreadParams *pArg = (ThreadParams *)arg;

    //CDC 객체를 선언하고 디바이스 컨텍스트 핸들과 연결한다.
    CDC dc;
    HDC hdc = ::GetDC(pArg->hwnd);
    dc.Attach(hdc);

    int i, x, y;

    x = 100;    y=pArg->posY;

    CBrush   brush(pArg->color);
    dc.SelectObject(&brush);

    //for문 안에서 공유 리소스를 사용한다는 가정 하에 for문으로 진입하기 전에 락을 걸어둔다.
    g_cs.Lock();

    for(i=0; i< 100000; i++){
        //공유 리소스를 사용한다고 가정한다.
        int inc = i/200;
        dc.Rectangle(x, y, x+inc, y+20);
    }

    //for문 밖으로 나오게 되면 락을 풀어준다.
```

```
    g_cs.Unlock();

    dc.Detach();
    ::ReleaseDC(pArg->hwnd, hdc);
    return 0;
}
```

3.2 뮤텍스

뮤텍스(Mutex)는 Mutual Exclusion의 약어로서 즉, 상호 배타적으로 동작한다는 의미로 크리티컬 섹션과 마찬가지로 공유 리소스를 접근하는 **다수의 스레드가 있을 때 오직 하나의 스레드만 접근할 수 있도록 한다.** 서로 다른 프로세스에 속한 스레드 간의 동기화를 위한 목적으로 사용할 수 있다는 장점이 있지만 크리티컬 섹션보다 속도가 느리다.

뮤텍스 생성함수는 다음과 같다.

```
CMutex::CMutex (
    BOOL bInitiallyOwn = FALSE,
    LPCTSTR lpszName = NULL,
    LPSECURITY_ATTRIBUTES lpsaAttribute = NULL
);
```

뮤텍스 생성함수의 인자

인자	기능
bInitiallyOwn	TRUE면 뮤텍스를 생성한 스레드가 소유자가 됨
lpszName	뮤텍스 이름
lpsaAttribute	보안 설명자와 핸들 상속 관련 구조체

뮤텍스는 CCriticalSection 클래스와 완전히 동일한 Lock()과 Unlock() 메소드가 지원된다.

```
// 전역 변수로 선언
CMutex g_mutex(FALSE, NULL);
```

```
...
// 스레드 1
g_mutex.Lock();
// 공유 변수 접근
g_mutex.Unlock();
...
// 스레드 2
g_mutex.Lock();
// 공유 변수 접근
g_mutex.Unlock();
```

앞에서 다루었던 [기본예제 11-4]에서 CCriticalSection 클래스 대신 CMutex 클래스를 사용한다 해도 아무런 문제가 없다. 일반적으로 스레드를 동기화할 때에는 뮤텍스보다는 크리티컬 섹션을 사용하는 것을 권장한다. 왜냐하면 뮤텍스를 동기화하는데 드는 비용이 크리티컬 섹션에 비해 크기 때문이다.

3.3 세마포어

세마포어(Semaphore)는 크리티컬 섹션이나 뮤텍스가 한 번에 한 스레드나 프로세스만 특정 리소스에 접근할 수 있었던 것과 달리 동시에 **여러 스레드나 프로세스가 특정 리소스에 접근할 수 있도록 임의로 허용치를 정할 수 있다.** 만일 10개의 스레드가 동시에 실행되는 다중 스레드에서 특정 리소스에 3개의 스레드까지만 동시 접근이 가능하다면 이럴 때 적합한 동기화 객체가 바로 세마포어이다.

세마포어는 내부에 사용 가능한 리소스의 개수를 유지하는 **리소스 카운트**라는 것을 두고 있다. 스레드가 세마포어로 둘러싸인 부분에 진입할 때마다 리소스 카운터를 1씩 감소시킨다. 현재 세마포어로 둘러싸인 부분을 실행하고 있는 스레드의 개수를 기억하고 있다. 리소스 카운터가 최대값을 넘지 않을 때까지는 계속 스레드의 진입을 허가하다가 리소스 카운터가 최대값을 넘으면 다음에 세마포어로 진입하는 스레드를 Lock() 함수를 호출하는 부분에서 기다리게 한다.

수행될 수 있는 스레드 개수를 조절하는 동기화 객체인 세마포어를 이용한 동기화를 하기 위해서 세마포어를 생성하려면 사용 가능한 자원의 개수로 리소스 카운트를 초기화해야 한다. 다음은 세마포어 생성자이다.

```
CSemaphore::CSemaphore (
   LONG lInitialCount = 1,
   LONG lMaxCount = 1,
   LPCTSTR pstrName = NULL,
   LPSECURITY_ATTRIBUTES lpsaAttributes = NULL
);
```

표 11-4 ● 세마포어 생성자의 인수

인수	기능
lInitialCount	세마포의 초기값
lMaxCount	세마포의 최대값
pstrName	세마포 이름
lpsaAttribute	보안 설명자와 핸들 상속 관련 구조체

```
CSemaphore g_semaphore(2, 2);
g_semaphore.Lock();
// 두 개 이상의 스레드가 실행될 수 있다.
g_semaphore.Unlock();
```

세마포어 생성자는 두 개의 인수를 받는다. 첫 번째 인수는 리소스 카운터의 초기값이고 두 번째 인수는 리소스 카운터의 최대값이다.

3.4 이벤트

이벤트는 앞서 살펴본 크리티컬 섹션, 뮤텍스, 세마포어와는 용도가 다르다. 앞서 세 객체는 교차로의 신호등처럼 특정 코드가 단독 혹은 제한된 수 이내로 실행되는 것을 보장하여 충돌이 발생하는 것이 주요 기능이지만, 이벤트 객체는 어떤 상황을 알리는데 목적이 있다. **두 개 이상의 스레드가 동작할 때 어떤 특정 사건이 일어날 때까지 하나의 스레드를 기다리게 하려면 이벤트를 사용한다.**

MFC에서는 CEvent 클래스로 이벤트를 객체화한다. 다음은 CEvent 클래스의 생성자이다.

```
CEvent::CEvent (
    BOOL bInitiallyOwn = FALSE,
    BOOL bManualReset = FALSE,
    LPCTSTR lpszName = NULL,
    LPSECURITY_ATTRIBUTES lpsaAttribute = NULL
);
```

표 11-5 ● 이벤트 생성자의 인수

인수	기능
bInitiallyOwn	FALSE면 비신호, TRUE면 신호 상태
bManualReset	FALSE면 자동 리셋, TRUE면 수동 리셋
lpszName	이벤트 이름
lpsaAttribute	보안 설명자와 핸들 상속 관련 구조체

이벤트(Event)는 신호(Signaled)와 비신호(Nonsignaled) 두 개의 상태를 가진 동기화 객체인데 일반적으로 이벤트 객체는 모든 스레드들이 참조할 수 있도록 다음과 같이 전역변수로 선언한다.

```
CEvent g_Event;                                    // ❶ 전역변수
```

CEvent는 일반적으로 비신호 상태로 생성한다. 주 프로세스에서 작업자 스레드를 생성한다.

```
AfxBeginThread(ThreadFunc, pParam);        // ❷ 작업자 스레드를 생성
```

작업자 스레드는 다음과 같이 Lock() 함수를 호출한다.

```
UINT WorkThread(LPVOID pParam)
{
    // ❸ Lock() 함수를 호출
    g_event.Lock();
    // 이벤트가 신호 상태로 변경되면 실행할 코드
    for(int i=0; i<100; i++){
```

```
    }
}
```

```
UINT InitThread(LPVOID pParam)
{
    for(int i=0; i<100; i++){

    }
    // ❹ 이벤트 객체를 신호 상태로 변경한다.
    g_event.PulseEvent();
}
```

스레드가 여러 개 일 때 하나의 스레드가 비신호 상태로 생성(❶)되었기에 나머지 스레드는 이벤트 객체에 대해 Lock()을 호출함(❸)으로써 이벤트 객체가 신호 상태가 되기를 기다리게 된다(Sleep 상태). 기다리는 동안 스레드는 CPU를 전혀 사용하지 않는다. Lock() 함수에서 더 이상 진행하지 못하고 잠자고 있는 스레드를 깨워서 일을 시키려면 이벤트 객체를 신호 상태로 변경하기 위해서 CEvent::SetEvent() 혹은 CEvent::ResetEvent()를 호출해 준다(❹). 이 함수가 호출되면 스레드가 Lock() 함수에서 벗어나 다음 코드를 실행할 수 있게 된다.

SetEvent() 함수는 **스레드가 잠에서 깨어나도록 불을 계속 켜 놓는 것**이라면 **ResetEvent()** 함수는 **스레드가 잠에서 깨어나도록 불을 켰다가 끄는 것이다.** 즉, 스레드가 Lock에 걸려 있는 순간 SetEvent() 혹은 ResetEvent()를 호출하면 스레드가 잠에서 깨어난다.

기본예제 11-5 이벤트

【예제설명】

이번 예제에서는 이벤트를 이용한 동기화 방법을 살펴보기 위해 다음과 같이 프로그래스 컨트롤을 10개 만들고 10개 스레드가 각각 프로그래스 컨트롤을 하나씩 맡아서 값을 증가하도록 한다. 제일 왼쪽의 프로그래스 컨트롤을 초기화를 담당하는 스레드로 가정하면 이 스레드(제일 왼쪽의 프로그래스 컨트롤)는 비신호 상태에서 초기화 작업을 진행하고, 나머지 스레드는 Lock 함수를 호출하여 대기 상태에 있게 된다. 스레드가 초기화 작업을 완료하면 이벤트 객체를 신호 상태로 바꾸어 주고 기다리고 있던 모든 스레드(프로그래스 컨트롤)가 깨어나서 작업을 진행하게 된다.

【실행결과】

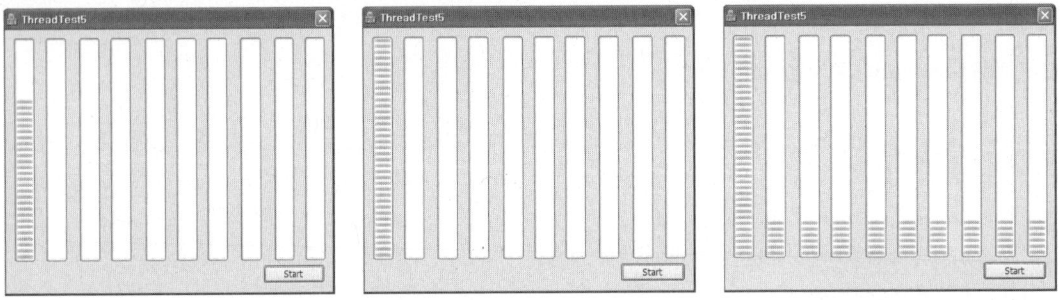

【따라하기】

1 이번 예제에서 사용할 프로젝트를 “ThreadTest5”란 이름으로 생성한다. 응용 프로그램 종류 항목에서 응용 프로그램 종류만 [대화 상자]로 변경한다. 기존 컨트롤을 제거하고 다음과 같이 10개의 프로그래스 컨트롤을 배치하되 버튼 컨트롤의 ID 값만 IDC_BUTTON_START로 Caption 값을 ‘start’로 변경한다. 나머지 프로그래스 컨트롤들의 속성값은 Vertical만 True로 지정한다.

2 여러 개의 프로그래스 컨트롤에 대해서 일일이 변수와 연결하는 것은 번거로운 일이기 때문에 첫 번째 프로그래스 컨트롤에 대해서만 Control 형 변수와 연결하고 헤더파일을 다음과 같이 변경한다.

```
class CThreadTest5Dlg : public CDialog
{
    CProgressCtrl m_Progress[10];
};
```

3 그런 후에 DoDataExchange() 함수도 다음과 같이 변경한다.

```
void CThreadTest5Dlg::DoDataExchange(CDataExchange* pDX)
{
    CDialog::DoDataExchange(pDX);
    DDX_Control(pDX, IDC_PROGRESS1, m_Progress[0]);
    DDX_Control(pDX, IDC_PROGRESS2, m_Progress[1]);
    DDX_Control(pDX, IDC_PROGRESS3, m_Progress[2]);
    DDX_Control(pDX, IDC_PROGRESS4, m_Progress[3]);
```

```
    DDX_Control(pDX, IDC_PROGRESS5, m_Progress[4]);
    DDX_Control(pDX, IDC_PROGRESS6, m_Progress[5]);
    DDX_Control(pDX, IDC_PROGRESS7, m_Progress[6]);
    DDX_Control(pDX, IDC_PROGRESS8, m_Progress[7]);
    DDX_Control(pDX, IDC_PROGRESS9, m_Progress[8]);
    DDX_Control(pDX, IDC_PROGRESS10, m_Progress[9]);
}
```

4 [Start] 버튼에 대한 이벤트 처리기를 추가한 후 이벤트 처리기 앞에 다음과 같이 코딩한다.

```
#include <afxmt.h>
// ❶ 전역변수 이벤트 객체 선언
CEvent g_event(FALSE, TRUE);

UINT InitThread(LPVOID pParam)
{
    CProgressCtrl *ptr = (CProgressCtrl *)pParam;
    ptr->SetPos(0);

    for(int i=0; i<100; i++){
        ptr->SetPos(i);
        ::Sleep(10);
    }
    // ❹ 이벤트 객체를 신호 상태로 변경된다.
    g_event.PulseEvent();

    return 0;
}

UINT WorkThread(LPVOID pParam)
{
    CProgressCtrl *ptr = (CProgressCtrl *)pParam;
    ptr->SetPos(0);

    // ❸ Lock() 함수를 호출
    g_event.Lock();
```

```
    // 이벤트가 신호 상태로 변경되면 실행할 코드
    for(int i=0; i<100; i++){
        ptr->SetPos(i);
        ::Sleep(30);
    }
    return 0;
}

void CThreadTest5Dlg::OnBnClickedButtonStart()
{
    // ❷ 작업자 스레드를 생성
    AfxBeginThread(InitThread, &m_Progress[0]);
    for(int i=1; i<10; i++)
        AfxBeginThread(WorkThread, &m_Progress[i]);
}
```

연습문제

[개념문제]

단원 요약정리를 대신하여 개념을 잡을 수 있도록 본문의 내용을 충실하게 반영한 문제이다.

1. 다음에 알맞은 내용을 보기에서 찾으시오.

보기			
1	동기화	2	정적 함수
3	작업자 스레드	4	스레드
5	SetEvent	6	Lock
7	전역함수	8	ResetEvent
9	UnLock	10	사용자 인터페이스 스레드

1.1 ＿＿＿＿＿＿(은)는 하나의 프로세스 내에서 일을 처리하는 세부 실행 단위이다.

1.2 다중 스레딩는 하나의 프로세스 내에 여러 개의 스레드로 가지고 프로그램을 동시에 처리하는 것을 의미한다. MFC에서는 다중 스레드를 위해서 메시지 루프를 가지고 있지 않은 ⓐ ＿＿＿＿＿＿(와)과 메시지 루프를 가지고 있는 ⓑ ＿＿＿＿＿＿(을)를 제공한다.

1.3 스레드로 동작하는 함수는 아무 함수나 될 수 있는 것이 아니고 특정 형식을 갖추고 있어야 한다. 리턴형은 `UINT`이어야 하고 인수는 `LPVOID`이어야 한다. 그리고 ⓐ ＿＿＿＿＿＿(으)로 선언하거나 클래스 멤버함수일 경우에는 ⓑ ＿＿＿＿＿＿(으)로 선언해야 한다.

1.4 여러 스레드들이 공통적으로 나누어서 사용하는 자원이나 정보가 엉켜 버리지 않도록 하기 위해서는 스레드를 __________ 해야 한다.

1.5 크리티컬 섹션은 공유 리소스를 접근하는 다수의 스레드가 있을 때 오직 하나의 스레드만 접근할 수 있도록 하는 방법으로 속도는 빠르지만 서로 다른 프로세스에 속한 스레드 간의 동기화를 위한 목적으로는 사용할 수 없다는 단점이 있다. 동시에 수행될 스레드들이 모두 참조할 수 있도록 해야 하므로 `CCriticalSection`은 전역 변수로 선언한다. 동시에 구동되는 스레드들에서 동시에 수행되어서는 안 되는 부분의 시작에 ⓐ __________ 함수를 끝나는 부분에 ⓑ __________ 함수를 호출한다.

1.6 이벤트 객체를 신호 상태로 변경하기 위해서 `SetEvent()` 혹은 `ResetEvent()`를 호출해 준다. 어 함수가 호출되면 스레드가 `Lock()` 함수에서 벗어나 다음 코드를 실행할 수 있게 된다. ⓐ __________ 함수는 스레드가 잠에서 깨어나도록 불을 계속 켜 놓는 것이라면 ⓑ __________ 함수는 스레드가 잠에서 깨어나도록 불을 켰다가 끄는 것이다.

※ **다음 물음에 올바른 답을 골라라.**

2. 동시에 여러 스레드나 프로세스가 특정 리소스에 접근할 수 있도록 임의로 허용치를 정할 수 있도록 할 때 적합한 동기화 객체는 무엇인가?

❶ 세마포어 ❷ 크리티컬 섹션 ❸ 뮤텍스 ❹ 이벤트

3. 다른 동기화 객체들이 신호등처럼 특정 코드가 단독 혹은 제한된 수 이내로 실행되는 것을 보장하여 충돌이 발생하는 것이 주요 기능인데 반해, 어떤 상황을 알리는데 목적이 있으므로 사용하는 객체로 두 개 이상의 스레드가 동작할 때 어떤 특정 사건이 일어날 때까지 하나의 스레드를 기다리게 하려고 할때 사용하는 동기화 객체는 무엇인가?

❶ 세마포어 ❷ 크리티컬 섹션 ❸ 뮤텍스 ❹ 이벤트

4. 작업자 스레드를 생성하기 위해 사용하는 함수는 무엇인가?

❶ Sleep ❷ AfxBeginThread ❸ PulseEvent ❹ ResetEvent

[실습문제]

본문 기본예제보다 조금 난이도가 높은 내용으로 구성된 프로그램을 실제로 작성해 보는 문제로서 단계별 설명을 자세히 해 놓았으므로 시간이 걸리더라도 꼭 풀어보기 바란다. 실력 향상에 많은 도움이 될 문제이다.

실습문제 11-1 프로젝트명 : Ch11Ex01 / 문서 형태 : 단일 문서

【예제설명】

[게임] → [시작] 메뉴를 선택하면 클라이언트 영역에 두더지가 나타난다. 마우스로 클릭하여 두더지를 잡으면 상태바에 점수가 나타난다. 점수는 두더지를 한번 잡을 때마다 1씩 증가한다.

【실행결과】

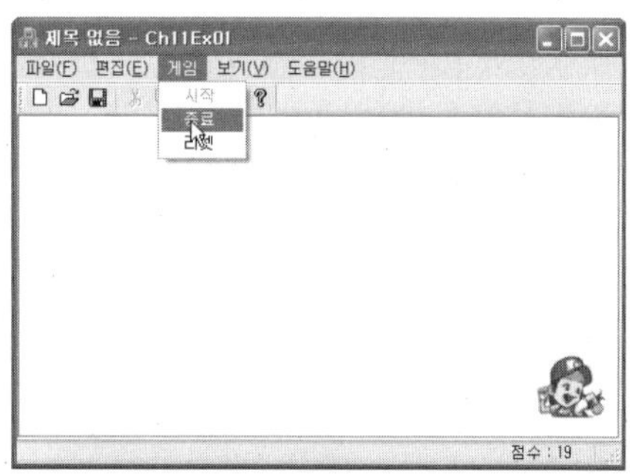

【힌트】

스레드를 이용하여 일정 시간 간격마다 한 번씩 클라이언트 영역내의 임의의 위치에 두더지가 나타나도록 한다.

CHAPTER

12 데이터베이스 프로그래밍

서점 관리 프로그램을 작성할 경우 도서에 관한 정보를 저장해야 하는데 이를 위해서는 데이터베이스를 활용해야 한다. 이번 장에서는 데이터베이스에 대한 기본적인 문법 사항과 함께 MFC에서 데이터베이스에 쉽게 접근할 수 있도록 하는 OLE DB와 ADO에 대해서 학습해 보도록 하겠다.

미리보기

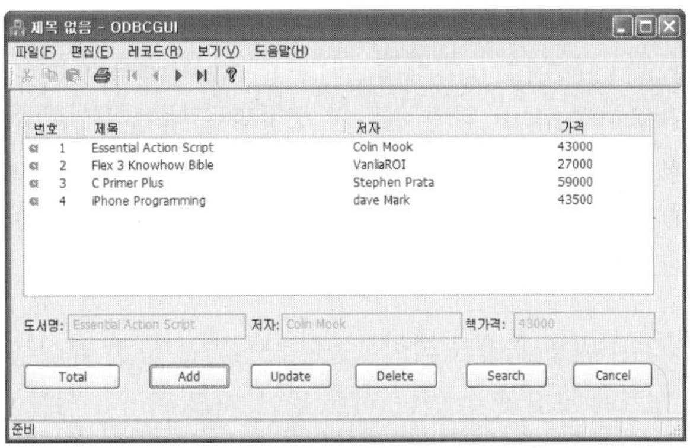

학습목표

1. MFC를 이용한 ODBC 프로그래밍 기법을 익힌다.
2. MFC를 이용한 ADO 프로그래밍 기법을 익힌다.

목차

SECTION

01 데이터베이스와 ODBC

Introduction to Microsoft Foundation Class Library

DBMS(DataBase Management System)는 데이터베이스를 관리하기 위해 필요한 수행과정인 데이터의 "추가", "수정", "삭제", "검색" 등의 기능을 집대성한 소프트웨어 패키지이다. DBMS는 데이터베이스 내의 **데이터를 관리하는 파일 관리자**라고 생각할 수도 있다.

가장 일반적인 형태의 DBMS가 **관계형 데이터베이스 관리시스템(RDBMS, Relational DataBase Management System)**인데 일련의 정형화된 데이터 항목들의 집합체로서, 데이터베이스는 만들거나 이용하기가 비교적 쉽지만, 무엇보다도 확장이 용이하다는 장점을 가지고 있다. 처음 데이터베이스를 만든 후 관련되는 응용 프로그램들을 변경하지 않고도, 새로운 데이터 항목을 데이터베이스에 추가할 수 있다는 장점이 있다.

RDBMS는 미리 정의된 내용에 따라 테이블들이 구성되는데, 각 테이블은 데이터 종류나 성격에 따라 여러 개의 필드를 포함할 수 있다. 예를 들어, 서점 관리를 위한 데이터베이스에서 도서의 정보를 저장하는 테이블은 도서번호, 도서명, 저자, 책가격 등의 필드로 구성된다.

도서 번호	도서명	저자	가격
ID	title	author	price
1	지름길플래시 CS4	김장훈	22000
2	초보개발자를 위한 MFC	성윤정	24000
3	홈페이지 확실히 배우기	김종현	23000

모든 테이블은 레코드를 식별하기 위해서 중복되지 않은 값을 갖고 반드시 데이터 값이 존재하는 필드를 가져야 하는데 이를 **기본 키(Primary key)**라고 한다. 기본 키는 주민등록번호, 사원번호, 학생번호, 기타 통신용 아이디 등과 같이 대부분 숫자나 문자로 코드화된 값을 사용하는데 코드가 의미를 가지고 있는 것이 좋다. 기본 키가 없는 테이블은 관계에 사용할 수 없고, 정렬과 검색할 때 처리속도가 늦다. 따라서 가능하면 기본 키를 만들어 두는 것이 좋다. 액세스에

서는 일련번호라는 필드 형식을 지원하는데 데이터 값을 입력하지 않아도 레코드가 추가되면 자동으로 1씩 증가되어 중복되지 않는 일련번호를 생성해 내는 자료형태이다. 일반적으로 액세스에서는 일련번호 형식의 필드를 기본 키로 사용한다.

1.1 ODBC

윈도우 프로그램에서 데이터베이스를 처리하도록 하기 위해서 ODBC라는 강력한 도구를 제공하는데, ODBC를 사용하기 위해서는 데이터베이스를 이해하고 있어야 한다. **ODBC**란 **Open Database Connectivity**의 약자로서 **데이터베이스 어플리케이션과 DBMS를 연결시키는 표준적인 인터페이스**를 제공한다.

오라클(Oracle), 사이베이스(Sybase), 인포믹스(Infomix), 마이크로소프트의 Access, SQL Server 등 다양한 데이터베이스들은 매우 복잡한 알고리즘들이 들어가 있기에 서로 상이한 기법을 사용하지만 사용자 입장에서는 입력, 검색, 수정, 삭제 등의 작업이 전부이기에 어떤 데이터베이스를 사용하든지 상관없이 동일하게 접근해서 사용할 수 있도록 만든 것이 ODBC 이론이다. 만일 사용하던 DBMS를 변경해야 할 경우가 생기더라도 OBDC 드라이버 설정만 바꾸어주면 특정한 DBMS를 사용하는 사람이 다른 DBMS를 사용할 수 있게 된다. 왜냐하면 개발자들은 단지 ODBC 드라이버 관리자를 호출하여 DBMS와 교신을 하며 SQL을 사용하기 때문이다.

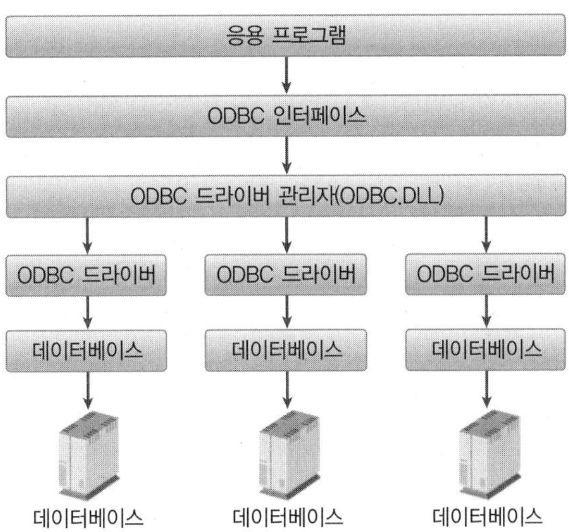

그림 12-1 ● ODBC 구조

응용 프로그램에서는 단지 ODBC API를 통해 드라이버 관리자와 통신한다. 데이터베이스에 연결할 때는 ODBC API를 사용하지만, 실제 데이터를 다룰 때는 관계형 데이터베이스 조작 언어인 SQL을 사용한다.

드라이버 관리자는 응용 프로그램과 특정 DBMS 드라이버를 연결한다. 응용 프로그램이 요구한 데이터베이스를 접근할 수 있도록 ODBC 드라이버를 로드하고, 응용 프로그램과 동일한 API를 이용하여 드라이버의 함수를 호출한다.

드라이버는 ODBC API의 구현을 제공하며 특정 DBMS에 종속적이다. DBMS가 자체 엔진을 제공하는 경우, 드라이버는 SQL문을 DBMS에게 전달하고 엑셀 파일과 같이 자체 엔진을 제공하지 않는 경우에는 드라이버가 직접 SQL문을 처리한다.

데이터 원본은 ODBC에서 데이터베이스에 접근하기 위해 필요한 정보와 데이터베이스 자체를 총칭하는 용어로서 데이터 원본이 있어야만 ODBC를 이용한 데이터베이스 접근이 가능하다.

기본예제 12-1 Access로 테이블 생성과 ODBC 설정

【예제설명】

Access를 이용하여 도서 정보를 저장하기 위한 데이터베이스를 구축해 보고 ODBC 설정을 하도록 한다.

【따라하기】

1 [시작] → [프로그램] → [Microsoft Office] → [Microsoft Office Access]를 선택한다.

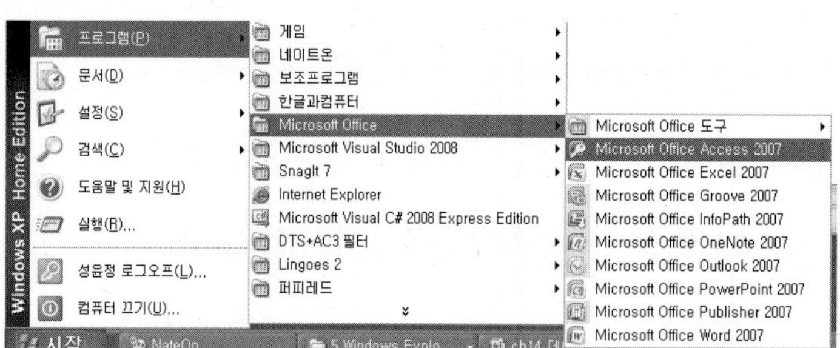

2 [새 데이터베이스]를 선택한다. 데이터베이스 파일 이름을 bookstore.mdb로 하여 [C:\MFC_WOEK\part04\db] 폴더에 저장한다.

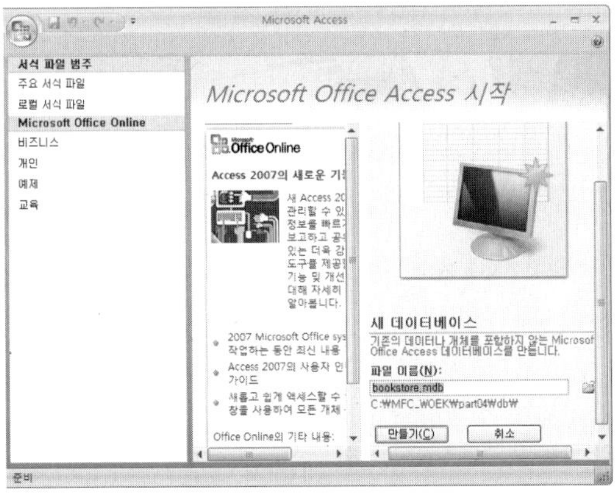

3 [Table1 : 테이블]을 선택한 후 마우스 오른쪽 버튼을 눌러서 나타난 바로가기 메뉴에서 [디자인 보기]를 선택한다.

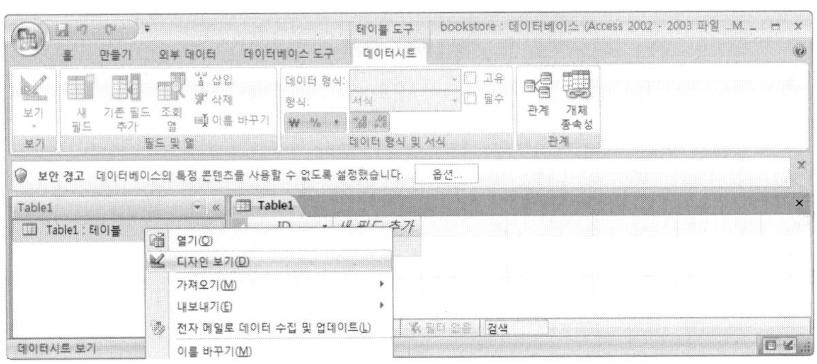

4 테이블 이름을 입력하라는 창이 나타나면 테이블 이름을 book으로 저장한다.

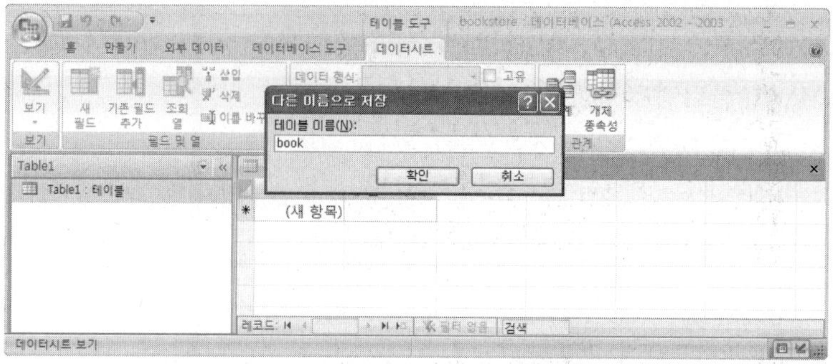

5 다음과 같은 필드로 구성된 테이블을 작성한다.

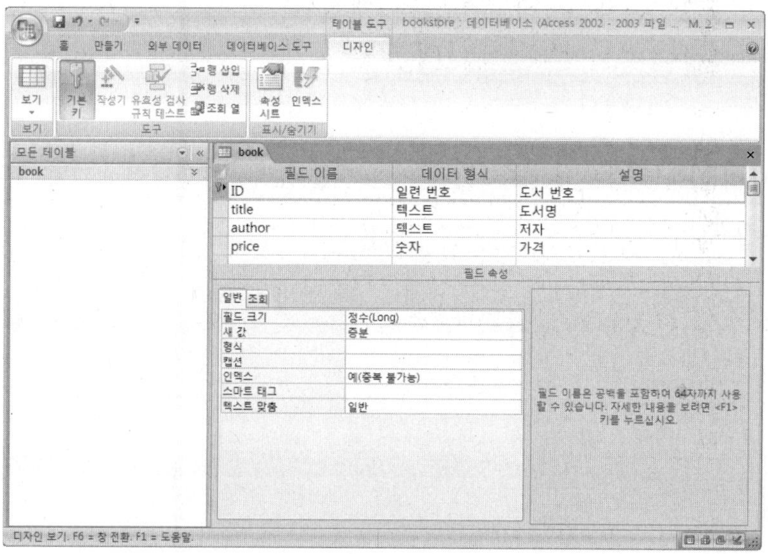

필드 이름	데이터 형식	설명
ID	일련 번호	도서 번호
title	텍스트	도서명
author	텍스트	저자
price	숫자	가격

6 테이블이 생성되었다면 테이블을 더블 클릭하여 샘플로 데이터를 입력해 보도록 하자.

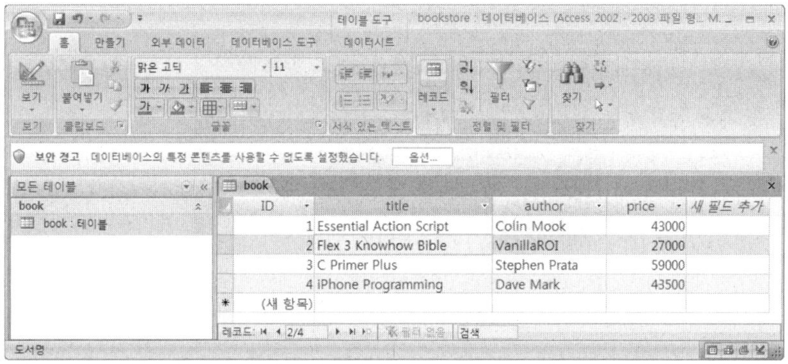

7 [시작] → [설정] → [제어판]을 선택한다. 제어판에서 [관리 도구] 아이콘을 더블 클릭한 후에 [데이터 원본 (ODBC)] 아이콘을 더블 클릭한다.

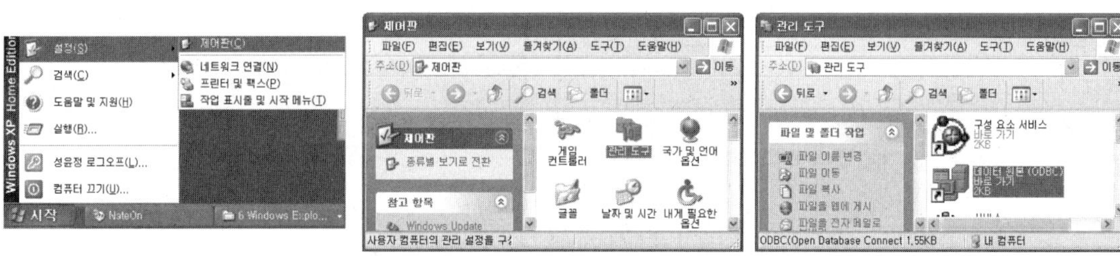

8 [ODBC 데이터 원본 관리자] 대화 상자에서 [사용자 DSN] 탭을 선택한 후 <추가> 단추를 누른다.

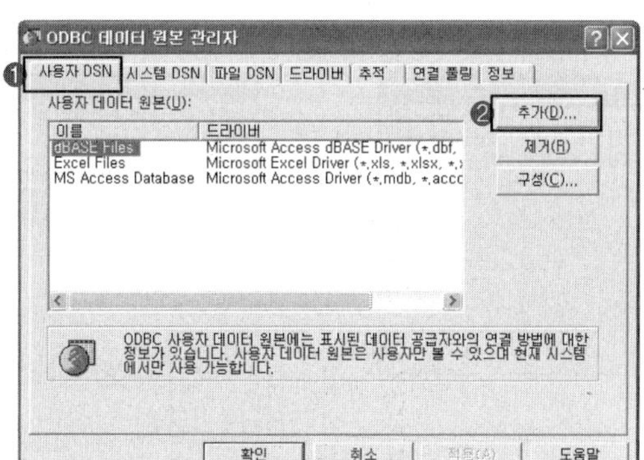

9 [새 데이터 원본 만들기] 대화 상자에서 데이터 원본을 설정할 드라이버로 'Microsoft Access Driver(*.mdb)'를 선택한 후에 <마침> 단추를 누른다.

10 [데이터 원본 이름]의 텍스트 상자에 'bookDSN'를 입력한 후 [데이터베이스] 그룹 박스에서 <선택> 단추를 누른다. [데이터베이스를 선택하십시오.] 대화상자에서 경로를 "C:\MFC_WOEK\part04\db"를 선택하고, 데이터베이스 이름을 "bookstore.mdb"로 선택한 후 <확인> 버튼을 누른다.

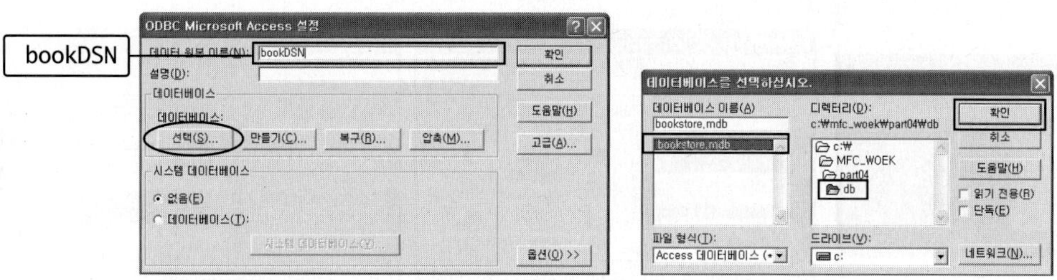

11 다시 한번 <확인>버튼을 누르면 [ODBC 데이터 원본 관리자] 대화 상자에 [bookDSN]이라는 사용자 데이터 원본이 추가된 것을 확인할 수 있다.

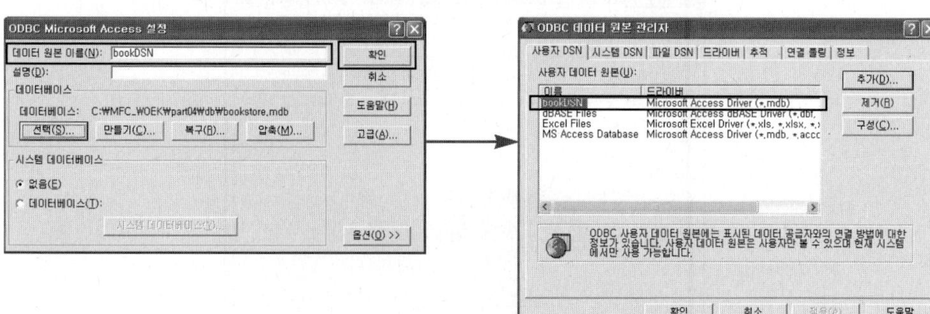

표 12-1 ● 데이터 원본 종류

종류		특성
기계 데이터 원본	사용자 DSN	정보가 레지스트리에 저장되며, 현재 로그인한 사용자만 접근 가능
	시스템 DSN	정보가 레지스트리에 저장되며, 모든 사용자가 접근 가능
파일 데이터 원본	파일 DSN	정보가 디스크 파일에 저장되며, 이 파일을 가진 사용자가 접근 가능

1.2 MFC ODBC 데이터베이스 프로그래밍

윈도우에서 ODBC를 지원하고 있기에 MFC에서 제공되는 ODBC 클래스를 이용하여 프로그램을 개발할 수 있다. 다음은 ODBC 관련 MFC 클래스의 계층도이다.

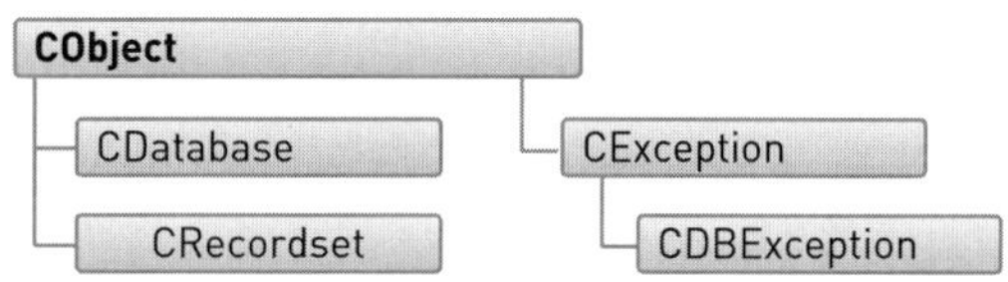

그림 12-2 ● ODBC 관련 MFC 클래스의 계층도

데이터베이스 클래스

CDatabase 클래스는 데이터베이스와의 연결을 나타내며, 이 객체를 통해 해당 데이터베이스를 조작한다. 데이터베이스에 접근하려면 가장 먼저 CDatabase 객체를 만들어야 한다. 데이터베이스 객체를 생성한 후에 사용할 데이터 원본 이름을 지정하여 OpenEx() 함수를 호출해야만 실질적으로 데이터베이스와 연결이 가능하다.

```
BOOL CDatabase::OpenEx (
   LPCTSTR lpszConnectString,
   DWORD dwOptions = 0
);
```

표 12-2 ● CDatabase::OpenEx( ) 함수의 인자

인자	기능
lpszConnectString	사용할 데이터 원본 이름과 ID, 암호 등을 문자열로 넘겨줌. ID와 암호가 없을 경우 생략 가능
dwOptions	비트 매스크로 옵션 지정

```
// 데이터베이스 객체 생성
CDatabase db;
// 사용할 데이터 원본 이름을 지정하여 실질적으로 데이터베이스와 연결 시도
db.OpenEx("DSN=bookDSN", 0);
```

레코드셋 클래스

CRecordSet 클래스는 레코드셋을 나타내며, 데이터를 추가, 삭제, 갱신 등의 작업을 할 때 핵심적인 역할을 한다. 일반적으로 데이터베이스를 조작할 때는 데이터베이스 객체(CDatabase)를 먼저 생성한 후 이 객체를 CRecordSet 클래스의 생성자에 넘겨주어 CRecordSet 객체를 생성한다.

레코드셋 객체를 생성하기 위한 생성자의 기본 형식은 다음과 같다.

```
CRecordset::CRecordset (CDatabase* pDatabase = NULL);
```

pDatabase는 데이터베이스 객체의 주소이다. 생성한 레코드셋 객체로 Open() 함수를 호출하면 실제 테이블에 저장된 레코드를 얻어 올 수 있다.

```
BOOL CRecordset::Open(
   UINT nOpenType = AFX_DB_USE_DEFAULT_TYPE,
   LPCTSTR lpszSQL = NULL,
   DWORD dwOptions = none
);
```

표 12-3 ● CRecordset::Open( ) 함수의 인자

인자	기능
nOpenType	CRecordset::dynaset, CRecordset::snapshot, CRecordset::dynamic, CRecordset::forwardOnly
lpszSQL	SQL SELECT 문을 사용하면 조건에 맞는 레코드셋을 얻을 수 있음
dwOptions	읽기 전용(CRecordset::readOnly), 추가 전용(CRecordset::appendOnly) 등 다양한 옵션

```
// 레코드셋 객체 생성
CRecordset rs(&db);
// 실제 테이블에 저장된 레코드를 얻어옴
rs.Open(CRecordset::dynaset, "SELECT * FROM book");
```

레코드셋 객체는 한순간에 하나의 레코드 값만을 저장하고 있기에 다른 레코드의 정보를 얻어오기 위해서는 레코드 단위로 이동해야 한다. 다음은 현재 레코드를 다른 위치로 이동하기 위한 함수이다.

표 12-4 ● 레코드 이동 함수

함수명	기능
MoveFirst()	첫 번째 레코드를 현재 레코드로 설정
MoveLast()	마지막 레코드를 현재 레코드로 설정
MoveNext()	다음 위치의 레코드를 현재 레코드로 설정
MovePrev()	이전 위치의 레코드를 현재 레코드로 설정

CRecordset::Open() 함수로 얻어 온 레코드 셋 객체는 첫 번째 레코드를 가리키는 것이 아니고 BOF를 가리키고 있다. **BOF**는 **Begin Of File**의 약자로서 첫 번째 레코드보다 더 이전 위치이다. 그러므로 레코드를 오픈하자마자 **MoveNext()** 함수를 호출하여 다음 레코드로 이동해야만 첫 번째 레코드가 현재 레코드가 되는 것이다. 테이블 내의 모든 레코드를 조회하려면 MoveNext() 함수를 호출하여 레코드를 한 단계씩 다음 위치로 이동해 가야 한다. 보다 효율적으로 프로그램을 하려면 MoveNext() 함수를 while 문 안에 기술하여 반복 수행하도록 하면 되는데, 반복문은 항상 반복문을 벗어날 조건을 제시해야 한다. 더 이상 레코드가 존재하지 않으면 반복문을 벗어나야 하는데 **레코드가 더 이상 존재하지 않는지를 판단**하기 위해서 사용하는 함수가 현재 레코드 위치를 판단하는 **IsEOF()** 함수이다. IsEOF() 함수는 현재 레코드가 마지막 레코드 바로 다음 위치로 설정되었다면 TRUE를 리턴한다. 이와 반대로 IsBOF() 함수는 현재 레코드가 첫 번째 레코드 바로 전 위치로 설정되었다면 TRUE를 리턴한다. 현재 레코드의 IsBOF()와 IsEOF()가 모두 TRUE이면 현재 레코드가 전혀 없는 것이 된다.

표 12-5 ● 현재 레코드 위치 판단 함수

함수명	기능
IsBOF()	현재 레코드가 첫 번째 레코드 바로 전 위치로 설정되었다면 TRUE를 리턴한다.
IsEOF()	현재 레코드가 마지막 레코드 바로 다음 위치로 설정되었다면 TRUE를 리턴한다.

CRecordset 객체는 레코드 단위로 이동하지만 데이터를 얻어 올 때에는 필드 단위로 얻어 온다. **GetFieldValue()** 함수는 **현재 레코드에서 특정 필드를 얻어 오는 함수**이다.

```
void CRecordset::GetFieldValue (
    short nIndex,
    CString& strValue
);
```

표 12-6 ● CRecordset::GetFieldValue( ) 함수의 인자

인자	기능
nIndex	필드를 나타내는 인덱스(0부터 시작)
strValue	해당 필드의 데이터가 저장됨

```
CString str;
// 마지막 레코드가 아니라면 필드 값을 얻어 와서 출력한다.
while(rs.IsEOF() == false){
    rs.GetFieldValue(short(0), str);     // 도서 번호
    cout << (LPCTSTR)str << " ";
    rs.GetFieldValue(short(1), str);     // 도서 명
    cout << (LPCTSTR)str << " ";
    rs.GetFieldValue(short(2), str);     // 저자
    cout << (LPCTSTR)str << " ";
    rs.GetFieldValue(short(3), str);     // 가격
    cout << (LPCTSTR)str << endl;
    rs.MoveNext();                       // 다음 레코드로 이동한다.
}
```

레코드 셋과 데이터베이스 객체 사용이 끝났다면 반드시 **Close()** 함수를 호출해야 한다.

```
rs.Close();
db.Close();
```

데이터베이스 관련 클래스를 다루기 위해서 한 가지 더 알아두어야 할 것은 예외 처리 클래스이다. 데이터베이스를 조작하다 보면 예외가 발생하게 되는데 이를 처리하기 위한 클래스로

MFC는 CDBException 클래스를 제공한다.

```
try {
   // 데이터베이스 조작
}
catch(CDBException *e)
{
   e->ReportError();
   e->Delete();
}
```

기본예제 12-2 MFC ODBC 콘솔 응용 프로그램

【예제설명】

다음과 같이 데이터베이스에 저장된 내용을 모두 출력하는 콘솔 응용 프로그램을 작성해 보자.

【실행결과】

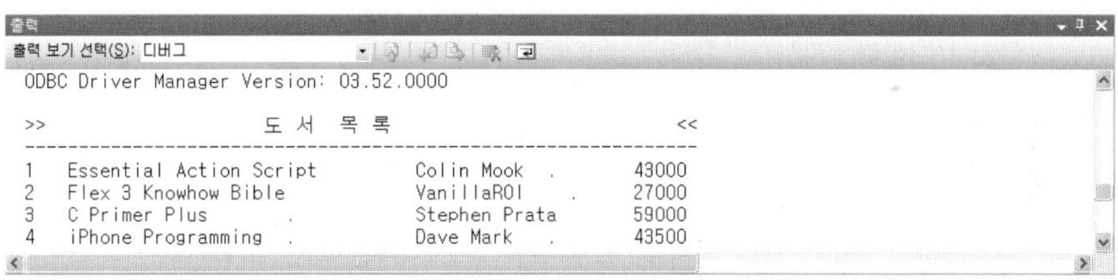

【따라하기】

1 [파일] → [새로 만들기] → [프로젝트...] 메뉴를 선택한다. [새 프로젝트] 창의 [프로젝트 형식]에서 [Visual C++]를 선택하고 [Win32]를 선택한다. [템플릿]에서는 Visual Studio에 설치되어 있는 템플릿 항목 중 [Win32 콘솔 응용 프로그램]을 선택한 후에 이름에 "ODBCConsole1"을 입력한 후 <확인> 버튼을 누른다.

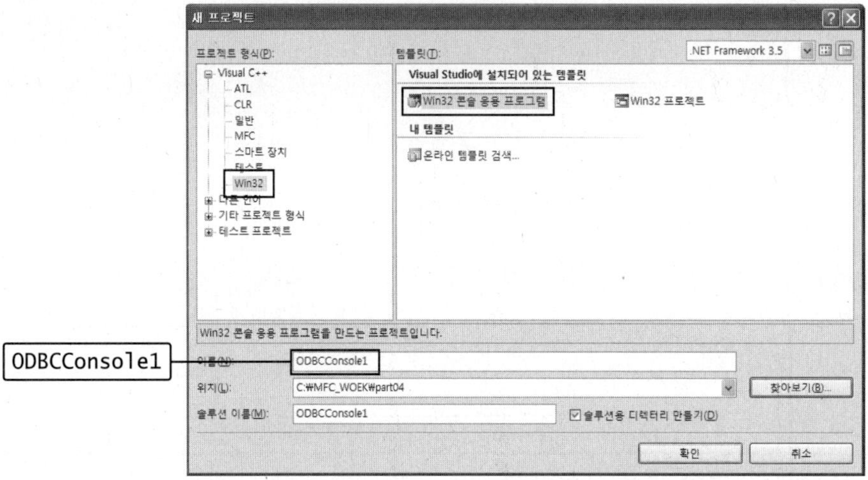

2 Win32 응용 프로그램 마법사 창의 초기화면은 생성될 프로젝트의 개요가 나타난다. <다음> 버튼을 클릭하면 다음 단계인 응용 프로그램 종류를 선택하는 창이 나타난다. 응용 프로그램 설정을 위한 창으로 전환되었으면 응용 프로그램 종류를 위한 항목에서 [콘솔 응용 프로그램]을 선택하고 [공용 헤더 파일 추가 대상:]에서 [MFC]를 체크하고 <마침> 버튼을 클릭한다.

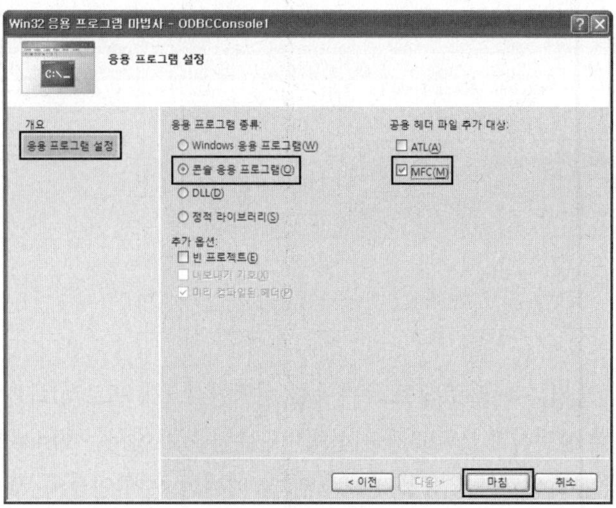

3 `stdafx.h` 파일을 열어서 `afxdb.h`를 인클루드한다.

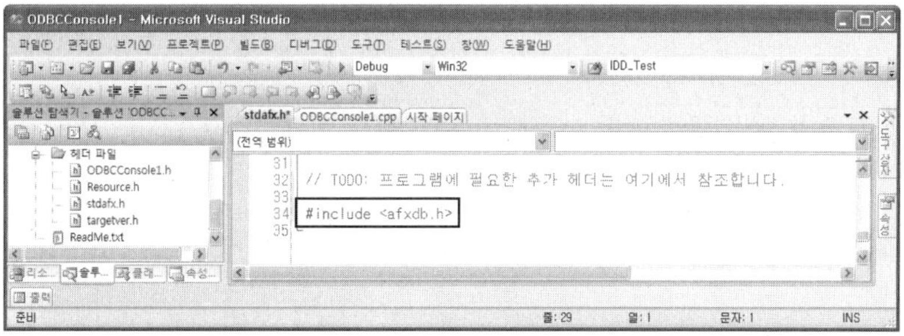

4 Win32 응용 프로그램 마법사에 의해서 프로젝트가 생성되면 _tmain() 멤버 함수에 다음과 같이 입력한다.

```
// ODBCConsole1.cpp : 콘솔 응용 프로그램에 대한 진입점을 정의합니다.
//
#include "stdafx.h"
#include "ODBCConsole1.h"

#ifdef _DEBUG
#define new DEBUG_NEW
#endif

// 유일한 응용 프로그램 개체입니다.

CWinApp theApp;

using namespace std;

int _tmain(int argc, TCHAR* argv[], TCHAR* envp[])
{
   int nRetCode = 0;

   // MFC를 초기화합니다. 초기화하지 못한 경우 오류를 인쇄합니다.
   if (!AfxWinInit(::GetModuleHandle(NULL), NULL, ::GetCommandLine(), 0))
   {
      // TODO: 오류 코드를 필요에 따라 수정합니다.
      _tprintf(_T("심각한 오류: MFC를 초기화하지 못했습니다.\n"));
      nRetCode = 1;
   }
```

```
    else
    {
        // TODO: 응용 프로그램의 동작은 여기에서 코딩합니다.
        // ❶ 데이터베이스 객체 생성
        CDatabase db;
        db.OpenEx(_T("DSN=bookDSN"), 0);

        // ❷ 레코드셋 객체 생성
        CRecordset rs(&db);
        rs.Open(CRecordset::dynaset, _T("SELECT * FROM book"));

        // ❸ 레코드 출력
        CString str;
        TRACE("\n>                          도 서 목 록                    <<  ");
        TRACE("\n------------------------------------------------------------\n");
        while(!rs.IsEOF()){
            rs.GetFieldValue(short(0), str);
            str.Append(_T("\t"));
            TRACE(str);
            rs.GetFieldValue(short(1), str);
            str.Append(_T("\t\t\t"));
            TRACE(str);
            rs.GetFieldValue(short(2), str);
            str.Append(_T("\t\t"));
            TRACE(str);
            rs.GetFieldValue(short(3), str);
            str.Append(_T("\n"));
            TRACE(str);

            rs.MoveNext();
        }
        TRACE(_T("\n"));
        // ❹ 종료
        rs.Close();
        db.Close();
    }
    return nRetCode;
}
```

기본예제 12-3 MFC 응용 프로그램 마법사로 ODBC 프로그래밍-1

[예제설명]

이번에는 MFC 응용 프로그램 마법사로 ODBC 프로그램을 작성해 보자.

[따라하기]

1 이번 장에서 사용할 프로젝트를 "ODBCGUI"이란 이름으로 생성하자. 응용 프로그램 종류 항목에서 응용 프로그램 종류만 [단일 문서]로 변경하고, 데이터베이스 지원에서 [파일을 지원하지 않는 데이터베이스 뷰]를 선택한 후 [클라이언트 형식:]을 [ODBC]로 지정한 후 <데이터 소스...> 버튼을 클릭한다.

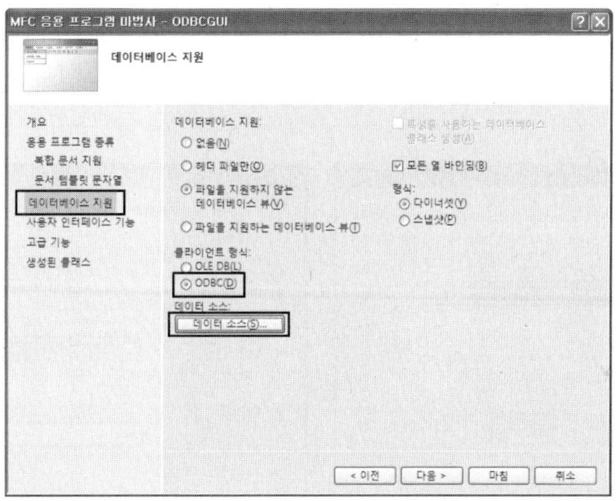

2 [데이터 원본 선택] 대화상자가 나타나면 [컴퓨터 데이터 원본 선택] 탭을 선택한 후 [bookDSN]을 선택한 후 <확인> 버튼을 누른다.

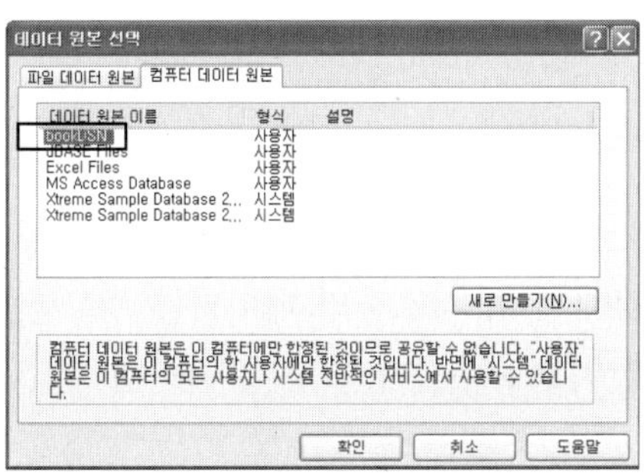

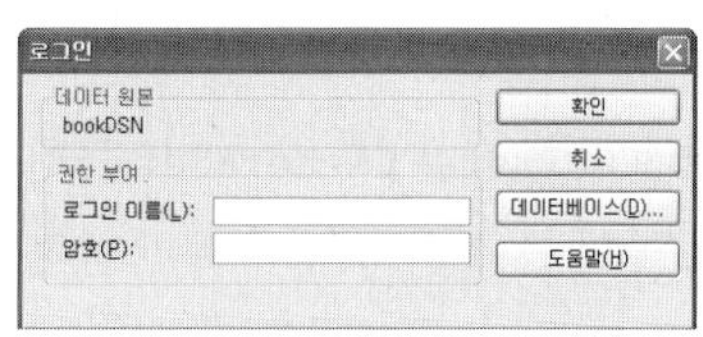

3 [데이터베이스 개체 선택] 창에서 book 테이블을 선택한 후 <확인> 버튼을 누른다.

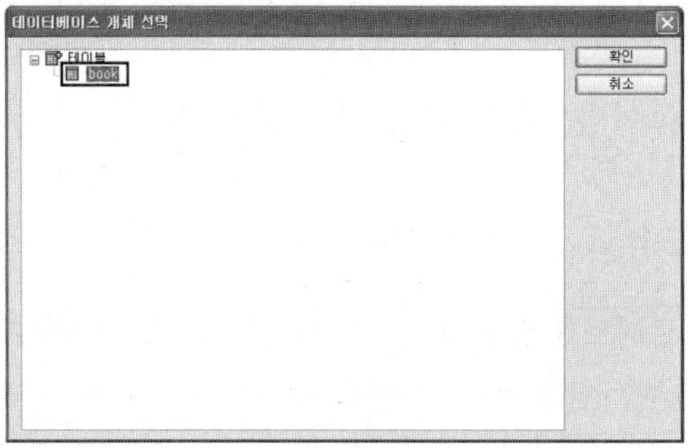

4 이렇게 생성된 클래스를 보면 이전 단일 문서와 다르다는 것을 알 수 있다. ODBC로 데이터베이스 지원을 받는 프로젝트를 만들면 CRecordView의 파생 클래스인 CODBCGUIView와 CRecordSet의 파생 클래스인 CODBCGUISet이라는 클래스가 만들어진다.

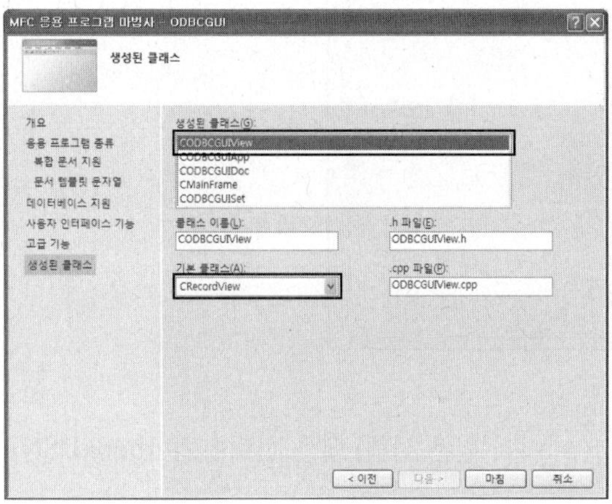

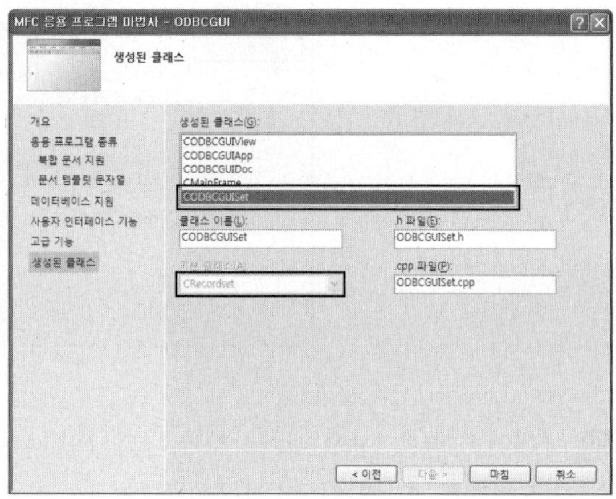

1.3 CRecordSet의 파생 클래스

CODBCGUISet은 CRecordSet 클래스에서 파생한 클래스이다. CRecordset 클래스는 데이터베이스(Access)를 MFC 프로그램과 연결해 주어 서로간의 데이터를 주고받을 수 있게 한다. CODBCGUISet 클래스의 멤버함수들을 살펴보도록 하자.

GetDefaultConnect( )

ODBC를 연결하기 위하여 설정한 [**데이터 원본 이름**]을 얻는 함수이다. 이 함수는 MFC 응용 프로그램 마법사에 의해 자동적으로 다음과 같이 등록되어 있다.

```
CString CODBCGUISet::GetDefaultConnect()
{
    return _T("DSN=bookDSN;DBQ=C:\\MFC_WOEK\\part04\\db\\bookstore.mdb;
                DriverId=25;FIL=MS Access;MaxBufferSize=2048;
                PageTimeout=5;UID=admin;");
}
```

GetDefaultSQL( )

테이블 이름을 얻는 함수이다.

```
CString CODBCGUISet::GetDefaultSQL()
{
    return _T("[book]");
}
```

DoFieldExchange( )

Access에서 작성한 book 테이블의 필드들이 CODBCGUISet 클래스에서 다음과 같이 멤버변수와 연결되어 있다.

```
void CODBCGUISet::DoFieldExchange(CFieldExchange* pFX)
{
    pFX->SetFieldType(CFieldExchange::outputColumn);
    // RFX_Text() 및 RFX_Int() 같은 매크로는 데이터베이스의 필드
    // 형식이 아니라 멤버 변수의 형식에 따라 달라집니다.
    // ODBC에서는 자동으로 열 값을 요청된 형식으로 변환하려고 합니다
    RFX_Long(pFX, _T("[ID]"),      m_ID      );
    RFX_Text(pFX, _T("[title]"),   m_title   );
    RFX_Text(pFX, _T("[author]"),  m_author  );
    RFX_Long(pFX, _T("[price]"),   m_price   );
}
```

book 테이블 4개의 필드 | CODBCGUISet 클래스의 멤버변수

위의 변수들은 CODBCGUISet 헤더 파일에 다음과 같이 구현되어 있다. CStringW는 유니코드 데이터 형식의 문자열이다. 이것은 ODBC 드라이버에서 불필요한 변환을 수행할 수 없도록 한다. 오른쪽과 같이 CStringW를 CString으로 변경하자.

<table>
<tr>
<td>

```
class CODBCGUISet : public CRecordset
{
public:
    long  m_ID;           // 도서 번호
    CStringW m_title;     // 도서명
    CStringW m_author;    // 저자
    long  m_price;        // 가격
}
```

</td>
<td>

```
class CODBCGUISet : public CRecordset
{
public:
    long  m_ID; // 도서 번호
    CString m_title;     // 도서명
    CString m_author;    // 저자
    long  m_price;       // 가격
}
```

</td>
</tr>
</table>

레코드 셋의 멤버 변수 값이 실제 데이터베이스의 레코드에 보내지므로 이를 사용해서 데이터를 주고받는 중간 역할을 수행한다.

1.4 도큐먼트 클래스

MFC 응용 프로그램 마법사는 데이터베이스에 저장된 데이터를 레코드 단위로 얻어오는 객체인 레코드셋 객체를 도큐먼트 클래스의 멤버로 선언해 두었다.

```
#include "ODBCGUISet.h"
class CODBCGUIDoc : public CDocument
{
public:
    CODBCGUISet m_ODBCGUISet;
}
```

이미 설명했듯이 뷰는 단순히 데이터를 보여주는 역할에만 충실해야 하기에 데이터를 저장하고 관리하는 역할을 하는 도큐먼트 클래스에 레코드 셋 객체를 생성해 둔 것이다. 이렇게 선언한 레코드 셋 객체를 출력하기 위해서는 뷰에서 가져다 사용할 수 있어야 한다.

1.5 CRecordView의 파생 클래스

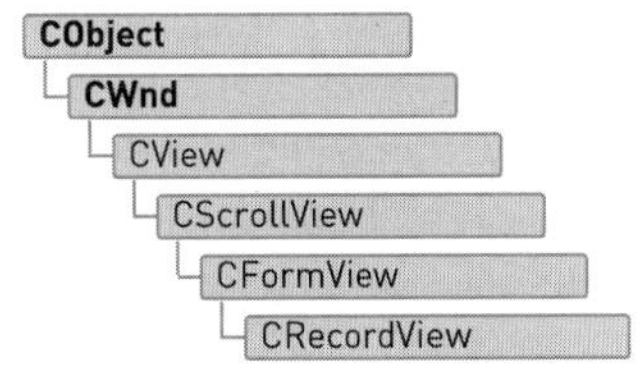

CODBCGUIView는 CRecordView의 파생 클래스이다. CRecordView는 CFormView에서 상속받은 뷰 클래스로서 Dialog 리소스와 자동으로 연결되어 사용된다. 이 대화 상자 템플릿에 컨트롤을 배치해 놓고 이를 CODBCGUISet의 멤버변수와 연결할 수 있는데 이는 ODBCGUIView.h 헤더 파일에 CODBCGUISet *m_pSet이 선언되어서 CODBCGUISet이 CODBCGUIView와 연결되어 있기 때문이다.

```
class CODBCGUISet;
class CODBCGUIView : public CRecordView
{
    // ..생략..
    CODBCGUISet* m_pSet;
    // ..생략..
}
```

헤더 파일의 레코드 셋 객체 포인터 변수(CODBCGUISet *m_pSet)는 단지 레코드 셋을 가리킬 뿐이다. 실질적으로 도큐먼트에 선언된 레코드 셋 객체가 데이터베이스의 정보를 얻어올 수 있으므로 도큐먼트에 선언된 레코드 셋 객체를 뷰의 레코드 셋 객체 포인터가 가리키도록 해야 하는데 이 내용은 뷰 클래스의 OnInitialUpdate() 함수에 다음과 같이 MFC 응용 프로그램 마법사 자동으로 코딩해 두었다.

```
void CODBCGUIView::OnInitialUpdate()
{
    m_pSet = &GetDocument()->m_ODBCGUISet;
    CRecordView::OnInitialUpdate();
}
```

마지막으로 살펴 볼 함수는 DoDataExchange()이다. 이 함수는 대화상자를 학습하면서 살펴보았는데 컨트롤과 멤버변수 사이의 값을 전송하는 역할을 하였다. CRecordView 클래스의 DoDataExchange() 함수는 컨트롤과 데이터베이스 필드와 값 전송을 위해서 사용된다. 컨트롤와 매핑되어 있는 변수의 형태를 살펴보면 CODBCGUIView가 CODBCGUISet 객체에 접근하기 위해서 사용하는 m_pSet 포인터 변수로 접근하고 있는 것을 확인할 수 있다.

```
void CODBCGUIView::DoDataExchange(CDataExchange* pDX)
{
   CRecordView::DoDataExchange(pDX);
   // 컨트롤을 데이터베이스 필드에 '연결'하기 위해
   // 여기에 DDX_Field* 함수를 삽입할 수 있습니다. 예:
   // DDX_FieldText(pDX, IDC_MYEDITBOX, m_pSet->m_szColumn1, m_pSet);
   // DDX_FieldCheck(pDX, IDC_MYCHECKBOX, m_pSet->m_bColumn2, m_pSet);
   // 자세한 내용은 MSDN 및 ODBC 샘플을 참조하십시오.
}
```

기본예제 12-4 컨트롤과 필드 매핑

【예제설명】

이번에는 컨트롤을 배치하고 이들과 CRecordSet 객체의 멤버변수와 연결하여 데이터베이스에 저장된 데이터를 얻어 오도록 한다.

【실행결과】

실행시키면 에디트 컨트롤에 첫 번째 레코드의 내용이 출력됨을 확인할 수 있다.

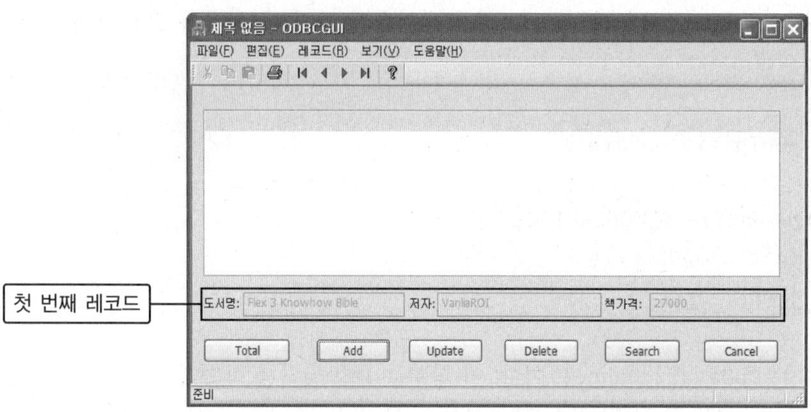

[레코드] 메뉴나 툴바에서 레코드 이동을 하게 되면 해당 위치의 내용이 에디트 컨트롤에 나타난다.

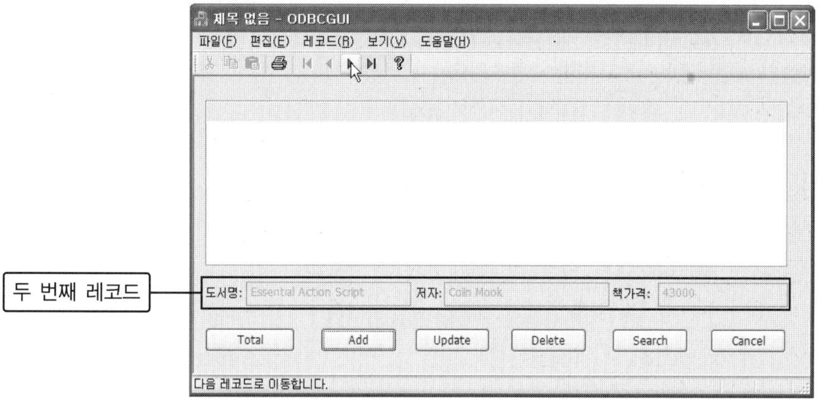

[따라하기]

1 리소스 뷰 창에서 IDD_ODBCGUI_FORM을 더블 클릭하여 대화상자를 띄운 후 "TODO: 여기에 대화상자 컨트롤을 배치한다."라는 내용을 Caption 값으로 갖고 있는 불필요한 스테틱 텍스트와 <확인>, <취소> 버튼을 삭제한 후에 다음과 같이 리스트 컨트롤과 그 밖의 컨트롤을 배치한다.

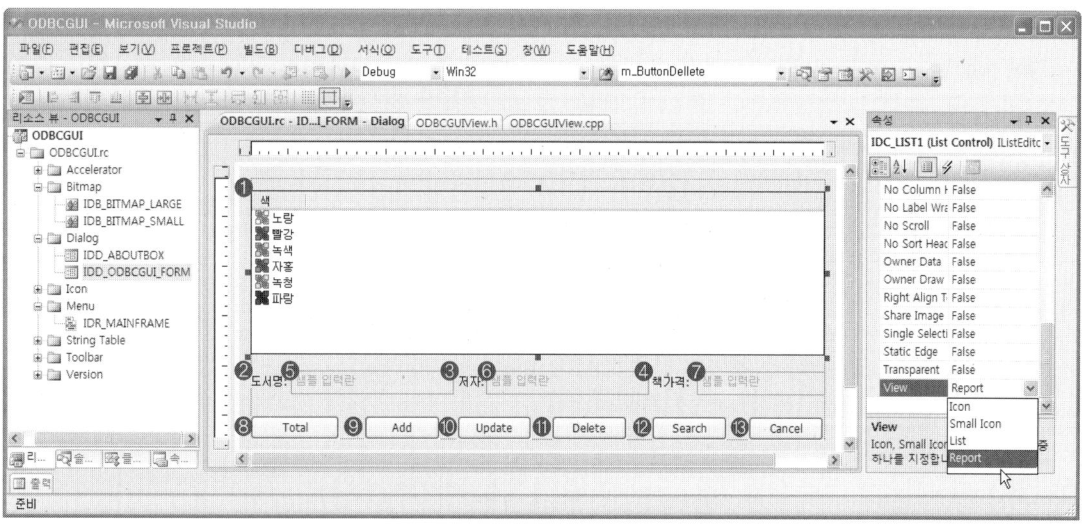

컨트롤	번호	컨트롤 ID	캡션	속성	멤버변수
트리 컨트롤	❶	IDC_LIST1		View : Report	CListCtrl m_List
스태틱 텍스트	❷	IDC_STATIC	도서명 :		
	❸	IDC_STATIC	저자 :		
	❹	IDC_STATIC	책가격 :		
에디트 컨트롤	❺	IDC_EDIT_TITLE	(없음)	Disable : True	CEdit m_EditTitle
	❻	IDC_EDIT_AUTHOR	(없음)	Disable : True	CEdit m_EditAuthor
	❼	IDC_EDIT_PRICE	(없음)	Disable : True	CEdit m_EditPrice
버튼 컨트롤	❽	IDC_BUTTON_TOTAL	Total		CButton m_ButtonTotal
	❾	IDC_BUTTON_ADD	Add		CButton m_ButtonAdd
	❿	IDC_BUTTON_UPDATE	Update		CButton m_ButtonMod
	⓫	IDC_BUTTON_DELETE	Delete		CButton m_ButtonDel
	⓬	IDC_BUTTON_SEARCH	Search		CButton m_ButtonSearch
	⓭	IDC_BUTTON_CANCEL	Cancel		

2 대화 상자에 원하는 컨트롤을 배치한 후 각 컨트롤에 대해 CODBCGUIView 클래스의 멤버 변수인 m_pSet 안의 각 필드와 연결되어지도록 CODBCGUIView 클래스의 DoDataExchange() 함수내부에 DDX_FieldText 함수를 호출하여 다음과 같이 코딩한다.

```
void CODBCGUIView::DoDataExchange(CDataExchange* pDX)
{
    CRecordView::DoDataExchange(pDX);
    // 컨트롤을 데이터베이스 필드에 '연결'하기 위해 여기에 DDX_Field* 함수를 삽입
    DDX_FieldText(pDX, IDC_EDIT_TITLE, m_pSet->m_title, m_pSet);
    DDX_FieldText(pDX, IDC_EDIT_AUTHOR, m_pSet->m_author, m_pSet);
    DDX_FieldText(pDX, IDC_EDIT_PRICE, m_pSet->m_price, m_pSet);
}
```

3 혹시 다음과 같은 오류가 발생하면 #error를 주석처리하기 바란다.

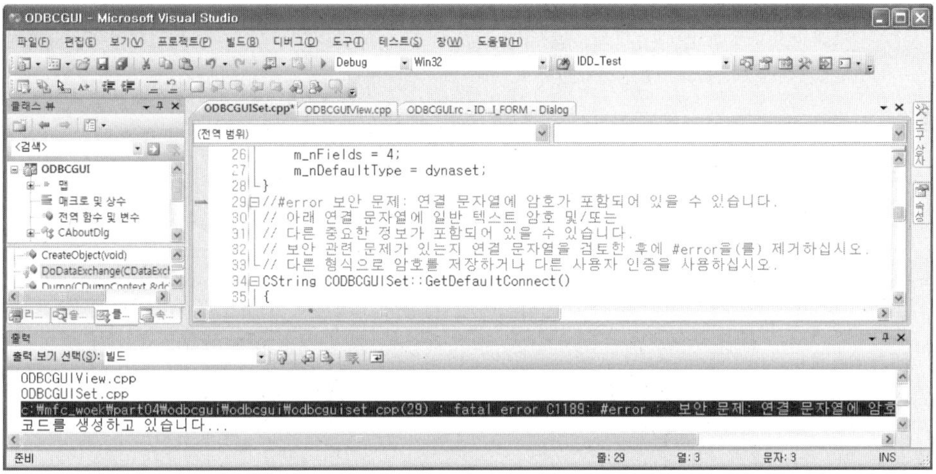

레코드 단위로 이동을 하게 되면 CODBCGUISet의 DoFieldExchange()가 호출된다. 이 함수에는 데이터베이스의 필드(no)와 멤버변수(m_no)가 연결되어 있어서 해당 레코드의 필드 값이 멤버변수에 저장된다. 이렇게 필드 값을 저장하고 있는 멤버변수를 CODBCGUIView 클래스의 DoDataExchange()에서 m_pSet(CODBCGUISet으로 선언된 멤버변수)으로 접근해서 리스트의 컨트롤(IDC_EDIT_TITLE)에 출력한다.

```
void CODBCGUISet::DoFieldExchange(CField Exchange* pFX)
{
    // 데이터베이스의 필드를 멤버변수에 저장
    RFX_Long(pFX, _T("[title]"), m_title);
}
```

```
void CODBCGUIView::DoDataExchange (CDataExchange* pDX)
{
    // 컨트롤을 데이터베이스 필드에 '연결'
    DDX_FieldText(pDX, IDC_EDIT_TITLE, m_pSet->m_title, m_pSet);
}
```

CODBCGUIView 클래스의 DoDataExchange()가 호출되면 컨트롤(IDC_EDIT_NO)에 입력된 값이 m_pSet으로 접근해서 CODBCGUISet의 멤버변수 m_no에 저장된다. CODBCGUISet의 멤버변수 m_title의 값은 CODBCGUISet의 DoFieldExchange()가 호출되면 데이터베이스의 필드인 title에 저장된다.

기본예제 12-5 ODBC로 모든 레코드 출력

[예제설명]

이번에는 리스트 컨트롤에 데이터베이스가 저장하고 있는 모든 데이터를 출력한다.

[실행결과]

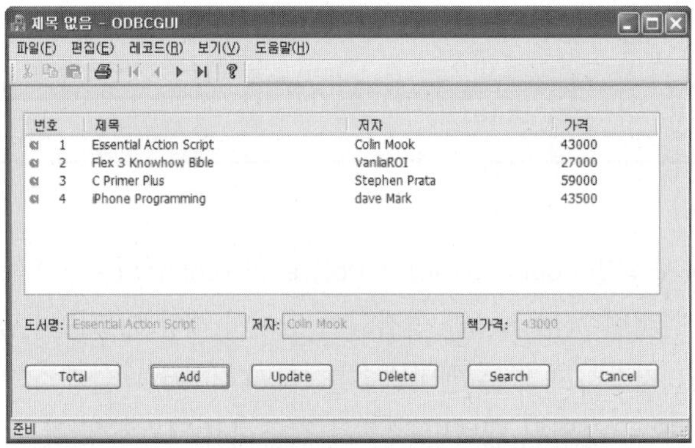

[따라하기]

1. 화면 위쪽의 리스트 컨트롤에 전체 레코드의 내용을 출력하자. 우선 리스트 컨트롤에 컬럼 제목부터 추가하도록 하자. 컬럼 생성을 위한 AddColumn() 함수를 정의하자. CODBCGUIView 클래스를 선택한 후 마우스 오른쪽 버튼을 클릭하여 나타난 바로가기 메뉴에서 <Add> → [함수 추가]를 선택한 후 void AddColumn(void)를 정의한 후 다음 내용을 기술한다.

```
void CODBCGUIView::AddColumn(void)
{
    CRect rect;
    // 리스트 컨트롤의 크기를 얻어온다.
    m_List.GetClientRect(&rect);
    // 컬럼 추가
    m_List.InsertColumn(0, _T("번호"), LVCFMT_RIGHT, 60);
    // 제목 컬럼의 폭은 리스트 컨트롤의 너비에서 나머지 컬럼들의 너비의 합을 뺀 값으로 한다.
    // 컬럼이 리스트 컨트롤에 딱 맞게 추가된다.
    m_List.InsertColumn(1, _T("제목"), LVCFMT_LEFT,rect.Width()-360);
```

```
    m_List.InsertColumn(2, _T("저자"), LVCFMT_LEFT, 200);
    m_List.InsertColumn(3, _T("가격"), LVCFMT_LEFT, 100);
}
```

2. [리소스 뷰]창에서 ODBCGUI.rc를 선택한 후 마우스 오른쪽 버튼을 클릭하여 나타난 바로가기 메뉴에서 [리소스 추가...]를 선택하고 [리소스 추가] 창이 나타나면 [Bitmap] 항목을 선택한 후 [가져오기] 버튼을 클릭한다. res 폴더에 미리 비트맵 파일을 가져다 놓았다는 가정 하에 이 폴더에서 비트맵 파일을 가져옵니다. 가져온 비트맵 파일은 IDB_BITMAP1, IDB_BITMAP2란 이름이 자동 부여되어 나타난다. 큰 아이콘으로 사용할 비트맵 ID는 IDB_BITMAP_LARGE로 작은 아이콘으로 사용할 비트맵 ID는 IDB_BITMAP_SMALL로 변경한다.

3. CODBCGUIView 클래스의 멤버변수인 CImageList 클래스로 m_LargeImageList와 m_SmallImageList를 선언한다.

```
class CODBCGUIView : public CDialog
{
    // .. 생략 ..
    CImageList m_LargeImageList;  // 48X48 크기의 비트맵을 위한 이미지 리스트
    CImageList m_SmallImageList;  // 16X16 크기의 비트맵을 위한 이미지 리스트
}
```

4. 이미지 리스트를 생성하는 SetImageList() 함수를 정의한다. CODBCGUIView 클래스를 선택한 후 마우스 오른쪽 버튼을 클릭하여 나타난 바로가기 메뉴에서 <Add> → [함수 추가]를 선택한 후 void SetImageList(void)를 정의한 후 다음 내용을 기술한다.

```
void CODBCGUIView::SetImageList(void)
{
    // 큰 아이콘을 위한 이미지 리스트에 비트맵 ID를 연결
    m_LargeImageList.Create(IDB_BITMAP_LARGE, 48, 1, RGB(0, 0, 0));
    // 작은 아이콘을 위한 이미지 리스트에 비트맵 ID를 연결
    m_SmallImageList.Create(IDB_BITMAP_SMALL, 16, 1, RGB(0, 0, 0));

    // 리스트 컨트롤에 이미지 리스트를 설정
    m_List.SetImageList(&m_LargeImageList, LVSIL_NORMAL); // 큰 아이콘으로 설정
    m_List.SetImageList(&m_SmallImageList, LVSIL_SMALL);  // 작은 아이콘으로 설정
}
```

5 데이터베이스에 저장된 데이터를 리스트 컨트롤에 추가하는 함수를 정의한다. CODBCGUIView 클래스를 선택한 후 마우스 오른쪽 버튼을 클릭하여 나타난 바로가기 메뉴에서 <Add> → [함수 추가]를 선택한 후 void AddAllRecord(void)를 정의한 후 다음 내용을 기술한다.

```
#include "ODBCGUISet.h"
void CODBCGUIView::AddAllRecord(void)
{
   // 레코드 셋 객체를 생성한 후
   CODBCGUISet rsSet(m_pSet->m_pDatabase);
   // 수행할 쿼리문을 인자로 주어 레코드 셋을 오픈한다.
   rsSet.Open(CRecordset::dynaset, _T("select * from book"));
   // 리스트 컨트롤에 이전에 추가된 모든 항목을 제거한다.
   m_List.DeleteAllItems();

   // 레코드를 읽어올 때마다 변수 i를 증가시켜 리스트 컨트롤에 추가할 항목의 위치로 지정한다.
   int i=0;
   // 필드의 자료형이 수치 형태일 경우 이를 문자열로 변경하여 리스트 컨트롤의 항목에
   // 추가해야 하기에 문자열을 저장할 변수를 선언한다.
   CString strTemp;

   while(rsSet.IsEOF()==FALSE){
      strTemp.Format(_T("%4d"), rsSet.m_ID);     // ID를 읽어와 문자열로 변환한 후
      m_List.InsertItem(i, strTemp, 0);          // i번째 항목의 0번 서브 항목으로 추가
      m_List.SetItemText(i, 1, rsSet.m_title);   // 도서명을 읽어와 1번 서브 항목으로 추가
      m_List.SetItemText(i, 2, rsSet.m_author);  // 저자를 읽어와 2번 서브 항목으로 추가
      strTemp.Format(_T("%4ld"), rsSet.m_price);// 가격을 읽어와 문자열로 변환한 후
      m_List.SetItemText(i, 3, strTemp);         // 3번 서브 항목으로 추가
      rsSet.MoveNext();                          // 다음 레코드로 이동한 후
      i++;  // 리스트 컨트롤의 추가할 항목 위치값으로 사용할 변수값도 1증가
   }
   rsSet.Close();                                // 레코드 셋 객체를 닫는다.
}
```

6 CODBCGUIView 클래스가 초기화될 때 호출되는 OnInitialUpdate() 함수에서 데이터베이스에 저장된 데이터를 리스트 컨트롤에 추가하는 함수를 호출하자.

```
void CODBCGUIView::OnInitialUpdate()
{
    m_pSet = &GetDocument()->m_ODBCGUISet;
    CRecordView::OnInitialUpdate();
    AddColumn();                // 리스트 컨트롤에 컬럼을 추가하고
    SetImageList();             // 이미지 리스트를 등록한 후
    AddAllRecord();             // 데이터베이스에 저장된 모든 레코드를 리스트 컨트롤의 항목으로 추가
}
```

기본예제 12-6 레코드 이동

[예제설명]

CRecordView 클래스는 레코드를 이동하는 함수를 정의해 놓았다. MFC 응용 프로그램 마법사가 생성해 주는 CRecordView의 파생 클래스는 CRecordView의 레코드 이동 함수를 상속받아 사용하는데 원활한 레코드 이동을 위해서는 이들 함수들을 오버라이딩해서 직접 레코드 이동이 가능하도록 재정의해야 한다.

[따라하기]

1 현재 레코드의 위치와 전체 레코드의 위치를 저장하는 변수를 뷰 클래스의 멤버 변수로 선언하자.

```
class CODBCGUIView : public CRecordView
{
    int current_pos;          // 현재 레코드의 절대 위치를 저장하는 변수
    int record_count;         // 전체 레코드의 개수를 저장하는 변수
};
```

2 현재 레코드의 위치를 알려주는 변수를 1로 초기화한다.

```
CODBCGUIView::CODBCGUIView() : CRecordView(CODBCGUIView::noD)
{
    m_pSet = NULL;
```

```
    current_pos=1;           // 현재 레코드의 절대 위치를 1로 초기화한다.
    record_count=0;          // 전체 레코드의 개수를 0으로 초기화한다.
}
```

3 CODBCGUIView 클래스의 멤버 함수로 void GetTotalRecordCount(void)를 추가한다.

```
void CODBCGUIView::GetTotalRecordCount(void)
{
    // 레코드 셋 객체를 생성
    CRecordset  cntSet(m_pSet->m_pDatabase);
    // 전체 레코드의 개수를 구함
    cntSet.Open(CRecordset::dynaset, _T("select count(*) from book"));
    CString strCount;
    cntSet.GetFieldValue((short)0,strCount);
    record_count = atoi((char *)(const wchar_t *)strCount);
    cntSet.Close();
}
```

4 OnInitialUpdate()에서 GetTotalRecordCount()를 호출한다.

```
void CODBCGUIView::OnInitialUpdate()
{
    m_pSet = &GetDocument()->m_ODBCGUISet;
    CRecordView::OnInitialUpdate();
    AddColumn();
    SetImageList();
    AddAllRecord();
    GetTotalRecordCount();        // 전체 레코드 개수를 계산하여 record_count에 저장해 둔다.
}
```

5 레코드 단위로 이동하는 메뉴는 이미 CRecordView 클래스의 멤버함수들과 연결되어 있다. 현재 레코드의 위치 값을 current_pos 변수에 저장하려면 레코드를 이동할 때 호출되는 함수를 재정의해서 적절한 코딩을 해야 한다. 우선 [레코드] 메뉴의 서브 메뉴인 [첫 레코드], [이전 레코드], [다음 레코드], [마지막 레코드]에 대한 ID값을 리소스 뷰에서 확인한다. [클래스 뷰]에서 CODBCGUIView를 선택한 후 속성 창에서 [이벤트] 아이콘을 클릭하여 각 메뉴 ID에 대해서 이벤트 처리기를 추가한 후 다음과 같이 코딩한다.

```
void CODBCGUIView::OnRecordFirst()
{
   if(record_count==0)           // 현재 레코드가 하나도 없다면
      return;                    // 레코드 이동 없이 함수를 종료한다.
   current_pos=1;                // 현재 위치값을 1로 지정
   m_pSet->MoveFirst();          // 첫 번째 레코드로 이동, DB의 내용을 Recordset 변수에 저장
   UpdateData(FALSE);            // Recordset 변수에 저장된 값을 컨트롤에 출력
}

void CODBCGUIView::OnRecordLast()
{
   if(record_count==0)           // 현재 레코드가 하나도 없다면
      return;                    // 레코드 이동 없이 함수를 종료한다.
   current_pos=record_count;     // 현재 위치값을 전체 레코드 수로 지정
   m_pSet->MoveLast();           // 마지막 레코드로 이동
   UpdateData(FALSE);            // Recordset 변수에 저장된 값을 컨트롤에 출력
}
void CODBCGUIView::OnRecordNext()
{
   if(record_count==0)           // 현재 레코드가 하나도 없다면
      return;                    // 레코드 이동 없이 함수를 종료한다.
   current_pos++;                // 현재 위치값을 1증가시킴
      m_pSet->MoveNext();        // 다음 레코드 위치로 이동
   if(m_pSet->IsEOF()) {         // 마지막 레코드보다 하나 더 갔다면
      m_pSet->MoveLast();        // 마지막 레코드로 이동한 후
      current_pos--;             // 현재 위치값을 1감소시킴
   }
   UpdateData(FALSE);            // Recordset 변수에 저장된 값을 컨트롤에 출력
}

void CODBCGUIView::OnRecordPrev()
{
   if(record_count==0)           // 현재 레코드가 하나도 없다면
      return;                    // 레코드 이동 없이 함수를 종료한다.
   current_pos--;                // 현재 위치값을 1감소시킴
   m_pSet->MovePrev();           // 이전 레코드 위치로 이동
   if(m_pSet->IsBOF()) {         // 첫 번째 레코드보다 하나 이전이면
```

```
        m_pSet->MoveFirst();            // 처음 레코드로 이동한 후
        current_pos=1;                  // 현재 위치값을 1증가시킴
    }
    UpdateData(FALSE);                  // Recordset 변수에 저장된 값을 컨트롤에 출력
}
```

1.6 레코드 추가, 수정, 삭제 구현하기

새로운 레코드를 추가하기 위해서 CRecordset 클래스의 **AddNew()** 함수를 호출한다. 빈 레코드가 하나 추가되기 때문에 각 필드 단위로 값들을 지정한 후에 **Update()** 함수를 호출하면 실질적으로 데이터베이스에 저장된다.

```
m_pSet->AddNew();               // 새 레코드 추가
// 필드 단위로 멤버변수에 값 지정
m_pSet->m_title="Visual C++2008 MFC 윈도우 프로그래밍";
m_pSet->Update();               // DB 적용
```

기존에 존재하는 레코드의 내용을 수정하기 위해서는 CRecordset 클래스의 Edit() 함수를 호출하여 편집 가능한 상태로 두고 레코드 셋의 멤버변수 값을 변경한 후에 Update() 함수를 호출한다.

```
m_pSet->Edit();                     // 기존 레코드를 편집 가능한 상태로
m_pSet->m_author="전수빈";           // 필드 단위로 멤버변수에 값 수정
m_pSet->Update();                   // DB 적용
```

레코드 삭제는 가장 간단한다. CRecordset 클래스의 **Delete()** 함수만 호출해 주면 된다.

기본예제 12-7 레코드 추가, 수정, 삭제하기

[예제설명]

레코드를 추가, 수정, 삭제해 보도록 하고 전체 보기와 취소도 가능하도록 한다. 원활한 작업을 위해서는 추가, 수정 버튼이 토글 가능해야 한다. 우선 버튼에 토글 기능을 추가한다.

【실행결과】

<Add> 버튼을 클릭하면 새로운 데이터를 입력할 수 있도록 에디트 컨트롤이 클리어되고 데이터를 입력 가능한 형태가 된다. 추가할 내용을 입력한다.

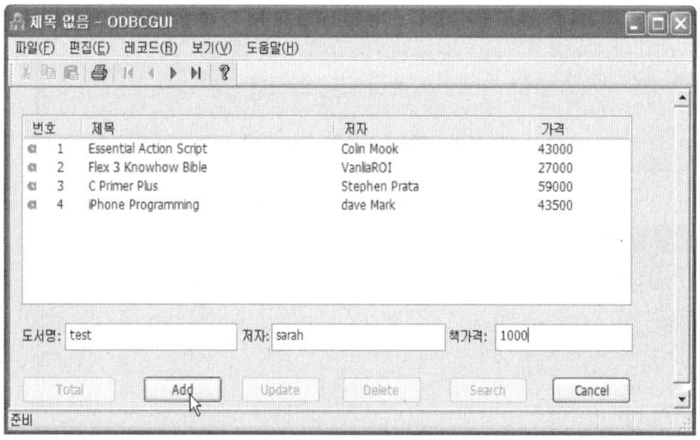

<Add> 버튼을 한 번 더 누르면 입력한 내용이 테이블에 새로운 레코드로 추가되면서 도서번호가 자동 부여된다. 데이터가 추가된 것을 확인한 후에 <Update> 버튼을 누른다. <Update> 버튼이 눌리면 현재 레코드의 내용이 에디트 컨트롤에 출력되고 데이터를 수정할 수 있도록 에디트 컨트롤이 입력 가능한 형태가 된다. 내용을 수정한 후 <Update> 버튼을 누른다.

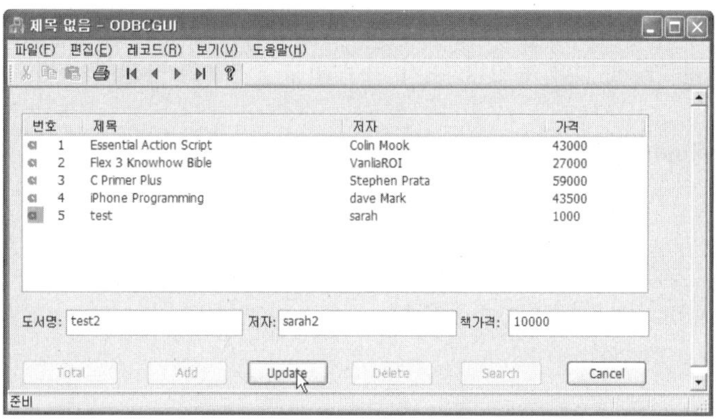

<Update> 버튼을 한 번 더 누르면 수정된 내용이 출력된다. <Delete> 버튼을 누르면 현재 레코드가 삭제된다.

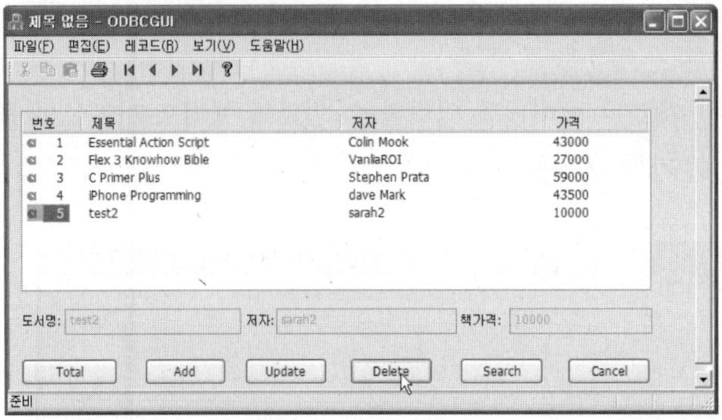

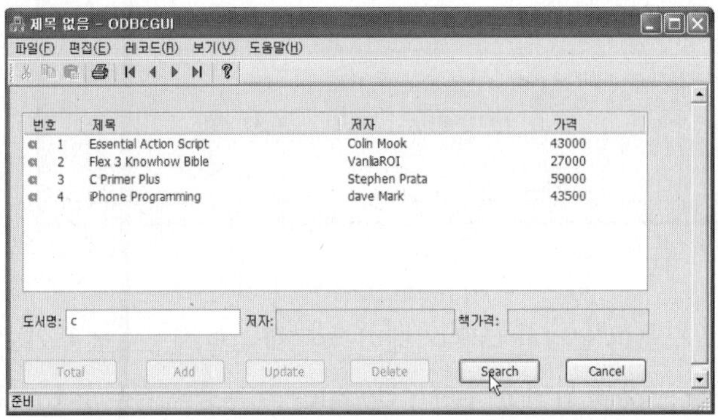

[따라하기]

1. 버튼에 토글 기능을 추가하기 위해 [기본예제 12-4]에서 대화상자 템플릿을 설계하면서 각 버튼에 대한 컨트롤 변수를 선언해 두었다. 추가 여부와 수정여부를 판별하는 변수를 선언하자.

```
class CODBCGUIView : public CRecordView
{
    // ... 생략 ...
    BOOL bAdd;      // 추가여부 판별하는 변수
    BOOL bUpdate;   // 수정여부 판별하는 변수
};
```

2. 추가 여부와 수정 여부를 판별하는 변수에 FALSE를 대입하여 초기화한다.

```
CODBCGUIView::CODBCGUIView() : CRecordView(CODBCGUIView::noD)
{
```

```
    // ... 생략 ...
    bAdd = FALSE;
    bUpdate = FALSE;
}
```

3 원활한 작업을 위해서 다음 함수를 추가한다.

```
void CODBCGUIView::Init(void)
{
    // 에디트 컨트롤을 입력 불가능한 상태로 변경한다.
    m_EditTitle.EnableWindow(0);
    m_EditAuthor.EnableWindow(0);
    m_EditPrice.EnableWindow(0);

    // 버튼은 선택 가능한 상태로 변경한다.
    m_ButtonTotal.EnableWindow(1);
    m_ButtonAdd.EnableWindow(1);
    m_ButtonMod.EnableWindow(1);
    m_ButtonSearch.EnableWindow(1);
    m_ButtonDelete.EnableWindow(1);
}

void CODBCGUIView::Clear(void)
{
    // 에디트 컨트롤을 입력 가능한 상태로 변경한다.
    m_EditTitle.EnableWindow(1);
    m_EditAuthor.EnableWindow(1);
    m_EditPrice.EnableWindow(1);

    // 버튼을 선택 불가능한 상태로 변경한다.
    m_ButtonTotal.EnableWindow(0);
    m_ButtonAdd.EnableWindow(0);
    m_ButtonMod.EnableWindow(0);
    m_ButtonSearch.EnableWindow(0);
    m_ButtonDelete.EnableWindow(0);
}
```

4 <Cancel> 버튼과 <Total> 버튼에 대한 이벤트 처리기를 추가한 후 다음과 같이 코딩한다.

```
void CODBCGUIView::OnBnClickedButtonCancel()
{
    if(bAdd) {// 취소
        // 이전 레코드 위치로 이동
        m_pSet->SetAbsolutePosition(current_pos);
        UpdateData(FALSE);
        // 초기상태로 변경
        bAdd = FALSE;
    }
    if(bUpdate) {
        // 이전 레코드 위치로 이동
        m_pSet->SetAbsolutePosition(current_pos);
        UpdateData(FALSE);
        // 초기상태로 변경
        bUpdate = FALSE;
    }
    if(bSearch) {
        // 이전 레코드 위치로 이동
        m_pSet->SetAbsolutePosition(current_pos);
        UpdateData(FALSE);
        // 초기상태로 변경
        bSearch = FALSE;
    }
    Init();
}

void CODBCGUIView::OnBnClickedButtonTotal()
{
    Init();
    AddAllRecord();
}
```

5 <Add> 버튼에 대한 이벤트 처리기를 추가한 후 다음과 같이 코딩한다. <Add> 작업의 결과 역시 리스트 컨트롤에 반영되어야 하기 때문에 각 이벤트 처리기의 마지막 부분에 `AddAllRecord()` 함수를 추가하자.

```
void CODBCGUIView::OnBnClickedButtonAdd()
{
    bAdd=!bAdd;
    if(bAdd==TRUE){// 추가 준비
        m_pSet->AddNew();                   // 새 레코드 추가
        m_pSet->SetFieldNull(NULL);         // 초기화
        UpdateData(FALSE);
        Clear();
        m_ButtonAdd.EnableWindow(1);        // 추가 버튼만 선택 가능한 상태로 변경
        m_EditTitle.SetFocus();             // 도서명 에디트 컨트롤에 포커스를 설정
    }
    else{// 등록
        UpdateData(TRUE);                   // 에디트 컨트롤->Recordset 변수
        m_pSet->Update();                   // DB 적용
        m_pSet->Requery();                  // DB 갱신

        m_pSet->MoveLast();
        GetTotalRecordCount();              // 데이터 갯수 구함
        UpdateData(FALSE);
        Init();                             // 초기화한 후
        AddAllRecord() ;                    // 레코드가 추가되었으므로 전체 레코드 개수를 재계산
    }
}
```

6 <Update> 버튼에 대한 이벤트 처리기를 추가한 후 다음과 같이 코딩한다.

```
void CODBCGUIView::OnBnClickedButtonUpdate()
{
    bUpdate = !bUpdate;

    if(bUpdate==TRUE){                      // 수정 준비
        // 이전 레코드 위치로 이동
        m_pSet->SetAbsolutePosition(current_pos);
        UpdateData(FALSE);
        Clear();
        m_ButtonMod.EnableWindow(1);
```

```
    }
    else{                                   // 수정
    m_pSet->Edit();                         // 수정모드로 변경...

    UpdateData(TRUE);                       // 컨트롤->레코드 셋 변수...

    m_pSet->Update();                       // DB 적용...
    m_pSet->Requery();                      // DB 갱신내용 가져오기...

    m_pSet->SetAbsolutePosition(current_pos);
    UpdateData(FALSE);

    Init();                                 // 초기화한 후
    AddAllRecord() ;                        // 레코드가 추가되었으므로 전체 레코드 개수를 재계산
    }
}
```

7 <Delete> 버튼에 대한 이벤트 처리기를 추가한 후 다음과 같이 코딩한다.

```
void CODBCGUIView::OnBnClickedButtonDelete()
{
    if(record_count==0)  {
        MessageBox(_T("삭제할 데이터가 없습니다!"));
        return;
    }
    // 삭제
    m_pSet->Delete();
    m_pSet->Requery();

    GetTotalRecordCount();

    if(record_count==0){ // 데이터가 존재하지 않으면..
        m_pSet->SetFieldNull(NULL);
        UpdateData(FALSE);
        current_pos=0;
        return;
```

```
    }

    if(record_count < current_pos)      // 마지막 데이터 삭제시...
      current_pos--;                    // current_pos = record_count;

    m_pSet->SetAbsolutePosition(current_pos);
    UpdateData(FALSE);
    AddAllRecord();                     // 레코드가 추가되었으므로 체 레코드 개수를 재계산
}
```

기본예제 12-8 검색하기

【예제설명】

검색 버튼이 눌리면 에디트 컨트롤 중에서 제목만 활성화된다. 제목을 입력한 후 <검색> 버튼을 한번 더 누르면 입력한 제목을 갖는 레코드만 찾아 리스트 컨트롤에 출력한다. 또한 리스트 컨트롤에서 선택된 항목의 내용을 에디트 컨트롤에 출력한다.

【실행결과】

<Search> 버튼을 클릭하면 도서명으로 검색하기 위해서 도서명 에디트 컨트롤만 입력 가능한 형태가 된다. 검색할 도서명을 입력한다.

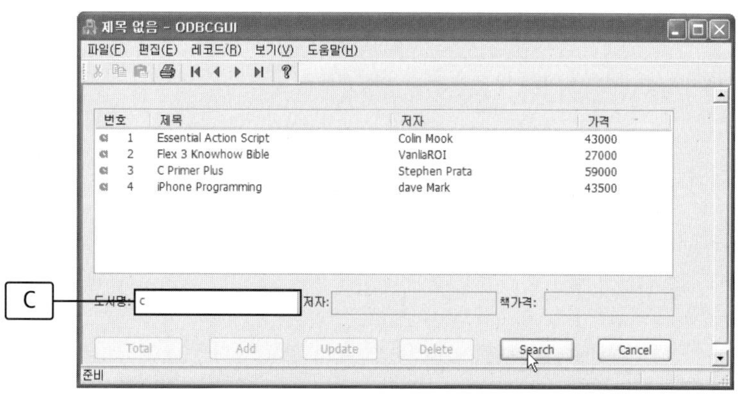

<Search> 버튼을 한 번 더 누르면 검색된 내용이 리스트 컨트롤에 나타난다.

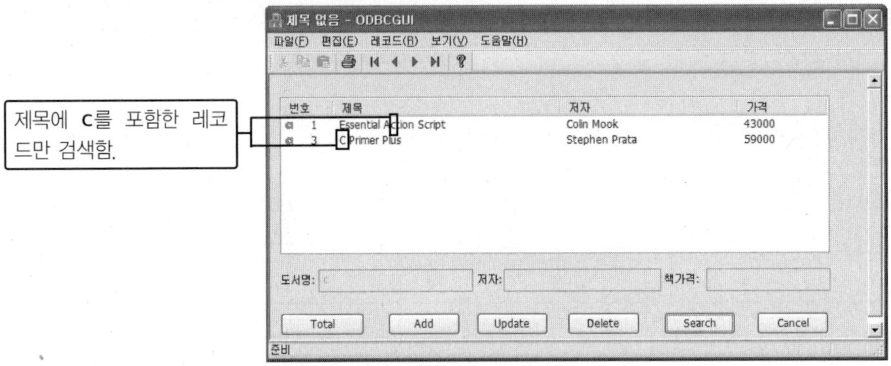

<Total> 버튼을 눌러 전체 레코드의 내용이 리스트 컨트롤에 나타나면 이번에는 리스트 컨트롤에서 특정 항목을 선택한다. 선택된 항목의 내용이 에디트 컨트롤에 나타나는 것을 확인할 수 있다.

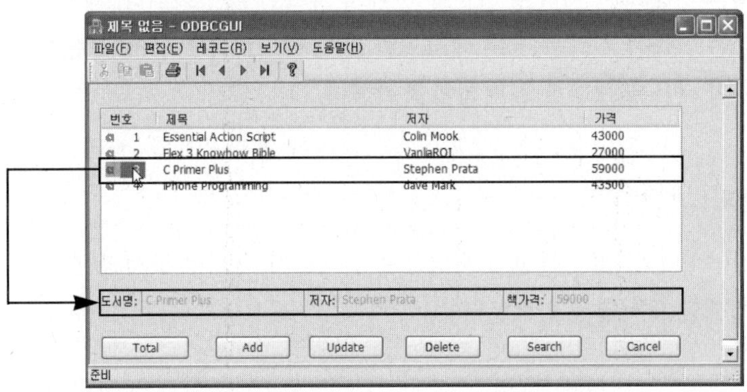

[따라하기]

1 검색 여부를 판별하는 변수를 선언하자.

```
class CODBCGUIView : public CRecordView
{
   // ... 생략 ...
   BOOL bSearch;    // 수정여부를 판별하는 변수
};
```

2 검색 여부를 판별하는 변수에 FALSE를 대입하여 초기화한다.

```
CODBCGUIView::CODBCGUIView() : CRecordView(CODBCGUIView::noD)
{
    // ... 생략 ...
    bSearch = FALSE;
}
```

3 <Search> 버튼에 대한 이벤트 처리기를 추가한 후 다음과 같이 코딩한다.

```
void CODBCGUIView::OnBnClickedButtonSearch()
{
    bSearch = !bSearch;

    if(bSearch) { // 검색 준비
        // 에디트 컨트롤을 ""로 클리어 한다.
        m_EditTitle.SetWindowTextW(_T(""));
        m_EditAuthor.SetWindowTextW(_T(""));
        m_EditPrice.SetWindowTextW(_T(""));

        Clear();
        // 도서명 에디트 컨트롤만 입력 가능한 상태로 놓고
        // 나머지 에디트 컨트롤은 입력 불가능하도록 한다.
        m_EditAuthor.EnableWindow(0);
        m_EditPrice.EnableWindow(0);
        m_ButtonSearch.EnableWindow(1);
        // 도서명을 입력 받기 위해서 해당 에디트 컨트롤에 포커스를 설정
        m_EditTitle.SetFocus();
    }
    else {// 검색
        UpdateData(TRUE);
        // 레코드 셋 객체를 생성한 후
        CODBCGUISet  rsSet(m_pSet->m_pDatabase);
        CString sql;

        if(m_pSet->m_title.IsEmpty()==false){
```

```
        // 수행할 쿼리문을 인자로 주어 레코드 셋을 오픈한다.
        sql.Format(_T("select * from book where title like '%%%s%%'"),
                m_pSet->m_title);
        rsSet.Open(CRecordset::dynaset, sql);
        // 리스트 컨트롤에 이전에 추가된 모든 항목을 제거한다.
        m_List.DeleteAllItems();
        // 레코드를 읽어올 때마다 변수 i를 증가시켜 리스트 컨트롤에 추가할 항목의 위치로 지정
        int i=0;
        // 필드의 자료형이 수치형태일 경우 이를 문자열로 변경하여 리스트 컨트롤의 항목에
        // 추가해야 하기에 문자열을 저장할 변수를 선언한다.
        CString strTemp;
        while(rsSet.IsEOF()==FALSE){
            strTemp.Format(_T("%4d"), rsSet.m_ID);       // ID를 읽어 와 문자열로 변환한 후
            m_List.InsertItem(i, strTemp, 0);            // i번째 항목의 0번 서브 항목으로 추가
            m_List.SetItemText(i, 1, rsSet.m_title);     // 도서명을 읽어 와 1번 서브 항목으로 추가
            m_List.SetItemText(i, 2, rsSet.m_author);    // 저자를 읽어 와 2번 서브 항목으로 추가
            strTemp.Format(_T("%4ld"), rsSet.m_price);// 가격을 읽어 와 문자열로 변환한 후
            m_List.SetItemText(i, 3, strTemp);           // 3번 서브 항목으로 추가
            rsSet.MoveNext();                            // 다음 레코드로 이동한 후
            i++;   // 리스트 컨트롤의 추가할 항목 위치값으로 사용할 변수값도 1증가
        }
        rsSet.Close();                                   // 레코드 셋 객체를 닫는다.
        Init();                                          // 초기화 한다.
    }
  }
}
```

4 리스트 컨트롤의 항목을 선택할 경우 발생하는 메시지인 LVN_ITEMCHANGED에 대한 이벤트 처리기를 추가해서 다음과 같이 코딩한다.

```
void CODBCGUIView::OnLvnItemchangedList1(NMHDR *pNMHDR, LRESULT *pResult)
{
   LPNMLISTVIEW pNMLV = reinterpret_cast<LPNMLISTVIEW>(pNMHDR);
   // TODO: 여기에 컨트롤 알림 처리기 코드를 추가합니다.

   int nItem=pNMLV->iItem;            // 선택된 항목의 행의 위치 값을 얻어옵니다.
```

```
    // 현재 레코드의 위치는 선택한 항목의 위치에 1을 더해야 한다.
    // 리스트 컨트롤의 첫 번째 항목은 0번이지만, 데이터베이스의 첫 번째 레코드의 위치는 1이기 때문
    current_pos=nItem+1;
    // current_pos에 저장된 수치에 해당되는 절대 위치로 레코드 이동
    m_pSet->SetAbsolutePosition(current_pos);

    CString  strID, sql, strTemp;
    strID=m_List.GetItemText(nItem, 0);                          // 선택된 도서번호를 얻어 와

    sql.Format(_T("select * from book where ID=%s"), strID); // 도서번호로 검색
    CODBCGUISet rsSet(m_pSet->m_pDatabase);
    rsSet.Open(CRecordset::dynaset, sql);

    m_EditTitle.SetWindowTextW(rsSet.m_title);                   // 제목을 얻어 와서 출력
    m_EditAuthor.SetWindowTextW(rsSet.m_author);                 // 저자를 얻어 와서 출력
    strTemp.Format(_T("%ld"), rsSet.m_price);                    // 가격을 얻어 와서 출력
    m_EditPrice.SetWindowTextW(strTemp);

    *pResult = 0;
}
```

SECTION

02 OLE DB

Introduction to Microsoft Foundation Class Library

OLE DB(Object Linking and Embedding, Database)는 ODBC의 성공을 바탕으로 만든 새로운 공개 인터페이스로 COM 기술을 이용한 새로운 데이터베이스 프로그래밍 방법이다. OLE DB는 ODBC에서 지원하지 않는 이기종의 관계형 데이터베이스뿐 아니라, 비 관계형 데이터들에게도 접근할 수 있다. OLE DB를 사용하여 SQL 데이터뿐 아니라 비 SQL적인 데이터들(메일, 텍스트, 디렉토리서비스 등)에도 접근을 가능하게 하여 데이터를 처리할 수 있게 한다. 또한, OLE DB를 통해서 기존의 ODBC를 통한 데이터의 연결도 이용할 수 있게 되어 있다. 이처럼 OLE DB를 통한 접근은 기존의 ODBC가 부족했던 점을 완전히 메우고 있다. ODBC 때에 비해서 접근 속도도 많은 향상을 가져왔다.

OLE DB는 내부적으로 공급자와 소비자로 나뉜다. 공급자는 데이터베이스 제작사에서 ODBC 드라이버를 제공하듯 제작사가 제공하는 인터페이스이다. 만일, SQL 서버를 사용한다면 SQLOLEDB라는 문자열을 사용해야만 SQL 서버용 OLE DB를 이용할 수 있게 된다. 만일, ORACLE를 사용하려 한다면 MSDAORA라는 OLEDB 프로바이더를 지정해야 한다. 이러한 각각의 OLE DB 프로바이더 이름이나, OLE DB 프로바이더는 각각의 데이터베이스 업체에서 제공한다. 이것은 MS에서 제공하는 것이 아니다. 즉, 여러분의 회사가 Informix를 사용하고 있는데 OLE DB를 사용하고 싶어졌다면 인포믹스 측에 연락해서 OLE DB용 프로바이더를 제공해 달라고 부탁하면 된다. 소비자는 제공받은 인터페이스를 활용해서 실제로 데이터베이스를 사용하는 인터페이스이다. 즉, 우리가 학습할 부분은 소비자부분이다.

OLE DB는 ODBC에 비해서 코드가 복잡하다. 각종 템플릿 클래스(ATL, ActiveX Template Library) 형태로 구성되기 때문이다.

기본예제 12-9 MFC 응용 프로그램 마법사로 OLE DB 프로그래밍-1

【예제설명】

이번에는 MFC 응용 프로그램 마법사로 OLE DB 프로그램을 작성해 보자.

【따라하기】

1 이번 장에서 사용할 프로젝트를 "OLEDB"란 이름으로 생성하자. 응용 프로그램 종류 항목에서 응용 프로그램 종류만 [단일 문서]로 변경하고, 데이터베이스 지원에서 [파일을 지원하지 않는 데이터베이스 뷰]를 선택한 후 [클라이언트 형식:]을 [OLE DB]로 지정한후 <다음>버튼을 누른다.

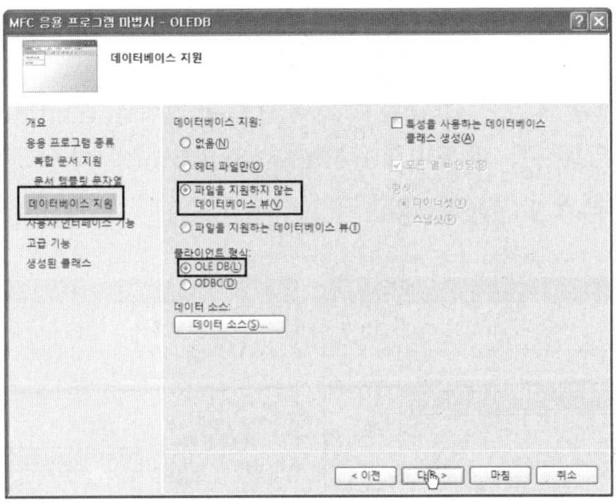

2 [데이터 연결 속성] 창이 나타나면 [공급자] 탭에서 [Microsoft OLE DB Provider for ODBC Drivers]를 선택한 후 <다음> 버튼을 누른다. [데이터 원본 이름 사용]을 선택하고 [bookDSN]을 선택하고 사용할 초기 카달로그에서 bookstore를 선택한 후에 <확인> 버튼을 누른다. [연결] 탭으로 화면이 전환된다.

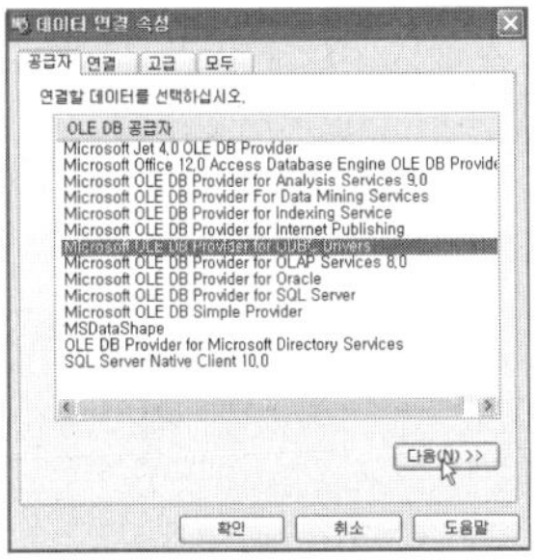

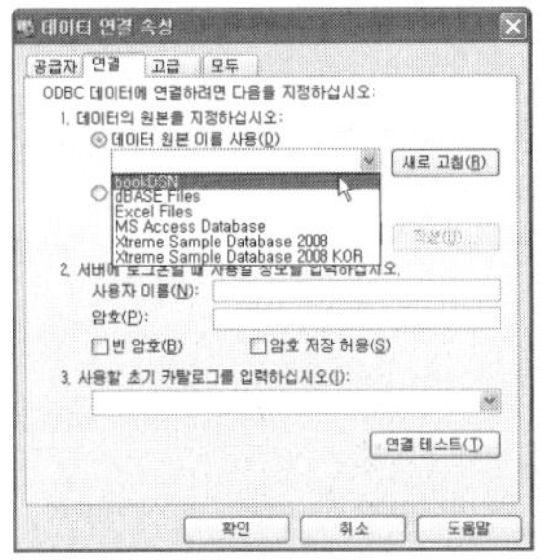

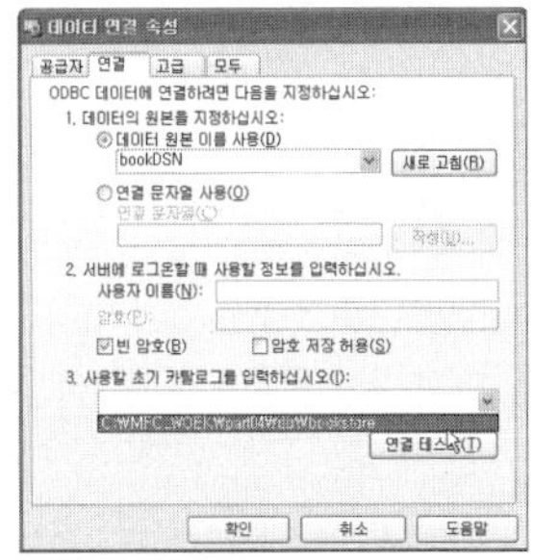

3 [데이터베이스 개체 선택] 창에서 book 테이블을 선택한 후 <확인> 버튼을 누른다.

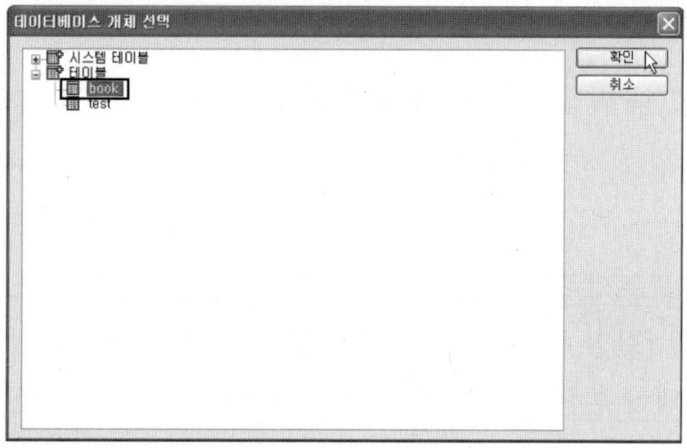

4 이렇게 생성된 클래스를 보면 이전 단일 문서와 다르다는 것을 알 수 있다. ODBC로 데이터베이스 지원을 받는 프로젝트를 만들면 `COleDBRecordView`의 파생 클래스인 `COLEDBView`와 `COLEDBSet`이라는 클래스가 만들어진다.

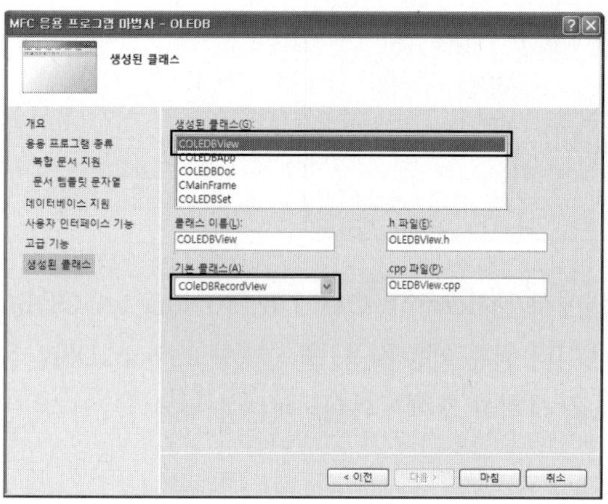

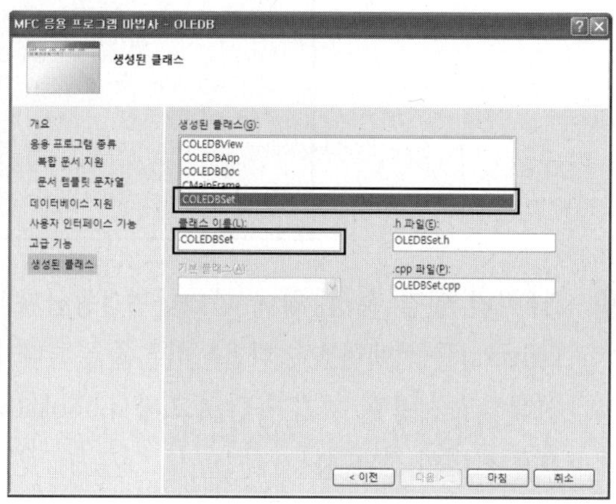

5 실행할 경우 오류가 발생한다. 오류가 발생한 위치를 주석 처리한다.

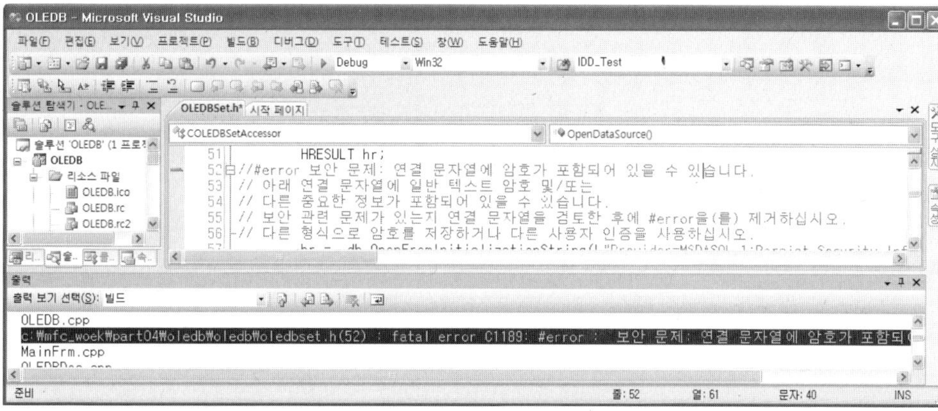

2.1 OLE_DB 소비자 클래스

프로젝트에 등록된 클래스 중에서 COLEDBSetAccessor를 열어보면 다음과 같은 코드를 살펴볼 수 있다.

```
class COLEDBSetAccessor
{
public:
   LONG m_ID;
   TCHAR m_title[256];
   TCHAR m_author[256];
   TCHAR m_price[256];
```

이 클래스는 TAccessor에 해당되는 클래스로서 로우 셋이 어떤 데이터를 갖는지를 정의하고 있다. 이것을 이용해서 CAccessor 클래스가 만들어지고 이 CAccessor 클래스를 이용해서 CCommand 클래스가 만들어진다. 여기에 다시 상속을 받아 COLEDBSet 클래스가 만들어지는데 COLEDBSet 클래스가 바로 우리가 사용하게 될 로우 셋 클래스이다.

CTable 클래스의 파생 클래스인 COLEDBSet은 단순히 테이블의 내용을 보여주기만 한다. 만일 로우셋에 대해 추가, 검색, 삭제 등의 명령을 내리고자 한다면 CCommand 클래스를 사용해야 한다.

```
class COLEDBSet : public CTable<CAccessor<COLEDBSetAccessor> >
{
```

```
public:
   HRESULT OpenAll()
   {
      HRESULT hr;
      hr = OpenDataSource();
      if (FAILED(hr))
         return hr;
```

로우 셋에 해당하는 COLEDBSet 객체는 도큐먼트 클래스의 멤버로 선언되어 있다.

```
class COLEDBDoc : public CDocument
{
protected: // serialization에서만 만들어집니다.
   COLEDBDoc();
   DECLARE_DYNCREATE(COLEDBDoc)

// 특성입니다.
public:
   COLEDBSet m_OLEDBSet;
```

뷰 클래스에서는 도큐먼트 클래스의 멤버로 선언된 COLEDBSet 객체를 m_pSet 객체 포인터로 접근해서 사용한다.

```
void COLEDBView::OnInitialUpdate()
{
   m_pSet = &GetDocument()->m_OLEDBSet;
   {
      CWaitCursor wait;
      HRESULT hr = m_pSet->OpenAll();
      if (FAILED(hr))
      {
```

기본예제 12-10 OLE-DB로 모든 레코드 출력

[예제설명]

이번에는 OLE-DB로 리스트 컨트롤에 데이터베이스에 저장된 모든 데이터를 출력한다.

[실행결과]

[따라하기]

1 리소스 뷰 창에서 `IDD_OLEDB_FORM`을 더블 클릭하여 대화상자를 띄운 후 "`TODO:` 여기에 대화 상자 컨트롤을 배치한다."라는 내용을 `Caption` 값으로 갖고 있는 불필요한 스테틱 텍스트와 <확인>, <취소> 버튼을 삭제한 후에 다음과 같이 리스트 컨트롤과 그 밖의 컨트롤을 배치한다.

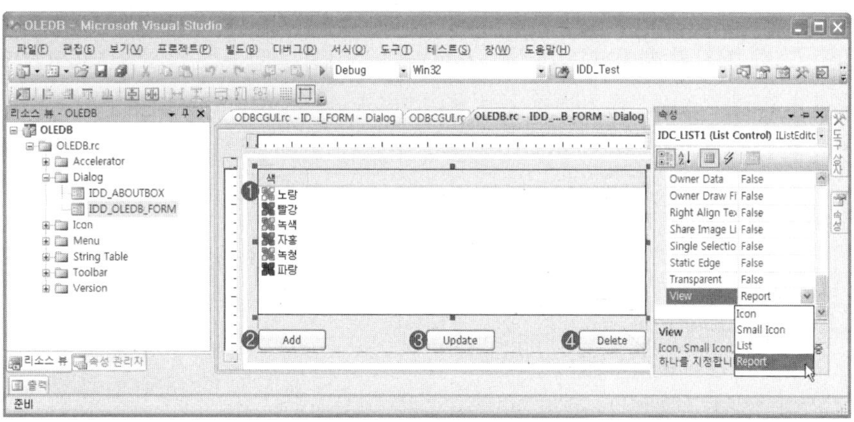

컨트롤 종류	번호	컨트롤 ID	캡션	속성	멤버변수
트리 컨트롤	❶	IDC_LIST1		View : Report	CListCtrl m_List
버튼 컨트롤	❷	IDC_BUTTON_ADD	Add		CButton m_ButtonAdd
	❸	IDC_BUTTON_UPDATE	Update		CButton m_ButtonMod
	❹	IDC_BUTTON_DELETE	Delete		CButton m_ButtonDel

2 화면 위쪽에 리스트 컨트롤에 전체 레코드의 내용을 출력하자. 우선 리스트 컨트롤에 컬럼 제목부터 추가하도록 하자. 컬럼 생성을 위한 AddColumn() 함수를 정의하자. COLEDBView 클래스를 선택한 후 마우스 오른쪽 버튼을 클릭하여 나타난 바로가기 메뉴에서 [Add] → [함수 추가]를 선택한 후 void AddColumn(void)를 정의한 후 다음 내용을 기술한다.

```
void CODBCGUIView::AddColumn(void)
{
    CRect rect;
    // 리스트 컨트롤의 크기를 얻어온다.
    m_List.GetClientRect(&rect);
    // 컬럼 추가
    m_List.InsertColumn(0, _T("번호"), LVCFMT_RIGHT, 60);
    // 제목 컬럼의 폭은 리스트 컨트롤의 너비에서 나머지 컬럼들의 너비의 합을 뺀 값으로 한다.
    // 컬럼이 리스트 컨트롤에 딱 맞게 추가된다.
    m_List.InsertColumn(1, _T("제목"), LVCFMT_LEFT,rect.Width()-360);
    m_List.InsertColumn(2, _T("저자"), LVCFMT_LEFT, 200);
    m_List.InsertColumn(3, _T("가격"), LVCFMT_LEFT, 100);
}
```

3 데이터베이스에 저장된 데이터를 리스트 컨트롤에 추가하는 함수를 정의한다. COLEDBView 클래스를 선택한 후 마우스 오른쪽 버튼을 클릭하여 나타난 바로가기 메뉴에서 <Add> → [함수 추가]를 선택한 후 void AddAllRecord(void)를 정의한 후 다음 내용을 기술한다.

```
void COLEDBView::AddAllRecord(void)
{
    // 처음 레코드로 이동
    m_pSet->MoveFirst();
    //리스트 컨트롤의 모든 데이터를 지운다.
    m_List.DeleteAllItems();
    // 레코드를 읽어올 때마다 변수 i를 증가시켜 리스트 컨트롤에 추가할 항목의 위치로 지정한다.
```

```
    int i=0;
    // 필드의 자료형이 수치형태일 경우 이를 문자열로 변경하여 리스트 컨트롤의 항목에
    // 추가해야 하기에 문자열을 저장할 변수를 선언한다.
    CString strTemp=_T("");
    do{
        strTemp.Format(_T("%4d"), m_pSet->m_ID); // ID를 읽어 와 문자열로 변환한 후
        m_List.InsertItem(i, strTemp, 0);           // i번째 항목의 0번 서브 항목으로 추가
        m_List.SetItemText(i, 1, m_pSet->m_title);  // 도서명을 읽어 와 1번 서브 항목으로 추가
        m_List.SetItemText(i, 2, m_pSet->m_author); // 저자를 읽어 와 2번 서브 항목으로 추가
        m_List.SetItemText(i, 3, m_pSet->m_price);  // 가격을 읽어 와 3번 서브 항목으로 추가
        i++;  // 리스트 컨트롤의 추가할 항목 위치값으로 사용할 변수값을 1증가한 후
    }while(m_pSet->MoveNext() != DB_S_ENDOFROWSET);// 다음 레코드로 이동한다.
    // 더 이상 레코드가 존재하지 않으면 반복문 밖으로 벗어나고 그렇지 않으면 다음 레코드로
    // 이동 후 해당 레코드의 정보를 리스트 컨트롤의 항목으로 추가한다.

    // 처음 레코드로 이동
    m_pSet->MoveFirst();
}
```

[소스설명]

MoveFirst() 함수는 레코드 포인터를 처음 레코드로 이동시키고 MoveNext() 함수는 레코드 포인터를 다음 레코드로 이동시킨다. MoveNext() 함수는 다음 레코드가 존재한다면 S_OK를 리턴하지만, 그렇지 않을 경우에는 DB_S_ENDOFROWSET을 리턴한다.

4 COLEDBView 클래스가 초기화될 때 호출되는 OnInitialUpdate() 함수에 데이터베이스에 저장된 데이터를 리스트 컨트롤에 추가하는 함수를 호출하자.

```
void COLEDBView::OnInitialUpdate()
{
    //... 생략 ...

    COleDBRecordView::OnInitialUpdate();

    AddColumn();        // 리스트 컨트롤에 컬럼을 추가하고
    AddAllRecord();     // 데이터베이스에 저장된 모든 레코드를 리스트 컨트롤의 항목으로 추가
}
```

기본예제 12-11 OLE-DB로 레코드 추가, 수정, 삭제하기

【예제설명】

이번에는 OLE→DB로 데이터베이스에 새로운 레코드를 추가하고 기존의 레코드를 수정, 삭제해 보자.

【실행결과】

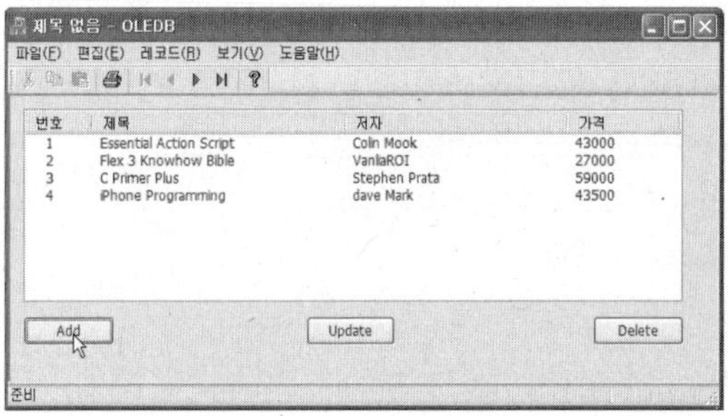

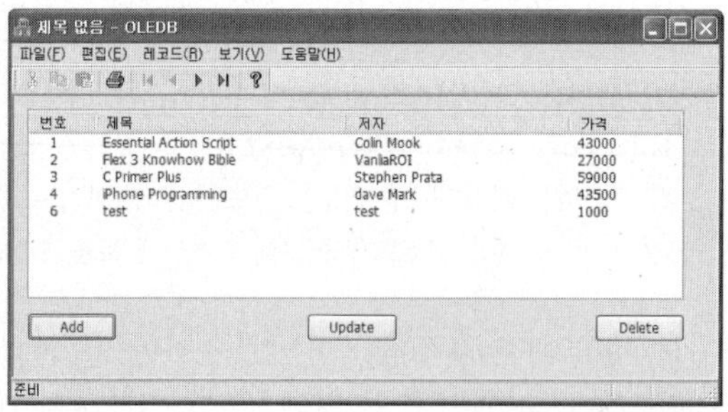

【따라하기】

1 COLEDBSetAccessor의 속성값을 변경하여 로우 셋 클래스인 COLEDBSet가 수정, 추가, 삭제 가능한 상태가 되도록 한다. 클래스 뷰 창에서 COLEDBSetAccessor 클래스를 선택한 후에 GetRowsetProperties() 함수를 더블 클릭하여 CDBPropSet 클래스의 AddProperty() 함수를 호출하되 첫 번째 인자에는 DBPROP_UPDATABILITY를 주어 데이터베이스에 접근 가능한 상태로 변경하고 두 번째 인자에는 로드한 레코드의 필드를 갱신할 수 있도록 하는 DBPROPVAL_UP_CHANGE 옵션과 새로운 레코드를 추가할 수 있도록 하는 DBPROPVAL_UP_INSERT와 레코드를 삭제할 수 있도록 하는 DBPROPVAL_UP_DELETE 옵션을 | 연산자로 연결하여 지정해 준다.

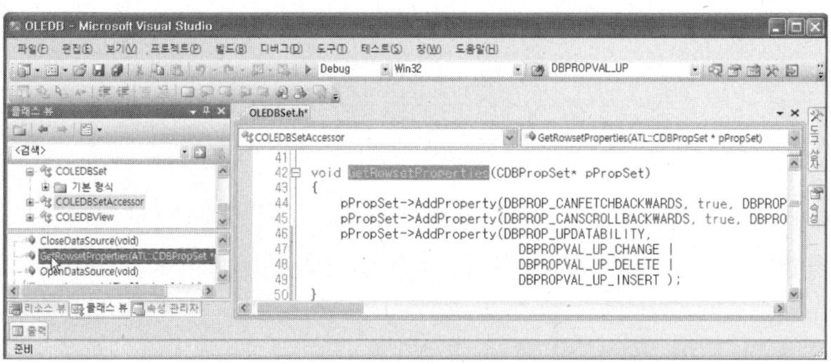

```
class COLEDBSetAccessor
{
   // ... 생략 ...
   void GetRowsetProperties(CDBPropSet* pPropSet)
   {
      pPropSet->AddProperty(DBPROP_CANFETCHBACKWARDS, true, DBPROPOPTIONS_OPTIONAL);
      pPropSet->AddProperty(DBPROP_CANSCROLLBACKWARDS, true, DBPROPOPTIONS_OPTIONAL);
      pPropSet->AddProperty(DBPROP_UPDATABILITY,
                  DBPROPVAL_UP_CHANGE |
                  DBPROPVAL_UP_DELETE |
                  DBPROPVAL_UP_INSERT );
   }
   // ... 생략 ...
```

2 COLEDBSet가 CTable의 파생 클래스이면 단순히 테이블의 내용을 보여주기만 할 수 있으므로 로우 셋에 대해 추가, 검색, 삭제 등의 명령을 내리고자 한다면 클래스 뷰 창에서 COLEDBSet 클래스를 더블 클릭하여 CCommand 클래스의 파생 클래스로 변경해야 한다.

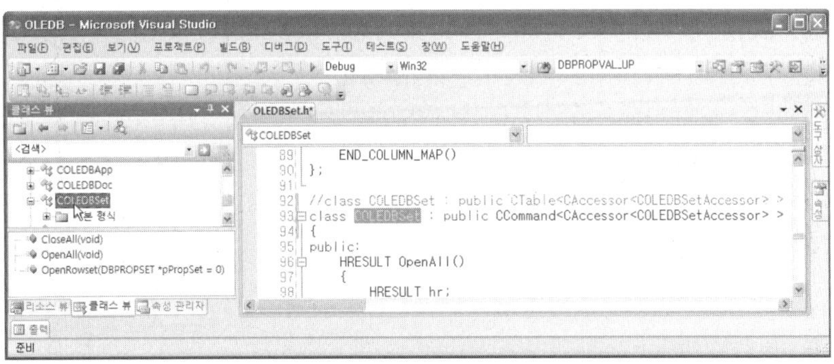


```
//class COLEDBSet : public CTable<CAccessor<COLEDBSetAccessor> >
class COLEDBSet : public CCommand<CAccessor<COLEDBSetAccessor> >
{
public:
   HRESULT OpenAll()
   {
   // ... 생략 ...
```

3 COLEDBSet의 OpenRowset() 함수에서는 CTable클래스의 Open() 함수를 호출하고 있으므로 이를 CCommand 클래스의 Open() 함수를 호출하는 코드로 변경한다. 그러기 위해서 클래스 뷰 창에서 COLEDBSet 클래스를 선택한 후 OpenRowset() 함수를 더블 클릭하여 OpenRowset() 함수를 찾아간다.

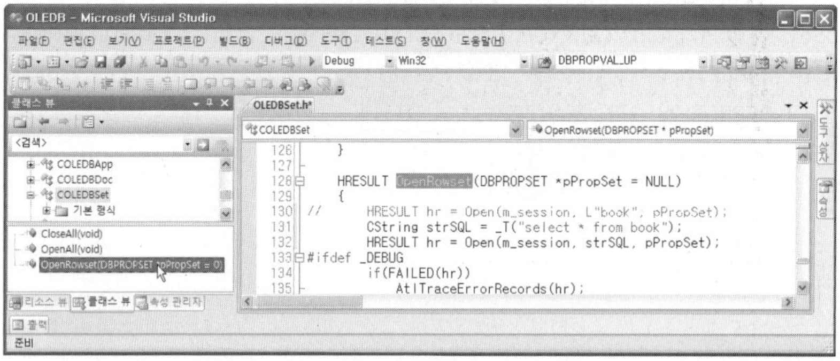

```
HRESULT OpenRowset(DBPROPSET *pPropSet = NULL)
{
// HRESULT hr = Open(m_session, L"book", pPropSet);
   CString strSQL = _T("select * from book");
   HRESULT hr = Open(m_session, strSQL, pPropSet);
#ifdef _DEBUG
   if(FAILED(hr))
      AtlTraceErrorRecords(hr);
#endif
   return hr;
}
```

[소스설명]

호출한 Open() 함수는 CCommand 클래스의 멤버함수로 첫 번째 인자에는 특정 세션을 지정하고 세 번째 주어진 속성(권한)으로 두 번째 인자로 준 쿼리문을 수행한다. 두 번째 인자로 준 쿼리문은 전체 레코드를 얻어 오는 쿼리문이다.

4 COLEDBSet 클래스의 OpenRowset() 함수 아래쪽에 RunSQL() 함수를 새롭게 정의한다. RunSQL() 함수는 새로운 SQL 문을 실행하기에 앞서 CCommand 클래스의 Close() 함수를 호출하

여 관련된 레코드를 해제하고 ReleaseCommand() 함수를 호출하여 관련된 접근 지정자를 해제하여 이전에 실행한 SQL 문을 정리한다.

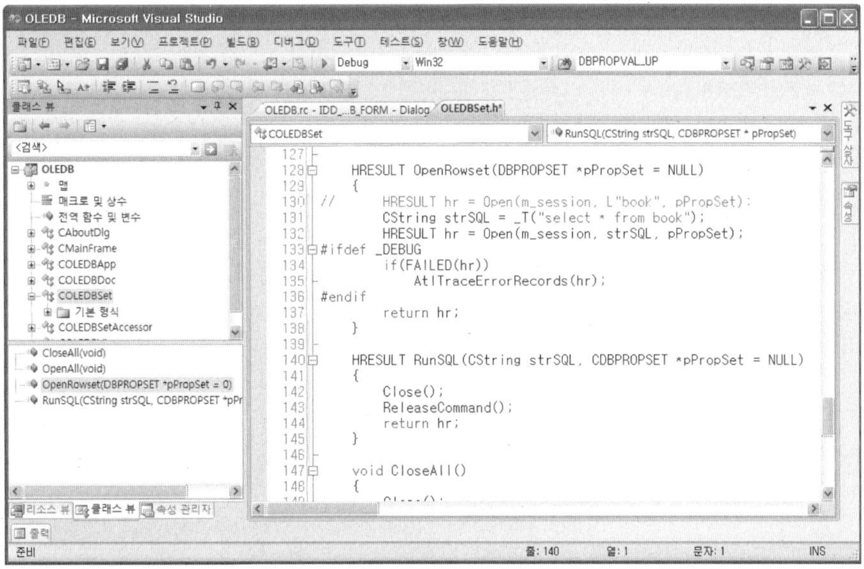


```
// 새로운 SQL 문을 실행하기에 앞서 이전에 실행한 SQL 문을 정리한다.
HRESULT RunSQL(CString strSQL, DBPROPSET *pPropSet = NULL)
{
    Close();                        // 관련된 레코드를 해제
    ReleaseCommand();               // 관련된 접근 지정자를 해제
    HRESULT hr = Open(m_session, strSQL, pPropSet);
    return hr;
}
```

5 <Add> 버튼을 누르면 새로운 레코드가 추가되도록 하기 위해서<Add> 버튼에 대한 이벤트 처리기를 추가한 후 다음과 같이 코딩한다.

```
void COLEDBView::OnBnClickedButtonAdd()
{
    // ❶ SQL 문을 실행하는 영역 시작
    CCommand<CDynamicAccessor> cmd;        // CDynamicAccessor는 접근 지정자 객체로
```

```
        //테이블의 구조를 모르는 상황에서도 사용할 수 있다는 장점이 있다.

// ⓐ 접근 지정자로 데이터베이스에 접근할 때 어떤 권한을 갖도록 할 것인지 속성 설정
CDBPropSet propSet(DBPROPSET_ROWSET);

propSet.AddProperty(DBPROP_IRowsetChange, true);
propSet.AddProperty(DBPROP_UPDATABILITY,
        DBPROPVAL_UP_CHANGE |
        DBPROPVAL_UP_DELETE |
        DBPROPVAL_UP_INSERT );

// ⓐ에서 설정한 속성을 가지고 현재 연결된 세션에서 SQL문을 실행한다.
HRESULT hr = cmd.Open(m_pSet->m_session, _T("select * from book"), &propSet);

if(FAILED(hr))  {
   AfxMessageBox(_T("ERROR : Failed to execute SQL!"));
}

// ❷ 새로운 레코드에 필드 단위로 값을 셋팅
TCHAR* pszValue = NULL;
// 1번 필드에 SetStatus() 함수로 필드의 상태를 무시하도록 설정
// 1번 필드는 일련번호(자동으로 관리되는 값)이기 때문
cmd.SetStatus(1, DBSTATUS_S_IGNORE);
// 필드 값이 저장된 버퍼의 주소를 void*로 반환한다.
pszValue = (TCHAR*)cmd.GetValue(2);
// 이 주소가 가리키는 메모리에 새 레코드의 필드 값을 적어준다.
wsprintf(pszValue, _T("%s"), _T("test"));
// SetLength() 함수로 길이(바이트 단위)를 지정한다.
cmd.SetLength(2, lstrlen(pszValue)*2);
// SetStatus() 함수로 필드에 값이 제대로 쓰였다고 지정하면
// 하나의 필드에 대한 값 설정이 완료됨
cmd.SetStatus(2, DBSTATUS_S_OK);

pszValue = (TCHAR*)cmd.GetValue(3);
wsprintf(pszValue, _T("%s"), _T("test"));
cmd.SetLength(3, lstrlen(pszValue)*2);
cmd.SetStatus(3, DBSTATUS_S_OK);
```

```
    pszValue = (TCHAR*)cmd.GetValue(4);
    wsprintf(pszValue, _T("%s"), _T("1000"));
    cmd.SetLength(4, lstrlen(pszValue)*2);
    cmd.SetStatus(4, DBSTATUS_S_OK);

    // ❸ 새로운 레코드를 추가한 후 명령을 닫고 리스트 컨트롤에 결과를 출력
    // Insert() 함수로 새 레코드를 만들어 테이블에 추가한다.
    hr = cmd.Insert();

    if(FAILED(hr))  {
        AfxMessageBox(_T("ERROR : Failed to insert new record!"));
    }
    // Close() 함수와 ReleaseCommand() 함수를 호출하여 명령을 완료한다.
    cmd.Close();
    cmd.ReleaseCommand();

    AddAllRecord();
}
```

6 <Update> 버튼을 누르면 레코드의 내용이 수정되도록 하기 위해서 <Update> 버튼에 대한 이벤트 처리기를 추가한 후 다음과 같이 코딩한다.

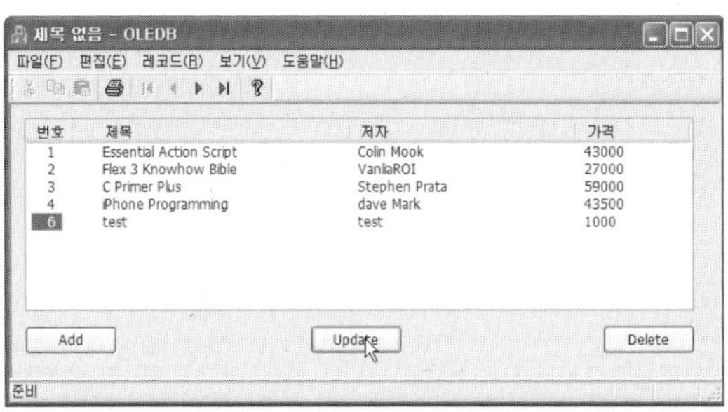

```
void COLEDBView::OnBnClickedButtonUpdate()
{
    CCommand<CDynamicAccessor> cmd;
    // 데이터베이스에 접근하기 위한 속성은 레코드 추가와 동일하다.
```

```
CDBPropSet propSet(DBPROPSET_ROWSET);

propSet.AddProperty(DBPROP_IRowsetChange, true);
propSet.AddProperty(DBPROP_UPDATABILITY,
        DBPROPVAL_UP_CHANGE |
        DBPROPVAL_UP_DELETE |
        DBPROPVAL_UP_INSERT );

// 도서명이 test인 레코드를 검색한다.
HRESULT hr = cmd.Open(m_pSet->m_session,
      _T("select * from book where title='test'"), &propSet);

if(FAILED(hr)) {
   AfxMessageBox(_T("ERROR : Failed to execute SQL!"));
}
// 해당 레코드를 찾았다면 첫 번째 레코드로 이동한다.
cmd.MoveFirst();
TCHAR* pszValue = NULL;
cmd.SetStatus(1, DBSTATUS_S_IGNORE);

pszValue = (TCHAR*)cmd.GetValue(2);
wsprintf(pszValue, _T("%s"), _T("test2"));
cmd.SetLength(2, lstrlen(pszValue)*2);
cmd.SetStatus(2, DBSTATUS_S_OK);

pszValue = (TCHAR*)cmd.GetValue(3);
wsprintf(pszValue, _T("%s"), _T("test2"));
cmd.SetLength(3, lstrlen(pszValue)*2);
cmd.SetStatus(3, DBSTATUS_S_OK);

pszValue = (TCHAR*)cmd.GetValue(4);
wsprintf(pszValue, _T("%s"), _T("2000"));
cmd.SetLength(4, lstrlen(pszValue)*2);
cmd.SetStatus(4, DBSTATUS_S_OK);

// SetData() 함수를 호출하여 상태가 DBSTATUS_S_OK인 필드의 값을 수정한다.
hr = cmd.SetData();
```

```
    if(FAILED(hr)) {
    AfxMessageBox(_T("ERROR : Failed to insert new record!"));
    }
    // Update() 함수를 호출하여 실제 데이터베이스의 테이블에 결과가 반영되도록 한다.
    cmd.Update();

    cmd.Close();
    cmd.ReleaseCommand();

    AddAllRecord();
}
```

7 <Delete> 버튼을 누르면 레코드의 내용이 수정되도록 하기 위해서 <Delete> 버튼에 대한 이벤트 처리기를 추가한 후 다음과 같이 코딩한다.

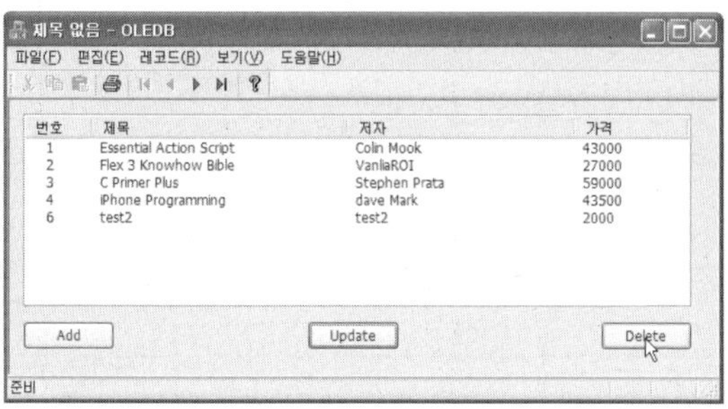

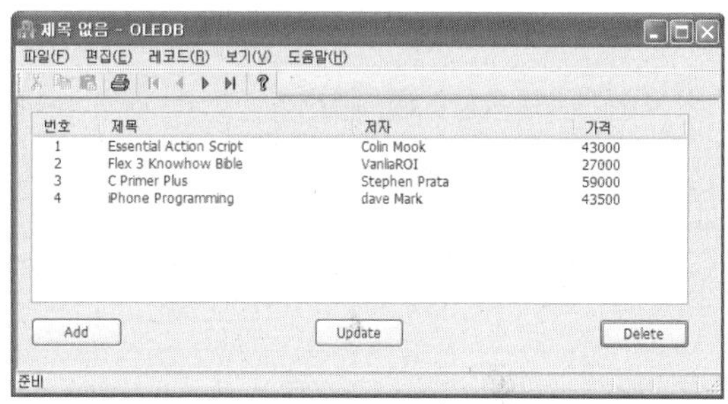


```
void COLEDBView::OnBnClickedButtonDelete()
{
    CCommand<CDynamicAccessor> cmd;

    CDBPropSet propSet(DBPROPSET_ROWSET);

    propSet.AddProperty(DBPROP_IRowsetChange, true);
    propSet.AddProperty(DBPROP_UPDATABILITY,
            DBPROPVAL_UP_CHANGE |
            DBPROPVAL_UP_DELETE |
            DBPROPVAL_UP_INSERT );
```

```
    HRESULT hr = cmd.Open(m_pSet->m_session,
        _T("select * from book where title='test2'"), &propSet);

    if(FAILED(hr)) {
        AfxMessageBox(_T("ERROR : Failed to execute SQL!"));
    }

    cmd.MoveFirst();
    // Delete() 함수를 호출하여 현재 레코드를 삭제한다.
    hr = cmd.Delete();

    if(FAILED(hr)) {
        AfxMessageBox(_T("ERROR : Failed to insert new record!"));
    }
    // Update() 함수를 호출하여 실제 데이터베이스의 테이블에 결과가 반영되도록 한다.
    cmd.Update();
    cmd.Close();

    cmd.ReleaseCommand();

    AddAllRecord();
}
```

연습문제

[개념문제]

단원 요약정리를 대신하여 개념을 잡을 수 있도록 본문의 내용을 충실하게 반영한 문제이다.

1. 다음에 알맞은 내용을 보기에서 찾으시오.

보기			
1	Open Database Connectivity	2	OpenEx
3	기본 키	4	GetValue

1.1 모든 테이블은 레코드를 식별하기 위해서 중복되지 않은 값을 갖고 반드시 데이터 값이 존재하는 필드를 가져야 하는데 이를 ________(이)라고 한다. ________(은)는 주민등록번호, 사원번호, 학생번호, 기타 통신용 아이디 등과 같이 대부분 숫자나 문자로 코드화된 값을 사용하는데 코드가 의미를 가지고 있는 것이 좋다.

1.2 데이터베이스들은 매우 복잡한 알고리즘들이 들어가 있으므로 서로 상이한 기법을 사용하지만 사용자 입장에서는 입력, 검색, 수정, 삭제 등의 작업이 전부이기 때문에 어떤 데이터베이스를 사용하든지 상관없이 사용자 입장에서는 동일하게 접근해서 사용할 수 있도록 하기 위한 ________(이)라는 표준적인 인터페이스를 제공한다.

1.3 데이터베이스 객체를 생성한 후에 실질적으로 데이터베이스와 연결이 가능하도록 하기 위해서 사용할 데이터 원본 이름을 지정하여 ________ 함수를 호출해야만 한다.

1.4 CRecordset 객체는 레코드 단위로 이동하지만 데이터를 얻어올 때에는 ________ 함수를 이용하여 필드 단위로 얻어온다.

※ **다음 물음에 올바른 답을 골라라.**

2. 데이터베이스의 구조에 대한 설명 중 잘못된 것은?

❶ 테이블 : 데이터들로 이루어진 표

❷ 키 : 지정된 속성에 맞추어 저장된 한 줄의 데이터

❸ 열(필드) : 데이터들의 속성

❹ 값 : 각각의 행과 열에 대응되는 값

3. 다음 SQL 명령어 중 테이블에 데이터를 조회하는 명령어는?

❶ select ❷ update ❸ delete ❹ insert

4. CRecordset 클래스의 멤버함수로 ODBC를 연결하기 위하여 설정한 [데이터 원본 이름]을 얻는 함수는 무엇인가?

❶ GetDefaultConnect ❷ GetDefaultSQL ❸ DoFieldExchange ❹ DoDataExchange

5. 데이터베이스에서 작성한 테이블의 필드들와 CRecordset 클래스의 멤버변수와 연결되어 있는 함수는 무엇인가?

❶ GetDefaultConnect ❷ GetDefaultSQL ❸ DoFieldExchange ❹ DoDataExchange

[실습문제]

본문 기본예제보다 조금 난이도가 높은 내용으로 구성된 프로그램을 실제로 작성해 보는 문제로 단계별 설명을 자세히 해 놓았으므로 시간이 걸리더라도 꼭 풀어보기 바란다. 실력 향상에 많은 도움이 될 문제이다.

실습문제 12-1 프로젝트명 : 프로젝트명 : Ch12Ex01 / 문서 형태 : 콘솔 어플리케이션

【예제설명】

다음은 사원 관리를 위한 데이터베이스 프로그램이다.

【실행결과】

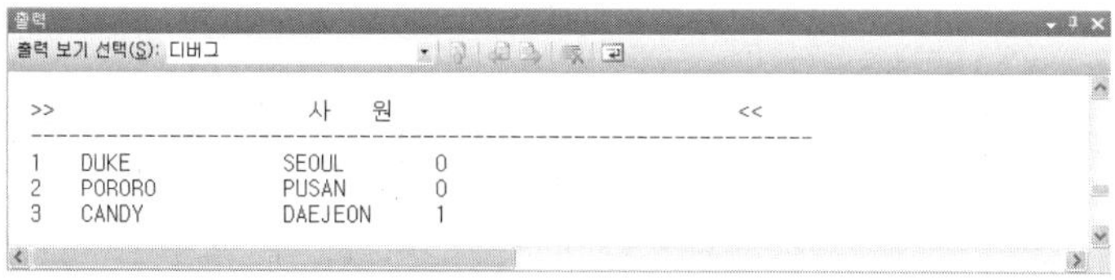

【힌트】

1 다음과 같은 구조의 COMPANY 데이터베이스를 생성한 후 SAWON 테이블을 생성한다.

필드이름	타입	길이	제약조건	설명
ID	일련 번호		primary key	사원 번호
NAME	텍스트	20	not null	사원 이름
ADDRESS	텍스트	100		주소
SEX	숫자			성별

2 SAWON 테이블에 샘플 데이터를 다음과 같이 추가하라.

ID	NAME	ADDRESS	SEX
1	DUKE	SEOUL	0
2	PORORO	PUSAN	0
3	CANDY	DAEJEON	1

3 데이터 소스이름(SAWONDSN)을 만든다. 데이터베이스를 지원받는 프로젝트를 콘솔 어플리케이션으로 생성하여 프로그램을 작성한다.

실습문제 12-2 프로젝트명 : Ch02Ex02 / 문서 형태 : 단일 문서

【예제설명】

데이터베이스를 지원받는 프로젝트를 단일 문서 형태로 생성한 후 다음과 같이 화면을 설계한 후에 SAWON 테이블의 내용을 다음 화면에 출력하도록 한다. 레코드 이동 툴바에서 레코드 이동을 위해 버튼이 눌릴 때마다 이동된 위치의 내용이 에디트 컨트롤에 출력되고, 리스트 컨트롤에서 항목을 선택할 경우에도 선택된 항목의 내용이 에디트 컨트롤에 출력된다.

【실행결과】

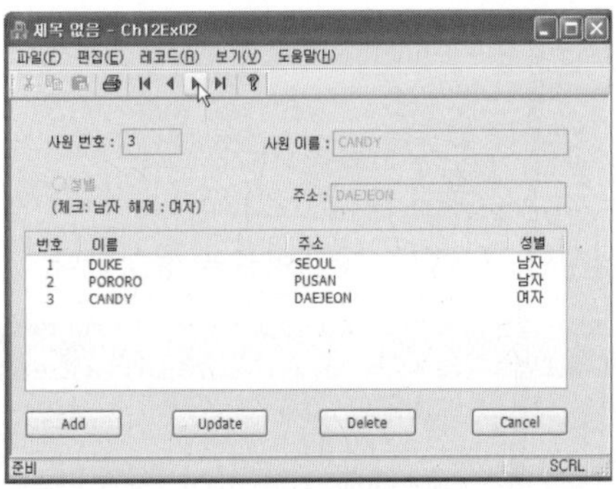

<Add> 버튼을 누르면 새로운 항목을 입력받을 수 있도록 에디트 컨트롤의 내용이 모두 클리어된다. 에디트 컨트롤에 데이터를 입력한 후 <Add> 버튼을 한 번 더 누르면 새로운 사원의 정보가 추가되고 이에 대한 결과를 리스트 컨트롤에서 확인할 수 있다.

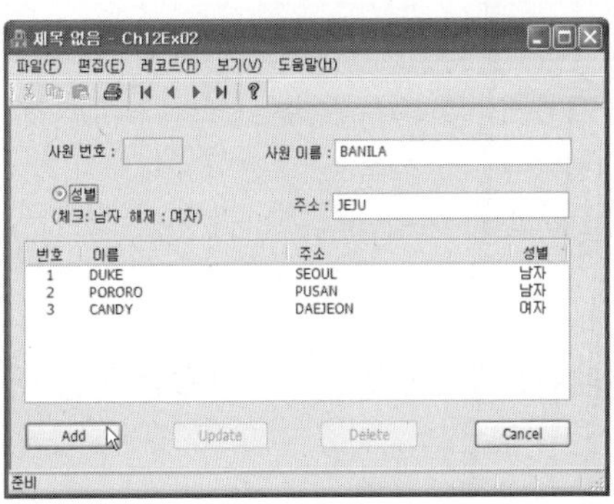

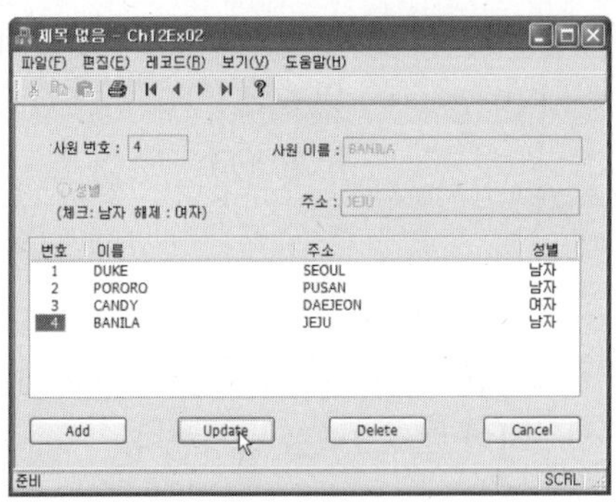

특정 항목을 선택한 후 <Update> 버튼을 누르면 데이터를 수정할 수 있도록 에디트 컨트롤이 입력가능한 상태로 바뀐다. 내용을 수정한 후 다시 <Update> 버튼을 누르면 수정된 결과를 리스트 컨트롤에서 확인할 수 있다.

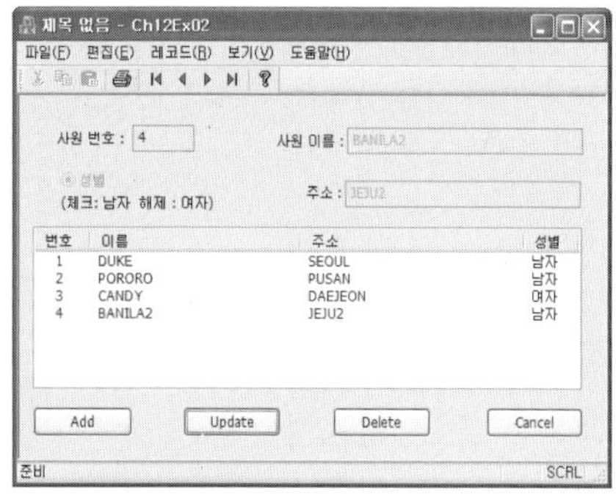

특정 항목을 선택한 후 <삭제> 버튼을 누르면 삭제 작업이 원활하게 일어난다.

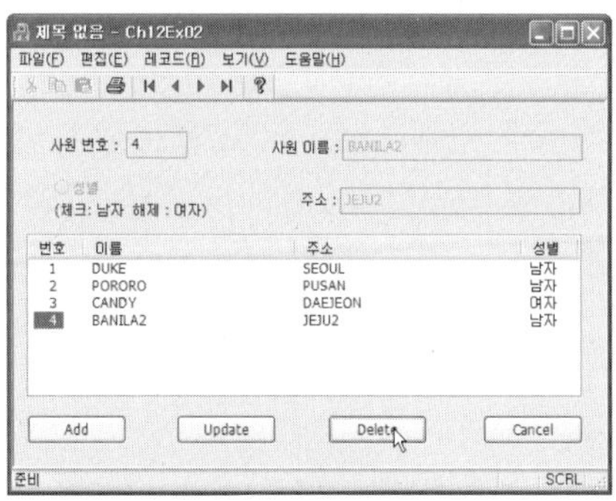

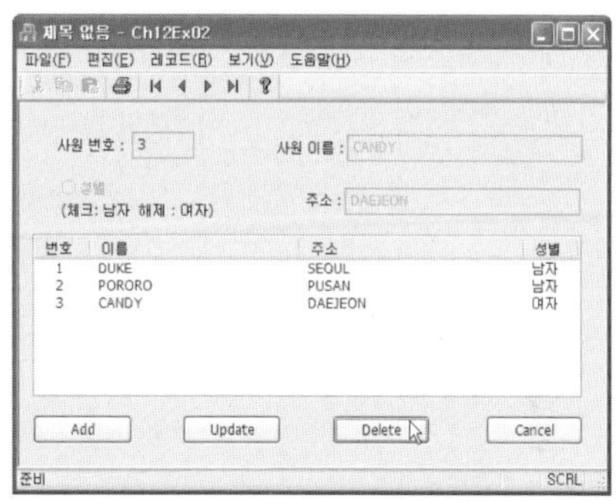

CHAPTER

13 네트워크 프로그래밍

MFC를 이용한 TCP/IP 소켓 프로그래밍 기법에 대해서 학습한다.

미리보기

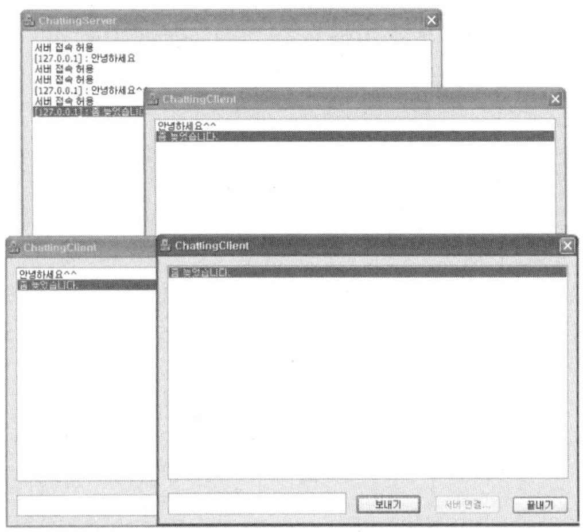

학습목표

1. 네트워크 프로그래밍에 필요한 TCP/IP에 대해 학습한다.
2. 소켓을 이용하여 채팅 프로그램을 작성한다.

목차

SECTION

01 네트워크의 개요

Introduction to Microsoft Foundation Class Library

이번 절에서는 네트워크에 대한 기본 개념을 확립해 보겠다. **네트워크(Network)**란 같은 데이터 전송 **프로토콜(protocol)**을 가지고 통신을 하는 연결된 장치들을 총칭하는 것을 말한다. 프로토콜은 의사소통을 서로 교신하기 위해서 두 컴퓨터 사이에 정해진 약속에 따라 접속을 하고 데이터를 주고 받도록 하기 위해서 미리 정해 놓은 통신 규약이다.

TIP | 프로토콜

컴퓨터 사이에 데이터를 주고 받으려면 어떻게 접속을 해야 하고 어떤 속도로 어떠한 형식으로 데이터를 송수신해야 할 것인지에 대한 약속이 있어야 한다. 통신하고자 하는 두 컴퓨터 사이에 정해진 규약에 따라 접속을 하고 데이터를 주고 받도록 하기 위해서 미리 정해 놓은 약속을 프로토콜이라고 한다. 프로토콜은 컴퓨터 상호간의 대화에 필요한 통신 규약을 의미한다.

현재 인터넷의 표준 프로토콜인 **TCP/IP(Transmission Control Protocol/Internet Protocol)**는 인터넷상에서 호스트들을 서로 연결시키는 데 사용되는 통신 프로토콜로서, 미국 국방부에서 구축한 전산망인 **ARPA(Advanced Research Project Agency)net**에서 개발된 프로토콜이다.

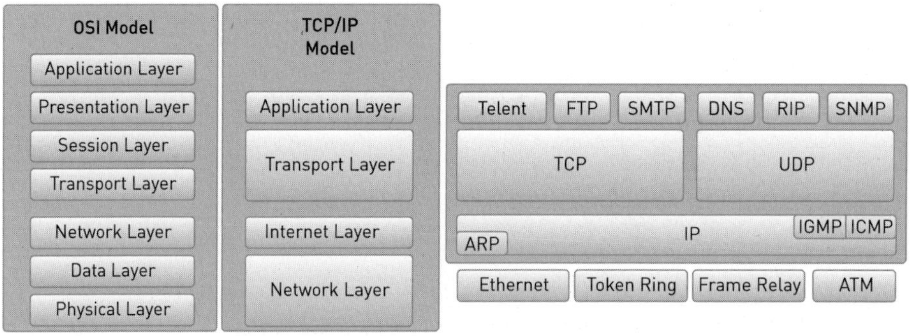

그림 13-1 ● OSI 참조 모델과 TCP/IP 모델

TCP/IP 프로토콜은 데이터링크 계층, 네트워크 계층, 전송계층, 응용계층으로 구성되어 있다. 처음 네 개의 계층은 OSI 모델의 네 계층과 일치하는 물리적인 표준, 네트워크 인터페이스, 네트워크 간 상호연결, 그리고 전송기능을 제공한다. OSI모델의 상위 세 계층은 TCP/IP에서 응용계층 하나의 계층으로 표현된다. 실질적인 통신은 매우 복잡한 과정을 거쳐 상대 컴퓨터에 연결되고 데이터가 전송되지만, 사용자가 대부분의 통신 응용프로그램(메신저)을 사용할 경우에는 응용 계층에서 연결 기능을 이용하여 사용한다.

TCP/IP는 다음과 같은 계층 구조로 데이터를 송수신한다.

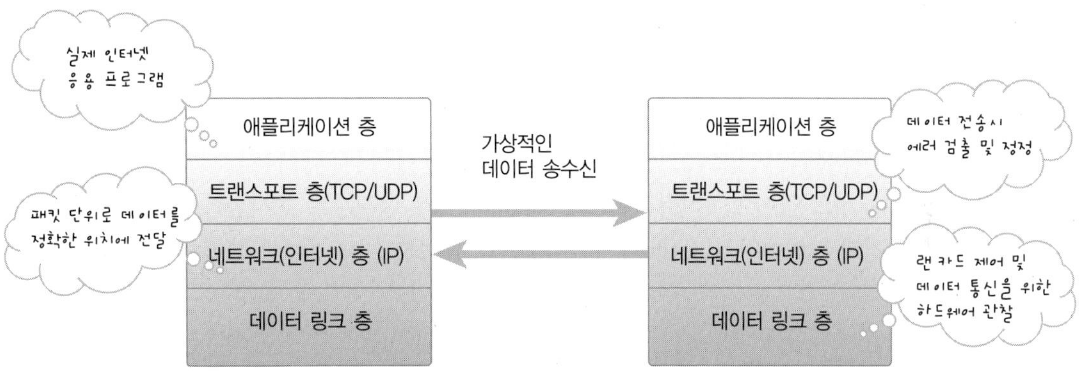

그림 13-2 ● TCP/IP의 계층구조

MFC에서는 소켓 클래스를 제공해 주어 응용 계층에서 프로그래밍을 하는 것이기에 하위 계층에서 데이터가 어떻게 전송되는지 자세히 모르더라도 네트워크 프로그래밍을 하는데 문제가 되지 않는다.

1.1 IP 주소와 port 번호

네트워크 프로그램을 만들기 전에 한 가지 기억할 점이 있는데 클라이언트가 서버에 접속하기 위해서는 첫 번째로 서버의 IP 주소와 두 번째로 port 번호를 알아야 한다.

IP 주소

네트워크(인터넷)에 연결된 컴퓨터는 IP 주소를 하나씩 보유하게 되어 있다. 인터넷상의 수많은 컴퓨터 중에서 **특정 컴퓨터를 구분하기 위해서 사용**하는 것이 **IP 주소**이다. 그렇기에 컴퓨터마다 IP 주소는 고유한 번호로 지정되어야만 한다.

컴퓨터의 IP 주소를 확인하기 위해서는 **ipconfig 명령어**를 사용한다.

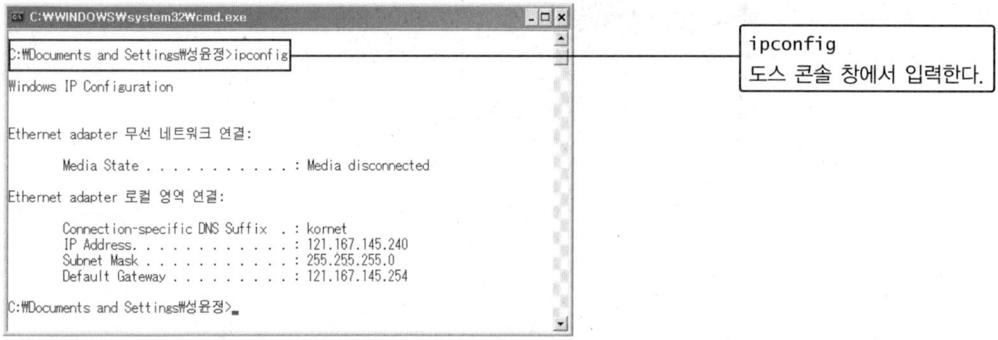
```
C:\WINDOWS\system32\cmd.exe
C:\Documents and Settings\성윤정>ipconfig

Windows IP Configuration


Ethernet adapter 무선 네트워크 연결:

        Media State . . . . . . . . . . . : Media disconnected

Ethernet adapter 로컬 영역 연결:

        Connection-specific DNS Suffix  . : kornet
        IP Address. . . . . . . . . . . . : 121.167.145.240
        Subnet Mask . . . . . . . . . . . : 255.255.255.0
        Default Gateway . . . . . . . . . : 121.167.145.254

C:\Documents and Settings\성윤정>
```


IP 주소는 32비트 값이며, 8비트 단위로 구분하여 각각 10진수로 표시한다. `ipconfig` 명령어를 수행한 결과로 얻어진 IP Address를 살펴보면 `121.167.145.240`과 같이 4부분의 숫자로 구성되어 있다. 이러한 숫자를 기억하기란 좀처럼 쉽지 않다. 그렇기 때문에 사람이 사용하고 기억하기 쉬운 이름인 도메인 이름을 사용하는데 도메인 이름으로 접속하더라도 내부적으로는 IP 주소로 변환된다.

네트워크 프로그램을 하는데 있어서 IP 주소가 중요한 이유는 네트워크상에서 다른 컴퓨터와 통신을 하기 위해서 반드시 IP 주소를 알고 있어야 하기 때문이다. 친구에게 전화를 걸려면 전화번호를 알고 있어야만 하듯이 Host A가 Host D와 대화하기 위해서는 Host D의 IP 주소를 알아야 하기 때문이다.

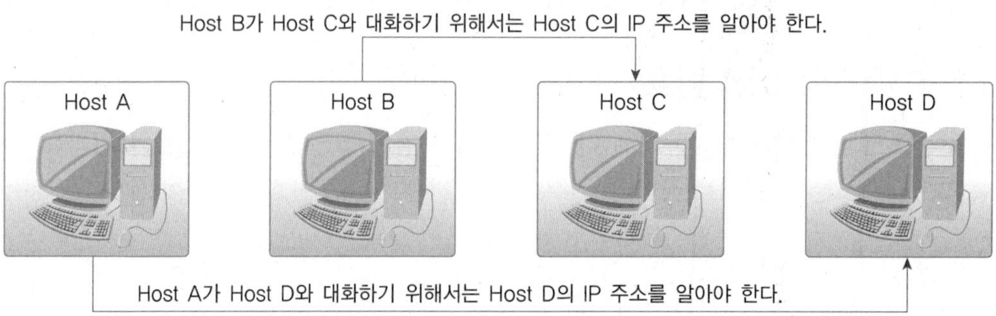

그림 13-3 ● IP 주소

프로그램을 하다 보면 편의상 자신을 의미하는 IP 주소인 127.0.0.1을 자주 사용하게 된다. 자기 자신의 컴퓨터에 접속하기 위해서는 자신의 IP 주소를 기억하고 있다가 일일이 입력하기란 여간 불편하지 않다. 그렇기 때문에 자신 컴퓨터의 IP주소를 의미하는 127.0.0.1을 사용하는데 이 IP 주소를 localhost로 사용할 수도 있다.

port 번호

우리는 네트워크 프로그램을 한 개 이상 사용하고 있다. 인터넷을 통해 쇼핑을 하기 위해서 익스플로러를 사용할 뿐만 아니라 채팅을 위한 메신저 프로그램, 파일 다운을 위한 FTP 프로그램 등을 사용한다. 이렇듯 여러 개의 네트워크 프로그램을 사용할 경우 IP 주소만으로 내 컴퓨터의 어떤 프로그램에 메시지를 보내는지 통신 대상 프로그램을 찾을 수는 없다. IP 주소로 특정 컴퓨터를 찾아갔다면 그 컴퓨터 내의 **여러 개의 네트워크 프로그램 중에 어느 프로그램에 보내는 메시지인지의 구분이 필요**한데 이때 사용하는 것이 **port 번호**이다.

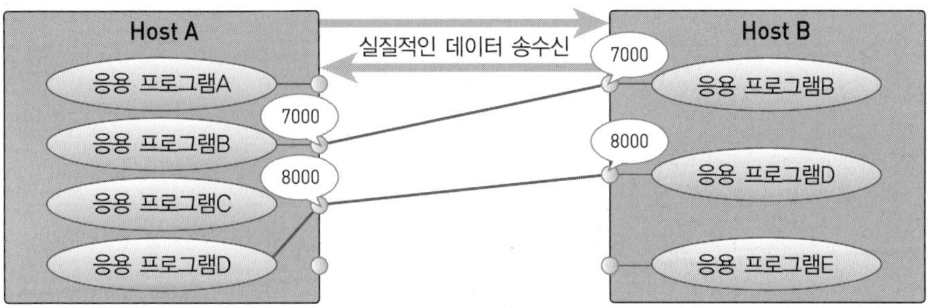

그림 13-4 ● 포트 번호

Host A가 Host B와 대화하기 위해서는 Host B의 IP 주소를 알아야 한다. Host B의 IP 주소를 알았다면 Host A의 응용 프로그램 B에서 보낸 메시지를 Host B에서도 응용 프로그램 B에서 받아야 하는데 다행히도 Host A의 응용 프로그램 B에서 포트번호를 7000번으로 사용하는데 Host B의 응용 프로그램 B에서 포트번호를 7000번으로 사용하기에 메시지를 올바로 전송받을 수 있다. 응용프로그램 D는 두 컴퓨터에서 모두 포트 번호 8000번으로 사용하고 있기 때문에 이 역시 메시지가 제대로 전송될 것이다. 회사의 경우 대표전화로 전화를 걸면 내선번호를 물어볼 때가 있다. 이때 대표전화가 IP 주소이고 내선번호가 port라고 생각하면 된다.

port 번호는 0 ~ 65535사이의 값이 사용된다. 그 중 0 ~ 1023은 telet, ftp, http와 같이 reserved(예약된) port이다. 그러기에 개발자는 0 ~ 1023 사이의 값은 피해서 사용해야 한다.

컴퓨터에서 사용 중인 포트 번호를 확인하기 위해서는 **netstat -na** 명령어를 사용한다.

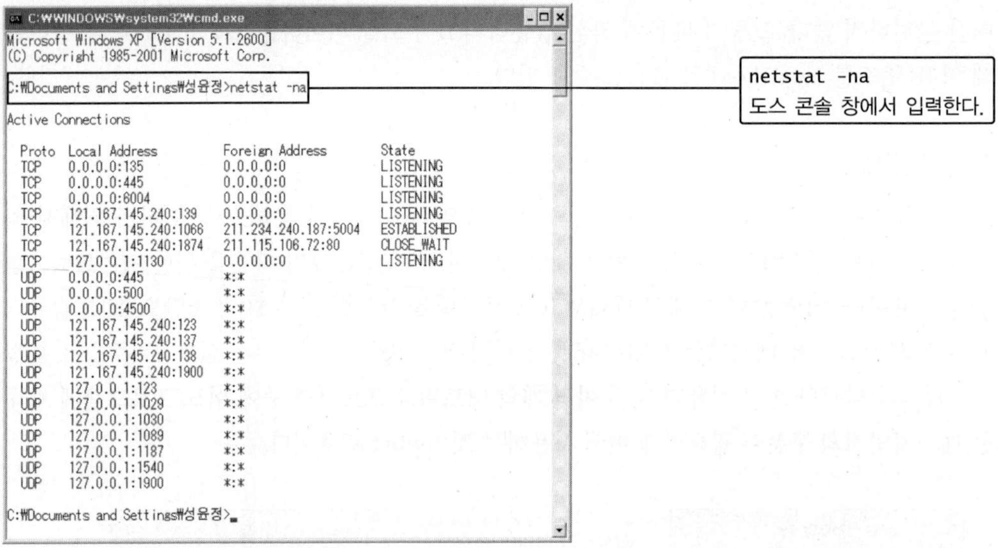

SECTION
02 소켓 프로그래밍

Introduction to Microsoft Foundation Class Library

TCP/IP를 이용한 프로그램을 작성할 수 있도록 하기 위해서 제공되는 인터페이스가 소켓이다. 소켓은 멀리 떨어져 있는 호스트끼리의 데이터를 송수신하도록 하기 위해서 두 호스트를 연결시켜 주는 도구라고 생각하면 쉽게 이해할 수 있을 것이다. 소켓은 하부 네트워크에 신경 쓰지 않고 통신하기 위한 소프트웨어적인 메커니즘(mechanism)으로 MFC에서는 다양한 종류의 프로토콜을 일관된 인터페이스로 다룰 수 있도록 하기 위한 소켓을 클래스 형태로 제공해 주는데 다음과 같이 2가지 형태이다. 하나는 **CAsyncSocket**이고 또 하나는 **CSocket**이다. CAsyncSocket는 소켓에 필요한 내용을 제공하는 기본 클래스이며, CSocket는 CAsyncSocket를 상속받아 좀 더 많은 기능을 제공하는 클래스이다.

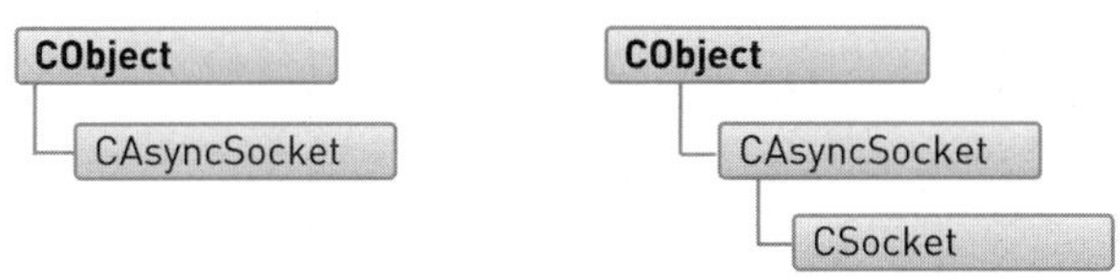

그림 13-5 ● CAsyncSocket와 CSocket 클래스

MFC에서 윈도우 환경 하에 소켓 클래스를 사용하여 소켓 인터페이스 프로그램을 제작하는데 이때 한 가지 더 알아야 할 것은 서버/클라이언트 매커니즘이다. **서버**는 일반적으로 **정보나 서비스를 제공**하고 **서버가 제공해주는 서비스를 제공 받는 쪽을 클라이언트**라고 하는데 네트워크 프로그램에서는 반드시 서버와 클라이언트가 구분되어 있어야 한다.

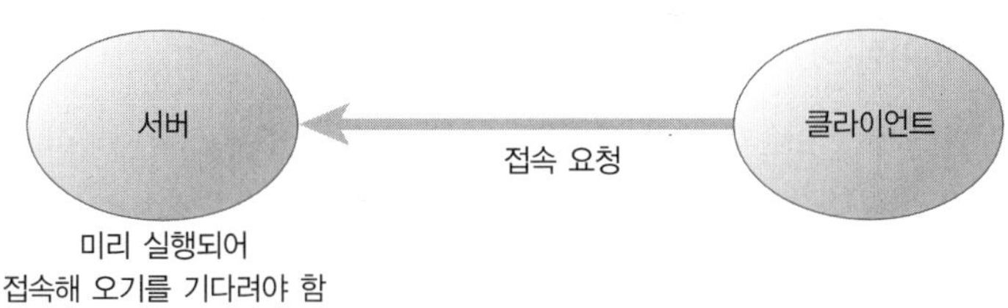

그림 13-6 ● 서버와 클라이언트

우리가 앞으로 작성할 네트워크 프로그램인 채팅 프로그램 역시 서버와 클라이언트로 구성되며 이때 반드시 기억해야 하는 것은 서버가 미리 실행하고 있어야 한다는 점이다. 네트워크 프로그램은 클라이언트가 서버 프로그램 쪽으로 접속을 요청하면 서버가 이를 승인하면서 서버와 클라이언트 사이에 통신이 일어나는 매커니즘을 사용하기 때문에 서버가 먼저 실행되어 클라이언트가 접속해 오기를 기다리고 있어야만 한다.

다음은 CAsyncSocket 클래스의 주요 함수이다. CSocket 클래스는 CAsyncSocket 클래스의 파생 클래스이므로 CAsyncSocket 클래스의 주요 함수를 모두 사용할 수 있다. 본서에서는 CAsyncSocket와 CSocket을 이용하여 채팅 프로그램을 작성할 것이므로 다음 함수를 사용하게 될 것이다.

표 13-1 ● CAsyncSocket 클래스의 주요 함수

생성자	
CAsyncSocket	CAsyncSocket 객체를 생성한다.
메서드	
Create	소켓을 생성한다.
Accept	소켓에 연결을 받아들인다.
Bind	소켓에 로컬 주소를 연결한다.
Close	소켓을 닫는다.
Connect	상대방 소켓에 연결을 맺는다.
Listen	연결 요구를 기다린다.
Receive	소켓으로부터 데이터를 받는다.
Send	연결된 소켓으로 데이터를 전송한다.

2.1 채팅 서버/클라이언트 프로그램 기본 동작 원리

이미 설명한 바 있듯이 채팅 프로그램을 작성하려면 서버와 클라이언트가 있어야 하는데 각각 어떤 기능들이 구현되어야 하는지를 살펴보도록 하자.

우선 채팅 서버에 대해서 살펴보자. 우선 채팅 서버는 2개의 소켓이 필요하다. 하나는 클라이언트 측의 연결 요청을 받아줄 서버 소켓이고 다른 하나는 실제로 클라이언트와 통신을 담당할 자소켓(일명 데이터 소켓이라고도 한다.)이다.

서버 소켓을 사용하려면, **객체를 선언하고 Create() 함수를 호출**해야 하는데 서버 소켓으로 사용하려면 Create() 함수의 인자로 포트번호만 지정해 주어야 한다.

```
CSocket serverSocket;
serverSocket.Create(7000);    //서버 소켓 생성
```

서버 소켓 객체가 생성되었다면 **Listen() 함수**를 호출하여 **클라이언트소켓의 접속**을 기다려야 한다.

```
serverSocket.Listen();
```

Listen() 함수는 클라이언트가 접속되기 전까지 대기하면서 멈춰 있기 때문에 이를 블로킹 함수라고 한다.

이 상태에서 클라이언트소켓이 서버의 IP 주소와 서버 소켓이 사용한 포트번호를 지정하여 **Connect() 함수를 호출**하여 서버 소켓으로 접속을 제의하면 서버에서는 **Accept() 함수를 호출해서 접속을 허용해야 한다.** 서버 소켓이 하는 일은 여기까지이다. 접속을 허용하면서 바로 자소켓을 생성하여 클라이언트소켓의 모든 정보를 전달해 주고 서버 소켓은 또 다른 클라이언트소켓이 접속해 오기를 기다린다.

```
CSocket childSocket;                    // 클라이언트와 연결할 자소켓 객체
// 서버는 클라이언트의 접속을 허용하고 클라이언트의 정보를 관리하도록 하기 위해서
serverSocket.Accept(childSocket);       //자소켓과 연결한다.
```

채팅이 가능하려면 서버만 있어서는 안 된다. 서버에 접속을 요청할 채팅 클라이언트도 만들어 주어야 하는데 본서의 채팅 클라이언트에서는 서버에 접속을 요청하고 서버와의 통신을 담당하는 CSocket의 파생 클래스 한 개만 있으면 된다. 클라이언트소켓을 사용하려면, 객체를 선언하고 Create() 함수를 호출해야 하는데 클라이언트소켓으로 사용하려면 Create() 함수의 인자로 아무것도 주지 말아야 한다. 클라이언트소켓이 생성되었다면 서버의 IP 주소와 서버 소켓이 사용한 포트번호를 지정하여 Connect() 함수를 호출한다. Connect() 함수를 호출하자마자 서버 소켓은 클라이언트가 접속해 옴을 감지하게 된다.

```
CSocket clientSocket;
clientSocket.Create();                  //클라이언트소켓 생성
```

```
//서버의 IP 주소와 포트 번호를 설정하여 서버에 연결을 시도한다.
clientSocket.Connect("localhost", 7000);
```

클라이언트가 서버와 접속에 성공했으면 서버와 클라이언트는 각각 소켓 객체를 갖게 되는 것이다. 서버에 있는 소켓 객체는 클라이언트로부터 데이터를 받고(receive) 클라이언트에게 데이터를 보내기(send) 위해서 사용된다. 클라이언트에서 데이터를 보내면(send) 서버에서는 이를 받아 와야(receive) 한다.

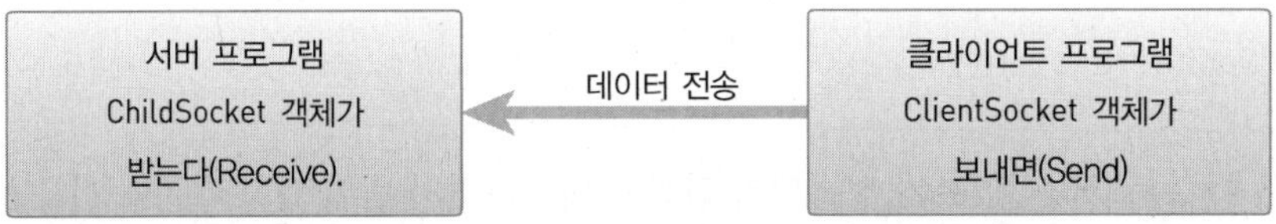

그림 13-7 ● 클라이언트가 보낸 메시지를 서버가 받음

클라이언트에 있는 소켓 객체는 서버로부터 데이터를 받고(receive) 서버에게 데이터를 보내기(send) 위해서 사용된다. 서버에서 데이터를 보내게(send) 되면 클라이언트에서는 이를 받아 와야(receive) 한다.

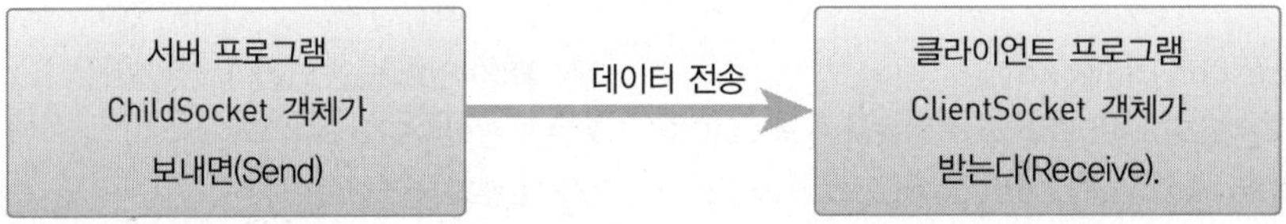

그림 13-8 ● 서버가 보낸 메시지를 클라이언트가 받음

소켓을 이용한 네트워크 프로그램을 작성하기 위해서 한 가지 꼭 짚고 넘어가야 하는 함수가 있는데 바로 On~으로 시작하는 가상함수이다. CSocket 클래스의 On~으로 시작하는 가상함수는 상대방의 특정 함수에 의해서 자동 호출되는데 다음 3개의 함수가 대표적이다.

가상함수	설명
OnAccept()	서버 소켓에서 사용되고 클라이언트가 Connect() 함수를 호출하면 자동 호출된다.
OnReceive()	상대 소켓이 Send() 함수를 호출하여 정보를 전송하면 자동 호출된다.
OnClose()	상대 소켓이 닫히면 자동 호출된다.

클라이언트가 Connect() 함수를 호출하면 서버 소켓의 OnAccept() 함수가 자동 호출된다. CSocket의 파생 클래스에서 OnAccept() 함수를 오버라이딩해주고 여기에 클라이언트소켓의 정보를 얻어와 자소켓에게 전달해 주기 위해서 Accept() 함수를 호출한다.

한쪽에서 데이터를 보내기 위해서 Send() 함수를 호출하면 다른 쪽에서는 CSocket의 가상 함수인 OnReceive() 함수가 자동 호출된다. CSocket의 파생 클래스에서 OnReceive() 함수를 오버라이딩해주고 여기에 상대방이 보내온 데이터를 받아오기 위해서 Receive() 함수를 호출한다.

채팅 프로그램이 어떻게 동작하는지를 개괄적으로 살펴보기 위해서 다음 그림을 살펴보기 바란다.

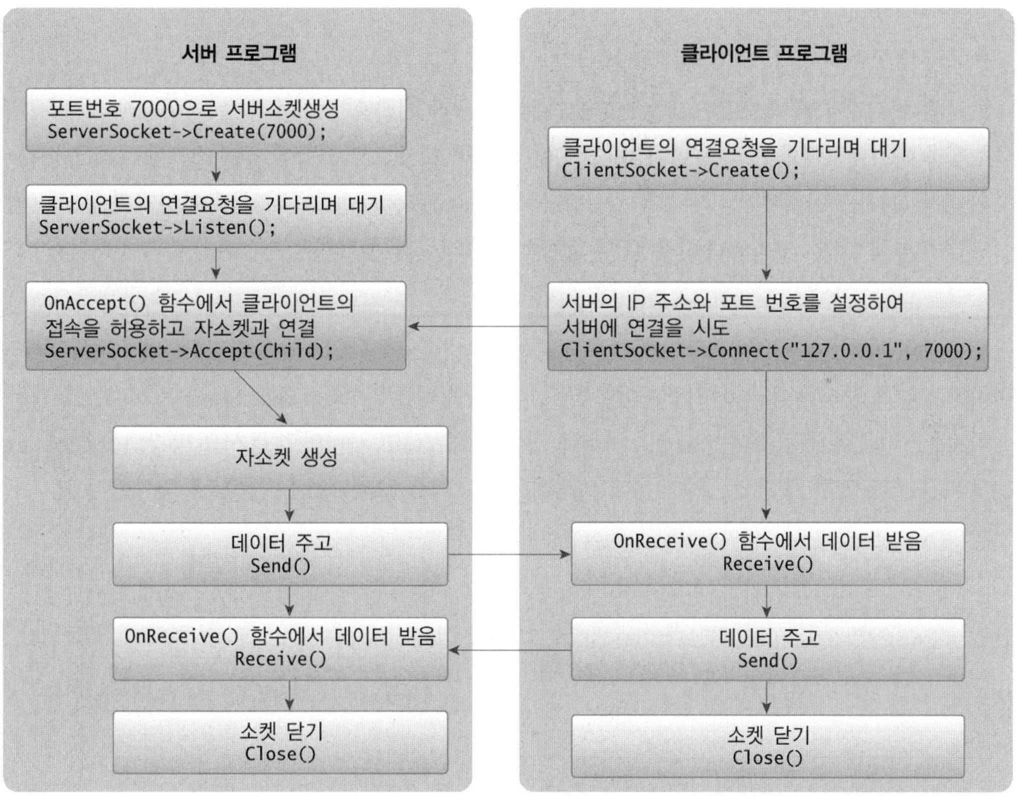

그림 13-9 ● 채팅 프로그램 동작 원리

서버/클라이언트 프로그램의 작동 원리를 위 그림과 함께 다시 한 번 정리해 보도록 하자.

서버인 경우 사용되는 함수를 정리해 보면 다음과 같다.

- Create() 함수 : 서버 소켓을 생성한다.
- Listen() 함수 : 클라이언트의 요청을 기다린다.
- Accept() 함수 : 연결을 허용한다.

클라이언트인 경우 사용되는 함수를 정리해 보면 다음과 같다.

- Create() 함수 : 소켓을 생성한다.
- Connect()를 호출하여 서버에 접속한다.

서버와 클라이언트 모두에서 사용되는 함수를 정리해 보면 다음과 같다.

- send() 함수 : 데이터를 보낸다.
- receive() 함수 : 데이트를 받아온다.

본서에서는 채팅 서버 프로그램을 ChattingServer란 이름으로 만들어 줄 것이고 여기에 서버 소켓과 자소켓 2개의 소켓을 만들어 줄 것이다. 서버 소켓으로 사용할 클래스는 CAsyncSocket의 파생 클래스로 설계하되 본서에서는 이름을 CListenSocket로 준다. 클라이언트와 통신을 담당할 자소켓 클래스는 CSocket의 파생 클래스로 설계하되 본서에서는 이름을 CChildSocket로 준다.

채팅이 가능하려면 서버만 있어서는 안 된다. 서버에 접속을 요청할 채팅 클라이언트도 만들어 주어야 하는데 본서에서는 채팅 클라이언트 프로그램의 이름을 ChattingClient란 이름으로 만들어 줄 것이다. 채팅 클라이언트에는 서버에 접속을 요청하고 서버와의 통신을 담당하는 CSocket의 파생 클래스 한 개만 있으면 되는데 본서에서는 CClientSocket란 이름으로 작성한다.

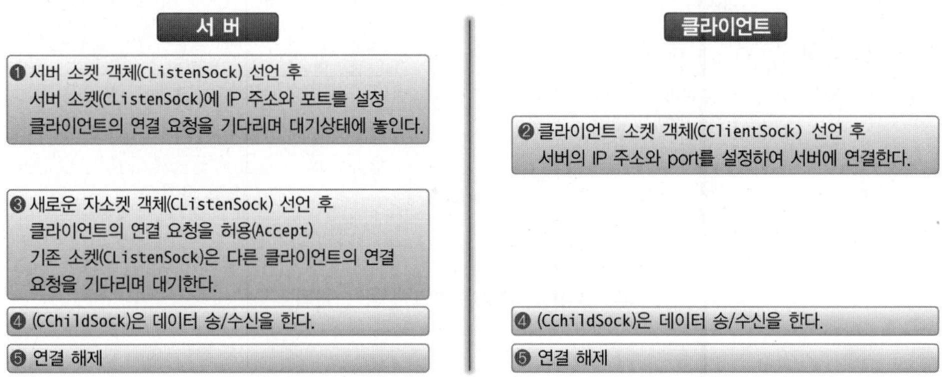

그림 13-10 ● 서버 클라이언트 동작 원리 정리

1. 채팅 프로그램이 정상적으로 동작하려면 서버 프로그램을 먼저 실행해야 한다. 서버 프로그램은 서버 소켓이 먼저 생성된 후 클라이언트가 접속오기를 기다리고 있어야 한다.

```
CListenSocket  m_pListenSocket = new CListenSocket; // ❶ 리슨(대기)하는 서버
                                                       소켓 객체
m_pListenSocket->Create(7000);     // ❷ 포트 번호 7000으로 서버 소켓 생성
m_pListenSocket->Listen();         // ❸ 클라이언트의 연결 요청을 기다리며 대기한다.
```

채팅 서버 프로그램에서는 클라이언트의 접속을 기다리기 위해서 CListenSocket 객체를 생성(❶)한 후 CListenSocket의 Listen() 함수를 수행시켜서 클라이언트가 접속할 때까지 대기 상태에 놓이도록 한다(❸). CListenSocket 객체를 생성할 때 다른 응용프로그램과의 구분을 위해서 특정 포트 번호를 지정해야 한다(❷). Listen() 함수는 클라이언트가 접속되기 전까지 대기하면서 멈춰 있기 때문에 이를 블로킹 함수라고 한다.

채팅 서버 프로그램에서 CListenSocket 객체를 생성한 후 CListenSocket의 Listen() 함수로 대기 상태에 있다면 채팅 클라이언트 프로그램에서는 서버로 접속할 수 있다.

2. 채팅 클라이언트 프로그램에서 Connect() 함수를 호출하면 곧바로 접속이 일어난다.

```
CClientSocket  pClient;              // ❶ 클라이언트소켓 객체를 동적 메모리 할당한 후
pClient.Create();                    // ❷ 클라이언트소켓을 생성한다.
// ❸ 서버의 IP 주소와 포트 번호를 설정하여 서버에 연결을 시도한다.
pClient.Connect(dlg.m_strAddress, 7000);
```

클라이언트소켓을 생성한 후 접속할 서버의 IP 주소와 포트를 이용해서 서버에 연결을 시도한다(❸). 내(클라이언트)가 내 친구(서버)와 전화 통화를 하려고 한다면 친구(서버)의 전화번호(IP 주소)를 알아야만 하듯이 특정 서버로 접속하기 위해서는 클라이언트가 반드시 서버의 IP 주소를 알아야 한다. 또한 특정 컴퓨터를 IP 주소를 사용해서 찾아 갔더라도 많은 네트워크 프로그램 중에 어느 것에 보내는 메시지인지를 구분하기 위해서 포트 번호를 동일하게 맞추어 주어야 한다.

3. 클라이언트소켓이 Connect() 함수를 호출하는 순간 서버 소켓은 CSocket의 가상 함수인 OnAccept()를 자동 호출한다. 이 함수는 서버 소켓인 CListenSocket에 오버라이딩해야 한다. 그런 후에 OnAccept() 함수 내부에서 accept() 함수를 호출하여 접속을 시도한 클

라이언트소켓의 정보를 얻어 와야 한다. 이 정보는 서버 프로그램 내의 자소켓에 의해서 관리된다.

```
void CListenSocket::OnAccept(int nErrorCode)
{
   CChildSocket pChild;                    // 클라이언트와 연결할 자소켓 객체
   // 서버는 클라이언트의 접속을 허용하고 클라이언트의 정보를 관리하도록 하기 위해서
   m_pListenSocket.Accept(pChild);         //자소켓과 연결한다.
}
```

CSocket 클래스의 OnAccept() 함수를 오버라이딩해 주면 클라이언트에서 요청이 있을 때 오버라이딩한 OnAccept() 함수가 호출된다. 클라이언트와 통신을 담당할 소켓을 생성해 주고 이를 서버 소켓의 Accept() 함수의 인자로 줌으로써 채팅 서버 프로그램에서는 자소켓을 통해서 클라이언트와 데이터를 송수신할 수 있게 된다.

4. 자소켓과 클라이언트소켓은 데이터를 송수신하는데 한쪽에서 데이터를 보내기 위해서 Send() 함수를 호출하면 다른 쪽에서는 CSocket의 가상 함수인 OnReceive() 함수가 자동 호출된다. CSocket의 파생 클래스에서 OnReceive() 함수를 오버라이딩해주고 여기에 상대방이 보내온 데이터를 받아오기 위해서 Receive() 함수를 호출한다.

2.2 다자간 채팅 프로그램 기본 동작 원리

채팅 프로그램은 여러 클라이언트 간의 대화가 가능하도록 구현되어야 한다. 우리가 흔히 볼 수 있는 여러 클라이언트 간의 대화가 가능한 채팅 프로그램을 다대다 채팅이라고 하거나 멀티캐스트라고 한다. 멀티 캐스트가 가능한 다자간 채팅 프로그램을 작성하기 위해서는 채팅 서버가 클라이언트의 접속을 기다리며 대기 상태에 있다면 채팅 클라이언트가 서버로 접속을 요청하면 이를 수락하고 나서 또 다른 클라이언트로부터 접속을 요청받을 수 있어야 하고 서버와 연결된 클라이언트가 메시지를 보낼 경우 이 메시지를 서버에 연결된 모든 클라이언트에게 보내는 브로드캐스팅이 가능해야 한다.

브로드캐스팅이 가능하도록 하려면 접속을 요청한 클라이언트들을 MFC 켈렉션 클래스에 의해 관리해야 한다. 본서에서는 MFC 컬렉션 클래스 중에서 CPtrList를 사용하겠다. CPtrList는 접속해 온 자소켓들을 저장하여 관리할 것이다.

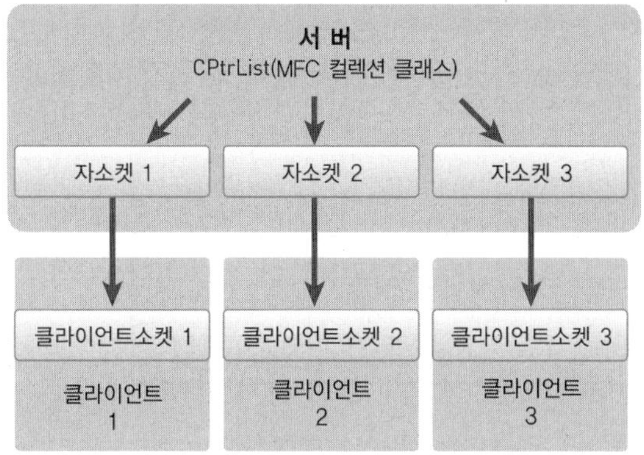

그림 13-11 ● 다자간 채팅

다자간 채팅에서 대화는 클라이언트들 사이에 직접적으로 이루어지는 것이 아니고 클라이언트 중의 하나가 메시지를 보내면 이를 서버가 받아 서버의 컬렉션 클래스가 관리하는 모든 클라이언트들에게 받은 메시지를 재전송해야 한다.

[클라이언트소켓 1]이 보낸 메시지를 서버의 [자소켓 1]이 받아서 컬렉션 클래스가 관리하는 [자소켓 1]과 [자소켓 2]와 [자소켓 3]에서 해당 클라이언트에게 메시지를 보낸다. 즉, [클라이언트소켓 1]과 [클라이언트소켓 2]와 [클라이언트소켓 3]는 서버가 보낸 메시지를 받게 된다. 클라이언트가 다른 클라이언트에게 메시지를 직접 보내는 것이 아니고 모든 메시지가 서버에 보내지고 서버가 연결되어 있는 모든 클라이언트에게 메시지를 보낸다. 결국 모든 메시지 전송이 서버를 거쳐서 일어나게 된다.

기본예제 13-1 채팅 서버 만들기

【예제설명】

클라이언트 측의 연결 요청을 받아 줄 서버 소켓을 설계해보자.

【실행결과】

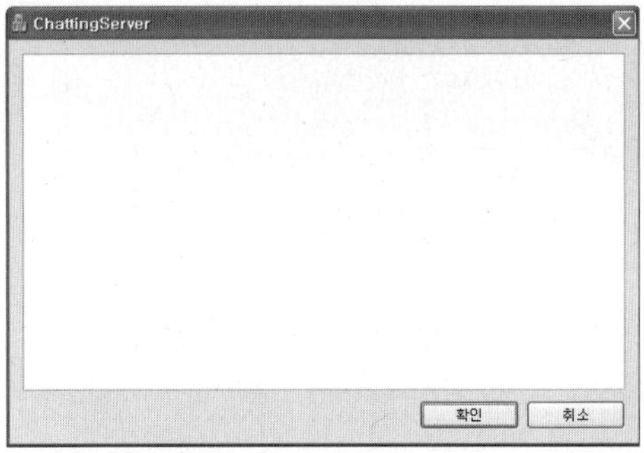

[따라하기]

1 채팅 서버를 위한 Windows 소켓을 지원받는 프로젝트를 생성하기 위해서 채팅 서버로 사용할 프로젝트를 “ChattingServer”란 이름으로 생성한다. Windows 소켓을 지원받는 프로젝트를 생성하기 위해서는 MFC 프로젝트를 생성할 때, Windows 소켓만 체크하면 된다. 응용 프로그램 종류 항목에서 응용 프로그램 종류만 [대화 상자 기반]으로 변경하고, 고급 기능에서 [Windows 소켓]을 지원받을 수 있도록 체크한 후 <마침> 버튼을 누른다.

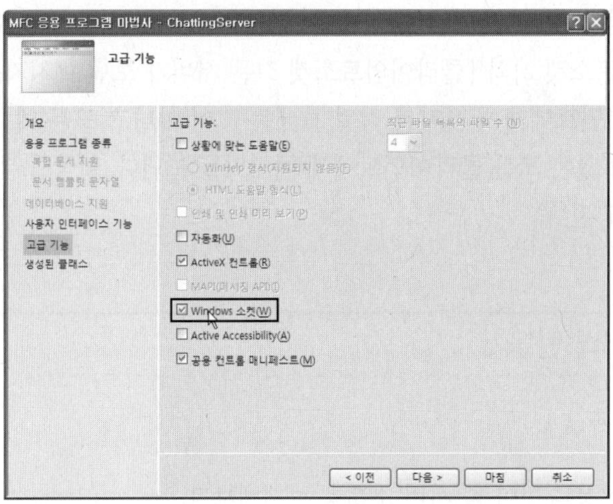

2 리소스 뷰 창에서 대화상자 템플릿을 띄운 후 “TODO: 여기에 대화 상자 컨트롤을 배치한다.”라는 내용을 Caption 값으로 갖고 있는 불필요한 스테틱 텍스트를 삭제한 후에 다음과 같이 리스트 컨트롤을 배치한다.

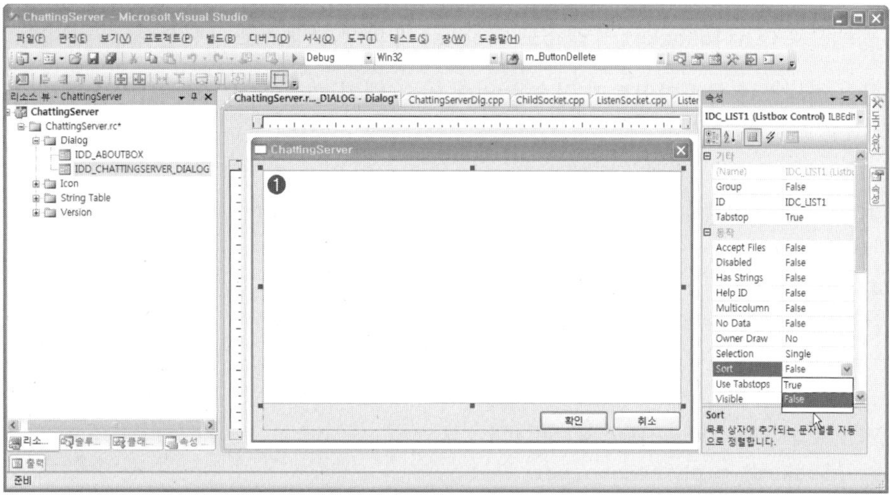

컨트롤 종류	번호	컨트롤 ID	캡션	속성 값 지정	맴버변수
리스트 컨트롤	❶	IDC_LIST1	(없음)	Sort : False	CListCtrl m_List

3 클라이언트의 연결 요청을 기다리며 대기하는 서버 소켓 클래스와 새로운 클라이언트와 연결할 자소켓 클래스를 CAsyncSocket의 파생 클래스로 정의한다. [클래스 뷰] 창에서 프로젝트명을 선택한 후에 마우스 오른쪽 버튼을 클릭하여 나타난 바로가기 메뉴에서 [추가] → [클래스...]를 선택한다. [MFC 클래스 마법사] 창이 나타나면 [클래스 이름 :]에는 "CListenSocket"을 입력하고 [기본 클래스 :] 콤보 박스에서는 "CAsyncSocket"을 선택한 후 <마침> 버튼을 누른다.

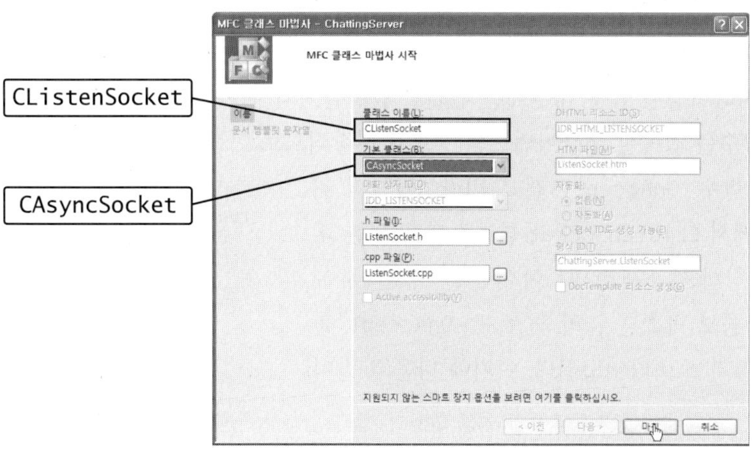

4 같은 방법으로 CChildSocket 클래스도 CSocket의 파생 클래스로 구현한다.

5 대화상자 클래스에 클라이언트의 접속을 위해 리슨(대기)하는 서버 소켓을 위한 멤버변수를 선언한다.

```
#include "ListenSocket.h"

// CChattingServerDlg 대화 상자
class CChattingServerDlg : public CDialog
{
public:
    // 클라이언트의 접속을 위해 리슨(대기)하는 서버 소켓
    CListenSocket* m_pListenSocket;
```

6 CChildSocket 객체를 리스트로 관리하기 위한 CPtrList 객체를 CListenSocket의 멤버변수로 선언한다.

```
class CListenSocket : public CSocket
{
public:
    //연결된 클라이언트 소켓 객체를 관리하는 리스트 객체 선언
    CPtrList m_ptrChildSocketList;
```

7 서버 소켓은 Listen() 함수를 호출하여 클라이언트의 접속 요청을 기다리고 있다. 이 때 클라이언트는 서버 IP주소와 포트번호로 서버에 접속 요청을 위해 Connect() 함수를 호출하게 되면 서버 소켓에서는 OnAccept() 함수가 호출된다. 이 함수는 사용자의 이벤트에 의해서 호출되지 않고 클라이언트 소켓의 Connect() 함수에 의해서 호출되는 함수다. 이 함수는 서버 소켓에서 오버라이딩되어야 하고 오버라이딩된 함수 내부에는 연결을 받아들이기 위한 Accept() 함수를 호출해야 한다. Accept() 함수는 접속한 클라이언트의 정보가 저장되므로 이를 리스트 객체에서 관리한다. 서버 소켓에 가상함수 OnAccept()를 오버라이딩하기 위해서 [클래스 뷰] 창에서 CListenSocket 클래스를 선택한 후 화면 오른쪽 속성 창에서 [재정의] 아이콘을 누른 후에 OnAccept 함수 옆에 콤보 박스를 눌러 "<추가> OnAccept"를 선택하면 OnAccept()가 오버라이딩된다. 여기에 다음과 같이 코딩하자.

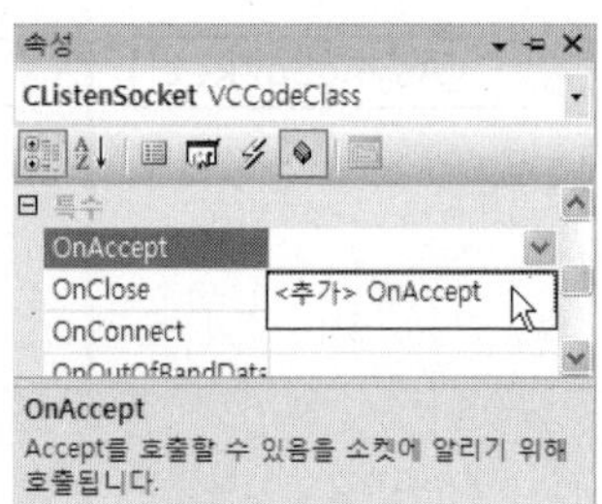

```
void CListenSocket::OnAccept(int nErrorCode)
{
```

클라이언트가 접속 요청을 해 오면 호출되는 함수

```
    CChildSocket* pChild = new CChildSocket;

    BOOL check=Accept(*pChild);
```

클라이언트와 연결할 자소켓 객체를 생성하여 클라이언트의 접속을 허용하고 자소켓과 연결한다.

```
    if(check == FALSE){
        delete pChild;
        AfxMessageBox(_T("접속허용실패"));
        return;
    }
    // CListenSocket 객체의 주소를 CChildSocket 객체에 알려주기 위한 함수를 호출
    pChild->SetListenSocket(this); // CChildSocket 클래스에 사용자가 정의한 함수
    m_ptrChildSocketList.AddTail(pChild);

    //클라이언트가 접속해 옴을 리스트에 출력한다.
    CChattingServerDlg* pMain = (CChattingServerDlg*)AfxGetMainWnd();

    pMain->m_List.AddString(_T("서버 접속 허용"));
    pMain->m_List.SetCurSel(pMain->m_List.GetCount() -1);

    CAsyncSocket::OnAccept(nErrorCode);
}
```

8 클라이언트 소켓이 접속을 종료하게 되면 이 클라이언트와 연결된 자소켓 역시 닫아주고 리스트에서 제거한 후 메모리 해제를 시켜야 한다. CListenSocket 클래스에 CloseClientSocket() 함수를 추가하기 위해서 [클래스 뷰] 창에서 CListenSocket 클래스를 선택한 후 마우스 오른쪽 버튼을 눌러 나타난 바로가기 메뉴에서 [추가]-[함수 추가] 메뉴를 선택한 후 다음과 같이 입력한 후 <마침> 버튼을 누른다.

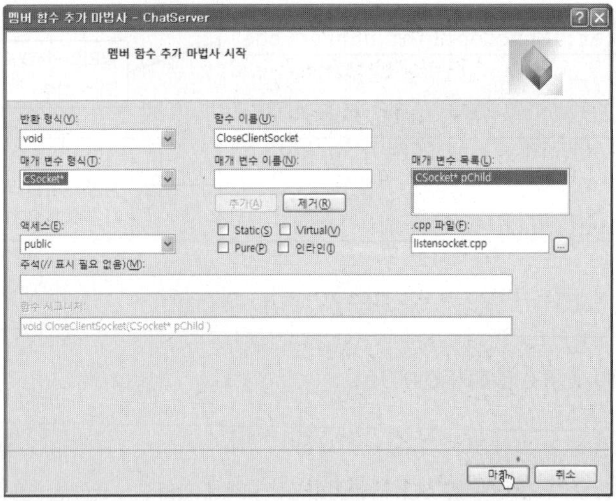

9 추가된 CloseClientSocket() 함수에 다음과 같은 내용을 코딩한다.

```
void CListenSocket::CloseClientSocket(CSocket* pChild)
{
   POSITION pos;
   pos=m_ptrChildSocketList.Find(pChild);
   if(pos != NULL){
      if(pChild != NULL){
         pChild->ShutDown();
         pChild->Close();
      }
      m_ptrChildSocketList.RemoveAt(pos);
      delete pChild;
   }
}
```

클라이언트와 연결된 자소켓을 닫는다.

리스트에서 제거한 후 메모리 해제한다.

10 모든 클라이언트에게 데이터를 전송하기 위한 BroadCast() 함수를 추가하기 위해서 [클래스 뷰] 창에서 CListenSocket 클래스를 선택한 후 마우스 오른쪽 버튼을 눌러 나타난 바로가기 메뉴에서 [추가] → [함수 추가] 메뉴를 선택한 후 다음과 같이 입력한 후 <마침> 버튼을 누른다.

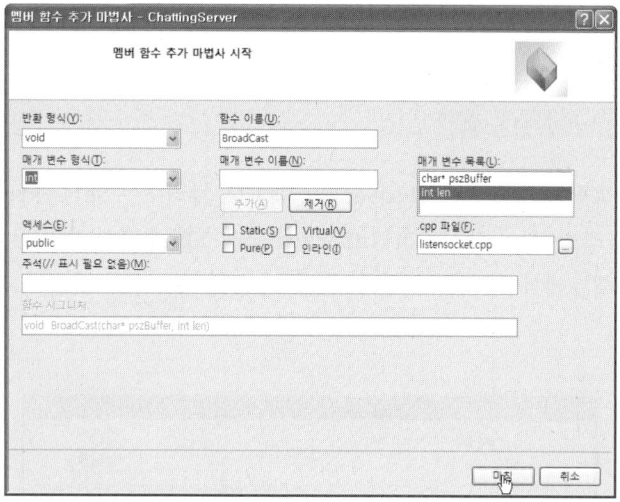

11 추가된 BroadCast() 함수에 다음과 같은 내용을 코딩한다.

```
void CListenSocket::BroadCast(char* pszBuffer, int len)
{
   POSITION pos;
   pos = m_ptrChildSocketList.GetHeadPosition();
   CChildSocket* pChild = NULL;

   while(pos != NULL)
   {
      pChild = (CChildSocket*)m_ptrChildSocketList.GetNext(pos);
      if(pChild != NULL)
      {
         pChild->Send(pszBuffer, len*2);
      }
   }
}
```

12 CChildSocket 클래스에 CAsyncSocket 객체 포인터를 저장하는 멤버를 추가하고 생성자에서 NULL 값으로 초기화한다.

```
class CChildSocket : public CSocket
```

```
{
public:
    CAsyncSocket *m_pListenSocket;
```

13 CListenSocket 객체의 주소를 CChildSocket 객체에 알려주는 SetListenSocket() 함수를 정의하기 위해서 [클래스 뷰] 창에서 CChildSocket 클래스를 선택한 후 마우스 오른쪽 버튼을 눌러 나타난 바로가기 메뉴에서 [추가] → [함수 추가] 메뉴를 선택한 후 다음과 같이 입력한 후 <마침> 버튼을 누른다.

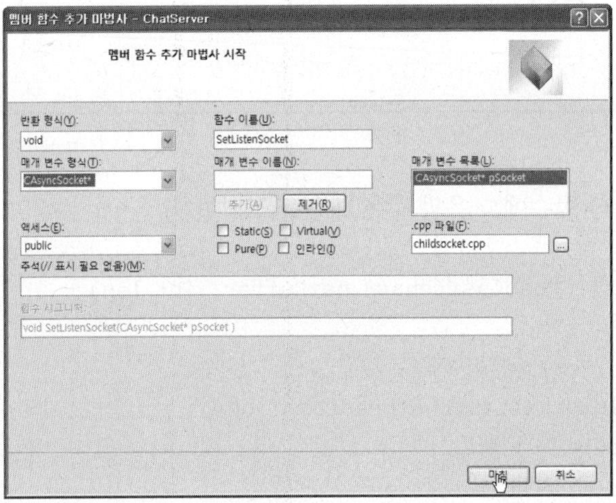

14 추가된 함수에 다음과 같이 기술한다.

```
void CChildSocket::SetListenSocket(CAsyncSocket* pSocket)
{
    m_pListenSocket=pSocket;
}
```

15 자소켓에 재정의해야 하는 OnClose() 함수에 대해서 살펴보자. 클라이언트 소켓이 닫히게 되면 OnClose() 함수가 호출된다. CChildSocket 클래스에 가상함수 OnClose() 함수를 오버라이딩해서 CListenSocket 클래스의 CloseClientSocket() 함수를 호출한다. 자소켓에 가상함수 OnClose()를 오버라이딩하기 위해서

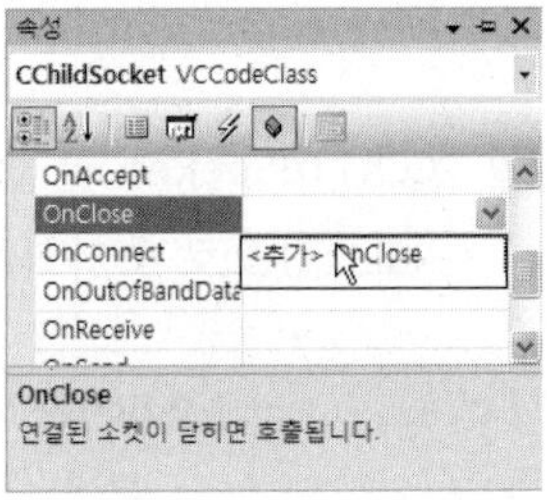

[클래스 뷰] 창에서 CChildSocket 클래스를 선택한 후 화면 오른쪽 속성 창에서 [재정의] 아이콘을 누른 후에 OnClose 함수 옆에 콤보 박스를 눌러 "<추가> OnClose" 선택하면 OnClose()가 오버라이딩된다. 여기에 다음과 같이 코딩하자.

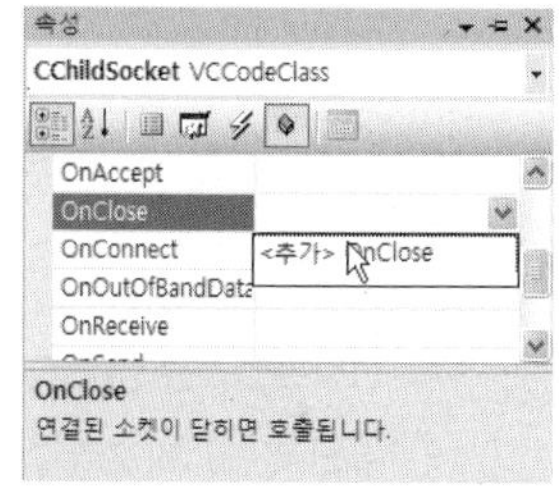


```
#include "ListenSocket.h"

void CChildSocket::OnClose(int nErrorCode)
{
    CListenSocket *pServerSocket=(CListenSocket *)m_pListenSocket;
    pServerSocket->CloseClientSocket(this);

    CSocket::OnClose(nErrorCode);
}
```

클라이언트 소켓이 닫히게 되면 호출되는 함수

16 자소켓에 재정의해야 하는 OnReceive() 함수를 살펴보자. 클라이언트가 데이터를 보내기 위해서 Send() 함수를 호출하게 되면 자소켓의 OnReceive() 함수가 호출된다. 그러므로 OnReceive() 함수를 재정의해서 보낸 데이터를 받아오기 위한 코드를 기술해야 한다. 자소켓에 가상함수 OnReceive()를 오버라이딩하기 위해서 [클래스 뷰] 창에서 CChildSocket 클래스를 선택한 후 화면 오른쪽 속성 창에서 [재정의] 아이콘을 누른 후에 OnReceive 함수 옆에 콤보 박스를 눌러 "<추가> OnReceive" 선택하면 OnReceive()가 오버라이딩된다. 여기에 다음과 같이 코딩하자.

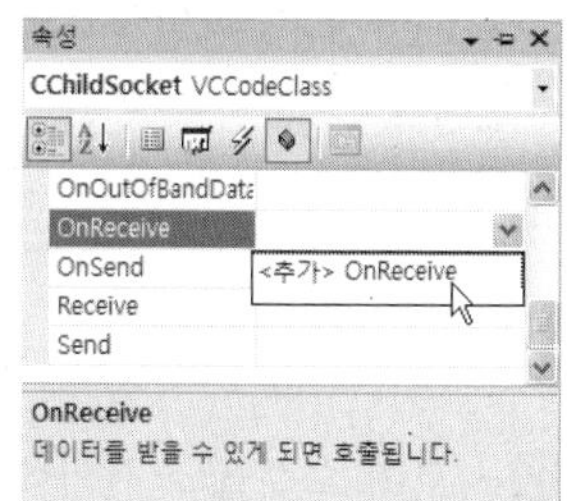


```
#include "ChattingServerDlg.h"
#include "ChildSocket.h"
#include "ListenSocket.h"

void CChildSocket::OnReceive(int nErrorCode)
{
    CString tmp = _T(""), strIPAddress = _T("");
    UINT uPortNumber = 0;
```

클라이언트가 데이터를 보내면 호출되는 함수

```
    char szBuffer[1024];
    ::ZeroMemory(szBuffer, 1024);

    //연결된 클라이언트의 IP주소와 포트 번호를 알아낸다.
    GetPeerName(strIPAddress, uPortNumber);
    //실제로 데이터를 수신한다.
    int len;
    if((len=Receive(szBuffer, 1024)) > 0)
    {
        //데이터를 수신하였다면 받은 메시지를 리스트에 출력한다.
        CChattingServerDlg* pMain = (CChattingServerDlg*)AfxGetMainWnd();
        tmp.Format(_T("[%s] : %s"), strIPAddress, szBuffer);
        pMain->m_List.AddString(tmp);
        pMain->m_List.SetCurSel(pMain->m_List.GetCount() -1);

        //연결된 모든 클라이언트에 해당 메시지를 전송한다.
        CListenSocket* pServerSocket = (CListenSocket*)m_pListenSocket;
        pServerSocket->BroadCast(szBuffer, len);
    }

    CSocket::OnReceive(nErrorCode);
}
```

17 서버 소켓을 초기화하는 내용을 기술한다.

```
BOOL CChattingServerDlg::OnInitDialog()
{
    // ... 생략 ...
    //Listen 소켓 생성
    m_pListenSocket = new CListenSocket;
    //TCP 소켓을 생성하고 21000번 포트에서 연결을 대기한다.
    if(m_pListenSocket->Create(7000, SOCK_STREAM))
    {
        if(m_pListenSocket->Listen())
        {
        }
```

```
        else
        {
            //만일, 이미 해당 포트를 열어둔 프로그램이 있다면 실패한다.
            AfxMessageBox(_T("Failed to LISTEN."));
        }
    }
    else
    {
        AfxMessageBox(_T("Failed to create socket for listen.") );
    }

    return TRUE;  // 포커스를 컨트롤에 설정하지 않으면 TRUE를 반환합니다.
}
```

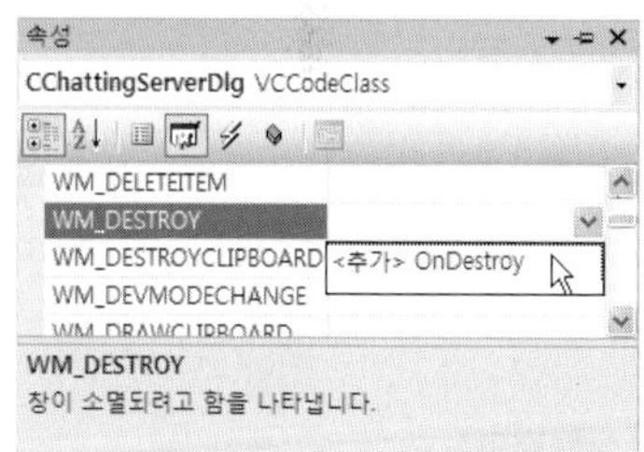

18 대화상자가 닫히면 서버 소켓과 연결된 자소켓을 닫고 메모리를 해제한 후에 서버 소켓도 닫아야 하기에 대화상자가 닫힐 때 발생하는 WM_DESTROY 메시지에 대한 이벤트 처리기를 만든 후 다음과 같이 기술한다. [클래스 뷰] 창에서 CChatting-ServerDlg 클래스를 선택한 후 화면 오른쪽 속성 창에서 [메시지] 아이콘을 누른 후에 WM_DESTROY 메시지 옆에 콤보 박스를 눌러 "<추가> OnDestroy"를 선택하면 OnDestroy()가 추가된다. 여기에 다음과 같이 코딩하자.

```
void CChattingServerDlg::OnDestroy()
{
    CDialog::OnDestroy();

    POSITION pos;
    pos=m_pListenSocket->m_ptrChildSocketList.GetHeadPosition();
    CChildSocket* pChild = NULL;

    while(pos != NULL){
        pChild=(CChildSocket* )m_pListenSocket->m_ptrChildSocketList.GetNext(pos);
```

```
        if(pChild != NULL){
            pChild->ShutDown();
            pChild->Close();
            delete pChild;
        }
    }
    m_pListenSocket->ShutDown();
    m_pListenSocket->Close();
}
```

클라이언트와 연결된 자 소켓을 닫는다.

기본예제 13-2 채팅 클라이언트 만들기

【예제설명】

서버에 연결 요청을 하여 서버와 연결이 완료되면 서버로 데이터를 전송하고 서버로부터 데이터를 수신 받는 채팅 클라이언트를 제작해 보자.

【실행결과】

채팅 서버가 실행 중이어야 대기 상태에 있는 서버에 클라이언트가 접속할 수 있으므로 채팅 서버부터 띄운다. 클라이언트는 서버 측 IP 주소를 입력한 후 접속 요청을 한다. 이를 서버가 승인해준다.

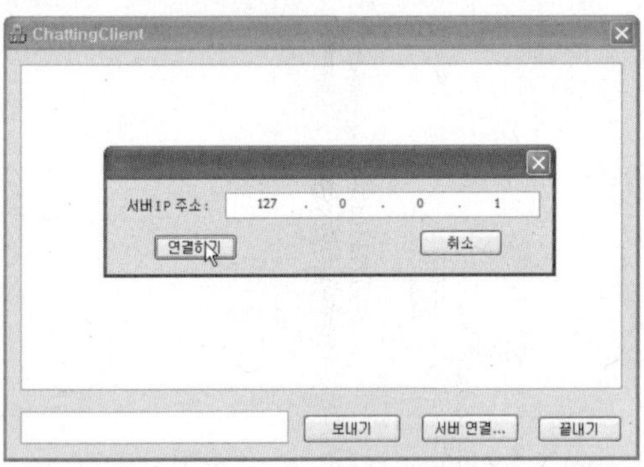

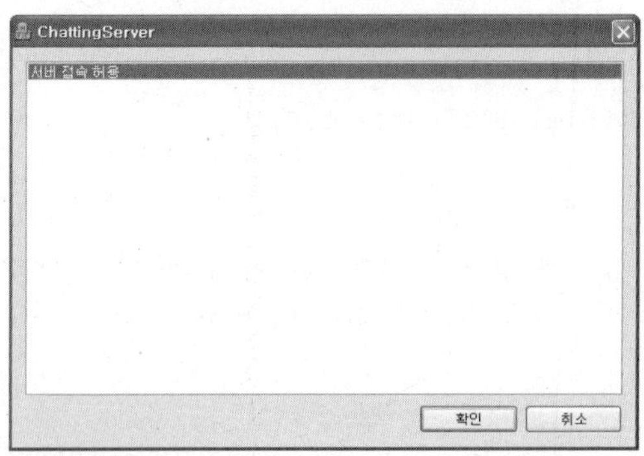

접속이 허용되고 난 후에는 서로 데이터를 송수신할 수 있다.

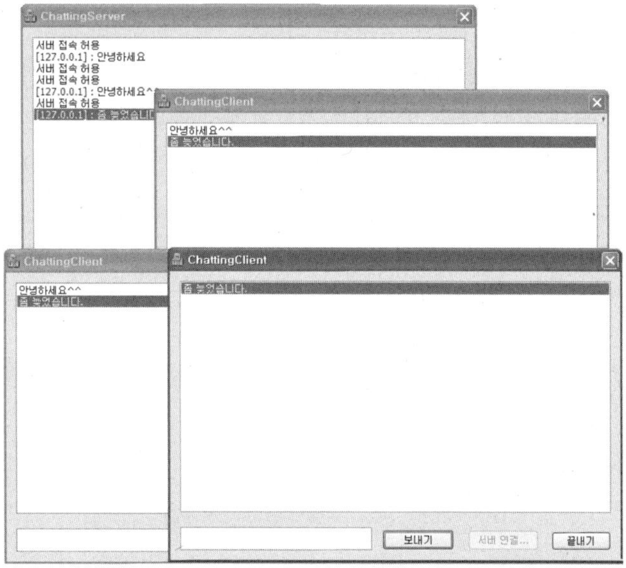

[따라하기]

1. 채팅 클라이언트를 위한 Windows 소켓을 지원받는 프로젝트를 생성하기 위해서 채팅 클라이언트로 사용할 프로젝트를 "`ChattingClient`"란 이름으로 생성한다. Windows 소켓을 지원받는 프로젝트를 생성하기 위해서는 MFC 프로젝트를 생성할 때, windows 소켓만 체크하면 된다. 응용 프로그램 종류 항목에서 응용 프로그램 종류만 [대화 상자 기반]으로 변경하고, 고급 기능에서 [Windows 소켓]을 지원받을 수 있도록 체크한 후 <마침> 버튼을 누른다.

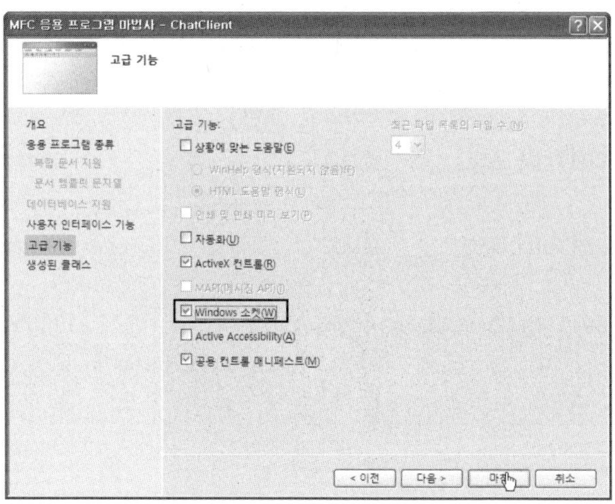

❷ 리소스 뷰 창에서 대화상자 템플릿을 띄운 후 "TODO: 여기에 대화 상자 컨트롤을 배치한다."라는 내용을 Caption 값으로 갖고 있는 불필요한 스테틱 텍스트와 <취소> 버튼을 삭제한 후에 <확인> 버튼의 캡션 값을 "끝내기"로 바꾸고 에디트 컨트롤에서 엔터키를 치면 대화상자가 닫히는데 에디트 컨트롤에서 엔터키를 쳐도 닫히지 않도록 하려면 <확인> 버튼의 Default Button 속성값을 False로 바꾼다. 에디트 컨트롤에서 엔터키를 치면 상대방에게 메시지가 보내지도록 하기 위해서 <보내기> 버튼의 Default Button 속성값은 True로 바꾼다. 리스트 컨트롤과 그 밖의 컨트롤을 배치한다.

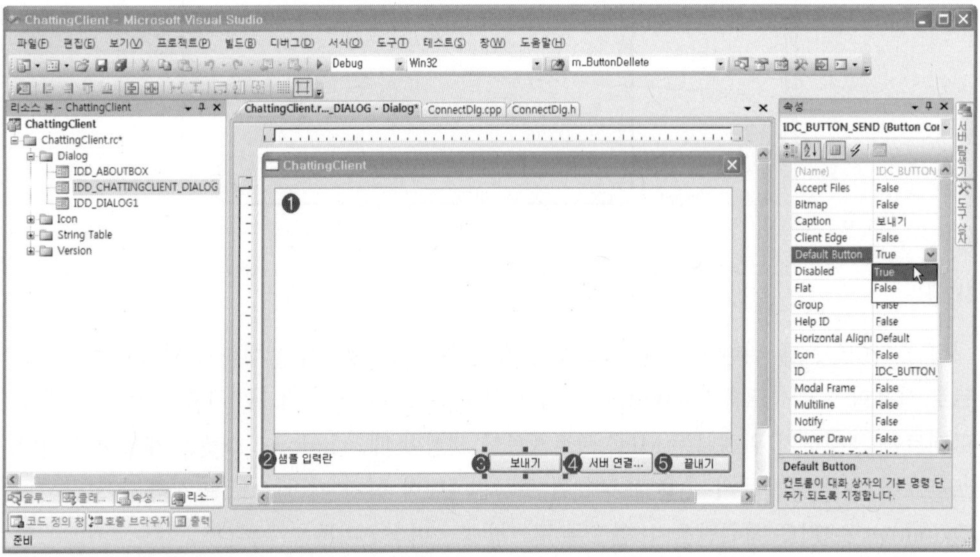

컨트롤 종류	번호	컨트롤 ID	캡션	속성 값 지정	맴버변수
리스트 컨트롤	❶	IDC_LIST1	(없음)	Sort : False	CListCtrl m_List
에디트 컨트롤	❷	IDC_EDIT_DATA	(없음)		CEdit m_Edit
버튼 컨트롤	❸	IDC_BUTTON_SEND	보내기	Disable : True Default Button : True	CButton m_ButtonSend
	❹	IDC_BUTTON_CONNECT	서버 연결...		CButton m_ButtonConnect
	❺	IDOK	끝내기	Default Button : False	

3 서버와의 연결을 위한 IP 주소를 입력받기 위한 대화 상자 템플릿을 하나 추가한 후 다음과 같이 컨트롤을 배치한다.

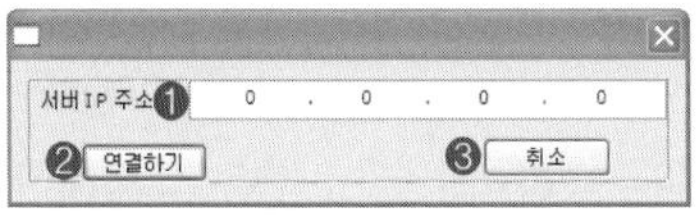

컨트롤 종류	번호	컨트롤 ID	캡션
IP Control	❶	IDC_IPADDRESS1	(없음)
버튼 컨트롤	❷	IDOK	연결하기
	❸	IDCANCEL	취소

4 서버와의 연결을 위한 대화 상자 템플릿을 대화 상자 클래스(CConnectDlg)로 구현하도록 하자.

5 서버와의 접속을 위해서는 접속하고자 하는 서버의 IP 주소를 입력받아야 한다. IP 컨트롤은 서버의 IP 주소를 문자열 형태로 입력받는 컨트롤이다. IP 컨트롤에 입력된 IP 주소를 읽어 와서 저장하기 위한 변수를 선언하자.

```
class CConnectDlg : public CDialog
{
public:
   CString  m_strAddress;  //IP 컨트롤에 입력받은 서버의 IP 주소를 저장할 변수
}
```

6 <연결하기> 버튼이 눌리면 서버와의 연결을 위해서 서버의 IP 주소를 저장해야 한다. <연결하기> 버튼이 눌렸을 때 호출되는 이벤트 처리기를 추가한 후 다음과 같이 입력한다.

```
void CConnectDlg::OnBnClickedOk()
{
   //IP 컨트롤에 입력받은 서버의 IP 주소를 m_strAddress 변수에 저장
   GetDlgItemText(IDC_IPADDRESS1, m_strAddress);
   OnOK();
}
```

7 서버의 IP 주소를 매번 입력하기 귀찮으면 대화 상자가 초기화될 때 호출되는 OnInitDialog() 함수를 CConnectDlg 클래스에 재정의하고 IPAddress 컨트롤에 초기화한다. 본서에서는 자신의 컴퓨터에서 실행되는 서버 소켓에 접속할 것이므로 자기 자신(루프 백 주소)을 의미하는 IP 주소인 "127.0.0.1"로 초기화하였다.

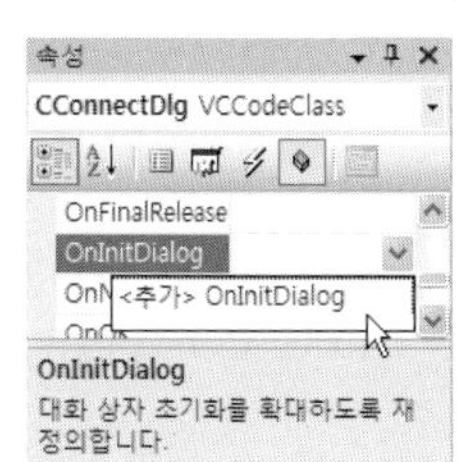

```
BOOL CConnectDlg::OnInitDialog()
{
   CDialog::OnInitDialog();
   SetDlgItemText(IDC_IPADDRESS1, _T("127.0.0.1"));
   return TRUE;
}
```

8 서버와의 통신을 위해 연결 요청을 하고 데이터를 송수신하는 클라이언트 소켓을 설계해야 한다. 클라이언트 소켓 클래스 역시 CSocket의 파생 클래스로 정의하자. [클래스 뷰] 창에서 프로젝트를 선택한 후에 마우스 오른쪽 버튼을 클릭하여 나타난 바로가기 메뉴에서 [추가]-[클래스...]를 선택한다. [MFC 클래스 마법사] 창이 나타나면 [클래스 이름 :]에는 "CClientSocket"을 입력하고 [기본 클래스 :] 콤보 박스에서는 "CSocket"을 선택한 후 <마침> 버튼을 누른다.

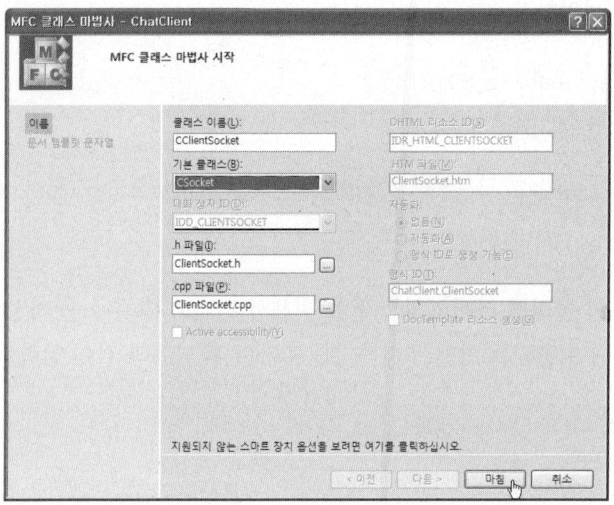

9 대화상자 클래스에 서버와의 접속을 위해서 접속을 요청하는 클라이언트 소켓을 위한 멤버변수를 선언한다.

```
#include "ClientSocket.h"

// CChattingClientDlg 대화 상자
class CChattingClientDlg : public CDialog
```

```
{
public:
    CClientSocket  m_Client;
```

10 클라이언트와 연결된 서버 프로그램이 종료되어 자소켓이 닫히면 OnClose() 함수가 호출된다. CClientSocket 클래스에 가상함수 OnClose() 함수를 오버라이딩해서 연결이 끊겼다는 메세지를 출력한다. 클라이언트 소켓에 가상함수 OnClose()를 오버라이딩하기 위해서 [클래스 뷰] 창에서 CClientSocket 클래스를 선택한 후 화면 오른쪽 속성 창에서 [재정의] 아이콘을 누른 후에 OnClose 함수 옆에 콤보 박스를 눌러 "<추가> OnClose"를 선택하면 OnClose()가 오버라이딩된다. 여기에 다음과 같이 코딩하자.

```
void CClientSocket::OnClose(int nErrorCode)
{

    ShutDown();
    Close();

    CSocket::OnClose(nErrorCode);

    AfxMessageBox(_T("ERROR : Disconnected from server!"));
}
```

클라이언트 소켓이 닫히게 되면 호출되는 함수

11 클라이언트 소켓에 재정의해야 하는 OnReceive() 함수를 살펴보자. 서버가 데이터를 보내기 위해서 Send() 함수를 호출하게 되면 클라이언트 소켓의 OnReceive() 함수가 호출된다. 그러므로 OnReceive() 함수를 재정의해서 보낸 데이터를 받아오기 위한 코드를 기술해야 한다. 클라이언트 소켓에 가상함수 OnReceive()를 오버라이딩하기 위해서 [클래스 뷰] 창에서 CClientSocket 클래스를 선택한 후 화면 오른쪽 속성 창에서 [재정의] 아이콘을 누른 후에 OnReceive 함수 옆에 콤보 박스를 눌러 "<추가> OnReceive"를 선택하면 OnOnReceive()가 오버라이딩된다. 여기에 다음과 같이 코딩하자.

```
#include "ChattingClientDlg.h"

void CClientSocket::OnReceive(int nErrorCode)
{
```

```
    char szBuffer[1024];
    ::ZeroMemory(szBuffer, 1024);

    //현재 클라이언트 소켓을 이용하여 데이터를 받아
    if(Receive(szBuffer, 1024) > 0)
    {
        // 상대방으로부터 받은 데이터를 내 화면에 출력한다.
        CChattingClientDlg* pMain = (CChattingClientDlg*)AfxGetMainWnd();
        pMain->m_List.AddString(LPCTSTR(szBuffer));
        pMain->m_List.SetCurSel(pMain->m_List.GetCount() -1);
    }

    CSocket::OnReceive(nErrorCode);
}
```

클라이언트가 데이터를 보내면 호출되는 함수

12 서버와의 접속을 요청하기 위한 [연결하기 ..] 버튼이 눌리면 서버와의 접속을 하도록 한다.

```
#include "ConnectDlg.h"

void CChattingClientDlg::OnBnClickedButtonConnect()
{
    CConnectDlg  dlg;
    if(dlg.DoModal() == IDOK)
    {
        m_Client.Create();              // 클라이언트 소켓을 생성한다.
        // 서버의 IP 주소와 포트 번호를 설정하여 서버에 연결을 시도한다.
        m_Client.Connect(dlg.m_strAddress, 7000);
        // <보내기> 버튼 활성화
        m_ButtonSend.EnableWindow(TRUE);
        // <서버 연결...> 버튼 비활성화
        m_ButtonConnect.EnableWindow(FALSE);
    }
}
```

13 <보내기> 버튼이 눌리면 에디트 컨트롤에 입력된 데이터를 서버 쪽 자소켓으로 보내는 코딩을 기술한다.

```
void CChattingClientDlg::OnBnClickedButtonSend()
{
    UpdateData(TRUE);

    //사용자가 입력한 메시지를 서버에 전송한다.
    //※ 전송된 메시지를 서버가 정상적으로 수신하면
    //    이를 다시 재전송 받게 되며 이때 리스트에 출력된다.(const char*)
    m_Socket.Send((LPCTSTR)m_strData, m_strData.GetLength()*2);

    m_strData = _T("");
    UpdateData(FALSE);
}
```

연습문제

[개념문제]

단원 요약정리를 대신하여 개념을 잡을 수 있도록 본문의 내용을 충실하게 반영한 문제이다.

1. 다음에 알맞은 내용을 보기에서 찾으시오.

보기			
1	accept	2	ipconfig
3	소켓	4	receive
5	프로토콜	6	netstat -na
7	send		

1.1 클라이언트가 서버에 접속 요청을 위해서 소켓 객체를 서버의 IP 주소를 지정하여 생성하면 서버 측에서는 ______________ 함수가 자동 호출된다.

1.2 클라이언트는 서버에 데이터를 보내기 위해서 ⓐ ______________ 함수를 호출한다. 그러면 서버 측에서는 ⓑ ______________ 함수가 자동 호출된다.

1.3 네트워크(Network)에서 데이터 전송을 위한 규약으로 여러 장치들이 서로 교신하기위해서는 같은 의사소통방식을 사용해야 하는데 이런 역할을 하는 것을 ______________(이)라고 한다.

1.4 MFC에서는 네트워크 프로그램을 작성할 수 있도록 하기 위해 제공되는 인터페이스로 하부 네트워크에 신경 쓰지 않고 통신하기 위한 소프트웨어적인 메커니즘(mechanism)으로 ______________(을)를 제공해 준다.

1.5 컴퓨터의 IP 주소를 확인하기 위해서는 ________ 명령어를 사용한다.

1.6 컴퓨터에서 사용 중인 포트 번호 확인하기 위해서는 ________ 명령어를 사용한다.

※ **알맞은 내용을 기술하라.**

2. TCP/IP프로토콜을 구성하는 4개의 계층은 무엇인가?

※ **다음 물음에 올바른 답을 골라라.**

3. 서버 측에서는 클라이언트의 접속을 기다리기 위해서 호출하는 함수는 무엇인가?

❶ accept() ❷ listen() ❸ Socket() ❹ receive()

4. 네트워크 프로그램에서 실질적인 데이터 교환을 하는 소켓 객체가 데이터를 수신하기(받기) 위해서 호출하는 함수는 무엇인가?

❶ accept() ❷ close() ❸ Socket() ❹ receive()

5. 클라이언트가 서버 소켓에 접속을 오면 서버 소켓은 무슨 함수를 호출해서 클라이언트 소켓 객체를 얻어오는가?

❶ accept() ❷ close() ❸ Socket() ❹ receive()

[실습문제]

본문 기본예제보다 조금 난이도가 높은 내용으로 구성된 프로그램을 실제로 작성해 보는 문제로서 단계별 설명을 자세히 해 놓았으므로 시간이 걸리더라도 꼭 풀어보기 바란다. 실력 향상에 많은 도움이 될 문제이다.

실습문제 13-1 프로젝트명 : Ch13Ex01 / 문서 형태 : 단일 문서

【예제설명】

이번 채팅 프로그램은 하나의 어플리케이션 안에 서버와 클라이언트가 모두 포함되어 있다. 동일한 어플리케이션을 두 번 실행한 후 테스트해야 한다. 먼저 실행 시킨 측이 서버가 되므로 클라이언트 측은 나중에 실행시킨 것이기에 나중에 실행한 어플리케이션에서 [네트워크] → [연결...] 메뉴를 선택한다. 접속할 서버의 IP 주소와 포트 번호를 입력한 후 <확인> 버튼을 누른다.

【실행결과】

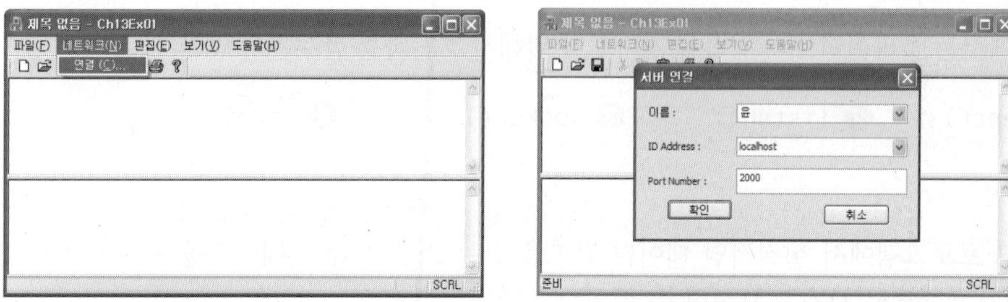

서버가 이를 승인해주었다면 "*** 연결되었습니다. ***"라는 메시지가 뜬다. 접속이 허용되고 난 후에는 서로 데이터를 송수신할 수 있다.

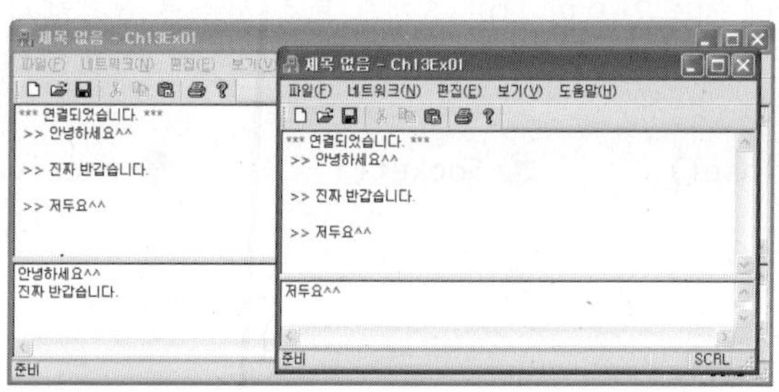

CHAPTER 14

실전 프로젝트

이번 장에서는 보다 복잡하고 어려운 예제를 통해 Visual C++의 문법을 더욱 깊은 곳까지 살펴보도록 하겠다.

미리보기

학습목표

1. 게임 프로그램을 작성한다.
2. 데이터베이스를 이용한 비디오 관리 프로그램을 작성한다.

목차

SECTION

01 같은 그림 찾기 게임

Introduction to Microsoft Foundation Class Library

2장을 학습하면서 비트맵을 이용한 그림 출력하는 방법을 알아보았다. 이번 장에서는 비트맵을 이용한 게임을 제작해 보도록 하겠다.

노란색 카드 밑에는 같은 그림들이 두 개씩 들어가 있다. 마우스를 클릭하면 해당 그림이 나타나는데 첫 번째 그림과 두 번째 그림이 다르면 다시 노란색 카드로 덮고 같은 그림이면 같은 그림이 쌍으로 나타난다.

그림 14-1 ● 게임 진행 화면

기본예제 14-1 화면에 그림 출력하기

[예제설명]

우선 6행 6열 격자 모양에 비트맵 이미지 36개를 출력해 보자.

[실행결과]

[따라하기]

1 프로젝트 이름을 Game으로 하고 응용 프로그램 종류 항목에서 응용 프로그램 종류만 [단일 문서]로 변경한다. [리소스 뷰]에서 [가져오기]로 19개의 그림을 불러와야 한다. 6행 6열 격자 모양에 비트맵 이미지를 출력하려면 이미지 36(6×6)개가 필요한데 왜 19개를 불러와야 하는지 의아하게 생각하는 사람이 있을지도 모른다. 우리가 만들려는 게임은 같은 그림 찾기이기에 동일한 그림이 두 번씩 출력되어야 한다. 36을 2로 나누면 18개의 그림만 있으면 될 것이라고 생각할 수도 있다. 같은 그림이 있지만, 이 그림들이 보이면 안 되기에 그림들을 가리기 위한 노란색 카드가 1개 더 있어야 하기에 필요한 그림은 총 19개가 된다. 우선 노란색 카드가 사용할 비트맵이 구분이 되어야 하기에 이 비트맵을 우선적으로 불러온다. 노란색 카드가 최초로 불러온 비트맵이기에

IDB_BITMAP1이 된다. 그런 후에는 나머지 18개의 그림을 무작위로 불러 온다. resouce.h 파일을 확인해 보면 그림의 ID값이 순차적으로 잡혀있음을 확인할 수 있다.

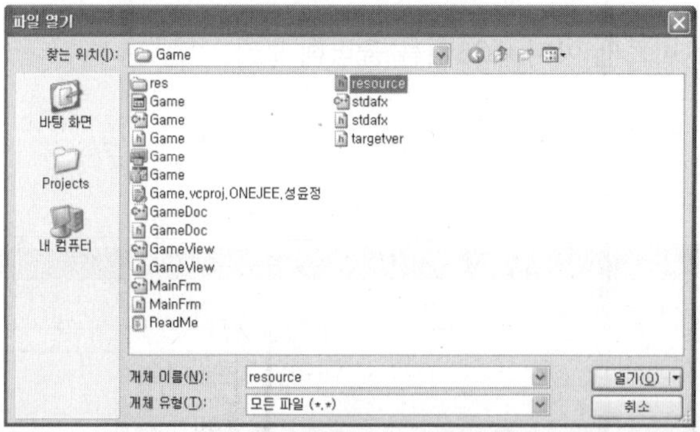

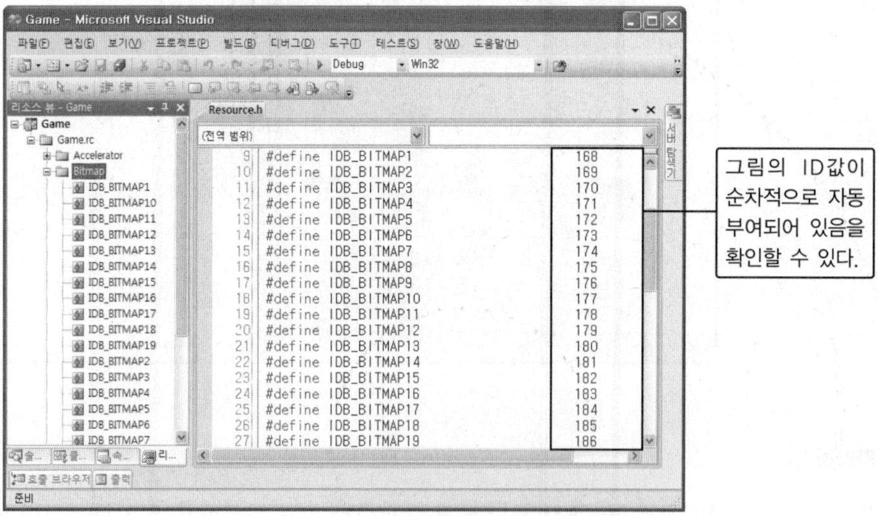

2 [클래스 뷰]에서 CGameDoc 클래스에 다음과 같이 두 개의 멤버변수를 선언한다.

```
class CGameDoc : public CDocument
{
public:
   CBitmap m_bmp[6][6];   // 비트맵을 저장한다.
   CSize  m_bmCell;        // 셀에 들어갈 그림 하나의 크기
```

3 CGameDoc 클래스 생성자에서 초기값을 지정한다.

```
CGameDoc::CGameDoc()
{
	//TODO: 여기에 일회성 생성 코드를 추가합니다.
	m_bmCell = CSize(79, 81); ———— 비트맵 크기값 설정
}
```

4 CGameView 클래스의 OnDraw 함수에 다음과 같이 코딩한다.

```
//18개의 그림을 두 번 순차적으로 출력한다.
void CGameView::OnDraw(CDC* pDC)
{
   CGameDoc* pDoc = GetDocument();
   ASSERT_VALID(pDoc);

   //IDB_BITMAP1이 노란색 카드라는 가정 하에 nCount에 초기값 1을 준다.
   int nCount = 1;

   CDC memDC;
   CBitmap*  pOldBmp;

   memDC.CreateCompatibleDC(pDC);

   for(int n = 0; n < 6; n++) ———— 6행 ┐
   {                                    ├ 36번 반복하여 그림 36개 출력
      for(int m = 0; m < 6; m++) ———— 6열 ┘
      {
         pDoc->m_bmp[n][m].LoadBitmap( IDB_BITMAP1 + nCount );

         pOldBmp = memDC.SelectObject(&pDoc->m_bmp[n][m]);

         //왼쪽과 위쪽에 여백을 주기 위해서 1을 더했다.
         pDC->BitBlt(pDoc->m_bmCell.cx*(m+1),pDoc->m_bmCell.cy*(n+1), //출력될 위치
                  pDoc->m_bmCell.cx, pDoc->m_bmCell.cy,          //그림 하나의 크기
                  &memDC, 0, 0, SRCCOPY);
```

```
        pDoc->m_bmp[n][m].DeleteObject();

        nCount++;           //서로 다른 그림이 나타나도록 그림의 아이디 값을 1씩 증가시킴
        if(nCount>18)       //총 18개의 그림을 두 번씩 출력하기 위해서 18 이상이면
            nCount=1;       //다시 1번 그림부터 출력하기 시작한다.
      }     //for
    }       //for
    memDC.SelectObject(pOldBmp);
}
```

기본예제 14-2 비트맵 수를 조절

【예제설명】

게임의 난이도에 따라 출력되는 비트맵의 개수를 변경하고 메인프레임의 크기도 변경해 보자.

【실행결과】

【따라하기】

1 [클래스 뷰] 탭에서 CGameDoc 클래스에 다음과 같이 두 개의 멤버변수를 선언한다.

```
class CGameDoc : public CDocument
{
public:
    CBitmap m_bmp[6][6];   //비트맵을 저장한다.
    CSize  m_bmCell;        //셀에 들어갈 그림 하나의 크기

    int      m_nRow;        //격자수를 저장할 변수
    int      m_nCol;
```

2 CGameDoc 클래스 생성자에서 초기값을 지정한다.

```
CGameDoc::CGameDoc()
{
    m_bmCell = CSize(79, 81);
    m_nRow = 3;                 //격자의 초기 행 열 값
    m_nCol = 4;
}
```

3 CGameView 클래스의 OnDraw 함수에 다음과 같이 수정한다.

```
void CGameView::OnDraw(CDC* pDC)
{
    CGameDoc* pDoc = GetDocument();
    ASSERT_VALID(pDoc);
    int nCount = 1;
    //출력될 그림의 격자가 변경된다.
    for(int n = 0; n < pDoc->m_nRow; n++)
    {
        for(int m = 0; m < pDoc->m_nCol; m++)
        {
```

4 CGameDoc 클래스에 사용자 정의 멤버함수 ResizeWindow()을 정의하여 윈도우의 크기를 변경시킨다.

```
#include "GameView.h"
#include "MainFrm.h"
```

```
void CGameDoc::ResizeWindow(void)
{
   CMainFrame* pMain = (CMainFrame*)AfxGetMainWnd();

   CREATESTRUCT st;
   CREATESTRUCT& rst = st;

   pMain->PreCreateWindow(rst);

   rst.lpszName = _T("Game");
   rst.cx = (m_nRow + 1) * m_bmCell.cx + 180;
   rst.cy = (m_nCol + 1) * m_bmCell.cy + 100;

   CRect rect;
   pMain->GetClientRect(rect);
   pMain->MoveWindow(rect.left, rect.top, rst.cx, rst.cy);
}
```

5 사용자 정의 멤버함수 ResizeWindow()를 CGameView 클래스의 OnDraw() 함수에서 다음과 같이 호출한다.

```
void CGameView::OnDraw(CDC* pDC)
{
   // ... 생략 ...
   pDoc->ResizeWindow();
}
```

기본예제 14-3 비트맵을 랜덤하게 출력

[예제설명]

같은 그림이 어디에 있는지 뻔히 알기에 같은 그림 찾기가 너무나 쉽다. 같은 그림이 어디에 있는지 몰라야 게임으로 의미가 있으므로 비트맵이 랜덤하게 출력되도록 해 보자.

【실행결과】

【따라하기】

1 [클래스 뷰] 탭에서 CGameDoc 클래스에 다음과 같이 두 개의 멤버변수를 선언한다.

```
class CGameDoc : public CDocument
{
public:
   CBitmap m_bmp[6][6];   //비트맵을 저장한다.
   CSize  m_bmCell;       //셀에 들어갈 그림 하나의 크기
   int m_nRow;      //격자수를 저장할 변수
   int m_nCol;
   //최대 36개의 그림 위치를 랜덤함수로 얻어낸 값을 저장하기 위한 변수
   int m_nRnd[36];
   //그림의 ID값을 6X6의 2차원 배열에 저장한다. 최대 36개까지 저장된다.
   UINT m_nBmpID[6][6];
   bool m_bRandom;//게임중 / 랜덤의 유무 파악
}
```

2 비트 맵 ID를 랜덤하게 산출하는 OnRandom() 함수를 만든다.

```
void CGameDoc::OnRandom(void)
{
```

```
//시간을 Seed로 잡아 똑같은 난수 발생을 방지
srand((unsigned)time(NULL));

//비트맵 삽입 여부 / 격자의 총 수 / 처음 넣을 비트맵의 아이디
//동일한 아이디를 두 번씩 배치되도록 하기 위한 변수를 설정한다.
BOOL  bInsert = TRUE;
//격자의 총수를 구한다.
int nGrating = m_nRow * m_nCol;

//격자의 수만큼 돌면서 난수 발생
for(int n = 0; n < nGrating; n++) //격자 수 만큼만 돈다.
{
   //시작 비트맵 아이디에 난수를 더해 비트맵을 변경
   //일단 발생한 난수를 배열에 저장하고 본다.
   m_nRnd[n] =  (rand() % (nGrating / 2)) + 1;

   //현재 진행한 격자수까지만 비교한다.
   for(int m = 0; m < n; m++){
      if(m_nRnd[n] == m_nRnd[m]){//만일 같은 값이 있다면 변수에 삽입 불가능한지를 알아본다.
            if(bInsert == FALSE){ //bInsert가 FALSE이면 세 번째 동일한 값이므로
               n--; //배열에 이미 세번째 저장된 랜덤값을 취소하기 위해서 첨자를 감소한다.
               bInsert = TRUE; //세 번 이상은 절대 동일한 값이 저장되어 있지 않을 것이므로
               break; //안쪽 반복문을 벗어난다. 벗어나기 전에 bInsert값을 TRUE로 설정
            }//if
            bInsert = FALSE;//새로 생성된 랜덤값이 이미 배열에 설정되어 있지만 한번 만난
      }//랜덤값이면 bInsert가 TRUE이므로 두 번째 동일한 값은 배열에 저장된 후에
      //다음부터 진행되는 배열에 세 번째 동일한 값이 나타나면
      //더 이상 배열에 저장되지 않도록 하기 위해서 bInsert에 FALSE값을 저장한다.
   }//안쪽 for
}//바깥쪽 for
//36개의 랜덤값이 저장된 일차원 배열 m_nRnd에 의해 그림의 위치가 결정되면
//동일한 그림을 맞추기 위해 나타날 그림의 위치에 해당 그림의 아이디 값을
//m_nBmpID배열에 일대일 대응으로 배치한다.
int nCount = 0;

for(int n = 0; n < m_nRow; n++) {
   for(int m = 0; m < m_nCol; m++) {
```

```
            m_nBmpID[n][m] = m_nRnd[nCount];
            nCount++;
        }
    }
}
```

3 CGameDoc 클래스 생성자에서 초기값을 지정한다.

```
CGameDoc::CGameDoc()
{
    // TODO: 여기에 일회성 생성 코드를 추가합니다.
    m_bmCell = CSize(79, 81);
    m_nRow = 3;                    //격자의 초기 행 열 값
    m_nCol = 4;

        m_bRandom = true;          //랜덤하게 그림의 ID 변경
}
```

4 CGameView 클래스의 OnDraw 함수에 다음과 같이 수정한다.

```
void CGameView::OnDraw(CDC* pDC)
{
    CGameDoc* pDoc = GetDocument();
    ASSERT_VALID(pDoc);
    if (!pDoc)
        return;

  //랜덤하게 되어있지 않다면 랜덤함수 호출
  if(pDoc->m_bRandom)
  {
    pDoc->OnRandom();
    pDoc->m_bRandom = false;
  }
  int nCount = 0;

  CDC memDC;
```

```
    CBitmap*  pOldBmp;

    memDC.CreateCompatibleDC(pDC);

    for(int n = 0; n < pDoc->m_nRow; n++)
    {
        for(int m = 0; m < pDoc->m_nCol; m++)
        {
            pDoc->m_bmp[n][m].LoadBitmap(IDB_BITMAP1+pDoc->m_nRnd[nCount]);

            pOldBmp = memDC.SelectObject(&pDoc->m_bmp[n][m]);

        //왼쪽과 위쪽에 여백을 주기 위해서 1을 더했다.
            pDC->BitBlt(pDoc->m_bmCell.cx*(m+1),pDoc->m_bmCell.cy*(n+1), //출력될 위치
                    pDoc->m_bmCell.cx, pDoc->m_bmCell.cy,          //그림 하나의 크기
                    &memDC, 0, 0, SRCCOPY);

            pDoc->m_bmp[n][m].DeleteObject();

            nCount++; //서로 다른 그림이 나타나도록 그림의 아이디 값을 1씩 증가시킴
        }//for
    }//for
    memDC.SelectObject(pOldBmp);

    pDoc->ResizeWindow();
}
```

기본예제 14-4 그림 감추기

【예제설명】

게임이 되려면 그림들이 다 숨겨져야 한다. 그랬다가 찾아진 같은 그림은 화면에 출력되어야 한다.

【실행결과】

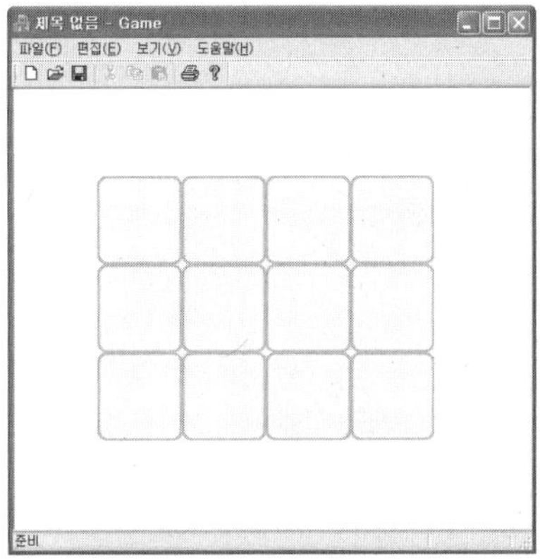

[따라하기]

1 [클래스 뷰] 탭에서 CGameDoc 클래스에 다음과 같이 멤버변수를 선언한다.

```
class CGameDoc : public CDocument
{
public:
   // ... 생략 ....
   bool m_bShow[6][6];
```

그림이 보여야 할지 말아야 할지를 결정하는 변수

2 CGameDoc 클래스 생성자에서 초기값을 지정한다.

```
CGameDoc::CGameDoc()
{
   // ... 생략 ....
   for(int n = 0; n < m_nRow; n++)
      for(int m = 0; m < m_nCol; m++)
         m_bShow[n][m] = false;
}
```

모두 감추어 지도록 하기 위해서 false로 초기화한다.

3 CGameView 클래스의 OnDraw 함수에 다음과 같이 수정한다.

```
void CGameView::OnDraw(CDC* pDC)
{
      CGameDoc* pDoc = GetDocument();
      ASSERT_VALID(pDoc);
```

```
    if (!pDoc)
        return;

// 랜덤하게 되어있지 않다면 랜덤함수 호출
if(pDoc->m_bRandom)
{
    pDoc->OnRandom();
    pDoc->m_bRandom = false;  //게임 진행중에 그림위치가 바뀌지 않도록 하기
}                             //위해서 false로 변경
int nCount = 0;

CDC memDC;
CBitmap*  pOldBmp;

memDC.CreateCompatibleDC(pDC);

for(int n = 0; n < pDoc->m_nRow; n++)
{
    for(int m = 0; m < pDoc->m_nCol; m++)
    {
        if(pDoc->m_bShow[n][m] == true)
        {                                          랜덤하게 비트맵 ID값을 설정
            pDoc->m_bmp[n][m].LoadBitmap(IDB_BITMAP1+pDoc->m_nRnd[nCount]);

            pOldBmp = memDC.SelectObject(&pDoc->m_bmp[n][m]);

            //왼쪽과 위쪽에 여백을 주기 위해서 1을 더했다.
            pDC->BitBlt(pDoc->m_bmCell.cx*(m+1),pDoc->m_bmCell.cy*(n+1), //출력될 위치
                    pDoc->m_bmCell.cx, pDoc->m_bmCell.cy, //그림 하나의 크기
                    &memDC, 0, 0, SRCCOPY);

            pDoc->m_bmp[n][m].DeleteObject();
        }
        nCount++; //서로 다른 그림이 나타나도록 그림의 아이디 값을 1씩 증가시킴

        if(pDoc->m_bShow[n][m] == false)
        {
            CBitmap    bmp;
```

```
            bmp.LoadBitmap(IDB_BITMAP1);          //노란색 카드 출력
            pOldBmp = memDC.SelectObject(&bmp);

            pDC->BitBlt(pDoc->m_bmCell.cx*(m+1),pDoc->m_bmCell.cy*(n+1), //출력될 위치
                    pDoc->m_bmCell.cx, pDoc->m_bmCell.cy,     //그림 하나의 크기
                    &memDC, 0, 0, SRCCOPY);
            bmp.DeleteObject();
        }
      }//for
    }//for
    memDC.SelectObject(pOldBmp);

    pDoc->ResizeWindow();
}
```

기본예제 14-5 같은 그림인지 판단하기

[예제설명]

마우스를 클릭하면 해당 그림이 나타나는데 첫 번째 그림과 두 번째 그림이 다르면 다시 노란색 카드로 덮고 같은 그림이면 같은 그림이 쌍으로 나타나도록 한다.

[실행결과]

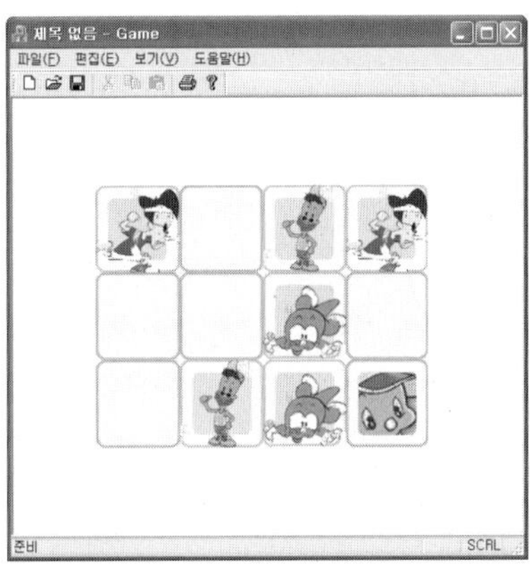

같은 그림을 다 찾았으면 게임 오버한다.

[따라하기]

1 뷰 클래스에 멤버변수를 선언한다.

```
class CGameView : public CView
{
public:
    //현재 마우스가 좌표값으로 그림의 위치를 계산하여 저장하고 있는 인덱스
    UINT m_nRowTempIndex;
    UINT m_nColTempIndex;
    //맞춘 그림의 개수를 세는 변수 선언
    int nMatchCount;
}
```

2 뷰 클래스의 생성자가 맞춘 그림의 개수를 세는 변수를 0으로 초기화한다.

```
CGameView::CGameView()
{
    nMatchCount=0;
}
```

3 도큐먼트 클래스에 멤버변수를 선언한다.

```
class CGameDoc : public CDocument
{
public:
```

```
    // ... 생략 ....
    int m_nRowIndex;
    int m_nColIndex;
    //첫 번째 눌린 그림의 아이디 값과
    UINT m_nBmpFirstID;
    //두 번째 눌린 그림의 아이디 값이 매치하는지 알아보기 위해서
    UINT m_nBmpSecondID;
    //true이면 첫 번째 마우스 버튼이 눌린 것이고 false이면 두 번째 마우스 버튼이 눌린 것임
    bool m_bMouse;
```

4 도큐먼트 생성자에 다음과 같이 초기값을 지정한다.

```
CGameDoc::CGameDoc()
{
    //아무 그림도 선택되지 않은 것으로 인식하기 위해서 초기값을 0으로 설정한다.
    m_nBmpFirstID = m_nBmpSecondID = 0;
    m_bMouse = false;
}
```

5 마우스를 클릭하면 발생하는 WM_LBUTTONDOWN 메시지에 대해서 OnLButtonDown 이벤트 핸들러를 추가하여 코딩한다.

```
void CGameView::OnLButtonDown(UINT nFlags, CPoint point)
{
    CGameDoc* pDoc = GetDocument();

    // 현재 마우스가 가지고 있는 인덱스
    pDoc->m_nRowIndex = point.y / pDoc->m_bmCell.cy - 1;
    pDoc->m_nColIndex = point.x / pDoc->m_bmCell.cx - 1;

    // 이전 클릭한 곳에 다시 클릭, 두 번 이상 클릭, 격자 밖에 클릭했다면 리턴
    if( pDoc->m_bShow[pDoc->m_nRowIndex][pDoc->m_nColIndex] == true
        || pDoc->m_nBmpSecondID != 0
        || pDoc->m_nRowIndex > pDoc->m_nRow -1
        || pDoc->m_nColIndex > pDoc->m_nCol -1
        || pDoc->m_nRowIndex < 0
        || pDoc->m_nColIndex < 0)
```

```
        return;

    // 마우스가 가지고 있는 인덱스 값에 그림을 보여줌
    pDoc->m_bShow[pDoc->m_nRowIndex][pDoc->m_nColIndex] = true;

    CRect rect;
    SetRect(&rect, pDoc->m_nRowIndex * (pDoc->m_bmCell.cx + 1),
    pDoc->m_nColIndex * (pDoc->m_bmCell.cy + 1),
    pDoc->m_nRowIndex * (pDoc->m_bmCell.cx + 2),
    pDoc->m_nColIndex * (pDoc->m_bmCell.cy + 2));
    InvalidateRect(rect);

    // 마우스가 클릭한 곳의 인덱스 및 그림 아이디 저장
    if(pDoc->m_nBmpFirstID == 0)
    {
        // 첫 번째 마우스 클릭
        pDoc->m_nBmpFirstID =
            pDoc->m_nBmpID[pDoc->m_nRowIndex][pDoc->m_nColIndex];
        m_nRowTempIndex = pDoc->m_nRowIndex;
        m_nColTempIndex = pDoc->m_nColIndex;
        pDoc->m_bMouse = true;
    }
    else
    {
        // 두 번째 마우스 클릭
        pDoc->m_nBmpSecondID =
                    pDoc->m_nBmpID[pDoc->m_nRowIndex][pDoc->m_nColIndex];
        pDoc->m_bMouse = false;
    }

    // 같은 그림인지 판단한다.
    OnMatching();
    CView::OnLButtonDown(nFlags, point);
}
```

6 사용자 정의 함수 OnMatching()를 CGameView 클래스에 추가하고 다음과 같이 코딩한다.

```
void CGameView::OnMatching(void)
{
    CGameDoc* pDoc = GetDocument();

    // 그림이 같다면
    if(pDoc->m_nBmpFirstID == pDoc->m_nBmpSecondID
            && pDoc->m_bMouse == false)
    {
        // 클릭 이벤트 초기화
        pDoc->m_bShow[m_nRowTempIndex][m_nColTempIndex] = true;
        pDoc->m_bShow[pDoc->m_nRowIndex][pDoc->m_nColIndex] = true;
        pDoc->m_nBmpFirstID = pDoc->m_nBmpSecondID = 0;
        m_nRowTempIndex = m_nColTempIndex = 0;

    //**************************************************************
        nMatchCount++;
    //**************************************************************
    }
    else if(pDoc->m_nBmpFirstID != Doc->m_nBmpSecondID
                && pDoc->m_bMouse==false)
    {
        // 다른 그림이라면 잠시 보여줌
        CDC*     pDC=GetDC();
        CDC       memDC;
        CBitmap    bmp;

        memDC.CreateCompatibleDC(pDC);
        bmp.LoadBitmap(IDB_BITMAP1 + pDoc->m_nBmpSecondID);

        CBitmap*  pOldBmp = memDC.SelectObject(&bmp);
        pDC->BitBlt(pDoc->m_bmCell.cx*(pDoc->m_nColIndex+1),
                pDoc->m_bmCell.cy * (pDoc->m_nRowIndex + 1),
                pDoc->m_bmCell.cx, pDoc->m_bmCell.cy,
                &memDC, 0, 0, SRCCOPY);

        bmp.DeleteObject();
```

```
        memDC.SelectObject(pOldBmp);
        Sleep(400);

        // 클릭 이벤트 초기화
        pDoc->m_bShow[m_nRowTempIndex][m_nColTempIndex] = false;
        pDoc->m_bShow[pDoc->m_nRowIndex][pDoc->m_nColIndex] = false;
        pDoc->m_nBmpFirstID = pDoc->m_nBmpSecondID = 0;
        m_nRowTempIndex = m_nColTempIndex = 0;
    }

    Invalidate();
    if(nMatchCount == (pDoc->m_nRow * pDoc->m_nCol)/2){
        OnSuccess();
    }
}
```

7 OnSuccess()라는 사용자 정의 함수를 CGameView 클래스에 만든다.

```
void CGameView::OnSuccess(void)
{
    int res=AfxMessageBox(_T("게임 오버! 다시 시작하시겠습니까?"), MB_YESNO);
    if(res==IDYES){
        CGameDoc* pDoc = GetDocument();
        pDoc->m_bRandom=true;// 랜덤하게 그림의 ID 변경

        for(int n = 0; n < pDoc->m_nRow; n++)
            for(int m = 0; m < pDoc->m_nCol; m++)
                pDoc->m_bShow[n][m] = false;

        //아무 그림도 선택되지 않은 것으로 인식하기 위해서 초기값을 0으로 설정한다.
        pDoc->m_nBmpFirstID = pDoc->m_nBmpSecondID = 0;
        pDoc->m_bMouse = false;
        Invalidate();
    }
}
```

SECTION
02 비디오 대여 관리 프로그램

12장을 학습하면서 ODBC를 사용한 데이터베이스 프로그램을 작성해 보았다. 이번 장에서는 보다 실무에 가까운 데이터베이스 프로그램을 작성해 보겠다.

비디오 대여점을 가보면 고객들의 정보를 저장해 두었다가 그 고객이 비디오를 빌려가게 되면 대여 정보를 기록해 둔다. 이번 절에서 작성할 비디오 대여 관리 프로그램은 고객 관리와 대여 관리가 가능하도록 한다. 신규 고객의 등록은 물론 수정 삭제도 가능하고 고객의 사진을 추가할 수도 있다. 고객이 비디오를 대여해 갈 경우 대여와 반납 상황에 대한 관리는 물론이고 대여료, 벌금, 미수금 등을 관리하도록 한다.

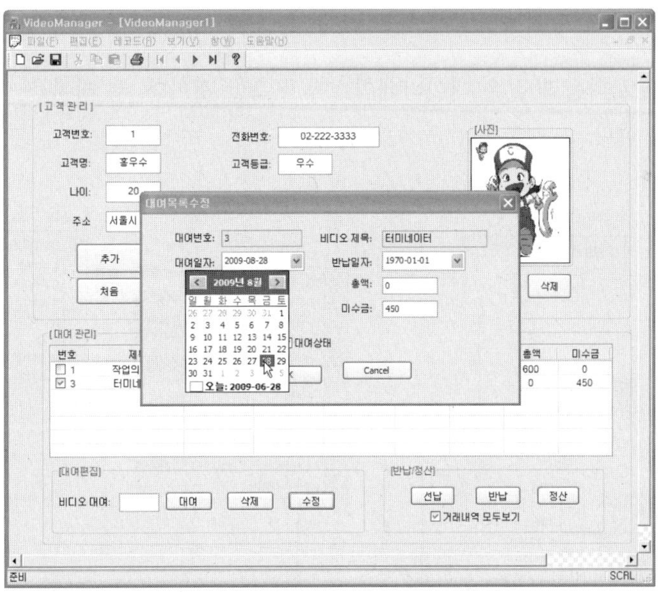

비디오 관리를 위한 프로그램을 만들 때 가장 중요한 것은 데이터베이스를 어떻게 구성할 것이냐이다. 데이터베이스를 잘 구성하면 데이터를 다루고 보관하는데 그만큼 편리하기 때문이다.

다음은 비디오 관리를 위해 필요한 데이터를 결정하기 위한 사례분석을 위한 자료이다.

비디오

비디오번호	제목	장르	대여구분	관람등급	출시사	출시일	주연	이미지
1	작업의 정석	로맨틱 코미디	신간	15	LG	2006-02-14	손예진,송일국	
2	터미네이터	SF	구간	18	우일	1988-07-10	아놀드슈월제네거	

비디오목록

목록번호	비디오번호	상태	구입일자	구입가격	대여구분
1	1	상	2005-01-01	20000	대여
2	1	중	2006-01-01	15000	
3	2	중	1999-03-03	10000	대여
4	2	하	1999-03-03	10000	

고객

고객번호	고객명	나이	주소	전화번호	등급	이미지
1	홍우수	20	서울시 강남구 서초동	02-222-3333	우수	
2	홍일반	17	서울시 강남구 서초동	02-222-5555	일반	

대여반납

대여번호	고객번호	목록번호	대여일자	반납예정일자	반납일자	대여료	벌금	대여총액	미환수금	대여상태
1	1	1	2006-01-01	2006-01-03	2006-01-03	1000	0	1000	0	0
2	2	3	2006-01-02	2006-01-04	2006-01-05	500	200	700	0	0

장르

장르코드	장르
1	공포
2	드라마
3	로맨틱 코미디
4	스릴러
5	액션
6	어드벤처
7	에로
8	코미디
9	환타지
10	SF
11	애니메이션

대여료

대여료코드	대여료구분	대여료
1	신간	1000
2	구간	500
3	벌금	200

위 내용을 기본으로 다음과 같은 데이터베이스를 구축할 것이다. 두 테이블 사이를 연결한 키를 잘 살펴보도록 한다.

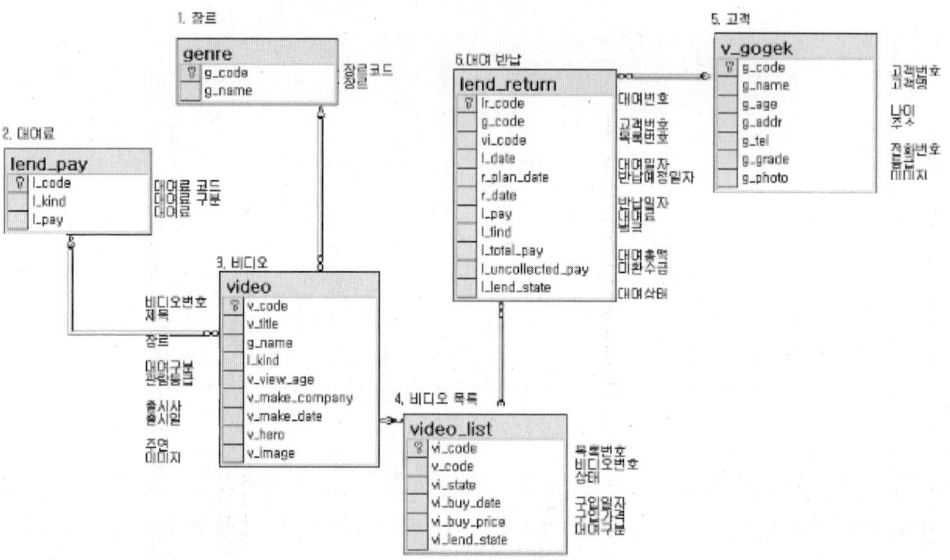

기본예제 14-6 MS-SQL로 테이블 생성과 ODBC 설정

[예제설명]

MS-SQL를 이용하여 비디오 관리를 위해 정보를 저장하기 위한 데이터베이스를 구축해 보고 ODBC 설정을 하도록 한다.

[따라하기]

1 [시작] → [프로그램] → [Microsoft SQL Server] → [쿼리 분석기]를 선택한다.

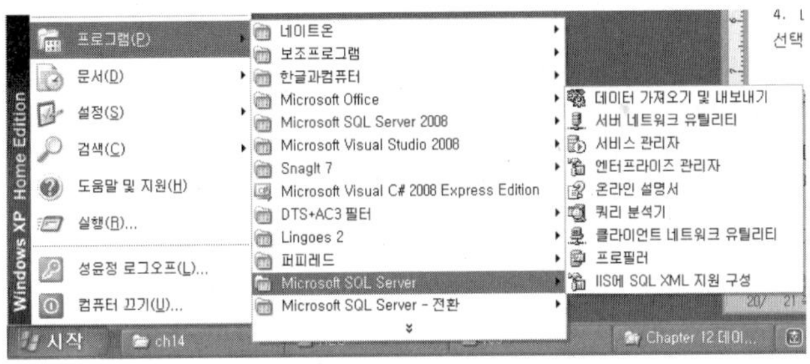

2 SQL Server에 연결되기 위해서는 우선 서버가 시작되어야 하기에 SQL Server 서비스 관리자에서 시작되어 있는지 확인한 후에 SQL Server 서버를 설치할 때 입력한 로그인 이름과 암호를 입력하여 SQL Server에 접속한다.

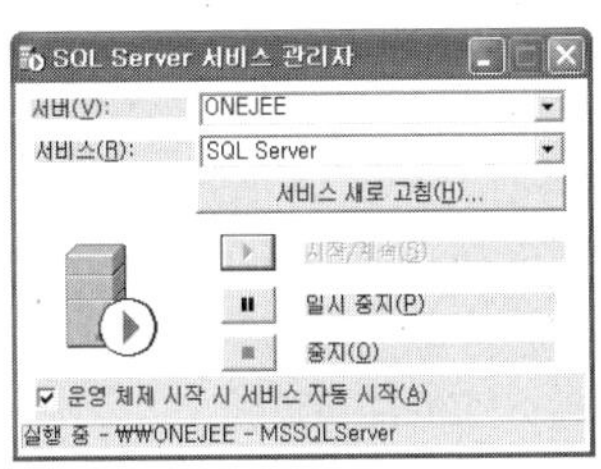

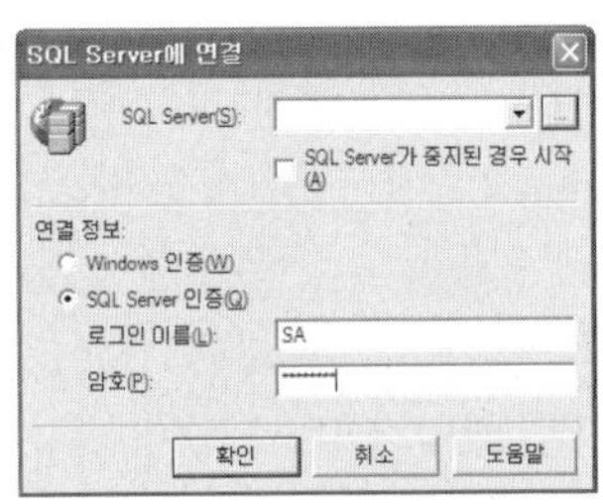

3 [SQL 쿼리 분석기]의 에디트 창에 다음 쿼리문들을 작성한 후 실행시킨다.

```
-- 데이터베이스 생성하기
create database VideoDB
```

```
-- 생성한 데이터베이스 사용하기
use VideoDB

-- 장르 테이블 생성하기
create table genre
(
   g_code int primary key,                -- 장르 코드
   g_name varchar(30) not null unique     -- 장르
)

-- 장르 테이블에 샘플 데이터 입력
insert into genre values(1,'공포')
insert into genre values(2,'드라마')
insert into genre values(3,'로맨틱 코미디')
insert into genre values(4,'스릴러')
insert into genre values(5,'액션')
insert into genre values(6,'어드벤처')
insert into genre values(7,'에로')
insert into genre values(8,'코미디')
insert into genre values(9,'환타지')
insert into genre values(10,'SF')
insert into genre values(11,'애니메이션')

-- 장르 테이블 조회하기
select * from genre

-- 대여료 테이블 생성하기
create table  lend_pay
(
      l_code int primary key,                -- 대여료 코드
      l_kind varchar(10) not null unique,    -- 대여료 구분
      l_pay int not null                        -- 대여료
)

-- 장르 테이블에 샘플 데이터 입력
insert into lend_pay values(1,'신간',1000)
```

```
insert into lend_pay values(2,'구간',500)
insert into lend_pay values(3,'벌금',200)

-- 대여료 테이블 조회하기
select * from lend_pay

-- 비디오 테이블 생성하기
create table video
(
   v_code int primary key,                             -- 비디오번호
   v_title varchar(50) not null,                       -- 제목
   g_name varchar(30) references genre(g_name),        -- 장르
   l_kind varchar(10) references lend_pay(l_kind),     -- 대여구분
   v_view_age int,                                     -- 관람등급
   v_make_company varchar(50),                         -- 출시사
   v_make_date datetime,                               -- 출시일
   v_hero varchar(50),                                 -- 주연
   v_image image                                       -- 이미지
)

-- 비디오 테이블에 샘플 데이터 입력
insert into video values(1,'작업의 정석','로맨틱 코미디','신간',15,'LG','2006-2-14','손
예진,송일국', NULL)
insert into video values(2,'터미네이터','SF','구간',18,'우일','1988-7-10','아놀드 슈왈제
네거',NULL)

-- 비디오 테이블 조회하기
select * from video

-- 비디오 목록 테이블 생성하기
create table video_list
(
      vi_code int primary key,                         -- 목록번호
      v_code int references video(v_code),             -- 비디오번호
      vi_state varchar(5) default '상',                -- 상태
      vi_buy_date  datetime  default getdate(),        -- 구입일자
      vi_buy_price int,                                -- 구입가격
```

```
    vi_lend_state int default 0                  -- 대여구분
)

-- 비디오 목록 테이블에 샘플 데이터 입력
insert into video_list values(1,1,'상','05-1-1',20000,0)
insert into video_list values(2,1,'중','06-1-1',15000,0)
insert into video_list values(3,2,'중','05-1-1',10000,0)
insert into video_list values(4,2,'하','05-1-1',10000,0)

-- 비디오 목록 테이블 조회하기
select * from video_list

-- 고객 테이블 생성하기
create table v_gogek
(
   g_code int primary key,                     -- 고객번호
   g_name varchar(20) not null,                -- 고객명
   g_age int,                                  -- 나이
   g_addr varchar(50),                         -- 주소
   g_tel varchar(20),                          -- 전화번호
   g_grade varchar(10) default '일반',         -- 등급
   g_image image                               -- 이미지
)

-- 고객 테이블에 샘플 데이터 입력
insert into v_gogek values(1,'홍우수',20,'서울시 강남구 서초구', '02-222-3333','우수', NULL)
insert into v_gogek values(2,'홍일반',17,'서울시 강남구 서초구', '02-222-5555','일반', NULL)

-- 고객 테이블 조회하기
select * from v_gogek

-- 대여반납 테이블 생성하기
create table lend_return
(
      lr_code int primary key,                          -- 대여번호
      g_code int references v_gogek(g_code),            -- 고객번호
      vi_code int references video_list(vi_code),  -- 목록번호
```

```
    l_date datetime default getdate(),              -- 대여일짜
    r_plan_date as dateadd(d,2,l_date),             -- 반납예정일자
    r_date datetime,                                -- 반납일자
    l_pay int default 0,                            -- 대여료
    l_find int default 0,                           -- 벌금
    l_total_pay int default 0,                      -- 대여총액
    l_uncollected_pay int default 0,                -- 미환수금
    l_lend_state int                                -- 대여상태
)

-- 대여반납 테이블에 샘플 데이터 입력
delete from lend_return

insert into lend_return(lr_code,g_code,vi_code,l_date) values(1,1,1,'09-6-23')
insert into lend_return(lr_code,g_code,vi_code,l_date) values(2,2,3,'09-6-24')

-- 대여반납 테이블 조회하기
select * from lend_return

-->> 트리거 시작 <<
-- ## 삽입 트리거 전반적인 개요 ##-------------------------------------------------
-- 대여반납 테이블(T)에서 대여번호, 고객번호, 목록번호, 대여일자 컬럼에 삽입이 일어나면
-- insert into lend_return(lr_code,g_code,vi_code,l_date) values(1,1,1,'06-1-1')
-- 대여료 컬럼과 미수금 컬럼 갱신->갱신 정보는 대여료 테이블에 있음(서브 쿼리로 얻어냄)
-- 서브 쿼리는 3개의 테이블이 조인되어 있음 (대여료T, 비디오T, 비디오목록T)
-- 대여반납T에  목록번호: 1로 삽입되면 비디오목록T에서 찾음,
-- 비디오목록T에 목록번호: 1은 비디오번호: 1과 연결
-- 비디오T에서 비디오번호: 1은 대여구분: 신간으로 되어 있음
-- 대여료T에서 대여구분: 신간은 대여료: 1000으로 되어 있음
-- 대여료 : 1000을 대여반납T의 대여료 컬럼에 갱신하고 대여반납T의 대여료 컬럼을 대여반납T의 미수금 컬럼 갱신

-- 삽입 트리거-------------------------------------------
create
-- alter
  trigger tri_lend_return
on lend_return                  -- 대여반납 테이블(T)에서
for insert                      -- 삽입이 일어나면
```

```
as
  -- 비디오 요금 계산(단, 일반회원 요건으로 ...우수회원의 10% DC는 나중에

  update lend_return
  set l_pay =                     -- 대여반납T의 대여료 컬럼을 갱신하기 위해서
     ( select lp.l_pay            -- 대여료T의 대여료 컬럼 값을 얻어온다.
          -- 대여료T은 lp, 비디오T은 v이고 비디오목록T은 vl
       from lend_pay lp,video v,video_list vl,
       inserted I
          -- 대여반납T에 삽입중인 비디오목록코드를 비디오목록T에서 검색
       where i.vi_code = vl.vi_code
       and vl.v_code = v.v_code        -- 비디오목록T의 비디오 번호로 비디오T를 검색
       and v.l_kind = lp.l_kind        -- 비디오T의 대여료구분으로 대여료T를 검색하여
     )
  from inserted i                      -- 삽입이 일어나는

  -- 대여반납 테이블(T)에서 삽입이 일어나는 대여번호로 검색
  where i.lr_code = lend_return.lr_code

  -- 미수금 컬럼 갱신
  update lend_return
  set lend_return.l_uncollected_pay = lend_return.l_pay  -- 대여료를 미수금으로 갱신
  from inserted i                          -- 삽입이 일어나는
  where i.lr_code = lend_return.lr_code   -- 대여반납 테이블(T)에서 삽입 중인 대여번호로 검색

  -- 우수회원은 10% DC하여 대여료와 미수금 갱신
  update lend_return set lend_return.l_pay = lend_return.l_pay * 0.9,  -- 대여료 10% DC
         lend_return.l_uncollected_pay = lend_return.l_pay * 0.9 -- 미수금 10% DC
  from inserted ii                             -- 삽입 중인
  where lend_return.g_code =                   -- 대여반납 테이블(T)의 고객코드에서 검색
                      ( select vg.g_code
                          from  v_gogek vg,    -- 고객T은 vg,
                          inserted i           -- 삽입이 일어나는
                          -- 대여반납T의 고객코드를 고객T에서 검색하여
                          where i.g_code=vg.g_code
                          and vg.g_grade='우수')  -- 그 고객이 우수 고객인 고객 코드를 얻어서
  and lend_return.lr_code=ii.lr_code           -- 대여반납T에서 삽입 중인 대여번호에 대해서
```

```
   update lend_return set l_lend_state = 1          -- 대여 구분 컬럼의 값을 1로 수정
   from inserted i                                  -- 삽입 중인 대여반납 테이블(T)
   where i.lr_code = lend_return.lr_code            -- 대여반납 T의 대여번호를 검색해서

-- ## 삭제 트리거의 전반적인 개요##--------------------------------------------------------
-- 대여반납T에 삭제된 레코드에 대한 목록번호로 비디오목록 테이블의 대여구분을 0으로 갱신
-- 삭제 트리거 ------------------------------------------
create trigger tri_lend_return_delete
on lend_return    -- 대여반납 테이블(T)에서
for delete        -- 삭제가 일어나면
as
   update video_list set vi_lend_state=0            -- 비디오목록T의 대여구분(상태)을 0으로 갱신
   from   deleted d                                 -- 삭제되고 있는 레코드에 대해서
   where  d.vi_code = video_list.vi_code            -- 대여반납T의 목록번호로 비디오목록 T을 검색

-- 수정 트리거 ------------------------------------------
create
-- alter
 trigger tri_lend_return_update_state
on lend_return                                      -- 대여반납 테이블(T)에서
for update                                          -- 수정이 일어났고
as
   if(Update(l_lend_state))                         -- 대여 상태 컬럼이 1이라면
      begin
         update video_list   set  vi_lend_state     -- 비디오목록T의 대여구분을
         =i.l_lend_state                            -- 대여반납T의 대여상태 값으로 갱신
         from inserted i                            -- 삽입 중인 레코드에 대해서
         where video_list.vi_code = i.vi_code       -- 대여반납T의 목록번호를 비디오목록T에서 검색하여
         end

-- 고객의 대여 정보를 알아오기 위한 조인문을 뷰로 작성
-- 대여반납 테이블 중인 비디오명을 알아내려면 대여반납 테이블의 목록번호로 비디오목록 테이블을 검색한 후 비디오
번호로 비디오테이블을 검색해야 함

create
-- alter
```

```
view  view_video_list
as
      select
         -- 대여번호       비디오번호      비디오명       대여일자  반납(예정)       반납일자   대여료
            lr.lr_code, lr.vi_code, v.v_title, l_date, r_plan_date, r_date, l_pay,
         -- 벌금       총액              미수금                   고객코드   대여상태
            l_find, l_total_pay, l_uncollected_pay, g_code, l_lend_state
      from lend_return lr ,video_list vl, video v
      where vl.v_code = v.v_code and lr.vi_code = vl.vi_code

-- 반납/정산 처리하기
create
-- alter                                            -- 대여번호와 반납일자를 전달 받음
proc  sp_lend_result_return  @lr_code int , @r_date datetime = 0
as
      --반납날짜 수정
      update  lend_return  set  r_date = case @r_date  -- @r_date가 0이면
                    when 0 then getdate()           -- 반납일자를 오늘 날짜로 하고
                    else @r_date                    -- 아니면 전달 받은 값으로 함
                    end
-- 전달받은 대여번호로 대여반납T을 검색해서 해당 레코드에 대해서만 갱신
   where lr_code = @lr_code

      -- 벌금계산  하루 연체시 200원을 벌금으로, 반납예정일자와 반납일의 차에 200을 곱한다.
      update lend_return set l_find  = datediff(d, r_plan_date, r_date) * 200
      where lr_code = @lr_code    -- 해당 대여번호로 대여반납T을 검색, 해당 레코드에 대해서만 갱신
      and  r_date > r_plan_date   -- 반납일이 반납예정일자를 넘었을 때만 벌금계산

      -- 미수금 등록...반납상태.
      update lend_return  set l_uncollected_pay = l_find,     -- 벌금을 미환수금으로
                              l_lend_state       = 0          -- 대여상태를 0으로
      -- 전달받은 대여번호로 대여반납T을 검색해서 해당 레코드에 대해서만 갱신
      where lr_code = @lr_code

-- 정산을 위한 저장 프로시저 작성
create
-- alter                            -- 대여번호와 반납일자를 전달 받음
```

```
proc  sp_lend_result_calc  @lr_code int , @r_date datetime = 0
as
      -- 미수금 처리....                                    미환수금을 대여총액에 합하고
      update lend_return  set l_total_pay         = l_total_pay + l_uncollected_pay,
                                    l_uncollected_pay = 0        -- 미환수금을 0으로 한다.
      where lr_code = @lr_code -- 전달받은 대여번호로 대여반납T을 검색해서 해당 레코드에 대해서만 갱신

-- 비디오 대여를 위한 저장 프로시저  작성
create
-- alter
proc sp_lend_return_insert  @g_code int, @vi_code int
as
-- 대여번호 생성
   declare @n int
   set @n = (select isnull(max(lr_code),0) from lend_return)
   set @n = @n + 1
   insert into lend_return(lr_code,g_code,vi_code) values(@n, @g_code, @vi_code)
```

4 지금까지 작성한 SQL문의 파일 이름을 video.sql로 하여 [C:\MFC_WOEK\part04\db] 폴더에 저장한다. 혹시 위 쿼리문을 입력하는 것이 부담스러운 독자들은 제공되는 소스에서 video.sql 파일을 찾아 읽어 들인 후 실행한다.

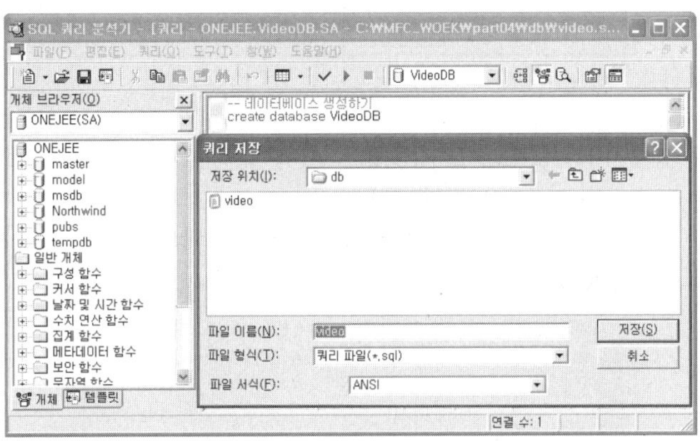

5 [시작] → [설정] → [제어판]을 선택한다. 제어판에서 [관리 도구] 아이콘을 더블 클릭한 후에 [데이터 원본 (ODBC)] 아이콘을 더블 클릭한다. [ODBC 데이터 원본 관리자] 대화 상자에서 [사용

자 DSN]탭을 선택한 후 <추가> 단추를 누른다. [새 데이터 원본 만들기] 대화 상자에서 데이터 원본을 설정할 드라이버로 'SQL Server'를 선택한 후에 <마침> 단추를 누른다.

6 [데이터 원본 이름]의 텍스트 상자에 'VideoDB_DSN'를 입력하고 연결할 'SQL Server'를 지정한 후 <다음> 버튼을 누른다.

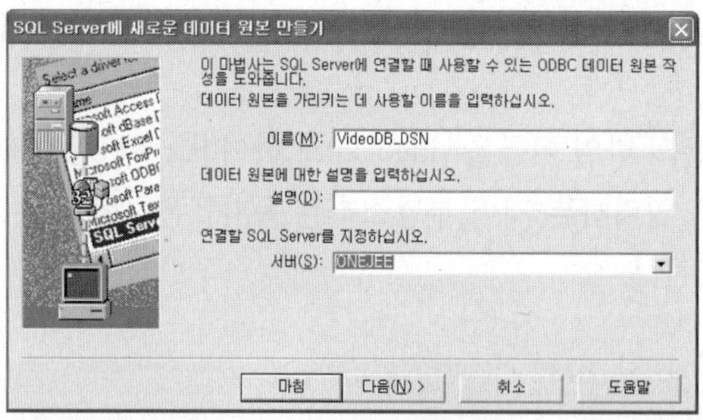

7 [사용자가 입력한 로그인 ID 및 암호를 사용하는 SQL Server 인증 사용] 라디오 버튼을 선택한 후 로그인 ID와 암호를 입력한 후 <다음> 버튼을 누른다.

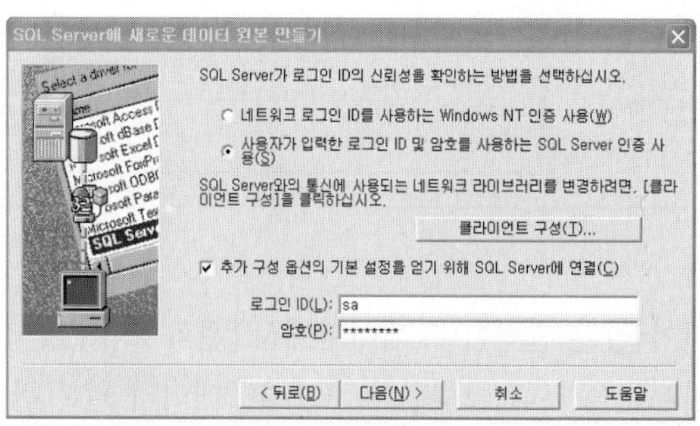

8 [기본 데이터베이스를 다음으로 변경:] 체크 박스를 체크한 후 VideoDB를 선택한 후 <다음> 버튼을 누른다.

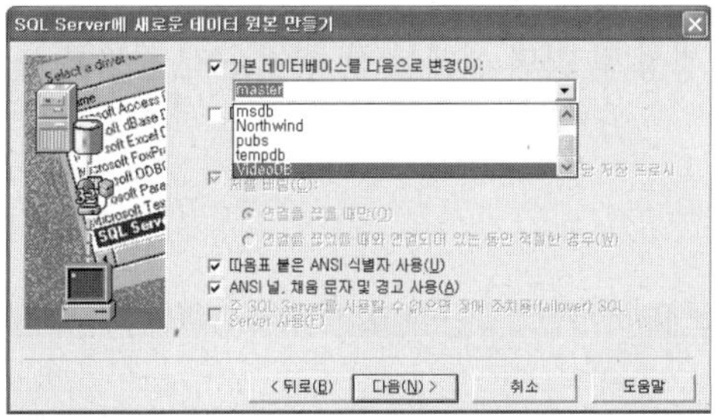

9 [데이터 원본 테스트...] 버튼을 눌러 테스트가 성공적으로 완료되었는지 확인한다.

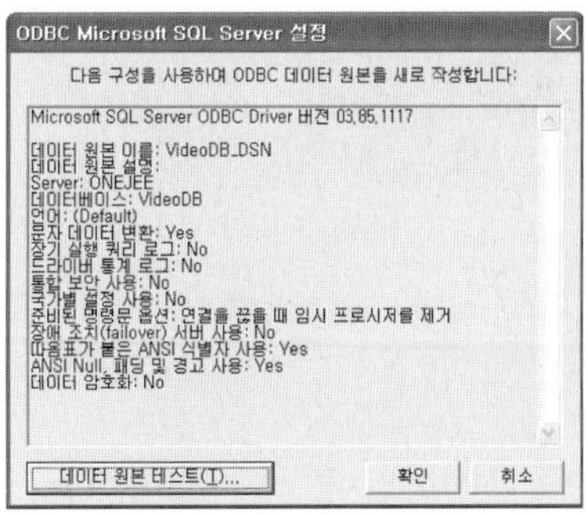

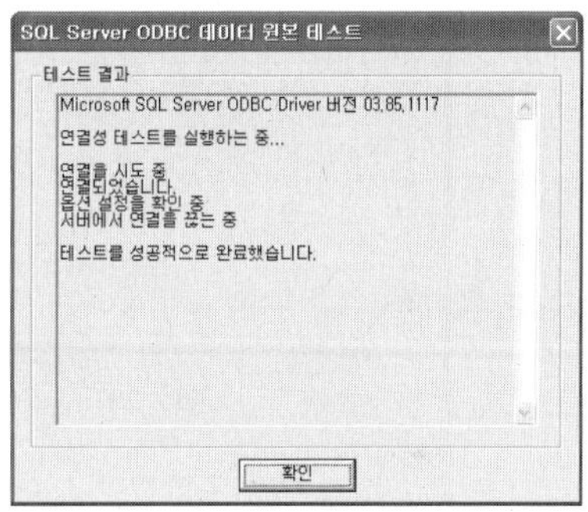

10 데이터 원본으로 등록되었음을 확인한다.

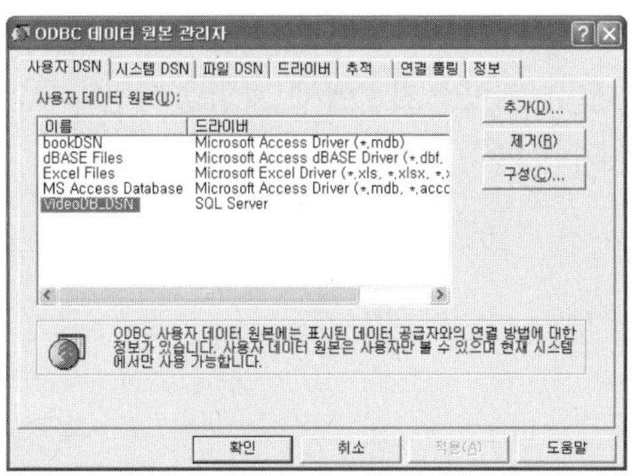

기본예제 14-7 고객 정보 출력하기

[예제설명]

비디오 관리를 위한 프로젝트 생성 및 화면 설계를 한 후에 고객 정보를 출력해 보도록 한다.

[실행결과]

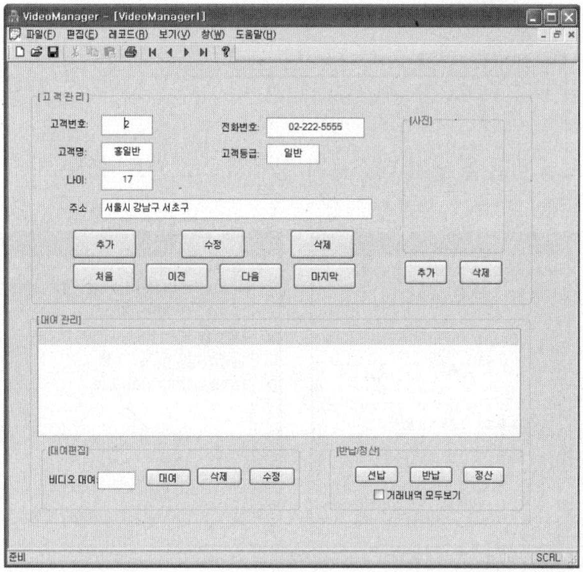

[따라하기]

1 프로젝트 이름을 VideoManager로 하고 응용 프로그램 종류 항목에서 응용 프로그램 종류는 기본값인 [다중 문서]로 두고 데이터베이스 지원에서 [파일을 지원하지 않는 데이터베이스 뷰]를 선택한 후 [클라이언트 형식:]을 [ODBC]로 지정한 후 <데이터 소스...> 버튼을 클릭한다.

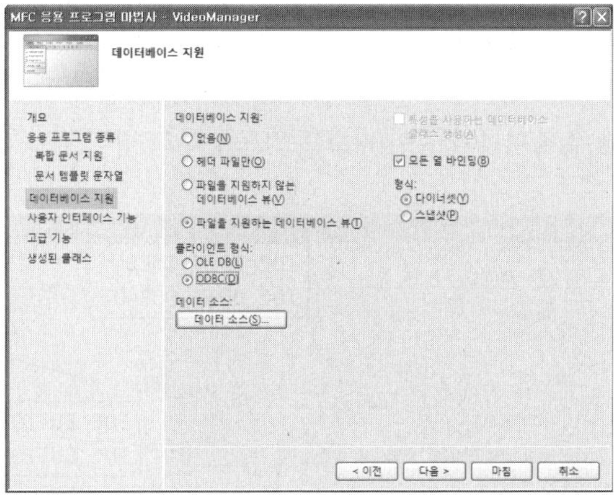

2 [데이터 원본 선택] 대화상자가 나타나면 [컴퓨터 데이터 원본 선택] 탭을 선택한 후 [VideoDB_DSN]을 선택한 후 <확인> 버튼을 누른다. 로그인 창이 나타나면 로그인 ID와 암호를 입력한다.

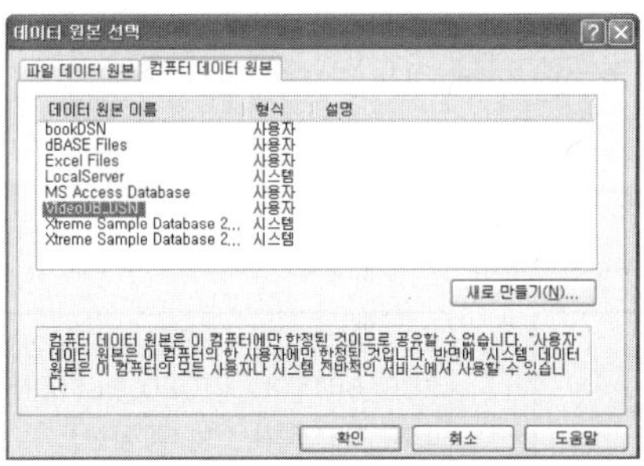

3 [데이터베이스 개체 선택] 창에서 v_gogek 테이블을 선택한 후 <확인> 버튼을 누른다.

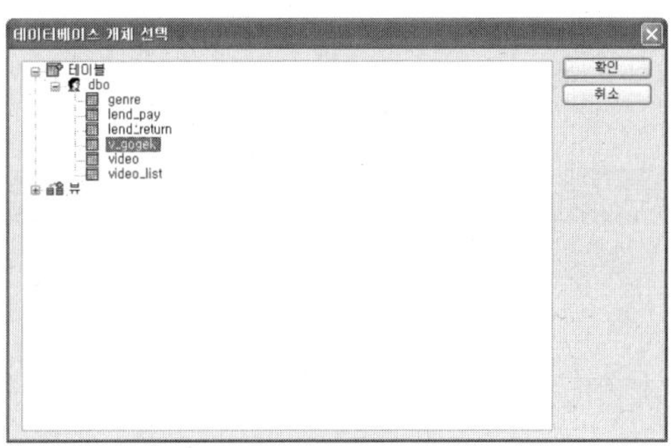

4 리소스 뷰 창에서 대화상자 템플릿을 더블 클릭하여 대화상자를 띄운 후 "TODO: 여기에 대화 상자 컨트롤을 배치한다."라는 내용을 Caption 값으로 갖고 있는 불필요한 스테틱 텍스트와 <확인>, <취소> 버튼을 삭제한 후에 다음과 같이 리스트 컨트롤과 그 밖의 컨트롤을 배치한다.

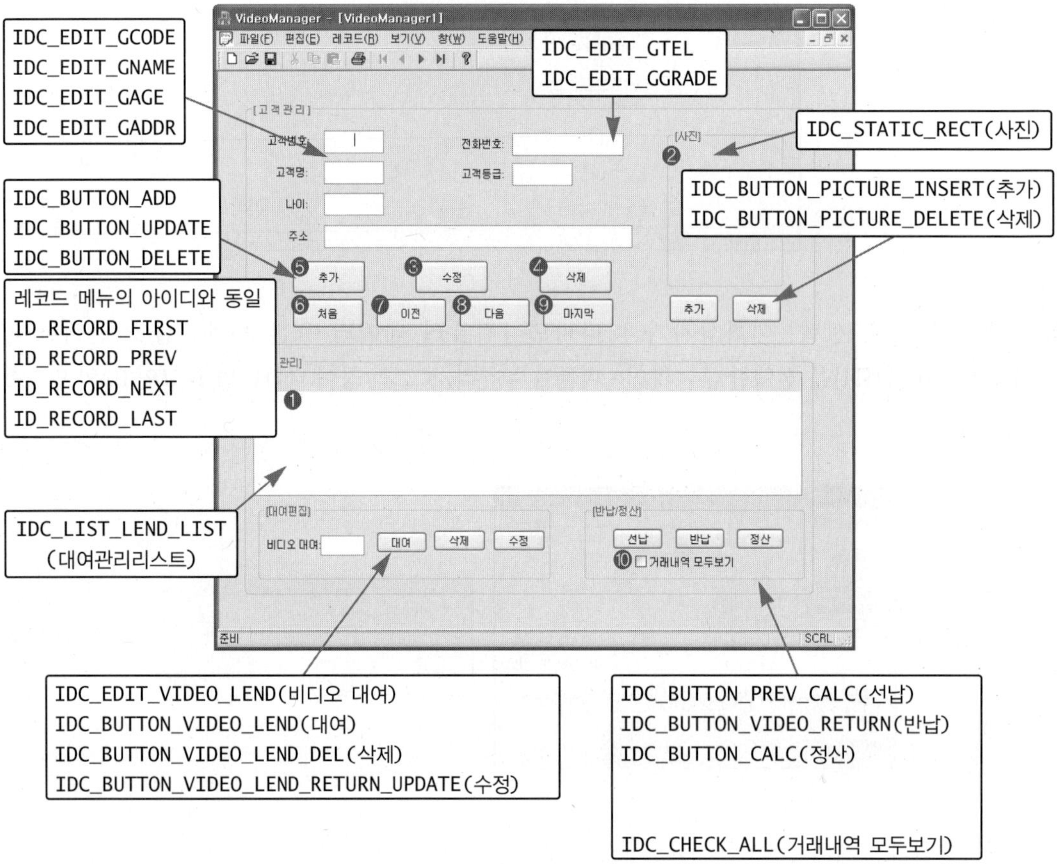

5 각 컨트롤에 대해서 다음과 같이 멤버변수를 추가한다.

컨트롤 종류	번호	컨트롤 ID	맴버변수
트리 컨트롤	❶	IDC_LIST_LEND	CListCtrl c_lendlist
스테틱 텍스트	❷	IDC_STATIC_RECT	CStatic c_rect
	❸	IDC_BUTTON_UPDATE	CButton c_update

버튼 컨트롤	❹	IDC_BUTTON_DELETE	CButton c_delete
	❺	ID_RECORD_ADD	CButton c_add
	❻	ID_RECORD_PREV	CButton c_prev
	❼	ID_RECORD_NEXT	CButton c_next
	❽	ID_RECORD_LAST	CButton c_last
	❾	ID_RECORD_FIRST	CButton c_first
체크 박스	❿	IDC_CHECK_ALL	BOOL m_bAll

6 메인 윈도우를 최대화한다.

```
BOOL CVideoManagerApp::InitInstance()
{
   // ... 생략 ...
   m_nCmdShow=SW_MAXIMIZE;

   pMainFrame->ShowWindow(m_nCmdShow);
   pMainFrame->UpdateWindow();

   return TRUE;
}
```

7 뷰 윈도우를 최대화한다. CChildFrame 클래스의 가상함수인 ActivateFrame()를 오버라이딩해서 다음과 같이 입력한다.

```
void CChildFrame::ActivateFrame(int nCmdShow)
{
   nCmdShow=SW_MAXIMIZE;
   CMDIChildWnd::ActivateFrame(nCmdShow);
}
```

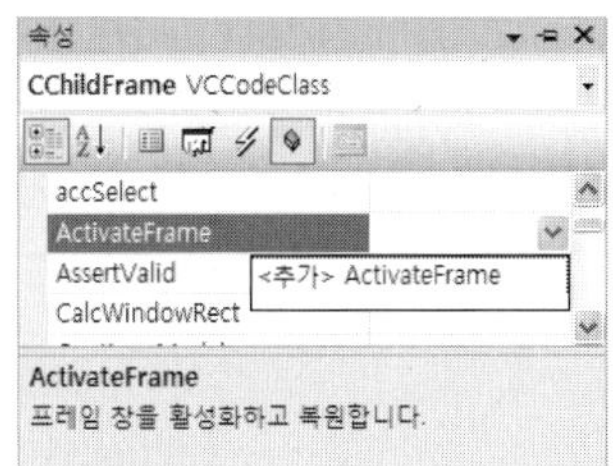

8 대화 상자에 원하는 컨트롤을 배치한 후 각 컨트롤에 대해 뷰 클래스의 멤버 변수인 m_pSet 안의 각 필드와 연결되어지도록 뷰 클래스의 DoDataExchange() 함수 내부에 DDX_FieldText 함수를 호출하여 다음과 같이 코딩한다.

```
void CVideoManagerView::DoDataExchange(CDataExchange* pDX)
{
    CRecordView::DoDataExchange(pDX);
    // ... 생략 ...
    // 컨트롤을 데이터베이스 필드에 '연결'하기 위해 여기에 DDX_Field* 함수를 삽입할 수 있습니다.
    DDX_FieldText(pDX, IDC_EDIT_GCODE, m_pSet->m_g_code, m_pSet);
    DDX_FieldText(pDX, IDC_EDIT_GADDR, m_pSet->m_g_addr, m_pSet);
    DDX_FieldText(pDX, IDC_EDIT_GAGE, m_pSet->m_g_age, m_pSet);
    DDX_FieldText(pDX, IDC_EDIT_GGRADE, m_pSet->m_g_grade, m_pSet);
    DDX_FieldText(pDX, IDC_EDIT_GNAME, m_pSet->m_g_name, m_pSet);
    DDX_FieldText(pDX, IDC_EDIT_GTEL, m_pSet->m_g_tel, m_pSet);
}
```

9 혹시 다음과 같은 오류가 발생하면 #error를 주석처리하고 레코드 셋 클래스의 자료형을 CStringA에서 CString으로 변경한다.

변경 전

```
class CVideoManagerSet : public CRecordset
{
      long    m_g_code;
      CStringA    m_g_name;
      long    m_g_age;
      CStringA    m_g_addr;
      CStringA    m_g_tel;
      CStringA    m_g_grade;
      CLongBinary    m_g_image;
};
```

→

변경 후

```
class CVideoManagerSet : public CRecordset
{
      long    m_g_code;
      CString    m_g_name;
      long    m_g_age;
      CString    m_g_addr;
      CString    m_g_tel;
      CString    m_g_grade;
      CLongBinary    m_g_image;
};
```

기본예제 14-8 레코드 이동

[예제설명]

CRecordView 클래스는 레코드를 이동하는 함수를 정의해 놓았다. MFC 응용 프로그램 마법사가 생성해 주는 CRecordView의 파생 클래스는 CRecordView의 레코드 이동 함수를 상속받아 사용하는데 원활한 레코드 이동을 위해서는 이들 함수들을 오버라이딩해서 직접 레코드 이동 가능하도록 재정의해야 한다.

[따라하기]

1 현재 레코드의 위치와 전체 레코드의 위치를 저장하는 변수를 뷰 클래스의 멤버 변수로 선언하자.

```
class CVideoManagerView {
    int record_count;        //레코드의 개수 저장
    int current_pos;         //현재 레코드 위치
}
```

2 현재 레코드의 위치를 알려주는 변수를 1로 초기화한다.

```
CVideoManagerView::CVideoManagerView()
    : CRecordView(CVideoManagerView::IDD)
    , m_bAll(FALSE)
{
    m_pSet = NULL;
    // TODO: 여기에 생성 코드를 추가합니다.
    current_pos=1;           //현재 레코드의 절대 위치를 1로 초기화한다.
    record_count=0;          //전체 레코드의 개수를 0으로 초기화한다.
}
```

3 전체 레코드의 개수를 구하는 함수를 정의한다.

```
void CVideoManagerView::GetDataCount(void)
{
    CRecordset cntSet(m_pSet->m_pDatabase);
    cntSet.Open(CRecordset::dynaset, _T("select count(*) from v_gogek"));
    CString strCount;
    cntSet.GetFieldValue((short)0,strCount);
    record_count = atoi((char *)(const wchar_t *)strCount);
    cntSet.Close();
}
```

4 OnInitialUpdate()에서 GetDataCount()를 호출한다.

```
void CVideoManagerView::OnInitialUpdate()
{
   m_pSet = &GetDocument()->m_VideoManagerSet;
   CRecordView::OnInitialUpdate();

   GetDataCount();                        //현재 데이터 갯수
   if(record_count==0)                    //데이터가 없을 경우...
   {
      current_pos=0;
      m_pSet->SetFieldNull(NULL);         //필드변수 모두 클리어...
   }
   else
      current_pos = 1;
   m_bAll = true;                         //[거래 내역 모두보기] 체크 박스 체크 상태로 출력하기
   UpdateData(0);
}
```

5 레코드 단위로 이동하는 메뉴는 이미 CRecordView 클래스의 멤버함수들과 연결되어 있다. 현재 레코드의 위치 값을 current_pos 변수에 저장하려면 레코드를 이동할 때 호출되는 함수를 재정의해서 적절한 코딩을 해야 한다. 우선 [레코드] 메뉴의 서브 메뉴인 [첫 레코드], [이전 레코드], [다음 레코드], [마지막 레코드]에 대한 ID 값을 리소스 뷰에서 확인하고 [클래스 뷰]에서 CVideoManagerView를 선택한 후 속성 창에서 [이벤트] 아이콘을 클릭한 후 각 메뉴에 ID에 대해서 이벤트 처리기를 추가한 후 다음과 같이 코딩한다.

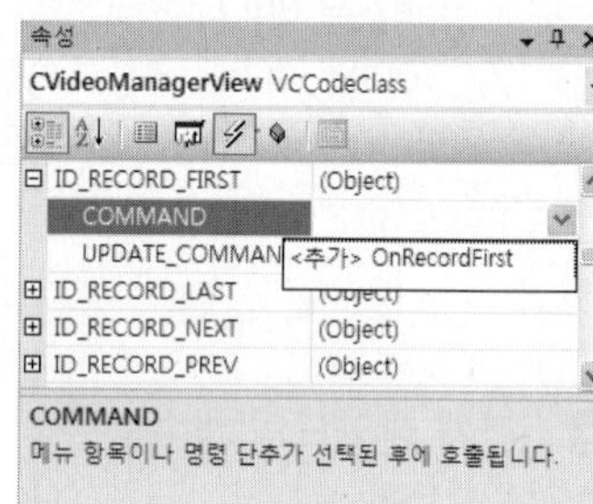


```
void CVideoManagerView::OnRecordFirst()
{
   if(record_count==0)return;
   current_pos=1;
   m_pSet->MoveFirst();
   UpdateData(0);
```

```
}

void CVideoManagerView::OnRecordLast()
{
    if(record_count==0)return;
    current_pos=record_count;
    m_pSet->MoveLast();
    UpdateData(0);
}

void CVideoManagerView::OnRecordNext()
{
    if(record_count==0)return;
    current_pos++;
    m_pSet->MoveNext();
    if(m_pSet->IsEOF())  {
        m_pSet->MoveLast();
        current_pos--;
    }
    UpdateData(0);
}

void CVideoManagerView::OnRecordPrev()
{
    if(record_count==0)return;
    current_pos--;
    m_pSet->MovePrev(); // DB -> Recordset 변수에 담는다
    if(m_pSet->IsBOF()) {
        m_pSet->MoveFirst();
        current_pos=1;
    }
    UpdateData(0);
}
```

기본예제 14-9 레코드 추가, 수정, 삭제하기

【예제설명】

레코드를 추가, 수정, 삭제해 보도록 하자.

【실행결과】

<추가> 버튼을 클릭하면 새로운 데이터를 입력할 수 있도록 에디트 컨트롤이 클리어되고 데이터를 입력할 수 있는 형태가 되며 <추가> 버튼이 <등록>으로 바뀐다. 고객명을 필수 입력란으로 두었기에 고객명을 입력하기 전까지는 <추가> 버튼이 선택 불가능한 상태로 있다.

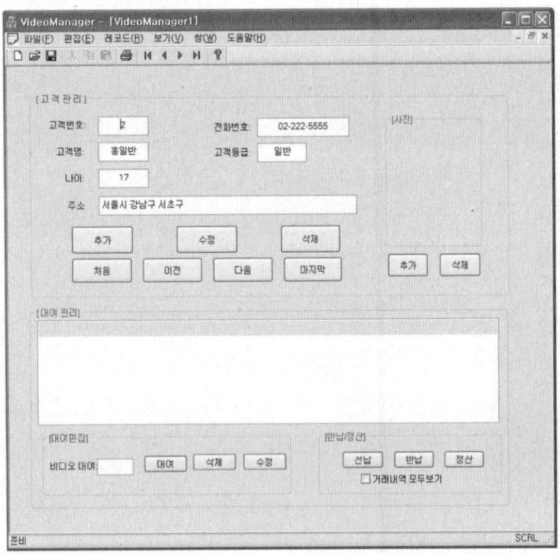

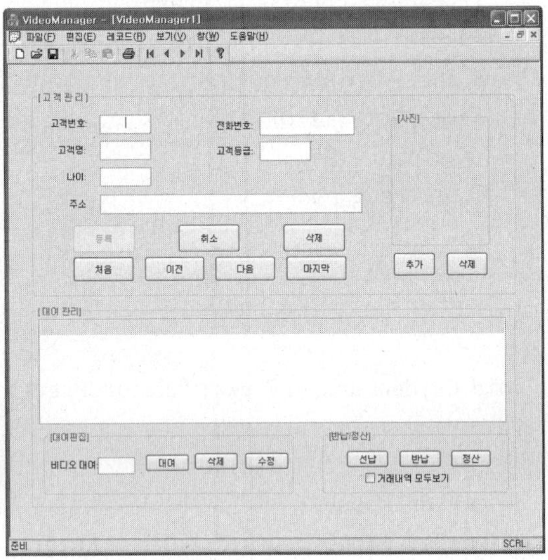

추가할 내용을 입력한 후 <등록> 버튼을 누르면 입력한 내용이 테이블에 새로운 레코드로 추가되고 <등록> 버튼이 <추가> 버튼으로 바뀐다.

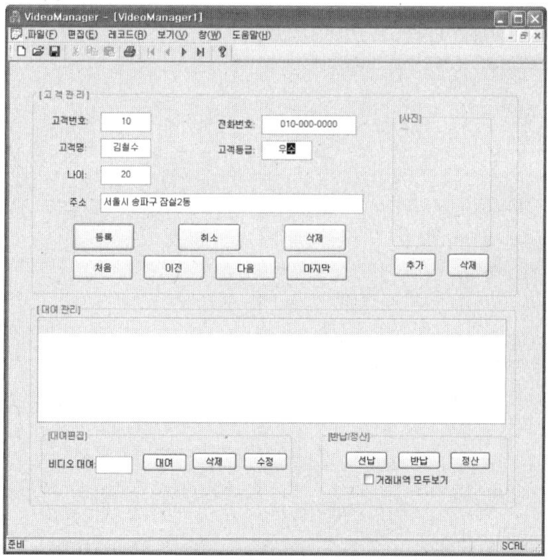

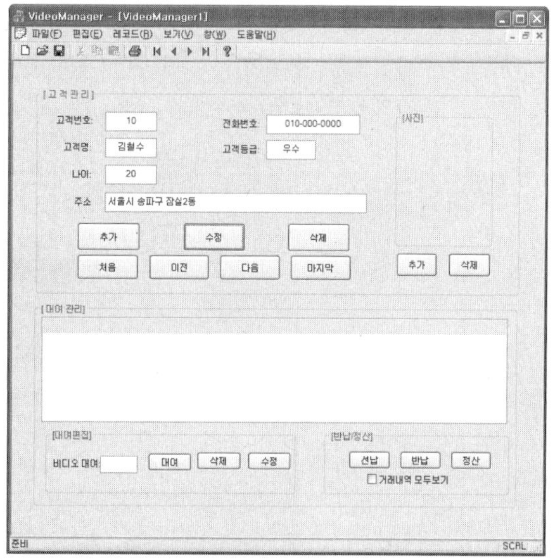

추가된 것을 확인한 후에 내용을 수정한 후 <수정> 버튼을 누른다. 수정된 내용이 출력된다.

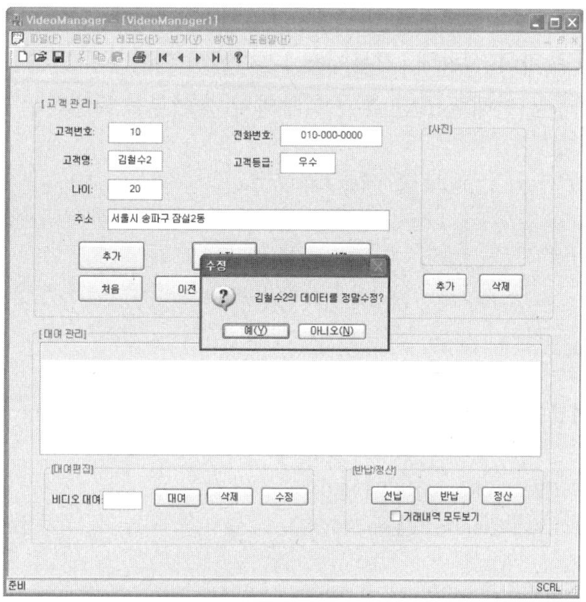

<삭제> 버튼을 누르면 현재 레코드가 삭제된다.

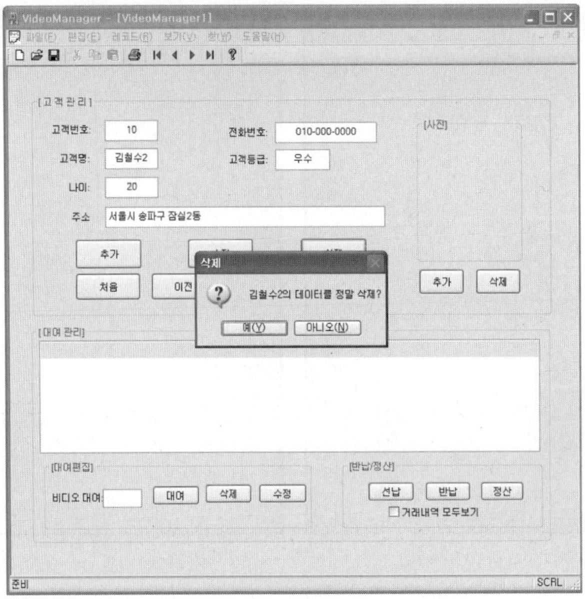

【따라하기】

1. 버튼에 토글 기능을 추가하기 위해 [기본예제 12-4]에서 대화상자 템플릿을 설계하면서 각 버튼에 대한 컨트롤 변수를 선언해 두었다. 추가 여부와 수정 여부를 판별하는 변수를 선언하자.

```
class CVideoManagerView : public CRecordView
{
   // ... 생략 ...
   BOOL bAdd;                  //추가/수정을 구분하기 위한 버튼
}
```

2. 추가 여부와 수정 여부를 판별하는 변수에 FALSE를 대입하여 초기화한다.

```
CVideoManagerView::CVideoManagerView()
   : CRecordView(CVideoManagerView::IDD)
   , m_bAll(FALSE)
{
   m_pSet = NULL;
   current_pos=1;          //현재 레코드의 절대 위치를 1로 초기화한다.
```

```
    record_count=0;         //전체 레코드의 개수를 0으로 초기화한다.

    bAdd = FALSE;
}
```

3 고객번호에 해당되는 고객의 정보를 검색하는 함수를 추가한다.

```
void CVideoManagerView::GetDataPos(int gcode)
{
    CRecordset  posSet(m_pSet->m_pDatabase);
    CString sql;
    sql.Format(_T("select count(*) from v_gogek where g_code <= %d"), gcode);
    posSet.Open(CRecordset::dynaset,sql);
    CString  strPos;
    posSet.GetFieldValue((short)0,strPos);
    current_pos = atoi((char *)(const wchar_t *)strPos);
    posSet.Close();
}
```

4 이름을 필수 입력란으로 지정하기 위해서 이름 에디트 컨트롤에 대한 통지 메시지 처리기를 추가하여 다음과 같이 입력한다.

```
void CVideoManagerView::OnEnChangeEditGname()
{
    CWnd * pEditName = GetDlgItem(IDC_EDIT_GNAME);
    CString name;
    pEditName->GetWindowText(name);

    //공백문자 처리...
    if(name==_T(""))  {
        name=_T("");
        pEditName->SetWindowText(_T(""));
    }

    if(name==_T(""))
        c_add.EnableWindow(FALSE);
```

```
    else
        c_add.EnableWindow(TRUE);
}
```

5 새로운 고객 정보를 등록하기 위해서 <추가> 버튼에 대한 이벤트 처리기를 추가한 후 다음과 같이 입력한다.

```
void CVideoManagerView::OnBnClickedButtonAdd()
{
    bAdd = !bAdd;
    if(bAdd)//추가 준비
    {
        //새 레코드 추가...
        m_pSet->AddNew();
        //초기화...
        m_pSet->SetFieldNull(NULL);
        UpdateData(0);
        GetDlgItem(IDC_EDIT_GCODE)->SetFocus();//고객번호

        c_add.EnableWindow(0);
        c_add.Invalidate();
    }
    else//등록...
    {
        UpdateData();//Edit ->rs 변수....
        int gbun = m_pSet->m_g_code;

        m_pSet->Update();//DB 적용...
        //DB 갱신..
        m_pSet->Requery();
        //현재 추가 데이터 위치...
        GetDataPos(gbun);
        //레코드 이동
        m_pSet->SetAbsolutePosition(current_pos);
        UpdateData(0);
```

```
        //데이터 갯수 구함...
        GetDataCount();
    }
    c_add.SetWindowText(bAdd ? _T("등록") : _T("추가"));
    c_update.SetWindowText(bAdd? _T("취소") : _T("수정"));
}
```

6 고객 정보를 갱신하기 위해서 <수정> 버튼에 대한 이벤트 처리기를 추가한 후 다음과 같이 입력한다.

```
void CVideoManagerView::OnBnClickedButtonUpdate()
{
    if(bAdd)//취소
    {   //이전 레코드 위치로 이동
        m_pSet->SetAbsolutePosition(current_pos);
        UpdateData(0);
        //초기상태로 변경
        bAdd = FALSE;
        c_add.SetWindowText(_T("추가"));
        c_update.SetWindowText(_T("수정"));
        c_add.EnableWindow(1);
        return;
    }

    //수정
    //트랜잭션
    m_pSet->m_pDatabase->ExecuteSQL(_T("begin tran"));

    m_pSet->Edit();//수정모드로 변경...
    UpdateData();//컨트롤->rs 변수...
    int gbun = m_pSet->m_g_code;//수정번호를 저장...
    m_pSet->Update();//DB 적용...

    if(MessageBox(m_pSet->m_g_name +_T("의 데이터를 정말 수정?"),_T("수정"),
        MB_YESNO | MB_ICONQUESTION)==IDNO)
    {
```

```
        //취소..
        m_pSet->m_pDatabase->ExecuteSQL(_T("rollback"));
        m_pSet->SetAbsolutePosition(current_pos);
        UpdateData(0);
        return;
    }

    //DB transaction 적용...
    m_pSet->m_pDatabase->ExecuteSQL(_T("commit"));
    //DB 갱신 내용 가져오기...
    m_pSet->Requery();

    //현재 수정 데이터의 위치...
    GetDataPos(gbun);

    m_pSet->SetAbsolutePosition(current_pos);
    UpdateData(0);
}
```

7 고객 정보를 삭제하기 위해서 <삭제> 버튼에 대한 이벤트 처리기를 추가한 후 다음과 같이 입력한다.

```
void CVideoManagerView::OnBnClickedButtonDelete()
{
        if(record_count==0){
                MessageBox(_T("삭제할 데이터가 없습니다!"));
        return;
    }
    UpdateData();
    CString name = m_pSet->m_g_name;

    //트랜잭션 설정...
    m_pSet->m_pDatabase->ExecuteSQL(_T("begin tran"));
    //삭제
    m_pSet->Delete();
```

```
    if(MessageBox(name + _T("의 데이터를 정말 삭제?"), _T("삭제"),
        MB_YESNO | MB_ICONQUESTION)==IDNO)
    {
        m_pSet->m_pDatabase->ExecuteSQL(_T("rollback"));
        m_pSet->Requery();
        m_pSet->SetAbsolutePosition(current_pos);
        UpdateData(0);
        return;
    }

    //삭제 완료...
    m_pSet->m_pDatabase->ExecuteSQL(_T("commit"));
    m_pSet->Requery();
    GetDataCount();

    if(record_count==0)//데이터가 존재하지 않으면..
    {
        m_pSet->SetFieldNull(NULL);
        UpdateData(0);
        current_pos=0;
        return;
    }

    if(record_count < current_pos)//마지막 데이터 삭제시...
        current_pos--;// current_pos = record_count;

    m_pSet->SetAbsolutePosition(current_pos);
    UpdateData(0);
}
```

기본예제 14-10 해당 고객의 대여 정보를 출력하고 반납 처리

[예제설명]

화면 아래쪽 리스트 박스에 해당 고객의 대여 정보를 출력하도록 한다.

【실행결과】

1 해당 고객에 대한 대여 정보가 나타난다. 리스트 컨트롤의 번호 항목 앞에 있는 체크 박스를 체크한 채로 <반납> 버튼을 누르면 해당 항목이 반납된 것으로 갱신된다.

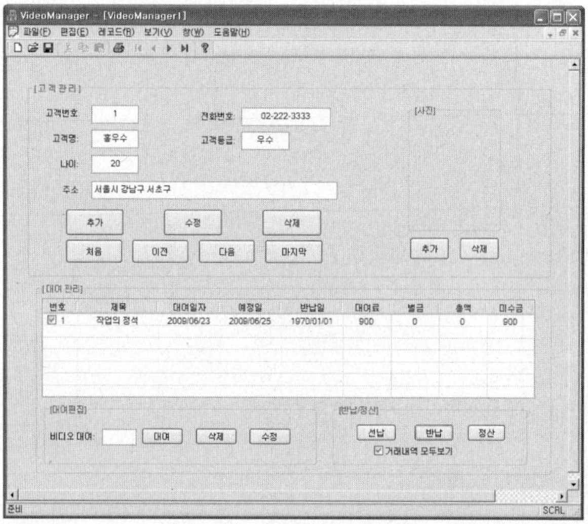

2 오늘 날짜로 반납된 것으로 나타나고 벌금이 계산되어 표시된다.

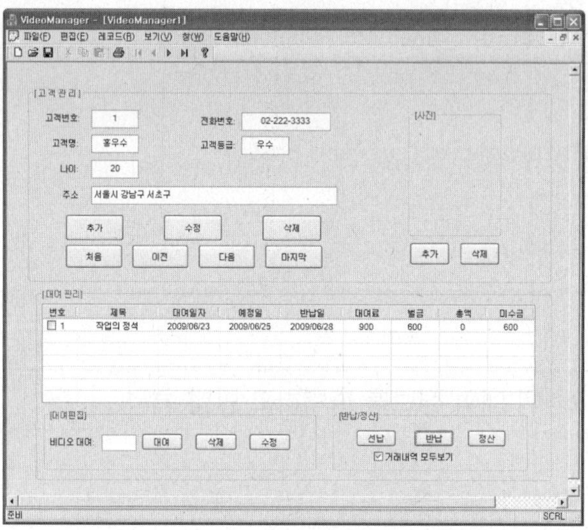

3 [거래 내역 모두보기] 체크 박스를 해제하면 반납된 비디오의 정보는 리스트 컨트롤에 나타나지 않는다.

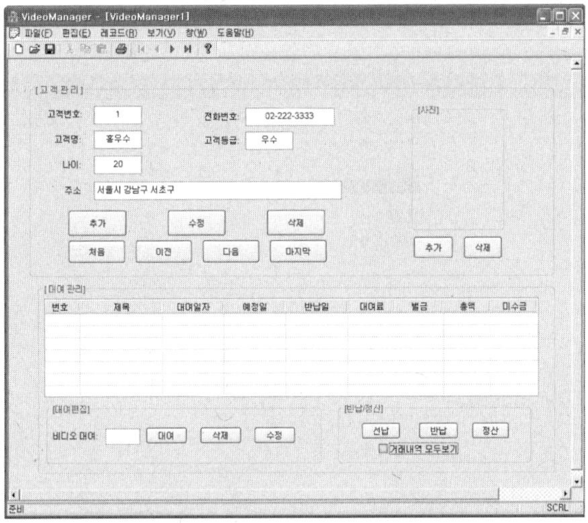

4 <반납> 버튼을 눌렀더니 대여료 900원 중에 벌금 600원을 정산 안 한 것으로 나타난다. <정산> 버튼을 눌러서 미수금을 처리하도록 한다.

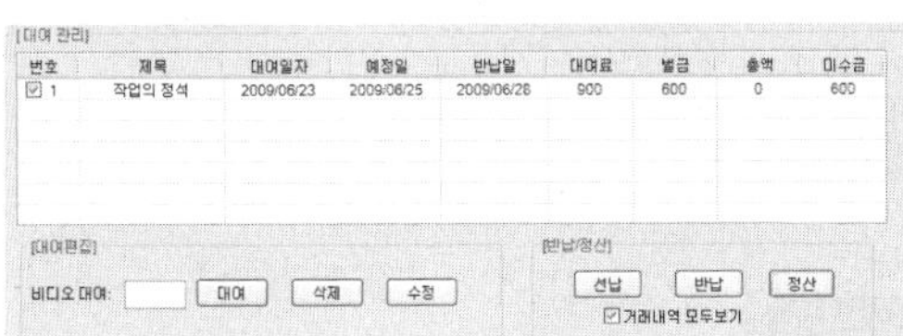

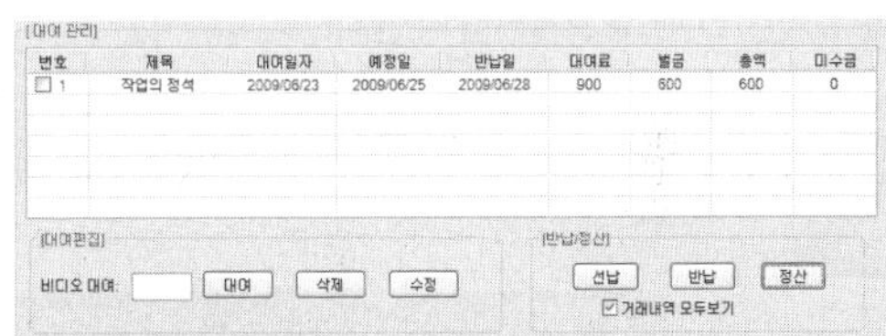

5 이번에는 <선납> 처리를 해보도록 한다. 대여 목록에 미수금이 있는 항목은 아직 반납되지 않았다. 하지만 <선납> 버튼을 누르면 미수금이 0으로 갱신되고 총액에 500원을 들어가 대여료가 반납되지 않았는데도 처리된 것으로 나타난다.

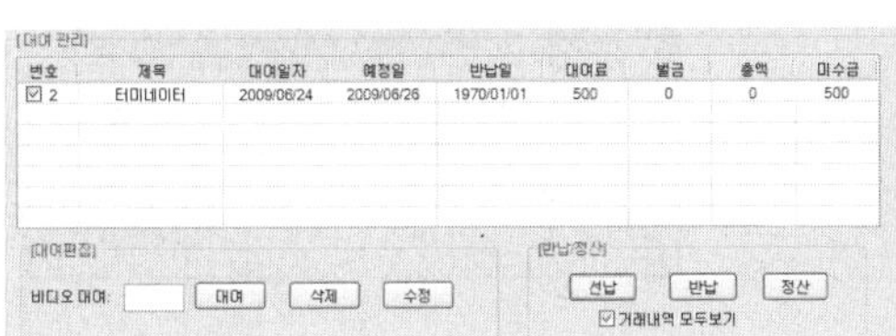

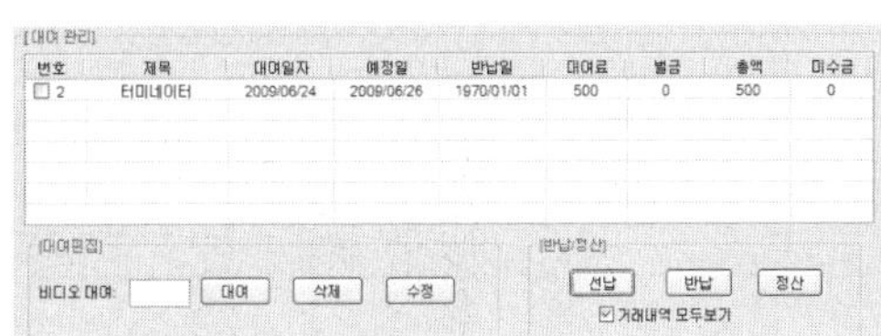

[따라하기]

1. 대여 정보를 출력하려면 뷰와 연결할 레코드 셋 클래스를 생성해야 한다. [MFC ODBC 소비자]를 선택하여 클래스를 추가한다.

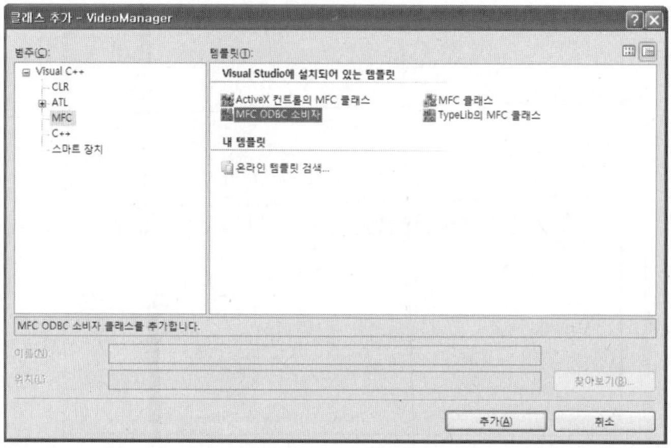

2. <데이터 소스...> 버튼을 클릭하면 [데이터 원본 선택] 대화상자가 나타난다. [컴퓨터 데이터 원본 선택] 탭을 선택하여 [VideoDB_DSN]을 선택한 후 <확인> 버튼을 누른다. 로그인 창이 나타나면 로그인 ID와 암호를 입력한다.

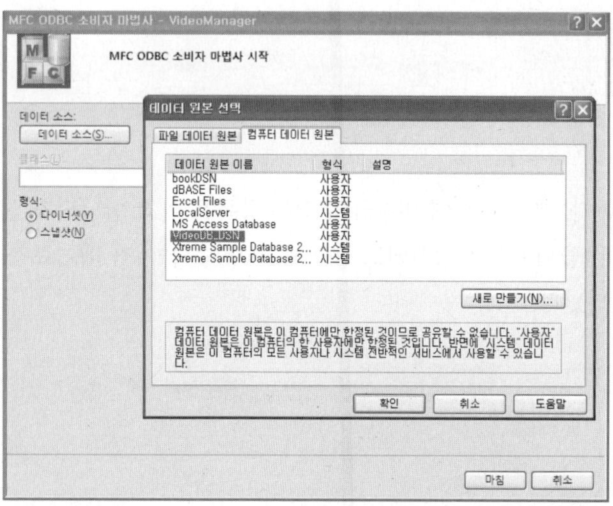

3 [데이터베이스 개체 선택] 창에서 [뷰] → [v_video_list]를 선택한 후 <확인> 버튼을 누른다.

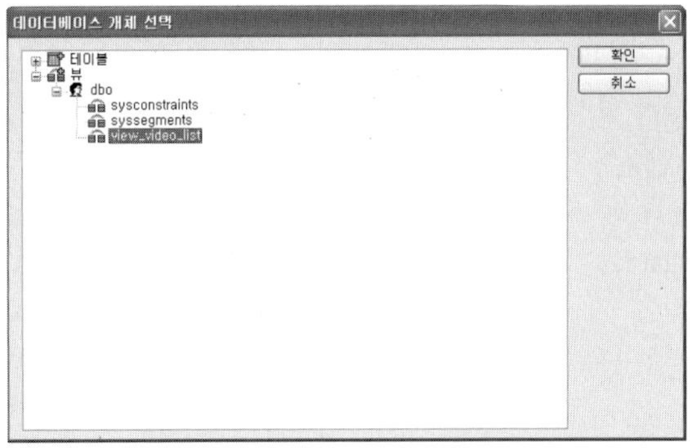

4 클래스 이름과 헤더 파일 소스 파일명이 모두 뷰 이름을 그대로 따르는데 이름이 좀 복잡하기에 이를 간략하게 표현하기 위해서 클래스 이름은 `CLendListSet`으로 헤더 파일명은 `LendListSet.h`로 소스 파일명은 `LendListSet.cpp`로 변경한 후 <마침> 버튼을 누른다.

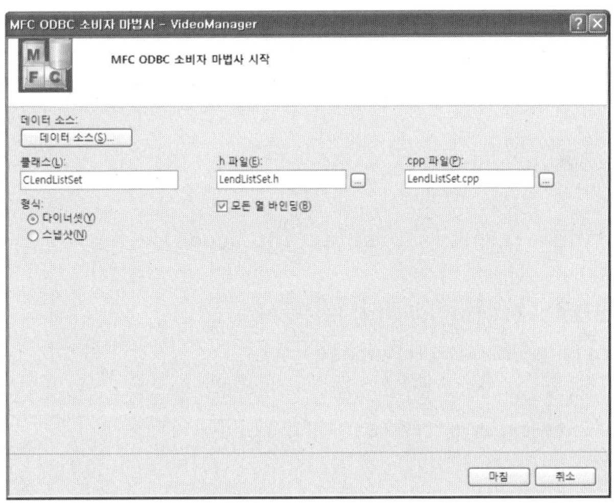

5 혹시 다음과 같은 오류가 발생하면 `#error`를 주석 처리하고 레코드 셋 클래스의 자료형을 `CStringA`에서 `CString`으로 변경한다.

변경 전	변경 후

class CLendListSet : public CRecordset
{
long m_lr_code;
long m_vi_code;
CStringA m_v_title;
CTime m_l_date;
CTime m_r_plan_date;
CTime m_r_date;
long m_l_pay;
long m_l_find;
long m_l_total_pay;
long m_l_uncollected_pay;
long m_g_code;
long m_l_lend_state;
};
	class CLendListSet : public CRecordset
	{
	long m_lr_code;
	long m_vi_code;
	CString m_v_title;
	CTime m_l_date;
	CTime m_r_plan_date;
	CTime m_r_date;
	long m_l_pay;
	long m_l_find;
	long m_l_total_pay;
	long m_l_uncollected_pay;
	long m_g_code;
	long m_l_lend_state;
	};

6 CLendListSet 클래스에서 대여 정보를 얻어 와 리스트 컨트롤에 출력하는 LendListDisplay() 함수를 만든다.

```
#include "LendListSet.h"

void CVideoManagerView::LendListDisplay(int gcode)
{
    c_lendlist.DeleteAllItems();//이전 리스트 삭제...
    CLendListSet  rs(m_pSet->m_pDatabase);

    //where절에 해당  CString m_strFilter= "g_code = 1";
    if(!m_bAll)
        rs.m_strFilter.Format(_T("g_code=%d and l_lend_state=1"),gcode);
    else
        rs.m_strFilter.Format(_T("g_code=%d "),gcode);

    rs.Open();
```

```
//번호 제목 대여일자 반납(예정)
//반납일자 대여료 벌금 총액 미수금
int item_index=0;
while(!rs.IsEOF()) {
   TRACE(_T("vi_code =%d  title=%s\n"),rs.m_vi_code,rs.m_v_title);
   //리스트 컨트롤에 채우기...
   //주 아이템 추가(대여번호...)
   CString im;
   im.Format(_T("%d"),rs.m_lr_code);  //대여번호, 이미지 리스트
   c_lendlist.InsertItem(item_index, im, rs.m_l_lend_state);
   //서브 아이템...
   //제목
   c_lendlist.SetItem(item_index,1,LVIF_TEXT,rs.m_v_title,0,0,0,0);
   //대여일자
   im = rs.m_l_date.Format(_T("%Y/%m/%d"));
   c_lendlist.SetItem(item_index,2,LVIF_TEXT,im,0,0,0,0);
   //예정일자
   im = rs.m_r_plan_date.Format(_T("%Y/%m/%d"));
   c_lendlist.SetItem(item_index,3,LVIF_TEXT,im,0,0,0,0);
   //반납일자
   im = rs.m_r_date.Format(_T("%Y/%m/%d"));
   c_lendlist.SetItem(item_index,4,LVIF_TEXT,im,0,0,0,0);
   //대여료...
   im.Format(_T("%d"),rs.m_l_pay);
   c_lendlist.SetItem(item_index,5,LVIF_TEXT,im,0,0,0,0);
   //벌금...
   im.Format(_T("%d"),rs.m_l_find);
   c_lendlist.SetItem(item_index,6,LVIF_TEXT,im,0,0,0,0);
   //총액...
   im.Format(_T("%d"),rs.m_l_total_pay);
   c_lendlist.SetItem(item_index,7,LVIF_TEXT,im,0,0,0,0);
   //미수금
   im.Format(_T("%d"),rs.m_l_uncollected_pay);
   c_lendlist.SetItem(item_index,8,LVIF_TEXT,im,0,0,0,0);

   item_index++;
   rs.MoveNext();
```

```
    }
}
```

7 OnInitialUpdate()에서 리스트 컨트롤에 제목을 추가하고 LendListDisplay(current_pos) 함수를 호출하여 고객 정보를 출력한다.

```
void CVideoManagerView::OnInitialUpdate()
{
    // ... 생략 ...
    CString title[]={_T("번호"), _T("제목"), _T("대여일자"), _T("예정일"),
    _T("반납일"), _T("대여료"), _T("벌금"), _T("총액"), _T("미수금")};

    int col_width[] ={50,120,90,90,90,70,70,70,70};
    int i;
    int width=0;

    CRect rc;
    c_lendlist.GetClientRect(&rc);

    for(i=0;i<8;i++)
    {
          width+=col_width[i];
          c_lendlist.InsertColumn(i,title[i],LVCFMT_CENTER,col_width[i],i);
    }

    col_width[i]=rc.Width()-width;
    c_lendlist.InsertColumn(i,title[i],LVCFMT_CENTER,col_width[i],i);

    //리스트 컨트롤 확장 속성....
    c_lendlist.SetExtendedStyle(LVS_EX_CHECKBOXES | LVS_EX_FULLROWSELECT|
                                                  LVS_EX_GRIDLINES );
}
```

8 레코드가 이동되어 고객이 바뀌더라도 해당 고객에 대한 대여정보를 출력하기 위해서 DoDataExchange() 함수에 다음의 내용을 추가한다.

```
void CVideoManagerView::DoDataExchange(CDataExchange* pDX)
{
    // ... 생략 ...
    if(pDX->m_bSaveAndValidate==FALSE)
    {
        LendListDisplay(m_pSet->m_g_code);
    }
}
```

9 비디오 반납 버튼이 눌리면 현재 체크되어 있는 항목에 대해서 반납 처리하도록 한다.

```
void CVideoManagerView::OnBnClickedButtonVideoReturn()
{
    int n = c_lendlist.GetItemCount();
    for(int i=0;i<n;i++)  {
        if(c_lendlist.GetCheck(i)){
            CString  bun;
            bun = c_lendlist.GetItemText(i,0);
            m_pSet->m_pDatabase->ExecuteSQL(_T("exec sp_lend_result_return ")+ bun);
        }
    }
    LendListDisplay(m_pSet->m_g_code);
}
```

10 [거래내역 모두보기] 체크 박스가 해제되면 반납된 비디오 정보는 출력되지 않도록 한다.

```
void CVideoManagerView::OnBnClickedCheckAll()
{
    m_bAll = !m_bAll;
    LendListDisplay(m_pSet->m_g_code);
}
```

11 <정산> 버튼이 눌리면 체크된 항목의 대여료가 정산되도록 한다.

```
void CVideoManagerView::OnBnClickedButtonCalc()
{
```

```
    int n = c_lendlist.GetItemCount();
    for(int i=0;i<n;i++)  {
        if(c_lendlist.GetCheck(i)) {
            CString  bun;
            bun = c_lendlist.GetItemText(i,0);
            m_pSet->m_pDatabase->ExecuteSQL(_T("exec sp_lend_result_calc ") + bun);
        }
    }
    LendListDisplay(m_pSet->m_g_code);
}
```

12 <선납> 버튼이 눌리면 체크된 항목의 대여료가 선납되도록 한다.

```
void CVideoManagerView::OnBnClickedButtonPrevCalc()
{
int n = c_lendlist.GetItemCount();
    for(int i=0;i<n;i++)  {
        if(c_lendlist.GetCheck(i)) {
            CString  bun;
            bun = c_lendlist.GetItemText(i,0);
            m_pSet->m_pDatabase->ExecuteSQL(_T("update lend_return set l_total_pay \
= l_pay,l_uncollected_pay=0 where l_lend_state=1 and lr_code = ") + bun);
        }
    }
    LendListDisplay(m_pSet->m_g_code);
}
```

기본예제 14-11 대여 처리

[예제설명]

고객이 비디오를 빌려가게 되었을 경우 대여처리를 하고 대여를 취소하거나 대여 정보를 수정할 경우에 이에 대한 처리도 해 보도록 하자.

【실행결과】

비디오 목록번호가 3번인 것은 홍일반 고객이 대여 중이기에 대여가 불가능하다. 4번을 입력한 후 <대여> 버튼을 누르면 홍우수 고객이 4번 비디오를 대여한 것으로 나타난다.

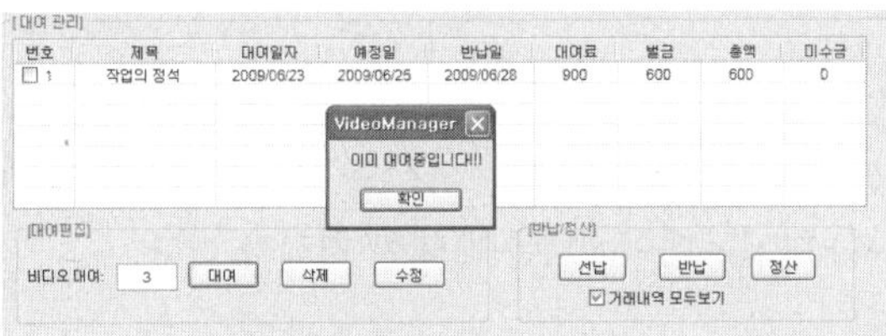

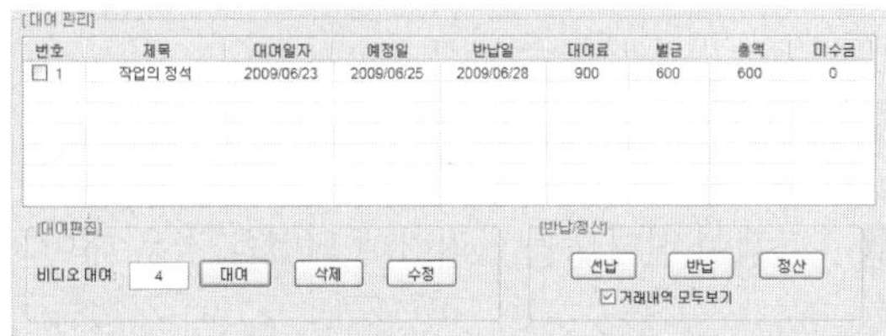

이번에는 대여번호 3번을 체크한 후 <삭제> 버튼을 누르면 대여했던 사실을 취소하게 된다.

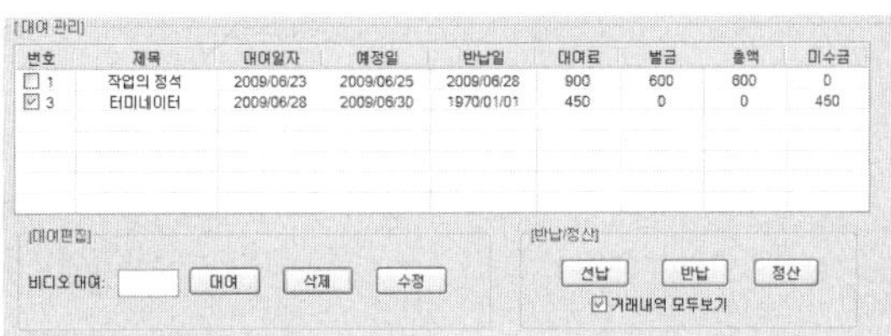

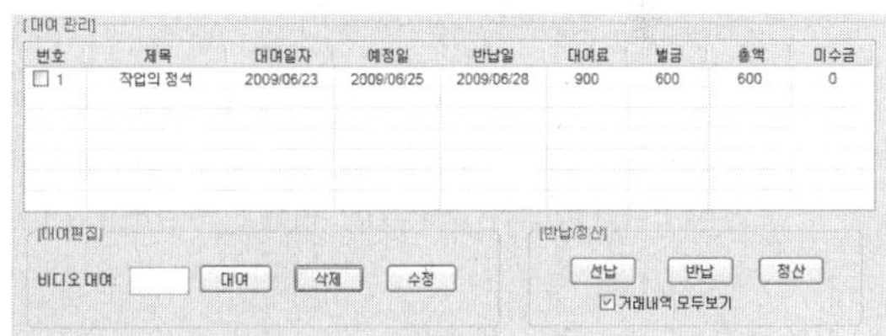

이번에는 이미 저장되어 있는 대여 정보를 수정하기 위한 <수정> 버튼을 눌러 보자. [대여목록수정] 대화상자에 선택된 항목에 대한 정보가 출력된다. 대여일자를 변경한 후 <OK> 버튼을 누른다.

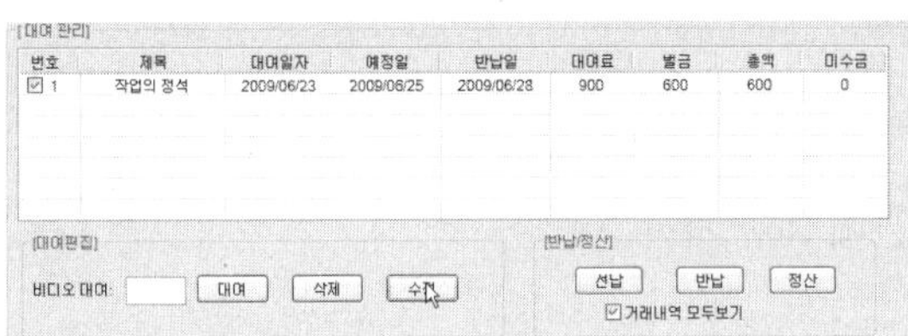

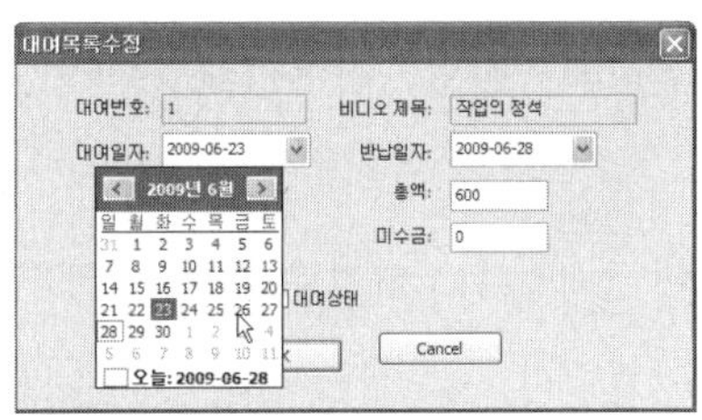

대여 정보가 변경되어 있음을 확인할 수 있다.

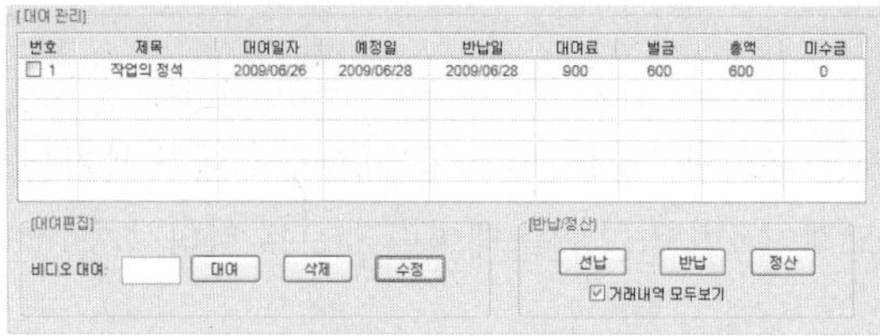

[따라하기]

1 고객이 비디오를 빌려가게 되었을 경우 대여처리를 하고 <대여> 버튼에 대한 처리를 한다.

```
void CVideoManagerView::OnBnClickedButtonVideoLend()
{
   CString  bun;
   GetDlgItemText(IDC_EDIT_VIDEO_LEND, bun);
   if(bun==_T(""))return;
   if(IsLendCheck(atoi((char *)(const wchar_t *)bun))) {
      MessageBox(_T("이미 대여중입니다!!!"));
      SetDlgItemText(IDC_EDIT_VIDEO_LEND,_T(""));
      return;
   }
   CString  sql;
   sql.Format(_T("exec sp_lend_return_insert %d , %s"), m_pSet->m_g_code,bun);
   MessageBox(sql);
   m_pSet->m_pDatabase->ExecuteSQL(sql);
   LendListDisplay(m_pSet->m_g_code);
   SetDlgItemText(IDC_EDIT_VIDEO_LEND,_T(""));
}
```

2 대여 정보를 취소하기 위해서 <삭제> 버튼에 대한 처리를 한다.

```
void CVideoManagerView::OnBnClickedButtonVideoLendDel()
{
   int n = c_lendlist.GetItemCount();
   for(int i=0;i<n;i++)  {
      if(c_lendlist.GetCheck(i)) {
         //TRACE_T("i=%d\n",i);
```

```
            CString bun;
            bun = c_lendlist.GetItemText(i,0);
            //TRACE_T("bun=%s\n",bun);
            m_pSet->m_pDatabase->ExecuteSQL(_T("delete lend_return where lr_code = 
                                                                        ") + bun);
        }
    }
    LendListDisplay(m_pSet->m_g_code);
}
```

3 대여 정보를 수정할 경우에 이에 대한 처리도 해 보도록 하자. [리소스 뷰]에서 대화상자를 추가한 후에 ID를 IDD_DIALOG_LEND_RETURN_UPDATE로 caption을 "대여목록수정"으로 변경한다. 다음과 같이 컨트롤을 배치한다. 이름을 CLendUpdateDlg로 하여 대화상자 클래스를 만든 후에 컨트롤에 대한 멤버변수를 선언한다.

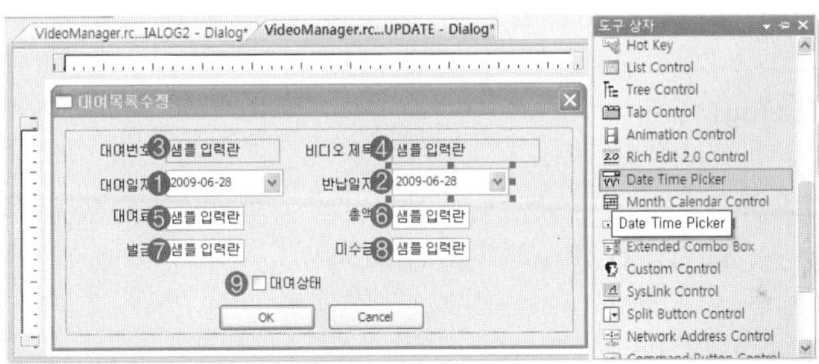

컨트롤 종류	번호	컨트롤 ID	멤버변수
Date Time 컨트롤	1	IDC_DATETIMEPICKER_LEND_DATE	CTime m_lend_date
	2	IDC_DATETIMEPICKER_LEND_RETURN_DATE	CTime m_lend_return_date
에디트 컨트롤	3	IDC_EDIT_LEND_CODE	int m_lend_code
	4	IDC_EDIT_LEND_FIND_PAY	int m_find_pay
	5	IDC_EDIT_LEND_PAY	int m_lend_pay
	6	IDC_EDIT_LEND_TITLE	CString m_title
	7	IDC_EDIT_LEND_TOTAL_PAY	int m_total_pay
	8	IDC_EDIT_LEND_UNCOLLECTED_PAY	m_lend_uncollected_pay
체크 박스	9	IDC_CHECK_LEND_STATE	BOOL m_lend_state

4 컨트롤과 별개로 대여번호로 검색하기 위한 변수인 CString lr_code; 선언을 추가한다.

```
class CLendUpdateDlg : public CDialog
{
   // ... 생략 ...
public:
   //대여번호로 검색하기 위한 변수 선언
   CString  lr_code;
```

5 [대여목록수정] 대화상자가 뜰 때 데이터베이스를 검색한 후에 출력하도록 하기 위해서 CLendUpdateDlg 클래스에 가상함수 OnInitDialog()를 오버라이딩하여 다음과 같이 입력한다.

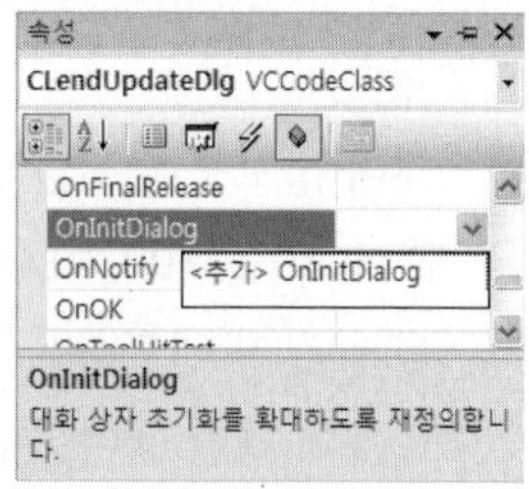


```
#include "LendListSet.h"

BOOL CLendUpdateDlg::OnInitDialog()
{
CDialog::OnInitDialog();

   CLendListSet  rs;
   rs.m_strFilter = _T("lr_code =")+lr_code;
   rs.Open();
   m_lend_code = rs.m_lr_code;
   m_title = rs.m_v_title;
   m_lend_date = rs.m_l_date;
   m_lend_return_date = rs.m_r_date;
   m_lend_pay = rs.m_l_pay;
   m_find_pay = rs.m_l_find;
   m_total_pay = rs.m_l_total_pay;
   m_lend_uncollected_pay = rs.m_l_uncollected_pay;
   m_lend_state = rs.m_l_lend_state;
   rs.Close();
   UpdateData(0);

   return TRUE;
}
```

6 [대여목록수정] 대화상자가 닫힐 때 [대여목록수정]에서 변경한 내용으로 테이블이 갱신되도록 하기 위해서 CLendUpdateDlg 클래스에 가상함수 OnOK()를 오버라이딩하여 다음과 같이 입력한다.

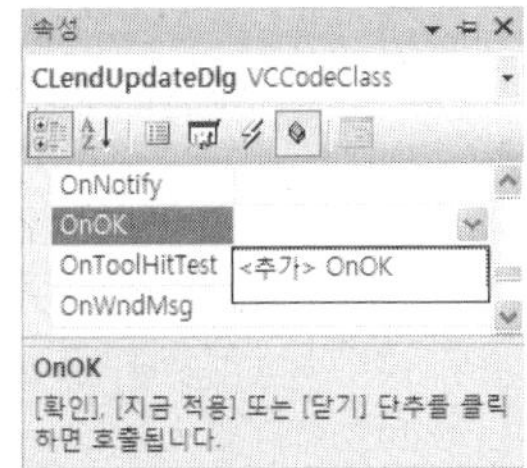


```
void CLendUpdateDlg::OnOK()
{
   CLendListSet  rs;
   rs.m_strFilter = _T("lr_code =")+lr_code;
   rs.Open();
   UpdateData();
   rs.Edit();
   rs.m_l_date = m_lend_date;
   rs.m_r_date=m_lend_return_date;
   rs.m_l_pay=m_lend_pay;
   rs.m_l_find=m_find_pay;
   rs.m_l_total_pay=m_total_pay;
   rs.m_l_uncollected_pay=m_lend_uncollected_pay;
   rs.m_l_lend_state=m_lend_state;
   rs.Update();
   rs.Close();
   CDialog::OnOK();
}
```

7 비디오 대여 <수정> 버튼이 눌리면 [대여목록수정] 대화상자가 나타나도록 한다.

```
#include "LendUpdateDlg.h"

void CVideoManagerView::OnBnClickedButtonVideoLendReturnUpdate()
{
   int n = c_lendlist.GetItemCount();
   for(int i=0;i<n;i++)  {
      if(c_lendlist.GetCheck(i)) {
         CString  bun;
         bun = c_lendlist.GetItemText(i,0);
         CLendUpdateDlg dlg;
         dlg.lr_code = bun;
```

```
            dlg.DoModal();
        }
    }
    LendListDisplay(m_pSet->m_g_code);
}
```

기본예제 14-12 고객의 이미지 출력하기

[예제설명]

고객 관리를 보면 사진 항목이 있다. 여기에 고객 이미지를 추가할 수 있다.

[실행결과]

사진 <추가> 버튼을 누르면 파일 열기 대화상자가 나타나고 여기서 선택한 bmp 파일이 화면에 출력된다.

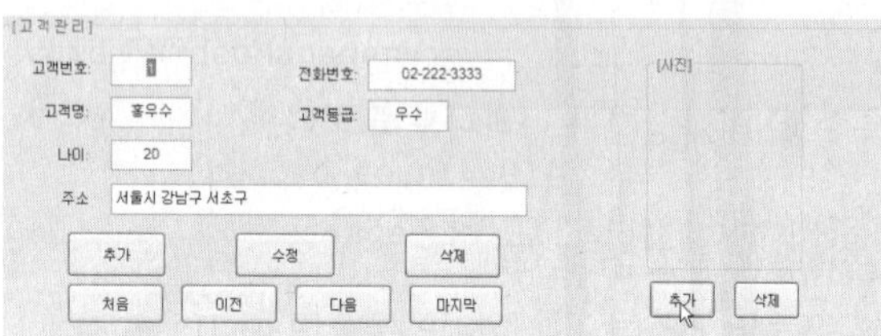

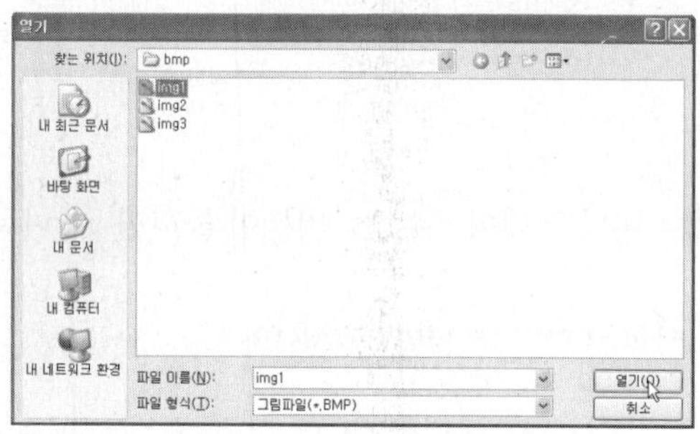

선택된 그림이 화면에 출력됨을 확인할 수 있다.

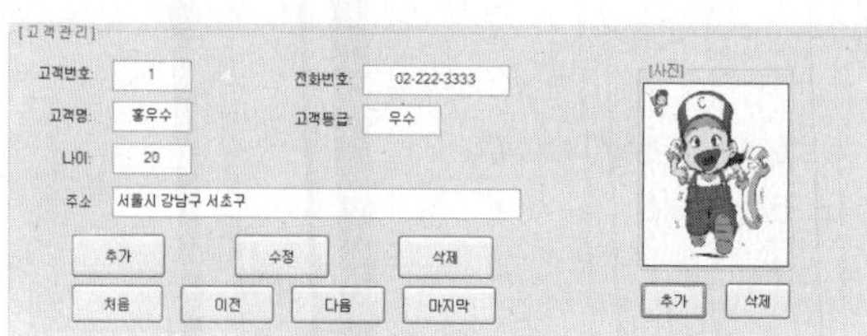

[따라하기]

1 Image.h와 Image.cpp 파일을 출판사 홈페이지 자료실 등을 통해 구해서 프로젝트 폴더에 복사해 둔다. [프로젝트] → [기존 항목 추가...] 메뉴를 선택한 후 [기존 항목 추가] 대화상자가 열리면 Image.h와 Image.cpp 파일을 선택한다. 솔루션 탐색기에서 Image.h와 Image.cpp 파일이 추가되었음을 확인할 수 있다.

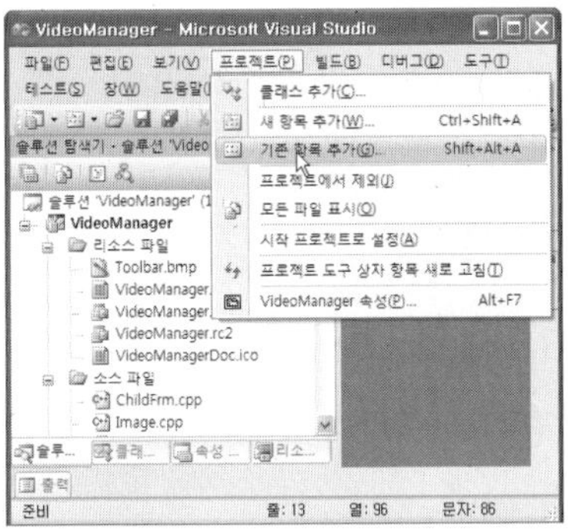

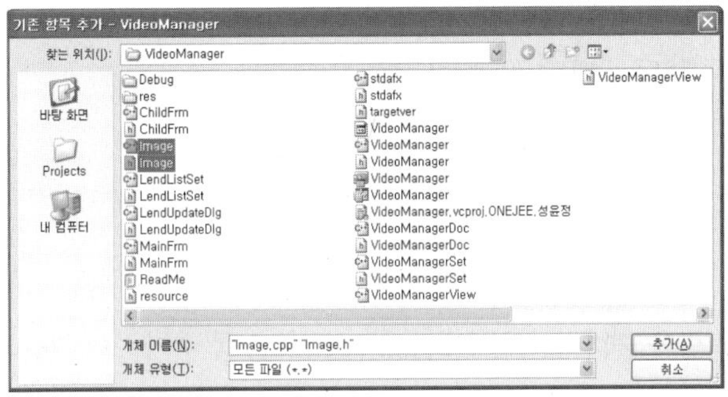

2 CVideoManagerView 클래스에 다음 변수들을 추가한다.

```
#include "Image.h"

class CVideoManagerView : public CRecordView
{
public:
   CImage  Image;
   CRect   rect;
   int  scroll_n;         //스크롤 크기....
   //... 생략 ...
}
```

3 생성자에서 스크롤 크기를 제어하는 변수를 0으로 초기화한다.

```
CVideoManagerView::CVideoManagerView()
{
   //... 생략 ...
```

```
    scroll_n = 0;
}
```

4 사진이 출력될 그룹 박스(IDC_STATIC_RECT)와 연결할 컨트롤형 멤버변수(c_rect)를 선언해 두었다. 사진이 출력될 그룹 박스의 크기를 저장해 둔다.

```
void CVideoManagerView::OnInitialUpdate()
{
    c_rect.GetWindowRect(&rect);
    ScreenToClient(&rect);
    rect.DeflateRect(5,5);
    rect.top += 15;
}
```

5 그림을 출력하는 함수 DrawPicture()를 추가하여 다음과 같이 입력한다.

```
void CVideoManagerView::DrawPicture(void)
{
    CClientDC dc(this);
    CRect imR = rect;
    imR.OffsetRect(0,-scroll_n);
    if(!Image.IsDataNull()) {
        CRect  rr;
        rr.top=rr.left=0;
        rr.right=Image.GetWidth();
        rr.bottom=Image.GetHeight();

        imR.InflateRect(1,1);
        dc.Rectangle(imR);
        imR.DeflateRect(1,1);
        Image.Draw(dc.m_hDC,&rr,&imR);
    }
    else {
        dc.Rectangle(rect);
        dc.DrawText(_T("사진없음"),&imR,DT_CENTER|DT_VCENTER|DT_SINGLELINE);
    }
}
```

6 레코드를 이동할 때마다 그림 정보를 바뀌어 출력하기 위해서 해당 고객에 대한 새로운 그림 정보를 얻어와서 출력하는 함수를 정의하자.

```
void CVideoManagerView::MoveRecord(void)
{
    if(!m_pSet->IsFieldNull(&m_pSet->m_g_image))  {
        Image.Free();
        Image.SetHandle((HDIB)CopyHandle(m_pSet->m_g_image.m_hData));
        Image.InitDIB();
    }
    else
        Image.Free();
    DrawPicture();
}
```

7 레코드를 이동할 때 MoveRecord() 함수 호출을 추가한다.

```
void CVideoManagerView::DoDataExchange(CDataExchange* pDX)
{
    //... 생략 ...
    MoveRecord();
}
```

8 사진 추가 버튼이 눌렸을 때 호출되는 메시지 핸들러를 작성한다.

```
void CVideoManagerView::OnBnClickedButtonPictureInsert()
{
    wchar_t szFilter[] = _T("그림파일(*.BMP)|*.bmp|모든파일(*.*)|*.*||");
    CFileDialog  fileDlg(TRUE,NULL,NULL,OFN_HIDEREADONLY, (LPCTSTR)szFilter);
    if(fileDlg.DoModal()==IDOK)  {
        if(!Image.IsDataNull())Image.Free();
        if(Image.Load(fileDlg.GetPathName())) {
            if(!bAdd)m_pSet->Edit();
            m_pSet->m_g_image.m_hData=CopyHandle(Image.GetHandle());
            m_pSet->m_g_image.m_dwDataLength=GlobalSize(m_pSet->m_g_image.m_hData);
            m_pSet->SetFieldDirty(&m_pSet->m_g_image);
```

```
        m_pSet->SetFieldNull(&m_pSet->m_g_image,FALSE);

        if(!bAdd)m_pSet->Update();
        DrawPicture();
    }
  }
}
```

9 사진 <삭제> 버튼이 눌렸을 때 호출되는 메시지 핸들러를 작성한다.

```
void CVideoManagerView::OnBnClickedButtonPictureDelete()
{
   if(!bAdd)m_pSet->Edit();
   m_pSet->m_g_image.m_hData=NULL;
   m_pSet->m_g_image.m_dwDataLength=0;
   m_pSet->SetFieldDirty(&m_pSet->m_g_image);
   m_pSet->SetFieldNull(&m_pSet->m_g_image,TRUE);
   if(!bAdd)m_pSet->Update();
   Image.Free();
   DrawPicture();
   InvalidateRect(&rect);
}
```

10 뷰의 스트롤바에서 고객의 이미지가 이동되지 않도록 하기 위해서 WM_VSCROLL 메시지에 대한 이벤트 처리기를 추가하여 다음과 같이 코딩한다.

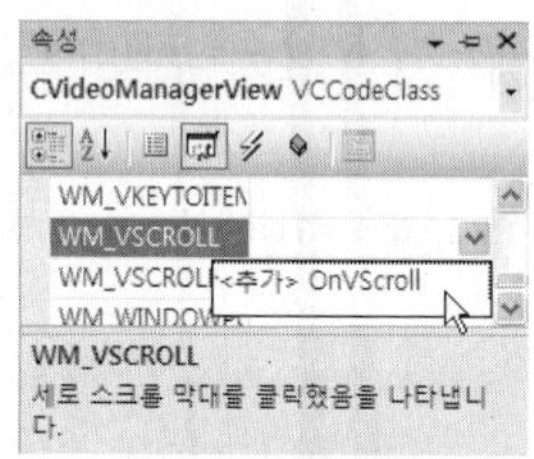


```
void CVideoManagerView::OnVScroll(UINT nSBCode, UINT
                           nPos, CScrollBar* pScrollBar)
{
   CRecordView::OnVScroll(nSBCode, nPos, pScrollBar);
   scroll_n = GetScrollPos(SB_VERT);
   CRect r=rect;
   r.InflateRect(5,50);
   InvalidateRect(r);
}
```

11 휠마우스 사용시 이미지 위치를 보정하기 위해서 WM_MOUSE_WHEEL 메시지에 대한 이벤트 처리기를 추가하여 다음과 같이 코딩한다.

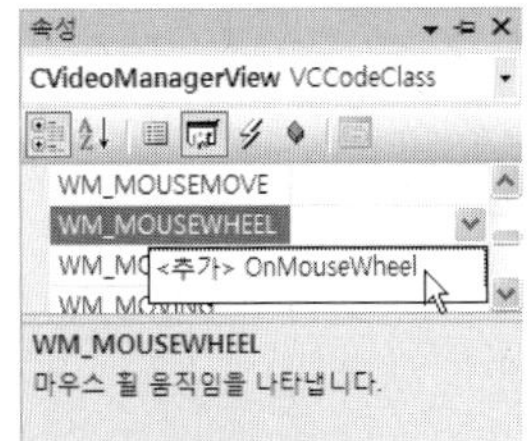


```
BOOL CVideoManagerView::OnMouseWheel(UINT nFlags, short
                                         zDelta, CPoint pt)
{
   BOOL  bScroll = CRecordView::OnMouseWheel(nFlags, zDelta, pt);
   scroll_n = GetScrollPos(SB_VERT);
   CRect r=rect;
   r.InflateRect(5,50);
   InvalidateRect(r);
   return bScroll;
}
```

찾아보기

C

D

E

F

G

P

R

S

T

U

V

W

기타

Visual C++ MFC 윈도우 프로그래밍

인　　쇄	2009년 10월 12일
발　　행	2009년 10월 16일
저　　자	성윤정
발 행 인	채희만
출판기획	안성일
마 케 팅	김현철
북　PD	황은교
영업관리	신은하
발 행 처	**INFINITYBOOKS**
주　　소	서울시 은평구 증산동 248 중앙하이츠 APT 상가 B101호
전　　화	02)302-8441
팩　　스	02)6085-0777
Homepage	www.infinitybooks.co.kr
E-mail	infinitybook@naver.com
I S B N	978-89-92649-34-6
등록번호	제311-2006-26호
판매정가	**26,000원**